www.ingramcontent.com/pod-product-compliance
Lightning Source LLC
LaVergne TN
LVHW021259210726
843527LV00036B/539

حقیقتِ الہی

الله تعالیٰ، دینِ اسلام اور سرابِ الحاد

حمزہ اینڈریس زورتزس

مترجمین

محمد خان، ولید بن عبدالمالک

سیپئنز پبلشنگ اردو

نام کتاب:	حقیقتِ الٰہی: اللہ تعالیٰ، دینِ اسلام اور سرابِ الحاد

The Divine Reality: God, Islam and the Mirage of Atheism

(انگریزی سے ترجمہ)

مصنف:	حمزہ اینڈریس زورتزس
مترجمین:	محمد خان، ولید بن عبدالمالک
اشاعتِ اوّل:	ستمبر 2023ء، بہ مطابق، صفر المظفّر 1445ھ
قیمت:	2500 روپے
ناشر:	سپئینز پبلشنگ اردو

برائے رابطہ و خریداری:

sapiencepublishingurdu@gmail.com

انتساب

میرے خاندان کے نام

ان کی محبت، برداشت، اور پائیدار ہمدردی ابدی تشکر کی مستحق ہے

فہرست ابواب

فہرست عنوانات

عرضِ مترجمین

کچھ اس کتاب کے بارے میں

انسان کا مزاج، جذبات و احساسات اور منطق کا مرکب ہے۔ کبھی تو یہ اپنی تشفی کے لیے منطق کا محتاج ہوتا ہے اور کبھی محض چند جذبات یا کچھ احساسات ہی اس کے ذہن کی تشنگی دور کرنے کے لیے کافی ہوتے ہیں۔ قرآنِ حکیم، انسانی فطرت کی ہمہ قسم تشنگی کو سیراب کرنے کا انتظام کرتا ہے۔ کبھی تو قرآن اپنے قاری کو منطقی بنیادیں سمجھاتا ہے اور کبھی ترہیب و ترغیب کے ذریعے اس کے جذبات و احساسات کو اس مقصد کی طرف راغب کرتا ہے جس کے لیے دراصل انسان کی تخلیق کی گئی ہے۔ جب انسان کا مقصد خواہشات کی پیروی ہو کر رہ جائے تو پھر انسان سب سے پہلے اس فطرت کا انکار کر دیتا ہے یا اس فطرت سے بغاوت کی روِش اپناتا ہے جس پر اسے اس کے رب نے پیدا کیا اور اس میں اپنی پہچان ودیعت کی؛ اور نتیجتاً انسان اپنے گناہوں پر شرمندہ ہونے اور ان سے باز آنے کے بجائے پہلے ان کے لیے کوئی وضاحت ڈھونڈتا ہے اور پھر جب وہ ان گناہوں کی دلدل میں پوری طرح اتر جاتا ہے تو پھر وہ شیطان کی پرستش کرتے ہوئے اس پر بھی آمادہ ہو جاتا ہے کہ اپنے رب کے وجود ہی کا انکار کر دے۔ پھر وہ اپنے لیے کوئی ایسا ثبوت ڈھونڈتا یا گھڑ لیتا ہے کہ جس سے اس کی خواہشات کی پیروی میں بھی رکاوٹ نہ ہو اور وہ اپنے فطری منطقی جستجو کو بھی کسی نہ کسی طرح سے سلا تا رہے۔ اس مقصد کی خاطر وہ چند بے سر و پا دلائل گھڑ لیتا ہے۔

ضروری نہیں کہ یہ بت پتھر یا لکڑی کا ہو یا کوئی ٹھوس نظریہ و فلسفہ ہو، بلکہ مشاہدے کی بات ہے کہ دورِ حاضر کے یہ معبود اکثر و بیشتر انسان کی اپنی خواہشات ہی ہیں؛ اور سائنسی معلومات، فلسفیانہ نظریات کے ساتھ خلط ملط ہو کر اس کے لیے پیغبر کا کام دے جاتی ہیں جنہیں یہ لوگ اپنے باطل عقائد کے منطقی دلائل کے طور پر استعمال کرنے کے لیے جس طرف موڑنا چاہتے ہیں، موڑ ڈالتے ہیں۔ یہ آج کے ملحدین کا مذہب ہے۔ یہ مذہب کسی غیر مرئی الٰہ کے وجود سے، آخرت کے قیام سے، اور زندگی کے کسی اعلیٰ تر مقصد سے انکار کا مذہب ہے۔ ایک ملحد پہلے تو اس کا انکار کرے گا کہ اس کا کوئی دین ہے (جبکہ حقیقت میں اس کا دین اس کی بے لگام خواہشات ہیں) پھر وہ کہے گا کہ میرا تو سرے سے کوئی عقیدہ ہے ہی نہیں (کیونکہ اس کے وہم کے مطابق، عقیدہ تو عقل و منطق کو بروئے کار لائے بغیر اندھے یقین کا نام ہے) جبکہ حقیقت میں ناقص و نامکمل سائنسی معلومات اور فلسفیانہ نظریات کا ناجائز اختلاط اس کا عقیدہ تشکیل دیتے ہیں۔

انسان کے لیے اپنی بے لگام خواہشات کی پیروی کو شیطان نے ایسے مزین کیا ہے کہ ہر شخص یہ چاہتا ہے کہ وہ ان کی پیروی کرے۔ الحاد، اخلاقی حد بندیوں کو گرا دیتا ہے جو ان خواہشات کی بے لگام پیروی میں رکاوٹ بن کر سامنے آتی ہیں۔ ان کی وجہ سے انسان اخلاقیات، معصیت و نیکی کے تصورات کے تابع ہو جاتا ہے اور نفس انسانی کی اندھی پیروی سے اپنے آپ کو بچا لیتا ہے اور یوں اپنے آپ کو بہت سی برائیوں اور مشکلات سے بچا لیتا ہے۔ اس کے برعکس، ملحد اپنی ہر قبیح خواہش کو صرف یہ کہہ کر اختیار کرتا ہے کہ یہ میری خواہش ہے اور مجھے نظر نہیں آتا کہ میرے اس عمل سے کسی دوسرے شخص کو نقصان پہنچ رہا ہے۔ حالانکہ یہ نہایت واضح بات ہے کہ انسان کے جذبات اس کی دیکھنے اور سننے کی صلاحیتوں کو کمزور کر دیتے ہیں۔ الحاد کی بنیادوں میں اس طرح کی متعدد خامیاں ہیں جو اس کتاب میں بہت خوبصورتی سے بیان ہوئی ہیں۔

سرزمینِ پاک و ہند میں الحاد کو بہت تیزی سے فروغ دیا جا رہا ہے۔ فلم انڈسٹری، ذرائع ابلاغ اور سوشل میڈیا اس کے فروغ میں جلتی پر تیل کا کام دے رہے ہیں اور ہمارے نوجوان جو مطالعۂ کتب اور غور و فکر کے فطری تقاضوں سے کنارہ کش ہو چکے ہیں، جو انگریز کے عطا کردہ نظامِ تعلیم کے زیرِ اثر مذہب سے پہلے ہی دور ہیں اور مغربی معاشرے کو اپنا آئیڈیل تسلیم کیے بیٹھے ہیں، الحاد کے پھندے میں پھنستے جا رہے ہیں اور نہ صرف اپنی آخرت تباہ کر رہے ہیں بلکہ اپنی دنیا

کو بھی داؤ پر لگا رہے ہیں۔ یہ طبقہ دنیا کو انگریز کی نظر سے دیکھتا ہے اور سمجھتا ہے کہ اسلام بھی ویسا ہی مذہب ہے جس طرح مسیحیت ہے۔ یہ لوگ دنیا کی تاریخ کو ہمیشہ صرف یونان سے شروع کرتے اور مغرب کے عروج پر ختم کرتے ہیں۔ اسلام اور تاریخِ اسلام کے بارے میں یہ گورے پروپیگنڈوں کا شکار ہیں۔ اپنی کوتاہ نظری کے باعث یہ لوگ اسلام کے مبلغین اور عامۃ المسلمین کی انسانی لغزشوں اور کوتاہیوں کو دینِ اسلام کی غلطی سمجھتے ہیں۔ اس طرح کی جذباتیت میں آ کر وہ یہ غیر منطقی نتیجہ اخذ کرتے ہیں کہ اسلام اپنے پیروکاروں کو کسی قسم کی منطقی بنیاد یں مہیا نہیں کرتا۔ ان لوگوں میں اکثریت ان کی ہے جنہوں نے قرآن کا گہرا مطالعہ تو ایک طرف، سرسری مطالعہ بھی نہیں کیا ہوتا لیکن اسلام پر ایسی جرأت سے تیر برساتے ہیں کہ سننے والا یہ سمجھے کہ حق تو یہی بیان کر رہا ہے جبکہ سن کر ماننے والا اور کہنے والا، دونوں ہی دین و دنیا سے جاہل ہوتے ہیں۔ یہ بہت بڑے دکھ کی بات ہے کہ اردو زبان میں الحاد کے رد کے موضوع پر کام نہیں ہو رہا جبکہ یہ دنیا کی بہت بڑی زبان ہے۔ اس کی وجہ بھی انگریزوں ہی کی سیاہ کاریاں ہیں کہ انہوں نے اپنے مفتوحہ علاقوں میں اپنی بانجھ زبان مسلط کر رکھی ہے اور مقامی اور علاقائی زبانوں کو ترقی کرنے اور پاؤں پھیلانے کی جگہ بھی نہیں چھوڑی۔

اس بات کو ملحوظ رکھتے ہوئے یہ ہماری یہ چھوٹی سی کاوش آپ کے سامنے ہے۔

یہ کتاب The Divine Reality کا اردو ترجمہ ہے۔ اس کی خاص بات یہ ہے کہ یہ کتاب ان لوگوں کے شکوک کو رفع کرتی ہے جو ملحدین کے جھوٹے دعووں کو سچ سمجھ بیٹھے ہیں۔ ہم امید کرتے ہیں کہ یہ کتاب عام مسلمان کے ایمان میں اضافے کا باعث بنے گی اور خاص طور پر وہ لوگ جو الحاد کے خلاف فکری و دعوتی محاذوں پر کھڑے ہیں، ان کے لیے یہ کتاب نہایت اہم اسلحے کا کام بھی دے گی۔ ہم نے کوشش کی ہے کہ اس کتاب کو آسان فہم رکھا جائے تا کہ قاری کو پڑھنے میں دقت نہ ہو لیکن فلسفے کی زبان کو کتنا بھی آسان کیوں نہ کیا جائے، وہ کچھ نہ کچھ مشکل رہتی ہی ہے۔ ہم نے کوشش کی ہے کہ فلسفیانہ اصطلاحات کی وضاحت کر دی جائے تا کہ قارئین کو پڑھنے میں آسانی ہو، پھر انگریزی اصطلاحات بھی قوسین (بریکٹس) میں جمع کر دی ہیں تا کہ اگر ترجمے میں کسی قسم کی مشکل باقی رہ گئی ہو تو انگریزی اصطلاح سے استفادہ کرنے میں آسانی ہو۔ اسی طرح جتنے مفکرین اور کتابوں کے نام ہیں، وہ بھی حوالہ جات اور حواشی میں درج کر دیئے گئے

ہیں تاکہ انٹرنیٹ کے ذریعے ان تک رسائی ہوسکے۔

سب سے پہلے تو ہم اللہ کا شکر ادا کرتے ہیں جس نے ہمیں توفیق دی کہ ہم اس کتاب کو اپنی بساط بھر احسن طریقے سے اردو زبان میں پیش کریں۔ اس کے بعد ہم حمزہ تزارتزس صاحب کے لیے دعا گو ہیں کہ جنہوں نے اپنی زندگی اس نئے فتنے کا مقابلہ کرنے کے لیے وقف کر رکھی ہے۔ ہم الحاد ڈاٹ کام (ilhaad.com) کے شکر گزار ہیں کہ کتاب کے ترجمہ کی طرف اولین توجہ انھوں نے دی اور چند ابواب کا ترجمہ کرتے ہوئے ہم نے ان کے کام سے استفادہ لیا۔ اہلِ علم اور اہلِ ذوق سے گزارش ہے کہ ترجمے میں بہتری کی تجاویز اور غلطیوں کی اصلاح کے لیے دیے گئے ای میل ایڈریس پر رابطہ فرمائیں۔

اللہ تعالیٰ سے دعا ہے کہ ہماری اس کاوش کو توشۂ آخرت بنا دے اور ہمیں جنت الفردوس میں اپنے دیدار سے بہرہ ور فرمائے۔ (آمین)

محمد خان، ولید بن عبدالمالک

صفر المظفر 1445ھ

بمطابق، ستمبر 2023ء

عرضِ مصنف

تشکر گوئی

بلا شبہ اللہ تعالیٰ کے بغیر اس کتاب کا لکھا جانا ممکن نہ تھا۔ میں اللہ کی حمد و ثنا بیان کرتا ہوں۔ جب آپ یہ کتاب پڑھ لیں گے تو آپ اس نتیجے پر ہی پہنچیں گے کہ فقط اللہ پر ہی سب کچھ منحصر ہے اور وہی اعلیٰ اور اکمل تعریف کا مستحق ہے۔ اللہ کے نبی ﷺ نے ہمیں تعلیم دی ہے کہ ''جو لوگوں کا شکریہ ادا نہیں کرتا، وہ اللہ کا شکر ادا نہیں کرتا۔''[1] چنانچہ میں ان تمام لوگوں کا شکر گزار ہوں جنہوں نے اس کتاب کی تحریر میں میری مدد اور حوصلہ افزائی کی۔

ان سب میں پہلے میرے اہلِ خانہ ہیں۔ میں اپنی اہلیہ اور بچوں کی محبت، برداشت، قربانیوں، حوصلہ افزائی اور صبر کو نہیں بھلا سکتا۔ انہوں نے جو مجھ سے محبت کرتے ہیں، میری علیحدگی اور میری طرف سے ان کو نظر انداز کئے جانے کو برداشت کیا۔

میں اپنے بھائی اسپائروس تزار تزس کا شکریہ ادا کرنا چاہوں گا جس کی دانشوری نے مجھے میری عمر کے ابتدائی حصے میں ہی متاثر کیا۔ ہم تقریباً بیس برس اکٹھے رہے۔ اس کی دور اندیشی اور سوچ کے نئے زاویوں نے میرے اندر دانشوری کا بیج بویا، جس کا ایک ثمر یہ کتاب ہے۔ میں اپنی بہن حارث تزار تزس کا شکر گزار ہوں۔ وہ میرے لئے ہمیشہ سہارے کا باعث بنی اور اس نے کبھی میری کمزوریوں کی طرف نہیں دیکھا اور ہمیشہ میری اچھائیوں پر نظر رکھی۔ میری ماں اندرولہ تزار تزس، محبت کے جذبے سے سرشار اُن چند لوگوں میں سے ہیں جنہیں میں جانتا ہوں۔ ان کی کبھی نہ ختم ہونے والی محبت اور مدد نے مجھے اس مقام تک پہنچایا۔ میں اپنے والدین کے احسان کا بدلہ کبھی نہیں دے سکتا۔ میرے پاس الفاظ نہیں جن سے میں ان کا شکر ادا کر سکوں۔ میں دعا گو ہوں کہ اللہ انہیں صحت والی، لمبی اور خوشیوں سے بھری زندگی دے۔ میں دعا کرتا ہوں کہ ہم ہمیشہ اسی طرح محبتوں سے سرشار رہیں۔

میں اپنے دوست عمران حسین کا شکر گزار ہوں جنہوں نے اس کتاب پر نظرِ ثانی کی اور باب

نمبر 3 میں میری مدد کی۔ میں صبور احمد کا انتہائی شکر گزار ہوں جن کے نہایت اہم علمی و فکری اور اخلاقی تعاون نے اس کتاب کی تکمیل میں نمایاں کردار ادا کیا۔ ابو ہریرہ کا تہِ دل سے شکر گزار ہوں، وہ ان چند ذہین ترین لوگوں میں سے ہیں جن سے میں واقف ہوں۔ انہوں نے اس کتاب کو اس کی ابتدائی حالت میں دیکھا اور ان کی رائے سے مجھے بہت مدد ملی۔ ان کے تنقیدی جائزے اور تعاون کے بغیر یہ کتاب ممکن نہ تھی۔

میں مصنف اور عالم ڈاکٹر سفارک چودھری کا ممنون ہوں۔ ان کی دوستی سے متاثر ہو کر میں نے اسلامی فلسفے میں اپنی تعلیم جاری رکھی۔ ان کا عالمانہ تعاون اس کتاب کیلئے بہت مؤثر ثابت ہوا۔ آصف الدین کا شکر گزار ہوں جن کے گھنٹوں اسلامی مطالعے سے حاصل مواد اور تنقیح سے اس کتاب کو یہ شکل میسر آئی۔ اپنے دوست عدنان رشید کا شکر گزار ہوں۔ انہوں نے اس کتاب پر نظر ثانی کی اور باب نمبر 14 کے حوالے سے خصوصی تعاون کیا۔ ڈاکٹر سرفراز رندھاوا اور عاطف امتیاز کی قیمتی آراء اور مشوروں پر ان کا شکر گزار ہوں۔ ام طلحہ بنت ابو بلال کا بے حد شکر گزار ہوں جنہوں نے اس کتاب پر آخری ساعتوں میں نظر ثانی کی۔ غازی مینائی، فہد تسلیم، ڈاکٹر محمد گیلانی، انتھونی گرین، صلاح الدین پٹیل، جونی مولا، عیسٰی خان، عبداللہ مکی، زینت بی بی، ابو زکریا اور اُمّ زکریا کے تعاون اور مدد کیلئے انتہائی شکر گزار ہوں۔ آخر میں جان پین کا مدیری امور پر اور IERA اور Sapiens Institute کے تعاون پر کہ جن کی بدولت ہی اس کتاب نے حقیقت کا جامہ پہنا، بے حد شکر گزار ہوں۔

مزید بہت سے لوگ ہیں جن کا مجھے شکر گزار ہونا چاہئے۔ تاہم جس کسی کا بھی نام شامل ہونے سے رہ گیا اسے جان لینا چاہئے کہ آپ کا اجر اللہ رب العالمین کے پاس ہے اور اس کا موازنہ نہ دنیا کی کسی چیز سے نہیں کیا جا سکتا۔

حمزہ اینڈریس زورترس

https://www.hamzatzortzis.com

دیباچہ

میرا سفر

''پروردگار، اسلام اور الحاد'' کے بارے میں کتاب لکھنے کا کیا مقصد ہے؟ بہت سے فلسفی اور ادیب جن کا تعلق مختلف پس منظر سے تھا، اس موضوع پر بہت سی کتب لکھ چکے ہیں۔ تو پھر اس مضمون پر ایک اور کتاب کیوں؟ اسے وضاحت کا جامہ پہنانے کے لیے میں آپ کے سامنے اپنی زندگی کے اب تک کے سفر کی روداد رکھنا چاہوں گا۔

میں لندن میں ایک یونانی خاندان میں پیدا ہوا۔ میرے والدین 1970ء کی دہائی میں مختلف وجوہ کی بناء پر یہاں آئے تھے۔ میرے والد ایتھنز سے نکلنا چاہتے تھے۔ میری والدہ کے پاس زیادہ اختیارات نہ تھے کیونکہ وہ 1974ء میں ترکی کے قبرص پر حملے کے بعد مہاجر ہو گئی تھیں۔ میرے والدین نے بہت سے مصائب جھیلے لیکن محبت، برداشت اور حوصلہ مندی کی بنیاد پر وہ دنیا کے خوشحال ترین، محبت کرنے والے اور قوت برداشت سے سرشار لوگ ہیں۔ اپنی زندگی میں شامل ہونے پر میں ہمیشہ کے لیے ان کا شکر گزار رہوں۔

ان سب مصائب کے باوجود میرے والد وجود سے متعلق سوالات کا جواب ڈھونڈنے کی کوشش میں لگے رہے۔ وہ زندگی سے متعلق اہم ترین سوالات کے جوابات کی کھوج میں تھے۔ اپنے اس سفر میں انہوں نے بہت سی کتب کا مطالعہ کیا۔ اسی وجہ سے مجھے گھر پر بہت سی کتابوں کا ذخیرہ میسر تھا جن میں The Power of Positive Thinking سے لے کر

The Science of the Mind جیسی کتابیں تک شامل تھیں۔ میرے والد اکثر کتب بینی میں مصروف رہتے اور گا ہے اپنے خیالات کا اظہار کرتے۔ میں ان کے تین میں سے درمیان والا بچہ ہوں اور اُس وقت ان کی ایک بات بھی ہمارے پلے نہ پڑتی۔

اس پس منظر میں رہتے ہوئے میرے ذہن میں بھی وجود سے متعلق وہی سوالات تھے جو ایک زمانے میں میرے والد صاحب کے دل کو بے قرار کرتے تھے۔ مجھے اب بھی یاد ہے کہ میں 11 سال کا تھا جب غسل خانے میں ٹب میں بیٹھ کر روتا تھا۔ میں اپنے آپ کو بہت اکیلا محسوس کرتا تھا۔ مجھے لگتا تھا کہ صرف میں اپنے وجود کا ادراک رکھتا تھا (دیکھئے باب 7)۔ صرف میں جانتا تھا کہ میں کیسا محسوس کر رہا ہوں چاہے میں اپنا وقت ٹب میں بیٹھ کر روتے ہوئے صرف کر رہا ہوتا تھا یا اپنے ہم عمروں کے ساتھ کھیل رہا ہوتا تھا۔ اس وجہ سے میں دوسرے لوگوں کے فکر و شعور کی صلاحیتوں کے بارے میں تشکیک کا شکار ہو گیا تھا۔ کیا وہ واقعی ادراک و شعور رکھتے ہیں؟ کیا وہ اصلاً دنیا میں موجود ہیں؟ ان کے احساسات کیا ہیں؟ ان کا احساس و ادراک اس وقت کیا ہوتا ہے جب میں ان میں موجود نہیں ہوتا؟

زندگی کے کئی برس گزر جانے کے بعد مجھے احساس ہوا کہ یہ ایک طرح کی ہمہ انانیت (solipsism) تھی جو مجھ میں سرایت کر رہی تھی۔ اس کیفیت میں آپ صرف اپنے احساسات و شعور کے وجود کے بارے میں یقین رکھتے ہیں۔ بہرحال، وہ یہی احساسات و نظریات سے متعلق سوالات تھے جنہوں نے مجھے زندگی میں ان کے جوابات کی تلاش کی جستجو میں گھیرے رکھا۔ ان تجربات نے میرے ضمیر میں اس احساس کو بڑھاوا دیا کہ سچائی کی تلاش ہی سب کچھ ہے۔ میں اکثر اپنے دوستوں سے ان کے عقائد کے متعلق سوالات کرتا۔ میں بہت خوش قسمت ہوں کہ میرے تعلقات بہت سے قبائل و رسوم و رواج سے تعلق رکھنے والے افراد سے تھے۔ لندن باروآف ہیکنی کے علاقے میں پرورش پانے کا ایک زبردست فائدہ یہ تھا۔

مجھے محسوس ہوتا تھا کہ حق و سچ کو جانے بغیر یہ دنیا کتنی بے معنی اور پُرفریب رہتی ہے۔ بہت سے ماہرین نفسیات اعتراف کرتے ہیں کہ انسان حق کی پیروی کرنا چاہتا ہے، اور جب اسے اشیاء کا ادراک نہیں ہوتا تو وہ اپنے معاشرے اور رسوم و رواج سے سیکھتا ہے۔ حق کی تلاش کسی بھی شخص کے لیے بہت اہمیت کی حامل ہے کیونکہ اس وجہ سے ہی ہمیں ادراک ہو سکتا ہے کہ ہم کون ہیں اور

ہم کیا بنانا چاہتے ہیں۔

مجھے حق کی تلاش نہ کرنا کسی جھوٹ یا باطل کو قبول کرنے کے مترادف معلوم ہوتا تھا۔ اسی لئے حق کی تلاش میرے لئے میری خالص ترین کاوش تھی کہ میں اس زندگی کی حقیقت جان سکوں اور اس زندگی میں اپنے مقام کی نشاندہی کر سکوں۔ میرے لئے ان لوگوں کا قول جو سچ کے بارے تشکیک کا شکار ہیں، کہ سچ کی کوئی اہمیت نہیں، بالکل بے کار اور خود کو شکست دینے کے مترادف ہے، کیونکہ یہ کہنا کہ کوئی سچ نہیں دراصل ایک دعویٰ ہی ہے، تو میں یہ کیسے مان سکتا ہوں کہ یہ دعویٰ درست ہے جو یہ کہتا ہے کہ سب کچھ باطل ہے یا سچائی کی کوئی اہمیت ہی نہیں؟ یہ تشکیک کے نظریات میں بے ربطی کی مثال ہے۔ ایک مشکک تمام حقائق کے بارے میں تو مشکک ہو گا لیکن اپنے دعوے میں خود کو حق پر گردانتا ہے۔ نتیجتاً، میں جو بھی راہ اختیار کرتا، حق سے منہ موڑنا میرے لئے ممکن نہ تھا۔

جب میں نے اسلام کے بارے میں جانا تو اس کی دو باتوں نے مجھے بہت متاثر کیا۔ پہلی، وہ یقین کی حرارت جو میرے مسلمان دوستوں میں بات کرتے ہوئے ہوتی تھی۔ دوسری، روحانی اور معاشرتی اقدار؛ دونوں نے ہی مجھے اسلام کی قبولیت کی جانب راغب کیا۔ یہ وہ مقام نہیں جہاں میں اپنے مذہب کی تبدیلی کی روداد سناؤں۔ ایک مقام تھا جب عقل و دانش کے معیارات کے مطابق میں نے اسلام کو سچا جان لیا تھا لیکن میں تب بھی مکمل طور پر اس کا قائل نہیں ہوا تھا۔ میں نے دو عادتیں اپنانا شروع کر دیں: میں نے قرآن کی چند سورتیں عربی میں از بر کرنا شروع کر دیں، اور مسلمانوں کے ساتھ کچھ نمازیں اور ان کی رسومات میں شامل ہونا شروع کر دیا۔ جب میں سجدہ ریز ہوتا تو میں اللہ سے کلام کرتا اور اس سے ہدایت طلب کرتا۔ یہ سب میں نے اپنے بھائی کے دوست کے مشورے کے بعد کرنا شروع کیا، اس کا نام عامر اصلاحی تھا۔ وہ ایک جامعہ میں طب کی تعلیم حاصل کر رہا تھا لیکن وہ اکثر ہمارے ہاں آتا اور ہمیں نصیحت کرتا۔ میں اسے اللہ کے نبی ﷺ کی احادیث بیان کرتے ہوئے سنتا۔ عامر نے ایک مرتبہ کہا: تم سب سے زیادہ اللہ کے نزدیک حالت سجدہ میں ہوتے ہو۔

میں اس لئے اس سے متاثر ہوا کہ ہمارے چہرے بتاتے ہیں کہ ہم کون ہیں، کئی بار ہماری انا اور تکبر ہمارے آڑے آتے ہیں، لیکن مسلمان جب بھی نماز پڑھتے ہیں تو اقرار کرتے ہیں کہ

ہم اللہ کے آگے فقیر ہیں۔ اسی کی بندگی میں دراصل مسلمانوں کی اساس ہے؛ ایسے رب کے آگے بندگی کا اظہار کرنا جس نے ان کو پیدا کیا۔ حالتِ سجدہ میں انا و تکبر کی گھاٹی کو بہت پیچھے چھوڑ کر اللہ کے آگے اپنی بندگی ظاہر کرتے ہیں۔ پس! میں نے بھی اللہ کے آگے جھکنا شروع کیا اور اس سے ہدایت طلب کرنا شروع کی۔ ڈاکٹر عامر میرے دوست ہیں لیکن وہ نہیں جانتے کہ 15 سال قبل ان کے الفاظ نے مجھ پر کتنا گہرا اثر مرتب کیا۔

دوسرا یہ کہ میں نے اپنے ایک بہت پرانے اسکول کے دوست سے بات چیت کا آغاز کیا۔ معین الاحمد۔ وہ میرے گھر آتا اور مجھ سے اسلام کے موضوع پر بات کرتا، میں اس سے سوالات پوچھتا۔ اس سفر کے آغاز میں دانش کے اعتبار سے اسلام کا قائل ہو چکا تھا لیکن میرا دل اب بھی مُردہ تھا۔ اسلام کے بارے میں حقیقت جاننے کے باوجود میری اندرونی کیفیت میں فرق نہ آیا۔ اسی اثناء میں 4 اکتوبر 2002ء کے روز میں معین سے ملنے باہر نکلا اور اس کی گاڑی میں جا بیٹھا۔ میں سچ بتاؤں تو مجھے نہیں یاد اس نے مجھے کیا کہا مگر یہ یاد ہے کہ میرے دل میں ایک سکون اتر آیا تھا۔ اس نے انتہائی شیریں لہجے اور شاعرانہ انداز میں موت کی حقیقت کا نقشہ کھینچا، مجھے اس کے الفاظ یاد نہیں: ایسا کرنا اندھیرے میں بلی پکڑنے کی کوشش کے مترادف ہوگا۔ بہرحال، اس کی بات سے میرے دل کا وہ دروازہ کھل گیا کہ شاید جو تالوں کے پیچھے بند ہو چکا تھا۔

انسان موت کے تذکرے کو سننے میں لطف حاصل نہیں کرتا۔ موت ہم میں یہ احساس پیدا کرتی ہے کہ میرا جس چیز کے ساتھ بھی اس دنیا میں لگاؤ ہے، آخرکار مجھ سے چھن جائے گی۔ دراصل یہ احساس ہمیں ایک کڑوی حقیقت سے متعارف کرواتا ہے جو آج کل اس زمین پر نایاب ہے۔ ہمیں لازماً اس حقیقت پر اپنے ذہن کو تیار کرنا ہے۔ فلسفے کی دنیا میں موت پر بہت سے نظریات قائم کئے گئے ہیں۔ مثال کے طور پر کچھ فلسفیوں نے موت کو ابدی نیند سے تشبیہ دی۔ کچھ نے کہا، موت ہماری زندگی کا ایک حصہ ہے، ایسا حصہ جس سے ہر شخص کو سمجھوتا کرنا ہے تا کہ انسان اپنی حد کو جان لے۔ کچھ نے کہا، موت دراصل ایک اور زندگی کی جانب ہجرت ہے جس میں ابدی زندگی اور اللہ کی ابدی رحمت ہوگی یا اللہ کے پیغام کو جھٹلانے کے عوض عذاب ہوگا۔

موت کے بارے میں ہمارے جو بھی خیالات ہوں، ایک بات جس میں بحث کی گنجائش نہیں وہ یہ کہ ہم اس موضوع پر بہت کم سوچتے ہیں۔ یہ آپ کو بہت عجیب معلوم ہوگا مگر، موت کی

فکر بہت فائدہ مند ہے۔ اس سے یہ احساس اجاگر ہوتا ہے کہ ہماری زندگی بہت قلیل ہے۔ موت پر فکر ہماری انانیت و تکبر کو مٹا دیتی ہے۔ ہمارا ان مادی اشیاء سے لگاؤ ہمیں کیا فائدہ دے سکتا ہے جبکہ ہمیں ایک روز موت کی گھاٹی میں ہی اترنا ہے۔ جیسا کہ 11 ویں صدی کے عالم امام غزالی فرماتے ہیں: ''... موت کے بعد دراصل انعام و اکرام ہے۔''[2] موت پر غور کرنا ہمیں اپنے وجود کی حقیقت پر غور کرنے پر مجبور کرتا ہے۔

بہرحال، موت پر تدبر نے میرے زندگی کی طرف دیکھنے کے رویّے کو تبدیل کر دیا۔ میں نے سیکھا کہ مجھے کس قدر ان مادی اشیا کو اہمیت دینی چاہئے۔ زندگی کو موت کے آئینے میں دیکھنے کی وجہ سے مجھ پر نئے اسرار کھلے، مجھے اس کرۂ ارضی پر اپنی اہمیت کا اندازہ ہوا۔ میں یہاں کیسے آیا؟ مجھے یہاں کیا کرنا چاہئے تھا؟ میں کہاں جا رہا ہوں؟ موت میرے لئے ان سوالوں کے پس پشت قوتِ محرکہ تھی، میں جان گیا کہ زندگی مختصر ہے اور یہ کہ ایک دن میں آخری سانس لوں گا، اس احساس سے میرے نظریات میں تبدیلی آئی۔

اس چیز کو سمجھنے کے لیے کہ میں کن تجربات سے گزرا، میں چاہوں گا کہ آپ موت پر غور کیجیے: تصور کیجیے آپ زندگی کا آخری لمحہ گزار رہے ہیں اور اگلے ہی لمحے آپ اس دنیا سے کوچ کر جائیں گے۔ آپ کو کیا محسوس ہوا؟ کیا آپ کو تنہائی، اور خلاء محسوس ہوئے؟ کیا آپ کے لگاؤ میں کمی آئی جو آپ کا ان مادی اشیا کے ساتھ ہے؟ اگر آپ کو اس لمحے موت کا سامنا کرنا پڑے جیسا کہ ہر انسان کو کرنا ہے، تو آپ کے لیے موت کے کیا معنی ہوں گے؟ آپ اپنی زندگی میں کیا کریں گے اگر آپ کو واپس زندگی میں آنے کا موقع مل جائے؟ آپ کن خیالات و امور کو سنجیدہ لیں گے؟ آپ کا کیا ردِ عمل ہوگا اگر آپ موت کو دیکھ کر اس دنیا میں واپس پلٹیں؟

لیکن موت کے بارے میں غمزدہ بات یہ ہے کہ موت کی گھاٹی سے واپسی نہیں۔ یہ احساس مجھ پر بوجھ بن گیا۔ موت پر غور کرنے کی وجہ سے میں اس نتیجے پر پہنچا کہ زندگی بہت قلیل ہے، اور یہ کہ مجھے ہر گزرتے لمحے کے ساتھ بہتر کام کرنا ہے۔ اگلے ہی لمحے میں نے ٹیکسی لی اور جامع مسجد کا رخ کیا اور اسلام قبول کر لیا۔ یہ 15 اکتوبر 2002ء کا دن تھا۔

تلاشِ حق کی میری خواہش نے آگے چل کر مجھے مجبور کیا کہ میں لوگوں کو حق کے بارے میں بتاؤں۔ میں اپنے بھول پن میں ہر چیز کو جو اسلام اور اس کی منطقی بنیادوں کو ذرا سا بھی سہارا دیتی

معلوم ہوتی، تھام لیتا تھا۔ میں نے بہت سے عیسائی فلسفیوں کو پڑھا، کیونکہ یہاں اس قسم کا کوئی کام انگریزی زبان میں میسر نہیں تھا۔ یقیناً اس کی وجہ سے میرا اسلام سیکھنے کا سفر مشکلات سے دو چار ہوا۔ اسلامی الٰہیات کی تعلیم کے لیے عیسائی فلسفیوں کا سہارا لینا بہت اچھا طریقہ نہیں تھا۔ اگرچہ دونوں مذاہب میں بہت سی مماثلتیں ہیں مگر ان میں بہت بنیادی فرق بھی ہیں۔

میں نے اب تک ایک مسلمان کی حیثیت سے گزارے ہوئے ایام میں بہت مشکل سے علم سیکھا۔ میں نے بہت غلطیاں بھی کیں، اور یہ کتاب بہت سی ان چیزوں پر مشتمل ہے جو میں نے اب تک سیکھا۔ غلطیوں سے سیکھنے کے جہاں بہت سے فوائد ہیں، وہیں اس کے بہت سے نقصانات بھی ہیں۔ نقصان یہ ہے کہ میری غلطیاں اور لغزشیں انٹرنیٹ پر آسانی سے دستیاب ہیں اور کوئی بھی انہیں دیکھ سکتا ہے۔ یہ لغزشیں اور بھونڈی غلطیاں، ان چیزوں میں کما حقہ غور و فکر نہ کرنے کی وجہ سے پیدا ہوئیں۔ بہرحال، آپ کو یہ کتاب پڑھ کر میری غلطیوں سے سیکھنے کا موقع ملے گا اور آپ ان مشکلات اور غلطیوں سے اپنا دامن بچا پائیں گے۔ آزمائش اور غلطیوں کی وجہ سے میرے دلائل مضبوط تر ہوئے۔ اس سفر سے مجھے معلوم ہوا کہ اچھا اخلاق اور برداشت سب سے بڑی نیکی ہے۔ ان تجربات سے میرے اپنے عقیدے پر بہت سے سوالات اٹھے، اور وہ اسرار کھلے جن سے میں اسلام میں اچھے اخلاق اور برداشت کو جان گیا۔ اللہ کے نبی ﷺ کے مطابق بھی اچھی سیرت ہی ہر شئے میں خوبصورتی پیدا کرتی ہے۔

میں نے اپنے دلائل کو بہت بار ذہین ترین سمجھے جانے والے مشہور ملحدین سے مقابلے میں استعمال کیا ہے۔ میں نے بہت سے مختلف پس منظر سے تعلق رکھنے والے ملحدین دانشوروں سے مکالمے اور مباحث کئے ہیں۔

ان میں پروفیسر سائمن بلیک برن، ڈاکٹر برینڈن لارفر، ڈاکٹر اسٹیفن لا، پروفیسر رچرڈ نارمن، ڈاکٹر نائجل واربرٹن، پروفیسر پیٹر سائمنز، پروفیسر لارنس کراس، پروفیسر گراہم تھامسن، ڈاکٹر پیٹر کیو اور ڈین بارکر شامل ہیں۔ یہاں تک کہ میں نے پروفیسر رچرڈ ڈاکنز سے بھی سرِ راہ ایک بار مکالمہ کیا لیکن بدقسمتی سے ہماری گفتگو میں خلل ڈالا گیا اور وہ وہاں سے چل دیا۔

جن موضوعات پر ہم نے بحثیں کیں وہ "کیا ہم مذہب کے بغیر بہتر زندگی گزار سکتے ہیں؟" سے لے کر "کیا شعور کی وضاحت خدا کے وجود کے علاوہ ممکن ہے؟" اور "اسلام اور الحاد: منطقی

طور پر کیا بہتر ہے؟‘‘[3] تک محیط ہیں۔ان مباحث نے مجھے اپنے دلائل کو بہتر بنانے میں مدد دی۔ جن لوگوں نے میرا کام دیکھا ہے، وہ جانتے میں کہ میں نے اس عرصے میں اپنے دلائل میں کس قدر بہتری حاصل کی۔ میں نے فلسفیوں کے فلسفے کا تجزیہ کیا اور پھر ان کے نتیجے اسلامی الہیات کی روشنی میں نتائج اخذ کیے۔ آپ اس کتاب میں دیکھ سکیں گے کہ میں نے آفاقی فلسفوں کو ان کی اصل حالت میں پیش کیا ہے اور انہیں اسلامی فکر کے ساتھ پیش کیا ہے اور کوشش کی ہے کہ انہیں الہیاتی و منطقی اعتبار سے ہم آہنگ کروں۔

لندن یونیورسٹی سے میری فلسفے کی تعلیم نے مجھے بہت نفع دیا۔اس سے فلسفے کو ردیا قبول کرنے کی میری اہلیت میں بہت اضافہ ہوا۔ میں ابھی فلسفے میں ہی پوسٹ گریجویٹ کر رہا ہوں، اور میری تمنا ہے کہ اس سب سے میں اسلام کا روایتی تصور، خوبصورت اور فلسفیانہ اسلوب میں پیش کروں۔ ان اکادمیائی تجربات نے اس کتاب کے دلائل کو چار چاند لگا دیے۔ انہی نے میرے اسلام کے متعلق عقائد اور فلسفے سے متعلق نظریات کو بھی مضبوط کیا جو دراصل اللہ کی نبی ﷺ کی تعلیمات اور قرآن سے ہی منطبق ہیں۔

انگریزی زبان میں کوئی ایسی کتاب نہ تھی جو اسلام کی توحید کا قضیہ اور الحاد کے غیر منطقی نظریات کو اس جامعیت کے ساتھ بیان کرتی ہو۔اس سے اس کتاب کی تعریف مقصود نہیں بلکہ یہ احساس اجاگر کرنا مقصد ہے کہ اس موضوع پر کس قدر قلیل کام ہوا ہے۔ میں نے دنیا کے مختلف حصوں میں لوگوں سے خطاب کیا جن میں مسلمان اور غیر مسلم شامل ہیں۔ اس دوران میں نے لوگوں میں جہاں الحاد میں عروج دیکھا، وہیں لوگوں میں اسلامی نظریات، اللہ کے نبی ﷺ کے احکامات اور وحی کے پیچھے منطق و حکمت جاننے کی پیاس بھی دیکھی۔اس کتاب کا مقصد اسی پیاس کو بجھانا ہے اور قاری کو یہ سمجھانا ہے کہ اللہ کا وجود، اس کی توحید، اور اللہ کا ہماری عبادت کا مستحق ہونا، ہماری دنیا سے ہر طرح ہم آہنگ ہے۔اس میں ان دلائل کا بھی رد ہے جو اللہ تعالیٰ کے وجود کے انکار کے لیے دیے جاتے ہیں۔

اس کتاب میں اسلام اور فلسفے پر مبنی وہ دلائل بھی ہیں جو اللہ کے وجود اور محمد ﷺ کے اللہ کے نبی ہونے پر دلالت کرتے ہیں۔ ان میں سے اکثر دلائل ملحدین کے خلاف مباحثوں میں استعمال ہو چکے ہیں اور یہ آزمودہ دلائل ہیں۔اس کتاب میں ہر باب کے ساتھ اسلام کے حوالے

بھی موجود ہیں، جو نہ صرف اسلامی اصولوں بلکہ فلسفے کی رو سے بھی ہم آہنگ ہیں۔ تقریباً پچاس فیصد حوالے اس کتاب میں اسلامی کتب اور روایات پر مبنی ہیں [4] جن میں قرآن، اللہ کے نبی صلی اللہ علیہ وسلم کی احادیث اور مسلم علماء کے اقوال شامل ہیں۔ اس کتاب میں صرف اسلام کے نظریۂ توحید پر دلائل دینے اور الحاد کا رد کرنے پر اکتفا نہیں کیا گیا بلکہ اس کتاب میں اہم چیز، اللہ تعالیٰ کی حاکمیت اور اس کے کلام، قرآنِ پاک کے الہامی ہونے کے ثبوت بھی دیئے گئے ہیں اور یہ بات واضح کی گئی ہے کہ اللہ کے نبی صلی اللہ علیہ وسلم کی تعلیمات نے دنیا پر کیا شاندار اثرات مرتب کئے۔ ان کی بنیاد پر ہم یہ نتیجہ اخذ کر سکتے ہیں کہ اللہ تعالیٰ کیوں کر ہماری عبادت کا مستحق ہے، وہ عبادت جو ہمارے وجود کا مقصدِ اُولیٰ ہے۔

چاہے آپ مسلمان ہیں، ملحد ہیں یا مشکک، میں آپ کو دعوت دیتا ہوں کہ اپ اس کتاب کو کھلے دل سے پڑھئے۔ اگر ایک بار آپ اس کتاب کو پڑھ لیں گے تو آپ اس نتیجے پر پہنچیں گے کہ الحاد محض منطقی سراب ہے اور اسلامی نظریۂ رب العالمین، مکمل منطقی اور مبنی برحق ہے۔ آپ یہ کتاب پڑھنے کے بعد دیکھیں گے منطقی سراب، الحاد کے لیے موزوں ترین اصطلاح ہے۔ سراب دراصل آنکھوں کا دھوکہ ہوتا ہے جو ماحول کے اثرات کی وجہ سے لاحق ہوتا ہے۔ بالکل اسی طرح، وہ شرائط جن کی بنیاد پر الحاد کی طرف داری کی جاتی ہے، وہ غلط مفروضے، بے ربط دلائل اور ناقص عقلی دعوے ہیں جو جذبات کی بنیاد پر قائم کئے جاتے ہیں؛ اور اکثر و بیشتر کسی نہ کسی کی انا کا مسئلہ ہوتے ہیں۔ الحاد دراصل عقل و منطق کی راہ پر استوار نہیں بلکہ یہ زیادہ تر غیر منطقی راہ پر گامزن ہے، لیکن ظاہر یہ کرتا ہے کہ گویا وہ منطق اور عقلی دلیل پر چل رہا ہو۔ (دیکھئے باب 3)

اس سرابِ رنگ و بُو کو گلستاں سمجھتا ہے تُو

آہ اے ناداں! قفس کو آشیاں سمجھا ہے تُو

الحاد

تعریف، تاریخ اور ترویج

الحاد (atheism) ایک تصور ہے جس کا ماننے والا اپنے آپ کو ملحد (atheist) کہلواتا ہے۔ ملحد ایک ایسا شخص ہوتا ہے جو خدا کے وجود کا کھلم کھلا انکار کرتا ہے۔ انگریزی لفظ atheism میں، جو یونانی زبان سے آیا ہے، a، کا سابقہ ''نہیں'' یا ''کوئی نہیں'' کا ہم معنی ہے؛ اور theism سے مراد (جو theos سے مشتق ہے) ''کسی خدا یا خداؤں کے وجود کا عقیدہ'' ہے۔ یعنی atheism کا مطلب ہوا ''خدا کے وجود کا عقیدہ نہ رکھنا۔''

تاہم، الحاد کو سمجھنے کے لیے صرف اس کی لغوی تشریح کافی نہیں۔ تو پھر (ایک) خدا، یا (ایک سے زیادہ) خداؤں پر عقیدہ نہ رکھنے کا کیا مطلب ہوا؟ اہلِ علم کے ہاں الحاد کی کسی ایک تعریف پر مکمل اتفاق نہیں، لیکن یہاں میرا مقصد فلسفیانہ موشگافیوں سے بحث کرنا اور بال کی کھال اتارنا نہیں؛ بلکہ میری توجہ کچھ عملی پہلوؤں پر مرکوز ہے۔[5] اس ضمن میں تین سوالات میرے پیشِ نظر ہیں:

پہلا: کیا اس سے یہ ظاہر ہوتا ہے کہ ایسا شخص جو اپنے آپ کو ملحد کہلواتا ہے، اس کے پاس ایسے دلائل ہیں جن سے الحاد کا عقیدہ (خدا کا عدم وجود) درست ثابت ہوتا ہے؟

دوسرا: کیا اس کا مطلب یہ ہے کہ وہ (ملحد) ابھی تک کسی الٰہیاتی دلیل (وجودِ باری تعالیٰ

کے حق میں دی جانے والی دلیل) سے قائل نہیں ہوا؟ یا

تیسرا: کیا اس کا مطلب یہ ہے کہ وہ (ملحد) "بس یونہی" کسی خدا پر ایمان نہیں رکھتا؟

آئیے، میرے پہلے سوال پر غور کیجئے: "کیا اس کا مطلب یہ ہے کہ وہ شخص جو اپنے آپ کو ملحد کہلواتا ہے، اس کے پاس ایسے دلائل ہیں جن سے الحاد کا عقیدہ درست ثابت ہوتا ہے؟" یہ ایک طرح سے علمیت پر مبنی دعویٰ ہے کہ کوئی خدا موجود ہی نہیں۔ لیکن ایسے دعوے کو قابلِ قبول جواز کی، مضبوط دلائل کی ضرورت ہے۔ یعنی یہ دعویٰ ایک ایسا پُرزور بیان ہے جسے اپنی تصدیق و تائید کے لیے کسی نہ کسی قسم کی کسی دلیل کی ضرورت ہے۔ اب ظاہر ہے کہ یہ دعویدار کی ذمہ داری بنتی ہے کہ وہ اپنے دعوے کے ثبوت پیش کرے، لہٰذا ایسے ملحد پر بھی لازم ہے کہ اپنے نقطۂ نظر (خدا کے عدم وجود) کے حق میں شہادتیں اور ثبوت فراہم کرے۔

اب ہم دوسرے سوال کی طرف آتے ہیں: "کیا اس کا مطلب یہ ہے کہ ملحد اب تک کسی الٰہیاتی دلیل سے قائل نہیں ہوا؟" بظاہر یہ نقطۂ نظر الحاد سے بہت دور ہے جو تشکیک کے دائرے میں داخل ہونے کی نشانی ہے۔ اس طرح کا مؤقف رکھنے کا مطلب یہ ہوا کہ اگر خدا کے وجود کی کوئی اچھی دلیل پیش کر دی جائے، تو وہ اسے قبول کر لیں گے۔

آخر میں، ہمارے سامنے یہ تیسرا سوال ہے: "کیا اس کا مطلب یہ ہے کہ وہ ملحد شخص بس یونہی کسی خدا پر یقین نہیں رکھتا؟" اگر کوئی ملحد کسی عقلی تحقیق و تفتیش کے بغیر، محض اپنی پسند کی وجہ سے خدا پر ایمان نہیں رکھتا تو یہ مؤقف بھی کسی عقیدے ہی کی مانند ہے؛ اب چاہے وہ پریوں پر یقین ہو یا پھر علمِ نجوم پر۔

میرا تجربہ بتاتا ہے کہ یہ سوال کہ "بھلا کیوں تم کسی خدا پر یقین نہیں رکھتے؟" کسی ملحد کے ساتھ گفتگو کے آغاز کا بہترین طریقہ ہے (دیکھئے باب نمبر 4)۔ اس پہلے ہی سوال کا جو جواب وہ دیں، اسی سے مجھے واضح طور پر اندازہ ہو جاتا ہے کہ وہ تشکیک میں مبتلا ہیں، شوقیہ ملحد ہیں جو کسی ثبوت کے بغیر ہی عقیدۂ الحاد میں مبتلا ہیں، یا وہ ایسے (پڑھے لکھے) ملحد ہیں جو خدا کے موجود نہ ہونے کی کوئی "دلیل" لئے پھرتے ہیں۔ اب اگر وہ مبتلائے تشکیک ہیں، تو بہترین حکمتِ عملی یہ ہے کہ آپ اس بات کے اچھے دلائل دیجئے کہ اللہ تعالیٰ کا وجود ہے۔ اگر وہ مخلص ہوئے، اور آپ

کی دلیل مضبوط ہوئی، تو پھر ان کو خدا کے وجود پر ایمان لانا ہوگا۔

اگر وہ شوقیہ ملحد ہیں اور بغیر کسی دلیل کے خدا کا انکار کر بیٹھے ہیں تو آپ ان کو اپنے عقائد یا تصورات پر غور و فکر کرنے پر مجبور کیجیے۔ ایسے لوگوں سے میرا سوال ہوتا ہے: ''خدا کے وجود کو جھٹلانے کے لیے تمہارے پاس کیا دلیل ہے؟'' میں انہیں بغیر کسی عقلی و فکری بنیادوں کے، محض ذاتی پسند پر، شوقیہ عقائد و تصورات رکھنے کے نقصانات سے آگاہ کروں گا۔ اگر ان کا یہ دعویٰ ہو کہ ان کے پاس خدا کے موجود نہ ہونے کی دلیل ہے تو میں ان سے دلیل مانگوں گا۔ ایسی صورت میں بحیثیت مسلم اب یہ میری ذمہ داری ہوگی کہ ان کو سمجھاؤں کہ ان کی دلیل کس طرح بودی یا غلط فہمی پر مبنی ہے۔ ساتھ ہی ساتھ مجھے اللہ تعالیٰ کے وجود کے دلائل بھی دینا ہوں گے۔

لہٰذا، ملحد ہونے کا مطلب عملاً کیا ہے؟ اس کا خلاصہ یہ ہے: پہلے تو ایک منفی دعویٰ کہ وہ شخص خدا کے وجود کا منکر ہے۔ دوسرے، خدا کے وجود کے حق میں دیئے جانے والے دلائل قوی نہیں، یعنی وہ شخص بتلائے تشکیک ہے۔ آخر میں، یہ اصرار کہ خدا کا وجود نہیں ہے۔ اس طرح کا اصرار کسی مضبوط دلیل کا محتاج ہے۔ میرا تجربہ بتاتا ہے کہ زیادہ تر ملحدین صرف اس لئے ملحد ہیں کہ وہ خدا کے وجود کے حق میں دلائل سے مطمئن نہیں۔ اس کا مطلب یہ ہوا کہ زیادہ تر ملحد حقیقی معنوں میں ملحد ہیں ہی نہیں بلکہ وہ تشکیک کا شکار ہیں۔ چنانچہ امید کی کرن باقی ہے، صرف اتنا کرنا ہے کہ خدا کے وجود کے حق میں کوئی اچھی سی دلیل پیش کی جائے۔ اس بات کو ملحوظ خاطر رکھنا اہم ہے کہ یہاں پیش کردہ تعریفات پتھر پر لکیر نہیں؛ ہر قسم کے الحاد میں مختلف درجات ہیں۔ ملحدین کو یوں بھی کہا جا سکتا ہے کہ وہ الحاد کی ان مختلف قسموں میں سے ایک یا چند ایک کو تسلیم کرتے ہیں۔

لیکن یہ اتنا آسان بھی نہیں۔ بنی نوع انسان محض علمی و عقلی مشینیں نہیں۔ سماجی، روحانی اور نفسیاتی عوامل کی ایک فہرست ہے جو اس بات کا تعین کرتی ہے کہ ہم کون سا نقطہ نظر اپناتے ہیں۔ مخصوص فیصلوں اور عقائد پر منتج ہونے والے عوامل جو ہمہ جہت بکھرے ہوئے ہیں، ان سب کی گتھی سلجھانا ناممکن ہے۔ تاہم، میرا تجربہ بتاتا ہے کہ الحاد کا عقیدہ محض سائنس اور عقل سے جنم لینے والا کوئی علمی و منطقی تصور نہیں۔ اس کے برعکس، الحاد کی جڑیں انسانی نفسیات کی گہرائیوں میں اتری ہوئی ہیں (البتہ میں تسلیم کرتا ہوں کہ اس کلئے کا اطلاق کچھ ملحدوں پر ہوتا ہے، سب پر نہیں)۔

میسوتھیزم (Misotheism): خدا سے نفرت

اگرچہ یہ الحاد کی قسم نہیں سمجھا جاتا، لیکن میرا خیال ہے کہ انکارِ خدا کی اس قسم کی وضاحت بھی بہت دلچسپ رہے گی۔ بجائے خدا کا انکار کرنے کے، یہ نقطۂ نظر خدا کے ساتھ ایک شدید قسم کی نفرت پر مشتمل ہے اور یہ خواہش کہ اس کا وجود نہ ہی ہو۔ الحاد کے انگریزی لفظ کی طرح یہ بھی یونانی زبان سے آیا ہے جس میں misos کا مطلب ہے ''نفرت'' اور theos سے مراد ''خدا'' ہے، یعنی یہ ''خدا سے نفرت'' کا عقیدہ ہے۔ اس کی بابت کچھ مفکرین کا خیال ہے کہ یہ الحاد کی کچھ قسموں کی نفسیاتی بنیاد فراہم کرتا ہے۔ ایسوسی ایٹ پروفیسر برنارڈ شیوائز نے اس موضوع پر ایک کتاب Hating God: The Untold Story of Misotheism تحریر کی ہے جس میں وہ ممتاز مفکرین اور مصنّفین بشمول ایلجر مان چارلس سوین برن، زورا نیل ہرسٹن، ریبیکا ویسٹ، ایلی ویزل، پیٹر شیفر اور فلپ پُل مین وغیرہ کی متعدد علمی کاوشوں کی چھان بین کے بعد یہ نتیجہ اخذ کرتے ہیں کہ (خدا سے نفرت کرنے والے) یہ لوگ شر اور تکلیف سے اٹی ہوئی اس دنیا میں رحمان اور رحیم کی صفات والی کسی ہستی کے تصور کو قبول کرنے میں مشکلات کا شکار دکھائی دیتے ہیں۔ وہ واضح کرتے ہیں کہ خدا سے ان کی نفرت کا محرک، بالعموم ''ان کا قابل قدر انسان دوست جذباتی ردِعمل'' [6] ہوتا ہے۔

شیوائز ر واضح کرتے ہیں کہ متنفرین خدا، جذباتی اور نفسیاتی مشکلات سے دو چار ہوتے ہیں۔ وہ کہتے ہیں: ''یہ بالکل سچ ہے کہ نفسیاتی، جذباتی اور جسمانی طور پر زخم خوردگان کے لیے زیادہ امکان ہوتا ہے کہ وہ خدا سے متنفر ہو جائیں'' [7] اور یہ ''کہ کسی طرح یہ بات یقینی نہیں قرار پاتی کہ زیادہ مؤثر نوعیت کی مذہبی تبلیغ سے خدا سے نفرت کی یہ آگ ٹھنڈی ہو گی یا الحاد کے راستے مسدود ہوں گے۔'' [8] اگرچہ یہ مفکرین خدا سے نفرت کی مختلف صورتوں کی نمائندگی کرتے ہیں، وہ سارے انسانی دکھ درد کے حالات میں خدا کے کردار پر سوال اٹھاتے ہیں:

''خدا سے نفرت کرنے والے کا معاملہ مختلف ہے۔ اس کے لیے شر کی عالمگیر ارزانی کے پہلو بہ پہلو ایک رحم و کرم اور جود و سخا کی پیکر ہستی کا تصور بے جوڑ ہے؛ جو وجودِ باری تعالیٰ کے حق میں محض باریک بین مذہبی استدلال کا معاملہ نہیں۔ خدا کے متنفرین خدا کو اصلاً

مطعون کرنے والے ہیں، اور وہ اسے عام شر اور ناحق اندوہ پر موردِ الزام ٹھہراتے ہیں۔ یوں ملحدین اور متنفرین، انسانی تکالیف میں خدا کے کردار پر مخالف سمتوں سے سوال کرنے آ جاتے ہیں: ملحد کہے گا کہ متنفر محض تخیل کی بنیاد پر ایک فضول دعویٰ کرتا ہے۔ متنفر کی نظر میں، چونکہ وہ خدا کے وجود کا عقیدہ رکھتا ہے، خدا کوئی قربانی کا بکرا نہیں بلکہ شر کا مجرم اور شریک جرم ہے۔"[9]

شیووائزر کا مطالعہ نہایت ستھرا ہے۔ وہ تنفیرِ خدا (خدا سے نفرت) کی تشکیکی تنفیر، مطلق تنفیر اور سیاسی تنفیر کے طور پر درجہ بندی کرتا ہے۔ پروفیسر کے بنیادی نکتے کو سمیٹنے کے لیے یہ کہا جا سکتا ہے کہ متنفر اس بنیادی سوال پر اڑا ہوا ہے: "انسان نے ایسا کیا برا کیا ہے کہ خدا اور اس کی طرف سے جاری کردہ تمام تر شر و فساد کا مستحق ٹھہرے؟" "اپنے تجربے سے میں یہ دعویٰ کرتا ہوں کہ ملحدین اور متنفرین میں خاصی ذہنی قرابت ہے۔ ایک سوال جو عام طور پر اس نتیجے کی صداقت کو ثابت کر دیتا ہے، یہ ہے کہ: "اگر خدا بالواقع موجود ہو، تو کیا تم اس کی عبادت کرو گے؟" (دیکھئے باب نمبر 15) بہت سے ملحدین کا جن سے میرا سامنا ہوا ہے، جواب ہوتا ہے "نہیں" اور وہ دنیا میں ہر طرف پھیلے "غیر ضروری" اور "بلا وجہ" دکھ درد اور انسانوں کو لاحق مسائل و مشکلات کا حوالہ دیتے ہیں۔ اگرچہ ان کے غم میں اپنے آپ کو شریک پاتا ہوں اور اپنے جیسے حساس ذی روح افراد کی تکالیف پر ترس آتا ہے، تا ہم ملحدین اور متنفرین ایک پوشیدہ نوعیت کی انانیت کے بھی شکار ہیں۔ یعنی وہ دنیا کو اپنے نقطہ نظر کے علاوہ کسی اور نقطہ نظر سے نہ دیکھنے کی بھرپور کوشش کرتے ہیں۔ تا ہم، ایسا کرتے ہوئے وہ ایک قسم کا جذباتی — یا روحانی — مغالطہ دیتے ہیں۔ وہ خدا کو انسانی قالب دیتے ہیں اور اس کو ایک محدود انسان میں بدل دیتے ہیں۔ وہ یہ فرض کر لیتے ہیں کہ خدا کو لازماً چیزوں کو اس انداز سے دیکھنا چاہئے کہ جس انداز سے ہم دیکھتے ہیں؛ اور اسی لئے اس کو تمام تر ظاہری شر کو، ضرور بالضرور، روکنا ہی ہوگا۔ (یعنی ان کا بنیادی اعتراض یہ ہے کہ اللہ تعالیٰ نے اسی دنیا ہی کو جنت کیوں نہ بنایا؟ اگر وہ اس کو جاری رہنے دیتا ہے تو جذبات میں آ کر اس پر سوال اٹھانا اور اس کے وجود کو مسترد کر دینا چاہئے۔

خدا کا انسان کے ساتھ اس طرح موازنہ نہ کرنے سے چیزوں کو ان کی کلیت میں سمجھنے میں ان کی نا اہلی ظاہر ہوتی ہے۔ ہو سکتا ہے کہ متنفر اس نکتے پر یہاں تک دعویٰ کر بیٹھے کہ اس کا مطلب یہ

ہے کہ انسان، خدا سے زیادہ رحم دل ہے۔ اس بات سے ان کی نا اہلی اور ظاہر ہوتی ہے کہ وہ اپنے نقطہ نظر سے ہٹ کر بھی چیزوں کو دیکھ سکیں، اور یہ نکتہ سمجھنے میں بھی ان کی نا کامی کا اظہار ہوتا ہے کہ خدا کی مرضی اور اس کے کام کسی بلند تر حکمت کے تابع ہے، جو ہماری فہم سے پرے ہے۔ اللہ تعالیٰ شر و فساد سے خوش نہیں ہوتا۔ تا ہم اللہ تعالیٰ ان چیزوں کو زبردستی روکتا نہیں کیونکہ اس کی حکمت ہر چیز پر محیط ہے اور وہ ہر اس بات کو احاطے میں لئے ہوئے ہے جو ہم نہیں دیکھ پاتے۔ اللہ تعالیٰ شر کو اس لئے کھلا نہیں چھوڑتا کہ وہ شر اور تکلیف کے جاری رہنے سے خوش ہوتا ہے۔ اللہ کے پاس پوری تصویر ہے اور ہم اس کے محض ایک نقطے کو ہی دیکھ رہے ہوتے ہیں۔ اس بات کی سمجھ سے روحانی اور ذہنی تسکین حاصل ہوتی ہے کیونکہ مؤمن یہ سمجھتا ہے کہ آخر کار اس دنیا میں جو کچھ واقع ہوتا ہے، وہ ایک اعلیٰ حکمتِ الٰہی کے تحت ہوتا ہے جو ایک بالا تر الٰہی رحمت پر مبنی ہوتا ہے۔ اس حقیقت کو تسلیم کرنے سے انکار ہی وہ مقام ہے جہاں خدا سے نفرت کرنے والا شخص غرور، انانیت اور آخر کار مایوسی کا شکار ہو جاتا ہے۔ وہ آزمائش میں نا کام ہو چکا ہوتا ہے اور خدا سے اپنی نفرت میں وہ بھول جاتا ہے کہ خدا کون ہے، اور وہ الٰہی حکمت، رحمت اور بھلائی کو یکسر مسترد کرتا ہے۔

الحاد اور فلسفیانہ فطرت پرستی

قبل اس کے کہ میں الحاد کی اسلامی تعریف پر گفتگو کروں، اس باب میں ایک ایسے تصور کا تعارف پیش کروں گا جس کا اس کتاب کے متعدد ابواب میں تذکرہ آئے گا۔ الحاد کی طرح، فلسفیانہ فطرت پرستی (Philosiphical Naturalism) بھی تصور الٰلہ اور ماورائے فطرت کا انکار کرتی ہے۔ چنانچہ اس میں تعجب نہیں کہ زیادہ تر ملحدین فلسفیانہ فطرت پرستی کو نظریۂ حیات کے طور پر قبول کرتے ہیں۔ فلسفیانہ فطرت پرستی کا نقطہ نظر کچھ یہ ہے کہ کائنات میں تمام مظاہر کی وضاحت، طبیعی عوامل (physical processes) کے ذریعے کی جاسکتی ہے۔ یہ طبیعی عوامل "اندھے" اور "بے عقل" ہیں؛ یعنی وہ ارادی طور پر کسی منزل یا مقصد کی طرف گامزن نہیں اور نہ ہی وہ اشیاء اور تصورات کے مابین تعلقات قائم کرنے اور پہچان کرنے کے قابل ہیں۔ فلسفیانہ فطرت پرست لوگ تمام ماورائے فطرت دعووں کو مسترد کرتے ہیں اور کچھ لوگ کہتے ہیں کہ اگر اس کائنات سے "باہر" کسی چیز کا وجود ہے بھی، تو وہ اس کائنات کے ساتھ (یعنی کائنات

کے"اندرونی معاملات" میں) کسی قسم کی دخل اندازی نہیں کرتی۔ پروفیسر رچرڈ ڈاکنز کے مطابق، ملحدین دراصل فلسفیانہ فطرت پرست ہی ہوتے ہیں۔ان کے بقول،ملحد"یہ یقین رکھتا ہے کہ فطری اورطبیعی دنیا سے ماوراء کچھ بھی موجود نہیں"۔[10] تاہم کچھ ملحد دانشور فطرت پرست نہیں۔ اگرچہ یہ ملحد خدا کے وجود کا انکار کرتے ہیں،لیکن وہ غیر طبیعی مظاہر کے وجود کے قائل ہیں۔ خدا پرستوں کے لیے اس طرح کے الحاد پر علمی مباحثہ،بالعموم،آسان تر ہے کیونکہ اس طرح کے ملحدین غیر طبیعی مظاہر کا انکار نہیں کرتے۔

یہ نہایت اہم بات ہے کہ زیادہ تر ملحدین جو خدا کے وجود کی تردید میں دلائل دینے پر اصرار کرتے ہیں،فلسفیانہ فطرت پرستی کا تصور اپناتے ہیں،خفیہ یا علانیہ۔تاہم،اس کتاب میں پیش کردہ زیادہ تر دلائل انہیں بھی پیش کئے جا سکتے ہیں جو فلسفیانہ فطرت پرستی کو نہیں اپناتے لیکن پھر بھی کسی نہ کسی شکل میں الحاد کا شکار ہیں۔

اسلامی تعریف

اللہ تعالیٰ کے وجود سے انکار کو"الحاد" کہا جاتا ہے۔الحاد عربی زبان کے لفظ"لحد" سے آیا ہے جس کا استعمال قبر کھودنے کے اس اسلامی طریقے کو بیان کرنے کے لیے ہوتا ہے جس میں گڑھا کھودنے کے بعد اس کے ایک جانب میت کے لیے ایک خانہ سا بنایا جاتا ہے۔یعنی لحد کا مطلب اصل گڑھے سے انحراف ہے۔لغوی اعتبار سے اس کا مطلب یہ ہے کہ الحاد فطری اور عقلی اعتبار سے درست نقطہ نظر سے انحراف کچھ ہے۔حضور نبی کریم ﷺ کا ارشاد ہے کہ تمام انسان فطرتِ سلیمہ (ایسی ذہنی و فکری حالت کے ساتھ) پیدا ہوتے ہیں جو اصولی طور پر خدا کے وجود کو تسلیم کرتی ہے اور جس میں اس کی عبادت کا جذبہ موجزن ہوتا ہے (دیکھئے باب نمبر 4)[11]۔اس حدیث نبوی سے اس اسلامی عقیدے کی بنیاد پڑتی ہے کہ الحاد غیر فطری ہے اور انسانی نفسیات سے سنگین بے اعتنائی کے مترادف ہے۔

اسلامی الہیات کے مطابق،اللہ تعالیٰ کے ناموں میں تخلیق کرنے والا (الخالق)، پالنے والا (الرزاق)، اور ابتداء کرنے والا (المبدئ) شامل ہیں۔ملحدین ان اسماء و صفات کو مسترد کرتے ہیں اور اس کائنات کے لیے کسی خالق کے وجود کو جھٹلاتے ہیں۔اسلام کے نظریہ

توحید کے مطابق، اللہ تعالیٰ کے اسماء و صفات میں سے کسی ایک کا بھی انکار شرک تصور ہوتا ہے (دیکھئے باب 15)۔ چنانچہ، اسلامی تعلیمات کے نقطہ نظر سے، ملحد کو مشرک تصور کیا جاتا ہے۔ اس میں تعجب نہیں کہ قرآن حکیم اس بات کی گواہی دیتا ہے کہ وہ لوگ جو کسی خالق کے وجود کو جھٹلاتے ہیں، وہ لوگ ''غیر یقینی کی کیفیت میں ہیں''،[12] اور یہ بھی کہ قرآن، توحید کے منکروں کو ''نادان'' قرار دیتا ہے، جس کا مطلب یہ ہے کہ مشرکین اور ان کے ساتھ ساتھ ملحدین بھی بے وقوف، نادان اور غافل ہیں۔[13] الغرض، الحاد کے متعلق اسلام کا مؤقف یہ ہے کہ یہ ایک غیر فطری تصور ہے جو بے یقینی اور بے وقوفی پر مبنی ہے۔

الحاد کی یہ تعریف غیر جانبدار نہیں۔ اس کے تحت، اثباتی طور پر، ایک خدا یا خالق کا وجود فرض کیا جاتا ہے۔ یہ غیر معمولی نہیں کیونکہ قرآن، الحاد کو نقطۂ آغاز تسلیم نہیں کرتا۔ یہ آسمانی کتاب تسلسل کے ساتھ مظاہرِ قدرت کا حوالہ دیتی ہے۔ یہ آیتیں قاری یا سامع کے لیے مقدموں کے طور پر اس طرح استعمال کی گئی ہیں تا کہ وہ اس نتیجے پر پہنچے کہ اللہ تعالیٰ ہی عبادت کے لائق ہے۔ اس نے کائنات کو حکمت، مقصد، باریکی اور خوبصورتی سے تخلیق کیا۔ یہ آیتیں اللہ تعالیٰ کی بڑائی، قدرت، عظمت، رحمت اور محبت کی بھی تعریف کے جذبات پیدا کرتی ہیں۔ اگرچہ کم از کم دو آیتیں الحاد کو براہ راست موضوع بناتی ہیں (دیکھئے باب 5)، البتہ قرآنِ کریم کا زیادہ تر حصہ جو دنیائے محسوس پر دلالت کرتا ہے، وہ نہ صرف علمی دلائل کے لیے ثبوت فراہم کرتا ہے بلکہ اس نتیجے تک پہنچنے کی نشانی کے طور پر بھی کہ کائنات، اور جو کچھ اس میں ہے، کسی الٰہی حکمت، قدرت اور مقصد کے ساتھ تخلیق کی گئی تھی۔ لازم ہے کہ یہ بات مزید انسان کے ذہن اور قلب کو اس نتیجے تک پہنچائے کہ اللہ تعالیٰ ہی ہماری عبادت اور محبت کا حق دار ہے (دیکھئے باب 15)۔ یہ قرآنی حکمت اس بات کا واضح اشارہ ہے کہ الحاد اور متعلقہ سوال کہ کیا خدا موجود ہے؟ نقطۂ آغاز نہیں؛ بلکہ، یہ غیر فطری نقطہ نظر ہے جو ایک کھلی حقیقت کا انکار کرتا ہے (دیکھئے باب 4)۔

الحاد کی مختصر تاریخ

اسلامی تاریخ میں

آٹھویں صدی کے ''دہریہ'' طبقے کے ظہور تک الحاد کوئی معاشرتی اور علمی مسئلہ نہیں تھا۔ یہ مفکرین مشاہدہ پرست تھے جو یہ یقین رکھتے تھے کہ تمام تر علم صرف تجربات سے حاصل کیا جا سکتا ہے۔ وہ سمجھتے تھے کہ کائنات ازلی ہے (یعنی ہمیشہ سے ہے اور ہمیشہ رہے گی) اور چار خصوصیات سے مل کر بنی ہے، جو ہر موجود چیز کی ذمہ دار ہیں۔ وہ کہتے تھے کہ تمام چیزیں ہمیشہ سے موجود ہیں اور کسی خالق یا بنانے والے کی ضرورت نہیں۔[14]

فرج الاصفہانی کی کتاب الاغانی کے مطابق، مشہور قاضی اور روایتی مکتب فکر کے بانی امام ابوحنیفہؒ نے آٹھویں صدی میں ایک دہری سے مناظرہ کیا تھا۔ ابوحنیفہؒ دہریوں کو عوامی مناظروں میں چاروں شانے چت کرنے میں مشہور تھے (دیکھئے باب 8)۔ امام غزالیؒ، ابن الجوزی، الجاحظ، محمد بن شعیب، ابن قتیبہ، اور ابوعیسیٰ الورّاق وغیرہ بہت سے علمائے اسلام نے دہریوں کے دعووں کی خوب بیخ کنی کی۔[15] امام غزالیؒ نے اپنی کتاب ''کیمیائے سعادت'' میں دہریہ طبقے کو اعتزالی قرار دیا ہے جو کائنات اور اس کے مقصد کی کوئی تکمیلی فہم نہیں رکھتے۔ وہ دعوے سے کہتے ہیں کہ وہ لوگ ایک کاغذ پر چلتی چیونٹیوں کی مانند ہیں جو روشنائی یا قلم سے پرے اپنی نظریں نہیں اٹھا سکتیں، یوں وہ لکھنے والے کو دیکھنے کی صلاحیت سے عاری ہیں۔[16]

الحاد کی اسلامی تاریخ کے مطالعے سے نہایت واضح طور پر ایک علمی گفتگو کا ماحول اور مباحثے کی آزادی معلوم ہوتی ہے جو صرف باہمی احترام اور رواداری ہی سے ممکن ہے۔ قرآن اس بات کی وضاحت کرتا ہے کہ متنوع آراء کا ہونا اللہ تعالیٰ کی مرضی میں سے ہے، اور کسی قسم کا جبر نہیں ہونا چاہئے سوائے باہمی احترام اور رواداری کے:

وَلَوْ شَاءَ رَبُّكَ لَآمَنَ مَن فِي الْأَرْضِ كُلُّهُمْ جَمِيعًا أَفَأَنتَ تُكْرِهُ النَّاسَ حَتَّى يَكُونُوا مُؤْمِنِينَ ۝

'' اور اگر تیرا رب چاہتا تو جتنے لوگ زمین میں ہیں، سب کے سب ایمان لے آتے، پھر کیا تو لوگوں پر زبردستی کرے گا کہ وہ ایمان لے آئیں۔''[17] (سورۃ یونس، آیت 99)

لَآ اِكْرَاهَ فِی الدِّیْنِ ''دین کے معاملے میں زبردستی نہیں۔''[18] (سورۃ بقرہ، آیت 256)

مفکرِ اسلام اور عالمِ دین ڈاکٹر جعفر ادریس، دیگر عقائد سے متعلق اسلام کے حکم کا خلاصہ بڑی خوب صورتی سے پیش کرتے ہیں:

''غیر اسلامی عقائد کے پیروکاروں کے ساتھ پر امن بقائے باہمی اسلام کا ایک لازمی اصول ہے جو قرآن کی بہت سی آیتوں میں بیان ہوا ہے اور جس پر مسلمان اپنی ساری تاریخ میں عمل پیرا رہے۔ یہ کوئی ایسی چیز نہیں جو مسلمان اپنے مذہب پر لاگو کرتے ہیں یا بیرونی حالات کی وجہ سے جس کی طرف پناہ لیتے ہیں۔ یہ دین اسلام کا ایک فطری تقاضا ہے...''[19]

اسلام کا یہ علمی ورثہ ایسے مسلمانوں کو اعتماد دلاتا ہے جو عصرِ حاضر میں ایسے چیلنجوں کا سامنا کر رہے ہیں جو ان کے دین کی علمی بنیادوں پر سوال اٹھاتے ہیں۔ سیکولرز اور ملحدین کی طرف سے اٹھائے جانے والے بہت سے سوالات جو نئے کہلائے جاتے ہیں، اسلام کے پرانے علماء پہلے ہی ان کا تشفی بخش جواب دے چکے ہیں۔ اس اعتبار سے مسلمان بڑی مضبوط بنیادوں پر کھڑے ہیں۔ ان کا کام صرف اتنا ہے کہ اس علمی خزانے تک رسائی حاصل کریں اور اسے جدید ذہن کے مطابق بنا کر پیش کرے۔

مغرب میں

قدیم زمانوں میں الحاد کسی معروف تحریک کی صورت میں کبھی نہیں تھی، اور نہ اس کے قابل ذکر پیروکار تھے۔ مؤرخین کے مطابق، قدیم زمانوں میں جتنے ملحدین ملتے ہیں وہ چند افراد تھے (کچھ مستثنیات) ''جنہوں نے اپنے عدم ایمان کو الفاظ کا جامہ پہنانے کی جرأت کی، یا کچھ فلسفی ایسے تھے جنہوں نے خداؤں کے وجود کے متعلق علمی و عقلی نظریات پیش کئے، بالعموم اپنے نظریات پر عمل یا مذہب کو مکمل طور پر مسترد کئے بغیر۔''[20] الحاد کے انگریزی متبادل atheism کا پہلا استعمال یونانی عالم سر جان چیک کے ہاں ملتا ہے جنہوں نے پلوٹارک کی ایک کتاب (On Superstition) کے ترجمے میں یہ لفظ استعمال کیا۔ فرانس میں سترہویں صدی میں الحاد پر معرکہ آرائی شروع ہوئی اور اس نظریئے کے خلاف سماجی و سیاسی اقدامات کئے گئے۔[21] الحاد کو اٹھارہویں صدی کے برطانیہ میں ایک خطرہ تصور کیا جاتا تھا۔ مشہور

زمانہ ڈرامہ نگار و مضمون نگار جوزف ایڈیسن نے ''عیسائی مذہب کا ثبوت'' کے عنوان سے ایک کتاب لکھی تھی، جس میں ایک باب الحاد کے خلاف بھی ہے۔ کتاب کے اس حصے میں وہ ملحدین کی تصویر کشی کچھ یوں کرتے ہیں:

''اس قسم کے جذباتی لوگوں میں ایک چیز ایسی گھٹیا اور ٹیڑھی ہے کہ آدمی کو پتا نہیں لگتا کہ ان کی اصلی رنگت کیا ہے۔ یہ ایسے جواری ہیں جو ہمیشہ ہی مار کھاتے ہیں، اگرچہ وہ کسی چیز کے لیے بھی نہیں کھیلتے۔ وہ ہمیشہ اپنے دوستوں کو اپنے جیسا بننے کی ترغیب دیتے ہیں، اگرچہ ان کو اس سے کوئی سروکار نہیں کہ اس تبادلے سے دونوں ہی کو خاک فائدہ بھی نہیں ہوتا۔ مختصراً، الحاد کے فروغ کا جذبہ خود الحاد سے زیادہ بے ہودہ ہے ... وہ ایسے نظریات کے جال میں پھنسے ہوئے ہیں جو باہم تضادات اور ناممکنات سے پُر ہے۔ اور ہاں، ایمان کے کسی ایک رکن میں کوئی چھوٹی سی مشکل پیش آنے پر اس پر سارے کا سارا مسترد کرنے کی مشکل ہی کو دیکھ لیجیے ... میں ایسے کسی ہٹ دھرم کافر سے جو الحاد کے بڑے نکات (جیسے کہ)، اس دنیا کی ہمیشگی اور وجودِ کائنات کی سببیت کی حمایت کرتا ہو، پوچھنا چاہوں گا کہ مادۂ فکر کی فنائیت، روح کی فنا پذیری، جسم کی اتفاقی طور پر شاندار تنظیم، مادے کی حرکات اور باہم کشش، اور اسی قسم کی چیزیں باہم ایک عقیدے کی مانند مرتب کر کے ان پر ایمان لے آنا اور اس عقیدے کا دنیا کے لوگوں پر مسلط کیا جانا، کیا اس کے لیے بے پناہ قسم کی ایمانی قوت درکار نہیں ہوگی بمقابل ارکانِ ایمان کے کسی بھی مجموعے کے، جس کی یہ لوگ اتنی شدت سے مخالفت کرتے ہیں؟ چنانچہ میں اس جھگڑالو نسل کو، ان کی اپنی اور عوامی بھلائی کے لیے، یہ نصیحت کروں گا کہ کم از کم کسی ایک بات پر جم کر قائم تو رہ لو اور بے وقوفی سے بے دینی کے جوش میں جل کر کوئلہ نہ ہو جایا کرو۔''[22]

ایڈیسن کے یہ مرصع الفاظ، اٹھارہویں صدی میں مذہب پر ایک قسم کی پرجوش اور تند و تیز بحث و مباحثے کا پتا دیتے ہیں۔ اگرچہ برطانیہ میں الحاد کوئی معروف عام تحریک نہیں تھی، تاہم کفر کے کچھ بیج بوئے جا چکے تھے اور ان کے کچھ پھل بھی پک کر سامنے آ رہے تھے۔ الحاد کے بارے میں ایڈیسن کا یہ اظہارِ خیال اگرچہ اُس دور میں بڑھتے ہوئے مباحث پر

ایک جانبدارانہ تبصرہ ہے، تاہم سترہویں اور اٹھارہویں عیسوی کی صدیوں میں کچھ ایسے
نمایاں علمی کارنامے وقوع پذیر ہوئے کہ جنہوں نے ایک علمی نوعیت کی تشکیک اور ایک قسم کے
ماورائے عقیدہ الحاد کا راستہ ہموار کیا۔ بہت سے فلسفی اور مفکرین اس کے ذمہ دار تھے۔ 1689ء
میں پولش مفکر کازیمرزلزکزنسکی نے اپنی تصنیف *De non existential dei* میں خدا
کے وجود کا انکار کیا۔ لزکزنسکی کا کہنا تھا کہ خدا کا تصور انسان نے تخلیق کیا ہے، اور یہ کہ تصورِ خدا کا
مقصد دوسروں پر تسلط پانا ہے۔ 1674ء میں میتھیاس نٹرن نے، جو پورے یورپ میں بہت
مقبول تھا، الحاد کے حق میں خوب لکھا۔ اٹھارہویں صدی عیسوی میں ڈیوڈ ہیوم اور والٹیئر جیسے لوگوں
وہ خیالات اور دلائل پیش کئے جنہوں نے آگے چل کر الحاد کو جڑیں فراہم کرنے والے ''علمی
بیجوں'' کا کام کیا۔ والٹیئر نے ''ڈی ازم'' (deism) کے حق میں دلائل دیے، جو ایک ایسا
فلسفیانہ اور الٰہیاتی نقطہ نظر ہے جو خالقِ واحد کے وجود کا اقرار تو کرتا ہے لیکن اسی کے ساتھ وہ وحی
کے کردار اور مذہبی علم کی برتری سے انکار بھی کرتا ہے۔ ڈیوڈ ہیوم نے خدا اور مذہب کے معاملے پر
اچھا خاصا مواد تحریر کیا۔ اس کا کہنا تھا کہ خدا کا تصور نا قابلِ فہم ہے۔ اس نے خدا کے وجود لازم
ہونے کے تصور کی مخالفت کرتے ہوئے، صورت گری سے متعلق استدلال (design
argument) کی کمزوریوں اور حدود و قیود کو واضح کرنے کی بھی کوشش کی (دیکھئے باب نمبر
8)۔ ہیوم کا کہنا تھا کہ دنیا میں شر اور تکالیف کا وجود علمی طور پر مشکل ثابت ہوتا ہے۔ قدیم فلاسفہ
کے نقشِ قدم پر چلتے ہوئے، اس نے اپنے دلائل میں وجودِ باری تعالٰی سے انکار تو نہیں کیا؛ لیکن شر
کی شر انگیزی اور انسانی نقطہ نظر سے اس کا جواز ڈھونڈنے میں ہماری ناکامی پر سوالات ضرور
اٹھائے ہیں (دیکھئے باب 11)۔ مذہب میں معجزات کے تصور پر ہیوم کے حملوں کا نمایاں اثر ہوا۔
اس کا کہنا تھا کہ معجزات پر ایمان صرف اس صورت میں معقول ہو گا اگر عینی شاہدین کے غلطی
کرنے کا امکان، ان معجزوں کے واقع ہونے کے امکان سے کم ہو۔ اگرچہ یہاں ایسے کئی
فلسفیوں، لکھاریوں اور مفکروں کا تذکرہ نہیں کیا گیا کہ جنہوں نے الحاد کو علمی مباحث اور عوامی
مقبولیت کے ضمن میں مضبوط بنانے میں مدد فراہم دی، تاہم اس پیرائے سے مذکورہ دور کے
مغرب میں وجودِ خدا سے انکار کی تاریخ کا ادراک ضرور کیا جا سکتا ہے۔

انیسویں صدی میں الحاد کی جنگ لڑنے والی ایک اہم شخصیت ابھری جس کا نام چارلس

براڈلا ہے۔ برطانوی پارلیمان کے مذکورہ رکن نے الحاد کو معاشرے میں قابل قبول بنانے کے لیے ایک طویل جنگ لڑی۔ اگر چہ وہ اپنا مقصد حاصل نہیں کر پایا، لیکن صدی کے آخر تک اس نے دوسروں کے لیے راستہ ہموار کیا کہ وہ اس جدو جہد کو آگے بڑھائیں۔[23] براڈلا نے بہت سے مضامین لکھے جن میں Humanity's Gain from Unbelief, A Plea for Atheism اور Doubts in Dialogue شامل ہیں۔[24] براڈلا نے اپنی تحریروں کے ذریعے ایسے "کئی تعصبات کا ازالہ کیا جو نہ صرف الحادی نظریات رکھنے والوں کے خلاف تھے، بلکہ ان کے خلاف بھی تھے کہ جن پر الحاد کا شک تھا۔"[25] براڈلا کی تحریک صرف برطانوی معاشرے کو الحاد کو قبول کرنے پر قائل کرنے تک محدود نہ تھی بلکہ یہ بھی واضح کرنے میں لگی ہوئی تھی کہ الحاد سے انسانوں کی زندگی زیادہ خوشحال ہوتی ہے اور آدمی کی بہبود میں اضافہ ہوتا ہے۔ اس نے اپنے ایک مضمون میں لکھا ہے: "تشکیک پسندی سے انسانیت بہت کچھ حاصل کرنے والی ہے، اور یہ کہ عیسائیت کی بتدریج اور بڑھتی ہوئی تردید نے درحقیقت آدمی کی خوشی اور بہبود میں اضافہ کیا ہے اور یہ اضافہ جاری رہے گا۔"[26]

1920ء کی دہائی نے منطقی اثباتیوں (logical positivists) کا ظہور دیکھا۔ سائنس میں ترقی سے متاثر ہو کر اس شدت پسند فلسفیانہ تحریک نے یہ نقطہ نظر اپنایا کہ الفاظ اور جملے تب ہی معنی خیز ہوتے ہیں جب ان کی تجرباتی طور پر تصدیق کی جاسکتی ہو۔ ان کا کہنا ہے کہ اگر کوئی شخص کوئی ایسا جملہ بولتا ہے جو کسی ایسی چیز کی جانب اشارہ کرتا ہو جو حسِ انسانی کی رسائی سے ماوراء ہو تو پھر یہ بکواس ہے۔ منطقی اثباتیوں کا کہنا تھا کہ طبیعی دنیا سے ماوراء کسی چیز کا وجود نہیں۔ الفاظ اور جملے یا تو تجزیاتی ہوتے ہیں یا تشریحی۔ تجزیاتی جملے ایسے جملے ہیں جو اپنی تعریف کے اعتبار سے درست ہوتے ہیں۔ مثلاً "گیند گول ہے" کہنا درست ہے کیونکہ "گول" لفظ "گیند" میں شامل ہے۔ تشریحی جملے، ایسے جملے ہیں جو تجرباتی طور پر درست ہوتے ہیں۔ مثلاً اس جملے "گیند اچھل رہی ہے" کی صداقت، گیند کی حالت دیکھ کر معلوم کی جاسکتی ہے۔ اس اصول کی روشنی میں، منطقی اثباتیوں نے معنویت کا ایک تجرباتی پیمانہ مقرر کر لیا۔ یہ اصول لازمی طور پر یہ کہتا ہے کہ کسی بھی جملے کے معنی خیز ہونے کے لیے اس کا طبیعی تجربے سے تصدیق کیا جانا ضروری ہے۔ اس نقطہ نظر کی وجہ سے خدا، مابعد الطبیعیات، اخلاقیات اور تاریخ کے متعلق بہت سے سوالات

بے معنی اور فضول سمجھے گئے۔ اس لئے، الحاد کو نقطۂ آغاز سمجھا گیا کیونکہ خدا کے وجود کی طبیعی تجربے (فزیکل ایکسپیریمنٹ) سے تصدیق نہیں کی جاسکتی۔

1960ء کی دہائی نے منطقی اثباتیت کی موت دیکھی۔ اس موت کی ایک بنیادی وجہ یہ حقیقت تھی کہ یہ اپنے آپ کو خود توڑ دینے والی تھی۔ منطقی اثباتیوں کے لیے معنویت کا پیمانہ یہ ہے کہ ہر جملے کی طبیعی تجربے سے تصدیق کی جائے؛ تاہم خود اس پیمانے کی طبیعی تجربے سے تصدیق نہیں کی جاسکتی۔ نتیجتاً یہ پیمانہ اپنے آپ کو خود ہی بے معنی ٹھہراتا ہے۔

منطقی اثباتیت کے زوال کے بعد علمی دنیا نے وجودِ خدا پر ایمان کو دوبارہ جڑ پکڑتے دیکھا۔ 1980ء میں ٹائم میگزین نے علمی دنیا میں خدا کے وجود کے یقین کے فروغ پر تبصرے میں لکھا: ''فکرودانش کی دنیا میں آنے والے ایک خاموش انقلاب میں، جس کو بیس سال قبل کوئی پیش بینی سے نہیں دیکھ سکتا تھا، خدا کے وجود پر یقین لوٹ کر آ رہا ہے۔ سب سے زیادہ اہم بات یہ ہے کہ ایسا مذہبی علماء یا عام ماننے والوں میں نہیں بلکہ علمی فلسفیوں کے خالص فکری حلقوں میں ہو رہا ہے، جہاں ایک اتفاقِ رائے سے خدا کو مفید مباحثے سے یکسر خارج کر دیا گیا تھا۔''[27]

علمی حلقوں میں خدا کے وجود کے یقین کی واپسی کی وجہ بیسویں صدی کے وسط میں ہونے والی چھپتی ہوئی سائنسی دریافتیں تھیں۔ ان میں ''بگ بینگ'' بھی شامل ہے جو کائنات کے لیے ایک نقطۂ آغاز کا تصور دیتا ہے۔ یہ اس وقت کے متعلق عمومی خیال (یعنی یہ کہ کائنات ہمیشہ سے ہے اور اسے کسی خالق کی ضرورت نہیں) سے یکسر مختلف بات تھی (دیکھئے باب نمبر 5)۔ 1970ء کی دہائی میں سائنسدانوں نے کائنات میں انتہائی باریک بیں مطابقت پذیری (fine tuning) دریافت کر لی تھی جس سے اس خیال کو سائنسی تقویت ملی کہ کائنات کی ترتیب اور اس کے قوانین بڑی باریکی سے متعین کئے گئے ہیں تا کہ یہاں باشعور حیات، جیسے کہ انسان، پروان چڑھ سکے (دیکھئے باب 8)۔ بیسویں صدی کے آغاز تک انسان علمِ حیات کے پیچ وخم کے بارے میں تقریباً نا آشنا تھا۔ ماہرینِ حیاتیات خلیوں کو (جو زندہ اجسام کی اینٹ ہیں) پروٹوپلازم کا یکساں ملغوبہ ہی سمجھتے آئے تھے، یہاں تک کہ 1953ء میں جیمس واٹسن اور فرانسس کرِک نے ڈی این اے (DNA) کی ساخت دریافت کی اور بتایا کہ یہ خلیے اور حیوان کی ساخت و پرداخت کی بابت تمام تر معلومات کا حیرت انگیز ذخیرہ اور مرکز ہے۔ اس دریافت کے بعد حیاتیاتی

ساخت کے رازوں کے انکشافات کا ایک زبردست سلسلہ شروع ہوا جو آج تک جاری ہے۔

کِرِک (جو خود ملحد تھا) جینیاتی معلومات کے اس خزانے کی آفاقیت سے اتنا متاثر ہوا کہ وہ بھی اس بات سے متفق ہو گیا کہ یہ سب کچھ محض اتفاقی حادثے کا نتیجہ نہیں ہو سکتا، اور کہا کہ اس میں کسی قسم کی ماوراءالارض طاقتوں کا عمل دخل شامل ہے۔[28]

سائنس کی دنیا میں ہونے والی ان ترقیوں اور دریافتوں، اور ان سے ملحق فلسفیانہ مسائل نے الٰہیات کے موضوع کو علمی اور عالمانہ گفتگو میں واپس داخل کر دیا۔ آج الٰہیات کا موضوع ایک مکمل طور پر قابلِ قدر موضوع کے طور پر جانا جاتا ہے۔ بہت سی عالمانہ اشاعتیں الٰہیات کے مسئلے پر ملتی ہیں اور عوام الناس کے لیے بھی بہت سی کتابیں لکھی گئی ہیں۔ سوشل میڈیا پر اس مسئلے سے متعلق اربوں کے حساب سے پوسٹس ملتی ہیں۔

(سائنس اور مذہب سے متعلق یہ مباحث آج مجموعی طور پر ''مکالمۂ مذہب و سائنس''، یعنی Science-Religion dialogue کے عنوان سے جانے جاتے ہیں۔ مترجم)

الحاد کا فروغ

ان عوامل کے باوجود، الحاد آج تیزی سے بڑھتی ہوئی علمی و معاشرتی تحریکوں میں سے ایک ہے۔ گزشتہ چند سال میں ایسے افراد کی تعداد میں حیرت انگیز اضافہ دیکھنے میں آیا ہے جو اپنے آپ کو ملحد یا غیر مذہبی قرار دینے میں فخر محسوس کرتے ہیں۔ یہ تحریک، جسے ''نیو ایتھیزم'' (Neo-atheism) بھی کہا جاتا ہے، الحاد اور سیکولرازم (الحاد کے سیاسی پہلو) کے مقاصد کی ترجمانی میں پیش پیش ہے۔ آج کے ملحد قلم کار اور مفکرین بشمول رچرڈ ڈاکنز، سیم ہیرس، کرسٹوفر ہچنز اور ڈین ڈینیٹ وغیرہ نے اس تحریک کو بڑی شد و مد سے فروغ بخشا ہے۔ ان کی کتابیں بہت زیادہ خریدی گئیں اور لاکھوں لوگوں نے ان کی تقریریں سنیں۔ تاہم کچھ لوگوں کا کہنا ہے کہ ان کا بیانیہ گھناؤنا، دائروی اور باہم الجھن کا شکار ہے۔

کرسٹوفر ہچنز کے بقول ''مذہب ہر چیز کو زہر آلود کر دیتا ہے،''[29] جبکہ سیم ہیرس کا اصرار ہے کہ ہماری ''مذہبی شناخت کے دن گنے جا چکے ہیں،''[30] اور رچرڈ ڈاکنز کا مؤقف ہے کہ خدا کا تصور ایک ''فریب'' (delusion)[31] ہے۔ ان مشابہتوں کے باوجود، ملحدین کوئی یکساں

گروپ تشکیل نہیں دے پاتے۔ بعض ملحد مفکرین دراصل نئے الحادی بیانیے سے غیر متفق ہیں۔ مثلاً فلسفی ٹم کرین لکھتا ہے:

"مجھے ایسا لگتا ہے کہ بہت سارے دعوے جو 'نو ملحدین' (نئے زمانے کے ملحدین) کر رہے ہیں، وہ قطعی غیر درست ہیں، اور دنیا کے امور میں مذہب کے کردار کے متعلق ان کا نقطہ نظر کئی لحاظ سے گمراہ ہے ... ۔ مذہب کے متعلق اس قسم کا رویہ برقرار رکھنا اس دنیا کے مسائل سے نمٹنے کا کوئی سمجھدارانہ انداز نہیں ... ۔ یہ حیرت انگیز طور پر مشکل ہے ... ۔ کہ لوگوں کے عقائد تبدیل کئے جائیں۔ لیکن اگر کوئی ایسی چیز ہے جو اس معاملے میں واضح ہو، تو وہ یہ ہے کہ ایسا کرنے کے لیے (عام طور پر) لوگوں کو یہ باور نہیں کروانا ہوگا کہ وہ بے وقوف، نامعقول یا مایوسی کی حد تک جاہل ہیں۔"[32]

مشہور ملحد فلسفی مائیکل ریوز نے اپنی حیرت کا اظہار کرتے ہوئے کہا، "میرا خیال ہے کہ ڈاکنز فلسفے اور الٰہیات کے ہر ایک پہلو کے بارے میں جاہل ہے اور یہ بات عیاں ہے۔" ریوز، ذہین صورت گری اور عیسائیت کے روبرو اِن نو ملحدین کی حکمت عملیوں کی کامیابی کا جائزہ لینے سے باز نہیں آتا اور انہیں قرار دیتا ہے کہ وہ:

"ذہین صورت گری کے خلاف جنگ ایک سانحہ ہے – ہم جنگ ہار رہے ہیں۔ ... ۔ ہمیں بے مقصد جوابی الحاد کی نہیں بلکہ مسائل کے ساتھ سنجیدگی سے نبرد آزما ہونے کی ضرورت ہے – تم دونوں میں سے کوئی بھی سنجیدگی کے ساتھ عیسائیت کا مطالعہ کرنا اور ان تصورات کے ساتھ دو دو ہاتھ کرنا نہیں چاہتا – یہ دعویٰ جھاڑنا کہ عیسائیت سیدھی سیدھی ایک شیطانی قوت ہے، جیسے کہ رچرڈ ڈاکنز کرتا ہے، محض صاف صاف پاگل پن اور کلیتاً غیر اخلاقی ہے – اس پر مستزاد، ہم ایک جنگ میں ہیں، اور ہمیں اس جنگ میں دوست بنانے کی ضرورت ہے، نہ کہ ہر نیک نیت کو دھتکارنے کی۔"[33]

"باہمی" لڑائیوں کے باوجود، الحاد نو کی تحریک اپنے افکار اور نقطہ نظر کی اشاعت میں خاصی کامیاب ہے۔ برطانیہ اور ویلز میں 25.1 فیصد لوگ اپنے آپ کو لامذہب کہلواتے ہیں، اور ان میں یونیورسٹی والوں کی غالب اکثریت ہے۔[34] یورپ میں 46 فیصد لوگ خدا کے مروجہ تصور پر

یقین نہیں رکھتے، اور **20** فیصد کا کہنا ہے کہ وہ نہیں سمجھتے کہ کوئی روح، خدا یا قوتِ حیات کا وجود ہے۔[35] چین کی آبادی کا نصف حصہ اپنے آپ کو ملحد سمجھتا ہے۔[36] عمرانیات کا پروفیسر فِل زکرمین کہتا ہے کہ بہت سے معاشروں میں الحاد فروغ پا رہا ہے۔[37] وہ یہ بھی کہتا ہے کہ اہم عالمی مذاہب کے بعد الحاد چوتھے نمبر پر آتا ہے: ''عیسائیت (2 ارب)، اسلام (1 ارب 20 ارب)، اور ہندو مت (900 کروڑ) کے بعد عوامی طور پر اختیار کئے جانے والے مذہب کی عالمی درجہ بندی میں خدا پر ایمان نہ رکھنے والے، بطورِ گروہ کے، چوتھے نمبر پر آتے ہیں۔''[38]

اس بڑھتی ہوئی سماجی تحریک کے اثرات سے مسلم دنیا بھی محفوظ نہیں۔ وِن گیلپ انٹرنیشنل کے مطابق، 5 فیصد سعودی باشندے اپنے آپ کو باضابطہ ملحد سمجھتے ہیں، اور 19 فیصد سے زیادہ لوگ اپنے آپ کو غیر مذہبی سمجھتے ہیں۔[39] عرب دنیا نے الحاد کو فروغ پاتے ہوئے دیکھا ہے اور عربی زبان میں اس موضوع پر کتابوں کا ترجمہ بہت زیادہ کیا جا رہا ہے۔ مغربی ملکوں کے مسلمان بھی اسی قسم کے حالات سے دوچار ہیں۔ مرتدین کی تعداد میں تیزی سے اضافہ ہو رہا ہے، جبکہ مرتدین اپنے آپ کو ملحد قرار دے رہے ہیں۔ یہ مسئلہ مسلم کمیونٹی میں مختلف درجات پر ابھر رہا ہے جبکہ یونیورسٹیوں میں گہری تبدیلیاں عمل میں آ رہی ہیں۔ سوشل میڈیا پر الحادی مطبوعات کی مقبولیت، اور اس کے ساتھ جارحانہ اور پرجوش قسم کی تحریکی سرگرمیوں نے مل کر علمی و فکری چیلنج اور معاشرتی دباؤ کا ماحول تشکیل دیا ہے۔ کیمپس پر آج کوئی مسلمان جوان مسائل سے نمٹنے کے لیے ناگزیر روحانی، علمی اور الٰہیاتی لوازمات سے آراستہ نہ ہو، وہ آسانی سے بھٹک کر خدا کے وجود کا انکار کرنے والی ناممقول راہ پر چل سکتا ہے۔

اس کتاب کو لکھنے کی اہم وجوہ میں سے ایک یہ ہے کہ لوگوں کو یہ ضروری ساز و سامان ہم پہنچاؤں تا کہ یہ واضح کر دوں کہ خدا پرستی کا اسلامی تصور مکمل مربوط اور سچائی پر مبنی ہے؛ اور یہ کہ الحاد ایک بجائے خود ایک فکری سراب ہے۔

زندگی بے بندگی

الحاد کے مفاسد

الحاد محض کوئی علمی موقف نہیں جو کسی بلبلے کی مانند (معاشرے سے الگ تھلگ) رہتا ہو۔ اگر اس کے دعوے سچے ہیں تو پھر آدمی کو کچھ لازمی قسم کے ناگزیر اور منطقی نتائج تک پہنچنا ہوگا۔ الحاد کے تناظر میں زندگی مہمل ہے۔ ہو سکتا ہے ذیل کی بحث خدا کے وجود کے لیے کوئی عقلی ثبوت فراہم نہ کرے، اور نہ ہی اس سے یہ باور کرانا مقصود ہے کہ خدا اس لئے ہے کیونکہ اس کے بغیر زندگی بے معنی لگتی ہے۔ تاہم یہ بحث ایک ایسی زرخیز زمین ضرور فراہم کرتی ہے جس میں اس کتاب میں آگے آنے والے دلائل جڑ پکڑ لیں گے۔

جیسا کہ باب نمبر 1 میں بیان ہوا، اکثر ملحدین فلسفیانہ فطرت پرست ہیں جو سمجھتے ہیں کہ فطرت سے ماوراء کسی ہستی کا کوئی وجود نہیں، اور یہ کہ کائنات کی ہر چیز طبیعی عمل کے حوالے سے ہی سمجھی جا سکتی ہے۔ الحاد اور فطرت پرستی کا فلسفہ جب باہم ملتے ہیں تو یقینی تباہی کا معجونِ مرکب تیار ہو جاتا ہے۔ اس کا سادہ سا فارمولا ہے: اگر خدا کا وجود نہیں تو لازم ہے کہ اس سے مسلک الٰہی حساب کتاب کے تمام نظریات بھی باقی نہیں بچیں گے۔ خدا کے نہ ہونے سے منتہائے امید، قدر اور مقصد کا نہ ہونا لازم آتا ہے۔ اس کا یہ بھی ایک لازمی مطلب ہے کہ کوئی دائمی اور معنی خیز خوشی

وجود نہیں رکھتی۔ [40] یہ نتیجہ کوئی مذہبی دقیانوسی فرسودہ فقرہ نہیں؛ یہ الحاد کے منطقی اور وجودی مسائل کے متعلق عقلی تفکر کا نتیجہ ہے۔

ناامیدی، یاسیت، مایوسی

کچھ اچھا ہونے کا احساس یا توقع اور خواہش ''امید'' کہلاتی ہے۔ ہم سب اچھی زندگی اور ایک اچھے روزگار کی امید کرتے ہیں۔ آخرکار، ہم سب ایک ایسی پُر راحت زندگی کی امید کرتے ہیں جسے فنا نہ ہو۔ زندگی اتنا قیمتی تحفہ ہے کہ کوئی بھی اپنے شعوری وجود کا مکمل خاتمہ نہیں چاہتا۔ اسی طرح ہر کوئی چاہتا ہے کہ کوئی حتمی و حقیقی عدل ہو، جہاں برائیوں کا پورا بدلہ چکایا جائے گا اور مجرموں سے حساب لیا جائے۔ واضح طور پر، اگر ہماری زندگیاں ناگفتہ بہ ہوں، یا ہمیں دکھ درد پہنچے، تو ہم مستقبل میں آرام و راحت کی امید کرتے ہیں۔ یہ روحِ انسانی کی عکاسی ہے: ہم ایک تاریک سرنگ کے اختتام پر روشنی کی امید کرتے ہیں، اور اگر ہم آسودہ حال اور خوش و خرم ہوں تو ہم اسے ہمیشہ برقرار رکھنا چاہتے ہیں۔

جس طرح الحاد، خدا اور مافوق الفطرت عوامل اور وجود کا انکار کرتا ہے، اسی طرح یہ مرنے کے بعد جی اٹھنے کا بھی انکار کرتا ہے؛ چنانچہ تکلیف دہ زندگی کے بعد راحت کی کوئی امید باقی نہیں رہ جاتی۔ چنانچہ اس عارضی زندگانی کے بعد کچھ اچھا ہونے کی امید خاک میں مل جاتی ہے۔ الحاد کے منظر نامے میں ہم زندگی کی اس تاریک سرنگ کے بعد روشنی کی کوئی امید نہیں کر سکتے۔

تصور کیجئے کہ آپ کی تمام زندگی بھوک اور غربت و افلاس کی نذر ہو جاتی ہے۔ الحاد کے عقیدے کے مطابق، آپ محض مرنے کے لیے جی رہے ہیں۔ اب اس تصور کا موازنہ اسلامی نقطۂ نظر سے کیجئے: اس دنیا میں پیش آنے والی تمام مشکلات و مصائب کسی نہ کسی خیر کے لیے ہوتی ہیں۔ اس لئے ایک بڑے منظر نامے میں، کوئی آفت و مصیبت بے مقصد نہیں۔ اللہ تعالیٰ انسانوں کی تمام تر مشکلات و مصائب سے باخبر ہے اور وہ ان کو ان مشکلات پر صبر کرنے کا اجر دے گا (دیکھئے باب نمبر 11)۔ اس کے برعکس، الحاد کے مطابق، آدمی پر آنے والی آفات بھی اتنی ہی بے معنی ہیں جتنی اسے پہنچنے والی راحتیں۔ نیکوکار کی عظیم قربانیاں اور مظلوم کی تمام تر پریشانیاں محض ایک بے مروت دنیا کی عمل داری ہی تو ہے۔ یہاں تک کہ اگر ہم راحت و ثروت کی ایک عظیم

الشان زندگی گزار رہے ہوں، تب بھی ہم کسی بھی وقت کسی بھی بری قسمت کا شکار ہوسکتے ہیں، یا مزید لطف کی لامحدود خواہش کے اسیر ہو کررہ جائیں گے۔ یاسیت کے پر چارک فلسفی آرتھر شوپن ہاور نے مایوسی اور بدقسمتی کی خوب تصویر کشی کی ہے:

’’ہم کسی چراہ گاہ میں پھرتے چوپایوں کی مانند ہیں۔ ایک قصاب ان پر کڑی نظر رکھے ہوئے ہے، جو ایک ایک کر کے سب کا شکار کرتا جاتا ہے۔ چنانچہ ہم اپنے اچھے دنوں میں اس منحوس فطرت سے بے خبر ہوتے ہیں جو اس وقت ہماری منتظر ہے – بیماری، افلاس، اعضا کی قطع و برید، بصارت یا ذہانت کا ضیاع ...... وقت مسلسل ہم پر دباؤ ڈالے جا رہا ہے، سانس تک لینے کی مہلت نہیں دے رہا، ہر دم ہمارے تعاقب میں ہے، ایک ایسے استاد کی مانند جو ہاتھ میں کوڑا لئے ہو ...... درحقیقت، یہ خیال کہ دنیا اور آدمی ایسی چیزیں ہیں جن کا وجود نہ ہونا بہتر تھا، ہمیں ایک دوسرے کی خاطرداری پر مائل کرتا ہے۔ اس نقطۂ نظر سے، ہم مناسب اندازِ تخاطب یوں نہ پائیں؛ جناب، حضرت، صاحب بلکہ یوں اے مرے مظلوم دوست، میرے رفیقِ ماتم، میرے بے یار و مددگار ساتھی!‘‘ [41]

قرآن حکیم اس مایوسی کا حوالہ دیتا ہے۔ قرآن کہتا ہے کہ مومن مایوس نہیں ہوتا؛ امید ہمیشہ باقی رہتی ہے اور امید، اللہ کی رحمت سے منسلک ہے؛ اور اللہ کی رحمت اس دنیا میں اور اگلی دنیا میں اپنا اظہار کرتی ہے:

$$\text{وَلَا تَيْأَسُوا مِن رَّوْحِ اللَّهِ}$$
$$\text{إِنَّهُ لَا يَيْأَسُ مِن رَّوْحِ اللَّهِ إِلَّا الْقَوْمُ الْكَافِرُونَ}$$

اور اللہ کی رحمت سے ناامید نہ ہو، کہ اللہ کی رحمت سے بے ایمان لوگ ہی ناامید ہوا کرتے ہیں۔ [42] (سورۃ یوسف، آیت 87)

الحاد کے نقطۂ نظر سے کامل عدل ایک نہ حاصل ہونے والی شئے ہے – صحرائے زیست کا ایک سراب۔ چونکہ (الحاد کے مطابق) مرنے کے بعد کوئی زندگی نہیں، لہٰذا لوگوں سے حساب لئے جانے کی تمام توقعات عبث ہیں۔ 1940ء کی دہائی کے جرمنی کا تصور کیجئے۔ ایک معصوم یہودی

عورت، نے اپنے خاوند اور بچوں کو اپنے سامنے قتل ہوتے دیکھا، اسے انصاف کی کوئی امید نہ ہوگی جبکہ وہ خود گیس چیمبر میں ڈالے جانے کے لیے اپنی باری کی منتظر ہے۔ الحاد کے مطابق، اب مر چکنے کے بعد وہ کچھ بھی نہیں، صرف مادے کی ایک دوسری ترکیب ہے اور آپ کسی ایسی چیز کو جو زندگی سے محروم ہو، اس کا کوئی اچھا بدلہ نہیں دے سکتے۔ البتہ اسلام ہر کسی کو اللہ کی طرف سے حتمی عدل و انصاف کی امید دلاتا ہے۔ کسی کے ساتھ بھی رائی کے برابر بھی زیادتی نہ کی جائے گی اور ہر کسی کا حساب چکا یا جائے گا:

يَوْمَئِذٍ يَصْدُرُ النَّاسُ أَشْتَاتًا لِيُرَوْا أَعْمَالَهُمْ ٠ فَمَن يَعْمَلْ مِثْقَالَ ذَرَّةٍ خَيْرًا يَرَهُ ٠ وَمَن يَعْمَلْ مِثْقَالَ ذَرَّةٍ شَرًّا يَرَهُ ٠

''اس دن لوگ گروہ گروہ ہو کر آئیں گے تا کہ ان کو ان کے اعمال دکھا دیئے جائیں۔ تو جس نے ذرہ بھر نیکی کی ہوگی وہ اس کو دیکھ لے گا؛ اور جس نے ذرہ بھر برائی کی ہوگی وہ اسے دیکھ لے گا۔''[43] (سورۃ الزلزال، آیات 6 تا 8)

وَخَلَقَ اللَّهُ السَّمَاوَاتِ وَالْأَرْضَ بِالْحَقِّ وَلِتُجْزَى كُلُّ نَفْسٍ بِمَا كَسَبَتْ وَهُمْ لَا يُظْلَمُونَ ٠

''اللہ تعالیٰ نے آسمانوں اور زمین کو حق کے ساتھ پیدا کیا ہے اور تا کہ ہر نفس اپنے اعمال کا بدلہ پائے اور ان پر ظلم نہیں کیا جائے گا۔''[44] (سورۃ جاثیہ، آیت 22)

فطرت پرستی کے فلسفے کے مطابق، زندگی ایک کھلونے کی مانند ہے جو ایک ماں اپنے بچے کو بغیر کسی مقصد کے دیتی ہے اور بغیر مقصد کے واپس لے لیتی ہے۔ اس فلسفے کی نظر میں زندگی ایک بے کار مگر خوبصورت تحفہ ہے۔ تاہم تمام تر خوشیاں، راحتیں اور محبتیں جو ہمیں حاصل ہیں، وہ ہم سے واپس لے لی جائیں گی اور ہمیشہ کے لیے فنا ہو جائیں گی۔ چونکہ ملحد، اللہ تعالیٰ اور روز آخرت کا انکار کرتا ہے، اس لئے لازم آتا ہے کہ ہم زندگی میں جو راحتیں دیکھتے ہیں، سب ختم ہو جائیں۔ کوئی امید نہیں کہ خوشیاں، راحتیں، محبتیں اور لطافتیں باقی رہیں گی۔ البتہ اسلامی تعلیمات کے مطابق، یہ اچھے احساسات و تجربات دنیاوی زندگی کے بعد مزید نکھر کر سامنے آئیں گی:

لَهُم مَّا يَشَاءُونَ فِيهَا وَلَدَيْنَا مَزِيدٌ ۝

''وہاں وہ جو چاہیں گے ان کے لیے ہے اور ہمارے ہاں اور بھی (بہت کچھ) ہے۔''[45]
(سورة ق، آیت 35)

لِّلَّذِينَ أَحْسَنُوا الْحُسْنَىٰ وَزِيَادَةٌ ۝

''جن لوگوں نے نیکوکاری کی ان کے لیے بھلائی ہے اور مزید بر آں)اور بھی...''[46]
(سورة یونس، آیت 26)

إِنَّ أَصْحَابَ الْجَنَّةِ الْيَوْمَ فِي شُغُلٍ فَاكِهُونَ ۝ هُمْ وَأَزْوَاجُهُمْ فِي ظِلَالٍ عَلَى الْأَرَائِكِ مُتَّكِئُونَ ۝ لَهُمْ فِيهَا فَاكِهَةٌ وَلَهُم مَّا يَدَّعُونَ ۝

''اہل جنت اُس روز عیش و نشاط کے مشغلے میں ہوں گے۔ وہ بھی اور ان کی بیویاں بھی سایوں میں تختوں پر تکیے لگائے بیٹھے ہوں گے۔ وہاں ان کے لیے میوے اور جو چاہیں گے (موجود ہو گا)۔''[47] (سورة یٰسین، آیت 56 تا 58)

زندگی کی شرمندگی

ایک انسان میں اور چاکلیٹ کے ایک مجسمے میں کیا فرق ہے؟ آپ کو یہ مضحکہ خیز لگتا ہو گا لیکن فلسفیانہ اعتبار سے یہ ایک سنجیدہ سوال ہے۔ بہت سے ملحدین کی نظر میں، جو فطرت پرستی کے فلسفے پر یقین رکھتے ہیں، ہر محض مادے کی ایک خاص بے ہنگم ترتیب کا نتیجہ ہے، یا کم از کم اندھے، غیر شعوری طبیعی سلسلہ ہائے اعمال یا اسباب (causes) کا نتیجہ ہے۔

اگر میں ایک ہتھوڑا لوں اور چاکلیٹ کے ایک قد آدم مجسمے کو پیس کر رکھ دوں اور یہی عمل اپنے ساتھ کروں تو فطرت پرستی کے فلسفے کے مطابق دونوں کاموں میں کوئی حقیقی فرق نہ ہو گا، چاکلیٹ کے ٹکڑے اور میری کھوپڑی کے ٹکڑے ایک ہی چیز کی نئی ترتیب ہیں: ٹھنڈا، مردہ مادہ۔

اس سوال کا لگا بندھا جواب کچھ اس طرح ہو گا: ''ہمارے احساسات ہیں''، ''ہم زندہ

ہیں''، ''ہمیں درد محسوس ہوتا ہے''، ''ہماری شناخت ہے''، اور ''ہم انسان ہیں!'' فطرت پرستی کے مطابق، یہ جواب بھی گھٹ کر صرف مادے کی ترتیبِ خاص پر ختم ہو جاتا ہے، ہمارے تمام تر احساسات ہمارے دماغ میں جاری اعصابی-کیمیائی وقوعات کا نتیجہ ہیں۔ حقیقت میں ہمارے تمام تر احساسات، بیانات اور حرکات مادے کی بنیادی اجزاء تک محدود کئے جا سکتے ہیں، یا کم از کم کسی قسم کے طبعی سلسلۂ اعمال تک۔ چنانچہ بحیثیت ملحد، یہ جذباتیت نا معقول ہے کیونکہ ہر چیز بشمول احساسات، جذبات اور اقدار کا مقام محض مادہ اور سرد مہر طبعی سلسلۂ اعمال اور اسباب تک محدود دہو کر رہ جاتی ہے۔

دوبارہ ہمارے پہلے سوال پر جائیے: انسان اور چاکلیٹ کے مجسمے میں حقیقی فرق کیا ہے؟ الحادی نقطۂ نظر کے مطابق جواب ہو گا کوئی حقیقی فرق نہیں۔ ہر قسم کا فرق محض فریبِ نظر ہے - کوئی حقیقی قدر نہیں۔ اگر ہر چیز ہی صرف مادہ اور اس کے پیچھے کا مادی سبب ہے تو پھر کسی چیز کی کوئی حقیقی قدر نہیں، سوائے اس کے کہ بلاشبہ کوئی یہ کہے کہ مادے کی اپنی ہی قدر ہے۔ پھر اس نقطۂ نظر سے بھی ہم مادے کی ایک ترتیب اور دوسری میں کیسے فرق کریں؟ کیا کوئی یہ کہہ سکتا ہے کہ جو چیز جتنی زیادہ پیچیدہ ہوتی جائے، اس کی قدر اتنی ہی زیادہ ہو گی؟ لیکن اس کی بھی قدر کیوں ہو گی؟ یاد رکھئے کہ الحاد کے نقطۂ نظر میں کوئی چیز بھی مقصد طور با تخلیق اور ترتیب نہیں دی گئی۔ سب کچھ سرد مہر، الل ٹپ اور غیر شعوری طبعی سلسلہ ہائے اعمال و اسباب پر مبنی ہے۔

مزے کی بات یہ ہے کہ ملحدین جو اس نقطۂ نظر کو اپناتے ہیں، وہ اپنے عقائد کے منطقی نتائج کے مسائل پر غور نہیں کرتے۔ اگر وہ ایسا کرتے، تو یہ ان کے لیے دردِ سر ہوتا۔ وہ جو ہمارے وجود کو حقیقی قدر و منزلت دے رہے ہیں، تو اس کی وجہ ان کی سرشت ہے، جو اللہ تعالیٰ نے اس طرح تخلیق کی ہے کہ وہ اللہ تعالیٰ اور ہمارے وجود کی حقیقت کو تسلیم کرے (دیکھئے باب نمبر 4)۔

اسلامی تعلیمات کے مطابق، اللہ تعالیٰ نے ہمارے اندر بنیادی اخلاقی حقیقتوں کو سمجھنے اور ان کی حیثیت کو تسلیم کرنے کا ایک جبلی میلان رکھا ہے (دیکھئے باب نمبر 9)۔ اس جبلی میلانِ طبع کو اسلامی فکر میں ''فطرۃ'' کہا جاتا ہے (دیکھئے باب نمبر 4)۔ حقیقی قدر و منزلت کے بارے میں ہمارا دعویٰ اس لئے معقول ہے کیونکہ ہم یہ کہتے ہیں کہ اللہ تعالیٰ نے ہمیں کسی ٹھوس، واضح مقصد کے لیے پیدا فرمایا اور اسی نے ہمیں اپنی مخلوقات پر فوقیت بخشی۔ ہم بحیثیت

انسان، مخلوقات میں اس لئے شرف و امتیاز رکھتے ہیں کیونکہ جس ذات نے ہمیں تخلیق فرمایا، اسی نے ہمیں شرف بخشا ہے۔

وَلَقَدْ كَرَّمْنَا بَنِی آدَمَ وَحَمَلْنَاهُمْ فِی الْبَرِّ وَالْبَحْرِ وَرَزَقْنَاهُمْ مِنَ الطَّيِّبَاتِ وَفَضَّلْنَاهُمْ عَلَى كَثِيرٍ مِّمَّنْ خَلَقْنَا تَفْضِيلًا ۝

''اور ہم نے بنی آدم کو عزت بخشی اور ان کو خشکی اور پانی میں سواری دی اور پاکیزہ روزی عطا کی اور اپنی بہت سی مخلوقات پر بھرپور فضیلت دی۔''[48] (سورۃ الاسراء، آیت 70)

رَبَّنَا مَا خَلَقْتَ هَذَا بَاطِلًا ''(اور کہتے ہیں) کہ اے پروردگار! تو نے اس (مخلوق) کو بے فائدہ نہیں پیدا کیا۔''[49] (سورۃ آل عمران، آیت 191)

اسلام ان لوگوں کو قدر دیتا ہے جو سچائی کو تسلیم کریں۔ یہ اللہ تعالیٰ کی اطاعت کرنے اور خیر کے کام کرنے والوں میں، اور ان میں جو سرکشی میں اللہ تعالیٰ کی بغاوت کرتے اور شر کے کام کرنے والوں میں، فرق کرتا ہے:

أَفَمَنْ كَانَ مُؤْمِنًا كَمَنْ كَانَ فَاسِقًا لَا يَسْتَوُونَ ۝

''بھلا جو مومن ہو وہ اس شخص کی طرح ہو سکتا ہے جو نافرمان ہو؟ دونوں برابر نہیں ہو سکتے۔''[50] (سورۃ سجدہ، آیت 18)

چونکہ فطرت پرستی اللہ اور روزِ آخرت کا انکار کرتی ہے، اس لئے یہ فسادی اور صلح جُو، دونوں کو ایک ہی بدلہ دیتی ہے: یعنی ہمیشہ کی موت۔ ہم سب کا انجام یکساں ہے۔ تو داعش کے دہشت گردوں اور ہلالِ احمر یا ایدھی فاؤنڈیشن کے رضا کاروں کے انجام میں کیا فرق ہے؟ اگر ان کے انجام ایک جیسے ہیں تو الحاد ہمیں اور ہمارے احساسات کو کیا قدر و اہمیت دیتا ہے؟

تاہم اسلام میں اللہ تعالیٰ کے عبادت گزار بندوں میں، جو رحم دل، دیانت دار، انصاف پسند اور معاف کرنے والے ہیں، اور ان میں جو اپنی شرارتوں اور خباثتوں کے ساتھ ہی دنیا سے چلے جائیں، بہت بڑا فرق ہے۔ اچھے لوگوں کی جائے سکونت ہمیشہ کی خوشی ہے اور برائی پر ڈٹے

رہنے والوں کا انجام اللہ تعالیٰ کی رحمت سے دوری ہے۔ یہ دوری جان بوجھ کر اللہ تعالیٰ کی رحمت و ہدایت سے روگردانی کا نتیجہ ہے جو انجامِ کار ہمیشہ کی اذیت و عقوبت میں منتج ہوتی ہے۔ صاف ظاہر ہے کہ اسلام ہمیں بہت عظیم حقیقی قدر و منزلت عطا کرتا ہے؛ جبکہ الحاد میں، قدر و منزلت کی عقلی توجیہ نہیں دی جاسکتی، سوائے اس کے کہ یہ محض ہمارے دماغ میں ایک خیال ہے۔

اس دلیل کی قوت کے باوجود، کچھ ملحدین پھر بھی اعتراض کرتے ہیں۔ ان کے اعتراضات میں ایک سوال بڑا اہم ہے: اللہ تعالیٰ نے ہمیں قدر و منزلت کیوں دی؟ جواب سادہ ہے۔ اللہ تعالیٰ نے کائنات کی تخلیق فرمائی اور اس پر حاوی ہے، اس کے پاس لامحدود علم اور حکمت ہے۔ اس کے ناموں میں البصیر سب کچھ دیکھنے والا، العلیم سب کچھ جاننے والا اور الحکیم پوری حکمت والا شامل ہیں۔ چنانچہ وہ اپنے بے پایاں علم و حکمت کی بنیاد پر جس چیز کو فضیلت و منزلت عطا فرماتا ہے، وہ یقیناً اس قابل ہوگی۔ اسے دیکھنے کا دوسرا طریقہ یہ ہے کہ اللہ تعالیٰ کو بھر پور طور پر کامل اور اکمل سمجھا جائے، یعنی ہر قسم کے عیب و نقص سے پاک۔ چنانچہ، اس کا مطلب یہ ہوا کہ جس چیز کو وہ بلند مقام دیتا ہے، وہ اپنی حقیقت اور اصلیت کے اعتبار سے یقیناً اس کی اہل ہوگی۔

ایک اور اعتراض یہ کیا جاتا ہے کہ اگر ہم یہ تسلیم کر بھی لیں کہ خدا ہمیں حقیقی قدر و منزلت سے نوازتا ہے، تو پھر یہ بھی نفسی (subjective) بات ہوگی، کیونکہ یہ اس (خدا) کا نقطۂ نظر ہوگا۔ یہ تنازعہ، نفسیّت (subjectivity) اور اللہ تعالیٰ کی صفات کی ناقص تفہیم کی وجہ سے پیدا ہوتا ہے۔ نفسیت کا اطلاق کسی فرد کی محدود ذہنی اور/ یا حسی صلاحیت پر ہوتا ہے، جبکہ اللہ تعالیٰ کا نقطۂ نظر علم و حکمت کی لامحدود صلاحیتوں کی بنیاد پر استوار ہوتا ہے۔ وہ سب کچھ جانتا ہے، ہم نہیں جانتے۔

(Subjective: وہ جس کا تعلق کسی کی اپنی ہی سوچ سے ہو، نہ کہ خارجی موضوعِ فکر سے۔ مترجم)

امام ابن کثیرؒ فرماتے ہیں کہ اللہ کے پاس حکمت اور علم کی کاملیت ہے؛ ہم صرف اس کے اجزاء تک رسائی رکھتے ہیں۔ بہ الفاظِ دیگر: اللہ کے پاس پوری تصویر ہے، ہمارے پاس محض چند نقطے ہیں۔

جارج واشنگٹن یونیورسٹی میں اسلامیات کے پروفیسر سید حسین نصر، خدا کی عدم موجودگی میں

انسانی حقوق اور عظمت کی کمپری کا موزوں الفاظ میں خلاصہ پیش کرتے ہیں:

''انسان کے فرائض یا حقوق کے بارے میں گفتگو کرنے سے پہلے آدمی کو لازماً اس بنیادی مذہبی اور فلسفیانہ سوال کا جواب دینا چاہئے: 'انسان ہونے کا مطلب ہی کیا ہے؟' آج کی دنیا میں ہر کوئی ''انسانی حقوق'' کا رونا روتا ہے؛ اور انسان کے مقدس کردار کی بات کرتا ہے۔ بہت سے ملحدین یہ دعویٰ کرتے ہیں کہ وہ حقوق انسانی کے حقیقی علمبردار ہیں، برخلاف ان کے جو مختلف مذہبی نقطہ نظر اپناتے ہیں۔ لیکن مقام حیرت ہے کہ انسانیت کے انہی علمبرداروں کی اکثریت یہ یقین کرتی ہے کہ انسان محض ترقی یافتہ بندر سے زیادہ کچھ نہیں، جو خود مکتر جانوروں سے ترقی کرکے بنے ہیں۔ یہاں تک کہ بالآخر سالمات (مالیکیولز) کی مختلف ترکیبات رہ جاتی ہیں۔ اگر انسان ابتدائی سالمے کے مجموعے پر ''اندھی قوتوں'' کی کارستانی سے زیادہ کچھ نہیں، تو کیا انسانی زندگی کے تقدس کا یہ شور و غوغا علمی طور پر بے معنی اور کھوکھلے جذباتی اظہار سے زیادہ کچھ ہے؟ کیا انسانی عظمت عامیانہ طور پر اختراع کردہ ایک خیال ہے، جس کی حقیقت میں کوئی بنیاد نہیں؟ اور اگر ہم عالیشان طور پر مرتب بے جان اجزاء سے زیادہ کچھ نہیں، تو ''انسانی حقوق'' کے دعووں کی کیا بنیاد ہے؟ یہ بنیادی سوالات کسی جغرافیائی حدود کے پابند نہیں؛ اور ذی شعور لوگ جہاں کہیں بھی ہوں، یہ سوال (ضرور) پوچھتے ہیں۔''[51]

ہماری وقعت ہے، لیکن دنیا کی کیا وقعت ہے؟

اگر میں آپ کو ایک کمرے میں آپ کے تمام پسندیدہ کھیلوں، ساز و سامان، دوستوں، عزیزوں، غذا اور پانی کے ساتھ بند کر دوں اور آپ کو بتا دوں کہ پانچ منٹ بعد آپ اور اس کمرے میں موجود تمام چیزیں فنا کردی جائیں گی، تو آپ کی اپنی اور ان تمام چیزوں کی آپ کی نظر میں کیا قدر رہ جائے گی؟ ظاہر ہے، ان کی کوئی حیثیت نہیں ہوگی۔ پھر **5** منٹ اور **657,000** گھنٹوں (75 سال) میں کیا فرق ہے؟ محض کچھ زیادہ وقت۔ محض اس لئے کہ ہم ممکنہ طور پر 75 سال زندہ رہ سکتے ہیں، اس سے حقیقت تو نہیں بدل جاتی۔ عقیدۂ الحاد کے مطابق، یہ ساری دنیا تباہ کر دی جائے گی اور بھلا دی جائے گی۔ اسلام بھی اس حقیقت کا اعتراف کرتا ہے کہ ہر چیز فنا کردی جائے گی۔ چنانچہ اس دنیا کی اپنی کوئی قدر و قیمت نہیں۔ یہ عارضی، بے ثبات اور

مختصر ہے۔تاہم اسلامی تعلیمات کے مطابق،اس دنیا کی حیثیت اس لئے ہے کہ یہ اللہ تعالیٰ کا قرب حاصل کرنے،اچھے اعمال بجالانے اور عبادت کرنے کی جگہ ہے؛جس کے بدلے میں اللہ تعالیٰ ہمیں جنت سے نوازے گا۔چنانچہ یہ سب تاریکی اور تباہی کے لیے ہے ہی نہیں۔ہم ڈوبتی کشتی کے مسافر نہیں۔اگر ہم اخلاصِ نیت اور سنتِ نبوی ﷺ کے مطابق کام کریں،تو ہم اللہ تعالیٰ کی مغفرت اور رضامندی حاصل کر سکتے ہیں۔

اِعْلَمُوْا أَنَّمَا الْحَيَاةُ الدُّنْيَا لَعِبٌ وَّلَهْوٌ وَّزِينَةٌ وَّتَفَاخُرٌ بَيْنَكُمْ وَتَكَاثُرٌ فِي الْأَمْوَالِ وَالْأَوْلَادِ كَمَثَلِ غَيْثٍ أَعْجَبَ الْكُفَّارَ نَبَاتُهُ ثُمَّ يَهِيجُ فَتَرَاهُ مُصْفَرًّا ثُمَّ يَكُونُ حُطَامًا وَفِي الْآخِرَةِ عَذَابٌ شَدِيدٌ وَّمَغْفِرَةٌ مِّنَ اللَّهِ وَرِضْوَانٌ وَمَا الْحَيَاةُ الدُّنْيَا إِلَّا مَتَاعُ الْغُرُورِ ۝ سَابِقُوا إِلَى مَغْفِرَةٍ مِّن رَّبِّكُمْ وَجَنَّةٍ عَرْضُهَا كَعَرْضِ السَّمَاءِ وَالْأَرْضِ أُعِدَّتْ لِلَّذِينَ آمَنُوا بِاللَّهِ وَرُسُلِهِ ذَلِكَ فَضْلُ اللَّهِ يُؤْتِيهِ مَن يَشَاءُ وَاللَّهُ ذُو الْفَضْلِ الْعَظِيمِ ۝

’’جان رکھو کہ دنیا کی زندگی محض کھیل اور تماشا اور زینت (وآرائش)اور تمہارے آپس میں فخر (وستائش)اور مال واولاد کی ایک دوسرے سے زیادہ طلب (وخواہش)ہے۔(اس کی مثال ایسی ہے)جیسے بارش کہ(اس سے کھیتی اُگ آتی ہے اور)کسانوں کو کھیتی بھلی لگنے لگتی ہے،پھر وہ خوب زور پر آتی ہے پھر (اے دیکھنے والے)تو اس کو دیکھتا ہے کہ(پک کر)زرد پڑ جاتی ہے،پھر چورا چورا ہوجاتی ہے اور آخرت میں (کافروں کے لیے)عذابِ شدید اور (مومنوں کے لیے)اللہ کی طرف سے بخشش اور خوشنودی ہے۔اور دنیا کی زندگی تو متاعِ فریب ہے۔(بندو!)لپکو اپنے پروردگار کی بخشش کی طرف اور جنت کی (طرف)جس کی چوڑائی آسمان اور زمین کی چوڑائی جیسی ہے،جو اان لوگوں کے لیے تیار کی گئی ہے جو اللہ پر اور اس کے پیغمبروں پر ایمان لائے ہیں۔یہ اللہ کا فضل ہے،جسے چاہے عطا فرمائے۔اور اللہ بڑے فضل کا مالک ہے۔‘‘[52](سورۃ الحدید،آیات 21 تا 22)

حقیقی مقصد کا فقدان

’’مجھے معلوم نہیں کہ ہم یہاں کیوں ہیں، لیکن مجھے کامل یقین ہے کہ یہ زندگی یہاں مزے لینے کے لیے نہیں۔‘‘[53]

یہ الفاظ ہیں مشہور فلسفی لڈوگ وٹگنسٹائن کے۔ بہت سے دیگر فلسفیوں کی طرح اس کے پاس بھی اس سوال کا جواب نہیں تھا: کہ ہماری زندگی کا مقصد کیا ہے؟ لیکن انہوں نے کم از کم یہ ضرور بتایا کہ زندگی محض کھیل تماشا نہیں۔ تاہم کچھ لوگ اس سوال ہی کو غلط کہتے ہیں۔ وہ کہتے ہیں کہ ہو سکتا ہے کہ ایسا کچھ بھی نہ ہو جس کے بارے میں ہمیں فکرمند ہونا چاہئے۔ ہمیں اپنی زندگی جاری رکھنی چاہئے، بغیر یہ سوچے ہوئے کہ ہم یہاں کیوں ہیں۔

نوبیل انعام یافتہ ادیب اور فلسفی البرٹ کمو اس رویّے کو یوں بیان کرتا ہے: ’’اگر آپ زندگی کے معانی ڈھونڈتے رہیں گے تو آپ کبھی جی نہیں سکتے۔‘‘[54] کمو دراصل یہ کہہ رہا ہے کہ آپ کے لیے اہم یہ ہے کہ ایسی زندگی گزاریں جو آپ کے لیے مفید ہو، اس بات سے بے غرض ہو کر کہ آپ کے وجود کے پس پردہ حقیقت کیا ہے۔

ان مختلف اور متضاد خیالات کے تناظر میں ہمیں یہ سوال پوچھنا چاہئے: کیا یہ سمجھنا معقول ہے کہ ہمارے وجود کے پیچھے کوئی مقصد ہے؟ اس سوال کے جواب میں مدد کے لیے، مندرجہ ذیل تصوراتی منظر پر غور کیجئے:

اس وقت آپ اس کتاب کا مطالعہ کر رہے ہیں؛ آپ غالباً کسی کرسی پر بیٹھے ہیں اور آپ نے کچھ کپڑے بھی پہنے ہوئے ہیں۔ تو میں آپ سے ایک سوال پوچھنا چاہتا ہوں: کیا مقصد ہے؟ آپ نے کپڑے کیوں پہنے ہوئے ہیں اور کرسی کا کیا مقصد ہے؟ ان سوالوں کے جواب واضح ہیں: کرسی کا مقصد آپ کے وزن کو سہارا دیتے ہوئے آپ کو آرام سے کسی ایسی کیفیت میں رکھنا ہے جس میں آپ بہتر کام کر سکیں؛ لباس آپ کو گرم رکھتا ہے، آپ کی عریانی کو چھپاتا اور آپ کو زینت بخشتا ہے۔ ہمارے کپڑے اور کرسی بے روح چیزیں ہیں جن کی کوئی جذباتی یا ذہنی

صلاحیت نہیں۔اور ہم ان اشیاء کو مقاصد سے متصف سمجھتے ہیں۔لیکن ہم میں سے کچھ ایسے ہیں جو سمجھتے ہیں کہ ہمارا اپنا ہی کوئی مقصد نہیں۔ یہ فطری طور پر بے ربط اور خلافِ وجدان بات ہے۔

ہماری زندگی کے پیچھے کسی مقصد کے ہونے کا مطلب یہ ہے کہ ہمارے وجود کی کوئی توجیہ ہے۔ بالفاظِ دیگر، کوئی خاص ارادہ اور غرض، کسی حقیقی مقصد کے بغیر ہمارے وجود کا کوئی جواز نہیں؛ اور یہ کہ ہماری زندگی کے کوئی معنی نہیں۔ فطرت پرستی کے فلسفے کے مطابق، ہم محض کسی طبیعی سلسلۂ عمل کے نتیجے میں ابھر کر آ گئے ہیں جو اندھا، اللّ ٹپ اور غیر معقول ہے۔ اس نقطہ نظر کو اپنانے کا منطقی مطلب یہ ہے کہ ہم ایک ڈوبتی کشتی پر سوار ہیں۔ یہ مثالی کشتی ہماری کائنات ہے، کیونکہ سائنسدانوں کے بقول یہ اپنی لازمی تباہی کی طرف گامزن ہے۔اور ناگزیر طور پر، یہ اس صورتِ حال سے دو چار ہو گا، جسے وہ ''حرارتی موت'' (heat death) کہتے ہیں۔ انسانی زندگی کائنات کی اس حرارتی موت، اس حتمی اختتام سے بہت پہلے ہی نیست و نابود ہو جائے گی۔[55] چنانچہ اگر اس کشتی کو ڈوب ہی جانا ہے، تو میرا آپ سے سوال ہے کہ کشتی پر موجود کرسیوں کی نئی سے نئی ترتیب لگانے یا کسی بوڑھیا کو دودھ کا گلاس پیش کرنے کا کیا مقصد ہے؟

قرآنِ حکیم اس مسئلے پر انسانیت کی وجدانی مؤقف کی یوں تصویر کشی کرتا ہے: رَبَّنَا مَا خَلَقْتَ هٰذَا بَاطِلًا ''(اور کہتے ہیں) کہ اے ہمارے پروردگار! تو نے (اس سب) کو بے فائدہ نہیں پیدا کیا۔''[56] (سورۃ آلِ عمران، آیت 191)

تاہم اس بحث سے مختلف تنازعات کھڑے ہو جاتے ہیں: اولاً، ایک ملحد یہ کہہ سکتا ہے کہ ہمارے وجود کے پیچھے کسی مقصد کے نہ ہونے سے ہمیں آزادی حاصل ہوتی ہے کہ ہم اپنی زندگی کا مقصد خود تخلیق کریں۔ جیسے کچھ وجودی (existentialists) کہتے ہیں کہ ہماری زندگی بے مقصدیت پر مبنی ہے، اور اس بے مقصدیت سے ہم اپنے لئے امکانات کی ایک نئی دنیا تخلیق کر سکتے ہیں۔ یہ اس تصور کی پیداوار ہے کہ ہر چیز فی نفسہٖ بے معنی و بے کار ہے۔ چنانچہ، بامقصد زندگی گزارنے کے لیے ہمارے پاس یہ آزادی ہے کہ ہم معنی اور مقصد کی تخلیق کریں۔ اس نقطہ نظر کا نقص یہ ہے کہ ہم معنویت سے حقیقی معنوں میں جان نہیں چھڑا سکتے۔ ہمارے اپنے وجود کے لیے معانی کا انکار کرنا اور چیزوں کو من گھڑت معانی پہنانا گویا اپنے آپ ہی کو دھوکا دینا ہے۔ یہ ایسا کہنا ہے کہ چلیے، ''فرض کرتے ہیں کہ ہمارا مقصد ہے۔'' یہ بچوں کی طرح ہے جو ڈاکٹر، نرس،

گوالا اور تاجر بن جاتے ہیں، یا پھر ماں اور باپ بن جاتے ہیں۔ لیکن ہم سب یقیناً بڑے ہو جاتے ہیں اور اس حقیقت کا سامنا کرتے ہیں کہ زندگی محض کھیل تماشا نہیں۔

ایک اور اختلاف یہ ڈاروِنی دعویٰ ہے کہ ہمارا مقصد اپنے ڈی این اے (DNA) کو فروغ دینا ہے؛ جیسا کہ مشہور ملحد رچرڈ ڈاکنز اپنی کتاب The Selfish Gene (خودغرض جین) میں کہتا ہے، کہ ہمارے جسم صرف اسی مقصد کے لیے بنے ہیں۔[57] اس نقطہ نظر کے ساتھ مسئلہ یہ ہے کہ یہ ہمارے وجود کو محض ایک اتفاقی حادثے اور ایک طویل حیاتیاتی عمل کے درجے پر گھٹا دیتا ہے۔ یہ انسان کو ایک فالتو اور اضافی پیداوار سے زیادہ کوئی حیثیت نہیں دیتا، ایک ایسا اتفاقی وجود جو محض ذرات کے الل ٹپ تصادموں اور سالمات کی بے ہنگم ترتیب ہائے نَو کی پیداوار ہے۔

ہمارے وجود سے متعلق اسلام کی تعلیمات وجدانی طور پر مستحکم اور قوت بخش ہیں۔ یہ ہمارے وجود کو مادے اور وقت کی پیداوار سے اٹھا کر ایسی بلندی پر لے جاتی ہیں جہاں باشعور انسان اس اللہ واحد کے ساتھ، کہ جس نے ہمیں تخلیق فرمایا ہے، ایک خوشگوار تعلق استوار کرنے کا فیصلہ کرتا ہے (دیکھئے باب نمبر 15)۔ الحاد اور فطرت پرستی ہمارے وجود کو کوئی حقیقی معنویت، کوئی مقصد نہیں دیتے۔

ابدی اور بامعنی خوشی کا فقدان

وَالْعَاقِبَةُ لِلْمُتَّقِينَ ''اور آخر بھلا تو ڈرنے والوں کا ہے۔''[58] (سورۃ الاعراف، آیت 128)

خوشی کی تلاش ہماری انسانی فطرت کا ایک لازمی جزو ہے۔ ہم سب خوش ہونا اور رہنا چاہتے ہیں۔ یہاں تک کہ ہم واضح طور پر یہ نہیں بتا سکتے کہ ''خوشی'' آخر ہے کیا؟ چنانچہ اگر ہم کسی عام آدمی سے پوچھیں کہ وہ اچھا روزگار کیوں چاہتا ہے؟ تو وہ جواب دے گا: ''باسہولت زندگی کی خاطر ایک معقول رقم کمانے کے لیے۔'' تاہم اگر آپ مزید سوال کریں اور پوچھیں کہ وہ باسہولت زندگی کیوں بسر کرنا چاہتا ہے؟ تو وہ یہی کہے گا: ''کیونکہ میں خوش رہنا چاہتا ہوں۔'' اگر آپ اس سے مزید سوال کریں: ''آپ خوش رہنا کیوں چاہتے ہیں؟'' تو بہت ممکن ہے کہ وہ جواب نہ دے پائے، کیونکہ آخر کار خوشی ہی مقصود و مطلوب ہے، نہ کہ مزید کسی اچھائی کا ذریعہ۔ یہ منزلِ مقصود ہے نہ کہ کسی سفر کا حصہ۔ ہم سب خوش ہونا اور رہنا پسند کرتے ہیں۔ اور اس بات کی کوئی الگ وجہ نہیں

کہ ہم خوشی کیوں چاہتے ہیں، سوائے خود خوشی کے لیے۔ یہی وجہ ہے کہ ہم بے پایاں طور پر ایسے طریقوں کی تلاش میں رہتے ہیں جن سے ہم خوشی حاصل کر سکیں۔

اس مقصد کے لیے لوگ ایک دوسرے سے مختلف راستے اختیار کرتے ہیں۔ کچھ لوگ سالہا سال اپنے نام کے ساتھ زیادہ سے زیادہ قابلیتوں اور مہارتی علامات کی فہرست لگانے میں صرف کرتے ہیں۔ کچھ دیگر لوگ ورزش گاہوں میں ایک خوب صورت جسم کی خاطر انتھک محنت میں لگے رہتے ہیں۔ وہ لوگ جو گھر والوں کی محبت چاہتے ہیں، وہ اپنی شریک حیات اور بچوں کی دیکھ بھال میں ساری ساری زندگی لٹا دیتے ہیں جبکہ کچھ لوگ فراغت کے ایام میں اپنے گھروں سے دور، دوستوں کے ساتھ شغل میلے میں اپنے آپ کو مصروف کرتے ہیں اور اس طرح اپنی زندگی کی مقررہ پابندیوں سے کچھ آزادی لے لیتے ہیں۔ یہ فہرست ختم ہونے والی نہیں۔ اس سے سوال یہ پیدا ہوتا ہے: حقیقی اور بامعنی خوشی کیا ہے؟

اس سوال کا جواب دینے میں آسانی کے لیے، ذیل کا منظر نامہ تصور کیجئے: جبکہ آپ یہ کتاب پڑھ رہے ہیں، آپ کو اچانک بے ہوش کیا گیا۔ جب آپ جاگ اٹھتے ہیں تو اپنے آپ کو ایک ہوائی جہاز میں پاتے ہیں۔ آپ بزنس کلاس میں ہیں، آپ کی نشست ایسی آرام دہ ہے جیسی کسی طرح ہو سکتی ہے۔ تفریح کا ایسا اہتمام ہے کہ آپ نے کبھی سوچا نہ تھا۔ کھانا ایسا ہے کہ گویا جنت سے آیا ہو۔ جیسے جیسے آپ کے حواس بحال ہوتے ہیں، آپ اپنی موجودہ اور گزشتہ کیفیت میں ربط تلاش کرتے ہیں، لیکن آپ کو کوئی جواب نہیں ملتا اور وقت گزرتا جاتا ہے۔ اب ایک لمحے کے لیے سوچے: کیا میں خوش ہوں گا؟ ایسا کیسے ہو سکتا ہے کہ آپ خوش ہوں۔ آپ کو پہلے کچھ سوالوں کے جواب درکار ہیں۔ آپ جہاز میں کیسے پہنچ گئے؟ یہاں آپ کو کس نے لا بٹھایا؟ اس سفر کا مقصد اور منزل کیا ہے؟ آپ کہاں جا رہے ہیں؟ اگر ان سوالوں کے جواب نہ ملیں تو آپ کیسے خوش ہو سکتے ہیں؟ یہاں تک کہ اگر آپ ان تعیشات کا استعمال بھی کرنے لگ جائیں، تو آپ مطمئن ہو کر نہیں بیٹھ سکتے۔ کیا بریانی کی لذیذ پلیٹ جو آپ کے سامنے دھری ہے، ان بنیادی سوالوں کی چبھن کو کم کر سکتی ہے؟ یہ صرف ایک وہم، ایک عارضی، جھوٹی قسم کی خوشی ہو گی جو جان بوجھ کر ان اہم ترین سوالوں سے منہ پھیرنے سے حاصل ہو جاتی ہو گی۔

اب اس کیفیت اور ان سوالوں کو اپنی زندگی پر منطبق کیجئے اور اپنے آپ سے پوچھئے، کیا

میں خوش ہوں؟ ہمارا وجود میں آنا، نیند کی حالت میں کسی جہاز میں بٹھائے جانے سے کیسے مختلف ہے؟ ہم نے کبھی خود اپنی پیدائش، اپنے والدین اور جہاں سے ہم آئے ہیں، اس کا انتخاب نہیں کیا۔ مگر پھر بھی ہم میں سے کچھ لوگ یہ سوال نہیں اٹھاتے یا ان کے جواب نہیں ڈھونڈتے جو ہمیں خوشی کی انتہائی منزل تک پہنچا سکتے۔

حقیقی اور بامعنی خوشی کہاں پائی جاتی ہے؟ صاف ظاہر ہے کہ اگر ہم پچھلی مثال پر غور کریں، تو پائیدار خوشی اپنے وجود کے بارے میں اہم سوالات کے جواب تلاش کرنے میں ہے۔ان میں شامل ہے: زندگی کا مقصد کیا ہے؟ میں اپنی موت کے بعد کہاں جاؤں گا؟ اس تناظر میں ہم دیکھ سکتے ہیں کہ ہماری خوشی ہمارے اندر کی طرف ہے؛ یہ جاننے میں ہے کہ ہم کون ہیں۔ ہماری مستحکم خوشی ان اہم نوعیت کے سوالوں کے جواب تلاش کرنے میں ہے۔ اگر ہم خوش ہونے کا دعویٰ تو کریں لیکن یہ سوال نہ پوچھیں، یا کوئی جواب نہ ملے، پھر خوشی کا ہمارا دعویٰ کوئی خاص معنی نہیں رکھتا۔ یہ ایسا ہی ہوگا جیسے کوئی نشئی شخص خوش دکھائی دیتا ہے، جب وہ عارضی طور پر زندگی کی پریشانیوں کو بھلا ڈالتا ہے۔

جانوروں کے برعکس، ہم محض اپنی جبلی خواہشات کی تسکین سے ہی دائمی طور پر خوش نہیں رہ سکتے۔ محض اپنے جسم کے غدود کی تابعداری اور جسمانی ضروریات کی تسکین سے ان سوالوں کے جواب نہیں ملیں گے، نہ ہمیں پائیدار خوشی ہی حاصل ہوگی۔اس کا سبب سمجھنے کے لیے ایک اور مثال پر غور کیجئے: تصور کیجئے کہ آپ ایسے 50 لوگوں میں سے ایک ہیں جو ایک چھوٹے کمرے میں بند ہیں اور صرف 10 روٹیاں ہیں۔آپ سب کیا کریں گے؟ اگر آپ جانوروں کی طرح اپنی جبلت کی پیروی کریں گے تو خون خرابہ ہوگا اور ممکنہ طور پر سارے مر جائیں گے۔لیکن اگر آپ اس سوال کا جواب پانے کی کوشش کریں کہ "ہم سب کیسے بچ سکیں گے؟"، تو ممکن ہے کہ آپ سارے زندہ بچ جائیں۔

اس مثال کو اپنی زندگی پر منطبق کیجئے۔آپ کی زندگی میں اور بہت سی چیزیں ہیں، جو تقریباً لامحدود تعداد میں مختلف نتائج دے سکتی ہیں۔لیکن ہم میں سے کچھ اپنی حیوانی ضروریات کی پیروی کرتے ہیں۔ ہماری ملازمت کے لیے پی ایچ ڈی یا دیگر قابلیتوں کی ضرورت ہوگی اور ہم اپنے شریک حیات کے ساتھ اعلیٰ جگہوں پر کھانا کھا سکتے ہیں۔لیکن پھر بھی یہ سب محض زندہ رہنے کی تحریک

اور نسل بڑھانے کی جبلت پر ختم ہو جاتا ہے۔ بامعنی خوشی حاصل نہیں کی جاسکتی، جب تک ہم یہ معلوم نہ کرلیں کہ ہم دراصل کون ہیں؟ اور زندگی کے اہم ترین سوالوں کے جواب نہ ڈھونڈ لیں۔

لیکن فطرت پرستی میں ان سوالوں کے کوئی جواب نہیں۔ یہی باعث ہے کہ فطرت پرستی بھی بامعنی خوشی نہیں دے سکتی۔ ہم یہاں کیوں ہیں۔ کوئی سبب نہیں۔ ہم کہاں جا رہے ہیں۔ کہیں بھی نہیں۔ ہم سب صرف مر جاتے ہیں۔ ہم سب اس بنیادی سوال کا جواب چاہتے ہیں کہ ہم یہاں کیوں ہیں؟ اسلام میں اس کا سادہ اور مضبوط جواب ہے۔ ہم یہاں اللہ تعالیٰ کی عبادت کے لیے ہیں۔ (دیکھئے باب نمبر 15)۔

پھر اسلام میں ''عبادت'' کا تصور اس لفظ کی عمومی تفہیم سے بہت مختلف ہے۔ عبادت ہم اپنے ہر عمل میں بجالا سکتے ہیں۔ ہم جس طرح آپس میں گفتگو کرتے ہیں اور چھوٹی چھوٹی نیکیاں ہم روزانہ کرتے ہیں۔ اگر ہم اپنے ان اعمال میں اللہ تعالیٰ کی رضا حاصل کرنا چاہیں تو ہمارا ہر عمل عبادت بن جائے۔

عبادت صرف ان اعمال تک محدود نہیں جو صرف اللہ ہی کی رضا کے لیے بطور خاص ادا کئے جاتے ہیں جیسے نماز اور روزہ جیسے روحانی اعمال۔ اللہ کی عبادت کرنے میں سب سے زیادہ اس سے محبت، اس کی اطاعت اور اس کی معرفت بھی شامل ہے۔ اللہ کی عبادت ہمارے وجود کی منتہائے غایت ہے؛ یہ ہمیں دوسری چیزوں اور دوسرے لوگوں کی غلامی سے آزاد کرتی ہے۔ اللہ تعالیٰ قرآن حکیم میں ایک مؤثر مثال کے ذریعے ہمیں یہ بات سمجھاتا ہے:

$$ضَرَبَ اللّٰهُ مَثَلًا رَّجُلًا فِيهِ شُرَكَاءُ مُتَشَاكِسُونَ وَرَجُلًا سَلَمًا لِّرَجُلٍ هَلْ يَسْتَوِيَانِ مَثَلًا ۚ الْحَمْدُ لِلّٰهِ ۚ بَلْ أَكْثَرُهُمْ لَا يَعْلَمُونَ$$

''اللہ نے ایک مثال بیان کی ہے، ایک غلام ہے جس میں کئی بدخوآ قاشریک ہیں اور ایک غلام سالم ایک ہی شخص کا ہے، کیا دونوں کی حالت برابر ہے؟ سب تعریف اللہ ہی کے لیے ہے مگر ان میں سے اکثر نہیں سمجھتے۔''[59] (سورۃ الزمر، آیت 29)

یہ بات ناگزیر ہے کہ اگر ہم اللہ وحدہ لاشریک کی صحیح عبادت نہ کریں تو ہم دوسرے

’’خداؤں‘‘ کی پوجا کرنے لگ جائیں گے۔ غور کیجیے، ہمارے شریک حیات، ہمارے افسران، ہمارے اساتذہ، ہمارے دوست، وہ معاشرہ جس میں ہم رہتے ہیں، اور یہاں تک کہ ہماری خواہشات ہمیں اپنا غلام بنانے پر تلے بیٹھے ہیں۔ مثال کے طور پر معاشرتی رسوم ہی کو لے لیجیے۔ ہم میں سے اکثر لوگ ’’حسن‘‘ کی تعریف وہ کریں گے جو معاشرہ ہمیں سکھاتا ہے۔ ہو سکتا ہے ہماری پسند و ناپسند کی ایک پوری فہرست ہو، لیکن غور کرنے پر آپ کو معلوم ہوگا کہ یہ سب دوسروں کی وجہ سے بنتے بگڑتے ہیں۔ اپنے آپ سے پوچھیے۔ آپ کیوں یہ لباس پہننے میں فخر محسوس کرتے ہیں؟ یہ کہنا کہ یہ آپ کو پسند ہیں، ایک سطحی جواب ہے؛ اصل سوال یہ ہے کہ آپ اسے پسند ہی کیوں کرتے ہیں؟ اگر ہم اس طرح پرت در پرت کھرچتے جائیں تو ہم میں سے بہت سے اس حقیقت تک پہنچ جائیں گے کہ یہ ’’دوسروں کو اچھا لگتا ہے۔‘‘ بدقسمتی سے ہم سب لامحدود اشتہارات اور اپنے ساتھی انسانوں کی پسند و ناپسند سے ہر وقت متاثر ہوتے رہتے ہیں۔

اس اعتبار سے ہمارے بہت سے آقا ہیں، اور وہ سب ہم سے کچھ چاہتے ہیں۔ وہ سب ایک دوسرے سے مختلف توقعات رکھتے ہیں جن میں سے ہر ایک کو ہر وقت پورا کرنا ہمارے بس کی بات نہیں ہوتی۔ نتیجتاً ہم متذبذب اور ناآسودہ زندگیاں گزار دیتے ہیں۔ اللہ تعالیٰ ہمیں خود ہم سے بہت بہتر جانتا ہے، اللہ تعالیٰ ہم سے اس سے کہیں زیادہ محبت کرتا ہے جتنا ہماری ماں ہم سے کرتی ہے۔ وہ اللہ ہم سے فرما رہا ہے کہ وہی ہمارا حقیقی آقا ہے، اور صرف اس اکیلے کی عبادت کرتے ہوئے ہی ہم اپنے آپ کو آزاد کر سکتے ہیں۔

مسلم مصنفہ یاسمین مجاہدا اپنی کتاب میں لکھتی ہیں کہ اللہ تعالیٰ کے سوا ہر چیز نحیف و نزار ہے، اور یہ کہ ہماری آزادی اسی کی عبادت کرنے میں پوشیدہ ہے:

’’جب بھی آپ کسی کمزور و ناتواں چیز کے پیچھے بھاگیں، اس سے مدد مانگیں یا اس کے آگے دستِ سوال دراز کریں... تو آپ خود کمزور ہو جاتے ہیں۔ اگرچہ آپ اس چیز کو حاصل کیوں نہ کر لیں جو آپ تلاش کر رہے ہیں، یہ کبھی پورا نہیں ہوگا۔ آپ کو جلد ہی کسی اور چیز کے پیچھے بھاگنا پڑے گا۔ آپ کبھی اصلی قناعت یا اطمینان تک نہیں پہنچ پائیں گے۔ یہی وجہ ہے کہ ہم تجارت کرتی اور ترقی کی دوڑ میں لگی دنیا میں جی رہے ہیں۔ آپ کا فون، آپ کی کار، آپ کی بیوی، آپ کا شوہر، ساری چیزیں ہمیشہ اس

سے کسی بہتر ماڈل سے تبدیل کی جاسکتی ہیں۔ تاہم اس اسیری سے رہائی کا بھی ایک راستہ ہے۔ جب وہ چیز جس پر آپ اپنا تمام تر وزن لادتے ہیں، وہ مستحکم، ناقابل تسخیر اور لامحدود ہو، تو آپ گر نہیں سکتے۔'' [60]

سوال یہ ہے کہ ہم کہاں جا رہے ہیں؟ ہم ایک دوراہے پر ہیں: اللہ تعالیٰ کی ابدی، لامحدود الفت ورحمت کو گلے لگالیں، یا اس سے دور بھاگیں۔ اس کے پیغام پر لبیک کہتے ہوئے اور اس کی اطاعت میں عبادت کرتے ہوئے اس کے رحم و کرم کو تسلیم کرنے سے جنت میں ہمیں ابدی خوشی حاصل ہوگی۔ اس کی رحمت سے دور بھاگنے سے لازم آئے گا کہ ہم ایک ایسی جگہ پہنچ جائیں جہاں اس کا غضب ہے، تکلیف کی جگہ یعنی دوزخ۔ پس ہمارے پاس یہ اختیار ہے۔ یا تو ہم اس کی رحمت کو گلے لگانے کا فیصلہ کریں یا اس سے دور بھاگنے کی کوشش کریں۔ اس انتخاب میں ہم آزاد اور بااختیار ہیں۔ اگرچہ اللہ تعالیٰ ہمارے لئے خیر چاہتا ہے، لیکن وہ ہمیں صحیح انتخاب پر مجبور نہیں کرتا۔ اس دنیا میں ہم جو انتخاب کرتے ہیں، اگلی دنیا کی زندگی اس کی بنیاد پر بنے گی۔

یَوْمَ یَأْتِ لَا تَکَلَّمُ نَفْسٌ إِلَّا بِإِذْنِهِ فَمِنْهُمْ شَقِیٌّ وَّسَعِیْدٌ ۝

''جس روز وہ آجائے گا تو کوئی متنفس اس کے حکم کے بغیر بول بھی نہیں سکے گا۔ پھر ان میں سے کچھ بدبخت ہوں گے اور کچھ نیک بخت۔'' [61] (سورۃ ہود، آیت 105)

أُولَٰئِکَ یُجْزَوْنَ الْغُرْفَةَ بِمَا صَبَرُوْا وَیُلَقَّوْنَ فِیْهَا تَحِیَّةً وَّسَلَامًا ۝

''ان (صفات کے) لوگوں کو ان کے صبر کے بدلے اونچے اونچے محل دیے جائیں گے۔ اور وہاں (فرشتے) ان سے دعاوسلام کے ساتھ ملاقات کریں گے۔'' [62] (سورۃ الفرقان، آیت 75)

چونکہ ہماری منتہائے غایت، اللہ کی عبادت ہے، لہٰذا ہمیں لازماً اپنا فطری توازن قائم کرنا ہوگا، یہ جاننے کے لیے کہ ہم درحقیقت کون ہیں۔ جب ہم اللہ تعالیٰ کی عبادت کرتے ہیں تو ہم اپنے آپ کو آزاد کرتے ہیں اور اپنے آپ کو پا لیتے ہیں۔

اور اگر ہم ایسا نہ کریں تو ہم بھول جاتے ہیں کہ وہ کیا چیز ہے جو ہمیں انسان بناتی ہے (دیکھئے باب نمبر 15):

وَلَا تَكُونُوا كَالَّذِينَ نَسُوا اللَّهَ فَأَنْسَاهُمْ (الحشر، آیت 19)

"ان لوگوں کی طرح نہ ہو جاؤ جو اللہ کو بھول گئے تو اللہ نے انہیں خود اپنا نفس بھلا دیا۔"[63]

خلاصۂ کلام یہ کہ الحاد ہمارے وجود سے متعلق ٹھوس سوالوں کے جواب نہیں دے پاتا، اور اسی لئے (الحاد کے ذریعے) حقیقی اور بامعنی خوشی کبھی نہیں کی جاسکتی۔ اگر کوئی یہ کہتا ہے کہ وہ الحاد میں خوش ہے، تو میں کہوں گا کہ یہ نشے کی حالت والی خوشی ہے۔ ایسے لوگوں کو صرف اس وقت ہوش آتا ہے جب وہ خود اپنے وجود کے بارے میں گہرے غور و فکر میں اتر جاتے ہیں۔ اگر انہوں نے جوابات حاصل کرنے کی کوشش کر لی ہے اور بغیر علم کے معاملات طے کر لئے ہیں۔ یا دستیاب مواد کے متعلق تشکیک میں مبتلا ہو کر رہ رہے ہیں۔ تو پھر بھی وہ پوری خوشی نہیں پائیں گے۔ جو شخص جانتا ہے کہ وہ کیوں موجود ہے اور کہاں جا رہا ہے، اس کا موازنہ اس شخص سے کیجئے جو یہ سب نہیں جانتا۔ ان کی حالتیں یکساں نہیں، چاہے وہ دونوں ہی خوش ہونے کا دعویٰ کرتے ہوں۔

اس باب میں اللہ تعالیٰ کے وجود سے انکار کے منطقی نتائج دکھائے گئے ہیں۔ ملحدین اپنی زندگی میں کوئی حقیقی معنی، قدر، امید اور خوشی ہونے میں جذباتی طور پر بھلے ہی مطمئن کیوں نہ ہوں، لیکن بات یہ ہے کہ علمی طور پر ان کے قدم لرز رہے ہیں۔ یہاں تک کہ رچرڈ ڈاکنز خود بھی فطرت پرستی کے منطقی مسائل کو تسلیم کرتا ہے۔ وہ کہتا ہے کہ فطرت پرستی میں ہر چیز بالکل بے معنی اور بے رحم بے قدری پر مبنی ہے:

"اس کے بر عکس، اگر کائنات صرف الیکٹرونوں اور خود غرض جین پر ہی مشتمل ہے، تو پھر ہمیں بے معنی قسم کے حادثات کی، جیسے کہ کسی بس کے الٹ جانے کی، بالکل اسی طرح توقع کرنی چاہئے کہ جیسے ہم اتنی ہی بے معنی قسم کی 'اچھی' قسمت کی توقع رکھتے ہیں۔ ایک ایسی کائنات اپنے ارادے کے اعتبار سے نہ تو اچھی ہو گی اور نہ ہی بری۔ اس کی کسی قسم کی کوئی نیت ہی نہیں ہو گی۔ اندھی طبیعی قوتوں اور جینیاتی نقل کاری والی کائنات میں کچھ لوگ نقصان میں ہوں گے، کچھ لوگ خوش قسمت ہوں گے، اور آپ (ان کے ساتھ ایسا ہونے میں) کوئی نظم و ضبط یا کوئی عقلی توجیہ نہیں ڈھونڈ پائیں گے، اور نہ ہی کسی قسم کا عدل و

انصاف۔اس کائنات میں جسے ہم دیکھتے ہیں، عین وہی خصوصیات ہیں جن کی ہمیں توقع کرنی چاہئے، بشرطیکہ اس کے پسِ پشت کوئی صورت گری (ڈیزائن) نہ ہو، کوئی مقصد نہ ہو، کوئی شر اور کوئی خیر نہ ہو، (کچھ بھی نہ ہو) سوائے ایک اندھی، بے رحمانہ بے حسی کے۔"64

ایک ایسی کائنات جو غیر معقول، اندھے، اور سرد مہر طبیعی اجزاء سے بنی ہو، اسے ہمارے جذبات سے کوئی سروکار نہیں۔صرف اللہ تعالیٰ ہی ان چیزوں کو علمی جواز عطا کر سکتا ہے جو ہماری انسانیت کی تشکیل کرتی ہیں۔

دشمنانِ دانش

الحاد غیر معقول کیوں ہے؟

تصور کیجئے کہ آپ ٹیکسی ڈرائیور ہیں۔ آپ کو ایک کال آتی ہے اور کہا جاتا ہے کہ دو مسافروں کو ریلوے اسٹیشن سے لے لیجئے۔ آپ ریلوے اسٹیشن کے قریب ہی ہیں اس لئے آپ مقررہ وقت سے پہلے وہاں پہنچ جاتے ہیں۔ ان کی گاڑی پہنچتی ہے اور اگلے چند ہی لمحوں میں وہ آپ کی کار میں ہوتے ہیں۔ سلام کے بعد آپ ان سے پوچھتے ہیں کہ وہ کہاں جانا پسند کریں گے۔ وہ کہتے ہیں کہ آپ انہیں ان کے دفتر پہنچا دیجئے جو تقریباً 9 میل کے فاصلے پر واقع ہے۔ آپ گاڑی اسٹارٹ کر کے چل پڑتے ہیں اور کچھ ہی دیر میں انہیں ان کی منزل پر پہنچا دیتے ہیں۔

چلئے، اب اسی کہانی کو دوبارہ سے شروع کرتے ہیں: فرض کیجئے کہ جب وہ مسافر سوار ہو جاتے ہیں تو آپ فوراً ہی اپنی آنکھوں پر ایک پٹی باندھ لیتے ہیں۔ اس صورت حال میں کیا آپ اس قابل رہ جاتے ہیں کہ ان مسافروں کو ان کی منزلِ مقصود تک پہنچا دیں؟ سیدھا سا جواب ہے کہ آپ قطعاً انہیں ان کی منزلِ مراد تک نہیں پہنچا پائیں گے کیونکہ آپ اندھے ہو چکے ہیں؛ آپ دیکھ نہیں پار ہے کیونکہ آپ کی آنکھوں پر پٹی بندھی ہے۔ لیکن اگر آپ پھر بھی اصرار کریں

کہ آپ اپنی آنکھوں پر بندھی پٹی سمیت گاڑی چلا پائیں گے، تو کیسا رہے گا؟ کیا آپ کے سوار آپ کو غیر معقول نہیں قرار دیں گے؟ بہت ممکن ہے کہ وہ آپ کو پاگل ہی کہہ ڈالیں؟

اوپر کی مثالوں میں وہ پہلا ڈرائیور جو سب کچھ دیکھنے کی صلاحیت رکھتا ہے وہ ایک مسلم مومن کی مثال ہے، جبکہ دوسرا جس کی آنکھوں پر پٹی بندھی ہے، ایک ملحد کی مثال ہے۔

قبل اس کے کہ میں یہ وضاحت کروں کہ اوپر کی مثال میں دونوں ٹیکسی ڈرائیور کیسے مسلم مومن اور ملحد کے مثل ہیں، مجھے کچھ ضروری پس منظر بیان کر لینے دیجئے۔ مسلم اور ملحد دونوں ہی یہ خیال کرتے ہیں کہ ان میں فہم و دانش کی صلاحیت ہے۔ یعنی ہم (بحیثیت انسان) اس قابل ہیں کہ ہم فکر و تدبر سے کام لیں۔ ہم اپنے ذہن میں کسی نتیجے کی طرف جانے والا راستہ "دیکھ" لیتے ہیں۔ ہمارے ذہن منطقی مقدموں (premises) اور جملوں کو (سوار کی مانند) لے لیتے ہیں اور انہیں کسی ذہنی منزل (منطقی نتیجے) تک "پہنچا دیتے" ہیں۔ یہ صلاحیت کسی بھی سمجھدار دماغ کی لازمی خصوصیت ہے۔

تو الحاد اس ٹیکسی ڈرائیور کی مانند کیوں ہے کہ جس نے اپنی آنکھوں پر پٹی باندھ رکھی ہے؟ الحاد کی زیادہ تر تصورتیں "فلسفیانہ فطرت پرستی" (فلاسوفیکل نیچرل اِزم) پر قائم ہیں، جس کا تقاضا ہے کہ ہر چیز (بشمول ذہانت) صرف اندھے، غیر ذی عقل طبیعی اعمال کے تسلسل کے طور پر سمجھی اور دیکھی جائے۔

(فلسفیانہ فطرت پرستی سے مراد مظاہرِ فطرت کی ایسی تشریح ہے جو ہر چیز کو طبیعیاتی اصولوں (فزیکل لاز) کی روشنی میں دیکھتی اور سمجھتی ہے جبکہ مابعد الطبیعیاتی (میٹافزیکل) تشریحات کو یکسر مسترد کرتی ہے۔ مترجم)

تاہم جس طرح آپ اپنی آنکھوں پر پٹی باندھ کر مسافروں کو ان کی منزل تک نہیں پہنچا سکتے، طبیعی اعمال بہر حال اندھے ہیں اور اس لئے کبھی ہمارے ذہن میں منطقی مقدموں کو ان کی فکری منزل تک نہیں لے جا سکتے۔ (یعنی اس عمل کے واقع ہونے کے لیے یک گونہ بصیرت چاہئے جو اندھے طبیعی اعمال میں نہیں۔ مترجم) بہ الفاظِ دیگر، وہ دو یا زائد منطقی مقدموں کے مابین منطقی ربط کو پہچان نہیں سکتے۔ چنانچہ الحاد (کسی بھی خدا کے وجود کا انکار) دراصل ذہنی و فکری صلاحیتوں ہی کا انکار کرنے کے مترادف ہے کیونکہ یہ اپنے مفروضے کو خود ہی توڑ دیتا ہے۔ ہماری

فکری صلاحیت کسی طرح بھی طبیعی نقطۂ نظر سے میل نہیں کھاتی کیونکہ فکری صلاحیت کبھی بھی اندھے اور غیر معقول طبیعی اعمال کے تسلسل سے ظہور پذیر نہیں ہوسکتی۔ اس بات پر زور دینا کہ ایسا ہوسکتا ہے، ایسا ہی ہے جیسے کوئی کہے کہ کوئی چیز اپنے آپ سے وجود میں آسکتی ہے۔ اس نقطۂ نظر سے دیکھا جائے تو الحاد غیر معقول (irrational) ہے۔ الحاد اس چیز کو خود ہی توڑ دیتا ہے جس کے ذریعے اس کا دعویٰ ہے کہ وہ خدا کا انکار کرتا ہے: یعنی فکری صلاحیت۔

اب کس طرح اسلامی الٰہیات اس ٹیکسی ڈرائیور کی مانند ہے جو دیکھ سکتا ہے؟ یہ بات کہ ہم ذہنی بصیرت سے آراستہ ہیں، اسلامی الٰہیات کے منظرنامے سے مکمل مناسبت رکھتی ہے کیونکہ یہ صلاحیت اس وقت مکمل طور پر سمجھ میں آتی ہے جب یہ مان لیا جائے کہ یہ صلاحیت ہمیں اس خالق کی طرف سے عطا ہوئی ہے جو البصیر سب کچھ دیکھنے والا، العلیم سب کچھ جاننے والا اور الحکیم پوری حکمت والا ہے۔ ایک چیز کسی ایسی چیز کو پیدا نہیں کرسکتی اگر وہ خود اس میں نہ ہو یا اس میں اس کو پیدا کرنے کی واضح صلاحیت یا طاقت نہ ہو۔ دوسرے الفاظ میں، عقل صرف عقل ہی سے ظہور پذیر ہوسکتی ہے، اس لئے ہماری ذہنی و فکری بصیرت صرف کسی ذی شعور پیدا کرنے والے کی طرف سے ہی آسکتی ہے۔

اس باب میں جو نکتہ پیش کیا جا رہا ہے، وہ یہ ہے کہ خدا پر ایمان رکھنے والے اور خدا کے وجود کا انکار کرنے والے، دونوں ہی یہ سمجھتے ہیں کہ بحیثیت انسان ہم ذہنی و فکری صلاحیت سے آراستہ ہیں۔ تاہم یہ مفروضہ اسلامی الٰہیاتی منظرنامے میں تو پورا اترتا ہے جبکہ الحاد کے منظرنامے میں نہ تو پورا اترتا ہے اور نہ سمجھ میں آتا ہے (کہ انسان کو یہ صلاحیت کیسے حاصل ہوئی)۔ چنانچہ یہ نہایت معقول ہوگا کہ الحاد کے مقابلے میں اسلامی الٰہیاتی منظرنامے کی سچائی کو قبول کیا جائے۔ اس باب میں ہم اس نکتے کی تفصیلی وضاحت کریں گے، لیکن اس سے پہلے ذیل میں ایک مکالمہ ملاحظہ کیجئے جو ایک طرح کا خلاصہ ہوگا جس کی ہم آگے وضاحت کرنے جا رہے ہیں۔

ملحد: خدا کے وجود کی کوئی دلیل نہیں، خدا پر ایمان رکھنا غیر معقول ہے۔

مسلم: واہ! یہ ایک دلچسپ اصرار ہے۔ کیا آپ کو یقین ہے کہ آپ ذہنی و فکری صلاحیتیں رکھتے ہیں؟ بہ الفاظِ دیگر، کیا آپ کو یہ یقین ہے کہ آپ فہم و ادراک رکھتے ہیں؟

ملحد: ظاہر ہے۔ کوئی بھی صاحبِ فہم خدا کا انکار ہی کرے گا۔ سیدھی سی بات ہے کہ کوئی

ثبوت نہیں کہ خدا موجود ہے۔

مسلم : بہت اچھے۔ تو کیا میں آپ سے پوچھ سکتا ہوں کہ آپ الحاد کے منظرنامے میں اپنی ذہنی وفکری صلاحیتوں کی کیسے وضاحت کریں گے؟

ملحد : کیا مطلب؟

مسلم : آپ یہ یقین رکھتے ہیں کہ تمام مظاہر کی وضاحت طبیعی اشیاء اور سلسلۂ اعمال کے ذریعے کی جاسکتی ہے؟ اور کیا آپ یقین کرتے ہیں کہ کوئی ماورائے فطرت ہستی موجود نہیں؟

ملحد : یقیناً بالکل۔

مسلم : طبیعی اشیاء محض اندھی چیزیں ہیں اور غیر ذی عقل ہیں۔ تو فہم و ادراک جیسی اعلیٰ صلاحیتیں غیر ذی عقل چیزوں سے کیسے جنم لے سکتی ہیں؟ کیسے کوئی چیز کسی ایسی چیز سے ظہور پذیر ہوسکتی ہے جو اس میں ہے ہی نہیں، نہ ہی اس میں اس چیز کو پیدا کرنے کی واضح صلاحیت موجود ہے؟ ہم محض اندھے طبیعی اعمال کی بدولت ہی کیسے ذہنی ادراک کا دعویٰ کر سکتے ہیں؟ اس تناظر میں تم اپنی ذہنی وفکری صلاحیتوں کی کیسے وضاحت کر سکتے ہو؟

ملحد : ہم ایک ایسا دماغ رکھتے ہیں جو ترقی کرتے کرتے اس قابل ہوگیا ہے۔

مسلم : واہ! اور الحاد کے منظرنامے میں ایک ترقی یافتہ دماغ بھی محض طبیعی شئے ہی ہے، کیا ایسا نہیں؟

ملحد : جی ہاں، لیکن ہمارے دماغ ترقی کرکے صاحب فہم ہو گئے ہیں کیونکہ جتنا زیادہ کوئی دنیا کے بارے معلومات رکھتا ہے، اس کے لیے زندہ رہنا اور اپنی نسل بڑھانا اتنا ہی آسان ہوتا ہے۔

مسلم : یہ بات درست نہیں، غیر معقول باتوں پر ایمان رکھنے سے بھی جینے کے امکانات بڑھ سکتے ہیں۔

ملحد : تو کیا؟ ہم دونوں ہی یہ مانتے ہیں کہ فہم و ادراک انسانوں کو حاصل ہے، اس لئے یہ بحث غیر متعلقہ ہے۔

مسلم : جی نہیں۔ یہ نہایت اہم سوال ہے کیونکہ الحاد کے منظرنامے میں تمہاری ذہنی وفکری

صلاحیت ناقابلِ فہم ہے۔ الحاد نے خود ہی اس مفروضے کو توڑ ڈالا ہے جس کے استعمال کے دعوے کے ساتھ وہ خدا کا انکار کرتا ہے۔ چنانچہ ملحد ہونا مضحکہ خیز ہے کیونکہ الحاد خود فہم و ادراک کا انکار کرتا ہے۔

ملحد: نہیں۔ تمہیں چاہئے کہ پہلے تم مجھے خدا کا وجود ثابت کرکے دکھاؤ۔

مسلم: یہ خوب بہانہ ہے۔ تمہارا الفظ ''ثبوت'' کا استعمال کرنا اس بات کی نشاندہی کرتا ہے کہ تم میں فہم و ادراک کی صلاحیت ہے۔ تاہم تمہارا حق نہیں بنتا کہ تم اس بات کا دعویٰ بھی کرو کیونکہ الحاد فہم و ادراک کا انکار کرتا ہے۔ دانش نادان چیز سے تو نہیں آ سکتی۔ چنانچہ اس نقطۂ نظر سے الحاد غیر معقول ہے۔ تاہم دانش نادانی سے آ سکتی ہے مگر اس کے لیے اسلامی الٰہیاتی منظرنامے کو ماننا ہوگا۔ یہی وجہ ہے کہ اسلامی الٰہیات بہترین طور پر ہماری فکر و دانش کی وضاحت کرتی ہے کیونکہ یہ کہتی ہے کہ یہ اس خالق کی طرف سے آیا ہے جو البصیر سب کچھ دیکھنے والا، العلیم سب کچھ جاننے والا اور الحکیم پوری حکمت والا ہے۔

فہم (Reason) کیا چیز ہے؟

اس مؤقف کے تناظر میں فہم سے مراد یہ ہے کہ ہم (بطور انسان) عقلی لوازمات و خصوصیات رکھتے ہیں۔ ہم سچ کو پا سکتے ہیں، ہم معلوم کرنے کی آرزو رکھتے ہیں اور ہم استخراج (inference)، استقراء (induction) اور استنباط (deduction) کی صلاحیت رکھتے ہیں۔ ہماری فکری خصوصیات کا ایک اہم خاصہ یہ ہے کہ ہم منطقی (logical) اعتبار سے ٹھوس نتائج تک پہنچنے کی لیاقت رکھتے ہیں۔ جب ہم منطقی انداز میں سوچتے ہیں تو ہمارے نتائج، ہماری عقلی بصیرت کے تابع ہوتے ہیں؛ ہم نتیجے کو آتا ہوا دیکھ لیتے ہیں۔ تکنیکی طور پر ہم جس نتیجے پر پہنچتے ہیں، وہ منطقی مقدموں اور منطقی نتیجے کے مابین عقلی تعلق پر مبنی ہوتا ہے۔ ہم اس تعلق کی بنا پر نتیجے کو نکلتا ہوا ''دیکھ'' لیتے ہیں، لیکن ہمارا یہ ''دیکھنا'' حسی طور پر ثابت نہیں کیا جا سکتا۔ بالفاظِ دیگر، ہم ایک عقلی نظر رکھتے ہیں اور ہم دیکھ لیتے ہیں کہ منطقی طور پر ایک نتیجہ نکل رہا ہے؛ یعنی یہ منطقی اعتبار سے اپنے گزشتہ مقدموں کے ساتھ منسلک ہے۔

عقلی نظر کی وضاحت استنباطی سلسلۂ دلائل کے ذریعے بخوبی کی جاسکتی ہے۔استنباطی دلائل (deductive arguments) وہ ہوتے ہیں جہاں منطقی مقدمے، نتیجے کی صداقت کی ضمانت دیتے ہیں۔استنباطی دلیل درست ہوتی ہے اگر یہی نتیجہ اس کے مقدموں سے لازماً نکلتا ہو (لیکن استنباطی دلیل کا درست ہونا کافی ہے جب تک کہ وہ ثابت بھی نہ ہو)۔استنباطی دلیل اس وقت ثابت ہوتی ہے اگر نتیجہ منطقی طور پر درست ہو اور ساتھ ہی ساتھ اس کے مقدمے بھی سچائی پر مبنی اور منطقی طور پر قابلِ قبول ہوں۔

مندرجہ ذیل استنباطی دلیل کی مثال ملاحظہ کیجئے:

1- تمام مجرد افراد (bachelors) غیر شادی شدہ ہوتے ہیں۔

2- زید ایک مجرد ہے۔

3- اس لئے زید غیر شادی شدہ ہے۔

ہم اپنی فہم کے بل بوتے پر خوب جانتے ہیں کہ (1) اور (2) سے (3) لازماً نکلتا ہے۔ہم مقدمہ نمبر (1) اور (2) کی سچائی پر یقین رکھنے میں بھی حق پر ہیں۔تاہم اس طبیعی دنیا کی کوئی چیز یہ ثابت نہیں کر سکتی کہ (3)، (1) اور (2) کے ساتھ کیسے منسلک ہے۔بالفاظِ دیگر، منطقی طور پر یہ نتیجہ کیوں نکلتا ہے۔ضروری نہیں کہ یہ نتیجہ صرف مقدمے میں موجود الفاظ کے معنی کی وجہ سے آئے۔[65] بلکہ یہ ان کے مابین ہونے والے منطقی و فکری ربط و تعلق کی وجہ سے اخذ ہوتا ہے۔[66] آپ چاہے زید سے پہلے کبھی نہ ملے ہوں اور چاہے آپ کا پہلے کبھی کسی مجرد سے واسطہ نہ پڑا ہو، لیکن بہرحال آپ کی فکری صلاحیتیں سمجھ لیتی ہیں کہ یہ نتیجہ لازماً ان مقدموں سے نکلتا ہے۔چنانچہ واضح طور پر دیکھا جاسکتا ہے کہ عقل کی مادی دنیا سے ایک بلند تر جہت ہے۔

اس بات کو پوری طرح سمجھنے کے لیے نیچے دی گئی استنباطی دلیل کی مثال ملاحظہ کیجئے:

1- زید نے پانچ "موڈیفیس" دیکھے۔

2- جو پانچ موڈیفس زید نے دیکھے وہ زرد رنگ کے تھے۔

3- اس لئے کم از کم کچھ موڈیفس زرد رنگ کے ہوتے ہیں۔

یہ ایک درست دلیل ہے۔نتیجہ اپنے مقدموں سے لازمی طور پر نکلتا ہے۔زید نے چونکہ پانچ زرد موڈیفس دیکھے، اس لئے یہ نتیجہ نکلتا ہے کہ کم از کم کچھ موڈیفس لازماً زرد رنگ کے ہوں

(آیا کہ سارے موڈیفیکس زرد رنگ کے ہیں یا نہیں؟ اگر پانچ سے زیادہ زرد موڈیفیکس پائے جاتے ہوں، تو یہ ان مقدموں سے واضح نہیں ہوتا؛ کوئی بھی صورت ہوسکتی ہے)۔ مقدمہ نمبر 1 اور 2 سے 3 لازماً نکلتا ہے۔ لیکن ہم کیوں یہ مانتے ہیں کہ نتیجہ (3) اپنے مقدموں سے لازماً برآمد ہوتا ہے؟ ایسا کیوں ہے کہ ہم نتیجے کے منطقی طور پر درست ہونے کے قائل ہیں اگرچہ ہمیں کوئی اندازہ نہ ہو کہ موڈیفیکس کیا ہوتا ہے؟ (آپس کی بات ہے کہ یہ لفظ میں نے خود ہی بنا ڈالا ہے)۔ ایسا اس لئے ہے کہ دلائل ہمارے ذہن میں اس طرح چلتے ہیں اور اس بات کا اس سے کوئی تعلق نہیں ہوتا کہ ہمارے ذاتی تجربات کی بنیاد پر ہم نے کیا نتائج مرتب کئے ہیں۔ ہم نے اپنی فکری بصیرت کی بنیاد پر نتیجہ (3) کو دیکھ لیا، بغیر کسی بیرونی مادی معلومات کے۔ ہم نے ایک ایسی چیز کے بارے میں ایک خیالی منظر بنا لیا جو ہمارے تجربات کی بنیاد پر نہیں تھی (ہم نہیں جانتے کہ موڈیفیکس چیز کیا ہے)۔ امر واقعہ یہ ہے کہ اگر زرد کے بجائے ہم لفظ 'بُزد' ڈال دیں (جو ایک اور من گھڑت لفظ ہے) تو پھر بھی اس سے نتیجے کی صحت پر کوئی فرق نہیں پڑتا اور نتیجہ لازمی طور پر وہی نکلتا، یعنی کچھ موڈیفیکس (کم از کم 5) ضرور 'بُزد' ہیں۔

نہ صرف یہ کہ ہمارا ذہن ایک ایسے نتیجے تک پہنچتا ہے جو کسی بیرونی شواہد پر مبنی نہیں، بلکہ ہمارا ذہن ہمیں اس سمت میں لے جاتا ہے اور ہماری رہنمائی کرتا ہے جہاں ہم اس نتیجے پر پہنچتے ہیں کہ (3) لازماً (1) اور (2) سے نکلتا ہے۔ یعنی ہمارے ذہن نے مقدمہ نمبر (1) اور (2) کو لیا اور ہماری ذہنی بصیرت کی اس طرف رہنمائی کی اور اس سمت میں لے گیا جہاں ہم نے دیکھ لیا کہ (3) نکل رہا ہے۔ یہاں اہم بات یہ ہے کہ کسی ذہنی منزل یا مقام کی طرف لے جانا کسی طبیعی عمل کے سلسلے کی خصوصیت نہیں۔ طبیعی اعمال کے سلسلے اندھے اور بے ہنگم ہوتے ہیں اور ان کے پیچھے کوئی ارادی قوت کارفرما نہیں ہوتی جو ان اعمال کو کسی طرف لے جاتی ہو۔ مطلب یہ کہ ہم منطقی نتائج تک پہنچنے کی انسانی فکری صلاحیت کی وضاحت کے لیے طبیعی اعمال کا سہارا نہیں لے سکتے۔

فکری صلاحیت: سائنس کا ایک مفروضہ

انسانی ذہن کی ایک ممتاز خوبی ہے؛ ہم صحیح اور غلط، سچ اور جھوٹ، خوب صورت اور بدصورت میں تمیز کر سکتے ہیں اور یہی خوبی ہمیں واضح طور پر جانوروں سے ممتاز کرتی ہے۔ ہماری

ذہنی صلاحیتوں نے ہمیں اس قابل بنایا ہے کہ ہم ترقی کریں اور آگے بڑھیں۔ درحقیقت ہمیں سائنسی کام شروع کرنے سے پہلے اپنی ذہنی صلاحیتوں پر اعتماد کرنا پڑتا ہے۔ سائنس کا ایک بنیادی مفروضہ ہے کہ ہمارا ذہن اس قابل ہے کہ فکر و تدبر سے کام لے۔ اس مفروضے کے بغیر ہم کبھی اس طرح کے الفاظ استعمال نہیں کر سکتے جیسے کہ دلیل، حقیقت، سچائی اور ثبوت۔

انسان کے تمام تر سائنسی اعمال و افعال کی بنیاد اس مفروضے پر ہے کہ ہم فکر و تدبر کر سکتے ہیں۔ اس کا مطلب یہ ہے کہ فکر و تدبر کا وجود کسی بھی طرح کے سائنسی وضاحت کے ذریعے ثابت نہیں کیا جا سکتا۔ مثال کے طور پر جب ایک سائنسدان کسی قابلِ جانچ مفروضے کو یا کسی قابلِ جواب سوال کو حل کرنے لگتا ہے تو پس منظر میں ایک مفروضہ کارفرما ہوتا ہے کہ نتائج کو فکر و تدبر سے سمجھا جا سکتا ہے۔ سائنسدان یہ بھی تسلیم کرتے ہیں کہ وہ (بطور انسان) کسی سائنسی وضاحت کی منطقی صحت بھی جانچنے کی صلاحیت رکھتے ہیں۔ اس کا ظاہری مطلب یہ ہے کہ سائنسدان کوئی بھی سائنسی عمل کرنے سے پہلے یہ فرض کرتے ہیں کہ وہ اپنی فکری صلاحیت سے کام لے سکتے ہیں۔

اس کا یہ مطلب نہیں کہ سائنس ہماری فکر و تدبر کی صلاحیت کی کوئی جزوی وضاحت بھی بالکل نہیں کر سکتی۔ تاہم سائنس ان صلاحیتوں کی بنیاد کے متعلق کوئی تسلی بخش وضاحت کرنے میں بے بس ہے۔ کسی طبیعی عملی تسلسل کے ذریعے اس بات کی وضاحت کی کوشش کرنے سے کہ فکر و تدبر کیسے ظہور پذیر ہوئی، اس کی بلند تر جہت کی وضاحت خاک بھی نہیں ہوتی۔ بلند تر جہت کی خوبیوں میں منطقی طور پر درست نتیجے تک پہنچنے کی صلاحیت بھی شامل ہے۔ اس نتیجے کا تعین انسانی ذہن میں کارفرما ایک فکری بصیرت کرتی ہے۔ چونکہ اس بلند تر جہت کی وضاحت سائنس نہیں کر پاتی، اس لئے ان صلاحیتوں کی وضاحت کے لیے سائنس پر کلی انحصار غیر مناسب ہے۔ سائنس اس بات کی وضاحت کرنے سے عاجز ہے کہ ہم منطقی نتیجے کو اپنے ذہن میں کس طرح "دیکھ" لیتے ہیں جبکہ اس "دیکھنے" کی تصدیق کسی بھی تجرباتی مشاہدے کے ذریعے نہیں کی جا سکتی۔ سائنس صرف انہی چیزوں سے معاملہ کرتی ہے جو کسی نہ کسی طرح سے تجربے اور مشاہدے میں آ سکتی ہیں۔ چونکہ فکر و تدبر کی صلاحیت کی وضاحت شروع کرنے سے پہلے سائنس کو فکر و تدبر کی صلاحیت درکار ہوتی ہے، اس لئے یہ کہنا کہ سائنس کسی نہ کسی طرح ہماری فکر و تدبر کی صلاحیت کی وضاحت کر پائے گی، کسی شیطانی چکر میں الجھنے کے مترادف ہے۔ سائنس، دنیا کو سمجھنے میں ہماری مدد کرنے کے اعتبار

سے ایک اچھا آلہ (tool) ضرور ہے لیکن یہ اس وسیع و عریض کائنات کی تمام تر سچائیوں کو جاننے کا واحد ذریعہ ہرگز نہیں۔

یہاں شاید کوئی یہ کہہ دے کہ مفروضوں کو جانچنے پرکھنے یا وضاحت کی ضرورت نہیں ہوتی کیونکہ مفروضے، بغیر ثبوت کے سچ مان لئے جاتے ہیں۔ یہ ایک درست نکتہ ہے لیکن درست اور نادرست مفروضوں میں فرق ضرور ہوتا ہے۔ کسی مفروضے کے درست ہونے کے لیے لازم ہے کہ یہ اس تصور یا نظریئے کے مطابق سمجھا جا سکے کہ جسے یہ سہارا دے رہا ہے۔ لیکن اگر کوئی مفروضہ اس نظریئے پر پورا نہ اترتا ہو جس کو یہ سہارا دینے کی سعی کرتا ہے، تو ایسا مفروضہ اختیار نہیں کیا جانا چاہئے۔ مثال کے طور پر، سائنس اس خیال پر کھڑی ہے کہ ''کارخانۂ قدرت کو چلانے والے اسباب میں ربط و تسلسل پایا جاتا ہے۔''[67] اگر سائنسدان ہمیشہ اس نتیجے پر پہنچا کریں کہ طبیعی اسباب غیر مسلسل ہیں تو پھر اس مفروضے کو ترک کر دینا چاہئے یا اس کی اصلاح کی جانی چاہئے۔ اگر فلسفیانہ فطرت پرستی (اور سائنس بھی) یہ یقین کرتی ہے کہ فکر و تدبر کی صلاحیتوں کی وضاحت بے ہنگم اور غیر ذی عقل طبیعی اعمال کے تسلسل کے ذریعے کی جا سکتی ہے، تو پھر کوئی ملحد (جو فطرت پرستی کا عقیدہ اختیار کرتا ہے) کیسے ایک ایسے مفروضے کو اپنا سکتا ہے جو خود ہی واضح طور پر فطرت پرستی کے تناظر میں پورا نہیں اترتا؟ درحقیقت فطرت پرستی فہم و ادراک کا انکار کرتی ہے کیونکہ عقل و فہم کی صلاحیت، غیر ذی عقل طبیعی اعمال سے جنم نہیں لے سکتی۔ فکر و شعور کی بصیرت اندھے طبیعی اعمال کے سلسلوں سے ہرگز پیدا نہیں ہوتی۔ چنانچہ ملحدین کو چاہئے کہ یا تو اپنا نقطہ نظر بدل لیں یا اس خیال کو مسترد کر دیں کہ انسان فکر و تدبر کی صلاحیت سے مالا مال ہے۔

الحاد کے منظر نامے میں ہماری فکر و تدبر کی صلاحیت کی وضاحت نہیں کی جا سکتی

اکثر ملحدین فلسفیانہ فطرت پرست ہیں۔ فطرت پرستی کا اصرار ہے کہ کوئی فطرت سے بالاتر ہستی موجود نہیں، اور یہ کہ تمام مظاہر طبیعی اعمال کے تسلسل کی صورت میں سمجھے جا سکتے ہیں۔ فطرت پرستی کے مطابق، اگر ہم حقائق کی نہایت بنیادی تہوں کی کھوج لگائیں تو ہم دیکھتے ہیں کہ ہر چیز اندھے، غیر ذی عقل اور بے ہنگم طبیعی اعمال کے ایک تسلسل کا نتیجہ ہے؛ ذیل ایٹمی ذرّات (سب

اٹامک پارٹیکلز، جوہر (ایٹم) اور سالمات (مالیکیولز) بغیر کسی سمت، رہنمائی یا مطلوبہ نتیجے کے، بے ہنگم انداز سے تھرتھراتے پھر رہے ہیں۔ طبعی چیزوں کی کوئی مقصدیت نہیں ہوتی؛ ان طبعی اعمال کو کوئی چیز کسی سوچ سمجھ کے ساتھ نہیں چلا رہی۔ اور اگر ایسا ہی ہے تو پھر ہم کیسے یہ دعویٰ کر سکتے ہیں کہ ہمارے دماغ میں یہ صلاحیت ہے کہ فکر و تدبر کی بصیرت حاصل کرے؟ ہم کسی نتیجے تک پہنچنے کی صلاحیت کا کیسے دعویٰ کر سکتے ہیں؟ فکر و تدبر کی صلاحیت کا ایک اہم حصہ ذہنی بصیرت ہے، یعنی آدمی اپنے ذہن کی نظر سے دیکھ پائے کہ کوئی چیز کسی دوسری چیز سے منطقی طور پر برآمد ہوتی ہے۔ یہ وہ مقام ہے جہاں فطرت پرستی ٹھوکر کھاتی ہے کیونکہ اس کا اصرار ہے کہ تمام مظاہر بے ہنگم، غیر ذی عقل طبعی اعمال کے تسلسل پر مبنی ہے۔

چنانچہ منطقی مقدموں کو لے کر کسی ذہنی ”منزل“ کی طرف لے جانے کی انسانی فکری صلاحیت باطل ہو جاتی ہے، اگر کوئی یہ توجیہ کر دے کہ یہ صلاحیت اندھے، غیر ذی عقل طبعی اعمال کے سلسلے سے آتی ہے۔ ایک چیز کسی ایسی چیز کو جنم نہیں دے سکتی اگر اس میں وہ چیز نہ ہو یا اسے پیدا کرنے کی صلاحیت یا طاقت نہ ہو۔ مثلاً میں آپ کو 500 روپے نہیں دے پاؤں گا اگر میرے پاس یہ رقم نہ ہو اور میں اتنی رقم جمع بھی نہیں کر پاؤں گا اگر میں بے روزگار رہوں اور میرے بینک میں بھی پیسے نہ ہوں۔ اسی طرح اگر طبعی اعمال کے سلسلوں میں فکر و تدبر کی روشنی نہ ہو تو وہ اسے کیسے پیدا کریں گے؟ طبعی اعمال کے سلسلوں کے تعارف ہی میں یہ بات ہے کہ یہ فکر و تدبر کی صلاحیتوں سے عاری ہیں اور ان میں کسی قسم کی ذہنی بصیرت نہیں ہوتی۔ یہ کسی منطقی مقدمے سے نکلنے والے نتیجے کو نہیں دیکھ پاتے۔ طبعی اعمال کے سلسلے با مقصد یا ارادی طور پر کسی متعین سمت میں چلائے ہوئے نہیں ہوتے۔ لہٰذا یہ کہنا کہ فکر و تدبر کی صلاحیت غیر معقول طبعی اعمال کے تسلسل سے ظہور پذیر ہوئی ہے، یہ ماننے کے مترادف ہے کہ کوئی چیز ”عدم“ (nothing) سے خود بخود ہی وجود میں آ سکتی ہے۔

مندرجہ ذیل مثال ملاحظہ کیجئے۔ باب کے آغاز میں ذکر کی گئی کہانی کی طرح، تصور کیجئے کہ دو بس ڈرائیور ہیں۔ ان میں سے ایک کی بینائی اچھی ہے اور وہ تجربہ کار بھی ہے۔ دوسرا اندھا ہے اور ناتجربہ کار بھی۔ پہلا اپنے سفر کا آغاز کرتا ہے اور دو لوگوں کو سوار کر لیتا ہے جنہیں ہم مقدمہ نمبر 1 اور مقدمہ نمبر 2 کہیں گے۔ ان مسافروں کی منزلِ مراد ”نتیجہ“ ہے۔ ڈرائیور اپنے نقشے میں اس

منزل کو ڈھونڈ لیتا ہے اور اس کی طرف سفر شروع کر لیتا ہے، یہاں تک کہ منزل قریب آنے لگتی ہے تو وہ رکنے کی جگہ کو واضح دیکھ لیتا ہے۔ دوسرے ڈرائیور کو اس کی اسٹیشن پر کھڑی بس تک لے جایا جاتا ہے۔ اس کی بس میں مقدمہ نمبر 1 اور مقدمہ نمبر 2 بیٹھے انتظار کر رہے ہیں۔ ان کی بھی منزل وہی ہے۔ ڈرائیور کسی نہ کسی طرح بس کا انجن اسٹارٹ کر لیتا ہے۔ لیکن کیا آپ سمجھتے ہیں کہ وہ اس منزل تک پہنچ جائے گا؟ اُس ٹیکسی ڈرائیور کی طرح جس کی آنکھوں پر پٹی بندھی ہوئی تھی، یہ بھی کبھی اپنی منزل پر نہیں پہنچ پائے گا۔ طبیعی اعمال کے سلسلے بھی اسی الجھن کا شکار ہیں۔ وہ بھی اندھے ہیں اور فکر و تدبر کی وضاحت نہیں کر پاتے کیونکہ فکر و تدبر کی یہ خوبی ہے کہ وہ اس قابل ہوتے ہیں کہ ذہنی بصیرت کو بروئے کار لائے اور کسی منطقی نتیجے پر پہنچ جائیں۔ تاہم کوئی شخص کسی ایسی چیز سے ذہنی بصیرت نہیں لے سکتا جو خود اندھی ہو۔ ایسی بات پر اصرار کرنا اس کے مترادف ہے کہ یہ کہا جائے کہ کوئی چیز ”عدم“ سے وجود میں آ سکتی ہے۔

اس نقطۂ نگاہ سے الحاد اپنے فطرت پرستانہ نقطۂ نظر کے باعث نہ صرف غیر معقول ہے بلکہ دشمنِ دانش بھی ہے۔ یہ خود اسی چیز کو ختم کر دیتا ہے جو خدا کے متعلق کوئی بھی دعویٰ کرنے کے لیے درکار ہوتی ہے؛ یعنی فہم و دانش۔ چونکہ فہم و دانش غیر ذی عقل چیزوں سے ظہور پذیر نہیں ہو سکتی اس لیے اس سے یہ لازم آتا ہے کہ فطرت پرستی انسان کی فکر و تدبر کی صلاحیتوں کی وضاحت نہیں کر سکتی۔

اس دلیل پر کچھ اعتراضات ممکن ہیں جن پر اس باب کے آخر میں بحث کی جائے گی۔ تاہم، ایک اہم اعتراض یوں کیا جاتا ہے کہ کمپیوٹر کے پروگرام (بھی تو) استنباطی طرزِ استدلال کی صلاحیت رکھتے ہیں: کمپیوٹر کے پروگرام طبیعی اشیاء سے مل کر بنے ہوتے ہیں، اس لیے طبیعی اعمال کے تسلسل سے انسانی فکری صلاحیت کی وضاحت کی جا سکتی ہے۔ اس بحث کی تفصیل سے وضاحت اسی باب کے آخر میں آ رہی ہے لیکن اہم نکتہ یہ ہے کہ کمپیوٹر کے پروگراموں میں فکری بصیرت نہیں ہوتی؛ خاص طور پر ان میں بامعنی فکری بصیرت نہیں ہوتی۔ انسانی فہم و فراست کی خصوصیات میں سے ایک یہ ہے کہ یہ بامعنی نتائج اخذ کرنے کی صلاحیت رکھتی ہے۔ یہ بات کہ ہم کسی نتیجے کے معانی یا اثرات پر سوال اٹھا سکتے ہیں (یہاں تک کہ اگر چہ ہم اس کے معنی سے ناواقف ہی ہوں، جیسے او پر موڈیفکس کی مثال) بذاتِ خود اس بات کی دلیل ہے کہ انسانی فہم و فراست میں بامعنی فکری بصیرت شامل ہے۔ کمپیوٹر کے پروگراموں میں اس طرح کی معنی خیز فکری

بصیرت نہیں ہوتی۔ درحقیقت کمپیوٹر کا نظام ایک ایسے نظام پر استوار ہے جسے syntactics کہا جاتا ہے (جس میں علامات کا استعمال کیا جاتا ہے)۔ یہ نظام الفاظ کے معانی سے کسی قسم کا تعلق نہیں رکھتا۔ اس کی تفصیل آگے آرہی ہے۔

کیا ڈارون کا تصورِ ارتقاء ہماری فکر اور تدبر کی وضاحت کرسکتا ہے؟

فطرت پرستوں کے مطابق ہمارے دماغ ارتقائی مدارج طے کرتے کرتے "معقولیت پسند" (rational) ہو گئے ہیں۔ ان کا کہنا ہے کہ یہ ہمارے آباو اجداد کی زندگی کے لیے فائدہ مند تھا کہ وہ اپنے ماحول کی سچائیوں سے متعلق زیادہ سے زیادہ جان لیتے۔ سچ اور جھوٹ میں فرق کرنے کی صلاحیت ان کی بقاء کے لیے ضروری تھی۔ سطحی طور پر یہ دلیل خوبصورت ضرور دکھائی دیتی ہے لیکن ہمیں یاد رکھنا چاہیے کہ فطرت پرستی میں انسانی فکر و تدبر کی کوئی گنجائش نہیں۔ تاہم جب ہم اس دلیل کا قدرے گہرائی میں جا کر تجزیہ کرتے ہیں تو مسائل کے ایک انبار میں دھنس کر رہ جاتے ہیں۔ اس بارے میں خود چارلس ڈارون بھی شکوک و شبہات کا شکار تھا۔ وہ بخوبی سمجھتا تھا کہ اگر محض کمتر جانوروں سے ترقی کرتے کرتے ہم یہاں تک پہنچ گئے ہیں تو پھر (غور و فکر کے ذریعے) سچ تک رسائی کی ہماری صلاحیت کی عقلی توجیح ممکن نہیں۔ ڈارون نے 1881ء میں ایک خط میں لکھا تھا: "لیکن پھر مجھے یہ خوف ناک شبہ ہمیشہ گھیر لیتا ہے کہ کیا انسانی دماغ میں (جو اپنے سے کم تر درجے کے جانوروں کے دماغ کی ترقی یافتہ شکل ہے) پیدا ہونے والے افکار و خیالات کی کوئی قدر و قیمت ہے یا وہ قابلِ اعتبار ہی ہیں۔ کیا کوئی کسی بندر کے دماغ میں پیدا ہونے والے خیالات کا اعتبار کرے گا، اگر کسی ایسے دماغ میں افکار و خیالات پیدا ہوتے ہوں؟"[68]

اب ہم یہ دیکھیں گے کہ کیا فطرت پرستانہ ارتقاء (naturalist evolution) کا تصور ایسا کوئی سہارا دے سکتا ہے کہ جس سے انسانی عقلیت پسندی کی ڈوبتی کشتی کو بچایا جا سکے؟ جب ہم "فطرت پرستانہ ارتقاء" کہتے ہیں تو اس سے مراد یہ ہوتی ہے کہ ارتقائی عمل کسی مافوق الفطرت ہستی کی مداخلت یا رہنمائی کے بغیر چل رہا ہے۔ اس نقطہ نظر کے مطابق، ہمارے دماغ ترقی کرتے کرتے خود بخو د اس صلاحیت سے آراستہ ہو گئے کیونکہ ہماری فکر و تدبر کی صلاحیت اور سچے اعتقادات ہماری بقاء کے لیے ضروری تھے۔ اس دعوے کے ساتھ بہت سے مسائل وابستہ

ہیں۔ اولاً، سچ اور جھوٹ میں تمیز ہماری ضروریاتِ بقاء میں سے نہیں۔ ثانیاً یہ کہ ذہنی بصیرت بذاتِ خود ہمارے وجود کے تسلسل کی ضرورت نہیں۔ ارتقاء کا تعلق زندہ رہنے کے لیے مددگار صلاحیتوں کے حصول کا نام ہے نہ کہ منطقی طور پر درست نتائج تک پہنچنے کی صلاحیتوں کے حصول سے۔ ہم دیکھتے ہیں کہ ہماری دریافت کی خواہشیں، جو فکرو تدبر سے مالا مال دماغ کا ثمرہ ہیں، اکثر و بیشتر ہماری حیات کے لیے شدید نقصان دہ بھی ہوتی ہیں۔

ہمارے معقولیت پسند ذہن کی اہم خصوصیات میں سے ایک سچائی کا حصول اور جھوٹ کو مسترد کرنے کی صلاحیت ہے۔ ہمیں ذہنی بصیرت بھی حاصل ہے اور ہم سابقہ منطقی مقدموں کی بنیاد پر آنے والے نتیجے کو دیکھ بھی سکتے ہیں۔ یہ بالکل وہی صلاحیتیں ہیں جو ہم سائنس میں استعمال کرتے ہیں۔ اب سوال یہ پیدا ہوتا ہے کہ کیا فطرت پرستانہ ارتقاء ان صلاحیتوں کی وضاحت کر سکتا ہے؟ سیدھا سا جواب ہے کہ "نہیں" کر سکتا۔ پھر یہ بھی ایک اہم مسئلہ ہے کہ جھوٹے اور غلط عقائد رکھنے سے بھی آدمی کی بقاء یقینی ہو سکتی ہے۔ لہٰذا، اس امر کی کوئی ضرورت باقی نہیں رہ جاتی کہ ارتقائی تسلسل کے نتیجے میں فکرو تدبر اور معقولیت پسندی جیسی صلاحیتوں کا ظہور ہو۔

تو کیا غلط عقائد رکھنے سے بھی انسان کی بقاء یقینی ہو جاتی ہے؟ یہ ثابت کرنے کے لیے پاپڑ بیلنے کی ضرورت نہیں کہ بے شمار غلط عقائد سے ایسا ہوتا ہے۔ ایک شخص جو یہ سمجھتا ہے کہ ایسے تمام کیڑے جن کے جسم پر سرخ نشان ہوں، وہ سارے زہریلے ہیں، وہ تمام سرخ نشان والے کیڑوں سے بچے گا اور زندہ رہ لے گا۔ تاہم یہ عقیدہ غلط ہے کیونکہ ہم جانتے ہیں کہ بہت سے سرخ نشان والے کیڑے زہریلے نہیں ہوتے۔ "لیڈی برڈ" (ladybird) نامی کیڑے کی مثال ہمارے سامنے ہے۔ بہت ممکن ہے کہ کوئی اور شخص تمام قسم کی چھپوندیوں سے صرف اس لئے بچتا ہے کیونکہ اس کا عقیدہ ہے کہ تمام چھپوندیاں نقصان دہ ہوتی ہیں؛ اس طرح نقصان دہ چھپوندیوں سے بھی بچ جاتا ہے اور زندہ رہ لیتا ہے۔ تاہم یہ بات ہم خوب جانتے ہیں کہ بہت سی چھپوندیاں مثلاً "بٹن مشروم"، مکمل صحت بخش اور غذائیت سے بھرپور ہوتی ہیں۔ لیکن بہت سی دیگر چھپوندیاں بہت زہریلی ہونے کی بناء پر جان لیوا بھی ہوتی ہیں۔ اس لئے اگر کوئی شخص تمام قسم کی چھپوندیوں سے بچا رہتا ہے، تو اس کا یہ عقیدہ اسے ایک خطرناک اور مہلک چیز سے مکمل تحفظ فراہم کرنے کا سبب بن جاتا ہے۔ فلسفے کے پروفیسر انتھونی اوہیئر نے ایسی ہی ایک مثال

پیش کی ہے جو یہ ظاہر کرتی ہے کہ ارتقاء صحیح کی بجائے باطل عقائد پیدا کر سکتا ہے؛ اور یہ بتایا گیا ہے کہ غیر عقلی عقائد بجا طور پر بقائے نسل کا باعث بن سکتے ہیں جبکہ اس مقصد کے لیے فکر و ادراک ضروری نہیں:

''ایک پرندہ کچھ خاص قسم کے رنگوں والے ٹرفوں (کیٹر پلرز) سے پرہیز کر سکتا ہے کیونکہ وہ زہریلے ہوتے ہیں؛ لیکن یہ اسی طرح کے رنگوں والے، اُن کیٹر پلرز سے بھی پرہیز کرے گا جو زہریلے نہ ہوں، جس کی وجہ اس (پرندے کا) یہ غلط یقین قرار دیا جا سکتا ہے جس کے باعث وہ (صرف رنگ کی بنیاد پر) بے ضرر کیٹر پلرز کو بھی زہریلا سمجھتا ہے۔ یقیناً، اس قسم کے ہر کیٹر پلر سے کنارہ کشی، چاہے وہ زہریلا ہو یا نہ ہو، پرندے کی بقاء کے امکانات میں اضافہ کر دیتی ہے۔ لہٰذا، ایک خاص کیٹر پلر کے بارے میں غلط یقین، خطرات سے بچنے والے رجحان کا ضمنی حاصل (بائی پروڈکٹ) ہوگا۔ اب چونکہ (ارتقائی تصور کے مطابق) بے ضرر کیٹر پلرز دراصل زہریلے کیٹر پلرز کی نقالی کرتے ہوئے (ان جیسی شکل میں) ارتقاء پذیر ہوئے ہیں، لہٰذا غلط یقین (falsehood) کی ایک ارتقائی توجیح ہمارے سامنے آتی ہے، جو اس عمومی نکتے کو تقویت پہنچاتی ہے کہ ارتقائی کارگزاریوں سے سچائی تک پہنچنے کا کوئی براہِ راست طریقہ موجود نہیں۔'' 69،

ہماری دریافت کرنے کی خواہش بھی ارتقاء کو ایک سنگین مشکل سے دو چار کرتی ہے۔ ارتقائی عمل کو اس پر منتج ہونے کی کوئی ضرورت ہی نہیں کہ ہم میں ایسی صلاحیتیں پیدا ہو جائیں جو ہمیں قوانینِ فطرت (قوانینِ طبیعیات) کو سمجھنے یا ریاضی سیکھنے کے قابل بنا دیں۔ ارتقاء کے تناظر میں یہ بات سمجھ میں ہی نہیں آتی کہ ہم ایسے دماغ لے کر پھریں جو اس کائنات کی پیچیدگیوں کو سمجھنے کی صلاحیت سے مالا مال ہوں اور ان چیزوں میں اپنا وقت ضائع کریں۔ لال بیگ اور بھنورے بھی تو بخوبی حالتِ بقاء میں (زندہ) ہیں، بلکہ کروڑوں سال سے ہیں، لیکن ہم کبھی نہیں دیکھتے کہ وہ کافی ٹیبل پر بیٹھے الحاد (یا کسی اور چیز) کے منطقی اور وجودی اثرات پر بحث کر رہے ہوں۔ ایک لمحے کے لیے اس بارے میں غور کیجئے: ایک راکٹ ہے جس میں پانچ لاکھ کلوگرام کا

ایندھن بھرا ہے، جسے **17,500** میل فی گھنٹہ کی رفتار سے دھماکے کے ساتھ خلا کی سمت دھکیلا جانے والا ہے۔ ارتقائی نقطۂ نظر سے وہ کیا چیز ہے جو ایک خلا نورد کو اس (راکٹ) میں سوار کرواتی ہے، جو اس بات سے لاعلم ہے کہ وہ خلا تک پہنچ جائے گا اور واپس لوٹ بھی پائے گا یا نہیں؟ کیا دریافت اور تلاش کی یہ خطرناک خواہش اور جستجو کسی بھی طرح اس شخص کی زندگی و بقاء و حفاظت کا باعث ہے؟ وہ کیا چیز ہے جو ایک کوہ پیما کو دنیا کی بلند ترین چوٹی سر کرنے پر مجبور کرتی ہے، باوجود سردی اور سخت حالات کے، اس بات سے بے خبر کہ وہ چوٹی پر پہنچ بھی پائے گا کہ نہیں؟ کیا اسے اپنی بقاء کو اولین ترجیح نہیں دینی چاہئے؟ ایک سادھو کو کیا چیز اس بات پر مجبور کرتی ہے کہ اپنے آپ کو تنہائیوں میں دھکیل دے، تجرد کی زندگی گزارے اور اپنے آپ کو باطنی راحت کے حصول کے لیے وقف کر دے؟ کیا یہ چیز زندگی اور افزائشِ نسل کے ارتقائی اصولوں کے بالکل برعکس نہیں جاتی؟ بلاشبہ، دریافت کرنے کی خواہش انسانوں میں بہت طاقتور ہے اور بہت مرتبہ موت کے خوف پر غالب آ جاتی ہے۔ ہم بہت سے لوگوں کو دیکھتے ہیں کہ وہ کسی نہ کسی غیر متعلقہ چیز کی خاطر اپنے آپ کو زندگی کے لیے لازم مددگار چیزوں سے دور لے جاتے ہیں؛ اور ایسا کرنے میں وہ حقیقی خوشی اور اطمینان پاتے ہیں۔

تو سوال یہ ہے کہ ہم (ارتقائی نقطۂ نگاہ سے) کیسے اپنی اس خواہش کی وضاحت کریں گے جو ایسے اعمال سرانجام دینے کا باعث بنتی ہے جو انسانی بقاء کے لیے تباہ کن خدشات رکھتے ہیں؟ اس کا جواب یہ ہے: ہم اس بات کی وضاحت نہیں کر سکتے! انسان کی یہ خواہشات سمجھ میں نہیں آتیں اگر فطرت پرستانہ ارتقاء کا تصور اپنا لیا جائے۔ ہماری بلند تر ذہنی صلاحیتیں اور سیکھنے کی خواہشیں ہمیں ایسے امور میں مصروف کیے رکھتی ہیں جن سے ہماری زندہ رہنے اور نسل بڑھانے کے امور میں کوئی مدد حاصل نہیں ہوتی، جیسے کہ فنونِ لطیفہ، روحانیت، فلسفہ اور اسقاطِ حمل کے نت نئے طریقوں پر تحقیق وغیرہ۔ فطری انتخاب (نیچرل سلیکشن) کے عمل میں ایسی تمام چیزوں کا خاتمہ ہو جانا چاہیے تھا، کیونکہ (بقاء کے لیے درکار) ارتقائی مطابقت پذیری (adaptation) کے نقطۂ نگاہ سے اس طرح کے رویّوں کا کوئی فائدہ نہیں۔ چونکہ ڈارونی ارتقاء صرف ''بقاء اور نسل خیزی'' کی وضاحت کرتا ہے، لہٰذا نہ تو یہ ہماری صلاحیتِ استدلال کی توجیح کر سکتا ہے اور نہ ہی انسان کی سب سے نمایاں خصوصیت کی: یعنی ''کچھ نیا'' دریافت کرنے کی خواہش کی۔

ان دو مسائل سے یہ بات واضح ہو جانی چاہئے کہ ڈاروینی نظریہ ارتقاء، جو فرد کی بقاء پر مرتکز ہے نہ کہ سچائی پر، ہماری فکر و تدبر کی صلاحیتوں اور دریافت کی خواہشوں کی وضاحت کے لیے ناقص ہے۔ محققین نے ان مسائل کا ادراک کیا ہے اور کچھ مزید رائے تبصرے بھی کئے ہیں۔ ماہر حیاتیات جان گرے لکھتا ہے:

''اگر انسان کا دماغ زندگی کے مسائل کی پیروی میں ترقی کرتے کرتے بن گیا ہے، پھر اس سوچ کی کیا دلیل رہ جاتی ہے کہ یہ (انسانی دماغ) سچائی کو پہچاننے کی صلاحیت رکھتا ہے جبکہ نسل کی افزائش کے لیے جو چیز چاہئے، وہ صرف یہ ہے کہ انسان کے عقائد اور توہمات جان لیوا نہ ہوں؟ خالص فطرت پرستانہ فلسفہ اس علم کی وضاحت نہیں کر پاتا جو ہم سمجھتے ہیں کہ ہمارے پاس ہے۔''[70]

ڈی این اے (DNA) کی ساخت دریافت کرنے والے سائنسدان، فرانسس کرِک کا کہنا ہے، ''بہرحال، ہمارے اعلیٰ ترقی یافتہ دماغ سائنسی سچائیوں کی تلاش کے دباؤ میں ترقی پاتے یہاں تک نہیں پہنچے تھے، بلکہ ان کا کام صرف اتنا تھا کہ ہم اتنے ہوشیار ہو جائیں کہ خود زندہ رہیں اور اپنی نسل بڑھاتے جائیں۔''[71]

نفسیاتی و ادراکی سائنسدان اسٹیون پنکر نے لکھا ہے، ''ہمارے دماغ کی تشکیل، بہتر صحت کے لیے تھی نہ کہ سچائی کے لیے۔ بعض اوقات سچائی ہمارے فائدے میں ہوتی ہے لیکن بعض اوقات ایسا نہیں ہوتا۔''[72]

اگرچہ الحاد کے اعلانیہ داعی اور ماہر اعصابیات، سیم ہیرس یہ تو سمجھتے ہیں کہ سائنس ہمیں بالآخر ان سوالوں کے جوابات دے دے گی، لیکن وہ اعتراف بھی کرتے ہیں کہ ''... فطری انتخاب (نیچرل سلیکشن) کے نتیجے میں ہماری منطقی، ریاضیاتی اور طبیعیاتی وجدان (کی صلاحیتیں) سچ کی تلاش کے لیے نہیں بنائی گئی تھیں۔''[73]

الغرض جب ملحدین یہ دعویٰ کرتے ہیں کہ خدا کا عدم وجود ثابت کرنے کے لیے انہوں نے اپنی فکر و تدبر کی صلاحیتوں کا استعمال کیا ہے، تو یہ علمی خیانت کی ایک سنگین قسم ہے۔ اس سچائی

پر عقلی دلالت کے لیے کہ ان کے پاس ایک معقولیت پسند ذہن ہے، یا تو انہیں الحاد کو خیر باد کہنا ہوگا یا پھر بجائے خود عقلی استدلال ہی سے انکار کرنا پڑے گا۔ ملحدین کی علمی بدنصیبی یہ ہے کہ ان میں فکر و تدبر کی صلاحیت کی بہترین وضاحت، وجودِ باری تعالیٰ کو تسلیم کر کے ہی کی جاسکتی ہے۔

''ارتقائی اعتباریت'' پر انحصار

بہت سے فطرت پرست اس بات کا اقرار کرتے ہیں کہ زندہ رہنے کی جستجو یعنی ''جہدِ للبقاء'' (struggle for survival) اور مطلق حقیقت (absolute reality) کا آپس میں کوئی تعلق نہیں۔ وہ کہتے ہیں، یہ ممکن ہے کہ حیاتیاتی عوامل کی وجہ سے فکری صلاحیتیں جنم لیں اور کسی خاص عقیدے کو اس کی فکر کا حصہ بنا دیں۔ ان انتظامی معاملات کی وجہ سے حیاتیاتی طور پر تندرست جسم پرورش پا سکتا ہے اور اس کے پیچھے فطری انتخاب (نیچرل سلیکشن) کا عمل درپیش ہوتا ہے۔

یہ کہنا کہ ڈاروینی ارتقاء دراصل ہماری سچائی اور حقیقت کے معاملات کی تہہ تک پہنچ کر ان کی وضاحت پیش کر سکتا ہے، ''ارتقائی اعتباریت'' (Evolutionary reliabilism) کہلاتا ہے۔ ارتقائی اعتباریت کے درست ہونے کے لیے لازم ہے کہ اس بات کا امکان کہ اندھی فطرت ایک اندھے (فطری) انتخاب کے عمل میں ایسی فکری صلاحیت کا انتخاب کر لے جو حق کی جستجو سے لیس ہو، اس بات کے امکان سے واضح طور پر زیادہ قوی ہو کہ وہ اس اندھے عمل کے نتیجے میں اس جستجو سے خالی صلاحیت کا انتخاب کرے۔

اس دلیل کا اصل سیاق و سباق یہ ہے کہ سچ پر مبنی فطری صلاحیتوں سے جنم لینے والی فکر کی وجہ سے بقاء کا امکان مزید بڑھ جاتا ہے۔ لیکن دراصل یہ دلیل صحیح نہیں؛ اور اس کے صحیح نہ ہونے کی وجہ درج ذیل ہیں۔

ممکن ہے کہ غلط عقائد، جن کی بنیاد ناقابلِ اعتماد علمی اور فکری صلاحیتیں تھیں، ہماری بقاء اور افزائشِ نسل کا باعث ہوں۔ یہ بھی ہو سکتا ہے کہ ہم ایسے محتاط عقلی و فکری عوامل سے گزرے ہوں جو غلط ہوں مگر ہماری فلاح و بہبود کے لیے بہتر ہوں۔ محقق جیمز بیچ کہتے ہیں:

''مثال کے طور پر، ایک جاندار اس لیے چھپ جاتا ہے کیونکہ اسے یہ غلط یقین ہے کہ کوئی

شکاری آس پاس ہے۔ ارتقائی طور پر، خطرناک شکاریوں سے بھاگنے کے لیے، ضرورت سے زیادہ محتاط عقلی عوامل بہتر ہیں، خاص طور پر جب ان کا نقصان بہت کم ہو۔"[74]

ارتقائی (فطری) انتخاب، حقیقت پر اعتماد کرنے والی فکری صلاحیتوں کی طرفداری نہیں کر سکتا تھا کیونکہ اس کا نقصان زیادہ ہے۔ جیمز بیچ کا خیال ہے کہ حقیقت سے متعلق ادرا کی صلاحیتیں "ناپسندیدہ انجام پر منتج ہوتی ہیں۔"[75] ان صلاحیتوں کی حیاتیاتی قدر میں مندرجہ ذیل شامل ہیں:

"(1) دماغ کو آکسیجن، حرارت، اور نمی کی ضرورت ہوتی ہے؛ (2) کسی منطقی نتیجے پر پہنچنے کے لیے (یہاں تک کہ کم سے کم اعداد و شمار کے ساتھ بھی) خاصی محنت اور توانائی کی ضرورت ہوتی ہے؛ (3) ماضی کے تجربوں سے معلومات حاصل کرنے کے لیے ان معلومات کا وسیع ذخیرہ کرنے کی گنجائش اور پھر اس ذخیرے سے دوبارہ معلومات حاصل کرنے کے طریقے؛ (4) متعلقہ معلومات کی نشان دہی کرنے کے لیے چھان بین کرنے والے، کثیر سطحی سلسلہ ہائے اعمال کی ضرورت؛ (5) مرتبہ و مقام حاصل کرنے کی خواہشات اور اہداف، شدید غور و فکر مانگتے ہیں؛ اور (6) "شناختی عوامل" کا استعمال (اور دیگر ادرا کی توانائیاں) تیز فہمی اور کمال درستگی مانگتا ہے۔"[76]

چونکہ قابل اعتماد فکری صلاحیتیں ان بنیادی حیاتیاتی وسائل پر بہت بوجھ ڈالتی ہیں جو بقاء کے لیے ضروری ہیں، لہٰذا ارتقائی (فطری) انتخاب کو ان غیر معتبر فکری صلاحیتوں کی طرفداری کرنی چاہیے تھی، جو گو کہ غلط عقائد پیدا کرتیں مگر (بنیادی حیاتیاتی وسائل پر) کم بوجھ ڈالتیں۔[77]

باقی فلسفیانہ موضوعات کی طرح، ارتقاء پر اعتبار کے حق میں اور اس کے خلاف، دونوں طرف کے دلائل موجود ہیں۔ ارتقائی اعتباریت ہماری فکری صلاحیتوں کی مناسب طریقے سے کیوں وضاحت نہیں کر پاتی؛ اور دیگر مشہور اور تحقیقی اعتراضات کے جواب کے لیے میرا مضمون: "کیا ارتقاء ہماری سچ پر مبنی فکری صلاحیتوں کی توجیح کر سکتا ہے؟" ملاحظہ کیجیے۔[78]

اسلامی عقیدۂ خالق و مخلوق: بہترین وضاحت

میں آپ کو ایک روٹی نہیں دے پاؤں گا کیونکہ میرے پاس پہلے سے ایک بھی روٹی

نہ ہو یا میرے پاس ایک بھی روٹی حاصل کرنے یا بنانے کی صلاحیت نہ ہو۔
یہ بیان مندرجہ ذیل منطقی اصول پر مبنی ہے:

ایک چیز کسی دوسری چیز کو پیدا نہیں کر سکتی اگر وہ اس میں نہ ہو، یا اس میں وہ چیز پیدا کرنے کی صلاحیت نہ ہو۔ مثلاً فکر و تدبر سے عاری قوتیں فکر و تدبر پیدا نہیں کر سکتیں کیونکہ یہ پہلے سے ان میں موجود ہی نہیں۔ طبعی اعمال کے سلسلے عقل و فہم سے عاری ہیں کیونکہ ان میں کوئی ذہنی بصیرت موجود نہیں۔ وہ گزشتہ منطقی مقدموں کی بنیاد پر کسی نتیجے کو آتا ہوا نہیں دیکھ پاتے۔ اللہ کی موجودگی سے یہ بات آسانی سے سمجھ آ جاتی ہے کہ ہم ایک ذی شعور نفس رکھتے ہیں کیونکہ فکر و تدبر کی یہ صلاحیتیں اس خالق کی طرف سے عطا کردہ ہیں جو البصیر سب کچھ دیکھنے والا، العلیم سب کچھ جاننے والا اور الحکیم پوری حکمت والا ہے۔

اگر اس کائنات کے آغاز میں محض عقل و فہم سے عاری، اندھے اور بے ترتیب طبعی مادے اور اعمال کے سلسلے ہوتے، تو پھر چاہے جیسے انہیں ترتیب دے لیا جائے، وہ فکر و تدبر جیسی صلاحیتیں پیدا نہیں کر سکتے۔ لیکن اگر آغاز میں کوئی خالق ہو جس میں مذکورہ صفات پائی جاتی ہوں، تو پھر یہ بات بہ آسانی سمجھ میں آجاتی ہے کہ اس کائنات میں فکر و تدبر کی صلاحیتوں سے مالا مال ہستیاں بھی ہو سکتی ہیں۔ چنانچہ ملحدوں کو اپنی فکر و تدبر کی وضاحت کے لیے خدا کی ضرورت پیش آتی ہے۔ اسی لئے ایک ایسی ذات کا وجود، جو البصیر (سب کچھ دیکھنے والا)، العلیم (سب کچھ جاننے والا) اور الحکیم (پوری حکمت والا) ہے، اس امر کی بہترین وضاحت ہے کہ کائنات میں ایسی ذہین مخلوقات بستی ہیں جو فکر و تدبر کی صلاحیتوں سے مالا مال ہیں۔

اس باب میں پیش کردہ اہم سوالات کا خوبصورت اور آسان جواب اسلام کا عقیدۂ خالق و مخلوق دیتا ہے۔ اللہ تعالیٰ نے ہمیں پیدا کیا اور ہمیں فکر و تدبر کی صلاحیتوں سے آراستہ دماغ عطا کیا، جو انکشافات کی خواہشات سے بھی مالا مال ہے، تا کہ ان صلاحیتوں کی مدد سے ہم اپنے مقصدِ حیات کو بہتر انداز میں پورا کر سکیں۔ اللہ تعالیٰ نے یہ کام کرنے کے لیے ایک طریقہ یہ اختیار کیا ہے کہ وہ اپنی مخلوقات میں اپنی نشانیوں کی طرف انسانوں کو متوجہ کرتا ہے۔ ان نشانیوں پر غور و فکر کے نتیجے میں ہم اس کی عظمت اور قدرتِ تخلیق کو بہتر طور پر جان سکتے ہیں کیونکہ یہی معرفت اور علم، فطری طور پر ہمیں اس کی عبادت کی طرف راغب کرتے ہیں۔

اللہ تعالیٰ نے اپنے علم، قدرت اور ارادے سے اس کائنات کو اور ہمارے قلوب و اذہان کو تخلیق کیا۔ یوں ہماری فکر و تدبر اور کائنات کے باہم مربوط اصولوں پر پڑے رازوں سے پردہ اٹھانے کی صلاحیتوں کی وضاحت ہوتی ہے۔ یہاں قرآنِ حکیم کی ایک خوبصورت آیت یاد آتی ہے؛ اللہ تعالیٰ کا ارشاد ہے:

سَنُرِيهِمْ آيَاتِنَا فِي الْآفَاقِ وَفِي أَنفُسِهِمْ حَتَّى يَتَبَيَّنَ لَهُمْ أَنَّهُ الْحَقُّ ۗ أَوَلَمْ يَكْفِ بِرَبِّكَ أَنَّهُ عَلَى كُلِّ شَيْءٍ شَهِيدٌ ۝

''ہم عنقریب ان کو اطراف (عالم) میں بھی اور خود ان کی ذات میں بھی اپنی نشانیاں دکھائیں گے، یہاں تک کہ ان پر ظاہر ہوجائے گا کہ یہ (قرآن) حق ہے۔ کیا تم کو یہ کافی نہیں کہ تمہارا پروردگار ہر چیز سے خبردار ہے۔''[79] (سورۃ فُصّلت، آیت 53)

اللہ تعالیٰ متواتر ہمیں غور و فکر اور اپنی ذہانت کے استعمال کی دعوت دیتا ہے:

أَفَلَا يَتَدَبَّرُونَ الْقُرْآنَ أَمْ عَلَى قُلُوبٍ أَقْفَالُهَا ۝

''بھلا یہ لوگ قرآن میں غور نہیں کرتے یا (ان کے) دلوں پر قفل لگ رہے ہیں۔''[80]
(سورۃ محمد، آیت 24)

أَفَلَا تَعْقِلُونَ ۝

''بھلا تم سمجھتے کیوں نہیں؟''[81] (سورۃ ہود، آیت 51)

یہ آیات اس بات کی دلیل ہیں کہ ہم فکر و تدبر، قدرتی دنیا پر غور و خوص کے ذریعے سچائی تک پہنچنے کی صلاحیتوں سے مالا مال ہیں۔ اللہ تعالیٰ یہ بھی ارشاد فرماتا ہے:

إِنَّ فِي خَلْقِ السَّمَاوَاتِ وَالْأَرْضِ وَاخْتِلَافِ اللَّيْلِ وَالنَّهَارِ لَآيَاتٍ لِّأُولِي الْأَلْبَابِ ۝

''بے شک آسمانوں اور زمین کی پیدائش اور رات اور دن کے بدل بدل کے آنے جانے میں عقل والوں کے لیے نشانیاں ہیں۔''[82] (سورۃ آل عمران، آیت 190)

اس سے ہم ایک مفصل نتیجہ حاصل کر سکتے ہیں: اللہ تعالیٰ نے ہمیں فکر و تدبر کی صلاحیتوں سے مالا مال دماغ عطا کیا اور اس کائنات کے سربستہ رازوں سے پردہ اٹھانے کی خواہش ودیعت کر دی تا کہ ہم اپنی ذہنی و فکری صلاحیتوں کا استعمال کرتے ہوئے اس کائنات کو اس کی تمام تر رعنائیوں سمیت سمجھ سکیں، جس سے ہم اس اللہ واحد کی عبادت کی طرف راغب ہوں گے کہ جس نے اس کی تخلیق فرمائی۔ اللہ تعالیٰ نے ہمارے اندر وہ تمام لوازمات رکھے جو سائنس جیسے میدانوں میں کام کرنے کے لیے ہمیں مطلوب تھے، تاہم جب ہم میں سے بعض لوگ اس نعمت الٰہی کو پا لیتے ہیں، وہ اسی اللہ کو جھٹلانے کے لیے ان صلاحیتوں کا ناجائز استعمال کرتے ہیں۔ (مزید تفصیل کے لیے باب 12 اور 15 کا مطالعہ کیجئے۔) اس دلیل کے جواب میں کچھ اعتراضات بھی کئے جاتے ہیں جنہیں ہم ذیل میں زیر بحث لائیں گے۔

نقائص کا خدا

یہ اعتراض کچھ یوں ہے کہ کسی خاص مظہر سے متعلق سائنسی علم میں باقی رہ جانے والا کوئی نقص (gap) کسی طرح بھی خدا کے وجود پر ایمان لانے یا خدائی کردار کی طرف دلالت کرنے کا سبب نہیں ہونا چاہیے، کیونکہ آخر کار سائنس اتنی ترقی کر ہی جائے گی کہ وہ اس مظہر کی (سائنسی) توجیح تلاش کر لے۔ یہ اعتراض اس باب میں بیان کئے گئے مسئلے پر لاگو نہیں ہوتا کیونکہ یہ سائنسی علم میں باقی رہ جانے والے کسی نقص پر منحصر نہیں؛ یہ تو سائنس کی بنیادوں ہی کو ہلا دیتا ہے۔ کسی سائنسی علم کے آغاز سے پہلے ہمیں فکر و تدبر کی صلاحیتیں درکار ہیں۔ یہ کہنا کہ سائنس بالآخر اپنے مفروضوں کی خود ہی وضاحت کر دے گی، چکر دار استدلال (circular argument) میں الجھنا ہے۔ یہ بحث سائنس کی دنیا سے باہر کی ہے کیونکہ ہم خود سائنس کے بنیادی مفروضوں کو زیر بحث لا رہے ہیں۔ لہٰذا ''نقائص کا خدا'' والی دلیل غیر متعلق ہے۔

یہ ایک پیش قیاسی (presuppositional) دلیل ہے

پیش قیاسیت ایک ایسی دلیل ہے جو کہتی ہے کہ ہم عیسائی منظر نامۂ حیات (کرسچین ورلڈ ویو) کے بغیر اپنی فکر و تدبر کی صلاحیتوں کو نہیں سمجھ سکتے۔ اس دلیل کا مؤقف ہے کہ اگر آپ فکر و تدبر کو نہیں سمجھ سکتے تو آپ اس سے استفادہ بھی نہیں کر سکتے۔ تاہم ملحد بجا طور پر یہ دلیل الٹا ایک

عیسائی کو دے سکتا ہے، اور وہ ایسا کرتا ہے۔ ملحد پوچھ سکتا ہے کہ عیسائی یہ کیوں سمجھتا ہے کہ اس نے اپنی فکر و تدبر کی صلاحیتوں کو سمجھ لیا ہے۔ اگر عیسائی یہ جواب دے کہ عیسائی منظر نامۂ حیات اس کی فکر و تدبر کی صلاحیتوں کی وضاحت کرتا ہے، تو یہ سوال کرنا ملحد کا حق بنتا ہے کہ کیسے؟ اور یوں یہ بحث ایک دائرے میں گھومتی رہ جائے گی۔

اس باب میں پیش کی گئی دلیل پیش قیاسی دلیل نہیں۔ یہ دلیل اس مفروضے کو تسلیم کرتی ہے کہ ہم فکر و تدبر کی صلاحیتوں سے مالا مال ہیں؛ اور یہ دلیل یہ نہیں کہتی کہ جب تک آپ فکر و تدبر کی صلاحیتوں کی وضاحت نہیں کر لیتے، تب تک آپ ان سے مستفید نہیں ہو سکتے۔ اس باب میں پیش کی گئی دلیل اس سوال کا جواب دیتی ہے: جبکہ ہم اس حقیقت کو تسلیم کرتے ہیں کہ ہم فکر و تدبر کی صلاحیتوں سے مالا مال ہیں، تو کونسا منظر نامۂ حیات اس کی بہترین وضاحت کر سکتا ہے؟ یہ دلیل کہتی ہے کہ ہماری فکر و تدبر کی صلاحیتوں کی بہترین وضاحت اللہ تعالیٰ پر ایمان لانے سے ہوتی ہے جبکہ فطرت پرستی اور الحاد اس مفروضے کو تو ڑ ڈالتے ہیں کہ ہم فکر و تدبر کی صلاحیتوں سے بہرہ مند ہیں۔ اس لئے الحاد کو مسترد کیا جانا چاہئے۔

فکر و تدبر کی صلاحیتیں پیچیدہ حیاتیاتی نظاموں سے جنم لے سکتی ہے

نمودی مادہ پرست (Emergent materialists) کہتے ہیں کہ پیچیدہ تعاملات سے گزرنے والے پیچیدہ طبیعی سلسلے ایسی خصوصیات اور ایسے مظاہر پیدا کر سکتے ہیں جو اس نظام کو تشکیل دینے والے اجزاء میں انفرادی طور پر نہیں پائے جاتے۔ یہ لوگ سائنس کی تاریخ کے حوالے سے بتاتے ہیں کہ پہلے وقتوں میں جب سائنسی علوم کم تھے تو لوگ ہر چیز کو پراسرار سمجھتے تھے، لیکن جیسے جیسے سائنس ترقی کرتی گئی، ہر قدرتی مظہر کے پس منظر میں واقع ہونے والے سلسلہ ہائے اعمال سے پردۂ راز اٹھا لیا اور تمام تر اسرار ختم ہو گئے۔ ایک عام مثال جو نمودی مادہ پرست پیش کرتے ہیں، وہ پانی (H_2O) کی ہے۔ پانی، ہائیڈروجن اور آکسیجن سے مل کر بنتا ہے جو دونوں ہی گیس ہیں، لیکن جب ان دونوں کو کیمیائی طریقے سے باہم ملا دیا جاتا ہے تو وہ زندگی کے لیے ناگزیر مائع بناتے ہیں۔ اب پانی میں ایسی خصوصیات ہیں جو ہائیڈروجن اور آکسیجن میں (انفرادی طور پر) موجود نہیں۔ اس طرح کی مثالیں نمودی مادہ پرستوں کو یہ اعتماد دلاتی ہیں کہ وہ یہ

دعویٰ کریں کہ ایک پیچیدہ نظام الاعمال سے کچھ نئی خصوصیات پیدا ہو سکتی ہیں، چاہے وہ خصوصیات ان اجزاء میں نہ ہوں جو اس نظام کو تشکیل دیتے ہیں۔

چنانچہ نمودی مادہ پرست اس باب میں بیان کردہ فکر و تدبر کی دلیل کا جواب دینے کے لیے کہتے ہیں کہ ہماری فکر و تدبر کی صلاحیتیں (خاص طور پر کسی مقدمے سے چل کر کسی نتیجے تک پہنچنے کی صلاحیت) ہمارے دماغ میں جاری پیچیدہ سلسلہ ہائے اعمال پر مبنی ہیں۔ جیسے ہی ان سلسلہ ہائے اعمال کی گتھی سلجھے گی، ہماری فکر و تدبر کی صلاحیتوں کی مکمل سائنسی وضاحت بھی ہو جائے گی۔

تاہم یہ دلیل بودی ہے کیونکہ اس باب میں بیان کردہ دلیل یوں نہیں کہ ایک طبیعی (فزیکل) چیز، دوسری طبیعی چیز کو پیدا کر رہی ہو (جس طرح گیسیں، ہائیڈروجن اور آکسیجن، پانی کی طبیعی خصوصیات کو جنم دے رہی ہوں)۔ اس کے برعکس، حل طلب مسئلہ یہ ہے کہ ایک غیر طبیعی (نان فزیکل) خصوصیت (نتیجے کو دیکھنے کی فکری بصیرت) طبیعی چیزوں سے ابھر رہی ہے (جو لازماً اندھی ہیں)۔ اگر دماغ میں جاری تمام تر پیچیدہ سلسلہ ہائے اعمال کی تفہیم حاصل ہو بھی جائے اور ان تمام اعمال کے باہمی ربط و تعلق کا نقشہ بھی مکمل بن جائے، تب بھی اس بات کی وضاحت کیسے ہو گی کہ ہم فکر و تدبر کی صلاحیتوں سے لیس ہیں؟ یہ سوال پھر بھی تشنہ ہی رہے گا: ایک ایسے دماغ کے بل بوتے پر جو پہلے سے موجود اندھے اور بے ہنگم طبیعی اعمال سے پیدا ہوا ہو، اس میں ذہنی بصیرت کہاں سے در آئی اور اس بصیرت کی بنیاد پر ہم سچائی تک کیسے پہنچ سکتے ہیں؟

صرف پیچیدگی کا حوالہ دینے سے کوئی بات نہیں بنتی اور یہ یوں کہنے کے مترادف ہے کہ: "بس ایسا ہو جاتا ہے۔" مجھے ایسا لگتا ہے کہ نمودی مادہ پرستی اس خلا کو پر کرنے کی ایک بودی کوشش ہے جو فطرت پرستانہ منظرنامۂ حیات نے پیدا کر دیا ہے۔ اگر کوئی یہ کہتا ہے کہ پیچیدگی نئی خوبیوں کی وضاحت کے لیے کافی ہے، یہ وضاحت کیے بغیر کہ یہ نئی خوبیاں کس طرح نمو پاتی ہیں، تو پھر ہم کیوں یہ یقین کر لیں کہ کوئی نظریہ کسی چیز کی وضاحت کر سکتا ہے؟ (باب نمبر 7 اس بات کی خوب وضاحت کرتا ہے کہ نمودی مادہ پرستی کس طرح ہمارے شعوری تجربات کی وضاحت سے قاصر ہے۔)

H_2O کی مثال کے ساتھ ایک اور مسئلہ یہ ہے کہ عقلی وجدان — متعلقات کے مابین تعلقات کی بنیاد پر طبیعی عملیات (دماغی سرگرمیوں) سے بہت مختلف ہے۔ H_2O کی مثال یہ

فرض کرتی ہے کہ عقلی بصیرت اور مادی عمل ایک جیسے ہیں۔ پروفیسر ریمنڈ ٹیلس نے استدلال کیا ہے:"چمکدار پانی اور H_2O دونوں کو، ایک یا دوسرے کے طور پر ظاہر کرنے کی ضرورت ہے۔ وہ مشاہدے کے دو مختلف طریقوں سے مطابقت رکھتے ہیں ...... پانی کی دو صورتیں یا دو آثار ہیں، اس کی جانچ کرنے کے دو طریقے ہیں، اور یہ طریقے دماغ کی برقی کیمیائی سرگرمیوں پر غیر امکانی مشکل سے ہی لاگو ہوتے ہیں۔"[83]

نمودی مادہ پرستی اپنانے کے مضمرات یہ ہیں کہ ہم ان نظریات کی اجازت دیتے ہیں جو طبیعیاتی تعلقات یا نظام کے افعال کی وضاحت نہیں کر سکتے۔ اگر کوئی یہ کہتا ہے کہ "پیچیدگی" نئی خصوصیات کی وضاحت کر سکتی ہے، یہ سمجھائے بغیر کہ وہ (پیچیدگی) بجائے خود کیسے ظہور میں آئی، تو ہم اس نظریے سے کیوں کر توقع کرتے ہیں کہ وہ کسی بھی چیز کی وضاحت کر سکتا ہے؟ کیا محض سائنس کی ترقی کا انتظار کیا جائے کہ کبھی نہ کبھی تو اس کا ثبوت مل ہی جائے گا۔ یہ ایسے ہی ہے کہ ایک زیر تربیت مستری کو بتایا جائے کہ اگر تمہارے پاس کافی ساری اینٹیں ہوں تو تم گھر بنا سکتے ہو۔ صاف ظاہر ہے کہ یہ غلط ہے؛ ایک گھر بنانے کے لیے اور بھی اشیاء کی ضرورت ہے جیسے، سیمنٹ، نقشہ، پلمبر، الیکٹریشن، اوزار وغیرہ۔ الغرض، نمودی مادیت کوئی مربوط نظریہ نہیں۔ یہ فطرت پرستی میں پائے جانے والی مشکلات کو حل کرنے کی ایک نا کام کوشش ہے۔

کمپیوٹر بھی فہم و تدبر رکھتے ہیں؟

فہم و تدبر کی اس دلیل کے خلاف ایک عام اعتراض یہ اٹھایا جاتا ہے کہ کمپیوٹر کے پروگرامز استنباطی طرزِ استدلال کی صلاحیت رکھتے ہیں۔ چونکہ کمپیوٹر کے نظام طبیعی سلسلہ ہائے اعمال پر مبنی ہیں اور وہ فکر و تدبر کی ایک اہم خصوصیت کا مظاہرہ کرتے ہیں، چنانچہ اس سے یہ ثابت ہوتا ہے کہ طبیعی سلسلہ ہائے اعمال سے ہماری فکر و تدبر کی صلاحیتوں کی وضاحت ہو جاتی ہے۔ یہ ایک دوسری بے جا کی حجت ہے۔ جیسا کہ اس باب میں وضاحت کی گئی ہے، انسانی عقل و فہم ذہنی بصیرت پر مبنی ہے جو منطقی مقدموں کے مابین تعلق کو سمجھ کر نتیجے تک پہنچنے کی صلاحیت کا نام ہے۔ کمپیوٹر کے کسی پروگرام میں کسی قسم کی "بصیرت" نہیں پائی جاتی۔ انسانوں میں نہ صرف بصیرت موجود ہے بلکہ بامعنی اور نتیجہ خیز بصیرت موجود ہے۔ ہم منطقی نتائج کو سمجھنے اور ان کے معانی پر سوال اٹھانے کی

بھرپور صلاحیت سے مالا مال ہیں۔ کمپیوٹر کے پروگرام syntax کے قوانین (اشاروں کے استعمال) پر مبنی ہیں نہ کہ معنویت (semantics) پر۔

اشاراتیت اور معنویت کے مابین فرق کو سمجھنے کے لیے مندرجہ ذیل جملوں پر غور کیجیے:

مجھے اپنے خاندان سے محبت ہے

αγαπώ την οικογένειά μου

আমি আমার পরিবারকে ভালবাসি

اوپر کے تین جملوں کا ایک ہی مطلب ہے۔ یہ بات یعنی ان حروف میں پنہاں مفہوم ''معنویت'' ہے۔ لیکن اوپر کے تینوں جملوں کے اشارات مختلف ہیں۔ یعنی استعمال کردہ اشارات غیر یکساں ہیں۔ پہلا جملہ ''اردو'' کے اشارات میں ہے، دوسرا ''یونانی'' اور تیسرا ''بنگلہ'' (بنگالی زبان) میں ہے۔ اس سے مندرجہ ذیل استدلال نکالا جا سکتا ہے:

1 - کمپیوٹر کے پروگرامز محض اشارات کا مجموعہ ہیں (اشارات کے مطابق)۔

2 - عقل و ذہن، معانی و منطق کا مجموعہ ہیں۔

3 - معانی و منطق کے لیے جملوں کی ترتیب و ترکیب نہ تو کفایت کرتی ہے اور نہ اس سے لازم آتا ہے۔

4 - لہٰذا، کمپیوٹر پروگرام اپنی اصل میں ذی شعوری نہیں۔[84]

ذرا تصور کیجیے کہ برف کا ایک طوفان پہاڑی پتھروں سے ''مجھے اپنے خاندان سے محبت ہے'' کے مفہوم کو ادا کرنے والی کوئی ترتیب دے دیتا ہے۔ یہ کہنا بے وقوفانہ ہو گا کہ پہاڑ، پتھروں کی اس ترتیب (علامتی و تصویری تحریر) کا مطلب جانتا ہے۔ اس سے ظاہر ہوتا ہے کہ محض علامتی تحریر کے جوڑ توڑ (نحو)، معنی کو جنم نہیں دیتے (الفاظ)۔[85]

کمپیوٹر کے پروگرام اشارات کا استعمال کرتے ہیں اور انہیں ان میں پوشیدہ معانی سے کچھ سروکار نہیں ہوتا۔ اگر مجھے یونانی زبان نہیں آتی تو چاہے میں جتنا بھی یونانی زبان کے اشارات کا الٹ پھیر کرتا رہوں، میں کبھی بھی ان حروف سے بننے والے الفاظ کے معانی سے آگاہ نہیں ہو سکوں گا۔ اس سے یہ ثابت ہوتا ہے کہ معنویت کے لیے اشاروں کی درست ترتیب کے علاوہ بھی بہت کچھ چاہیے۔ چونکہ کمپیوٹر کے پروگرام صرف اشارات پر کام کرتے ہیں اور انہیں معنویت سے کوئی

سروکار نہیں ہوتا، لہٰذا یہ کہنا غلط ہے کہ کمپیوٹر کے پروگرام عقل و فہم کا ادنیٰ سا شائبہ بھی رکھتے ہیں۔
پروفیسر جان سیرل کا ''چائنیز روم'' کا تخیلاتی تجربہ خوب واضح کرتا ہے کہ محض
اشارات کے الٹ پھیر سے ان کے معانی کے سمجھنے میں کسی قسم کا امکان بھی پیدا نہیں ہوتا۔
فاضل پروفیسر لکھتے ہیں :

''فرض کیجئے کہ آپ ایک کمرے میں بند کر دیئے گئے ہیں جہاں متعدد ٹوکریوں میں چینی
زبان کے اشارات بھرے پڑے ہیں۔ تصور کیجئے کہ آپ (میری طرح) چینی زبان کا
ایک لفظ بھی نہیں جانتے۔ البتہ آپ کو چینی زبان کے اشارات کو جوڑنے توڑنے کا ایک
ہدایت نامہ دیا جاتا ہے جو آپ کے لیے کسی قابلِ فہم زبان (مثلاً اردو) میں ہے۔ یہ
ہدایات آپ کو اس قابل بناتی ہیں کہ آپ صرف ان اشارات کی شکلوں کو پہچان کر، نہ کہ
ان کے معانی کو سمجھ کر، انہیں ترتیب دے سکیں۔ چنانچہ ہدایت نامے میں لکھا ہو سکتا ہے:
''پہلی ٹوکری میں سے ایک آڑا ترچھا اشارہ لیجئے اور دوسری ٹوکری میں سے ایک اور
آڑے ترچھے اشارے کے ساتھ جوڑ دیجئے۔'' اب فرض کیجئے کہ کمرے میں کچھ اور چینی
اشارات باہر سے ڈالے جاتے ہیں اور ان کے ساتھ مزید ہدایات بھی ہوتی ہیں جن پر
عمل کرتے ہوئے آپ کو ان اشارات پر کچھ کارروائی کر کے (نتیجے کو) واپس کمرے
سے باہر بھیجنا ہوتا ہے۔ فرض کیجئے کہ آپ اس بات سے واقف نہیں جو چینی اشارات
آپ کو پہنچائے گئے ہیں، وہ اس کمرے سے باہر موجود افراد کے لیے 'سوالات' ہیں، اور
وہ اشارات جو (ہدایات کے مطابق کارروائی کر کے) آپ اس کمرے سے واپس باہر
بھیج رہے ہیں وہ اُن (باہر والوں) کے لیے 'سوالوں کے جوابات' ہیں۔ مزید یہ بھی فرض
کیجئے کہ باہر موجود ہدایت کار (پروگرامرز) اپنی اس ہدایت کاری (پروگرامنگ) میں
بہت زبردست ہیں جبکہ آپ خود بھی ان اشارات کے الٹ پھیر میں اتنے طاق ہیں کہ
جلد ہی آپ کے فراہم کردہ جوابات بالکل اس طرح ہو جاتے ہیں کہ جیسے وہ کسی ایسے
شخص نے دیئے ہوں کہ جس کی مادری زبان ہی چینی (زبان) ہو۔ (اس تصوراتی مثال
میں) ملاحظہ کیجئے کہ آپ کمرے میں بند ہیں اور دیئے جانے والے چینی اشارات کا
الٹ پھیر کر کے (نتیجے کو) کمرے سے باہر واپس بھیجنے میں لگے ہیں۔ اب اس ساری

کہانی کا اصل نکتہ محض اتنا ہے کہ اگرچہ آپ ایک لگے بندھے کمپیوٹر پروگرام کا اطلاق کر رہے ہیں، لیکن (کمرے سے) باہر موجود ایک مشاہدہ کرنے والے کے نقطۂ نگاہ سے آپ کا طرزِ عمل بالکل ایسا ہے کہ جیسے آپ چینی زبان سے بخوبی واقف ہیں۔ اس کے برعکس، سچ تو یہ ہے کہ آپ چینی زبان کا ایک لفظ بھی نہیں سمجھتے۔،،[86]

چینی کمرے والے اس تخیلاتی تجربے میں کمرے کے اندر موجود ایک شخص ایک کمپیوٹر کا روپ دھارے ہوئے ہے۔ باہر موجود شخص اشارات کو اس طرح ترتیب دیتا ہے کہ ایسا لگتا ہے کہ جیسے کمرے میں موجود شخص کو چینی زبان پوری طرح آتی ہے۔ حالانکہ اندر موجود آدمی کو چینی زبان کا کچھ بھی علم نہیں؛ وہ تو صرف ہدایات پر عمل کیے جا رہا ہے۔ پروفیسر سرل اس تجربے سے یہ نتیجہ اخذ کرتے ہیں:

،،محض اشارات کا ہونا ۔ یعنی صرف syntax کا ہونا ۔ معنویت ہونے کے لیے کافی نہیں۔ صرف اشارات کا درست الٹ پھیر ان کے معانی کے علم کی ضمانت نہیں دیتا۔،،[87]

کوئی معترض اس پر یہ کہہ سکتا ہے کہ اگرچہ کمپیوٹر کے پروگرام معانی نہیں جانتے، لیکن اس کا نظام مکمل طور پر معانی سے واقف ہے۔ پروفیسر سرل نے اس اعتراض کو ،،نظام کا جواب،،[88] کہا ہے۔ تاہم ایسا کیوں ہے کہ پروگرام معنی نہیں جانتا؟ جواب سادہ ہے: پروگرام کے پاس اشارات کو معانی دینے کا کوئی طریقہ ہی نہیں۔ چونکہ ایک کمپیوٹر پروگرام اشارات کو معنی نہیں دے سکتا تو کمپیوٹر کا نظام ۔ جو پروگرام پر انحصار کرتا ہے ۔ معنی کیسے سمجھ سکتا ہے؟ آپ کسی درست پروگرام کے ذریعے فہم و فراست یا فکر و تدبر پیدا نہیں کر سکتے۔ سرل، چینی کمرے والے تخیلاتی تجربے کو مزید وسعت دے کر ثابت کرتے ہیں کہ سسٹم کلی طور پر معنی کو نہیں سمجھتا: ،،تصور کیجیے کہ آپ ٹوکریوں میں موجود تمام اشارات و ہدایات نامے کے تمام مندرجات کو زبانی یاد کر لیتے ہیں، اور آپ اپنے دماغ میں تمام تر حساب کتاب کر لیتے ہیں۔

آپ تصور کر سکتے ہیں کہ آپ اس کمرے سے باہر آ کر بھی یہی کام جاری رکھتے ہیں۔ اب سسٹم میں ایسا کچھ نہیں جو آپ میں نہیں، اور چونکہ آپ اس طرح محض اس طرح چینی زبان نہیں سمجھتے، تو

بالکل اسی طرح کمپیوٹر سسٹم بھی نہیں سمجھ سکتا۔،،89

اس اعتراض (کہ کمپیوٹر کا نظام، مجموعی طور پر فہم کی طاقت رکھتا ہے) کا ایک سادہ جواب یہ بھی ہے کہ کمپیوٹر کے نظام، استنباطی استدلال میں مشغول ہونے کی لیاقت سے لیس خود مختار نظام نہیں۔ وہ ذی فہم انسانوں کے ڈیزائن کردہ، تیار کردہ اور چالو کئے ہوئے ہیں۔ اس لئے کمپیوٹر صرف ہماری فہم و تدبر کی صلاحیتوں کی نشانی ہیں۔ ولیم ہیسکر وضاحت کرتا ہے:

،،کمپیوٹر ایسے کام اس لئے کرتے ہیں کیونکہ انہیں فہم و شعور کی صلاحیتیں بخشی گئی ہیں۔ ایک کمپیوٹر، بہ الفاظ دیگر، محض اپنے بنانے والے اور استعمال کرنے والے کی فکر و فراست کی نشانی ہے؛ اس کے پاس فکر و تدبر کے آزادانہ ذرائع اس سے زیادہ نہیں جتنے ٹیلی ویژن سیٹ کے پاس خبروں اور تفریح کے آزادانہ ذرائع ہیں۔،،90

الحاد، نہ تو فکر و تدبر پر اجارہ داری رکھتا ہے اور نہ ہی اس کی اجارہ داری ہے۔ مقامِ شرم ہے کہ اس مفروضے کو فروغ مل رہا ہے کہ ملحد فہم و فراست رکھتے ہیں اور یہ کہ الحاد، فکر و تدبر پر مبنی ہے۔ اس سے زیادہ حقیقت سے دُور کوئی بات نہیں ہو سکتی۔ اندھے اور الل ٹپ طبیعی سلسلہ ہائے اعمال ہماری فکر و تدبر کی صلاحیتوں کی وضاحت نہیں کر سکتے۔ چنانچہ الحاد خود اسی چیز کو توڑ ڈالتا ہے جسے استعمال کرنے کے دعوے کے ساتھ وہ خدا کا انکار کرتا ہے۔

تاہم، اسلامی الٰہیات کے مطابق، ہم ایک حقیقی اور برمحل، دلائل سے آراستہ دنیا میں بستے ہیں، جو البصیر سب کچھ دیکھنے والے، العلیم سب کچھ جاننے والا اور الحکیم پوری حکمت والے خالق کی پیدا کردہ ہے۔ یہ ایک مربوط تصور ہے اور ہماری فکر و تدبر کی صلاحیتوں کی مکمل وضاحت کرتا ہے؛ کوئی دوسرا تصور ایسا نہیں کرے گا (بلاشبہ، کوئی دوسرا تصور ایسا کر ہی نہیں سکتا)۔ یہ کہنا کہ اندھے، الل ٹپ طبیعی سلسلہ ہائے اعمال ہماری دیکھنے، سوچنے اور سیکھنے کی صلاحیتوں کی وضاحت کر سکتے ہیں، نہایت نامعقول ہے۔ وہ لوگ جو اس خیال پر اڑے رہتے ہیں دراصل دشمنانِ دانش ہیں۔ وہ ایسے ٹیکسی ڈرائیور سے کچھ مختلف نہیں جس کی آنکھوں پر پٹی بندھی ہے اور بضد ہے کہ وہ اپنے سواروں کو ان کی منزل مقصود پر پہنچا سکتا ہے۔

خود آشکار

الحاد غیر فطری کیوں ہے؟

تصور کیجئے کہ ایک شام آپ کو داؤد کی کال آتی ہے۔ داؤد آپ کا اسکول کا ساتھی تھا جس کے ساتھ آپ سائنس کا مضمون پڑھتے تھے۔ آپ کو اس کے عجیب و غریب سوالات یاد ہیں جو وہ کیا کرتا تھا۔ اگرچہ آپ اسے ایک اچھا انسان سمجھتے تھے لیکن اس کے خیالات آپ کو مطلق پسند نہیں تھے۔ ہچکچاتے ہوئے آپ اس کی کال اٹھا لیتے ہیں۔ وہ آپ کو اگلے دن کھانے پر بلاتا ہے۔ آپ نیم دلی سے اس کی دعوت قبول کر لیتے ہیں۔ کھانے کے دوران وہ پوچھتا ہے، ''کیا میں تمہیں کچھ بتا سکتا ہوں؟'' آپ 'ہاں' میں جواب دے دیتے ہیں۔ پھر وہ بڑے وثوق سے کہتا ہے ''کیا تم جانتے ہو کہ ماضی میں — یعنی کہ پچھلے روز، پچھلے سال، حتیٰ کہ اپنی پیدائش تک — جو کچھ بھی تم نے کیا ہے، وہ حقیقت میں کچھ بھی نہیں تھا۔ وہ صرف تمہارے دماغ کا فتور تھا۔ تو میرا سوال یہ ہے کہ کیا تمہیں یقین ہے کہ ماضی کا واقعی میں کوئی وجود ہے؟'' ایک عقلمند آدمی کے طور پر آپ اس کے اس عجیب و غریب خیال سے اتفاق نہیں کرتے اور جواب میں کہتے ہیں، ''تمہارے پاس کیا ثبوت ہے کہ ماضی کا کوئی وجود ہی نہیں؟''

اب اس گفتگو کو ایک بار پھر سے دہراتے ہی: فرض کیجئے کہ یہ مختصر سا سوال پوچھنے کے

بجائے آپ تمام وقت یہ ثابت کرنے میں لگا دیتے ہیں کہ ماضی واقعی میں ایک حقیقت ہے۔ آپ کس طرزِ عمل کو ترجیح دیں گے؟ یقیناً آپ پہلی صورت کو ترجیح دیں گے کیونکہ آپ ان معقول لوگوں میں سے ہیں جو ماضی کو ایک خود آشکار، ایک بدیہی (self-evident) حقیقت سمجھتے ہیں؛ اور اس کے برعکس کوئی بات کرنے والے سے خود دلیل مانگتے ہیں نہ کہ اسے سمجھانے کی فضول کوشش کرتے ہیں۔ اگر کوئی شخص اس کی حقیقت کو للکارے یا اس بارے میں سوالات اٹھائے، تو بارِ ثبوت اُسی پر ہے کہ جس نے اُن کی حقیقت پر سوال اٹھایا ہے۔

اب اسی مثال کو ایک مومن اور ملحد شخص کے مکالمے پر لاگو کرتے ہیں۔ ایک مومن اپنے ایک ملحد دوست کو شام کے کھانے کی دعوت دیتا ہے اور کھانے کے دوران اس کا ملحد دوست دعویٰ کرتا ہے، ''تم جانتے ہو، خدا موجود ہی نہیں۔ اُس کے وجود کا کوئی ثبوت نہیں۔'' مومن اپنے ملحد دوست کے سوال کا جواب دینے کے لیے اللہ تعالیٰ کا وجود کے دلائل کی بھرمار کر دیتا ہے۔ تا ہم کیا اس مومن نے درست طریقہ اختیار کیا؟

اس سے پہلے کہ ہم اللہ تعالیٰ کا وجود کے ثبوت دینا شروع کریں، کیا ہمیں اس بات کی کھوج نہیں لگانی چاہئے کہ خدا کے وجود کے بارے میں سوال کرنا ہمیشہ سے طے شدہ فرضی سوال کیوں رہا ہے؟ یہ سوال ایسے نہیں ہونا چاہئے کہ ''کیا خدا موجود ہے؟'' بلکہ اس سوال کو یوں ہونا چاہئے: ''خدا کے وجود کا انکار کرنے کے لیے ہمارے پاس کیا دلائل موجود ہیں؟'' اگر اللہ کے وجود کا انکار کرنے کے لیے کوئی ٹھوس دلائل موجود نہیں تو پھر ایک سمجھدار آدمی کا رب پر ایمان رکھنا لازمی بات ہے۔ ورنہ یہ بغیر کسی ٹھوس ثبوت کے ماضی کی حقیقت پر سوال اٹھانے کے مترادف ہے۔ اس نقطۂ نظر سے الحاد غیر فطری ہے۔

بدیہی سچائیاں

ہم اپنے بہت سے عقائد کو فطری طور پر سچا سمجھتے ہیں۔ اس کا مطلب یہ ہے کہ عقیدے کو فطری قرار دیا جا سکتا ہے یا بدیہی طور پر سچا کہا جا سکتا ہے۔ ان میں سے چند ایک یہ ہیں:

- فطرت کی یکسانیت / ہمہ گیری
- قانونِ سبب و علل (causality)

- ماضی کا ایک حقیقت ہونا

- ہمارے استدلال کا درست ہونا

- دوسرے ذہنوں/آراء کا موجود ہونا

- ایک بیرونی/خارجی دنیا کا موجود ہونا

جب کوئی ان حقائق کے مبنی بر حقیقت ہونے پر اعتراضات کرے تو ہم اندھا دھند اس بات کا یقین نہیں کریں گے بلکہ عام طور پر یہ سوال کریں گے کہ''آپ کے پاس ان حقائق کو ورد کرنے کے لیے کیا دلائل ہیں؟'' یہ حقائق بالکل واضح ہیں کیونکہ یہ عقائد اپنی ان مندرجہ ذیل خصوصیات کی وجہ سے جانے جاتے ہیں:

ہمہ گیر: یہ عقائد کسی خاص تہذیب کا خاصہ نہیں بلکہ بین الثقافتی ہیں۔ اس کا مطلب یہ نہیں کہ ہر ایک سچائی پر یقین رکھتا ہے، یا کسی قسم کا اتفاق رائے ہے۔ عیاں بالذات سچائی کسی مخصوص معاشرتی حالت سے پیدا نہیں ہوتی بلکہ تمام حالات پر ان کا اطلاق یکساں ہوتا ہے۔

جبلّی: ان کی بنیاد معلومات کی منتقلی پر نہیں ہوتی۔ یہ عقائد آپ کے اندرونی تجزیے اور حواس کے علاوہ کسی اور بیرونی ذریعے سے حاصل نہیں کئے گئے۔ سادہ الفاظ میں کہا جا سکتا ہے کہ یہ اُس طرح حاصل نہیں کئے گئے جس طرح دیگر علم حاصل کیا جاتا ہے، یعنی کسی شخص کا سکھایا ہوا نہیں ہوتا۔

فطری: یہ محض انسانی نفسیات کی فطری کارگزاری کے ذریعے وجود میں آئے ہیں۔

وجدانی/بدیہی: یہ عقائد دنیا کی سادہ اور آسان ترجمانی کرتے ہیں۔

ہم مندرجہ بالا خصوصیات کو ماضی کے حقیقت ہونے کے عقیدے پر لاگو کر کے دیکھتے ہیں۔ ماضی کا مبنی بر حقیقت ہونا ایک واضح سچائی ہے کیونکہ یہ ایک عالمگیر عقیدہ ہے۔ یہ جبلی، مکمل طور پر فطری اور بدیہی عقیدہ ہے۔ یہ ایک ہمہ گیر سچائی ہے کیونکہ تقریباً سب ہی کلچر ماضی پر یقین رکھتے ہیں، اور یہ بھی کہ جو آج ماضی ہے، وہ کبھی حال ہوا کرتا تھا۔ ماضی پر یقین کی کوئی تعلیم نہیں دی جاتی کیونکہ جب کوئی پہلے اس چیز کا مشاہدہ کرتا ہے کہ ماضی وہی کچھ ہے جو حقیقی زندگی میں

پیش آچکا ہے، یہ کسی نے ان کو پڑھایا یا سکھایا نہیں۔ کسی کو بھی پرورش کے دوران والدین کی طرف سے یہ نہیں سکھایا جاتا کہ ماضی ایک حقیقت تھا۔ یہ یقین وہ شخص ذاتی تجربے سے حاصل کرتا ہے۔ ماضی کا حقیقت ہونا فطری بھی ہے۔ وہ تمام لوگ جن کے ہوش و حواس قائم ہیں، اس بات کا اعتراف کرتے ہیں کہ ماضی ان چیزوں پر مشتمل ہوتا ہے جو حقیقی زندگی میں پیش آچکی ہوتی ہیں۔ آخر میں یہ یقین کہ ماضی وہی کچھ ہے جو کبھی نہ کبھی ہمیں پیش آچکا ہے، یہ عقیدہ ہمارے ذاتی تجربات کی آسان ترین ترجمانی ہے اور دنیا کی فطری پہچان پر مبنی ہے۔ ماضی کو فریبِ نظر گردانے سے جتنے مسائل حل ہوتے ہیں، اس سے کہیں زیادہ اور مسائل پیدا ہو جاتے ہیں۔

خدا: ایک بدیہی سچائی

جس طرح ماضی جھٹلائی نہ جا سکنے والی ایک حقیقت ہے، اسی طرح خدا کی ذات کا وجود بھی ایک اظہر من الشمس حقیقت ہے۔ اس باب میں ''خدا'' سے مراد اس کائنات کے بنانے والے یا تخلیق کار کا بنیادی تصور ہے۔ وہ ایسی ذات ہے جو انسانی صلاحیتوں اور پہنچ سے ماوراء ہے اور جو اس کائنات کو وجود میں لانے کا سبب ہے۔ یہ کسی خاص مذہب کے ماننے والوں کا معبود نہیں بلکہ یہاں خدا کا وہ تصور مراد ہے جو کم و بیش ہر مذہب، ثقافت اور قوم میں مشترک و موجود رہا ہے۔ آنے والی بحث سے یہ واضح ہوگا کہ خدا کا تصور، اپنی بنیاد میں، کیسے آفاقی، وجدانی و فطری ہے نہ کہ کسی کا ''سکھایا پڑھایا'' ہوا ایک تصور یا نظریہ۔

آفاقی

یہ تصور کہ اس کائنات کا کوئی خالق ہے، یا ایک مافوق الفطرت سبب ہے، بنیادی طور پر ہر تہذیب اور ثقافت میں موجود رہا ہے۔ جس طرح قانونِ علت (causality) اور یہ تصور کہ باقی لوگ بھی عقل رکھتے ہیں، تقریباً ہر تہذیب میں موجود رہا ہے، اسی طرح تصورِ خدا بھی تہذیب، قوم، رنگ نسل سے ماوراء ہے اور ہمہ گیر ہے۔ خدا، یا کسی مافوق الفطرت ہستی کا تصور آفاقی ہے نہ کہ کسی ایک تہذیب میں پروان چڑھنے والی اختراع۔ اگرچہ مختلف تہذیبوں میں تصورِ خدا کی مختلف شکلیں رہی ہیں لیکن اس سے اس بات کی نفی نہیں ہوتی کہ کائنات کے لیے ایک خالق ہونے یا ایک مافوق البشر سبب کے موجود ہونے کا عقیدہ ہوا کرتا تھا۔

باوجود اس کے کہ دنیا میں دہریئے اور ملحد بھی موجود رہے ہیں، تصورِ خدا کی آفاقیت و عالمگیریت اپنی جگہ مسلم ہے۔ کسی عالمگیر سچائی کے لیے یہ لازم نہیں ہوتا کہ کرۂ ارض پر بسنے والا ہر فرد اسے تسلیم کرے۔ خدا کے وجود پر ایک بین الثقافتی اجماع یا اتفاقِ رائے یہ ثابت کرنے کے لیے کافی ہے کہ یہ ایک عالمگیر سچائی ہے۔ نمایاں طور پر دیکھا جاسکتا ہے کہ دنیا میں خدا پرستوں کی تعداد، ملحدوں کی نسبت زیادہ ہے اور یہی صورتِ حال دنیا کی معلوم تاریخ کی ابتداء سے اب تک چلی آرہی ہے۔

جبلی

بدیہی عقائد کو کسی سے سمجھنے یا سیکھنے کی ضرورت نہیں ہوتی۔ مثلاً اسپیگیٹی (spaghetti) کے بارے میں جاننے کے لیے مجھے مغربی اور خصوصاً اطالوی کلچر اور کھانوں کے بارے میں معلوم ہونا ضروری ہے۔ میں صرف اسپیگیٹی پر غور و فکر کر کے اس کے بارے میں واقفیت حاصل نہیں کر سکتا۔ جبکہ دوسری طرف یہ جاننے کے لیے کہ اشیاء کا خالق موجود ہے، آپ کو کسی کلچر یا تعلیمی درسگاہ سے کسی قسم کی معلومات حاصل کرنے کی ضرورت نہیں۔ اسی لئے ماہرینِ عمرانیات اور ماہرینِ بشریات یہ کہتے ہیں کہ اگر ملحد لوگوں کے بچوں کو کسی ویران جزیرے پر چھوڑ دیا جائے تو کچھ عرصے بعد وہ خود بخود یہ تصور قائم کر لیں گے کہ اس جزیرے کا کوئی خالق ہے۔[91] مختلف ثقافتوں اور تہذیبوں میں خدا کے تصور میں فرق ہو سکتا ہے لیکن وہاں کسی خالق یا مسبب کا بنیادی تصور ضرور ملتا ہے کہ یہ ہر شخص کے اپنے غور و فکر کا لازمی نتیجہ ہے۔

کچھ ملحدین کہتے ہیں: ''خدا کو ماننے اور 'اسپیگیٹی عفریت' کے وجود پر یقین رکھنے میں کوئی فرق نہیں۔'' یہ بات بالکل غلط اور بے بنیاد ہے کیونکہ آفاقی حقائق، خارجی معلومات کے محتاج نہیں ہوتے۔ یہ تصور کہ عفریت کا وجود ہے، اور بھی کہ اسپیگیٹی وجود رکھتی ہے، معلومات کے باضابطہ تبادلے کا محتاج ہے۔ کوئی بھی شخص محض اپنے ذاتی غور و فکر یا فطری وجدانی صلاحیتوں کے ذریعے ان چیزوں تک نہیں پہنچ سکتا۔ لہٰذا اسپیگیٹی عفریت کوئی آفاقی حقیقت نہیں؛ چنانچہ اس کا خدا کے ساتھ موازنہ نہیں کیا جا سکتا۔ علاوہ ازیں، اگر ہم موجودہ بحث سے ہٹ کر بھی دیکھیں تو ہمیں خدا کے موجود ہونے کے بے شمار دلائل ملیں گے جبکہ اسپیگیٹی عفریت کے وجود کے بارے میں کوئی دلیل نہیں ملے گا۔

(ادارتی نوٹ: اسپیگیٹی عفریت (Spaghetti Monster) کا عقیدہ 2005ء میں بابی ہینڈرسن نامی امریکی نے ایک متبادل لیکن طنزیہ مذہب کے طور پر گھڑا تھا اور خود کو اس مذہب کا پیغمبر قرار دیا تھا۔ ہینڈرسن نے بائبل کی پیروڈی میں ڈی گوسپیل آف دی فلائنگ اسپیگیٹی مونسٹر کے عنوان سے ایک کتاب بھی لکھی تھی۔ اپنی مقبولیت کو بنیاد بناتے ہوئے اس نے مطالبہ کیا کہ امریکی ریاست کنساس کے اسکولوں میں ارتقاء اور ذہین صورت گری کے ساتھ ساتھ 'اسپیگیٹی عفریت' کا عقیدہ بھی پڑھایا جائے۔ بتاتے چلیں کہ 'ذہین صورت گری' دراصل جدید سائنسی انداز میں خدا کے تصور اور تخلیق پرستی (creationism) کے عیسائی نظریے پر دلالت کرتی ہے۔)

فطری

کسی ماورائے فطرت سبب یا خالق کا تصور انسانی نفسیات کی فطری کارگزاری کا لازمی نتیجہ ہے۔ یہ تصور کہ خدا بدیہی اور واضح طور پر وجود رکھتا ہے، ہمیشہ سے اسلامی تاریخ میں علمی مباحث کا موضوع رہا ہے۔ کلاسیکی عہد کے مشہور عالم امام ابنِ تیمیہؒ کہتے ہیں، ''کسی نہ کسی خالق کا تصور تمام لوگوں کے دلوں میں مضبوطی سے جما ہوا ہے۔ ۔ ۔ یہ انسان کے اپنے وجود کے لیے ایک لازم امر ہے۔''[92] بارہویں صدی کے مشہور عالم الراغب الاصفہانیؒ فرماتے ہیں کہ انسانی روح میں خالق کا علم فطری طور پر رکھ دیا گیا ہے۔[93] نہ صرف اسلامی عقائد و روایات میں بلکہ جدید علوم کے مختلف شعبوں میں کی جانے والی بے شمار تحقیقات سے یہ بات ثابت ہوتی ہے کہ ہم فطری طور پر اس کائنات کو ایک سوچی سمجھی اور مربوط و منظم تخلیق سمجھتے ہیں نہ کہ کسی حادثاتی اتفاق کا نتیجہ۔

الف۔ نفسیاتی شواہد

مشہور ماہرِ تعلیم اولیویرا پیٹروویچ نے جانوروں اور پودوں جیسی قدرتی اشیاء کی پیدائش سے متعلق انسانی تصورات پر ایک مبسوط تحقیق کی ہے۔ انہوں نے مشاہدہ کیا ہے وہ چھوٹے بچے کہ جنہوں نے ابھی اسکول جانا شروع نہ کیا ہو، ان کے لیے اس بات کا 7 گنا زیادہ امکان ہے کہ وہ ان چیزوں کو 'خدا کی بنائی ہوئی' قرار دیں، نہ کہ انسانوں کی بنائی ہوئی۔[94] پیٹروویچ کے عوامی انٹرویوز اور خود میرے ساتھ خط کتابت میں یہ بات سامنے آئی ہے کہ فاضل محققہ اس نتیجے پر پہنچی

ہیں کہ ایک مافوق البشر خدا کے وجود پر یقین، ایک فطری عقیدہ نظر آتا ہے جبکہ الحادایک ایسا عقیدہ لگتا ہے جو کسی نے بعد میں سکھایا ہو۔[95] پیٹرووچ کی تصنیف جو اسی موضوع پر خاصی تفصیل سے روشنی ڈالتی ہے، اس کا عنوان ''بچپن سے بلوغت تک فطری الٰہیاتی تفہیم'' (Natural Theological Understanding from Childhood to Adulthool) ہے، جو 2018ء میں شائع ہو چکی ہے۔

مشہور ماہرِ نفسیات پال بلوم، اکتسابی (cognitive) نفسیات پر جدید تحقیق کی روشنی میں کہتے ہیں کہ مذہبی عقائد کے دو پہلو (ایک یہ عقیدہ کہ کوئی خالق یا تخلیق کار ہے؛ اور دوسرا یہ عقیدہ کہ ذہن (مائنڈ) اور جسم (باڈی)، انسان کی دوالگ الگ لیکن لازم و ملزوم چیزیں ہیں) بچوں میں فطری طور پر پائے جاتے ہیں۔[96]

ڈیبورا کیلمین نے اپنے ایک مضمون ''کیا بچے 'وجدانی طور پر' خدا پرست ہوتے ہیں؟'' میں اپنی تحقیقاتی کاوشوں کا یہ نتیجہ پیش کیا ہے کہ بچے فطری طور پر قدرتی اشیاء کو مقصد اور ارادے کے تناظر میں دیکھنے کا رجحان رکھتے ہیں۔ اگرچہ یہ (نتیجہ) ''وجدانی خدا پرستی'' کی طرف ایک وقتی قسم کا اشارہ دیتا ہے اور اس ضمن میں مزید تحقیق کی ضرورت ہے، تاہم کیلمین کی تحقیق کا خلاصہ ان نتائج کی سمت واضح اشارہ کرتا ہے، جن پر ہم اس باب میں بحث کر رہے ہیں۔

''اکتسابی نشوونما پر جدید تحقیقات کے جائزے سے ظاہر ہوتا ہے کہ تقریباً پانچ سال کی عمر تک بچے قدرتی اشیاء یا چیزوں کی تخلیق کو انسان سے ماوراء سمجھنے لگتے ہیں، وہ مافوق الفطرت قوتوں کی ذہنی حالتوں کے بارے میں سوچ سکتے ہیں، اور قدرتی اشیاء کو منظم تخلیقی کاوش کا نتیجہ سمجھنے کی صلاحیت کا اظہار کرتے ہیں۔ علاوہ ازیں، چھ سے دس سال کے بچوں پر تحقیق سے حاصل شدہ شواہد یہ ثابت کرتے ہیں کہ بچوں کا مظاہرِ فطرت کو کسی مقصد سے منسوب کرنا ان کے ان خیالات سے وابستہ ہے جو وہ کسی مافوق البشر قوت اور غیر انسانی علتوں کے وجود سے متعلق رکھتے ہیں۔ لہٰذا ان تمام تحقیقات کے نتائج کی روشنی میں یہ بات ثابت ہوتی ہے کہ بچوں کے مندرجہ بالا تصورات کو بجا طور پر 'وجدانی خدا پرستی' کہا جا سکتا ہے۔[97]

الیزا جارنیفیلٹ، کیٹلن ایف کینفیلڈ اور ڈیبورا کیلمین نے ''لمحد کا منقسم ذہن: مختلف غیر

مذہبی گروہوں کے بالغ افراد میں فطرت کو بامقصد طور پر تخلیق شدہ سمجھنے کے وجدانی عقائد''
(The divided mind of disbeliever: Intuitive beliefs
about nature as purposefully created among
different groups of non-religious adults) کے عنوان سے ایک
حالیہ نفسیاتی تحقیق پیش کی ہے جس میں یہ محققین اس نتیجے پر پہنچے ہیں کہ فطرت کو باضابطہ طور پر
تخلیق شدہ سمجھنا اور دیکھنا ایک فطری میلانِ طبع کا نتیجہ ہے۔[98]

یہ نتیجہ تین تجرباتی مطالعات کی بنیاد پر تھا۔ پہلا مطالعہ شمالی امریکہ کے 352 بالغوں پر کیا
گیا تھا جن میں مذہبی اور غیر مذہبی، دونوں طرح کے شرکاء شامل تھے۔ اس مطالعے میں طریقہ کار
یہ اپنایا گیا کہ ایک ''سرعتی تخلیقی ٹاسک'' دیا گیا جو ایک تصویری طریقہ کار تھا۔ اس کے تحت، زیرِ
مطالعہ لوگوں میں قدرتی مظاہر کو کسی ذات کی طرف سے بامقصد طور پر تخلیق شدہ قرار دینے کا خود
کار اور فطری میلانِ طبع جانچنا مقصود تھا۔[99] اس تجربے میں شریک افراد کو اٹکل سے سرعتی یا غیر
سرعتی صورتِ حال دی گئی جبکہ ہر (شریکِ مطالعہ) فرد کو کمپیوٹر پر 120 تصویریں دکھائی گئیں اور
انہیں کی بورڈ سے 'ہاں' یا 'نہیں' کی نمائندہ کلیدیں دبا کر یہ بتانا تھا کہ آیا ''تصویر میں موجود چیزوں
کو کسی فرد یا ذات نے کسی مقصد کے تحت تخلیق کیا ہے یا نہیں۔''[100] دوسرے مطالعے میں شمالی
امریکہ سے 148 ایسے افراد شریک کیے گئے جنہیں ''ملحدین اور اسی طرح کی بے دین تنظیموں کی
ای میل لسٹ سے چنا گیا تھا۔''[101] تیسرے مطالعے کے لیے شمالی یورپی ملک فن لینڈ سے
151 ایسے بالغ ملحد افراد منتخب کیے گئے جو ''ملحد تھے اور فن لینڈ کی مختلف طلبہ تنظیموں اور مجالس
سے وابستہ تھے۔''[102] انہیں بھی ان تنظیموں/مجالس کی ای میل فہرستوں سے منتخب کیا گیا تھا۔ ان
تحقیقی مطالعات سے حیران کن نتائج سامنے آئے۔ محققین نے ان نتائج پر بحث کرتے ہوئے کہا
کہ ملحد بھی اپنے لاشعور میں قدرتی چیزوں کو کسی مقصد کے تحت تخلیق کیا ہوا، یا بنا ہوا سمجھتے ہیں۔
چاروں محققین متفقہ طور پر لکھتے ہیں:

''پہلے اور دوسرے مطالعے کی طرح، تیسرے مطالعے سے بھی یہ بات سامنے آتی ہے کہ
شمالی یورپی ملک فن لینڈ سے تعلق رکھنے والے اعلانیہ ملحدین کو (جہاں لامذہبیت زیادہ
معمول کی بات ہے اور مذہب پر عمل بھی اُس طرح سے موجود نہیں کہ جیسے امریکہ میں

ہے) مجبور کیا جائے کہ وہ تیزی سے جاندار یا غیر جاندار اشیاء یا مظاہرِ قدرت کو دیکھیں تو وہ انہیں ماورائے فطرت ذات کی مقصدیت سے بھرپور تخلیق کا ثمر سمجھتے ہیں ۔ یہ نتائج اس وقت حاصل ہوتے ہیں جب جدید نفسیاتی تحقیقاتی طریقوں کو بروئے کار لاتے ہوئے ان افراد کی تعصب اور دماغ لڑانے کی اہلیت محدود کر دی جاتی ہے۔ دلچسپ بات یہ ہے کہ اگر ان تینوں نمونوں پر کی گئی تحقیقات کا باہم موازنہ کیا جائے تو ہم دیکھتے ہیں کہ فن لینڈ کے ملحدین، باوجود اپنے روایتی غیر مذہبی ماحول کے، امریکی ملحدین کی نسبت چیزوں کو منظم طور پر تخلیق شدہ سمجھنے کے فطری داعیے کو جبراً دبانے میں زیادہ ناکام ثابت ہوئے ہیں۔ جدید سائنسی اسلوب کے مطابق کی گئی اس تحقیق کے نتائج سے یہ ثابت ہوتا ہے کہ صرف معاشرتی یا ثقافتی طور پر موجود خدا پرستی کا نظریہ ہی لوگوں کو مظاہرِ فطرت کو با مقصد تخلیق سمجھنے پر مائل یا مجبور نہیں کرتا۔،،103

اس تحقیق سے اس نظریے کے حق میں واضح شواہد ملتے ہیں کہ ’’الحاد ذہنی طور مشقت طلب ہے،،104 اور ’’ حالیہ تحقیق یہ بتاتی ہے کہ (انسانوں میں) ایک نہایت گہرا اور مضبوط فطری رجحان ہے کہ وہ اس عالم کو منظم طور پر تخلیق شدہ سمجھیں۔،،105 دوسرے لفظوں میں یہ کہنا بے جا نہ ہوگا کہ الحاد ایک مشقتِ بے جا ہے اور مظاہرِ فطرت کو منظم طور پر تخلیق شدہ سمجھنا ان امور میں سے ہے جو ہمیں انسان بناتے ہیں۔ بہرحال، جیسا کہ ہر تحقیق میں کچھ سوالوں کے جواب نہیں ملتے ، اسی طرح یہ سوال کہ ’’انسان کے اندر اوائل عمر میں یہ وجدانی خیالات کیوں پیدا ہوتے ہیں اور ان کا باہمی تعلق کیا ہے؟،،106 کا جواب ابھی ملنا باقی ہے۔ ابھی ذہنی، ادراکی اور تشکیلی نفسیات میں بہت تحقیق کی ضرورت ہے جس سے حتمی نتائج اخذ کئے جاسکیں مگر مندرجہ بالا تحقیقات کے نتائج خدا پرستی کے رجحان کو فطرتِ انسانی کا لازمی جزو سمجھنے کے نظریے کو بھرپور تقویت دیتے ہیں۔

کچھ معترضین ایک ایسی تحقیق کا حوالہ دے سکتے ہیں جس کے نتیجے سے یہ ثابت ہوا ہے کہ مذہبی خاندانوں کے بچوں کو چھوٹی عمر میں حقیقت اور فسانے میں فرق کرنے میں مشکل کا سامنا ہوتا ہے۔ لیکن یہ تحقیق اور پیش کردہ تحقیقات کے نتائج کا رد نہیں کر سکتی کیونکہ یہ صرف مذہبی بیانیوں پر کی گئی ہے نہ کہ چیزوں کے لیے کسی خالق یا تخلیق کار کے ضروری ہونے کے فطری تصور پر۔107

پھر اگر مان بھی لیا جائے کہ مذہبی خاندانوں کے بچوں کو حقیقت اور فسانے میں فرق کرنے میں مشکل پیش آسکتی ہے تو یہ بات بھی الحاد کی موجودہ بحث میں غیر متعلقہ ہے؛ کیونکہ یہ دعویٰ کرنا کہ اس سے وجودِ خدا کا انکار لازم آتا ہے، اس مفروضے پر مبنی ہے کہ الحاد حقیقت ہے اور خدا پر ایمان افسانہ ہے۔ ایسی تحقیق سے مندرجہ بالا تحقیقی نتائج کی صحت متاثر نہیں ہوتی۔ اس ضمن میں یہ ذکر کرنا ضروری ہوگا کہ جن تحقیقات کا میں نے اوپر حوالہ دیا ہے، ان میں سے کئی بین الثقافتی اہمیت کی حامل ہیں اور ان کے نتائج کسی ایک ثقافت یا نظریے کے حامل لوگوں پر منحصر نہیں۔ اس سے قطع نظر کہ تحقیق میں حصہ لینے والوں میں مذہبی تھے یا غیر مذہبی، بہرحال ان کا فطری وجدان بھی مذہبی تعلیمات سے میل کھاتا تھا۔

ایک اور اعتراض یہ ہوسکتا ہے کہ چونکہ کچھ تحقیقات کے مطابق الحاد نفسیاتی طور پر مشقت طلب ہے یعنی اس کے لیے عقل اور سوچ کی قوت زیادہ درکار ہوتی ہے، لہٰذا یہ عقلی اعتبار سے مضبوط ترین مؤقف کی حیثیت رکھتا ہے۔ یہ اعتراض منطقی اعتبار سے ایک غلط طرزِ فکر پر مبنی ہے۔ اس بات سے تو یہ حقیقت آشکار ہوتی ہے کہ الحاد کا عقیدہ اختیار کرنے کے لیے دنیا کے متعلق غلط مفروضوں پر یقین کرنا پڑتا ہے (تفصیل باب نمبر 12 میں آرہی ہے) جن کی وجہ سے انسانی دماغ کو بلاوجہ کی اضافی مشقت اٹھانی پڑتی ہے۔

میں نے یہاں اس موضوع سے متعلق تمام تحقیقات شامل نہیں کیں۔ اس بحث کو بہت پیچیدہ کیا جاسکتا ہے اور اگر چہ متضاد تحقیقات بھی موجود ہیں لیکن وہ میرے خیال میں کمزور نتائج دیتی ہیں۔ اوپر کی بحث کا بنیادی مقصد جدید دنیا میں کیے جانے والے ایسے بڑھتے ہوئے تحقیقاتی رجحان کی نشاندہی کرنا ہے کہ جس سے اس نظریے کو تقویت ملتی ہے کہ 'خدا کے وجود کا عقیدہ، انسانی فطرت میں پیوستہ ہے۔'

ب۔ عمرانیات اور بشریات پر مبنی دلائل

پروفیسر جسٹن بیرٹ نے اپنی کتاب ''پیدائشی معتقدین: بچوں کے مذہبی عقیدے کی سائنس'' (Born Believers: The Science of Children's Belief) میں بچوں کے رویّوں اور دعوؤں پر تحقیق پیش کی ہے۔ انہوں نے یہ نتیجہ اخذ کیا کہ

بچے ایک "فطری مذہب" پر یقین کرتے ہیں۔ یعنی ان میں فطری طور پر یہ تصور موجود ہوتا ہے کہ کوئی ایسی ذات ہے جو اس کائنات کی خالق ہے، اور یہ کہ وہ کوئی انسان نہیں ہو سکتا بلکہ وہ خدائی صفات کی حامل، ماوراءالفطرت ذات ہے۔ جسٹن بیرٹ لکھتے ہیں:

"بچوں کی نمو پذیر ذہنی و ادراکی صلاحیتوں اور ماوراءالفطرت (ذات پر) عقائد پر سائنسی تحقیق یہ بتاتی ہے کہ بچے فطری طور پر تیزی سے ایسی ذہنی صلاحیتیں حاصل کرتے ہیں جو ماوراءالفطرت عوامل کے وجود پر ایمان رکھنے میں معاون ہوتی ہیں۔ خاص طور پر پیدائش کے بعد پہلے ہی سال میں بچے عوامل اور غیر عوامل میں فرق کرتے ہیں۔ عوامل کی پہچان بچے اس طرح کرتے ہیں کہ عوامل اس قابل ہوتے ہیں کہ اپنے آپ کو با مقصد طور پر حرکت دیتے ہیں اور اس طرح اپنے مقاصد حاصل کر لیتے ہیں۔ بچے اپنے اردگرد ہر چیز کے پیچھے کارفرما عوامل کو جاننے کی کوشش کرتے ہیں، چاہے اس بارے میں موہوم سے آثار ہی مل جائیں۔ پہلی سالگرہ کے بعد بچوں کو معلوم ہونے لگتا ہے کہ عوامل (یعنی باشعور اور قدرت رکھنے والی ہستی)، نہ کہ حادثاتی طور پر پیدا ہونے والی بے ہنگم طاقتیں، انتشار سے کسی منظم حالت کو ترتیب دینے کا باعث بنتی ہیں۔ فنکشن اور مقصد کو دیکھنے کا یہ رجحان اور یہ سمجھ بوجھ کہ مقصد و ترتیب کسی باشعور ہستی سے ہی تشکیل پا سکتے ہیں، بچوں کو ابتداء ہی سے اس قابل بناتی ہے کہ وہ مظاہرِ فطرت کو کسی باشعور ہستی کا کسی مقصد کے تحت تخلیق شدہ سمجھیں۔ یہ سوال کہ خالق کون ہے؟ بچے سمجھتے ہیں کہ انسان اس کام کی اہلیت نہیں رکھتے۔ یہ کوئی خدا ہی ہو سکتا ہے جو اس اہلیت پر پورا اترتا ہے۔ اسی لئے میں کہتا ہوں کہ بچے پیدائشی مومن ہوتے ہیں، ایک ایسے مذہب کے جسے میں 'فطری مذہب' کہتا ہوں۔"[108]

وجدانی یا بدیہی

کسی خالق کا وجود، اس کائنات کے وجود کی وجدان سے بھرپور تشریح ہے۔ یہ بات بغیر کسی واضح تدریسی توسط کے بڑی آسانی سے سمجھ میں آ جاتی ہے۔ انسانوں میں ہمیشہ سے فطری طور پر چیزوں کو کسی سبب یا علت کے واسطے سے دیکھنے اور سمجھنے کی ایک سرشت موجود رہی ہے؛ اور یہ

پوری کائنات ان میں سے ایک ہے (دیکھئے باب 5 اور 6)۔ تمام وجدانی خیالات اگر چہ ہمیشہ اور مکمل طور پر صحیح نہیں ہوتے ، مگر کسی کو اس کے پہلے سے قائم کردہ وجدانی خیالات سے ہٹانے اور کوئی نیا خیال اپنانے پر قائل کرنے کے لیے ٹھوس شواہد کا دیا جانا ضروری ہے۔ جیسے اگر کوئی شخص اس کائنات میں نظم و ضبط اور ترتیب دیکھتا ہے تو اس کا وجدانی طور پر یہ نتیجہ نکالتا ہے کہ اس کار خانۂ قدرت کے پیچھے کوئی تخلیق کار ہے۔ ایسے شخص کے اس تصور کو بدلنے کے لیے ٹھوس شواہد درکار ہوں گے جو اس خلافِ وجدان تصور کو درست ثابت کر سکیں۔

کسی خدا، خالق، تخلیق کار، ماورائے فطرت سبب یا علت کے وجود کا عقیدہ ایک بدیہی حقیقت ہے۔ یہ آفاقی، وجدانی اور قدرتی تصور ہے جو کسی فلسفیانہ سوچ کا نتیجہ نہیں اور نہ کسی درسگاہ کا مرہونِ منت ہے۔ اس حقیقت کی روشنی میں یہ کہا جا سکتا ہے کہ صحیح سوال یہ نہیں کہ کیا خدا کا وجود ہے؟ درست سوال یہ ہونا چاہئے کہ 'کیا خدا کا انکار کیا جا سکتا ہے؟' یہ وہ سوال ہے جو الحاد کی بنیادیں ہلا دیتا اور بجا طور پر یہ ثابت کرتا ہے کہ الحاد فطرتِ انسانی سے میل نہیں کھاتا۔ بارِ ثبوت اسی پر ہے جو کسی بدیہی حقیقت کو جھٹلاتا ہے۔ جب کوئی شخص کہتا ہے کہ ماضی کی کوئی حقیقت نہیں یا یہ کہ لوگ دماغ اور سوچنے سمجھنے کی صلاحیت نہیں رکھتے، تو ایسے شخص کو خود ثبوت پیش کرنے کی ذمہ داری نبھانا ہوگی۔ ملحدین کا معاملہ بالکل یہی ہے۔ انہیں چاہئے کہ وہ خالقِ کائنات کے وجود کو جھٹلانے کے لیے ثبوت پیش کریں۔

''الحاد ایک بدیہی حقیقت ہے''

کچھ ملحدین کا کہنا ہے کہ الحاد ہی اولین سچائی ہے۔ تاہم، کسی وجہ یا تخلیق کار کا انکار صریحاً واضح نہیں۔ اگر چہ الحاد اب ایک عالمگیر تحریک بھی ہے (اور ہو سکتا ہے کہ یہ تحریر شدہ تاریخ کے آغاز سے کسی نہ کسی صورت میں موجود رہی ہو)، اس کی باضابطہ تعلیم بھی دی جاتی ہے جبکہ یہ اصلاً غیر عقلی ہے۔ لوگوں کو کسی تخلیق کار کے تصور کو رد کرنا یا چیزوں کی پیدائش کا سبب سیکھنا پڑتا ہے۔ کائنات کے کسی بنانے والے کا انکار کرنا آسان اور سب سے جامع وضاحت نہیں۔ یہ آسان ہو سکتا ہے، لیکن یہ قابلِ فہم وضاحت فراہم نہیں کرتا۔ در حقیقت یہ مفروضہ اس مسئلے کو حل کرنے کے بجائے، اس سے کہیں زیادہ مسائل کھڑے کر دیتا ہے۔ مثال کے طور پر، کائنات عدم سے کیسے

وجود میں آسکتی ہے؟ (دیکھئے باب نمبر 5) اس ہنگامی کائنات کے وجود کی وضاحت کیسے دی جاسکتی ہے؟ (دیکھئے باب نمبر 6) ملحد یہ جواب دے سکتا ہے کہ کائنات کی ابتداء اور فطرت کے بارے میں متبادل وضاحتیں موجود ہیں۔ چلئے، مان لیتے ہیں۔ تاہم یہ وضاحتیں عیاں بالذات نہیں۔ وہ پہلے سے طے شدہ نہیں۔ وہ حاصل کردہ طرزِ فکر ہے۔ جیسا کہ پہلے ذکر کیا گیا ہے، جس کو حاصل کردہ طرزِ فکر سمجھا جائے، اس کے لیے ثبوت پیش کرنا ضروری ہے۔ میں کائنات کے وجود کے متبادل دلائل کے موجود ہونے کو مسترد نہیں کر رہا ہوں، بلکہ محض اس بات کی نشاندہی کر رہا ہوں کہ پہلے سے طے شدہ مقام و نقطہ نظر کیا ہے۔ چونکہ ایک خالق کے کارفرما ہونے کا نظریہ پہلے سے طے شدہ ہے، اس لئے ہمیں پہلا سوال یہ پوچھنا چاہئے: ہمارے پاس اس خالق کے وجود کو مسترد کرنے کے لیے کیا ثبوت ہے؟

انسانی جبلت-فطرۃ

اسلامی الہیات میں کہا گیا ہے کہ اللہ تعالیٰ بطور 'خود آشکار حقیقت' کے، انسانی جبلت (فطرۃ) میں پیوستہ فکری رجحان ہے۔ فطرۃ کے لفظ کا عربی مادّہ 'ف ط ر' ہے جو کہ فطرن اور فطر جیسے الفاظ کا ماخذ ہے۔ اس کا مطلب ہے 'پیدا کی گئی چیز'۔ لغوی اعتبار سے لفظ فطرۃ کے لفظی معنی اللہ تعالیٰ کی طرف سے ہمارے اندر پیدا کی گئی کسی چیز کے ہیں۔ دینی اصطلاح میں فطرۃ اس پاکیزہ حالت کو کہا جاتا ہے جس میں اللہ تعالیٰ انسان کو پیدا فرماتا ہے۔ اس حالتِ فطرۃ میں انسان کو اللہ تعالیٰ کے وجود کا وہی علم، اور اللہ کی عبادت کرنے کا ایک فطری جذبہ بھی ہوتا ہے۔[109] اس بات کی بنیاد رسول اللہ ﷺ کی صحیح حدیث ہے جو حدیث کی صحیح ترین کتاب بخاری شریف میں ہے۔

مَا مِنْ مَوْلُودٍ إِلَّا يُولَدُ عَلَى الْفِطْرَةِ،
فَأَبَوَاهُ يُهَوِّدَانِهِ أَوْ يُنَصِّرَانِهِ أَوْ يُمَجِّسَانِهِ

"ہر بچہ فطرۃ پر پیدا ہوتا ہے، پھر اس کے والدین اس کو یہودی، نصرانی یا مجوسی بنا لیتے ہیں۔"[110]

یہ حدیث ہمیں بتاتی ہے کہ ہر انسان اس جبلی میلانِ طبع کے ساتھ پیدا ہوتا ہے لیکن بیرونی طاقتیں (جیسے کہ والدین اور پھر معاشرہ) اسے بدل ڈالتی ہیں اور اسے ایسا فرد بنا لیتی ہیں، جو ایسے عقائد و اعمال اپنا لیتا ہے جو اللہ تعالیٰ کے عطا کردہ جبلی علم سے میل نہیں کھاتے۔ فطرۃ کے تصور سے متعلق بے شمار عالمانہ مباحث ملتے ہیں، جیسے کہ گیارہویں صدی کے عالمِ دین امام غزالیؒ کہتے ہیں کہ فطرۃ وہ ذریعہ ہے جس کی مدد سے انسان اللہ تعالیٰ کے وجود اور اس کے حقیقی معبود ہونے کی سچائی تک پہنچ سکتا ہے۔ ان کا یہ بھی کہنا ہے کہ اللہ تعالیٰ کے وجود کا علم "ہر انسان اپنے شعور کی گہرائیوں میں رکھتا ہے۔"[111] چودھویں صدی عیسوی کے مجدد عالم، شیخ الاسلام امام ابن تیمیہ، فطرۃ کی یوں وضاحت کرتے ہیں کہ یہ ایسی چیز ہے جو اللہ نے اپنی مخلوق کے اندر پیدا فرمائی ہے، جس میں اللہ تعالیٰ کے وجود کا علم پیوستہ ہوتا ہے۔ "ایک کامل اور اکمل اللہ تعالیٰ کے وجود کا علم فطرۃ سے حاصل ہوتا ہے، اور یہ علم راسخ، ضروری اور عیاں ہے۔"[112]

باوجود اس کے کہ فطرۃ ایک قدرتی کیفیت ہے، بیرونی اثرات کے لیے اسے چھپا دینا یا آلودہ کرنا مشکل نہیں۔ یہ اثرات، جیسا کہ مندرجہ بالا حدیثِ نبوی اشارہ کرتی ہے، والدین، معاشرہ یا رفاقتی دباؤ پر مشتمل ہیں۔ یہ اثرات فطرۃ کو دھندلا دیتے ہیں اور انسان کو حق کی پہچان سے روکتے ہیں۔ امام ابن تیمیہؒ فرماتے ہیں کہ جب کسی شخص کی فطرت، بیرونی اثرات کے باعث دھندلی ہو جاتی ہے تو پھر اللہ تعالیٰ کو پہچاننے کے لیے اسے دوسری نشانیوں کی ضرورت پڑتی ہے: "اللہ تعالیٰ کا وجود اور اس کے کمال کی تصدیق جبلی امر ہے اور ایسے شخص کے لیے امرِ لازم بھی ہے جس کی فطرت محفوظ ہو۔ بلا شبہ جبلی ادراک کے علاوہ وجودِ الٰہی کے دیگر دلائل بھی ہیں اور عموماً جب فطرت میں بگاڑ آ جائے تو لوگوں کو ان دوسری نشانیوں کی ضرورت پڑتی ہے۔"[113]

ان دوسری نشانیوں میں عقلی اور منطقی دلائل بھی شامل ہیں۔ امام ابن تیمیہؒ اللہ تعالیٰ کے وجود کے ثبوت میں عقلی دلائل کے بہت حق میں نہیں تھے۔ وہ فطرۃ ہی کو اللہ کی پہچان کا اہم ترین ذریعہ گردانتے تھے۔ تاہم انہوں نے ٹھوس عقلی دلائل کو مکمل طور پر مسترد نہیں کیا[114] بشرطیکہ وہ عقلی دلائل، اسلامی تعلیمات سے ہم آہنگ ہوں اور یہ کہ ان کے برخلاف کوئی منطقی مقدمہ اپنایا نہ جائے۔

اسلامی نظریۂ علم کے نقطۂ نظر سے دیکھا جائے تو یہ جاننا ضروری ہے کہ اللہ کے وجود کا یقین

صرف کچھ استقرائی یا استنتاجی، فلسفیانہ یا سائنسی شواہد سے پیدا نہیں ہوسکتا۔ بلکہ یہ نشانیاں صرف فطرة کو بیدار کرتی اور نکھارتی ہیں تا کہ انسان اللہ تعالٰی کے متعلق اپنے نفس کی گہرائیوں میں مدفون علم تک رسائی حاصل کرلے۔ اللہ تعالٰی کی ذات کا وجود اور اسی کا معبودِ برحق ہونا، فطرتِ انسانی کو پہلے سے معلوم ہوتا ہے، تاہم بیرونی سماجی اثرات اس کو آلودہ کر دیتے ہیں۔ عقلی دلائل اسی بات کی یاد دہانی کے لیے ہوتے ہیں جو ہم پہلے سے جانتے ہیں۔

اس بات کو مزید واضح کرنے کے لیے ایک مثال پیش ہے۔ فرض کیجئے میں اپنی والدہ کے کمرے کی صفائی کر رہا ہوں۔ پرانے بیگ اٹھاتے اور فضول چیزیں سمیٹتے سمیٹتے مجھے اپنا پسندیدہ کھلونا مل جاتا ہے جس کے ساتھ میں اپنے بچپن میں کھیلا کرتا تھا۔ مجھے وہ چیز یاد آ جاتی ہے جس کا پہلے سے علم تھا۔ میں دل ہی دل میں کہتا ہوں ''اوہ، ہاں! مجھے یہ خوب یاد ہے، یہ میرا پسندیدہ کھلونا تھا۔'' اللہ تعالٰی کی پہچان اور اس پر ایمان اور یہ کہ وہی عبادات کے لائق ہے، یہ بھی کچھ مختلف نہیں۔ عقلی دلائل روحانی و ذہنی بیداری کے لیے کام کرتے ہیں اور یوں ہم اس علم تک پہنچ جاتے ہیں جو ہماری فطرة میں پہلے سے موجود ہوتا ہے۔

فطرة کی طہارت کے کئی دیگر طریقے بھی ہیں؛ جیسے کہ باطنی غور و فکر، روحانی تجربات اور مشاہدہ و تدبر وغیرہ۔ قرآن حکیم سوال اٹھانے اور گہرے غور و فکر کی حوصلہ افزائی کرتا ہے:

$$\text{إِنَّ فِي ذَٰلِكَ لَآيَةً لِّقَوْمٍ يَتَفَكَّرُونَ}$$

''بے شک سوچنے والوں کے لیے اس میں بھی نشانی ہے۔''[115]

(سورة النحل، آیت 69)

$$\text{كَذَٰلِكَ نُفَصِّلُ الْآيَاتِ لِقَوْمٍ يَتَفَكَّرُونَ}$$

''جو لوگ غور کرنے والے ہیں ان کے لیے ہم (اپنی قدرت کی) نشانیاں یونہی کھول کھول کر بیان کرتے ہیں۔''[116] (سورة یونس، آیت 24)

$$\text{أَمْ خُلِقُوا مِنْ غَيْرِ شَيْءٍ أَمْ هُمُ الْخَالِقُونَ ۚ أَمْ خَلَقُوا السَّمَاوَاتِ وَالْأَرْضَ ۚ بَل لَّا يُوقِنُونَ}$$

''کیا یہ بغیر کسی (پیدا کرنے والے) کے خود بخود پیدا ہو گئے ہیں؟ یا یہ خود پیدا کرنے والے ہیں؟ کیا انہوں نے ہی آسمانوں اور زمین کو پیدا کیا ہے؟ بلکہ یہ یقین نہ کرنے والے لوگ ہیں۔''[117] (سورۃ الطور، آیات 35 تا 36)

اسلامی تصورِ علم، عقلی دلائل کو ایک اچھا ذریعہ تو سمجھتا ہے لیکن یہ کوئی مقصود بالذات چیز نہیں۔ یہ (عقلی دلائل) فطرۃ کی طہارت یا بیداری کا ذریعہ بن سکتے ہیں۔ اس لئے یہ نکتہ قابلِ غور ہے کہ ہدایت صرف اللہ تعالیٰ کی طرف سے آتی ہے، اور یہ کہ عقلی دلائل کی چاہے کتنی ہی بھرمار کیوں نہ کر دی جائے، کسی کے دل کو اسلام کی حقانیت پر مطمئن نہیں کر سکتی۔ اللہ تعالیٰ نے اس بات کو بالکل واضح کر دیا ہے:

إِنَّكَ لَا تَهْدِي مَنْ أَحْبَبْتَ وَلَكِنَّ اللَّهَ يَهْدِي مَنْ يَشَاءُ وَهُوَ أَعْلَمُ بِالْمُهْتَدِينَ

''(اے محمد ﷺ) آپ جس کو دوست رکھتے ہوا اُسے ہدایت نہیں دے سکتے بلکہ اللہ ہی جس کو چاہتا ہے ہدایت عطا کرتا ہے اور وہ ہدایت پانے والوں کو خوب جانتا ہے۔''[118]
(سورۃ القصص، آیت 56)

ہدایت ایک روحانی معاملہ ہے اور یہ اللہ تعالیٰ کی رحمت، حکمت اور علم و فضل پر مبنی ہے۔ اگر اللہ کی رضا ہو کہ کسی کو عقلی دلائل کے ذریعے ہدایت عطا ہونی ہے، تو کوئی چیز اس شخص کو حق کی اطاعت سے روک نہیں سکتی۔ البتہ اگر اللہ تعالیٰ کے ہاں (اپنی حکمتِ مطلق کی بنیاد پر) کسی کے متعلق یہ فیصلہ ہو جائے کہ وہ ہدایت کے قابل ہی نہیں تو جتنے چاہیں ٹھوس دلائل دیئے جائیں، وہ شخص کبھی حق کو قبول نہیں کرے گا۔

حاصلِ کلام یہ کہ اللہ تعالیٰ پر ایمان ایک عیاں بذات حقیقت ہے۔ جیسا کہ تمام عیاں بذات حقیقتوں کا حق ہے، جب کوئی ان کا انکار کرتا ہے، بارِ ثبوت اسی کے ذمے ہوتا ہے۔ اللہ پر ایمان کی بیخ کنی صرف اسی وقت کی جا سکتی ہے اگر اس کی غیر موجودگی کا کوئی ٹھوس ثبوت ہو۔ یہ کتاب دکھائے گی کہ ملحدین کے پاس جو چند دلائل ہیں وہ کتنے کمزور اور فلسفیانہ طور پر بودے ہیں۔ (ابواب 11 اور 12 ملاحظہ فرمائیے)۔ اللہ تعالیٰ کے وجود کی سچائی کا عیاں بذات حقیقت ہونا قرآنِ حکیم میں 1400 سال پہلے بیان کیا گیا تھا:

أَفِي اللَّهِ شَكٌّ فَاطِرِ السَّمَاوَاتِ وَالْأَرْضِ ٥

''کیا اللہ کے بارے میں شک ہے؟ جو آسمانوں اور زمین کا بنانے والا ہے۔''[119]
(سورۃ ابراہیم، آیت 10)

اس باب کے اختتام کے لیے، اسلامی اسکالر وصام چرکاوی کمال خوبی سے وضاحت کرتے ہیں کہ اللہ تعالیٰ پر ایمان عین فطری تقاضا ہے:

''یقیناً اگر کوئی شخص اپنی ذات میں اور اپنے اردگرد کی دنیا میں تفکر کرتا ہے تو پہلا احساس کسی عظیم تر ہستی کے موجود ہونے کا ہوتا ہے جو اس دنیا پر حاکم ہے، جس کے قبضہٴ قدرت میں زندگی اور موت، تخلیق و تخریب، حرکت و سکون اور ہر طرح کی لطیف تبدیلیاں ہیں جو اس دنیا میں رونما ہو رہی ہیں۔ چنانچہ انسانیت بلا جھجک اس حقیقت کو محسوس کر لیتی ہے اور اس پر دلی ایمان لے آتی ہے، بغیر اس سوال کے کہ وہ اس حقیقت کا کوئی منطقی ثبوت دے سکے یا نہ دے سکے۔ یہ انسانوں کا ایک فطری میلانِ طبع یا جبلی خاصّہ ہے، اور یہی بات بلا شبہ ایک سیدھی اور ٹھوس دلیل ہے۔ مزید براں، ہم اپنے اندر رحمت، محبت، نفرت، شوق اور ناپسندیدگی جیسے جذبات محسوس کرتے ہیں، اگرچہ یہ کہا جا سکتا ہے کہ کیا ثبوت ہے کہ یہ جذبات کوئی وجود رکھتے ہیں؟ حالانکہ یہ ہمارے اندر موجزن ہیں۔ کیا کوئی شخص اپنے احساسات سے بڑھ کر ان جذبات کے وجود کا کوئی ثبوت پیش کر سکتا ہے؟ حالانکہ یہ بلا شبہ موجود ہیں۔ آدمی اپنے اندر جذباتی ہیجان اور تکلیف محسوس کرتا ہے، لیکن وہ کوئی ثبوت پیش کرنے سے قاصر ہے سوائے اس کے کہ وہ بیان کر سکے کہ وہ کیا محسوس کر رہا ہے۔ بے شک یہ وہ فطری طریقہ یا جبلت ہے، جس پر انسانیت کی تخلیق ہوئی ہے، یہ وہ گہرے احساسات ہیں جو اس کے اندر پیوستہ ہیں۔ یہ یقیناً بلا وجہ یا بے کار نہیں، بلکہ یہ ایک فطری سچائی ہے جو بیرونی دنیا کی سچائیوں کے ساتھ پوری طرح ہم آہنگ ہے۔''[120]

کیا زمیں، کیا مہر و مہ کیا آسمان تو بتو

خالقِ ارض و سماء کے لیے قرآن کی دلیل

تصوّر کیجئے کہ آپ خود کو ایک کمرے میں پاتے ہیں۔ جس دروازے سے آپ اندر تشریف لائے تھے، وہ کچھ اس طرح بند ہو چکا ہے کہ اب کمرے میں کسی کے داخل ہونے یا باہر نکلنے کے لیے کوئی راستہ نہیں۔ کمرے کی تمام دیواریں، اندرونی چھت اور فرش، سب مضبوط پتھر سے بنے ہیں۔ آپ کے پاس بھی باہر نکلنے کی کوئی صورت نہیں۔ اب آپ کے پاس کرنے کا ایک ہی کام ہے: آپ اس خلا کو گھورتے رہیئے جسے چاروں طرف سے ٹھنڈی، سیاہ اور پتھریلی دیواروں نے گھیر رکھا ہے۔ آپ شدید اکتاہٹ کے باعث نیند میں چلے جاتے ہیں۔ چند گھنٹے بعد جب آپ آنکھیں کھولتے ہیں تو کمرے کے وسط میں موجود ایک میز اور اس پر رکھا کمپیوٹر آپ کو ورطۂ حیرت میں ڈال دیتے ہیں۔ آپ میز کے قریب آتے ہیں تو کمپیوٹر کی اسکرین پر موجود الفاظ آپ کو اپنی طرف متوجہ کر لیتے ہیں: ''یہ میز اور کمپیوٹر خود بخود بن گئے ہیں۔ انہیں

کسی نے نہیں بنایا۔''

کمپیوٹر اسکرین پر نظر آنے والے جو کلمات آپ نے پڑھے ہیں، کیا آپ ان پر یقین کریں گے؟ ہرگز نہیں۔ پہلی ہی نظر میں آپ اپنے اس وجدانی خیال پر یقین کریں گے کہ بغیر کسی عمل اور وجہ کے، میز اور کمپیوٹر کا وجود میں آنا ناممکن ہے۔ پھر آپ ان امکانی صورتوں پر غور و فکر شروع کریں گے۔ کچھ دیر کے تفکر کے بعد آپ اس وقوعے کی چند معقول وضاحتیں سوچ لیں گے۔ پہلا خیال یہی ہوگا کہ یہ اشیاء کسی سبب اور عمل کے بغیر وجود میں آ گئی ہیں، دوسرے لفظوں میں '' کچھ نہیں'' سے۔ دوسرا خیال یہ ہوگا کہ شاید یہ اشیاء خود اپنے آپ کو وجود میں لائی ہوں۔ تیسرا خیال ہوگا کہ کسی وجود کے سبب یہ اشیاء بنیں یا یہاں پہنچی ہیں۔ آپ کے فہم و ادراک کی صلاحیتیں تندرست اور ٹھیک کام کر رہی ہوں تو آپ یقیناً ان تینوں وضاحتوں میں سے تیسری وضاحت کو زیادہ عقلی، معقول یا منطقی خیال کریں گے۔

سوچ کا یہ انداز عالمگیر ہے اور یہی دلائل بہت اچھے انداز سے قرآن مجید کی آیاتِ مبارکہ میں بھی نظر آتے ہیں۔ یہ دلائل ہمیں بتاتے ہیں کہ کسی بھی فانی شئے کے وجود میں آنے کی چار ممکنہ وضاحتیں ہوتی ہیں: ایک یہ کہ وہ نیستی یا عدم (nothing) سے بغیر کسی سبب کے وجود میں آ گئی؛ دوسری یہ کہ اس نے اپنی تخلیق خود کی؛ تیسری یہ کہ اسے کسی اور مخلوق نے تخلیق کیا ہے؛ اور چوتھی یہ صورت ہے کہ اس کا کوئی ایسا خالق ہے جو خود غیر مخلوق ہے۔

اس سے پہلے کہ میں اِن دلائل کا مزید تجزیہ یہ کروں، غور کیجئے کہ قرآن مجید کے اکثر دلائل عقلی اور منطقی ہوتے ہیں۔ قرآنِ مجید کی آیات فصاحت و بلاغت کا ایسا خزانہ ہیں جو اپنے قاری کو پوری طرح اپنی طرف متوجہ کرتی اور مائل کر لیتی ہیں۔ یہ اپنے قاری سے مختلف سوالات کرتے ہوئے، اس کے دل و دماغ کو اپنے مضبوط دلائل سے متاثر کرتی جاتی ہیں۔ اسلامیات کی ایسوسی ایٹ پروفیسر روزالِنڈ وارڈ گوائن، قرآن مجید کے اِس پہلو پر تبصرہ کرتے ہوئے کہتی ہیں: ''یہ حقیقت کہ قرآن کا بہت سا حصہ دلائل پر مشتمل ہے، یہ ظاہر کرتی ہے کہ کس حد تک انسانوں کو ان کے کسی عمل کے لیے منطقی اسباب و علل درکار ہوتے ہیں۔''[121] گوائن یہ بھی لکھتی ہیں کہ قرآن مجید کی اِس خوبی نے مسلم علماء کو متاثر کیا ہے:

،، عقل و منطق اور دلائل دینے کا اسلوب، آیاتِ قرآنی کا ایک ایسا جزو لاینفک ہے اور اس کی بنیادی ساخت میں کچھ اس انداز سے شامل ہے کہ اس (اسلوب) نے کئی طرح سے علمائے قرآن کے شعور کو ایک منفرد انداز میں تشکیل دیا ہے۔ ،، [122]

عقل اور وحی کا یہ تعلق مسلمان علماء روزِ اوّل ہی سے جان چکے تھے۔ وہ سمجھ چکے تھے کہ فکرِ اسلامی کی علمی بنیادوں کو ثابت کرنے کا ایک طریقہ عقلی و منطقی اندازِ فکر بھی ہے۔ چودھویں صدی عیسوی کے عالم دین امام ابنِ تیمیہؒ لکھتے ہیں: ،، قرونِ اولیٰ کے علمائے اسلام جانتے تھے کہ دلائلِ عقلی اور علم وحی، دونوں سچے ہیں اور دونوں ایک دوسرے کو تقویت دیتے ہیں۔ جس کسی نے بھی عقلی دلائل کو کما حقہ مکمل چھان بین سے گزارا، اس نے جان لیا کہ وہ اس علم کے عین موافق تھے جو انہیں اللہ کے رسول ﷺ نے سکھایا تھا؛ اور ان عقلی دلائل نے ان پر انبیاء اور ان کی تعلیمات پر ایمان لانے کی ضرورت واہمیت روشن کردی۔ ،، [123]

قرآن کی دلیل

قرآنِ مجید، اللہ تعالیٰ کے وجود پر ایک مضبوط دلیل پیش کرتا ہے:

أَمْ خُلِقُوا مِنْ غَيْرِ شَيْءٍ أَمْ هُمُ الْخَالِقُونَ ٥

أَمْ خَلَقُوا السَّمَاوَاتِ وَالْأَرْضَ بَل لَّا يُوقِنُونَ ٥

،، کیا یہ بغیر کسی چیز کے خود بخود پیدا ہو گئے ہیں؟ یا یہ خود پیدا کرنے والے ہیں؟ کیا انہوں نے ہی آسمانوں اور زمین کو پیدا کیا ہے؟ بلکہ یہ یقین نہ کرنے والے ہیں۔ ،، [124]

(سورۃ الطور، آیات 35 تا 36)

اگرچہ یہ دلیل انسانی تخلیق کے بارے میں ہے لیکن اس کا اطلاق ایسی کسی بھی چیز پر کیا جاسکتا ہے جو پہلے نہیں تھی اور اب موجود ہے یا نمو پذیر ہے۔ قرآن مجید نے لفظ ،، خُلِقُوا ،، استعمال کیا ہے جس کا مطلب ہے تخلیق کردہ، بنایا گیا، وجود میں لایا گیا۔ [125] چنانچہ اس کا اطلاق ہر اس چیز پر ہو سکتا ہے جو وجود میں آئی ہو۔

چلئے، اب ہم اس دلیل کا تجزیہ کرتے ہیں۔ قرآن مجید کسی چیز کے وجود میں آنے کی چار ممکنہ صورتوں کا ذکر کرتا ہے:

عدم سے وجود: ''کیا انہیں کسی نے تخلیق نہیں کیا؟''

خود تخلیق کردہ: ''کیا انہوں نے اپنی تخلیق خود کی ہے؟''

کسی دوسری مخلوق کا تخلیق کردہ: ''کیا انہوں نے آسمانوں اور زمین کی تخلیق کی ہے؟''، جس کا مطلب یہ ہے کہ کسی تخلیق شدہ شئے کو ایک اور تخلیق کردہ شئے نے عدم سے تخلیق کیا؟

کسی غیر تخلیق شدہ کا تخلیق کردہ: ''بلکہ انہیں یقین نہیں،'' یعنی وجودِ خدا کا انکار بے بنیاد ہے اور اس کا مطلب یہ ہے کہ ایک ایسا خالق ہے جو خود تخلیق کردہ نہیں۔ [126]

اس دلیل کو ایک ایسے آفاقی کلیے میں ڈھالا جا سکتا ہے جو کسی صحیفے کے حوالے کا محتاج نہ ہو:

1- یہ کائنات محدود اور فانی ہے۔

2- فانی چیزیں عدم سے تخلیق ہو سکتی ہیں، وہ اپنے آپ کو خود تخلیق کر سکتی ہیں، دوسری تخلیق کردہ اشیاء ان کی تخلیق کر سکتی ہیں یا پھر انہیں کوئی ایسا خالق تخلیق کر سکتا ہے جو خود تخلیق کردہ نہیں۔

3- وہ نیستی سے براہِ راست وجود میں نہیں آ سکتیں، وہ اپنی تخلیق خود نہیں کر سکتیں، نہ ہی کوئی مخلوق ان کی تخلیق کر سکتی ہے۔

4- چنانچہ لازم آتا ہے کہ انہیں کسی ایسے خالق نے تخلیق کیا ہے جو خود مخلوق نہیں۔

کائنات محدود اور فانی ہے

ایسے فلسفیانہ دلائل کی ایک پوری قطار ہے جو کائنات کی محدودیت پر دلالت کرتے ہیں۔ ان میں سب سے طاقت ور اور سادہ دلیل یہ ثبوت ہے کہ ایک حقیقی لامحدود مادّے کا وجود ناممکن ہے۔ جس قسم کی حقیقی لامحدودیت کا میں یہاں ذکر کر رہا ہوں وہ 'ہیئت والی'

(differentiated) لامحدودیت ہے جو الگ الگ اجزاء سے بنی ہے، جیسے مادی اشیاء۔ ان مادی اشیاء میں ایٹمی ذرات، کوارکس، گاڑی، زرافہ اور کوانٹم فیلڈ جیسی چیزیں شامل ہیں۔ البتہ بے ہیئت لامحدودیت ایک ایسی لامحدودیت ہے، جو مجرد (discrete) حصوں پر مشتمل نہیں ہوتی۔ یہ لامحدودیت منطقی طور پر معقول و مربوط ہے اور وجود رکھ سکتی ہے۔ مثلاً، خدا کی لامحدودیت ایک بے ہیئت، غیر منقسم اور غیر متمیز لامحدودیت ہے، کیونکہ وہ مجرد حصوں سے مل کر نہیں بنا۔ اسلامی الٰہیات کے مطابق، اللہ تعالیٰ کی ذات یکتا اور طبیعی خواص سے ماوراء ہے۔

حقیقی لامحدودیت کے ناممکن ہونے کو ثابت کرنے کے لیے سب سے مؤثر اور وجدانی دلائل فکری تجربات کی شکل میں آتے ہیں۔ ابھی ہمیں یہ ثابت کرنا ہے کہ مادی لامحدودیت کا حقیقت میں وجود ناممکن ہے۔

مادی/ طبیعی لامحدودیت (physical infinite)، ریاضیاتی لامحدودیت (mathematical infinite) سے مختلف ہے۔ اگرچہ وہ بھی منطقی طور پر معقول ہے مگر وہ صرف ریاضی کی دنیا میں پائی جاتی ہے، جو عام طور پر اصولوں اور مفروضوں پر قائم ہوتی ہے۔ ہمارا موضوع یہ ہے کہ کیا حقیقی مادی دنیا میں لامحدودیت کا وجود ممکن ہے؟ مندرجہ ذیل مثالیں ملاحظہ فرمائیے:

پہلی مثال: فرض کیجئے کہ آپ کے پاس ایک تھیلے میں لامحدود تعداد میں گیندیں تھیں۔ اگر آپ ان میں سے دو گیندیں نکال لیں تو باقی کتنی گیندیں بچیں گی؟ ریاضی بتاتی ہے کہ اب بھی آپ کے پاس لامحدود گیندیں ہیں۔ البتہ عملاً، آپ کے پاس پہلے سے دو گیندیں کم ہونی چاہئیں۔ فرض کریں کہ آپ گیندیں نکالنے کے بجائے دو گیندیں مزید اس تھیلے میں ڈالتے ہیں۔ اب کتنی گیندیں ہوئیں؟ اب تھیلے میں پہلے سے دو گیندیں زیادہ ہونی چاہئیں۔ یہ سب معلوم کرنے کے لیے آپ کو گیندوں کی گنتی کرنے پر قادر ہونا ہوگا، مگر آپ ایسا نہیں کر سکتے کیونکہ لامحدودیت صرف ایک تصور ہے اور حقیقی دنیا میں اپنا کوئی وجود نہیں رکھتا۔ اس سے صاف ظاہر ہوتا ہے کہ مجرد طبیعی حصوں پر مشتمل لامحدودیت کا وجود ممکن نہیں۔ اس حقیقت کی روشنی میں مشہور جرمن ریاضی دان ڈیوڈ ہلبرٹ نے کہا تھا:

''لامحدودیت حقیقت میں کہیں نہیں ملے گی۔ یہ نہ تو فطری دنیا میں کہیں پائی جاتی ہے اور نہ ہی کسی معقول تفکر کے لیے کوئی ٹھوس بنیاد فراہم کرتی ہے۔ لامحدودیت کا جو کردار بچ جاتا ہے وہ صرف ایک تصور کا ہے۔''[127]

دوسری مثال: تصور کیجئے آپ کے پاس مکعبوں (cubes) کا ایک لامتناہی ڈھیر ہے۔ آپ اس ڈھیر کی چوٹی پر جائیے اور ایک مکعب ہٹا لیجیے۔ لیکن آپ ایسا نہیں کر سکتے۔ آپ کو ایسا کوئی مکعب نہیں ملے گا۔ کیوں؟ وہ اس لئے کہ اگر چوٹی پر کوئی مکعب پایا جاتا تو اس کا مطلب ہوتا کہ یہ ڈھیر مکعبوں کا لامحدود نہیں رہا۔ چنانچہ حقیقت میں طبیعی لامحدودیت کا وجود ممکن نہیں۔ چونکہ اس ڈھیر کی کوئی حد نہیں ہونی چاہئے، اس سے یہ ظاہر ہوتا ہے کہ ایسی لامحدودیت جو مجرد مادی اجسام یا اشیاء سے مل کر بنی ہو، اس کا وجود ممکن نہیں۔

تصوراتی طور پر کائنات مذکورہ بالا گیندوں کے تھیلے یا مکعبوں کے ڈھیر سے کچھ مختلف نہیں۔ کائنات کی حقیقت یہ ہے کہ یہ مجرد مادی اشیاء سے مل کر بنی ہے۔ چونکہ ہیئت والی لامحدودیت کا وجود حقیقی دنیا میں نہیں ہوسکتا، لہٰذا لازم ہے کہ کائنات لامحدود نہیں اور یقینی طور پر محدود ہی ہے۔ اب چونکہ یہ محدود ہے اس لئے لازم اس کا کوئی نقطۂ آغاز اور نقطۂ انجام بھی ہے۔

کائنات کی ابتداء سے متعلق اس سائنسی تحقیق کا تذکرہ یہاں نہیں کیا جا رہا کیونکہ اس کی معلومات اب تک ناکافی (underdetermination) ہیں۔ ''ناکافی'' ہونا ایک نظریہ ہے جس کے مطابق ''کسی بھی سائنسی نظریئے کے لیے ہمیشہ کم از کم ایک ایسا حریف نظریہ موجود ہو جس کی کچھ نہ کچھ حمایت بھی انہی شواہد سے ہوتی ہو''[128] اور وہ نظریہ کسی نئے شواہد کے آنے کی صورت میں مستحکم بھی ہوسکتا ہو۔ کائناتی دلیل کی وضاحت کے لیے بیک وقت تقریباً 17 حریف نظریات موجود ہیں۔ ان میں سے کچھ نظریات اس نتیجے پر پہنچتے ہیں کہ کائنات محدود ہے اور اس کا کوئی نقطۂ آغاز تھا اور دوسرے یہ کہتے ہیں کہ کائنات ازلی ہے۔ شواہد حتمی طور پر نتیجہ خیز نہیں۔ یہ نتائج نئے مشاہدات کے سامنے آنے اور نئے نظریات کے وجود میں آنے پر بدل سکتے ہیں۔

اب ہم اس مقام پر ہیں کہ کائنات کی ابتداء سے متعلق مذکورہ بالا چاروں منطقی امکانات کو منطبق کر سکیں اور ہر ایک کا جائزہ لیں۔

بغیر کسی سبب عدم سے وجود میں آ گئیں؟

اس سے قبل کہ میں اس امکان کا جائزہ لوں، ''عدم'' کی تعریف کرنا ضروری ہے۔ عدم کی تعریف ہر چیز کی غیر موجودگی ہے۔ اسے بہتر طور پر سمجھنے کے لیے تصور کیجئے کہ اگر ہر چیز، تمام مادہ، تمام توانائی اور تمام قوتیں غائب ہو جائیں، تو یہ کیفیت عدم یا کچھ نہ ہونے کی کیفیت ہوگی۔ اسے کوانٹم ویکیوم یا کوانٹم فیلڈ سے خلط ملط نہیں کرنا چاہئے، ان تصورات کی وضاحت آگے آئے گی۔ ''عدم''، کسی علّی حالت کی غیر موجودگی کو بھی کہتے ہیں۔ علّی حالت کسی بھی قسم کے سبب کو کہتے ہیں جو کوئی اثر پیدا کرتا ہے۔ یہ علت مادی بھی ہو سکتی ہے اور غیر مادی بھی۔ یہ دعوٰی کرنا کہ چیزیں معدومیت کی حالت (عدم) سے آپ ہی آپ وجود پذیر ہو سکتی ہیں، یہ معنی رکھتا ہے کہ چیزیں کسی مضمر توانائی، کسی مادے اور کسی بھی پہلے سے موجود چیز کے بغیر معرضِ وجود میں آ سکتی ہیں۔ ایسا دعوٰی عقلِ سلیم کو پچھاڑتا اور وجدان کی تکذیب کرتا ہے۔

چنانچہ، کیا کائنات عدم سے معرضِ وجود میں آ سکتی ہے؟ اس کا واضح جواب نفی میں ہے، کیونکہ عدم سے عدم ہی وجود پذیر ہو سکتا ہے۔ عدم کوئی بھی چیز پیدا نہیں کر سکتا۔ اس حقیقت کو سادہ ریاضی کی مدد سے بہتر سمجھا جا سکتا ہے۔ $0 + 0$ کیا ہے؟ یہ 3 نہیں، یہ 0 ہی ہے۔

اس کے بدیہی اور معقول ہونے کی وجوہ میں سے ایک یہ ہے کہ یہ ایک عقلی (یا مابعد الطبیعی) اصول پر مبنی ہے؛ کوئی چیز بغیر کسی چیز کے وجود میں نہیں آ سکتی۔ اس کے برعکس دعوٰی کرنے کو میں متضاد بیانیہ کہوں گا۔ اگر کوئی یہ دعوٰی کرے کہ ساری کی ساری کائنات عدم سے وجود میں آ سکتی ہے، تو اس کے مضمرات نامعقول ہوں گے۔ ایسے لوگ یہ بھی کہہ سکتے ہیں کہ کوئی بھی چیز بغیر کسی سبب و علت کے کسی بھی وقت وجود میں آ سکتی ہے۔

کسی چیز کو عدم سے وجود میں آنے کے لیے کم از کم کسی نہ کسی قسم کی مضمر توانائی یا حالتِ علّی کا ہونا ضروری ہے۔ کیونکہ عدم (nothingness) ہر شئے کی غیر موجودگی کا نام ہے، بشمول ہر قسم کی حالتِ علّی کے، چنانچہ کوئی چیز عدم سے پیدا ہو ہی نہیں سکتی۔ اس دعوے پر اصرار کرنا کہ عدم سے کوئی شئے پیدا ہو سکتی ہے، منطقی طور پر یہ کہنے کے مترادف ہے کہ اشیاء بغیر کسی وجہ اور سبب کے

غائب، زوال پذیر اور فنا ہوسکتی ہیں۔ ان افراد کو جو یہ استدلال کرتے ہیں کہ عدم سے کوئی چیز معرضِ وجود میں آسکتی ہے، یہ بھی اقرار کرنا چاہئے کہ کوئی بھی چیز بغیر کسی سبب کے غائب بھی ہوسکتی ہے۔ مثلاً ایک اگر کوئی عمارت بالکل غائب ہوجائے، تو ان افراد کو حیران نہیں ہونا چاہئے کیونکہ اگر چیزیں بغیر کسی سبب کے وجود میں آسکتی ہیں تو اس کا منطقی نتیجہ ہے کہ چیزیں بغیر کسی سبب کے غائب بھی ہو جائیں۔ لیکن جیسا کہ ہر معقول شخص کا خیال ہے، بہرحال یہ کہنا کہ چیزیں بغیر کسی سبب کے غائب ہوسکتی ہیں، منطقی طور پر بے تکا ہے۔

ایک عام دعویٰ یہ ہے کہ کائنات عدم سے پیدا ہوسکتی ہے کیونکہ کوانٹم ویکیوم میں ذرات اچانک سے وجود میں آتے ہیں۔ اس استدلال کی بنیاد یہ مفروضہ ہے کہ کوانٹم ویکیوم ''کچھ نہ ہونے'' کا نام ہے لیکن یہ درست نہیں۔ کوانٹم ویکیوم کوئی ''چیز'' ہے، یہ مکمل عدم نہیں بلکہ یہ قوانینِ طبیعیات کے ماتحت ہے۔ کوانٹم ویکیوم، سبک رَو توانائی کی ایک خاص حالت کا نام ہے۔ چنانچہ یہ عدم نہیں، بلکہ یہ کوئی طبیعی (فزیکل) چیز ہے۔[129]

پروفیسر لارنس کراؤس کا ''عدم''

پروفیسر لارنس کراؤس کی کتاب* نے لائبنیز کے اس سوال پر بحث کو دوبارہ زندہ اور مشہور کر دیا ہے کہ ''کچھ نہیں'' (عدم) کے بجائے ''کچھ'' (something) کیوں ہے؟[130] اپنی کتاب میں کر اس استدلال کرتا ہے کہ یہ قرینِ قیاس ہے کہ کائنات عدم سے خودبخو وجود میں آئی ہے۔ یہ بات چاہے کتنی ہی غیر منطقی اور غیر معقول کیوں نہ لگے، ضروری ہے کہ اس استدلال کا سیاق و سباق واضح کرنے کے لیے کچھ توضیحات و مفروضات پیش کر دیئے جائیں۔

کر اس کا ''عدم'' (کچھ نہیں) دراصل ''کوئی چیز'' (کچھ) ہے۔ اپنی کتاب میں وہ عدم کو ''غیر قیام پذیر''[131] (unstable) کہتا ہے۔ ایک اور مقام پر وہ اس بات کا اقرار کرتا ہے کہ عدم کوئی طبیعی (فزیکل) شئے ہے، جسے وہ 'خالی لیکن پہلے سے موجود خلا'[132] کہتا ہے۔ یہ دلچسپ لغوی انحراف ہے کیونکہ لغت میں عدم کی تعریف ''کچھ بھی موجود نہ ہونے کی عالمگیر نفی'' ہے،

---

*A Universe from Nothing: Why is there something rather than nothing? by Lawerence Krauss

لیکن کراس نے "کچھ" پر "کچھ نہ ہونے" (عدم) کا لیبل لگا دیا ہے۔ اگرچہ اس کی تحقیق یہ دعویٰ بھی کرتی ہے کہ "عدم" اپنے آپ میں وقت، خلا اور ذرات کی غیر موجودگی کا نام ہے لیکن (پھر بھی) وہ اپنے بھولے بھالے قارئین کو گمراہ کرتا ہے اور اس چیز کی واضح طور پر تصدیق کرنے میں جان بوجھ کر کوتاہی برتتا ہے کہ لفظ 'عدم' استعمال کرنے کے باوجود، بہرحال کچھ طبیعی چیز موجود رہتی ہے۔ یہاں تک کہ اگر جیسا کہ کراس کا دعویٰ ہے، کوئی مادہ نہ بھی ہو، تو بھی کچھ طبیعی میدانوں (فزیکل فیلڈز) کا وجود لازمی ہے۔ یہ اس وجہ سے ہے کیونکہ ایسے کسی بھی خطے کا وجود ناممکن ہے کہ جہاں (قوت کا) کوئی میدان (فیلڈ) نہ ہو کیونکہ ثقل (گریویٹی) کو روکا نہیں جا سکتا۔ (یعنی ثقل کا میدان وہاں بھی موجود ہوگا جہاں کچھ بھی نہ ہو۔) کوانٹم نظریے میں، حقیقت کے اس مقام پر کسی ثقل موجود ہونے کے لیے اگر چہ کسی مادی چیز کی ضرورت نہیں لیکن (پھر بھی) کسی نہ کسی طبیعی (فزیکل) شئے کا ہونا، بہرحال، لازمی ہے۔ چنانچہ کراس کا "عدم" دراصل لغوی عدم نہیں بلکہ کوئی ایسی "شئے" ہے جسے یہ موصوف عدم کا نام دے رہے ہیں۔ اپنی کتاب میں مختلف جگہوں پر وہ لکھتا ہے کہ ہر چیز "کوانٹم اُتار چڑھاؤ" (quantum fluctuations) سے وجود میں آئی ہے، جو "عدم" سے تخلیق کی وضاحت کرتی ہے، مگر اس نکتے سے بہ آسانی یہ اخذ کیا جا سکتا ہے کہ ایسا ممکن ہونے کے لیے بھی "پہلے سے موجود کسی کوانٹم حالت" کا وجود ضروری ہے۔[133]

کوانٹم میکانیات اور تجربہ (Quantum Mechanics and Experience) کے مصنف، پروفیسر ڈیوڈ البرٹ نے کراس کی کتاب پر تبصرہ کرتے ہوئے یہ نتیجہ اخذ کیا:

"لیکن یہ بالکل بھی درست نہیں۔ نظری طور پر وجود رکھنے والی، اضافیتی کوانٹم میدانی ویکیوم والی حالتیں (relativistic quantum field theoretical states) — جو کسی زرافے، ریفریجریٹر یا نظامِ شمسی سے کچھ مختلف نہیں — سب کی سب عام طبیعی اشیاء (physical stuff) ہی کی مخصوص ترتیبات ہیں۔ کوئی بھی طبیعی شئے نہ ہونے کا صحیح معنوں میں اضافیتی کوانٹم میدانی نظری متبادل یہ بالکل بھی نہیں (جو کراس بیان کر رہے ہیں) اور نہ ہی یہ میدانوں (فیلڈز) کی کوئی مخصوص ترتیب ہے، بلکہ یہ تو

(درحقیقت) فیلڈز کی یکسر غیر موجودگی ہے! یہ سچائی کہ میدانوں کی کچھ ترتیبیات ذرّوں کی موجودگی سے تعلق رکھتی ہیں اور کچھ ترتیبیات ایسا کوئی تعلق نہیں رکھتیں، یہ بات اس سچائی سے کچھ زیادہ مختلف اور پراسرار ہرگز نہیں کہ میری انگلیوں کی کچھ ترتیبیات مٹھی سے مطابقت رکھتی ہیں جبکہ کچھ ترتیبیات (مٹھی سے) مطابقت نہیں رکھتیں۔ اور یہ سچائی کہ ذرّات، وقتاً فوقتاً، وجود میں آ سکتے ہیں اور فنا (غائب) ہو سکتے ہیں، دراصل (انہی) میدانوں کے کسی نئی ترتیب میں آنے کی وجہ سے ہوتا ہے، اس سچائی سے بالکل بھی مختلف اور پراسرار نہیں کہ میری انگلیوں کی ترتیب بدلنے کی وجہ سے کبھی مٹھی بن جاتی ہے تو کبھی (مٹھی) غائب ہو جاتی ہے۔ اب اگر آپ (ذرّات کے عدم سے) وجود میں آنے کو صحیح نقطۂ نگاہ سے دیکھیں تو اس کا "عدم سے تخلیق ہو جانے" سے دُور کا واسطہ بھی نہیں۔[134]

فلسفیانہ تفریق

دلچسپ بات یہ ہے کہ لائبنیز کے قدیم سوال ("کچھ نہیں" کے بجائے "کچھ" کیوں ہے؟) کا جواب دینے کے لیے پروفیسر کراس نے بظاہر "کچھ نہیں" یعنی عدم (nothing) کی تعریف ہی بدل دی ہے۔ اس سے (عدم سے وجود میں آنے کی) ساری بحث الجھ کر رہ جاتی ہے کیونکہ یہاں تو کراؤس نے (کچھ ہونے اور کچھ نہ ہونے درمیان) واضح فلسفیانہ فرق ہی کو مبہم بنا دیا ہے۔ عدم سے مراد ہمیشہ ہی "نہ ہونے" یا "کسی بھی شئے کے نہ ہونے" سے لی جاتی رہی ہے۔[135] چنانچہ، اگر "عدم" کے بارے میں کراس کی مذکورہ تعریف درست مان لی جائے تو درج ذیل بیانات بھی معقول ہو سکتے ہیں:

"میں نے کل نہایت لذیذ کھانا کھایا اور وہ کچھ بھی نہیں تھا۔"

"میں ہال میں کسی سے نہیں ملا اور اسی نے مجھے اس کمرے کا راستہ بتایا۔"

"کھانے کو کچھ بھی نہ ہو تو نمک مرچ کے ساتھ نہایت خوش ذائقہ ہوتا ہے۔"[136]

یہ فقرے غیر منطقی ہیں اور اس لیے بے معنی باتوں پر اختتام پذیر ہوتے ہیں، تا آنکہ "کچھ نہ ہونے" کی تعریف ہی بدل دی جائے۔ یہ بات حیران کن نہیں کہ پروفیسر کراس خود بھی اشارہ دیتا ہے کہ اس کی نظر میں "عدم" سے مراد "عدم الوجود" نہیں۔ وہ لکھتا ہے: "البتہ، ایک چیز یقینی

ہے۔اس مابعدالطبیعیاتی 'اصول' کی، جسے وہ لوگ ایک پختہ اعتقاد کے طور پر پکڑے ہوئے ہیں کہ جن سے میں تخلیق کے مسئلے پر بحث کر چکا ہوں، یعنی 'عدم سے صرف عدم ہی پیدا ہوتا ہے' کی کوئی سائنسی بنیاد موجود ہی نہیں۔[137]

اس کا صاف مطلب ہے کہ کر اس نے عدم (کچھ نہ ہونے) کا مفہوم بدل کر'' کچھ ہونا'' کر دیا ہے، کیونکہ سائنس بحیثیتِ طریقہ کار،طبیعی (فزیکل) دنیا کی چیزوں پر مرکوز ہے۔سائنس صرف طبیعیاتی مظاہر اور سلسلہ ہائے اعمال کی زبان ہی میں جواب فراہم کر سکتی ہے۔جب ہم اس طرح کے سوال کرتے ہیں کہ زندگی کا کیا مطلب ہے؟ کیا روح موجود ہے؟ عدم کیا ہے؟ تو عام طور پر مابعدالطبیعی جوابات ہی کی توقع ہوتی ہے اور،اسی لئے (ایسے سوالوں کے یہ جوابات) کسی بھی سائنسی وضاحت کے دائرہ کار سے باہر ہوتے ہیں۔(دیکھئے باب 12)

حقیقت یہ ہے کہ سائنس عدم اور عدم الوجود کے تصور سے بحث ہی نہیں کر سکتی کیونکہ سائنس صرف ان مسائل تک محدود ہے جنہیں مشاہدات حل کر سکتے ہیں۔ سائنس کے فلسفی ایلیٹ سوبر (Elliot Sober) اس محدودیت کا اثبات کرتے ہیں۔ وہ اپنے مضمون ''تجربیت'' (Empiricism) میں لکھتے ہیں: ''سائنس اپنی تو جہ ان مسائل تک محدود رکھنے پر مجبور ہے جو مشاہدات حل کر سکتے ہیں۔''[138] چنانچہ پروفیسر کراوس نے لفظ ''عدم'' کے معنی ہی بدل دیئے ہیں تا کہ سائنس وہ مسئلہ حل کر سکے جو اصلاً وہ حل کرنے کے قابل ہی نہیں۔ یہ نتیجہ شکست کو ہی واضح کرتا ہے۔ کیونکہ یہ اس کے مترادف ہے کہ کوئی جب کسی سوال کا جواب نہ دے پائے تو وہ شکست تسلیم کرنے کے بجائے کسی اور طرف وہ سوال موڑنے اور سوال کا مطلب ہی بدل دینے پر اتر آئے۔ یہ علمی طور پر زیادہ دیانتدارانہ بات ہوتی اگر صرف یہ کہہ دیا جاتا کہ عدم کا تصور ایک مابعد الطبیعیاتی تصور ہے اور سائنس صرف قابل مشاہدہ اشیاء سے واسطہ رکھتی ہے۔

بے نتیجہ تحقیق اور لفظی کرتب بازی کی تشہیر

اس سب کے علاوہ،موصوف پروفیسر کراوس خود یہ تسلیم کرتے ہیں کہ ''عدمیت'' پر ان کی تحقیق مبہم ہے اور قطعی شواہد سے خالی ہے۔ وہ لکھتے ہیں، ''میں ممکنہ طور پرُ کے اس لفظ پر زور دیتا ہوں، کیونکہ ہو سکتا ہے کہ ہمیں کبھی بھی اتنی تجرباتی معلومات حاصل نہ ہوں جو اس سوال کو قطعی طور

پر حل کرنے کے لیے کافی ہوں۔،،[139] اپنی کتاب میں ایک اور جگہ وہ اپنے استدلال کی غیر قطعیت کو تسلیم کرتے ہیں:''جزئیات پر کام سے منسلک مشاہداتی اور متعلقہ تصوراتی مشکلات کی وجہ سے مجھے توقع ہے کہ ہم شاید اس بارے میں ممکنات سے زیادہ کچھ حاصل نہ کر پائیں۔،،[140]

اس کی روشنی میں پروفیسر کراس کو لفظ عدم کی نئی تعریف کرنے کے بجائے صرف یہ کہہ دینا چاہیے تھا کہ کائنات، ویکیوم حالت جیسی کسی طبیعی (فزیکل) چیز سے وجود میں آئی ہے۔ لیکن کراس اپنی لفظی کرتب بازی کی تشہیر پر مُصر نظر آتے ہیں۔''اسلام یا الحاد: کون سا زیادہ معقول ہے؟'' کے عنوان کے تحت ان سے عوامی مباحثے کے دوران میں نے انہی کی کتاب کا حوالہ دیتے ہوئے واضح کیا کہ اُن کا مبینہ''کچھ نہیں''(عدم) اصل میں''کچھ'' ہے؛ جس پر اپنے ردِعمل میں انہوں نے کہا کہ ان کا عدم یہ ہے کہ''کوئی خلا نہیں، کوئی وقت نہیں، کوئی قوانین نہیں ... کوئی کائنات نہیں کچھ نہیں، صفر، عدم، پوچ،،[141] تاہم ایسا ایک بار نہیں ہوا کہ انہوں نے اپنی کتاب کے الفاظ و مطالب کو بدلنے کی کوشش کی ہو۔

کراؤس جان بوجھ کر (اپنے مبینہ عدم سے وابستہ) ایک اہم نکتے کو چھپاتے نظر آتے ہیں: ان کے عدم میں بہرحال کوئی طبیعی شئے ضرور موجود ہے، اس بات کا واضح اقرار وہ اپنے ایک عوامی لیکچر میں کر چکے ہیں۔ انہوں نے کہا کہ''کچھ نہیں''(عدم)اور''کچھ'' دونوں ہی ''... طبیعی اشیاء ہیں۔[142]

خلاصہ یہ کہ پروفیسر کراؤس کا''کچھ نہیں''(عدم) دراصل''کچھ'' (کوئی شئے) ہے۔ کائنات جس طبیعی چیز سے وجود میں آئی ہے اسے کراس''عدم'' کہتے ہیں اور اس لئے لائبنیز کے سوال''کچھ نہ ہونے کے بجائے کچھ کیوں ہے؟'' کا جواب دینے میں وہ ناکام رہتے ہیں۔ اس کے بجائے، درحقیقت، کراس صرف اس سوال کا جواب دیتے ہیں کہ''کسی چیز سے کوئی چیز وجود میں کیسے آئی؟'' ظاہر ہے کہ یہ وہ سوال ہے جو سائنس حل کر سکتی ہے؛ اور جس کے لیے اس ساری لفظی کرتب بازی کی کوئی ضرورت نہیں۔

خدا کا وجود کراس کے تصورِ عدم سے کمزور نہیں پڑتا۔ انہوں نے جو پیش کیا وہ صرف یہ ہے کہ کائنات، یعنی زمان و مکان (space and time)، کسی چیز سے وجود میں آئی۔ چنانچہ کائنات کے وجود میں آنے کے عمل کی خالص سائنسی توضیح اب بھی تشنہ ہے۔

''سببیت صرف اس کائنات کے اندر کام کرتی ہے؛ چنانچہ ممکن ہے کائنات عدم سے وجود میں آئی ہو''

سببیت (Causality) کے تصور سے متعلق علمی اور تاریخی بحثوں میں ڈیوڈ ہیوم کا یہ اعتراض شامل ہے کہ سببیت ایک ایسا تصور ہے جو ہمارے تجربات سے ماخوذ ہے۔ اگر ہیوم سببیت سے متعلق درست ہے تو پھر ہم یہ باور کروانے کے بارے میں حق بجانب نہیں کہ سببیت ہماری فہم سے باہر اپنا وجود رکھتی ہے۔ چنانچہ اس کائنات کے وجود میں آنے کے عمل پر سببیت کا اطلاق نہیں ہوسکتا۔ کائنات کا عدم سے وجود میں آنا اس لئے ممکن ہے کیونکہ سببیت کا تصور کائنات کے وجود میں آنے کے بعد پیدا ہوا۔ اگر کائنات کے آغاز یا اس کے وجود سے ماقبل کے واقعات کے متعلق ہمارا کوئی تجربہ نہیں تو ہمیں ان امور پر خاموش رہنا چاہئے۔

یہ اعتراض اس بے بنیاد مفروضے پر استوار ہے کہ سببیت تجربے پر مبنی تصور ہے۔ سببیت از خود حقیقت (a priori) ہے، یعنی تجربے سے قبل کا قطعی علم۔ یہ ایک مابعد الطبیعیاتی تصور ہے جو ہمیں اپنے تجربات کو سمجھنے کے لیے درکار ہے۔ ہم اسے اپنے تمام تر تجربات میں لے آتے ہیں نہ کہ ہمارے تجربات ہمیں اس نتیجے تک پہنچاتے ہیں۔ سببیت کے بغیر، ہم دنیا کی کوئی معنی خیز تفہیم حاصل کرنے سے مکمل قاصر ہیں۔ مثلاً آپ کسی عمارت کے سامنے کھڑے ہیں تو آپ اس کی مختلف چیزوں میں سے مختلف ترتیب سے دیکھ سکتے ہیں لیکن آپ اس کے سامنے کھڑے ہو کر اس کی پشت کو نہیں دیکھ سکتے۔

مندرجہ ذیل مثال پر غور کیجے۔ آپ تصور کیجے کہ آپ واشنگٹن ڈی سی میں وائٹ ہاؤس کو دیکھ رہے ہیں۔ آپ کی نظر ادھر ادھر بھٹک سکتی ہے، دروازے سے ستونوں کے اس پار، پھر چھت تک اور آخر کار سامنے لان میں۔ آپ اپنے خیالات کی ترتیب کو بھی پلٹ سکتے ہیں، آپ پہلے لان کو دیکھنا شروع کر سکتے ہیں، پھر چھت، ستون اور آخر میں پھر چھت۔ اب اس کا موازنہ ایک اور تجربے سے کیجے، آپ لندن میں دریائے ٹیمز کے کنارے ہیں اور آپ کے سامنے سے ایک کشتی گزرتی ہے۔ کشتی کے پچھلے حصے سے پہلے آپ کشتی کا صرف اگلا حصہ ہی دیکھتے ہیں۔ مگر اس بار، گزرتی کشتی کے معاملے میں آپ اس تجربے کی ترتیب کو تبدیل نہیں کر سکتے۔ جب آپ

وائٹ ہاؤس دیکھ رہے تھے، تو آپ کی مرضی تھی کہ آپ پہلے دروازہ اور پھر ستونوں وغیرہ کو دیکھیں۔ آپ اپنے اس تصور کو الٹا بھی کر سکتے تھے۔ تاہم، کشتی والے معاملے میں آپ کے پاس کوئی چارہ نہیں تھا۔ کشتی کا اگلا حصہ پہلے نمودار ہوا، اور آپ اپنے تصورات کی ایسے ترتیب نو نہیں کر سکے کہ آپ کشتی کی پیشانی سے پہلے اس کے پچھلے حصے کو دیکھ لیں۔ آپ نے جو مشاہدات کئے، ان کی ترتیب کی ہدایات کون جاری کرتا ہے؟ یہ کیوں ہے کہ، آپ کو پتا ہے کہ آپ کب اپنے مشاہدات کو حکم دے سکتے ہیں اور کب نہیں دے سکتے؟ اس کا جواب، ''سببیت'' کا تصور ہے۔ جب آپ وائٹ ہاؤس اور کشتی کا مشاہدہ کر رہے تھے تو آپ کے دماغ میں مسلسل منطقی اور سببی (causal) جوڑ و تعلقات بن رہے تھے۔

یہاں نکتہ یہ ہے کہ آپ ان تجربات میں سے جن کی ترتیب آپ کے اختیار میں ہے، اور جن کی ترتیب آپ کے اختیار سے باہر ہے، ان میں فرق نہیں کر سکیں گے، یہاں تک کہ آپ پر سببیت کا تصور واضح ہو۔ سببیت کی عدم موجودگی میں ہماری تجربات ان کی موجودہ حالت سے بہت مختلف ہوتے۔ تجربات کی صرف ایک لا یعنی قطار ہوتی اور ان میں باہم کوئی ربط نہ ہوتا۔ سببیت تجربے سے بے نیاز ہے کیونکہ اس کے بغیر ہم کوئی بھی تجربہ کرنے سے قاصر ہیں۔ لہٰذا منطقی طور پر یہ نتیجہ سامنے آتا ہے کہ سببیت ہمارے مشاہدہ کائنات سے پہلے سے موجود ہے۔

اگر عدم سے کچھ بھی حاصل نہیں ہو سکتا تو پھر خدا نے عدم سے تخلیق کیسے کی؟

یہ حجت باطل ہے کیونکہ اس سے یہ تاثر ملتا کہ خدا خود کچھ بھی نہیں۔ حالانکہ وہ ایک منفرد وجود ہے جو اپنی طاقت اور مرضی سے کسی بھی چیز کو تخلیق کرنے اور وجود میں لانے کی صلاحیت رکھتا ہے اس لئے یہ معاملہ عدم سے وجود کا نہیں بلکہ خدا کی طاقت اور مرضی وہ وجوہ ہیں جن کی بنا پر یہ کائنات وجود میں آئی۔

عدم سے وجود ناممکن ہے کیونکہ عدم کا مطلب ہے عدم طاقت، عدم وجود اور عدم ارادہ۔ اس بات پر زور دینا بالکل غیر معقول بات ہے کہ بالکل عدم سے کوئی چیز وجود میں آ سکتی ہے، بنا کسی صلاحیت یا سابقہ متعلقہ سرگرمی کے۔ خدا ہی اپنی طاقت اور مرضی سے یہ متعلقہ سرگرمی مہیا کرتا ہے۔ اگرچہ اسلامی روایات اللہ تعالیٰ کے عدم سے تخلیق کرنے کو بیان کرتی ہیں مگر وہاں عدم سے

مراد کسی مادی چیز کا نہ ہونا ہے۔ البتہ وہ بھی اس چیز کو نہیں مانتے کہ کوئی متعلقہ حالات یا صلاحیت موجود نہیں تھی۔ [143] خدا کی مرضی اور طاقت وہ ضروری حالات تشکیل دیتے ہیں جو کائنات کو وجود میں لاتے ہیں۔

از خود یا خود بخود تخلیق؟

کیا یہ کائنات خود بخود پیدا ہو سکتی تھی یا خود اپنے آپ کو تخلیق کر سکتی تھی؟ لفظ ''تخلیق'' اس چیز کے لیے استعمال ہوتا ہے پہلے وجود نہیں رکھتی تھی اور پھر وجود میں لائی گئی۔ یہ تمام الفاظ کسی محدود چیز کو ظاہر کرتے ہیں کیونکہ تمام تخلیق شدہ چیزیں محدود ہوتی ہیں۔ تخلیق کے تصور پر غور کریں تو یہ نتیجہ نکلتا ہے کہ خود بخود تخلیق ہونا عملی اور منطقی طور پر ناممکن ہے، کیونکہ اس سے یہ لازم آتا ہے کہ کوئی چیز ایسی تھی، جو ایک ہی وقت میں وجود بھی رکھتی تھی اور نہیں بھی رکھتی تھی، جو کہ ناممکن ہے۔ جو چیز بھی تخلیق ہوئی، اس کا مطلب ہے کہ وہ پہلے وجود نہیں رکھتی تھی، جبکہ خود پیدا ہونے کا یہی مطلب ہے کہ وہ پیدا ہونے سے پہلے بھی وجود رکھتی تھی۔

اس سوال پر غور کیجئے کہ کیا آپ کی والدہ خود کو جنم دے سکتی ہیں؟ اس بات کا دعویٰ کرنے کے لیے ضروری ہوگا کہ وہ اپنی پیدائش سے بھی پہلے موجود ہوں۔ کیونکہ جب کوئی چیز تخلیق ہوتی ہے تو اس کا مطلب ہوتا ہے کہ اس وقت سے پہلے اس کا کوئی وجود نہیں تھا اور وہ کچھ کرنے کی طاقت بھی نہیں رکھتی تھی۔ اس لئے یہ دعویٰ بالکل غلط ہے کہ اس نے خود کو پیدا کیا، کیونکہ وہ اپنی تخلیق سے پہلے کچھ بھی کرنے کی طاقت نہیں رکھتی۔ یہ بات ہر محدود چیز پر لاگو ہوتی ہے جس میں یہ کائنات بھی شامل ہے۔ اسلامی اسکالر علامہ الخطابی اس دعوے کے نقص کا یوں خلاصہ کرتے ہیں: ''یہ دعویٰ اور زیادہ بے تکا ہے کیونکہ اگر کوئی چیز وجود ہی نہیں رکھتی تو یہ کیسے کہا جا سکتا ہے کہ وہ طاقت رکھتی ہے اور وہ کوئی چیز پیدا بھی کر سکتی ہے؟ یہ کچھ کر کیسے سکتی ہے؟ اگر ان دو باتوں کی تردید کر دی جائے، تو ثابت شدہ ہے کہ ان کا کوئی خالق موجود ہے، تو انہیں اس پر یقین رکھنے دیجئے۔''[144]

برٹش ہیومنسٹ ایسوسی ایشن کے چیئرمین اینڈریو کوپسن کے ساتھ ایک مرتبہ میرا برمنگھم یونیورسٹی میں عوامی مناظرہ ہوا۔ میں نے خدا کے وجود پر قرآنی دلیل دی۔ اس نے میری اس دلیل

کے جواب میں کہ از خودتخلیق ناممکن ہے، کہا کہ یہ یک خلوی جانداروں میں پائی جاتی ہے جسے حیاتیات میں غیر صنفی تولید (asexual reproduction) کہا جاتا ہے۔

اینڈ ریو کا اعتراض کئی وجوہ کے باعث غلط ہے۔ پہلی یہ کہ یک خلوی جاندار میں اس نے جس چیز کا حوالہ دیا وہ از خودتخلیق نہیں بلکہ تولید/ افزائشِ نسل کا عمل ہے، جس میں اولاد ایک ہی جاندار سے جنم لیتی ہے اور صرف اسی سے اپنا تمام تر جینیاتی مواد حاصل کرتی ہے۔ دوسری بات یہ کہ اگر ہم منطقی طور پر اس مثال کو کائنات پر لے جاتے ہیں، تو یہ ماننا پڑے گا کہ کائنات پہلے سے وجود رکھتی تھی۔ کیونکہ غیر صنفی افزائشِ نسل کے لیے ایک زندہ جسم کا وجود ضروری ہے جو پہلے سے موجود ہو۔ اس لئے اس کا اعتراض اصل میں وہی نکتہ ثابت کرتا ہے جو میں بیان کر رہا تھا؛ کہ کائنات کبھی وجود نہیں رکھتی تھی تو وہ اپنے آپ کو وجود میں نہیں لاسکتی۔

آپ شاید یہ سوچ رہے ہوں گے کہ یہ بے تکا اعتراض ہے اور اس پر یہاں بات کرنے کی کوئی ضرورت نہیں تھی۔ میں آپ کی بات سے متفق ہوں، مگر میں نے اسے اس لئے شامل کیا تا کہ بتا سکوں کہ ملحدوں کے کچھ جوابی دلائل کتنے غیر معقول ہوتے ہیں۔

کسی "دوسری مخلوق" نے تخلیق کیا؟

چلئے، وقتی طور پر اس سوال کا جواب "ہاں" میں دے دیتے ہیں کہ: کیا کائنات کسی مخلوق (خود تخلیق شدہ) نے تخلیق کی ہے؟ کیا یہ بات سوال کرنے والے کو مطمئن کر دے گی؟ ظاہر ہے نہیں۔ مقابل آدمی ضرور پوچھے گا "پھر خود اس مخلوق کو کس نے تخلیق کیا؟" اگر ہم جواب دیتے ہیں کہ "ایک اور مخلوق نے" آپ کے خیال میں پھر وہ کیا کہے گا؟ جی آپ درست ہیں۔ وہ پوچھے گا کہ اس "ایک اور مخلوق" کو کس نے تخلیق کیا؟ اگر یہ مضحکہ خیز گفتگو یوں ہی جاری رہی تو پھر ایک بات ثابت ہو جائے گی کہ ہمیں ایک "غیر تخلیق کردہ" خالق کی ضرورت ہے۔

کیوں؟ کیونکہ ایسا تو ہو نہیں سکتا کہ کوئی تخلیق شدہ چیز، جیسا کہ کائنات اور ہم سب ہیں، ان کا پیدا کرنے والا کوئی ایسا ہو جو خود کسی اور کا تخلیق کردہ ہو۔ یہ ایک نہ ختم ہونے والا سلسلہ ہے، جو ہمیشہ کے لیے پیچھے سے پیچھے جاتا رہے گا (اسے لامحدود رجعتِ اسباب infinite regress of cause کہتے ہیں)۔ سادہ لفظوں میں یہ ایک بے مطلب بات ہے۔

مندرجہ ذیل مثالوں پر غور کیجئے۔

1۔ تصور کیجئے کہ ایک نشانہ باز ہے جس نے اپنا نشانہ (ہدف) ڈھونڈ لیا ہے؛ پھر اس نے ریڈیو کے ذریعے اپنے ہیڈکوائٹرس سے گولی چلانے کی اجازت مانگی۔ مگر ہیڈکوائٹر اسے کہتا ہے کہ وہ انتظار کرے جب تک وہ اپنے سے اوپر والوں سے اجازت لے لیں۔ اس کے بعد اوپر والے اپنے سے اوپر والوں سے اجازت لیں اور وہ اپنے سے اوپر والوں سے ... یہ سلسلہ چلتا رہے۔ اگر یہ سلسلہ چلتا رہا تو کیا نشانہ باز کبھی گولی چلا سکے گا؟ ظاہر ہے نہیں، وہ ہمیشہ انتظار ہی کرتا رہے گا اور ہر شخص اپنے سے اوپر والے کے احکامات کا انتظار ہی کرتا رہے گا۔ ایک ایسے عہدے یا فرد کا ہونا ضروری ہے جہاں جا کر یہ سلسلہ رک جائے اور گولی چلانے کی اجازت مل جائے: ایک ایسی جگہ جہاں سے اوپر کوئی نہ ہو۔ چنانچہ یہ مثال وجوہ کی لامحدود مراجعت کے اس نظریئے میں موجود منطقی نقص کو واضح کرتی ہے۔ جب ہم اس کو کائنات پر لاگو کرتے ہیں تو ہمیں یہ ماننا پڑتا ہے کہ اس کائنات کا کوئی ایسا خالق ضرور ہے جو کسی کا تخلیق کردہ نہیں۔ کائنات جو خود ایک تخلیق شدہ چیز ہے، اس کو کوئی تخلیق شدہ چیز تخلیق نہیں کر سکتی۔ اگر ایسا ہی ہوتا تو کائنات کا وجود ہی ممکن نہ ہوتا۔ اب چونکہ کائنات وجود رکھتی ہے، لہٰذا ہم وجوہ کی لامحدود مراجعت کے اس نظریئے کو غیر منطقی نکتے یا خیال کے طور پر رد کر سکتے ہیں۔[145]

2۔ تصور کیجئے کہ اسٹاک کا ایک بروکر، اسٹاک ایکسچینج میں اپنے سرمایہ کار کی اجازت کے بغیر اسٹاک کی خرید و فروخت نہیں کر سکتا۔ لیکن جب وہ پوچھتا ہے تو اس سرمایہ دار کو اپنے اوپر کے سرمایہ دار سے پوچھنا پڑتا ہے اور اس کو اپنے سے اوپر والے سے؛ اور اگر ایسا ہوتا ہی چلا جائے تو کیا پھر کوئی تاجر خرید و فروخت کر سکے گا؟ ظاہر ہے کہ نہیں۔ تجارتی امور کے چلنے کے لیے لازم ہے کہ ایک سرمایہ دار ایسا ہو جو بغیر کسی اور کی اجازت کے سرمایہ کاری کر سکتا ہو۔ اسی طرح اگر اس کو ہم کائنات پر نافذ کریں تو ہمیں کائنات کے ایک خالق کو ماننا ہوگا جو خود مخلوق نہ ہو۔

جب اوپر دی گئی مثالیں کائنات پر براہِ راست نافذ کی جائیں تو اس خیال کی کہ کائنات کسی ایسی چیز نے پیدا کی جو خود مخلوق تھی، حماقت واضح ہوتی ہے۔ مثلاً یہ کائنات (الف) ہے، اور اس کائنات کو اس سے قدیم سبب (ب) نے تخلیق کیا، اور (ب) کو اس سے قدیم ایک اور سبب نے تخلیق کی جو (ج) تھی، اور اگر یہ سلسلہ اس طرح ہمیشہ کے لیے اس طرح چلتا رہے گا، تو پھر ہمارے پاس ہماری کائنات (الف) کبھی نہ ہوتی۔ ذرا سوچیے تو سہی کہ (الف) کائنات کب وجود میں آئی؟ ظاہر ہے (ب) کے بعد اور (ب) کب وجود میں آئی (ج) کے بعد۔ یہ مسئلہ اپنی جگہ ہی کھڑا رہے گا چاہے ہم ہمیشہ کے لیے اس واپسی کے سفر کو جاری رکھیں۔ اگر (الف) کا وجود ''تخلیق کردہ کائناتوں کے لامحدود سلسلے'' پر منحصر ہوتا تو پھر (الف) کا وجود بھی نہ ہوتا۔[146] مسلم فلسفی اور عالم ڈاکٹر جعفر ادریس لکھتے ہیں: ''اصل علّت کا کوئی سلسلہ نہیں ہوتا، بلکہ صرف غیر موجود چیزوں کا سلسلہ ہو سکتا ہے۔ جبکہ یہ حقیقت ہے کہ ہمارے ارد گرد وجود اور تخلیق موجود ہے لہٰذا اس کا اسی طرح کا کوئی عارضی اور غیر موجود سبب نہیں ہو سکتا۔''[147]

کسی ایسی ذات نے تخلیق کی جو خود مخلوق نہیں؟

تو متبادل کیا ہے؟ متبادل ہے سببِ اول۔ دوسرے لفظوں میں مسبّب الاسباب یا ایک غیر تخلیق کردہ خالق۔ گیارہویں صدی کے مشہور مسلم فلسفی اور فقیہ ابو حامد الغزالیؒ نے اس مسبّب الاسباب یا غیر مخلوق خالق کا کچھ اس طرح خلاصہ کیا ہے: ''اسی طرح 'سبب کے سبب' کے بارے میں بھی یہی کہا جا سکتا ہے۔ اب یا تو یہ سلسلہ ہمیشہ کے لیے چلتا رہے گا جو بے تکی سی بات ہے۔ یا اسے کہیں رکنا ہوگا۔''[148]

مندرجہ بالا بحث بنیادی طور پر یہ کہہ رہی ہے کہ ''کچھ'' ضرور ہمیشہ سے وجود رکھتا ہے۔ اب صاف طور پر دو ہی باتیں ہو سکتی ہیں: خدا یا کائنات۔ چونکہ کائنات وجود میں آئی اور یہ خود مختار نہیں، تو یہ ہمیشہ وجود نہیں رکھ سکتی (دیکھئے باب 6)۔ چنانچہ یہ خدا ہی ہو سکتا ہے جو ہمیشہ وجود رکھتا ہے۔ پروفیسر انتھونی فلیو کی کتاب ''ایک خدا موجود ہے'' (There is a God) کے مقدمے میں فلسفی ابراہام ورگیس اس نتیجے کو سادہ اور طاقتور انداز میں سمجھاتے ہیں۔ وہ لکھتے ہیں: ''اب واضح طور پر موحد (خدا کو ماننے والا) اور ملحد ایک چیز پر اتفاق کر سکتے ہیں۔ اگر کوئی چیز واقعی

وجود رکھتی ہے، تو کوئی چیز تو ضرور ہے جو اس سے پہلے موجود تھی اور ہمیشہ سے تھی۔ اب یہ دائمی حقیقت کس طرح وجود میں آئی؟ جواب یہ ہے کہ یہ وجود میں نہیں آئی، ہمیشہ سے ہے۔ اپنا انتخاب کیجئے: خدا یا کائنات۔ دونوں میں سے ایک تو ہمیشہ سے موجود ہے۔"[149]

چنانچہ ہم یہ نتیجہ اخذ کر سکتے ہیں کہ ہر تخلیق شدہ چیز کا ایک خالق ضرور موجود ہے۔ اس دلیل میں پوشیدہ طاقت کا اندازہ آپ صحابی رسول ﷺ جبیر بن مطعم رضی اللہ عنہ کے ردِعمل سے لگا سکتے ہیں۔ جب انہوں نے متعلقہ آیت سنی جو یہ دلیل بیان کر رہی ہے تو فرمایا: "مجھ پر ایسا اثر ہوا کہ گویا میرا دل پھٹ جائے گا۔"[150] علامہ الخطابی نے کہا کہ جبیر ان آیات سے اتنا متاثر اس لئے ہوئے کیونکہ "ان آیات میں بیان کردہ مضبوط دلائل نے ان کی حساس طبیعت کو چھو لیا تھا اور ان کی ذہانت نے اسے بخوبی سمجھ لیا تھا۔"[151]

18 ویں صدی کے عالمِ دین اور فقیہ شاہ ولی اللہ محدث دہلویؒ نے اس کا خلاصہ کیا کہ اللہ تعالیٰ نے کائنات کی عدم سے تخلیق فرمائی۔ پھر اپنی بات کے حق میں اللہ کے رسول ﷺ کی مستند احادیث سے دلیل دی:

"یاد رکھو کہ دنیا کی تخلیق سے متعلق اللہ تعالیٰ کی تین صفات ہیں، ہر ایک دوسری سے جڑی ہوئی ہے۔ ان میں سے ایک البدیع ہے جس کا مطلب چیزوں کو کسی بھی چیز کے بغیر وجود میں لانا یا ایسی چیز کا بنانے والا جس کا پہلے سے کوئی خام مادہ ہو نہ کوئی مثال۔ مخلوق کی ابتداء سے متعلق اللہ کے رسول ﷺ سے سوال ہوا تو آپ نے فرمایا کہ جب کچھ بھی نہیں تھا، اللہ تھا اور اس سے پہلے کچھ بھی نہیں تھا۔"

چنانچہ یہ بات پایۂ ثبوت کو پہنچتی ہے کہ ایسی ہستی کا وجود ضروری ہے جسے کسی نے تخلیق نہ کیا ہو۔ یہ خدا کا روایتی تصور نہیں، البتہ جب ہم ایک "ایسا خدا جسے کسی نے پیدا نہ کیا ہو" کے بارے میں غور سے سوچیں تو ہم ایسے نتائج اخذ کر سکتے ہیں جو خدا کی روایتی تفہیم کی طرف جاتے ہیں۔

الحيّ القيّوم ذات

اللہ کو کسی نے تخلیق نہیں کیا۔ اس کا مطلب ہے کہ اللہ کا وجود ازلی ہے۔ ایسی چیز جس کی ابتداء نہ ہو، ازلی ہوتی ہے اور ازلی وجود، ابدی وجود پر دلالت کرتا ہے۔ قرآن اس بات کو یوں

واضح کرتا ہے:

اللَّهُ الصَّمَدُ ٥ لَمۡ يَلِدۡ وَلَمۡ يُولَدۡ ٥

''اللہ بے نیاز ہے۔ نہ اسے کسی نے جنا ہے نہ ہی وہ جنا گیا۔''[152] (سورۃ اخلاص، آیات 2 تا 3)

خدا کو کس نے پیدا کیا؟

خدا کی ابدیت پر ایک عام متروک ردِعمل ملحدین کی جانب سے یہ دیا جاتا ہے کہ خدا کو کس نے پیدا کیا؟ یہ بچکانہ اعتراض ان کی منطق سے بے خبری اور روگردانی کی وجہ سے ہے۔ اس مغالطے کے دو جواب حاضر ہیں:

اولاً، وہی تیسرا امکان جو ہم اوپر کائنات کی پیدائش سے متعلق زیرِ بحث لا چکے ہیں کہ کیا اسے ایسی چیز تخلیق کر سکتی ہے جو خود مخلوق ہو؟ اس ساری بحث سے واضح ہوا کہ یہ ممکن ہی نہیں، کیونکہ یہ اسباب کی لامحدود مراجعت کی غیر منطقی بحث کھڑی کرنے کے علاوہ کچھ نہیں دیتا۔ اسے واضح کرنے کے لیے ہم نے کچھ مثالیں بھی دی تھیں۔

ثانیاً، ہم نے یہ نتیجہ اخذ کیا ہے کہ خدا کا تصور کائنات کے قیام کی بہترین وضاحت ہے، تو پھر یہ کہنا غیر منطقی ہوگا کہ اسے کسی نے پیدا کیا ہے۔ خدا نے کائنات کو پیدا کیا ہے اور وہ خود اس کے قوانین کا پابند نہیں۔ وہ اپنی تعریف کے مطابق ایک غیر مخلوق ہستی ہے، کسی وقت وجود میں نہیں آئی۔ جس کی ابتداء نہ ہو، اس کی تخلیق نہیں کی جا سکتی۔ پروفیسر جان لیناکس اسے یوں بیان کرتے ہیں:

''میں سن سکتا ہوں کہ میرا ایک آئرش دوست کہہ رہا ہے: 'بہرحال، اس سے یہ ثابت ہو جاتا ہے کہ اگر ان کے پاس اس سے مضبوط دلیل موجود ہوتی تو یہ ضرور پیش کر چکے ہوتے'۔ اگر آپ سمجھتے ہیں کہ یہ ایک مدلل جواب ہے، تو آپ صرف سوال کو مدِنظر رکھئے۔ خدا کو کس نے بنایا؟ یہ سوال ہی پوچھنا کہ خدا کو کس نے بنایا، اس بات کی غمازی کرتا ہے کہ سائل نے اپنے ذہن میں خدا کو تخلیق کیا ہے۔ تو پھر عجب نہیں کہ کوئی اپنی کتاب کا نام خدائی مغالطہ (The God Delusion) رکھ دے، کیونکہ ایک 'پیدا شدہ خدا' اپنی تعریف کے مطابق، بے شک ایک مغالطے کے سوا کچھ نہیں ہو

سکتا۔ یہ بات زینوفینیز، رچرڈ ڈاکنز سے صدیوں پہلے واضح کر چکا ہے۔ لہٰذا ڈاکنز کی کتاب کا بہتر نام "تخلیق کردہ خدا کا مغالطہ" ہونا چاہیے تھا۔ مگر پھر یہ کتاب ایک پمفلٹ جتنی رہ جاتی اور اس سے اس کی فروخت متاثر ہو جاتی۔ جس خدا نے کائنات بنائی اور اس پر گرفت رکھتا ہے، وہ تخلیق شدہ نہیں بلکہ ابدی ہے۔ وہ پیدا نہیں کیا گیا، اس وجہ سے وہ سائنسی قوانین سے بالا ہے: وہ تو وہ ہے جس نے کائنات کو اس کے قوانین کے ساتھ پیدا کیا۔ در حقیقت یہی وہ بنیادی فرق ہے جو خدا اور کائنات میں ہے۔ کائنات تخلیق شدہ ہے اور خدا ایسا نہیں۔"[153]

ماوراء اور بالاتر ذات

اللہ خالق ارض و سماء جسے کسی نے پیدا نہیں کیا، وہ خدا اپنی تخلیق کا حصہ نہیں ہو سکتا۔ مثلاً ایک بڑھئی جو ایک کرسی بناتا ہے، کرسی بنانے کے اس عمل میں وہ خود کرسی نہیں بن جاتا۔ وہ اس کا حصہ نہیں ہوتا بلکہ اس سے جدا ہوتا ہے۔ اس مثال کو خالق پر بھی لاگو کیا جا سکتا ہے۔ شیخ الاسلام امام ابن تیمیہؒ نے یہی دلیل پیش کی ہے: "تخلیق شدہ" کی اصطلاح واضح کرتی ہے کہ اپنی ذات کے اعتبار سے یہ خالق سے جدا ہے۔[154]

اگر خدا خود مخلوق کا حصہ تھا تو اس کا مطلب ہو گا کہ وہ اس کا محتاج اور محدود جسمانی خصوصیات کا حامل ہے، یوں اسے اپنے وجود کے لیے بھی وضاحت درکار ہو گی، اس طرح وہ خدا نہیں رہے گا (دیکھیے باب نمبر 6)۔ قرآن حکیم اللہ تعالیٰ کے ماوراء ہونے کو ان الفاظ میں واضح کرتا ہے: لَیْسَ کَمِثْلِهٖ شَیْءٌ "اس جیسا کوئی نہیں۔"[155] (سورۃ الشوریٰ، آیت 11)

العلیم ذات

اس خالق کا العلیم (سب کچھ جاننے والا) ہونا لازم ہے جو کائنات بنائی ہے وہ واضح قوانین کے تابع ہے، مثلاً کائنات میں نمایاں فطری قوتیں ہیں؛ کشش ثقل کا قانون، جوہری قوتیں، برقی قوتیں وغیرہ (دیکھیے باب نمبر 8)۔ یہ سب قوانین ایک مقنن کے وجود پر دلالت کرتے ہیں اور مقنن کا خود باخبر ہونا ضروری ہے۔ قرآن کہتا ہے اِنَّ اللّٰہَ بِکُلِّ شَیْءٍ

عَلِیْمٌ ۔ ''بے شک اللہ ہر ایک چیز کا علم رکھتا ہے۔'' [156] (سورۃ المجادلہ، آیت 7)

طاقتورِ ذات

اس خالق کا طاقتور ہونا بھی لازم ہے کیونکہ اس نے کائنات کو پیدا کیا اور کائنات میں قابلِ استعمال اور مفید توانائی موجود ہے۔ مثلاً قابلِ مشاہدہ کائنات میں ایٹموں کی تعداد لگ بھگ 10^{80} ہے۔ [157] اگر صرف ایک ایٹم کو ایٹمی انشقاق کے عمل سے گزاریں تو بے تحاشا جوہری توانائی حاصل ہوتی ہے۔ کوئی مخلوق اتنی بے تحاشا قوت اپنے آپ سے نہیں رکھ سکتی۔ یہ چیز اسے خالق سے ملی ہے۔ ایک بے پناہ طاقت و قوت والی ذات ہی اس طرح کی بے پناہ توانائی کو ایک ایٹم میں سمو سکتی ہے۔

یہ اس بات کو عیاں کرتا ہے کہ یہ ساری قدرت اس ذات کی طرف سے ہے جو ہر چیز پر قادر ہے۔ اگر اس کائنات کا خالق طاقت والا نہ ہوتا تو اس کا مطلب ہوا کہ وہ بے بس، بے صلاحیت اور کمزور ہے۔ چونکہ کائنات پیدا شدہ ہے لہٰذا اس کو بنانے والی ہستی لامحالہ طاقت کا سرچشمہ ہے۔ کائنات میں موجود تمام تر توانائی اس خالق کے طاقتور ہونے پر دلالت کرتی ہے۔ قرآن یہ بات اس طرح بیان کرتا ہے: يَخْلُقُ اللّٰهُ مَا يَشَاءُ اِنَّ اللّٰهَ عَلٰى كُلِّ شَيْءٍ قَدِيرٌ ۔ یعنی: ''اللہ جو چاہتا ہے تخلیق کرتا ہے، بے شک وہ ہر چیز پر قدرت رکھتا ہے۔'' [158] (سورۃ النور، آیت 45)

اللہ تعالیٰ کی قدرت کے متعلق اسلامی مؤقف کا خلاصہ امام طحاوی نے اپنی کتاب میں کچھ اس انداز سے پیش کیا ہے: ''وہ ہر چیز پر قادر ہے، ہر چیز اس کی محتاج ہے اور کوئی بھی کام اس کے لیے مشکل نہیں۔'' [159]

قادرِ مطلق متناقضہ

ایک عام (فلسفیانہ) اعتراض جو خدا کی قدرت کا ملہ پر اٹھایا جاتا ہے وہ ''قادرِ مطلق متناقضہ'' ہے۔ اس کا تعلق قادرِ مطلق ذات کی اپنی طاقت کو محدود کرنے کی صلاحیت سے ہے۔ سوال یہ اٹھایا جاتا ہے کہ اگر خدا ہر چیز پر قادر ہے تو کیا وہ ایک ایسا بھاری پتھر تخلیق کر سکتا ہے جسے وہ خود بھی نہ اٹھا سکے؟

اس کا جواب دینے سے پہلے قادرِ مطلق کے مطلب کی وضاحت کرنا ضروری ہے۔ یہ ہر کام کرنے کی صلاحیت کو کہتے ہیں، اس میں ناکامی کا ناممکن ہونا بھی شامل ہے۔ یہ سوال کرنے والا یہ باور کرانا چاہتا ہے کہ چونکہ خدا کے لیے ہر کام ممکن ہے تو ناکامی بھی ممکن ہے۔ یہ غیر منطقی اور لایعنی بات ہے کیونکہ یہ کہنا ایسے ہی ہے کہ 'ایک ہر کام پر قادر ذات، ہر کام پر قادر نہیں'۔ جو صرف ایک کام بھی نہ کر سکے وہ قادرِ مطلق نہیں رہتا۔ قادرِ مطلق ہونے کے لیے لازم ہے کہ جو کچھ وہ تخلیق کرے وہ اس کے قبضہ قدرت میں ہو، تو ایسا کیسے ممکن ہے کہ خدا ایک ایسا پتھر تخلیق کرے جو اس کے قبضہ قدرت سے باہر ہو۔ ایسا ممکن نہیں کہ وہ قادرِ مطلق ہو بھی اور نہیں بھی۔ اس لحاظ سے خدا کی یہ صلاحیت کہ ایسا پتھر پیدا کرے جسے خود بھی نہ ہلا سکے درحقیقت ایسی بات بیان کرتا ہے جو معقولیت پسندی کے دائرے سے باہر اور بے معنی ہے۔

یہ سوال ایک غیر ممکن چیز بیان کرتا ہے۔ جیسے ہم کہیں 'ایک سفید، کالا کوا' یا 'ایک گول مثلث' وغیرہ۔ ایسے جملے کچھ بھی بیان نہیں کرتے اور نہ ہی کوئی اہمیت و مطلب رکھتے ہیں۔ تو پھر ہم ایسے سوال کا کیا جواب دیں جس کا کوئی معنی ہی نہ ہو؟ حقیقت میں یہ سوال، سوال کہلانے کے بھی لائق نہیں۔

قرآن مجید کی اس آیت اِنَّ اللّٰہَ عَلٰی کُلِّ شَیْءٍ قَدِیرٌ (بے شک اللہ ہر چیز پر قدرت رکھتا ہے)[160] (سورۃ البقرہ، آیت 20) کی تفسیر میں علامہ القرطبی لکھتے ہیں: ''اللہ تعالیٰ کی طاقت ہر ممکنہ معاملات سے متعلق ہے'' اور ''یہ (آیت) اللہ تعالیٰ کی صفتِ قدرت کی عام وضاحت ہے۔ اللہ ہر ممکن کام کرنے کی قدرت رکھتا ہے چاہے وہ وجود رکھتا ہے یا نہیں''[161]۔

حاصل بحث یہ ہے کہ خدا ایسا پتھر بنا سکتا ہے جو اتنا وزنی ہو جتنا ہم سوچ بھی نہیں سکتے۔ لیکن وہ پھر بھی اس پتھر کو حرکت دینے پر قادر بھی ہوگا، کیونکہ وہ قادرِ مطلق ہے، ناکامی اس کی صفت نہیں۔[162]

ارادہ و مرضی والی ذات

بہت سی منطقی وجوہ ایسی ہیں جن کی وجہ سے خالق کے پاس ارادے کا ہونا لازم آتا ہے۔

اولاً، چونکہ اللہ تعالیٰ ابد سے موجود ہے اور کائنات کو معرض وجود میں لانے کا سبب ہے، تو

پہلے اللہ تعالیٰ نے کائنات کو بنانے کا ارادہ کیا، پھر وہ اسے معرضِ وجود میں لایا؛ کیونکہ کائنات ہمیشہ سے نہیں بلکہ تخلیق کی گئی ہے۔ اب ایک ہستی اگر انتخاب کی مرضی رکھتی ہے تو وہ ارادے کی بھی مالک ہوگی۔

ثانیاً، کائنات ایسی مخلوقات کا مجموعہ ہے جو مرضی اور ارادے کا استعمال کرتی ہیں۔ لہٰذا جس نے کائنات کو قوتِ ارادہ رکھنے والی مخلوق کے ساتھ پیدا کیا ہے اسے خود بھی ضرور ارادے کا مالک ہونا چاہیے۔ کوئی کسی کو وہی چیز دے سکتا ہے جو اس کے پاس موجود ہو۔ لہٰذا، اس کائنات کا خالق مرضی یا چاہت یا ارادہ رکھتا ہے۔

ثالثاً، کائنات کی تخلیق کے بارے میں دو طرح کی توجیہات پیش کی جا سکتی ہیں: پہلی سائنسی اور دوسری ذاتی۔ آئیے اس بات کو چائے کی مثال سے سمجھنے کی کوشش کرتے ہیں۔ چائے بنانے کے لیے پانی ابالنا ہوگا، پھر چائے کی پتی ڈالی جائے اور آخر میں دودھ۔ اسی طریقۂ کار کو سائنسی طور پر اس طرح بیان کریں گے: پانی کو 100 ڈگری سینٹی گریڈ تک گرم کیجیے اور ابلنے پر چائے کی پتی ڈالیے اور آخر میں دودھ۔ یہ سب کرنے کے لیے مجھے اپنے جسم میں موجود توانائی (گلاکوجن) کے استعمال سے پٹھوں کو حرکت دینی ہوگی تا کہ اپنے ہاتھوں سے یہ تمام کام سرانجام دے سکوں۔ ایک ماہر سائنسدان مزید گہرائی میں بھی جا سکتا ہے، لیکن امید ہے آپ میرا نکتہ سمجھ گئے ہوں گے۔ اس بات کی ذاتی وضاحت یہ ہوگی کہ چائے اس لیے بنائی گئی کیونکہ میں بنانا چاہتا تھا۔ آئیے اب اس مثال کا اطلاق کائنات کی تخلیق پر کرتے ہیں۔ ہمارے پاس شواہد نہیں کہ اللہ تعالیٰ نے کائنات کو کیسے بنایا، ہم صرف ذاتی وضاحت پر اعتبار کر سکتے ہیں کہ اللہ تعالیٰ چاہتا تھا تو اس نے کائنات بنا دی۔ اگرچہ اس کائنات کی سائنسی توجیہ بھی ممکن ہے لیکن یہ ذاتی وضاحت (کہ اللہ چاہتا تھا تو اس نے کائنات بنا دی) کو رد نہیں کرتی جیسا کہ ہم نے چائے کی مثال میں دیکھا۔[163]

قرآن یہ تصدیق کرتا ہے کہ اللہ تعالیٰ ارادہ اور چاہت رکھتا ہے: إِنَّ رَبَّكَ فَعَّالٌ لِمَا يُرِيدُ۔ یعنی: ''بے شک تیرا رب جو چاہتا ہے کر گزرتا ہے۔''[164] (سورۃ ہود، آیت 107) امام غزالی بھی اس بات کا فصیح خلاصہ لکھتے ہیں کہ سب کچھ اللہ کی مرضی سے ہوتا ہے اور کوئی بھی چیز اس سے مبرا نہیں:

''ہم گواہی دیتے ہیں کہ تمام چیزیں اس کی مرضی کی وجہ سے موجود اور قائم ہیں اور وہ

تمام عوامل جو اس کائنات میں وقوع پذیر ہو رہے ہیں، اس کی مرضی سے ہو رہے ہیں اور وہ پوری کائنات کا مالک ہے۔ کوئی بھی چیز اس کی اجازت کے بغیر نہیں ہو سکتی، چاہے وہ نظر آنے والی ہو یا پوشیدہ، چھوٹی ہو یا بڑی، اچھی ہو یا بری، فائدہ مند ہو یا نقصان دہ، ایمان ہو یا کفر، علم ہو یا جہالت، کامیابی ہو یا ناکامی، اضافہ ہو یا کمی، اطاعت ہو یا نافرمانی۔ حتیٰ کہ پلک کا جھپکنا یا دل میں آنے والا کوئی خیال یا وسوسہ بھی اس کی مرضی کا محتاج ہے۔ وہ خالق ہے اور جو چاہتا ہے کرتا ہے۔ کوئی اس کی مرضی کی مخالفت نہیں کر سکتا، نہ کوئی کسی کو اس کی بندگی سے روک سکتا ہے۔ اور کوئی بھی اس کی مرضی کے بغیر اس کی اطاعت کی صلاحیت نہیں رکھتا۔[165]

سببیت، وقت اور بِگ بینگ پر ایک نوٹ

کچھ لوگ یہ اعتراض کرتے ہیں کہ سبب اور نتیجے کا تعلق صرف وقت کے دائرۂ کار کے اندر لاگو ہوتا ہے۔ ان کا کہنا ہے کہ چونکہ وقت کا آغاز بِگ بینگ (Big Bang) سے ہوا تھا، لہٰذا ہم یہ دعویٰ نہیں کر سکتے کہ کائنات کا کوئی سبب لازم ہے، کیونکہ بگ بینگ سے پہلے کوئی 'ماقبل یا پہلے' کا وقت نہیں تھا۔ وقت کی غیر موجودگی میں، "کوئی سبب یا اثر نہیں ہوتا کیونکہ سبب، نتیجے سے پہلے آتا ہے۔"[166] اس اعتراض کے ساتھ کچھ مسائل ہیں۔[167]

1- یہ خیال کہ "سبب" صرف وقت کے دائرۂ کار میں قابل اطلاق ہے، ثبوت کا محتاج ہے۔ فلسفے میں "سببیت" کی تعریف اور ماہیئت پر کوئی اتفاق رائے نہیں۔ "سبب" اور "سببی تعلقات" کو سمجھنے اور اس کی تشریح کی خاصی کوششیں ہوئی ہیں۔ اس طرح کا ایک نقطۂ نظر "ہم وقتی سببیت" (simultaneous causality) ہے۔ یہ نظریہ کہتا ہے کہ 'اسباب اور ان کے نتائج، فوری، ایک ساتھ، بیک وقت واقع ہوتے ہیں۔[168] کوئی کہہ سکتا ہے کہ کائنات اور اس کی علت بیک وقت رونما ہوئیں۔ ذیل کا تصوراتی تجربہ اس طرح کے سببی تعلقات کی وضاحت کرتا ہے: ایک لافانی گیند اور ایک لافانی تکیے کا تصور کیجئے۔ گیند، تکیے میں گڑھا ڈال دیتی ہے لیکن وجہ (گیند) اثر سے پہلے نہیں آتی (تکیے میں

گڑھا؛ کیونکہ اشیاء کی ازلیت و ابدیت کی وجہ سے وقت ایک عنصر نہیں۔[169] اس بحث کے تناظر میں، ممکن ہے کہ جس وقت خدا کائنات کو وجود میں لا رہا ہو، وہ وہی وقت ہو جب کائنات وجود میں آ گئی۔ اس قسم کی سببیت، لا زماں (atemporal یعنی جس کا وقت سے کوئی لینا دینا نہ ہو) ہے۔ اس کا مطلب ہے وجہ (اس معاملے میں، خدا کی مرضی اور طاقت) ارادی طور پر پہلے واقع ہوئی نہ کہ بالفعل (زمانی طور پر)۔ وجہ اور اثر ایک ہی ساتھ وقوع پذیر ہوئے۔

2- یہ اس مفروضے پر قائم ہے کہ سائنس میں وقت کے تصور پر اتفاقِ رائے ہے۔ کوانٹم میکانیات اور نظریہ اضافیت میں وقت کے مختلف تصورات ہیں۔ یہ فرض کر لینا کہ وقت کا ایک ہی تصور ہے، تحقیق کو غلط انداز میں پیش کرتا ہے۔[170]

3- یہ اعتراض خود اپنے پیروں پر کلہاڑی مار رہا ہے۔ اگر سببیت، وقت کے بغیر وجود نہیں رکھ سکتی تو پھر بگ بینگ کو مسترد کر دینا چاہئے۔ اگر ہم مان بھی لیں کہ بگ بینگ وحدانیت پر کوئی وقت نہیں تھا، لیکن وہ وقت کی ایک حد تھی اور وہ حد واضح طور پر باقی کائنات سے سببی تعلق رکھے ہوئے ہے، تو پھر وقت کی غیر موجودگی میں یہ سببی تعلق کیسے قابلِ فہم ہے؟ اگر معترضین یہ بات تسلیم کرتے ہیں کہ وقت کی اس حد کا باقی کائنات سے سببی تعلق تھا، تب ان کو یہ بھی مان لینا چاہئے کہ خدا کا کائنات کو وجود میں لانے کا ارادہ، کائنات سے لازمانی سببی تعلق رکھتا ہے۔[171] اگر وہ پھر بھی یہی کہتے ہیں کہ "سببیت" کا اطلاق وقت کی حدود سے باہر نہیں ہوتا، تو پھر انہیں بگ بینگ وحدانیت کی حد اور باقی کائنات کے مابین سببی تعلق سے بھی انکار کرنا ہوگا، جو کائنات کے حقیقی وجود سے انکار کے مترادف ہے۔ اعتراض کرنے والا یہ بحث کر سکتا ہے کچھ طبیعیات دانوں کا خیال ہے کہ کائنات کی کوئی حدود نہیں۔ یہ بہرحال ایک متنازع فیہ مسئلہ ہے جس پر فی الحال کوئی اتفاقِ رائے نہیں۔[172]

چونکہ "سببیت" کی تعریف اور وقت کے تصور پر اتفاقِ رائے نہیں، لہٰذا او پر مذکور اعتراض، اس باب میں پیش کردہ دلائل کو نہ تو کمزور کرتا ہے اور نہ ہی اس کے نقوش کو بگاڑتا ہے۔

اگر چہ اس باب میں پیش کردہ دلائل پر کچھ اور اعتراضات بھی کئے جاتے ہیں لیکن وہ معیاری اعتراضات کے کسی بھی معقول پیمانے پر پورا نہیں اترتے۔ مطلب یہ ہے کہ اگر ان اعتراضات کا جواب نہ بھی دیا جائے تو، ہمارا استدلال پھر بھی اپنا منطقی وزن برقرار رکھے گا۔ بہرحال، کچھ سوالات ایسے ہیں جو اس دلیل پر معترض ہیں، جیسے: اگر کائنات کا خالق ابدی ہے تو کائنات کا وجود جب سے شروع ہوا، تب سے کیوں ہے، اس کی بجائے ازل سے کیوں نہیں؟ اگر خدا کامل اور اعلیٰ وارفع اور ہستئ مطلق ہے، تو اسے کائنات کو پیدا کرنے کی کیا ضرورت پڑی؟ کیا خدا کو اکملیت کی خصوصیات حاصل کرنے کے لیے مخلوق کی ضرورت ہے؟ ان سوالوں کا انتہائی زبردست علمی جواب ڈاکٹر ولیم لین کریگ نے ایک مبسوط تحقیقی مقالے* میں دے رکھا ہے۔[173]

خلاصتاً، اس باب میں ہم نے دیکھا کہ قرآن حکیم اللہ تعالیٰ کے وجود کی ایک بہت بامعنی اور طاقتور دلیل پیش کرتا ہے۔ چونکہ کائنات محدود ہے اور اس کا ایک نقطۂ آغاز ہے یعنی یہ عدم سے وجود میں آئی ہے۔ تو کیا اس نے خود کو بنایا، اس کو کسی مخلوق نے بنایا یا اس کو کسی غیرِ مخلوق خالق نے بنایا۔ عقلی طور پر بہترین جواب یہی ہے کہ اسے ایک ایسا خالق وجود میں لایا ہے جو خود غیر مخلوق ہے اور ابد سے قائم ہے، وہ اس کائنات سے ماوراء ہے، علم کل، قدرتِ کاملہ اور ارادہ و اختیار کا مالک ہے۔ اس خالق کو لازمی طور پر یکتا اور اکیلا بھی ہونا چاہئے۔ اس نکتے پر بحث آگے باب نمبر 10 میں آئے گی۔

اس دلیل کی بنیاد اس حقیقت پر ہے کہ کائنات محدود ہے، تاہم اگلی آنے والی بحث سے واضح ہو جائے گی کہ اگر بالفرض کائنات کی ابتداء نہ بھی ہوئی ہوتی پھر بھی اس کی وضاحت کے لیے خدا کا وجود ناگزیر ہے۔

---

*The Kalam Cosmological Argument and the Problem of Divine Creative Agency and Purpose

الٰہی رابطہ

محتاجی کی دلیل

فرض کیجیے کہ آپ اپنے گھر سے نکلتے ہیں اور اپنی گلی میں ڈومینوز* کی ایک قطار دیکھتے ہیں، جو حدِ نگاہ تک پھیلی ہوئی ہے۔ آپ کو ایک مانوس سی آواز آنی شروع ہوتی ہے جو آہستہ آہستہ بلند ہوتی جاتی ہے۔ یہ آواز آپ کے لیے جانی پہچانی ہے کیونکہ آپ بچپن میں ڈومینوز کا کھیل کھیلتے رہے ہیں، یہ ڈومینوز کی ٹائلیں گرنے کی آواز ہے۔ آپ خوش ہونے کے ساتھ ساتھ حیران بھی ہوتے ہیں کہ کس طرح طبیعیات کے بنیادی قوانین نے یہ خوبصورت منظر پیش کیا۔ آپ کی حیرت آپ کو ڈومینوز کی اس قطار کے آخری سرے تک لے جاتی ہے تا کہ آپ اس شخص کو جان لیں جو یہ حیرت انگیز کارنامہ سرانجام دے رہا ہے۔

---

*Dominoes: چھوٹے ٹائلوں سے کھیلا جانے والا ایک کھیل، جس میں ٹائلیں ایک دوسرے سے کچھ فاصلے پر اس طرح عموداً کھڑی کی جاتی ہیں کہ جیسے ہی پہلی ٹائل کو گرایا جائے، تو اس کے بعد (یکے بعد دیگر) باقی ٹائلیں بھی گرتی چلی جاتی ہیں۔

اب میں آپ سے کچھ سوالات پوچھنا چاہتا ہوں۔ گلی میں چلتے ہوئے کیا آپ اس جگہ پہنچ جائیں گے جہاں سے ڈومینوز کے اس سلسلے کا آغاز ہوا یا آپ ہمیشہ چلتے ہی رہیں گے؟ ظاہر سی بات ہے، آپ بالآخر پہلے ڈومینو تک پہنچ جائیں گے۔ لیکن کیوں؟ کیونکہ آپ کو پتا ہے کہ اگر ڈومینوز کا سلسلہ لامحدود ہوتا تو آخری ڈومینو جو آپ کے قدموں کے بالکل قریب گرا تھا، کبھی نہ گرتا۔ وہ اس لئے کہ آخری ڈومینو کے گرنے سے پہلے ڈومینو کی ایک لامحدود تعداد کو گرنا ہوگا اور ظاہر ہے کہ لامحدود ڈومینوز کو گرنے کے لیے لامحدود وقت بھی درکار ہے۔ دوسرے الفاظ میں، آخری ڈومینو بھی نہ گر پاتا۔ یعنی آپ جانتے ہیں کہ آخری ڈومینو کے گرنے کے لیے لازمی ہے کہ اس سے پہلا ڈومینو گرتا اور اس ڈومینو کے گرنے کے لیے لازمی ہے کہ اس سے پہلے والا ڈومینو گرے، اگر یہ سلسلہ ہمیشہ جاری رہے تو کوئی ڈومینو بھی نہ گرے۔

اس مثال کو ذہن میں رکھتے ہوئے میں آپ سے ایک اور سوال پوچھنا چاہتا ہوں: فرض کیجئے کہ گلی میں چلتے ہوئے آپ اس پہلے ڈومینو تک پہنچ جاتے ہیں جس سے ڈومینوز کے گرنے کا سلسلہ شروع ہوا تھا، پہلے ڈومینو کے بارے میں کیا آپ یہ سوچیں گے کہ یہ ڈومینو خود بخود گر گیا ہوگا؟ بہ الفاظِ دیگر، کیا آپ یہ سوچ سکتے ہیں کہ پہلے ڈومینو کے گرنے کی وضاحت کسی بیرونی قوت یا بیرونی عامل کے بغیر کی جاسکتی ہے؟ بالکل نہیں؛ کیونکہ یہ حقیقت سے متعلق ہمارے بنیادی فہم کے خلاف ہے۔ کوئی بھی حرکت خود بخود عمل میں نہیں آتی، ہر چیز کے وجود یا ہر واقعے کے رونما ہونے کے پیچھے کوئی نہ کوئی وجہ ضرور ہوتی ہے۔ لہٰذا پہلے ڈومینو کے گرنے کی کوئی وجہ (بیرونی عامل) ضرور ہوگی؛ جیسے کہ کوئی شخص اسے چھو کر گرا دے، ہوا کا جھونکا یا کوئی چیز اس سے ٹکرا جائے۔ جب بھی ڈومینوز کی قطار کے گرنے کے واقعے کی وضاحت کی جائے گی، تو وہ پہلی وجہ ہماری وضاحت کا اہم ترین حصہ ہوگی۔

مذکورہ بالا حقائق کو یکجا کریں تو ہم اس نتیجے پر پہنچتے ہیں کہ نہ تو ڈومینوز کا کوئی سلسلہ لامتناہی ہو سکتا ہے اور نہ ہی پہلا ڈومینو خود بخود گر سکتا ہے؛ کبھی بھی، کسی بھی صورت میں، ایسا نہیں ہو سکتا۔ اوپر بیان کی گئی مثال "انحصار" کے بارے میں ہماری بحث کا خلاصہ ہے۔ کائنات بھی ڈومینوز کی ایک قطار کی طرح ہے۔ کائنات اور اس میں موجود ہر شئے "منحصر" ہے۔ وہ کسی ایسی چیز یا ہستی پر انحصار نہیں کر سکتی جو خود کسی دوسری چیز پر انحصار کرتی ہو۔

اس کی قرینِ قیاس وضاحت یہی ہے کہ کائنات اور اس میں موجود ہر چیز ایسی کسی ہستی کی ہی محتاج ہے جس کا وجود، کائنات پر منحصر نہ ہو (اور نہ وہ کسی دوسری چیز کا محتاج ہو)۔ یا یوں کہئے کہ اس ہستی کو کائنات پر یا اس طرح کی کسی دوسری چیز پر انحصار نہیں کرنا چاہئے، جس طرح کائنات کی ہر چیز کسی بیرونی چیز پر کرتی آئی ہے کیونکہ اس طرح ڈومینوز کی قطار میں مزید ڈومینوز کا اضافہ ہوتا چلا جائے گا جس کے لیے ایک الگ وضاحت درکار ہوگی۔ لہٰذا کوئی خود مختار اور لازوال ذات ضروری ہے جس پر ہر چیز انحصار کرتی ہے۔

احتیاج سے کیا مراد ہے؟

اس دلیل کو سمجھنے کے لیے یہ وضاحت لازمی ہے کہ "احتیاج" سے مراد کیا ہے؟ جب ہم کہتے ہیں کوئی چیز کسی کی محتاج ہے، تو اس کا کیا مطلب ہوتا ہے؟ اس کا جواب ذیل میں ہے:

- اولاً ایسی کوئی ایسی چیز ہے جو لازمی نہیں۔ لفظ 'لازمی' کا فلسفے میں ایک خاص تکنیکی مطلب ہے۔ عام استعمال کے برعکس، اس سے ایسی کوئی چیز مراد نہیں جس کی آپ کو ضرورت ہو۔ بلکہ جب فلسفی کسی چیز کے بارے میں "لزوم" کا لفظ استعمال کرتے ہیں تو ان کا مطلب یہ ہوتا ہے کہ یہ ناممکن اور نا قابلِ تصور تھا، کہ وہ چیز وجود نہ رکھتی۔ یہ ذرا مشکل تصور ہے اس لئے کہ ہمارے عملی تجربے میں کوئی ایسی چیز نہیں جو کبھی لازمی ہو۔ تاہم اس کے الٹ سوچ کر ہم "کسی چیز کے لازمی ہونے" کا مناسب مطلب سمجھ سکتے ہیں۔ کوئی شئے یا چیز جو "شرطِ لازم" نہ ہو، دلالت کرتی ہے کہ اس کا وجود ہونا بھی نہیں چاہئے۔ دوسرے الفاظ میں، یہ بات قابلِ فہم ہے کہ جو چیز کبھی وجود نہیں رکھتی تھی، وہ "غیر لازمی" ہے۔ وہ کرسی جس پر آپ اس وقت بیٹھے ہیں واضح ہے کہ یہ "لازمی" نہیں۔ ہم ایسی ہزاروں صورتوں کا تصور کر سکتے ہیں جہاں یہ (کرسی) موجود ہی نہ ہو۔ آپ نے اسے خریدنے کے لیے منتخب ہی نہ کیا ہو، بڑھئی نے اسے بنایا ہی نہ ہو، یا پھر تاجر نے اسے بیچنے کا سوچا ہی نہ ہو۔ واضح طور پر ایسی کئی آسان صورتیں سامنے آتی ہیں جن سے کرسی کا کوئی وجود ہی نہ ہوتا۔ (ممکن ہے اس وقت آپ کسی کرسی پر بیٹھے ہی نہ ہوں!)

اب یہاں ''پائے نہ جانے'' کا امکان، انحصار کرنے والی چیزوں کی خاص خصوصیت ہے۔ کوئی ایسی چیز جس میں یہ خصوصیت پائی جائے، اس کے وجود کی توجیہ لازمی ہے۔ یہ اس لئے کہ ایک ایسی چیز کے بارے میں، جس کا پہلے وجود ہی نہ ہو، آپ آسانی سے سوال کر سکتے ہیں: یہ چیز آخر کیوں موجود ہے؟ یا اس کرسی کے وجود میں آنے کی آخر کیا وجہ ہے؟ یہ ایک مناسب سوال ہے جس کی وضاحت ممکن ہے۔ ایسا نہیں ہو سکتا کہ کوئی چیز بلا وجہ وجود رکھتی ہو، کیونکہ اس کے وجود کے بارے میں کچھ بھی لازمی نہیں۔ یہ کہنا کہ کسی چیز کا وجود آپ اپنی وضاحت کرتا ہے، انحصار کی اس خصوصیت کا انکار کرنا ہے جسے ہم نے ابھی بیان کیا۔ چنانچہ، وضاحت اس چیز سے ہٹ کر ہونی لازمی ہے۔ اس سیاق میں وضاحت یا توجیہ سے ہماری مراد وہ خارجی عامل ہے، جو یہ وجہ بیان کرتا ہے کہ کوئی چیز کیوں وجود رکھتی ہے؟ لہٰذا لازمی ہے کہ وضاحت خارجی عامل پر مشتمل ہو۔

کرسی کی مثال پر واپس آتے ہیں۔ کئی محرکات مثلاً بڑھئی کا کرسی کو بنانا، تاجر کا اسے بیچنا اور آپ کا اسے خریدنا، کرسی کے وجود کی وضاحت کرتے ہیں۔ لہٰذا اگر کسی چیز کے وجود کے لیے خارجی عوامل درکار رہوں تو اس سے ثابت ہوتا ہے کہ وہ چیز اپنے علاوہ کسی دوسری چیز پر انحصار کرتی ہے۔ لہٰذا اس کا وجود کسی بیرونی چیز پر منحصر ہے۔ یہ استدلال کی ایک بنیادی، بدیہی اور عقلی شکل ہے۔ یہ اس لئے ہے کہ کسی ایسی چیز کے وجود کے بارے میں سوال کرنا جو پہلے وجود نہ رکھتی ہو، ایک عقل مند ذہن کی نشانی ہے۔

سوچئے سائنس دان کیا کرتے ہیں؟ وہ حقیقت کے مختلف پہلوؤں پر متوجہ ہوتے ہیں اور ان کے بارے میں سوال کرتے ہیں۔ (مثلاً) یہ پھول اس طرح کیوں ہے؟ اس جرثومے سے یہ بیماری کیوں لاحق ہوتی ہے؟ کائنات موجودہ رفتار ہی سے کیوں پھیل رہی ہے؟ یہ سارے سوالات کیوں مناسب قرار پاتے ہیں؟ کیونکہ یہ حقیقت ہے کہ ان میں سے کوئی بھی چیز لازمی نہیں۔ یعنی یہ ممکن تھا کہ ان میں سے کوئی بھی چیز اپنی موجودہ حالت میں نہ ہوتی یا سرے سے وجود ہی نہ رکھتی۔ اس تصور کو مزید واضح کرنے کے لیے اس مثال پر غور کیجئے:

آپ صبح صبح اٹھتے ہیں اور سیڑھیاں اتر کر کچن جاتے ہیں۔ آپ فریج کھولتے ہیں

اور انڈوں کے ڈبے پر آپ کو قلم ملتا ہے۔ سیدھی سی بات ہے یہ نہیں ہو سکتا کہ آپ فریج بند کر دیں اور یہ خیال کریں کہ قلم کا یہاں پر وجود لازمی ہے۔ آپ یہ بھی نہیں سوچیں گے کہ قلم خود بخود فریج میں پہنچ گیا ہے۔ آپ اپنے آپ سے یہ سوال ضرور کریں گے کہ قلم انڈوں کے ڈبے کے اوپر کیوں موجود ہے یا کیوں رکھا گیا ہے۔ یہ سوال پوچھنے کی وجہ یہ ہے کہ آپ جانتے ہیں کہ قلم کا انڈوں کے ڈبوں پر ہونا بہت مناسب نہیں۔ اس چیز کی اس جگہ پر موجودگی بیان کرنے کے لیے ایک وضاحت لازمی ہے اور جس انداز میں یہ وہاں پر موجود ہے 'اس انداز' کی بھی وضاحت درکار ہے۔ اس کی کئی وضاحتیں ہو سکتی ہیں لیکن یہ حقیقت کہ قلم کا یہاں وجود بیان کرنے کے لیے ایک وضاحت لازمی ہے، کا مطلب ہے کہ قلم (کسی دوسری چیز) پر انحصار کرتا ہے۔ قلم فریج میں کیا کر رہا ہے اور جس انداز میں یہ وہاں موجود ہے، اسے بھی واضح کرنے کے لیے خارجی عوامل پر مشتمل ایک وضاحت لازمی ہے۔ مثال کے طور پر یہ قلم کسی جگہ بنایا گیا اور آپ کے بیٹے نے کتابوں کی ایک دکان سے وہ قلم خریدا اور اسے غلطی سے فریج میں رکھ کر بھول گیا؛ یہ وہ خارجی عوامل ہیں جو قلم کے فریج میں موجود ہونے کو واضح کرتے ہیں۔ لہٰذا قلم ان خارجی عوامل پر انحصار کرتا ہے اور یہ خارجی عوامل، قلم کے وجود کی وضاحت کرتے ہیں۔

* ثانیاً ہر وہ چیز محتاج کہلائے گی اگر اس میں ترتیب ہو یا اس کے اجزائے ترکیبی کو مختلف طریقے سے ترتیب دیا جا سکتا ہو۔ ایسا اس لئے ہے کہ اس چیز سے ہٹ کر کوئی ذات یا چیز لازمی ہے جس نے اس کی خاص ترتیب کا تعین کیا ہے۔ ایک مثال کے ساتھ اس تصور کی وضاحت کرنے دیجئے: آپ گھر جا رہے ہیں اور آپ کا گزر ایک چوراہے کے بیچوں بیچ بنے ایک باغ کے قریب سے ہوتا ہے۔ آپ کی نظر پھولوں کے ایک قطعے پر پڑتی ہے جہاں تین الفاظ "I Love You" یعنی ترتیب میں لگے ہوئے نظر آتے ہیں۔ آپ یہ اخذ کر سکتے ہیں کہ پھولوں کی ترتیب میں کوئی خاص بات نہیں، انہیں کسی اور طریقے سے بھی ترتیب دی جا سکتی تھی۔ مثلاً الفاظ "I Love You" کے بجائے "I adore you" استعمال کئے جاتے، یا پھر پھولوں کو ترتیب ہی نہ دیا جاتا،

یہ بے ترتیب یا بکھرے پڑے ہوتے۔ چونکہ پھول کسی دوسری ترتیب میں لگائے جاسکتے تھے لہٰذا لازمی ہے کہ کسی خارجی قوت (خارجی عامل) ہی نے ان کی یہ خاص ترتیب معین کی ہو۔ موجودہ معاملے میں وہ کوئی مالی ہوسکتا ہے یا پھر مقامی حکومت کا کوئی پروجیکٹ۔ یہی حقیقت ان ساری چیزوں کے بارے میں ہے جن کا آپ مشاہدہ کرتے ہیں۔ ہر چیز خواہ وہ کوئی ایٹم ہو، کوئی لیپ ٹاپ ہو یا کوئی جاندار، ایک خاص انداز میں ترتیب دیئے گئے ہوتے ہیں۔ مزید براں، ہر بنیادی جزو کا موجود ہونا بھی لازمی نہیں۔ کسی چیز کے بنیادی اجزاء آپ اپنی یا اپنے وجود کی وضاحت نہیں کر سکتے، لہٰذا انہیں ایک خارجی وضاحت کی ضرورت ہوتی ہے۔

- ثالثاً ہر وہ چیز محتاج ہے جسے اپنے وجود کے لیے کسی بیرو عامل کی ضرورت ہے۔ یہ عام فہم بات ہے۔ ایک محتاج چیز اپنے آپ سے اپنا وجود برقرار نہیں رکھ سکتی۔ مثلاً بلی اپنا وجود خود سے قائم نہیں رکھ سکتی، اسے زندہ رہنے کے لیے بیرونی عوامل پر انحصار کرنا پڑتا ہے، جیسے غذا، پانی، آکسیجن اور جائے پناہ وغیرہ۔

- رابعاً کسی محتاج چیز کی تعریفی خصوصیات میں سے ہے کہ اس کی طبیعی خصوصیات محدود ہوں؛ جیسا کہ شکل، حجم، رنگ، درجۂ حرارت، چارج اور وزن وغیرہ۔ ایسا کیوں ہے؟ ظاہر ہے جب کسی چیز کی طبیعی خاصیت محدود ہے تو اس کا مطلب یہ ہے کہ اس خاصیت کے محدود ہونے کی کوئی بیرونی وجہ ہے، خواہ وہ کوئی ایک ذریعہ ہو یا کئی محرکات ہوں۔ ذیل کے سوالات اس نکتے کو مزید واضح کرتے ہیں۔ اس چیز کی یہ خصوصیات محدود کیوں ہیں؟ یہ اپنے موجودہ وزن سے دگنی کیوں نہیں؟ یہ کسی اور رنگ یا شکل میں کیوں موجود نہیں؟ یعنی اس چیز نے خود بخود اپنے حدود کا تعین نہیں کیا۔ مثال کے طور پر اگر میں ایک کیک اٹھاتا ہوں جو ایک محدود حجم، شکل، رنگ اور بناوٹ رکھتا ہے، اور میں دعویٰ کرتا ہوں کہ اس کا وجود لازمی ہے تو آپ مجھے بے وقوف خیال کریں گے۔ کیونکہ آپ جانتے ہیں کہ حجم، رنگت اور بناوٹ کا ذمہ دار کوئی بیرونی ذریعہ ہے۔ اس صورت میں وہ اس کیک کو بنانے والا یعنی بیکر ہے۔

لہٰذا یہ ایک معقول اور مناسب دعویٰ ہے کہ طبیعی خواص رکھنے والی تمام چیزیں محدود

ہوتی ہیں، ان سے پہلے یقیناً کوئی چیز ایسی ہوگی جو ان کی خصوصیات کی ذمہ دار ہوگی۔ یعنی تمام محدود طبعی اشیاء کا ایک نقطہ آغاز ہوگا، کیونکہ یہ ناقابلِ تصور ہے کہ محدود طبعی خاصیت رکھنے والی اشیاء ازل سے ہوں۔ اس کی وجہ یہ ہے کہ بیرونی ذرائع یا محرکات کا ایک مجموعہ یقیناً ہر محدود طبعی خصوصیت رکھنے والی چیز سے پہلے موجود ہونا چاہئے جو اس کی اُن محدود خصوصیات کا ذمہ دار بھی ہو۔

بالفرض اگر میں ایک پودا اٹھا لوں اور آپ سے کہوں کہ یہ ازل سے ہے تو آپ کا ردِعمل کیا ہوگا؟ آپ اس قسم کے دعوے پر ہنسیں گے۔ اگرچہ آپ نے اس پودے کو اگتے ہوئے نہیں دیکھا، لیکن آپ جانتے ہیں کہ یہ فانی یا محدود ہے کیونکہ یہ محدود طبعی خصوصیات رکھتا ہے۔ تاہم اگر محدود طبعی خصوصیات رکھنے والی چیزیں (بشمول یہ کائنات) دائمی ہوتیں، پھر بھی اس حقیقت سے انکار نہیں کیا جاسکتا کہ وہ ''محتاج'' ہیں اور ان کا وجود ''لازمی'' نہیں۔ یہ دلیل اپنی جگہ قائم رہتی ہے، چاہے مذکورہ شئے ازلی ہو یا پیدا شدہ ہو۔

احتیاج کی اوپر بیان کردہ جامع تعریف کے تناظر میں ہم اس نتیجے پر پہنچتے ہیں کہ کائنات اور اس میں موجود ہر شئے محتاج ہے۔ کسی بھی چیز پر غور کیجئے جو آپ کے ذہن میں آئے، جیسا کہ قلم، درخت، سورج، الیکٹرون، حتیٰ کہ کوانٹم خلاء۔ یہ سب چیزیں کسی نہ کسی لحاظ سے کسی بیرونی عامل کی محتاج ہیں۔ اگر یہ درست ہے تو وہ تمام چیزیں جو ہمارے مشاہدے میں آتی ہیں (بشمول کائنات کے)، ان کے وجود کی توجیہ کی مندرجہ ذیل میں سے کوئی ایک صورت ہوسکتی ہے:

- کائنات اور انسانی احاطہ ادراک میں آنے والی تمام اشیاء دائمی، لازمی اور خود مختار ہیں۔

- کائنات کا وجود اور انسانی احاطہ ادراک میں آنے والی تمام اشیاء کچھ اور چیزوں پر انحصار کرتی ہیں، جو خود بھی کسی نہ کسی کی محتاج ہیں۔

- کائنات اور احاطہ ادراک میں آنے والی تمام اشیاء نے اپنا وجود ایک ایسی ذات سے حاصل کیا ہے جو واجب الوجود ہے اور اسی طرح دائمی اور خود مختار ہے۔

ہم ان میں سے ہر صورت کا تفصیلی جائزہ لیں گے اور دیکھیں گے کہ کونسی صورت، کائنات

اوراس میں موجود ہر چیز کی احتیاجی تعلق کی بہتر وضاحت کرتی ہے۔

1۔ کائنات اور احاطۂ ادراک میں آنے والی تمام اشیاء دائمی، لازمی اور خود مختار ہیں

یہ کہنا کہ ہمارے احاطۂ ادراک میں آنے والی تمام اشیاء ہمیشہ سے ہیں اور ہمیشہ رہیں گی اور کسی خارجی عامل یا علت کی محتاج نہیں، عقل کے معیار پر پورا نہیں اترتا۔ انسانی احاطۂ ادراک میں آنے والی اشیاء ''لازمی'' وجود نہیں رکھتیں۔ ان کا وجود نہ ہونا بھی ممکن تھا کیونکہ ان کی طبعی خصوصیات محدود ہیں۔ چونکہ یہ پابندی انہوں نے خود اپنے اوپر نہیں لگائی، لہٰذا لازماً کوئی خارجی عامل یا عوامل ہی اس کا سبب ہوں گے۔ ہمارے ادراک اور مشاہدے میں آنے والی تمام چیزیں یا اشیاء صرف اپنے وجود کی بناء پر اپنی وضاحت نہیں کر سکتیں اور نہ ان کی یہ ترتیب بدیہی تھی، بلکہ ان کے اجزاء مختلف طریقے سے بھی ترتیب دیئے جا سکتے تھے۔

حتیٰ کہ اگر کائنات ازلی بھی ہوتی، تب بھی کچھ خارجی عوامل کا وجود لازم تھا جو اسے محدود طبعی (فزیکل) خصوصیات مہیا کرتی۔ چونکہ کائنات طبعی طور پر محدود ہے، لہٰذا وہ اپنے وجود کے لیے خارجی علتوں کی محتاج ہے۔ مزید یہ کہ کائنات کی ایک مخصوص شکل ہے؛ اس کی تشکیل کے بنیادی اجزاء موجودہ ترتیب سے مختلف کسی اور صورت میں بھی ترتیب دیئے جا سکتے تھے۔ اسی طرح کائنات کا وجود نہ ہونا بھی ممکن تھا، کائنات صرف اپنے وجود کی بناء پر اپنی وضاحت نہیں کر سکتی۔ ان نکات کی بناء پر ہم کائنات کے خود مختار ہونے یا خارجی عامل کے ماتحت نہ ہونے کے خیال کو بہ آسانی رد کر سکتے ہیں۔

2۔ کائنات اور ہمارے احاطۂ ادراک میں آنے والی تمام اشیاء اپنے وجود کے لیے اور چیزوں کی محتاج ہیں جو خود مزید اور چیزوں کے محتاج ہیں

کائنات اور انسانی احاطۂ ادراک میں آنے والی اشیاء کسی ایسی چیز کی محتاج نہیں ہو سکتیں جو خود کسی دوسری چیز کی محتاج ہو۔ چونکہ کائنات اور جو کچھ ہم دیکھتے ہیں، اپنی وضاحت خود نہیں کر سکتے، اسی لئے ان کی وضاحت کسی ایسے خارجی عامل سے بھی نہیں ہو سکتی جو خود محتاج ہو۔ اس لئے کہ اس محتاج چیز کو پھر اپنے وجود کی وضاحت بھی درکار ہو گی۔ یہ سلسلہ لامحدود ہو گا جو اصل وجہ کو بیان نہیں کر سکتا۔ اسی لئے محتاج چیزوں کی وضاحت کا صرف یہی طریقہ ہے کہ اسے ایسی چیز

سے مربوط کیا جائے جو خود کسی کی محتاج نہ ہو۔

اس کے باوجود، اگر کوئی اسی لامتناہی سلسلے پر اصرار کرے، تو یہ غلط ہے۔ اگر اس کائنات کی وضاحت کسی دوسری کائنات میں پوشیدہ ہو اور یوں یہ سلسلہ لامحدود ہو اور وہ سب ایک دوسرے کے محتاج ہوں، تو یہ چیز وضاحت کے مطلوبہ مسئلے کو حل نہیں کرے گی۔ اگر لامحدود کائناتیں ہوں تو تب بھی یہ سوال موجود رہے گا، کہ یہ کائناتوں کا لامحدود سلسلہ کیوں وجود رکھتا ہے؟ چاہے کائنات ہمیشہ سے ہے یا نہیں، اسے اپنے وجود کی تشریح کے لیے کسی توجیہ کی ضرورت پڑتی ہے۔

ہم ایک مثال سے اس بات کو سمجھنے کی کوشش کرتے ہیں۔ فرض کیجئے کہ لامتناہی تعداد میں انسان ہیں۔ ہر انسان اپنے والدین کے حیاتیاتی عمل کے نتیجے میں پیدا ہوا اور وہ والدین اپنے والدین سے اور یہ سلسلہ چلتا رہتا ہے۔ تب بھی یہ سوال اپنی جگہ معقول رہے گا کہ آخر یہ سارے انسان موجود کیوں ہیں؟ چاہے انسانوں کی ابتداء کوئی نہ ہو لیکن انسان در انسان کا یہ سلسلہ وضاحت کا محتاج رہے گا۔ چونکہ اس صورت میں یہ بھی ممکن تھا کہ کوئی بھی انسان موجود نہ ہوتا۔ مزید برآں اس کی جسمانی صفات بھی محدود ہیں۔ اب چونکہ انسان محدود ہے اور اس نے یہ حدود خود تخلیق نہیں کیں، تو لازماً وہ محتاج ہے۔ صرف یہ کہہ دینا کہ انسانوں کا سلسلہ لامحدود ہے، اس وضاحت کی ضرورت کو ختم نہیں کرتا۔ 174

یہ نکتہ یہ بھی فرض کرتا ہے کہ محتاج علتوں کا لامتناہی سلسلہ ممکن ہے۔ حالانکہ یہ بھی کسی طور پر عقل کے معیار پر پورا نہیں اترتا۔ مثلاً اگر ہماری کائنات کسی اور کائنات کی محتاج ہو اور وہ کسی اور کائنات کی اور اس طرح در کائنات سلسلہ چلتا رہے، تو کیا اس کائنات کا وجود ممکن ہوتا؟ اس کا جواب ہے ''نہیں،'' کیونکہ اس کائنات کے وجود میں آنے سے پہلے لامتناہی کائناتوں کو وجود میں آنا ہوگا۔ یاد رکھئے، چیزوں کی لامتناہی تعداد کا آغاز و اختتام نہیں ہوتا۔ اسی لئے یہ کائنات وجود نہ رکھتی اگر انحصار لامحدود ہوتے۔

3۔ کائنات اور احاطہ ادراک میں آنے والی تمام اشیاء اپنی وجود کے لیے ایک ایسی ذات کا محتاج ہے جو مزید کسی چیز کا محتاج نہیں، اور وہ دائمی اور خود مختار ہے

چونکہ کائنات اور انسانی احاطۂ ادراک میں آنے والی تمام اشیاء کسی نہ کسی خارجی عامل کی

محتاج ہوتی ہیں، لہٰذا یہ وضاحت سب سے زیادہ عقلی ہے کہ تمام اشیاء کا وجود کسی خود مختار اور ابدی و ازلی ذات کا محتاج ہے۔ اسے خود مختار ہونا چاہیے، کیونکہ اگر وہ محتاج ہوتی تو اسے اپنی وضاحت کی ضرورت ہوتی۔ اسے ازلی بھی ہونا چاہیے، کیونکہ اگر وہ ازلی نہ ہوتی (یا محدود ہوتی) تو یقیناً محتاج ہوتی، جیسا کہ محدود اشیاء کو اپنے وجود کی وضاحت کی ضرورت ہوتی ہے۔ اسی لئے ہم یہ نتیجہ اخذ کر سکتے ہیں کہ کائنات اور مشاہدے میں آنے والی ہر چیز ایسی ذات کی محتاج ہے جو ازلی اور خود مختار ہے۔ اس کی بہترین وضاحت اللہ تعالیٰ کے وجود سے ہوتی ہے۔

احتیاج کی یہ دلیل اسلامی تعلیمات سے مکمل ہم آہنگ ہے۔ قرآنِ مجید میں مختلف مقامات پر بار ہا اس ذاتِ بے نیاز کی صفاتِ عالی کا ذکر ہے جس نے ہر چیز کو وجود بخشا۔ جیسا کہ قرآن میں ارشاد ہے:

$$\text{فَإِنَّ اللّٰهَ غَنِيٌّ عَنِ الْعَالَمِينَ ٥}$$

''اللہ تعالیٰ تمام جہانوں سے بے نیاز ہے۔''[175] (سورۃ آلِ عمران، آیت 97)

$$\text{يَا أَيُّهَا النَّاسُ أَنْتُمُ الْفُقَرَاءُ إِلَى اللّٰهِ وَاللّٰهُ هُوَ الْغَنِيُّ الْحَمِيدُ ٥}$$

''اے لوگو! تم لوگ اللہ کے محتاج ہو اور اللہ غنی (اور بے نیاز) ہے اور تمام تعریفیں اسی کے لائق ہیں۔''[176] (سورۃ فاطر، آیت 15)

علامہ حافظ ابنِ کثیر اس ضمن میں فرماتے ہیں ''تمام انسانوں کو اللہ تعالیٰ کی ضرورت ہے جبکہ اسے کسی کی ضرورت نہیں۔ وہ یکتا اور تمام ضرورتوں سے بے نیاز ہے اور اس کا کوئی شریک نہیں۔''[177]

مشہور فلسفی ابنِ سینا نے اس دلیل کو اس طرح بیان کیا ہے: ''اللہ کی ذات واجب الوجود ہے یعنی خدا کا ہونا لازمی امر ہے۔'' تمام چیزوں کا خالق خدا ہے لہٰذا وہ خدا کی محتاج ہیں۔ اللہ کی ذات کے سوا تمام چیزوں کو ابنِ سینا نے ممکن الوجود کہا ہے۔[178]

اور بھی بہت سے علماء جیسے الرازیؒ، الغزالیؒ اور امام الحرمین جوینیؒ نے بھی اسی انحصاری کی دلیل سے استدلال کیا ہے۔ امام غزالیؒ نے اس دلیل کا جامع خلاصہ یوں پیش کیا ہے:

''وجود ہی سے انکار نہیں کیا جا سکتا۔ کسی چیز کا وجود تو ناگزیر ہے اور جو کوئی یہ کہتا ہے کہ کوئی

چیز بھی وجود نہیں رکھتی، تو وہ عقل اور لزوم کا مذاق اڑاتا ہے۔ پھر یہ رائے کہ وجود کا انکار نہیں کیا جا سکتا، ایک لازمی مقدمہ ہے۔ اب یہ وجود جسے اصولی طور پر تسلیم کیا گیا ہے، یا تو وہ لازمی ہو گا یا امکانی ... یعنی کسی وجود کو لازمی طور پر یا تو خود مختار ہونا چاہئے یا منحصر ... یہاں سے ہم یہ بحث کر سکتے ہیں کہ اگر تو وہ چیز جس کا وجود جس کا وجود تسلیم کیا گیا ہے، وہی لازمی ہے تو لازمی ذات کا وجود ثابت ہو گیا۔ اگر اس کے برعکس، اس کا وجود امکانی ہے، تو ہر امکانی وجود کسی دوسرے لازمی وجود پر ضرور منحصر ہوتا ہے۔ امکانی کا مطلب ہی یہ ہوتا ہے کہ اس کا وجود ہونا یا نہ ہونا دونوں ممکن ہیں۔ جو چیز بھی ایسی صفات رکھتی ہے، اس کا وجود انتخاب یا تعین کرنے والے پر منحصر ہے۔ اور یہ ایک لازمی امر ہے۔ چنانچہ ان ناگزیر مقدمات سے ایک لازمی ذات کا وجود ثابت ہو جاتا ہے۔'' [179]

خلاصہ یہ کہ اسلامی الہیات میں اللہ تعالیٰ کی چند صفات یہ ہیں:

- خود مختار
- وہ ذات جس پر تمام اشیاء کا انحصار ہے
- وہ ذات جو سب کی کفالت کرتی ہے
- ازلی و ابدی
- غنی یا بے نیاز
- واجب الوجود

اب ہم اس دلیل پر اٹھائے گئے اعتراضات کی طرف آتے ہیں۔

''کائنات خود مختار طور پر موجود ہے''

ملحدین کی طرف سے ایک عام اعتراض یہ ہوتا ہے کہ اگر ہم کہتے ہیں کہ خدا خود مختار اور لازمی ہے تو یہ بات ہم کائنات کے بارے میں کیوں نہیں کہہ سکتے؟ درج ذیل وجوہ کی بناء پر یہ ایک بے محل اعتراض ہے۔ پہلی بات یہ کہ کائنات کا ہونا کوئی لازمی امر نہیں، اس کا وجود نہ ہونا بھی ممکن تھا۔ دوسری بات کائنات میں ہر طرف پائی جانے والی حیران کن ترتیب ہے۔ اس کے بنیادی اجزاء یکسر مختلف طریقوں سے ترتیب دیئے جا سکتے تھے۔ چاہے کوئی ان اجزاء کو ورک سمجھے یا کسی طرح کی کوانٹم فیلڈ، یہ سوال اپنی اپنی جگہ رہے گا کہ اجزاء کی ترتیب موجودہ ڈھب ہی میں

کیوں ہے؟ چونکہ کوارک یا فیلڈ کی اس موجودہ ترتیب سے ہٹ کر ایک مختلف ترتیب کا وجود ممکن ہے، اس کا مطلب ہے کہ کائنات محتاج و منحصر ہے۔[180] یہ اپنی ماہیئت اور موجودہ ترتیب کے لیے کسی چیز کی محتاج ہے۔ ہمارے ادراک میں آنے والی تمام چیزیں ایسی ہیں کہ ان کی کچھ جسمانی حدود ہوتی ہیں۔ چاند، ستارے، کہکشائیں اور جانور وغیرہ، ان سب کی ایک مخصوص بناوٹ، جسامت اور شکل ہے چنانچہ یہ تمام چیزیں جن پر کائنات مشتمل ہے، محدود اور منحصر ہیں۔

''کائنات ایک سفاک سچائی (Brute Fact*) ہے''

ایک اور اعتراض یہ کیا جاتا ہے کہ ہمیں کائنات کے بارے میں سوال نہیں کرنا چاہئے۔ مشہور انگریز فلسفی برٹرانڈ رسل نے فادر کوپلسٹن کے ساتھ ریڈیو پر ایک مباحثے میں کہا تھا:''مجھے یہ کہنا پڑے گا کہ کائنات موجود ہے، اور بس۔''[181] اس دلیل میں عقلی شکست خوردگی واضح ہے۔ ہوا میں معلق سبز گیندوں[182] کی مندرجہ ذیل مثال دیکھئے:

فرض کیجئے کہ آپ پارک میں چہل قدمی کرتے ہوئے بچوں کے کھیل کے میدان کے اوپر ایک سبز رنگ کی گیند ہوا میں تیرتی دیکھتے ہیں، آپ کا کیا ردِعمل ہوگا؟ کیا آپ اسے میدان کا ضروری حصہ سمجھتے ہوئے نظر انداز کر دیں گے؟ ظاہر ہے ایسا نہیں کریں گے۔ آپ یہ سوال کریں گے کہ یہ گیند کیوں وجود رکھتی ہے اور اپنی موجودہ حالت میں ہی کیوں ہے؟ اب اس گیند کو آپ کائنات جتنا بڑا کر دیجئے، لیکن یہ سوال اپنی اپنی جگہ جوں کا توں موجود رہے گا: یہ گیند کیوں وجود رکھتی ہے اور اپنی موجودہ حالت میں ہی کیوں ہے؟ چنانچہ کائنات کے وجود کے بارے میں بھی سوال اسی طرح معقول ہے۔

مزید یہ کہ یہ اعتراض احمقانہ ہے کیونکہ یہ سائنس کو بھی بے وقعت کرتا ہے۔ سائنس مطالعے کا ایک خاص میدان ہے جو کائنات کے وجود اور اس کے سربستہ رازوں کو کھوجنے کے لیے وقف ہے، جسے ''کونیات'' (Cosmolgy) کہتے ہیں۔ یہ سائنسی دریافتوں کا ایک بالکل مستند

Brute Fact* (سفاک سچ): فلسفے میں اس سے مراد ایک ایسی سچائی ہے جسے مزید بنیادی سچائی یا مزید بنیادی وضاحت کے ذریعے بیان نہیں کیا جا سکتا۔ یعنی کہ سفاک سچ کو ''جہاں ہے، جیسا ہے'' کے انداز میں من و عن، بغیر سوال کے قبول کیا جاتا ہے۔ (مترجمین)

شعبہ ہے لہٰذا یہ کہنا کہ کائنات محض ایک ''سفاک سچائی'' ہے، مسلمہ سائنسی طرزِ فکر اور اصولوں کا مذاق اڑانے والی بات ہے۔

''سائنس بالآخر جواب تلاش کر لے گی!''

اس اعتراض کے مطابق، اس باب میں پیش کی گئی باتیں ایک مغالطے (fallacy) کی مثال ہیں، جسے ''لاعلمی (نامکمل علم) کا خدا'' (God of gaps) کہتے ہیں۔ اس کے مطابق، ہماری (موجودہ) سائنسی لاعلمی یا ناکامی کو ''وجودِ خدا'' کے ثبوت کے طور پر نہیں لیا جاسکتا کیونکہ ایک نہ ایک دن سائنس اِن باتوں کی وضاحت کر دے گی۔ یہ ایک غیر متعلق اعتراض ہے کیونکہ محتاجی کی دلیل کا مقصد کسی سائنسی سوال کا جواب دینا نہیں۔ کائنات کی توجیہ کا تعلق سائنس سے نہیں بلکہ مابعد الطبیعیات سے ہے، یہ محتاج یا منحصر چیزوں کی فطرت اور اثرات کو جاننے کی کوشش ہے۔ یہ دلیل تمام سائنسی وضاحتوں اور مظاہر پر لاگو کی جاسکتی ہے۔ مثال کے طور پر اگر ہم ''کثیر کائناتی مفروضے'' (ملٹی ورس ہائپوتھیسس) کو بھی فطری مظاہر کی توجیہ کے لیے پیش کر دیں، وہ پھر بھی محتاج ہی رہے گا۔ کیوں؟ کیونکہ اس توجیہ (کثیر یا لاتعداد کائناتوں) کے اجزاء کو مختلف طریقے سے ترتیب دیا جاسکتا ہے اور وہ اپنی وضاحت خود نہیں پیش کر سکتے، یا وہ اپنے وجود اور اپنی محدود صلاحیتوں کے لیے کسی خارجی وجود کے محتاج ہیں۔ اسی لئے وہ منحصر یا محتاج ہیں؛ اور جیسا کہ اس تحریر میں بیان کیا گیا، آپ ایک محتاج چیز کی وضاحت کے لیے دوسری محتاج چیز نہیں پیش کر سکتے۔

اگر سائنسدان کائنات کے وجود کی وضاحت کے لیے ایک خود مختار اور ازلی وجود کی دریافت کا دعویٰ کر بھی لیں تو ہم ثبوت مانگیں گے۔ مزے کی بات یہ ہے کہ وہ مشاہداتی ثبوت ان کے اس دعوے ہی کے متضاد ہوگا کیونکہ جو چیزیں حسی طور پر مشاہدے میں آتی ہیں، وہ اس بات پر دلالت کرتی ہیں کہ وہ محدود طبیعی صفات رکھتی ہیں، لہٰذا محتاج ٹھہرتی ہیں۔

سائنس کبھی بھی ابدی و ازلی اور خود مختار چیز دریافت نہیں کر سکتی کیونکہ اس کا دائرہ کار صرف مشاہداتی اور منحصر چیزوں تک محدود ہے۔ اس لئے یہ کہنا بے معنی ہے کہ سائنس ایک غیر سائنسی چیز دریافت کر لے گی۔ سائنس کیا ہے؟ سائنس ایک علمی طریقہ ہے جو جواب اور وضاحتیں مہیا کرتا ہے

(باب نمبر 12 ملاحظہ کیجئے)، اور یہ علمی طریقہ صرف منحصر چیزوں کی ہی وضاحت پیش کر سکتا ہے۔ اسے ذہن میں رکھتے ہوئے ہم جان سکتے ہیں کہ سائنس کا دائرہ کار منحصر چیزوں تک ہی محدود ہے۔ یعنی وہ چیزیں جن کے متعلق ہم یہ سوال کر سکتے ہیں: یہ کیوں وجود رکھتی ہے؟ یہ اس طرح کیوں موجود ہے؟ چنانچہ سائنس جو جواب مہیا کرتی ہے وہ کسی دوسری محتاج اور منحصر چیز سے ہی تعلق رکھتا ہے۔ تاہم، جیسا کہ ہم نے وضاحت کی، آپ ایک محتاج وجود کی وضاحت ایک دوسرے محتاج وجود سے نہیں کر سکتے کیونکہ اس محتاج وجود کو بھی وضاحت درکار ہوگی (باب کی ابتداء میں ہم یہ بحث کر چکے ہیں کہ ایسی چیز کا وجود نہیں ہو سکتا جو کسی اور منحصر چیز پر منحصر ہو اور وہ کسی منحصر چیز پر، اور یہ سلسلہ لامتناہی چلتا ہی رہے)۔ چونکہ درکار توجیہ خودمختار اور ازلی کی ہے، اس لئے سائنس کبھی اس بحث میں شامل نہیں ہو سکتی کیونکہ سائنس کا دائرہ کار مشاہداتی اور منحصر چیزوں تک محدود ہے۔

''آپ نے تو فرض کر لیا ہے کہ اللہ موجود ہے اور وہ ہی واحد لازمی وجود ہے!''

اس باب کے دلائل میں ہم نے خدا کو ''فرض'' نہیں کیا ہے۔ دلیل نے خدا کی طرف لے جانے کے لیے محتاجی یا انحصاری کا تصور نہیں بنایا بلکہ کائنات اور ہر اُس چیز نے جو ہمارے ادراک میں ہے، ہماری اس نظریے کی طرف رہنمائی کی ہے کہ ایک ابدی خودمختار ہستی ہونی چاہئے، جس کا وجود لازمی ہو۔ یہ نتیجہ اسلامی تصورِ خدا کی ترجمانی کرتا ہے۔ محتاجی اور انحصار کے نظریات، فلسفے میں معروف اور بحث شدہ ہیں (اس دلیل میں لفظ ''محتاجی یا انحصار'' کے استعمال کو عام طور پر فلسفے میں ''امکان'' کہا جاتا ہے)۔ یہ من گھڑت نظریات نہیں جن کے ذریعے خدائی تشریح کو مخفی طور پر عیاری سے پچھلے دروازے کے راستے سے داخل کیا جا سکے۔

''کیا خدا کو وضاحت کی ضرورت نہیں ہونی چاہئے؟''

اس باب میں پیش کردہ دلیل سے یہ نتیجہ نکلتا ہے کہ لازمی طور پر ایک دائمی اور خودمختار وجود ہونا چاہئے۔ یہ نتیجہ، خدا کے اسلامی تصور سے مطابقت رکھتا ہے۔ ایک لازمی وجود کی وضاحت کی ضرورت نہیں۔ اصطلاحاً، اس طرح کے وجود کو ایسی وضاحت کی، جو اس سے بیرونی اشیاء سے منسوب ہو، ضرورت نہیں ہوتی (منحصر چیزوں کے برعکس)۔ بلکہ ایک لازمی وجود کی وضاحت، اس کے اپنے وجود کی صفات سے کی جاتی ہے۔ دوسرے لفظوں میں، اس کا وجود نہ ہونا ''ناممکن''

تھا۔لہٰذا اسے اپنی ذات سے بیرونی وضاحت کی ضرورت نہیں۔

ترکیبی تناسبیت (Composition) کا منطقی مغالطہ

ترکیبی تناسبیت کا منطقی مغالطہ غلط فہمی کی وجہ سے یہ نتیجہ نکالتا ہے کہ کسی بھی چیز میں مجموعی طور پر وہی خصوصیات ہونی چاہئیں جو اس کے انفرادی حصوں (اجزاء) کی ہیں۔ایسا دعویٰ کرنا ہمیشہ غلط نہیں ہوتا، ہو سکتا ہے کہ کچھ ''کلّی خصوصیات'' ان خصوصیات کی حامل ہوں جو اس چیز کے انفرادی حصوں میں موجود ہوں، تاہم ہمیشہ ایسا نہیں ہوتا۔ مثال کے طور پر، ایک دیوار (مکمل) اینٹوں (انفرادی حصوں) سے بنی ہے۔ اینٹیں سخت ہیں، لہٰذا دیوار سخت ہے۔ یہ سچ ہے۔ اس کے برعکس، ایک فارسی قالین کو ملاحظہ کیجئے۔ قالین (مکمل) دھاگوں (انفرادی حصوں) سے بنا ہوتا ہے۔ یہ نتیجہ اخذ کرنا غلط ہوگا کہ چونکہ انفرادی دھاگے ہلکے ہوتے ہیں، لہٰذا قالین بھی ہلکا ہوگا۔

مذکورہ بالا مثال کے تناظر میں اعتراض کرنے والا یہ کہہ سکتا ہے کہ یہ دلیل کہ ''کائنات اس لئے محتاج ہے کیونکہ یہ محتاج حصوں کا مجموعہ ہے'' کوئی لازم نہیں۔ یعنی ہو سکتا ہے کہ کائنات کے اجزاء محتاج ہوں اور کائنات اپنی کلیت (مجموعی ساخت و خصوصیات) میں غیر محتاج ہو! بہر حال یہ ایک غلط اعتراض ہے۔ ہمارے تجربے کے مطابق، محتاج اجزاء ہمیشہ محتاج کل (Whole) تشکیل دیتے ہیں۔ مثال کے طور پر، ایک گھر محتاج اشیاء سے بنا ہوتا ہے اور مکان بھی محتاج ہے۔ اس کی محدود جسمانی خصوصیات ہیں، یہ موجود نہیں بھی ہو سکتا تھا اور اس کے بنیادی ڈھانچے کو ایک مختلف انداز میں بھی ترتیب دیا جا سکتا تھا۔اسی طرح کائنات بھی محتاج چیزوں سے بنی ہے، لہٰذا یہ محتاج ہے۔ بارِ ثبوت اعتراض کرنے والے پر ہے: یہ تو اسے ثابت کرنا ہے کہ کیسے محتاج اجزاء، محتاج کل نہیں بناتے۔

اس باب کو ختم کرنے سے پہلے، میں پروفیسر الیگزینڈر پروس اور پروفیسر جوشوا راسموسین کی کتاب ''واجب الوجود'' (Necessary Existence) پڑھنے کا مشورہ دوں گا۔[183] یہ کتاب اسی طرح کے اور دیگر علمی اعتراضات کا مدلل جواب دیتی ہے۔ اسلامی نقطۂ نظر کے لیے، میں آپ کو محمد حجاب کی کتاب ''علم الکلام'' پڑھنے کا مشورہ دوں گا۔[184]

ایک روحانی بات پر اختتام

خدا کا یہ تعارف کوئی خالص علمی مشق نہیں بلکہ یہ خدا کی محبت اور چاہت کا احساس پیدا کرتا ہے۔ ہم نے اس باب میں صرف یہ بتانے کی کوشش کی ہے کہ خدا ایک لازمی وجود ہے، وہ واجب الوجود ہے اور تمام اشیاء اسی کی وجہ سے وجود رکھتی ہیں۔ ہم انسان صرف فلسفیانہ قضیوں اور مسئلوں کے نتیجوں میں ہی خدا کے محتاج نہیں، بلکہ حقیقتاً ہر حوالے سے اس ذات کے محتاج ہیں چاہے وہ جسمانی ضروریات ہوں یا روحانی۔

ایک چھوٹی سی کہانی اس حوالے سے پیشِ خدمت ہے جو یہ بتاتی ہے کہ چونکہ ہم چار و ناچار اللہ تعالٰی کے وجود ہی کے محتاج ہیں اور دنیا و آخرت، دونوں میں کامیابی صرف اللہ کے فضل سے ہی ممکن ہے، لہٰذا ہمیں اللہ تعالٰی کی ہی بندگی اختیار کرنی چاہئے اور اسی کی خوشنودی تلاش کرنی چاہئے :

''ایک دن میں اپنے کھیتوں کی طرف نکلا، میرا چھوٹا سا کتا جو کھیتی خراب کرنے والے بندروں کا جانی دشمن ہے، وہ بھی میرے ساتھ تھا۔ وہ سخت گرمیوں کے دن تھے۔ میں اور میرا کتا گرمی کی شدّت کی وجہ سے صحیح سے سانس بھی نہیں لے پا رہے تھے۔ مجھے ایسا لگ رہا تھا کہ ہم میں سے کوئی ایک، کسی بھی لمحے گر کر بے ہوش ہو جائے گا۔ خدا خدا کر کے ہم ایک درخت تک پہنچے جس کے نیچے ٹھنڈا سایہ موجود تھا۔ میرا کتا خوشی سے دم ہلاتا ہوا اس چھاؤں کی طرف چل دیا۔

جب وہ درخت کے نیچے پہنچ گیا تو وہاں رکنے کے بجائے میرے پاس واپس ہانپتا ہوا آ گیا۔ اسے ہانپتا دیکھ کر مجھے اندازہ ہوا کہ وہ تھکن سے چور ہے۔ میں سائے کی طرف چل دیا یہ دیکھ کر میرا کتا خوش ہو گیا۔ پھر میں نے کچھ دیر کے لیے آگے بڑھنے کا تاثر دیا، بیچارہ جانور تھوڑے درد بھرے انداز سے غرّایا لیکن بہرحال پھر سے دم دبا کر میرے پیچھے چل دیا۔

وہ واقعی تھکن سے چور تھا لیکن کسی قیمت میرا ساتھ نہیں چھوڑنا چاہتا تھا۔ اس کی اس ادا نے مجھ پر گہرا اثر چھوڑا۔ اس جانور کی حد درجہ وفاداری کو کوئی کیسے سمجھے جبکہ وہ وفاداری کرتے ہوئے بغیر کسی دباؤ کے اپنی جان کی پرواہ بھی نہ کرے۔ یہ میرے ساتھ وفادار ہے صرف اس لئے، کہ یہ مجھے اپنا آقا جانتا ہے اس لئے اپنی زندگی کی بازی لگانے کو بھی تیار ہے۔ اے میرے رب! میں

پکارا اٹھا، میری بیمار روح کو شفا بخش دے، مرے آقا! مجھے اس جانور کی طرح اپنا وفادار بنا دے جسے میں حقارت سے کتا کہتا ہوں۔ مجھے بھی وہ طاقت عطا فرما کہ میں بلا کم و کاست، بغیر سوال اٹھائے تیرے بتائے راستوں پر چلوں۔ میں اس کتے کا خالق نہیں یہ میرا ہی وفادار ہے اور وہ بھی بیشمار پریشانیوں کے باوجود۔ یا اللہ! تو ہی ہے جس نے اس کتے کو یہ خوبی عطا فرمائی۔ اے مرے رب، یہ خوبیاں اسے بھی عطا مادے جو آپ سے ان کا سوال کرے، جیسے میں نے کیا، محبّت اور بے لوث اطاعت کی ہمت۔ پھر میں واپس درخت کی پرسکون چھاؤں میں جا بیٹھا اور میرا چھوٹا سا ساتھی بھی میرے سامنے آ بیٹھا جیسے کوئی سنجیدہ بات کرنا چاہتا ہو۔'' [185]

اِنکارِ خدا سے اِنکارِ خودی تک

شعور کی دلیل

میرے ابا چہل قدمی کے لیے جانے کو پسند کرتے ہیں۔ وہ ایسے سوالات پر غور و فکر کرتے ہیں جو متفکر آدمیوں کو لاحق رہتے ہیں۔ انہوں نے مجھے ایک مرتبہ بتایا کہ ایک بار اپنے شوق کی تسکین کے لیے وہ لندن کے "اسپیکرز کارنر" جا نکلے۔ یہ وہ عوامی مقام ہے جو انسان اور کائنات سے متعلق مختلف فلسفوں بشمول سیاسیات اور ہمہ قسم کے تضادات پر زور و شور سے جاری رہنے والے مباحثوں کے لیے مشہور ہے۔ یہ اظہارِ رائے کی مکمل آزادی کی جگہ ہے جہاں کوئی بھی، جو جی میں آتا ہے اور جس طرح چاہتا ہے، کہہ سکتا ہے۔ اس کارنر میں عام طور پر خدا کے وجود سے متعلق الہیاتی اور فلسفیانہ مباحث ہوتے رہتے ہیں۔ جس دن میرے ابا وہاں گئے تھے، اس دن وہاں انہوں نے ایک ایسے مباحثے میں دلچسپی لی جس کا موضوع تھا کہ آیا ہمارے پاس خدا کے وجود کے عقیدے کو درست تسلیم کرنے کے لیے کافی شواہد ہیں یا نہیں۔ میرے ابا جان نے بحث کو کاٹتے ہوئے کہا: "اگر تم خدا کا انکار کرتے ہو تو تم خود اپنی ذات کا انکار کرتے ہو!" جس وقت میرے ابا نے مجھے یہ کہانی سنائی، اس وقت مجھے ان کی بات کے اثرات و نتائج کا اندازہ نہیں ہوا تھا۔ قصہ مختصر، چند دہائیوں بعد، آج میں اس باب میں ان کی

مستحکم دانش کی تفصیل بیان کرنا چاہوں گا۔

میرے اباجان اس مجمع کو یہ بتا رہے تھے کہ چونکہ ہم اپنے وجود اور شناخت (اور احساسات) کا شعور رکھتے ہیں، یہ اس بات کی واضح نشانی ہے کہ کوئی باشعور ہستی ہے جس نے ہمیں پیدا فرمایا۔ وسیع تناظر میں، میرے اباجان جس چیز کی طرف اشارہ کر رہے تھے، وہ ہے مظہری شعور (phenomenal consciousness)۔ بہ الفاظِ دیگر، یہ حقیقت کہ ہم اندرونی و داخلی تجربات سے دو چار ہوتے ہیں۔ مظہری شعور ہماری اس صلاحیت سے متعلق ہے جو ہم کسی خاص شعوری کیفیت میں ہونے کے تجربے سے متعلق، داخلی اور ذہنی آگاہی رکھتے ہیں۔ مثال کے طور پر جب میں اپنا پسندیدہ چاکلیٹ کھاتا ہوں یا جب میں قرآن حکیم کی تلاوت سنتا ہوں، تو میں اس ذہنی تجربے سے دو چار ہوتا ہوں اور میں اس بات کا ٹھیک ٹھیک اندازہ کر سکتا ہوں کہ اس شعوری کیفیت میں ہونے کا احساس کیسا ہے۔ تاہم کوئی اور شخص اس کیفیت تک رسائی نہیں پا سکتا کہ میرے لئے یہ ذہنی تجربات کیسے ہیں۔ چاکلیٹ اور تلاوت قرآن سے متعلق یقیناً دیگر لوگوں کے اپنے نقطہ ہائے نظر ہوں گے، لیکن وہ کبھی بھی ان تجربات کے دوران میرے احساسات کا نہ تو حقیقی طور پر تجربہ کر سکتے ہیں اور نہ ہی ان کو پوری طرح سمجھ سکتے ہیں۔

یہاں تک کہ اگر آپ میرے مادی دماغ کے بارے میں ہر ایک تفصیل جان بھی لیتے، تب بھی آپ کبھی نہ جان پاتے کہ میرے لئے کسی خاص تجربے سے دو چار ہونا کیسا ہے، وہ چاہے کینو کا جوس پینا ہو، یا غروب آفتاب کے خوب صورت منظر سے لطف اندوز ہونا ہو یا گرفتارِ محبت ہونا ہو۔ اس کی بنیادی وجہ یہ ہے کہ علم الاعصاب (نیورولوجی) زیادہ تر اعضاء کے مابین تعلق کا علم ہے۔ علم الاعصاب کے ماہرین دماغ کی سرگرمی کا مشاہدہ کرتے ہیں اور اس سرگرمی کا تقابل اس چیز سے کرتے ہیں جس کے شعور میں ہونے کی اطلاع اس مطالعے میں شریک فرد دیتا ہے۔ تاہم یہ تقابلی مطالعے ہمیں کبھی بھی اس بارے میں کچھ نہیں بتا سکتے کہ اس فرد کے لیے مذکورہ کیفیت سے دو چار ہونا کیسا محسوس ہوتا ہے؛ یہ سائنسی تجربات صرف اتنا بتاتے ہیں کہ یہ کب واقع ہوتا ہے۔ ممکن ہے آپ کہہ اٹھیں کہ زیرِ مطالعہ شخص اعصابیاتی ماہر کو اپنا داخلی تجربہ بتا سکتا/سکتی ہے، اور یوں اس سوال کا جواب مل جاتا ہے۔ تاہم یہ کوئی جواب نہیں، کیونکہ کوئی شخص زیادہ سے زیادہ 'سرد'، 'دردناک'، 'میٹھا'، 'خوب صورت'، اور 'غمگین' جیسے الفاظ استعمال کر سکتا ہے لیکن وہ کبھی یہ نہیں

بتا سکتا کہ ایسے تجربات و احساسات سے دو چار ہونا اصل میں کیسا ہے۔ الفاظ، معانی اور تجربات کی سواریاں ہیں، لیکن ہم پر لازم ہے کہ کسی دوسرے کے شعوری تجربات کو پوری طرح سمجھنے کے لیے الفاظ سے ماوراء جائیں۔ داخلی شعوری تجربے کا ایک دوسرا پرفریب پہلو یہ ہے کہ غیر ذی شعور حیاتیاتی اور طبیعیاتی سلسلہ ہائے اعمال سے داخلی تجربات خواہ مخواہ ابھرتے ہیں۔ ایسا کیوں ہے کہ غیر ذی شعور مادے سے منفرد داخلی احساس جنم لیتا ہے؟ فلسفۂ نفس اور علم الاعصاب میں یہ ایک اہم سوال ہے۔

اب تک میں نے جو مسائل متعارف کروائے ہیں، وہ اس میدان کے ماہرین کے نزدیک ''شعور کا مسئلۂ سنگین'' (hard problem of consciousness) کہلاتے ہیں۔ یہ مسئلہ ابتداء سے لاینحل چلا آ رہا ہے، باوجود اس کے کہ اس نے ہماری شناخت اور ہماری شعوری تجربات کی فطرت سے متعلق بہت سے گرما گرم بحثوں کے لیے چنگاری کا کام دیا ہے۔ ریسرچ فیلو، ڈینئیل بور اس مسئلے کی یوں وضاحت کرتا ہے:

''دنیا میں بہت سے سنگین مسائل ہیں لیکن صرف ایک ہی مسئلہ ایسا ہے جو اپنے آپ کو بجا طور پر ''سنگین مسئلہ'' کہلواتا ہے۔ وہ ہے شعور کا مسئلہ — کس طرح لگ بھگ 1300 گرام اعصابی خلیّے ان رنگا رنگ احساسات، خیالات، یادوں اور جذبات کے دریا کوزے میں بند کئے بیٹھے ہیں، جو ہر جاگتے لمحے پر محیط ہیں... یہ سنگین مسئلہ لاینحل ہی رہتا ہے۔''[186]

یہ حقیقت کہ ہم داخلی ذاتی شعوری تجربات سے دو چار ہوتے ہیں، اس کی مکمل وضاحت صرف اس طرح کی جا سکتی ہے کہ ایک باخبر اور باشعور ذات موجود ہے جس نے ہمیں اپنے داخلی ذاتی تجربات سے آگاہی کی یہ صلاحیتیں بخشیں۔ دیگر وضاحتیں ابتداء ہی سے ناکام ہو جاتی ہیں — مثال کے طور پر، کائنات سے متعلق ایک بے ٹیچ بستہ، مادہ پرستانہ نقطۂ نظر اس مسئلے کے حل کی کوئی امید

اپنی دنیا آپ پیدا کر اگر زندوں میں ہے   سِرّ آدم ہے ضمیرِ کُن فکاں ہے زندگی

نہیں دیتا۔ تصور کیجیے کہ کائنات کی ابتداء میں آپ کے پاس صرف مادے کے اجزاء کی ایک سادہ ترکیب تھی، اور پھر ایک لمبی مدت میں ان اجزاء نے مسلسل اپنی ترتیب نو کرتے ہوئے اپنے آپ کو انسانوں میں ڈھال دیا، تا کہ وہ شعور پیدا کریں۔ یہ جادو معلوم ہوتا ہے کیونکہ مادہ (اپنی اصل میں) زندگی سے عاری، اندھا اور کسی بھی قسم کے ''شعور'' سے محروم ہوتا ہے؛ تو یہ کیونکر ایسے عظیم الشان مظہر کا ذریعہ ہو سکتا ہے؟ * یہ نہیں ہو سکتا۔ مثال کے طور پر میں آپ کو **1000** روپے نہیں دے سکتا، اگر یہ رقم میرے پاس نہ ہو۔ اسی طرح، مادہ شعور کو جنم نہیں دے سکتا اگر وہ اس میں موجود نہ ہو اور نہ اس میں شعور کو جنم دینے کی کوئی صلاحیت ہو۔ ہو سکتا ہے آپ کہیں کہ میں پیسے کما سکتا ہوں اور پھر کسی کو دے سکتا ہوں؛ اسی طرح مادہ بھی کسی نہ کسی طرح کسی پیچیدہ سلسلۂ اعمال کے ذریعے شعور ''کما'' سکتا ہے۔ یہ ناممکن ہے کیونکہ ایک انفرادی غیر ذی شعور سلسلۂ عمل، دوسرے انفرادی غیر شعوری سلسلۂ عمل کے ساتھ جمع ہو کر، دو غیر شعوری سلسلہ ہائے اعمال ہی پیش کرے گا۔ یہ ایسے ہی ہے جیسے لوہے کے ایک ٹکڑے کو لکڑی میں بدلنے کی کوشش کرنا؛ چاہے آپ لوہے کو جیسے مرضی الٹ پھر کر لیجیے، یہ کبھی بھی لکڑی میں نہیں بدلنے والا، حتیٰ کہ اگر آپ مزید لوہا ڈال دیں تب بھی۔

اس باب کا مقصد شعور کے اس سنگین مسئلے کی رہ کے عمومی وضاحتی کوششوں کے تار و پود بکھیرنا اور یہ واضح کرنا ہے کہ کس طرح الٰہیاتی نقطہ نظر زیادہ درست طور پر، اللہ تعالیٰ کے وجود کے اثبات کے ذریعے، ایک بہترین وضاحت پیش کرتا ہے۔ میں یہ بھی واضح کروں گا کہ یہ ایسا مسئلہ نہیں کہ جس کا سائنس آخر کار ہمیں جواب دے دے گی' کیونکہ اگر ہم دماغ کے متعلق ہر چیز کی تفصیل جان لیں اور محض حیاتیاتی، مادہ پرستانہ (یا یہاں تک کہ غیر الٰہیاتی فلسفیانہ) وضاحتوں پر زور دیں، تو پھر بھی ہم شعور کے سنگین مسئلے کا تسلی بخش جواب نہیں دے پائیں گے۔

مسئلۂ سنگین کے متعلق مزید باتیں

ان کے اپنے اعتراف کے مطابق، شعور کے مسئلہ نے محققین کے لیے بہت سے لاینحل مسائل پیدا کیے ہیں۔ خاص طور پر وہ جو اپنے مادہ پرستانہ نقطہ نظر میں بہت پختگی سے یقین رکھنے والے ہیں۔ پروفیسر کرسٹوف کوخ اپنی کتاب ''شعور: ایک رومانوی تخفیف کار کے اعترافات''

میں کھلے عام اعتراف کرتا ہے:

"یہ ایک معما ہے کہ کس طرح دماغ حیاتی برقیاتی (bioelectric) سرگرمی کو داخلی کیفیتوں میں ڈھالتا ہے، کس طرح پانی کی سطح پر سے معکوس ہو کر آنے والے فوٹون (روشنی کے ذرّے)، جادوئی انداز میں ایک ٹمٹماتی فیروزی پہاڑی جھیل کا احساس تشکیل دیتے ہیں۔ اعصابی نظام اور شعور کے درمیان تعلق کی اصلیت ابہام کا شکار اور لامحدود مگر دم بحث و تکرار کا موضوع بنی رہتی ہے۔۔۔ سائنسی اسلوب کے لیے، جو اتنے بہت سے دیگر امور میں بے انتہا مفید ثابت ہوا ہے، اس کی وضاحت کرنا جوئے شیر لانے کے مترادف ہے، کہ کس طرح مادے کا ایک شاندار طور پر منظم، چھوٹا سا ٹکڑا ایک داخلی نقطۂ نظر کا مالک ہو سکتا ہے۔"[187]

یہ ناحل شدہ مسائل، دماغ کی طبیعی ساخت اور اس سے متعلقہ مسائل نہیں کہ ہم کیسے کسی شعوری حالت اور دماغی سرگرمی میں باہمی تعلق کو جان سکتے ہیں۔ اگر مجھے درد ہے تو میرے دماغ میں کوئی خاص سرگرمی یہ ظاہر کرتی ہے کہ میں درد محسوس کر رہا ہوں۔ یہاں انسانی جسمانی دماغ اور شعور کے اس تعلق کا انکار نہیں کیا جا رہا، لیکن میں یہاں ضرور اس بات پر زور دوں گا کہ یہ صرف ایک تعلق ہی ہے۔ دماغ اور شعور ایک ہی چیز نہیں۔ اس مثال پر غور کیجیے: دماغ گاڑی ہے اور شعور ڈرائیور ہے۔ گاڑی بغیر ڈرائیور کے نہیں چلے گی اور اگر گاڑی خراب ہوئی تو ڈرائیور گاڑی کو درست انداز میں چلا نہیں پائے گا۔ تاہم وہ دونوں کئی اعتبار سے مختلف اور خود مختار وجود ہیں۔

وہ کون سے مسائل ہیں جن کا حل اس میدان کے ماہرین ڈھونڈھنے میں لگے ہیں، اور کیوں دماغ اور شعور ایک ہی چیز نہیں؟ ان سوالوں کے جواب اس میں پوشیدہ ہیں، جسے "شعور کا مسئلۂ سنگین" کہا جاتا ہے۔ "شعور کا مسئلۂ سنگین" ہمارے داخلی ذاتی تجربات سے متعلق ہے۔ بہ الفاظِ دیگر، مسئلہ یہ ہے کہ سائنس باہر سے یہ بیان نہیں کر سکتی کہ کسی خاص ذی روح کے لیے کسی داخلی شعوری تجربے سے دو چار ہونا کیسا ہے۔ پروفیسر ڈیوڈ چامرز جنہوں نے "شعور کے مسئلۂ سنگین" کی یہ اصطلاح متعارف کروائی، اس کی وضاحت یوں کرتے ہیں:

"شعور کا حقیقی مسئلۂ سنگین تجربے کا مسئلہ ہے۔ جب ہم سوچ بچار اور غور و خوص

کرتے ہیں تو (اعصاب کی سطح پر) معلومات کی برق رفتار اور غیر معمولی عمل کاری (انفارمیشن پروسیسنگ) ہوتی ہے، لیکن اس کا ایک داخلی پہلو بھی ہے .... یہ داخلی پہلو انسان کا تجربہ کہلاتا ہے۔ مثال کے طور پر جب ہم دیکھتے ہیں، تو ہم بصری احساسات کے تجربے سے دو چار ہوتے ہیں: سرخی کی محسوس کردہ کیفیت، تاریکی اور روشنی کا تجربہ، کسی طبیعی میدان (فزیکل فیلڈ) میں گہرائی کی نوعیت۔ دیگر تجربات، ادراک کے ساتھ ساتھ مختلف صورتوں میں نمایاں ہوتے رہتے ہیں: بانسری کی آواز، کافور کی مہک۔ پھر درد سے لے کر شہوانی سرمستی تک کے جسمانی احساسات ہیں؛ ذہنی تصاویر جو اندر جمع ہوتی ہیں؛ جذبات کی محسوس کردہ کیفیت؛ شعوری خیالات کے بہاؤ کا تجربہ۔ جو چیز ان سب حالتوں کو باہم جوڑتی ہے، وہ یہ ہے کہ ان کیفیتوں میں ہونے کا ایک احساس انسان کے ذہن میں نمودار ہوتا ہے۔ یہ سب تجربے کی کیفیتیں ہیں۔...اگر کوئی مسئلہ، سنگین مسئلہ کہلائے جانے کے لائق ہے تو وہ یہی (شعور کا مسئلہ) ہے۔ "شعور" کے ان بنیادی معنوں میں، ایک جاندار، اور ایک ذہنی کیفیت 'باشعورٗ ہے، اگر وہ اس کیفیت میں ہونے کے تجربے سے دو چار ہو۔" 188،

پروفیسر ٹارِن آلٹر شعور کے مسئلۂ سنگین کی تعریف میں ایک اور جہت کا اضافہ کرتے ہیں۔ ان کی توجہ کا مرکز اس بے بسی پر ہے کہ "مادی (جسمانی) دماغ کیسے شعوری تجربات پیدا کرتا ہے" کا جواب کیسے دیا جائے:

"جیسے میں یہ الفاظ رقم کرتا ہوں، میرے دماغ میں موجود ادراک کی نظام، معلومات کی بصری اور سمعی عمل کاری (پروسیسنگ) میں مصروف ہو جاتا ہے۔ یہ عمل کاری مظہری شعور کی حالتوں کے ساتھ واقع ہوتی ہے، جیسے کہ کی بورڈ کی ٹک ٹک کو سننے کا سمعی تجربہ اور کمپیوٹر اسکرین پر نمودار ہوتے حروف کو دیکھنے کا بصری تجربہ۔ ایسا کیوں ہے کہ میرے دماغی افعال ان تجربات کو وجود میں لاتے ہیں؟ صرف وہی کیوں؟ اس کے سوا دوسرے کیوں نہیں؟ بلاشبہ، کسی بھی مادی واقعے کے ساتھ کوئی

شعوری تجربہ کیوں مربوط ہے؟ ایسے مسائل کا مجموعہ، شعور کے مسئلۂ سنگین کے طور پر جانا جاتا ہے ... یہاں تک کہ جب تمام متعلقہ وظائف اور اہلیتوں کی وضاحت کئے جانے کے بعد بھی کوئی معقول طور پر یہ سوال اٹھا سکتا ہے کہ کسی کمپیوٹر اسکرین پر حروف کو نمودار ہوتا دیکھنے کا احساس ایسی چیز کیوں ہے؟''189،

آیئے، میں اوپر کی تعریفوں کی ایک مثال سے تسہیل کروں۔ فرض کیجئے کہ آپ ایک اسٹرابیری کھانے والے ہیں۔ سائنسدان اور فلسفی، دماغ میں جاری ایسی سرگرمیاں معلوم کر پائیں گے جو یہ ظاہر کریں گی کہ آپ کوئی چیز کھا رہے ہیں۔ ہو سکتا ہے وہ یہاں تک بھی بتا سکیں کہ آپ کوئی پھل کھا رہے ہیں، اور آپ سے اپنی شعوری تجربے کی وضاحت پوچھ کے وہ یہ بھی بتا سکیں کہ آیا آپ کو یہ تجربہ لذیذ یا میٹھا معلوم ہوا کہ نہیں۔ تاہم، وہ کبھی معلوم نہیں کر سکیں گے، نہ مشاہدہ کر سکیں گے، کہ اسٹرابیری کھانا آپ کے لیے کیسا ہے؟ یا آپ کے لیے لذت یا مٹھاس کا مطلب کیا ہے اور ان سے آپ محسوس کیا کرتے ہیں؟ اور ایسا کیوں ہے کہ اسٹرابیری کھانے کے مادی عمل (فزیکل پروسیس) سے آپ کو اس خاص داخلی تجربے کا سامنا ہوا۔

یہ مد نظر رکھنا ضروری ہے کہ یہاں درپیش مسئلہ صرف ایک علمی مسئلہ نہیں، یہ اعصابی حیاتیات کے ناقص فہم یا محض اعصابی حیاتیاتی وقوعات کے ہمارے مشاہدے میں نقص ہونے کی وجہ سے بھی نہیں، کہ کسی کے لیے کسی داخلی ذاتی شعوری تجربے سے دوچار ہونا کیسا ہے۔ بلکہ، یہ ایک وجودی مسئلہ ہے؛ یہ مظہری تجربے کے منبع اور فطرت سے متعلق ہے۔ مادی (اعصابی حیاتیات) اور داخلی شعور مکمل مختلف ہیں۔ ان سوالوں کا جواب معلوم نہ کر پانے کی وجہ سے کہ کسی انسان کے لیے کسی داخلی ذاتی شعوری تجربے سے دوچار ہونا کیسا ہے، اور یہ کہ کس طرح مادی و طبیعی سلسلہ ہائے اعمال سے یہ تجربات جنم لیتے ہیں، ذیل کے سوالات پیدا ہوتے ہیں:

شعوری تجربے کی حقیقت کیا ہے؟

ان تجربات کا منبع اولین کیا ہے؟

مسئلۂ سنگین کی وضاحت کی ناکام کوششیں

شعور اور اس کے مسئلۂ سنگین کی وضاحت کی بہت سی باہم مقابل کوششیں کی گئی ہیں۔ ان میں حیاتیاتی، مادی اور غیر مادی وضاحتیں شامل ہیں۔ میں یہاں یہ واضح کرنے کی کوشش کروں گا کہ شعور کے مسئلۂ سنگین کی تسلی بخش وضاحت پیش کرنے میں یہ کوششیں کیوں ناکام ہو گئیں، اور کیوں اسلامی الٰہیات ہی اس کی بہترین وضاحت کر سکتی ہے۔ بالفاظِ دیگر، اللہ خالق ارض و سماء کا وجود ہی ان سوالوں کے جواب کی عقلی بنیاد فراہم کرتا ہے جن کا جواب دینے میں فلسفی اور علم الاعصاب کے ماہرین ناکام ٹھہرے ہیں۔

حیاتیاتی وضاحتیں

آئیے، پہلے یہ دیکھتے ہیں کہ حیاتیاتی وضاحتیں کیوں ناکام ہوئیں۔ حیاتیاتی وضاحت کی بعض کوششوں میں درج ذیل شامل ہیں:

1- فرانسس کرک اور کرسٹاف کوخ کا 'اعصابی حیاتیاتی نظریۂ شعور کی جانب ایک راہ'

Francis Crick, Christof Koch: "Toward a

Neurobiological Theory of Consciousness"

2- برنارڈ بارز کا 'نظریہ عالمی مقامِ کار'

Bernard Baars "Global Workplace Theory"

3- جیرالڈ ایلڈرمین اور گویلیو ٹونونی کا 'نظریہ مغزِ محرک'

Gerald Elderman, Giulio Tononi "The Dynamic

Core theory"

4- رَڈولفو لیناس کا نظریہ 'اعصابی قشریٔ لزوم'

Rodolfo Llinas "Thalamocortical Binding theory"

5- وکٹر لیم کا 'نظریہ تکرارِ عمل کاری'

Victor Lamme "Recurrent Processing theory"

6-سمیر زکی کا' نظریہ خردِ شعوری'

Semir Zeki "Microconsciousness theory"

7-اور،اینٹونیو دیے سیو کا' نظریہ احساسِ ماجرا'

Antonio Damasio "The Feeling of What Happens Theory"

اگر چہ ان تجرباتی نظریات کی پیچیدگیوں اور کمزوریوں کی وضاحت اس مضمون کا مدعا نہیں (کیونکہ ان سب کے اپنے اپنے فلسفیانہ نتائج اور مفروضے ہیں، جو ذیل میں مختصراً بیان کئے گئے ہیں)،تاہم ان میں سے کوئی ایک بھی شعور کے مسئلے کی مفصل طور پر وضاحت نہیں کرتا۔ پروفیسر ڈیوڈ چامرز اپنی کتاب "شعور کی خاصیت" میں شعور کے مسئلہ سنگین کی وضاحت میں حیاتیاتی نقطۂ نظر کی ناکامی پر روشنی ڈالتے ہیں۔ وہ ایسی پانچ خطرناک چالوں کا ذکر کرتے ہیں جو الحاد کے مدعی اس ضمن میں عام طور پر استعمال کرتے ہیں:[190]

پہلی چال یہ ہے کہ کوئی اور چیز بیان کر ڈالی جائے۔ محققین محض یہ کہہ دیتے ہیں کہ تجربے کا مسئلہ ابھی کے لیے بہت ہی مشکل ہے۔ کوخ اس ناکام چال کا کھلم کھلا اعتراف کرتے ہیں۔ ایک شائع شدہ انٹرویو میں انہوں نے اعتراف کیا:''اچھا، پہلے تو زیادہ مشکل پہلوؤں کو بھول جائیے، جیسے داخلی احساسات، کیونکہ ہوسکتا ہے کہ ان کا کوئی سائنسی حل ہی نہ ہو۔تفریح کی، درد کی،لطف کی، نیلا رنگ دیکھنے کی، گلاب سونگھنے کی داخلی کیفیت -ایسا لگتا ہے کہ سالموں (مالیکیولز) اور اعصابی خلیوں کی وضاحت کے مادی درجے اور داخلی نفسی وضاحت کے درجے میں بہت بڑا خلا باقی ہے۔''[191]

دوسری چال شعور کے مسئلہ سنگین کا انکار کرنے کی ہے۔ یہ فیصلہ کیا جاتا ہے کہ ہم ارادے کی آزادی کے دھوکے میں مبتلا زومبی (zombies) ہیں۔ یہ چال حقیقتِ انسانی کو بغیر کسی داخلی تجربے کے، محض حیاتیاتی مشین قرار دیتی ہے۔ بہ الفاظِ دیگر، یہ مسئلے کو نظر انداز کر دیتی ہے اور بنی نوع انسان کی ایک بالکل انوکھی تعریف پیش کرتی ہے۔

تیسری چپال یہ دعویٰ کرنا ہے کہ داخلی تجربے کی وضاحت انسانی دماغ میں ہونے والی مادی سرگرمیوں کی تفہیم کے ذریعے کی جائے گی۔ تاہم یہ جادو جیسا لگتا ہے۔ شعوری تجربہ بغیر کسی وضاحت کے رونما ہوتا ہے۔ اس سوال کا کوئی جواب کبھی نہیں دیا گیا ہے کہ کس طرح یہ طبیعی سرگرمیاں، داخلی ذاتی تجربات کو نمو بخشتی ہیں؟' مزید برآں، مادی سرگرمیوں کی تفہیم ہمیں اس بارے میں کچھ نہیں بتاتا کہ ایک شخص کے لیے کسی خاص داخلی شعوری تجربے سے دو چار ہونا کیسا ہے۔

چوتھی چپال تجربے کی ساخت بیان کرنے کی ہے۔ یہ چال ہمیں اس بارے میں کچھ نہیں بتاتی کہ تجربے کا وجود ہی کیوں ہے، اور محض تجربے کی ساخت کے بیان سے یہ ہمیں اس بات کا کوئی جواب نہیں ملتا کہ ایک شخص کے لیے خاص تجربات سے دو چار ہونا کیسا ہے۔

پانچویں چپال تجربے کی سب سے نچلی تہ (تجربے کی بنیاد یا بنیادی ترین پرت) کو (باقی تمام عوامل سے) بالکل الگ کر دینے کی ہے۔ یہ تدبیر مخصوص سرگرمیوں کی تفہیم کے ذریعے تجربے کی اعصابی بنیادوں کو علیحدہ کرنے کی کوشش کرتی ہے۔ تاہم، اس طرح یہ واضح نہیں ہوتا کہ کسی داخلی شعوری تجربے سے دو چار ہونا کیسا ہے؟ اور یہ ان سرگرمیوں سے کیوں اور کیسے جنم لیتا ہے؟

فلسفۂ ذہن (Philosophy of Mind) کے مباحث

اب ہم اس مقام پر ہیں جہاں ہم اس بحث میں داخل ہو سکتے ہیں کہ ذہن (مائنڈ) کی پیچیدہ گتھیوں پر تحقیق کرنے والے فلسفی اس مسئلۂ سنگین کو حل کرنے کے لیے شعور کی وضاحت کیسے کرتے ہیں۔ یہاں یہ بات ذہن میں رکھنی ضروری ہے کہ سائنسی نظریات کے ساتھ فلسفیانہ مفروضات وابستہ ہیں۔ چنانچہ فلسفیانہ نظریات کی وضاحت سے تجرباتی نظریات کی وضاحت بھی ہو جائے گی۔ پروفیسر اینتی ریونسو اس مسئلے کی وضاحت کرتے ہیں:

''تاہم، یہ تجرباتی سائنسدانوں کے لیے مفید ہے کہ وہ مختلف فلسفیانہ متبادلات سے آگاہ رہیں کیونکہ ہر تجرباتی نظریے میں لازمی طور پر کسی نہ کسی قسم کا پختہ فلسفیانہ عزم بھی شامل ہوتا ہے۔ ... وہ مجموعی تجرباتی نقطۂ نظر جو ایک سائنس دان شعور کی طرف

اختیار کرتا ہے، وہ سائنس کی ماہیئت اور شعور کی حقیقت کی طرف اس کے گزشتہ فلسفیانہ عزائم یا وجدان و ادراک سے متاثر ہوا ہوتا ہے، چاہے وہ ایسے عزائم سے آگاہ ہو یا نہ ہو۔،،[192]

پروفیسر ریکارڈو منیزوتی اور پاولو مودریٹو بھی واضح کرتے ہیں کہ علوم الاعصاب ،،فرشتوں کی طرح معصوم،،[193] نہیں اور یہ کہ ،،تجرباتی معلومات کے تجزیّے لازماً کسی خاص مقدمے کے نقطۂ نظر سے کئے جاتے ہیں۔،،[194]

شعور کی وضاحت کی مختلف فلسفیانہ کوششوں میں سے کوئی بھی اتنی واضح اور مفصل نہیں کہ الٰہیاتی وضاحت کو جھٹلا سکے۔ ان کوششوں کی مادی اور غیر مادی قسموں میں تفریق کی جاسکتی ہے۔ ذیل میں ان کوششوں کا مختصر خاکہ پیش خدمت ہے اور یہ وضاحت بھی کہ وہ کیوں ناکام ہوئیں۔

مادی نقطہ ہائے نظر

دوسرے محققین اور ماہرین کے تتبع میں، طبیعیت (physicalism) اور مادیت (materialism) کی اصطلاحات کو یہاں ایک دوسرے کے متبادل کے طور پر استعمال کیا جائے گا۔[195] [196] اگرچہ ان کی علیحدہ تواریخ اور کچھ نظریاتی اختلافات بھی ہیں،[197] مگر اس باب میں جن تصورات کا ذکر ہے، ان کی حد تک یہ آپس میں نہیں ٹکراتے۔ دونوں اصطلاحات کا مطلب یہ ہے کہ شعور کی وضاحت طبیعی علوم سے کی جاسکتی ہے، لیکن اس کا ہمیشہ یہ مطلب نہیں ہوتا کہ شعوری حالتوں اور مادی اجزاء کا موازنہ لازماً ہونا چاہئے۔

مادی حقائق، کلی حقائق نہیں!

قبل اس کے کہ میں ان تمام مادی نقطہ ہائے نظر کی گہرائی میں اتروں، میں اس کی وضاحت کرنا چاہوں گا کہ فرینک جیکسن کی پیش کردہ، طاقتور ،،دلیلِ مریم،، (Mary argument) کے سامنے کس طرح مادیت اور طبیعیت کے تار و پود (بالعموم) بکھر جاتے ہیں۔ ذیل میں اس کا خلاصہ پیش خدمت ہے:

مریم اپنی آج تک کی ساری زندگی ایک ایسے کمرے میں گزارتی رہی ہے جس میں

صرف سفید اور سیاہ، دو ہی رنگ ہیں اور دنیا کے بارے میں معلومات بے رنگ کمپیوٹروں اور ٹیلی وژنوں کے ذریعے حاصل کرتی رہی ہے۔ مریم کو اپنے کمرے میں ان تمام سائنسی تجرباتی معلومات تک رسائی حاصل ہے کہ جب انسان مادی مظاہر کو دیکھتا ہے تو انسانی دماغ میں کیا واقع ہوتا ہے۔ وہ انسانی آنکھ کے ذریعے چیزوں کے ادراک کے عمل کی سائنس کے متعلق سب کچھ جانتی ہے۔ تاہم وہ نہیں جانتی کہ رنگوں کو اصل میں دیکھنا کیسا ہے۔ آج اسے پہلی مرتبہ کمرے سے باہر نکلنے کی اجازت ملی ہے۔ جیسے ہی وہ دروازہ کھولتی ہے، اسے ایک سرخ گلاب نظر آتا ہے، اور زندگی میں پہلی بار سرخ رنگ دیکھنے کے تجربے سے دوچار ہوتی ہے۔ وہ تب ہی سرخ رنگ کو سمجھ پاتی ہے جب وہ اسے دیکھ لیتی ہے۔[198] اس کا بصری تاثر اور رنگوں سے متعلق تمام مادی و جسمانی حقائق کا علم، اسے اس نئے مشاہدے اور احساس کے لیے تیار نہیں کر پایا تھا جو اسے پہلی بار سرخ رنگ دیکھنے پر ہوا۔ مادی حقائق کی تفہیم کے ذریعے وہ یہ نہیں جان سکی کہ سرخ رنگ دیکھنے کا تجربہ کیسا ہوتا ہے۔ وہ اس تجربے کے بارے میں صرف تب جان سکی جس لمحے اس کو وہ تجربہ پیش آیا۔

چامرز یہ واضح کرنے کے لیے کہ دلیلِ مریم، فلسفۂ مادیت کے "شعور کا مسئلۂ سنگین" حل کرنے کی ناکام کوشش کے کیسے پرخچے اُڑاتی ہے، ذیل کے مقدمات پیش کرتا ہے:

مریم کو تمام "مادی حقیقتوں" کا علم ہے۔

مریم تمام حقائق کو نہیں جانتی۔

مادی حقائق تمام حقیقتوں کا احاطہ نہیں کرتے۔[199]

چامرز کی دلیل یہاں یہ ظاہر کرتی ہے کہ مادی دنیا کا علم، داخلی شعوری حقائق کے علم تک رسائی نہیں دیتا۔ مثال کے طور پر سرخ رنگ کو دیکھنا کیسا ہے۔ یہ واضح طور پر مادیت کو غلط ثابت کرتی ہے۔ چالمرز اس دلیل کی جامع/عمومی وضاحت کچھ اس طرح کرتا ہے:

شعور سے متعلق ایسے حقائق ہیں جو صرف مادی حقائق سے اخذ نہیں کیے جا سکتے۔

اگر شعور کے متعلق ایسے حقائق ہیں جو مادی حقائق سے اخذ نہیں کیے جا سکتے، تو پھر

مادیت غلط ہے ۔

چنانچہ مادیت (واقعتاً) غلط ہے ۔[200]

مادیت اپنی تمام تر شکلوں میں داخلی شعور کی وضاحت نہیں کرتی کیونکہ مادی دماغ کا علم کسی اندرونی ذہنی تجربے کی تفہیم کا راستہ ہموار نہیں کرتا، اور نہ اس کی کہ مادی دماغ کی سرگرمیوں سے وہ تجربات کیوں جنم لیتے ہیں ۔ مادی اعتقادیت اس مقصد کے لیے غیر مناسب ہے کیونکہ شعور سے متعلق ایسے حقائق ہیں جو مادی حقائق سے اخذ نہیں کئے جا سکتے ۔

دلیلِ مریم پر بہت سے عجیب و غریب اعتراضات اٹھائے گئے ہیں ۔ ایک اعتراض یہ ہے کہ اگر مریم نے تمام مادی حقائق جان لئے ہیں تو یہ معلوم کرنا ممکن نہیں رہتا کہ وہ کیا جانے گی ۔ یہ اعتراض، دلیلِ مریم کی ناقص تفہیم کی وجہ سے پیش آتا ہے ۔ یہ اس مفروضے پر مبنی ہے کہ دلیلِ مریم اس بارے میں ہے کہ تمام مادی حقائق کو جاننا کیسا ہے ۔ اس کے برعکس، اس دلیل کا بنیادی نکتہ مریم کی اس نا اہلی پر مرکوز ہے کہ وہ بغیر سرخ رنگ دیکھے محض سائنسی مطالعے سے جان لیتی کہ سرخ رنگ کو دیکھنا کیسا ہے ۔ لہٰذا دلیلِ مریم پر کیا جانے والا اعتراض اس پر مرکوز ہونا چاہئے کہ سرخ رنگ دیکھنے سے مریم کو کیا حاصل ہوتا ہے، نہ کہ اس پر کہ اگر اس کے پاس تمام مادی حقائق ہوتے تو وہ کیا جانتی ۔

دوسرا اعتراض صلاحیت کا مفروضہ ہے ۔ یہ مفروضہ کہتا ہے کہ مریم کوئی نیا علم حاصل نہیں کرتی بلکہ صرف نئی صلاحیتیں حاصل کرتی ہے ۔ مثال کے طور پر جب کوئی شخص سائیکل چلانا سیکھتا ہے تو وہ سائیکل کے متعلق نئی چیزیں نہیں جان رہا ہوتا، وہ محض اس پر سوار ہونے کی صلاحیت حاصل کرتا ہے ۔ یہ اعتراض ناقص ہے ۔ اگر مریم کمرے سے نکلنے پر نئی صلاحیتیں حاصل کر سکتی ہے، تو یہ بھی ممکن ہے کہ وہ نئے حقائق بھی جان لے ۔ جب کوئی شخص سائیکل کی سواری سیکھتا ہے، تو وہ محض اس کی صلاحیت حاصل نہیں کرتا، وہ نئے حقائق بھی حاصل کرتا ہے ۔ مثال کے طور پر اگر کوئی شخص تیزی سے اترائی اتر رہا ہے، تو وہ آخر کار یہ جان لے گا کہ بریک کا مسلسل استعمال نہیں کرنا چاہئے کیونکہ اس سے رِم (سائیکل کے پہیوں کے دھاتی حصے) زیادہ گرم ہو سکتے ہیں ۔ اترائی میں رفتار پر قابو رکھنے کے لیے، بریک کو دو دو سیکنڈ کے وقفے سے آہستہ آہستہ دبانا ہوتا ہے ۔

پروفیسر برائن لور کا اعتراض دلیلِ مریم کو ایک سخت چیلنج دیتا ہے۔ برائن لور کہتا ہے کہ مریم سرخ رنگ کے متعلق نئی معلومات حاصل نہیں کرتی، بلکہ اس رنگ کے متعلق جو کچھ پہلے سے جانتی تھی، اس کی تفہیم کا صرف ایک نیا انداز جان لیتی ہے۔ یہ طرزِ فکر کہتا ہے کہ صرف ایک خاصیت ہے جو اس (مخصوص) خاصیت سے متعلق مختلف تصورات و تفہیمات کو جنم دے سکتی ہے۔ یہ تصورات، مادی و عملی تصورات اور مظہری تصورات ہیں (یعنی وہ تصورات جو داخلی تجربے کی طرف اشارہ کرتے ہیں)۔ چنانچہ جب مریم نے پہلی دفعہ سرخ رنگ دیکھا تو وہ کسی نئی خصوصیت کے تجربے سے دو چار نہیں تھی اور اس کے متعلق نئے حقائق کا علم نہیں حاصل کر رہی تھی۔ وہ جو کچھ پہلے سے جانتی تھی، اسے سمجھنے کے ایک نئے انداز کے تجربے سے گزر رہی تھی۔ کمرے سے نکلنے سے پہلے وہ مادی و عملی خطوط پر سرخ رنگ کی خصوصیات سے واقف تھی۔ لیکن جب وہ کمرے سے باہر نکلی، تو اس نے سرخ رنگ کی خصوصیات کو مظہری خطوط پر پہچاننے کا ایک نیا انداز سیکھا۔ مریم مظہری تصورات کو صرف تب حاصل کر سکتی ہے جب وہ سرخ رنگ دیکھ لیتی ہے، کیونکہ یہ تصورات صرف سرخ رنگ دیکھنے سے ہی حاصل ہوتے ہیں۔[201]

لور کے اعتراض کا سب سے اہم مسئلہ یہ ہے کہ یہ اس مفروضے پر قائم ہے کہ ہم مظہری تصورات صرف مادی خصوصیات کے مشاہدے سے حاصل کر سکتے ہیں۔ تاہم اس سے یہ سوال پیدا ہوتا ہے 'جب ہم کسی مادی و عملی خصوصیت کے مشاہدے کے شعوری حالت کے تجربے سے دو چار ہوتے ہیں، تو ہمارا دماغ کیونکر کوئی مظہری تصور حاصل کر لیتا ہے؟' لور کوئی مناسب جواب نہیں دیتا۔ چنانچہ یہی کہا جائے گا کہ دلیلِ مریم اپنی جگہ قائم رہے گی کیونکہ یہ اس بنیادی سوال کا جواب دیتا ہے: ہم مظہری تصورات اس لئے حاصل کرتے ہیں کیونکہ چیزوں (بشمول ہم) میں مادی اور مظہری خصوصیات شامل ہیں۔ الغرض، یہ کہنا کہ کسی مادی خصوصیت سے مظہری تصورات جنم لیتے ہیں، اس علم کی وضاحت کرنے کے لیے نا مناسب ہے جو ایک شخص کسی داخلی شعوری تجربے سے دو چار ہو کر حاصل کرتا ہے۔[202] ایسی کئی دیگر وجوہ بھی ہیں کہ کیوں لور کا اسلوب، مظہری تصور حتمی نہیں۔ برائن لور کے اعتراض پر مفصل بحث اور ردّ کے لیے ملاحظہ کیجیے:

1- مچل ٹائے کی 'شعور پر نظرِ ثانی: مادیت بنا تصوراتِ مظہری'[203]

Consciousness Revisited: Materialism without

Phenomenal Concepts, by Michel Tye

2- اِرہان دیمرشی اغلو کی 'مادیت وتصورات مظہری'، [204]

Physicalism and Phenomenal Concepts,

by Erhan Demicrioglu

3- کیرول پولسن کی 'برائن لور بر مادیت وتصورات مظہری'، [205/ 206]

Brian Loar on Physicalism and Phenomenal

Concepts, by Karol Polcyn

4- اور، ڈیوڈ چامرز کا مضمون بعنوان 'مظہری تصورات اور وضاحتی خلا'، [207]

Phenomenal Concepts and the Explanatory Gap,

by David Chalmers

دلیلِ مریم پر بھی مادیت کی حمایت اور مخالفت میں زبردست شہادتوں کے ساتھ خاصا وسیع علمی مواد موجود ہے۔ اس موضوع پر دستیاب مواد کی جانچ پڑتال کا یہ محل نہیں ۔ تاہم، ان علمی مباحث کی محض موجودگی سے اس باب میں جو مؤقف پیش کیا گیا ہے، اس کی حیثیت کمزور نہیں ہوتی ۔

'چلیئے، اس مسئلے کو جانے دیجیئے': جان چھڑاؤ مادیت

جان چھڑاؤ (eliminative) مادہ پرست یہ مفروضہ قائم کرتے ہیں کہ مادی سلسلہٴ اعمال کے ذریعے ہر چیز کی وضاحت کی جاسکتی ہے، اور وہ داخلی شعوری حالتوں کے وجود کو تسلیم نہیں کرتے ۔ وہ کہتے ہیں کہ دماغ، اعصابی خلیوں سے مل کر بنا ہے جن میں طبیعی اور کیمیائی سرگرمیاں جاری وساری رہتی ہیں؛ چنانچہ، ان پیچیدہ سرگرمیوں کی وضاحت سے آخر کار شعور کی وضاحت ہو ہی جائے گی ۔ [208] جان چھڑاؤ مادہ پرستوں کا کہنا ہے کہ داخلی شعور کی وضاحت کے لیے 'پرانی (فوک) نفسیات' کے تصورات، جو ہم نے (موجودہ مادی علوم کی طرف سے حل نہ کئے جانے کی وجہ سے) گڑھ رکھے ہیں، علم الاعصاب کی 'بلوغت' پر متروک ہو کر رہ جائیں گے ۔ [209] یہ تب ہوگا جب علم الاعصاب، داخلی شعور کو 'جسمانی ساخت کے مخصوص مقامات میں

اعصابی سرگرمیوں' سے بدل دے گا۔[210] الغرض، کسی نہ کسی دن سائنس اس چیز کی وضاحت کر دے گی جسے ہم داخلی شعور کہتے ہیں؛ یوں یہ مسئلہ حل ہو جائے گا۔

جان چھڑاؤ مادہ پرستانہ نقطۂ نظر کی تقلید میں، تجزیاتی فلسفی پیٹریشیا چرچ لینڈ کہتی ہے کہ جب ہم اپنے سائنسی علم کو بہتر بنائیں گے تو داخلی شعور کا مسئلہ حل ہو جائے گا۔ چرچ لینڈ کہتی ہے کہ شعور کے مسئلۂ سنگین کو علم الاعصاب کے دیگر مسائل سے الگ نہیں رکھنا چاہیے۔ چرچ لینڈ کے مطابق، اس کی وجہ یہ ہے کہ محققین کے روبرو غیر حل شدہ مسائل کی ایک فہرست موجود ہے، اور یہ کہنا کہ وہ کبھی حل نہیں ہوں گے، نامعقول لگتا ہے۔ محض اس لئے کہ مسئلۂ سنگین کو پیچیدہ اور مشکل کہا گیا ہے، اس سے یہ مطلب نہیں نکلتا کہ اس کا کبھی کوئی سائنسی حل سامنے ہی نہیں آئے گا۔ چرچ لینڈ اپنی دلیل کے حق میں سائنس کی تاریخ کا حوالہ دیتی ہے۔ تاریخ سے یہ ظاہر ہوتا ہے کہ سائنس نے بہت سے ''سنگین مسائل'' کو حل کیا ہے، جس سے یہ ظاہر ہوتا ہے کہ ''شعور کا مسئلۂ سنگین'' بھی حل ہو ہی جائے گا۔[211]

تاہم طبیعی اور کیمیائی (فزیکل اینڈ کیمیکل) سرگرمیاں ہمیں اس بارے میں کچھ نہیں بتاتیں کہ کسی خاص باشعور ہستی کے لیے کسی داخلی ذاتی تجربے سے دو چار ہونا کیسا ہے۔ اس کا مطلب ہوا کہ خارجی مادہ پرست کی نظر میں داخلی ذاتی تجربات محض ایک واہمہ ہیں۔ بالفاظِ دیگر، اس نظریئے کے پرچارک شعور کے مسئلۂ سنگین کو حقیقت میں تسلیم ہی نہیں کرتے، کیونکہ ان کا دعویٰ ہے کہ مادہ اور مادی سرگرمیاں ہی ہر چیز کی وضاحت کے لیے کافی ہیں۔ تاہم، مادی و کیمیائی سرگرمیاں ہمیں اس بارے میں کچھ نہیں بتاتیں کہ کسی داخلی ذاتی تجربے سے شعوری طور پر دو چار ہونا کیسا ہے۔ مزید برآں، مادہ، داخلی شعوری تجربے کے عالمِ وجود میں آنے کی وضاحت بھی نہیں کر سکتا کیونکہ یہ بے بستہ، اندھا اور غیر ذی شعور شئے ہے۔ کوئی چیز کسی ایسی چیز کو جنم نہیں دے سکتی جب تک کہ وہ چیز پہلے سے اس میں موجود نہ ہو یا اس میں اس چیز کو جنم دینے کی صلاحیت نہ ہو۔ مادہ اور طبیعی سرگرمیاں اصلاً غیر ذی شعور ہیں اور اس لئے داخلی شعوری تجربے کو جنم نہیں دے سکتیں کیونکہ یہ خاصیت ان میں نہیں۔

فرینک جیکسن اور فلپ پیٹِٹ کا مؤقف ہے کہ جان چھڑاؤ مادہ پرستوں کا یہ دعویٰ کہ — سائنس کی تاریخ نے ہمیں یہ بتلایا ہے کہ مادہ پرست کی زبان ہماری روایتی نفسیات کی جگہ لے

لے گی۔منطقی طور پر مستحکم نہیں ہوتا۔ان کے مؤقف کی بنیاد یہ دلیل ہے کہ کسی نظریے کے نتائج کو اس لئے مسترد کرنا کہ کسی دوسرے نظریے کی دریافت کا "محض امکان" ہے کہ جو ممکنہ طور پر زیادہ وسیع اور قوی وضاحتی صلاحیت رکھتا ہو، نا معقول طرزِ فکر ہے۔ کسی مظہر کی سائنسی طور پر بہتر کسی طریقہ وضاحت کی موجودگی کے باوجود ایسا ممکن ہے کہ اسی ضمن میں کسی کمزور تر نظریے کے دعوے بدستور درست ہوں۔ جیکسن اور پیٹِٹ "گیس کے حرکی نظریے" کی مثال دیتے ہیں۔ یہ نظریہ یہ مشاہدہ کرتا ہے: "سالموں کے خُرد بینی طرزِ عمل اور تعاملات کا، جن کے نتیجے میں قابل ذکر اثرات مرتب ہوتے ہیں"۔[212] یہ نظریہ "خرد بینی مظاہر کے قابل ذکر اثرات کے نتائج" درست طور پر دینے کے لیے شماریاتی تجزیے بروئے کار لاتا ہے۔ جیکسن اور پیٹِٹ یہ خیال پیش کرتے ہیں کہ اگر کوئی فرضی "شاندار حرکی نظریہ" سامنے آئے اور "گیس کے ہر سالے کے مقام، کمیت، رفتار اور جسامت کی بالکل درست" شماریاتی غلطیوں سے پاک، معیّن شماریات فراہم کر دے، تو بھی اس کی کوئی بنیاد نہیں ملتی کہ اس حقیقت کا انکار کیا جائے کہ گیس کا درجہ حرارت اور دباؤ ہوتا ہے۔[213] جیکسن اور پیٹِٹ اپنا مدعا یوں بیان کرتے ہیں:

"اس کے باوجود 'شاندار حرکی نظریے' کی بنیادی خصوصیات کے ساتھ درجہ حرارت اور دباؤ کی تخفیفی وضاحت ممکن نہیں۔ مثال کے طور پر، کسی سالے کے درجہ حرارت کا اس کی کمیت، رفتار یا مقام کے ساتھ تبادلہ نہیں کیا جا سکتا۔ گیس کے ان قوانین میں جو درجہ حرارت، دباؤ، اور حجم کے پیمانوں پر استوار ہوں اور جو کمیت، مقام، اور سالموں کی رفتار کے پیمانوں پر قائم قوانین ہیں، ان میں کسی قسم کی مشابہت بہت نہیں ہو گی۔ دونوں نظریات کے بنیادی تقسیمی اصول بہت مختلف ہیں۔"

چنانچہ شعور کے مسئلۂ سنگین کی وضاحت سے جان چھڑانے کی یہ چال نہایت بھونڈی معلوم ہوتی ہے کیونکہ یہ اس نکتے ہی کو نظر انداز کر دیتی ہے جس کا سوال کیا گیا ہے۔ جان چھڑاؤ مادیت کے نتائج کا نچوڑ یہ بے ہودہ بات ہے کہ ہم داخلی ذاتی شعور نہیں رکھتے۔ تاہم داخلی ذاتی تجربات سے دو چار ہونے کی ہماری صلاحیت "ہماری اپنی ذات سے متعلق" ایک سچائی ہے؛ اس کا انکار کرنا بالکل لغو ہے۔

جان چھٹرا مادہ پرستی، فلسفی ڈینیل ڈینٹ کی وجہ سے مشہور ہوئی، جب اس نے اپنی کتاب ''شعورِ مفصل'' (Consciousness Explained) شائع کی۔ اپنی اس کتاب میں، جسے شدید تنقید کا سامنا رہا، اس نے شعور کی ایک نئی تعریف پیش کی، خاص اسی چیز کو یکسر نظر انداز کرتے ہوئے جس کی وضاحت طلب کی گئی تھی: ہماری داخلی شعوری حالتیں۔ ڈینٹ کے مطابق، ہم کسی حقیقی ذاتی داخلی تجربات سے دوچار نہیں ہوتے؛ ہم محض حیاتیاتی مشینیں ہیں۔ بہ الفاظِ دیگر، ہم داخلی تجربے کے ''وہم'' میں بتلا ''زومبی'' ہیں۔ ڈینٹ کے نقطہ نظر پر تنقید، جسے کثیر مسوداتی (Multiple Draft) نظریہ بھی کہا جاتا ہے، کا خلاصہ پروفیسر اینتی ریونسو نے اپنی کتاب ''شعور: داخلیت کی سائنس'' (Consciousness: The Science of Subjectivity) میں پیش کیا ہے:

''ڈینٹ کے نظریے پر کڑی تنقید کی گئی کیونکہ یہ شعور کی ایک ایسے انداز میں تعریف کرتا نظر آتا ہے کہ یہ لفظ (شعور) اس سے بہت مختلف معنی اختیار کر جاتا ہے، جس کی ہم وضاحت کرنے نکلے تھے۔ ڈینٹ کی 1991ء کی مشہور کتاب کا عنوان 'شعورِ مفصل' رکھا گیا ہے، لیکن بہت سوں کا خیال ہے کہ اسے 'شعور سے جان چھڑایا گیا' کہا جانا چاہیے تھا۔ جس کی اکثر لوگوں کو وضاحت درکار تھی، وہ مظہری شعور، کوالیا (Qualia) یعنی ذاتی، شعوری تجربے کے انفرادی نمونے) اور داخلیت تھی، لیکن ڈینٹ نہ انہیں واہمہ قرار دے کر مسترد کر دیا ہے۔[214]

''داخلیت کا وجود ہے، لیکن یہ محض مادہ ہے''؛ تخفیفی مادیت

تخفیفی مادہ پرستی (Reductive materialism) کا کہنا ہے کہ مادی سرگرمیوں اور داخلی شعوری تجربے میں واقعی ایک علمی خلا موجود ہے۔ تاہم ان کا کہنا ہے کہ اس خلا کو مادیت پر مبنی فلسفے کے اندر رہتے ہوئے پر کیا جا سکتا ہے۔ اس نظریے کے پرچارک کہتے ہیں کہ داخلی شعوری تجربے کا وجود ہے، لیکن یہ مادی سرگرمیوں سے مختلف نہیں۔ ان کے دلائل کی بنیاد یہ ہے کہ دماغ کی مخصوص سرگرمیوں اور شعور کے مخصوص تجربوں میں ایک ربط ہے؛ چنانچہ شعور کی تخفیف، مادی سرگرمیوں تک کی جا سکتی ہے۔

جان چھڑاؤ مادیت کے برعکس، تخفیفی مادیت یہ تسلیم کرتی ہے کہ داخلی شعور کا وجود ہے، لیکن اسے ہمارے دماغ میں جاری مادی سرگرمیوں تک گھٹایا جا سکتا ہے۔ چنانچہ داخلی شعور اعصابی کیمیائی سرگرمیوں کی مانند ہے۔[215] اگر چہ فی الوقت تمام داخلی شعوری حالتوں کو مادی مظاہر تک تخفیف کئے جانے کا کوئی طریقہ موجود نہیں، تاہم تخفیفی مادیت اس امید پر قائم ہے کہ علم الاعصاب کے پرانے الفاظ کو، دیگر سائنسی علوم کی طرح، نئے الفاظ سے بدلا جائے گا، جس طرح "حرارت" کو "سالموں کی اوسط حرکی توانائی کی سائنس" سے بدلا گیا ہے۔ اسی طرح، علم الاعصاب کے لیے ممکن ہو گا کہ "محبت" جیسے الفاظ کو اعصابی کیمیائی متبادل بخش دے۔ درحقیقت، "شعور ہمارے دماغ میں جاری اعصابی سرگرمیوں کے ایک پیچیدہ مجموعے سے زیادہ اور بڑھ کر کچھ بھی نہیں۔"[216]

یہ نظریہ داخلی شعوری حالتوں کی کوئی مناسب وضاحت نہیں، کیونکہ یہ اس مفروضے پر قائم ہے کہ داخلی تجربات حقیقی ہیں، لیکن ان کی وضاحت مستقبل میں علم الاعصاب کی ترقی کے بعد کی جائے گی۔ اصلاً تخفیفی مادیت کا کہنا ہے کہ داخلی شعوری حالتوں کی مادی دماغ کی کیفیتوں تک تخفیف کی جا سکے گی۔ یہ شعور کے مسئلہ سنگین کو حل نہیں کرتی۔ محض اعصابی خلیوں کے کسی گچھے کو مصروف عمل دیکھ کر یہ جاننا کبھی ممکن نہ ہو گا کہ کسی مخصوص ذی روح کے لیے کسی خاص داخلی شعوری تجربے سے دو چار ہونا کیسا ہے۔ تخفیفی مادیت، شعوری تجربے کے منبع کی کوئی وضاحت دینے سے قاصر ہے۔ علم الاعصاب اور داخلی تجربہ بالکل مختلف ہیں۔ سادگی سے یہ کہہ دینا حماقت ہے کہ غیر ذی شعور مادی سرگرمیوں سے شعور یونہی جنم لے لیتا ہے۔ جان چھڑاؤ مادہ پرستوں کی طرح، تخفیفی مادہ پرست بھی مسئلہ سنگین کی وضاحت نہیں کرتے۔ ایک بار پھر، انسانوں کی داخلی ذاتی سچائیوں کو نظر انداز کیا جا رہا ہے۔ پروفیسر ریوونسوو وضاحت کرتا ہے:

"اب تک، یہ واضح دکھائی دیتا ہے کہ اعصابی سرگرمیوں، مختلف دماغی خطوں کی فعالیت اور عدم فعالیت یا اعصابی جوڑ توڑ میں ارتعاشی یکسانیت سے متعلق بات کرنا اس چیز کی طرح بالکل بھی نہیں جس طرح درد کے احساس، رنگوں کے ادراک، براہِ یختہ جذبات یا داخلی خیالات کے متعلق گفتگو کرنا ہے — اور نہ بھی ایسا ہو گا۔ جو چیز اولاً و لاؤ آخراً چھوڑ ہی جا رہی ہے، وہ شعوری ذہنی وقوعات کا داخلی پہلو ہے۔"[217]

جان چھڑاؤ مادیت اور تخفیفی مادیت کا باہمی فرق بہت معمولی ہے۔ جان چھڑاؤ مادیت کا کہنا ہے کہ داخلی شعور محض ایک واہمہ ہے اور کوئی حقیقی وجود نہیں رکھتا۔ تخفیفی مادی اعتقادیت یہ تسلیم کرتی ہے کہ داخلی شعور کا وجود ہے، لیکن یہ بھی قرار دیتی ہے کہ یہ دماغ میں جاری مادی سرگرمیوں سے زیادہ کچھ نہیں۔ دونوں ہی داخلی شعور کے صیغہ متکلم کے مسئلے کو حل کرنے میں ناکام ہو جاتے ہیں۔

''یہ وہی ہے جو آپ کرتے ہیں'': کرداریت

ایک اور نقطۂ نظر جو جان چھڑاؤ مادیت کے ساتھ نتائج میں مشترک ہے، وہ ''کرداریت'' یا ''کردار پرستی'' (Behaviourism) ہے۔ کرداریت کا مؤقف ہے کہ شعور کی تعریف، رویوں (طرزِ عمل/ برتاؤ) کی بنیاد پر کی جائے۔ کرداریت کے حامی کہتے ہیں کہ کسی شخص کی کوئی خاص شعوری حالت اسی صورت میں ہوگی اگر اس کی تصدیق اس کے رویّے یا ردِعمل سے کی جا سکتی ہو (مثال کے طور پر، سوسن درد کی کیفیت میں ہے اگر، کسی چیز سے ٹھوکر کھانے کے بعد، وہ کراہتی ہے 'آہ!')۔ کرداریت، داخلی شعوری تجربے کا انکار کرتی ہے اور شعور کی تعریف ہماری داخلی حالت کے بجائے ہمارے طرزِ عمل کے طور پر کرتی ہے۔ یہ طرزِ فکر بھی شعور کے مسئلۂ سنگین کا انکار کرتا ہے کیونکہ یہ اس بات کو تسلیم کرنے میں ناکام رہتا ہے کہ انسانوں کی ذہنی حالتیں کوئی ردِعمل ظاہر کیے بغیر بھی قائم رہ سکتی ہیں۔ جیسا کہ فلسفی ڈیوڈ لنڈ کہتا ہے کہ ہم اس حقیقت کا انکار نہیں کر سکتے کہ ہم ایسی داخلی ذاتی کیفیتوں میں ہو سکتے ہیں جو ہمیشہ ہمارے رویوں کے ذریعے ظاہر نہیں ہوتیں۔[218]

کرداریت، شعوری حالت کو مادی حالت کے مشابہ قرار دیتی ہے۔ اس نقطۂ نظر کا مسئلہ یہ ہے کہ یہ اس حقیقت کو نظر انداز کر دیتا ہے کہ یہ شعوری حالت ہی ہے جو کردار اور رویّے کا سبب بنتی ہے۔ مثال کے طور پر یہ درد ہے، جو سوسن کو 'آہ!' کہنے پر اکساتا ہے، لہٰذا درد کے تجربے سے دو چار ہونا اور 'آہ!' کہنا ایک دوسرے کے قائم مقام نہیں۔

'محض کچھ درآمدی معلومات (inputs)، ذہنی حالتیں اور نتائج': فعلیت کا نقطۂ نظر

فعلیت کے حامی (functionalists) عملی معتقدین کہتے ہیں کہ شعور کی تعریف یہ ہے کہ یہ کسی ڈی روح میں کمپیوٹر پروگرام کی مانند کام کرتا ہے۔ یہ درآمدی معلومات، ذہنی کیفیات اور نتائج میں باہم تعلق کا نام ہے۔ مثال کے طور پر اگر میں دور سے دیکھوں کہ میری بس نکلنے والی ہے (input)، تو میں پریشانی کی ذہنی کیفیت کے تجربے سے دو چار ہوں گا کہ ممکنہ طور پر میری بس چھوٹ جائے گی (ذہنی کیفیت) اور پھر میں بس کی طرف دوڑ لگاتا ہوں (نتیجہ یا ردِعمل)۔ فعلیت پرست کہتے ہیں کہ شعور ایک کمپیوٹر پروگرام کی مانند ہے، جو دماغ میں جاری اعمال وافعال کی پیچیدہ ترتیب سے جنم لیتا ہے۔[219]

فعلیت پرستی کو بہت سے اعتراضات کا سامنا ہے۔[220] ان میں سے ایک یہ ہے کہ یہ داخلی شعوری کیفیتوں کو مدنظر رکھنے میں ناکام ہے کیونکہ انہیں عملی طور پر سمجھا نہیں جا سکتا۔[221] یہ لازم نہیں آتا کہ محض تمام ادخالات (inputs)، ذہنی کیفیات اور نتائج کو جان لینے سے ہم کسی نہ کسی طرح یہ بھی جان لیں گے کہ کسی خاص ڈی روح کے لیے کسی ذہنی کیفیت سے دو چار ہونے کا تجربہ کیسا ہے۔ میں یہ تو سمجھ سکتا ہوں کہ جب کوئی کسی خوف ناک کتے کو اپنی طرف لپکتا ہوا دیکھتا ہے (اِن پٹ)، تو وہ خوف کے تجربے سے دو چار ہو گا (ذہنی کیفیت)، پھر لازماً وہ تحفظ کے لیے بھاگے گا (نتیجہ)۔ تاہم ادخالات (اِن پُٹس)، ذہنی کیفیت اور نتیجے کے مابین تعلق کو سمجھ لینے سے، میں اس بات کو دور دور تک بھی نہیں سمجھ سکتا کہ اس شخص کے لیے خوف کی اس کیفیت کا تجربہ کیسا تھا۔ یہ مجھے اس بارے میں بھی کچھ نہیں بتاتا کہ تعلقات کے اس مجموعے سے ذہنی کیفیتیں کیوں اور کیسے جنم لیتی ہیں۔ اوپر کی مثال میں، میں نہیں جان سکتا کہ کسی اور کے لیے کسی خوف ناک جانور سے ڈرائے جانے کے احساس کا تجربہ کیسا ہوتا ہے۔ یہ سمجھ لینے سے کہ کس طرح ذہنی کیفیتیں، حاصل کی گئی معلومات اور نتائج کے ساتھ متعلق ہیں، یہ فہم حاصل نہیں ہوتا کہ اس ذہنی کیفیت میں ہونے کا تجربہ کیسا ہے۔ بہت سے اہل علم یہ مؤقف رکھتے ہیں کہ اپنی شہرت کے باوجود، فعلیت پرستی ''شعور کے مسئلۂ سنگین'' کے حل کے طور پر کوئی وزن نہیں رکھتی۔[222]

'یہ تو غیر معمولی پیچیدگی ہے!': ظہوری مادہ پرستی

یہ خیال ''ظہور پذیری'' (emergence) کے تصور پر مبنی ہے۔ ظہور پذیری اس طرح واقع ہوتی ہے کہ جب چیزیں کچھ اس طرح ترتیب پا جائیں کہ ان میں ایک دوسرے کے ساتھ علت و معلول پر مبنی، پیچیدہ باہمی تعلقات قائم ہو جائیں اور وہ (اپنی اجتماعی صورت میں) ایسے پیچیدہ وجودوں (entities) میں بدل جائیں کہ جن سے نئے مظاہر رونما ہونے لگیں (یعنی کہ ان سے نئے مظاہر کا ظہور ہونے لگے)۔[223] ظہوری مادہ پرستی کی بھی دو اقسام ہیں: سخت (مضبوط) اور کمزور۔

کمزور ظہوری مادیت کا کہنا ہے کہ ہم داخلی شعور کو بالآخر سمجھ جائیں گے، جب تمام پیچیدہ مادی سرگرمیاں سمجھ لی جائیں۔ کمزور قسم کے لیے ممکن ہے کہ اس بات کی وضاحت کر دے کہ مادی سرگرمیوں سے شعور کیسے جنم لیتا ہے، لیکن اس سے یہ ضمانت نہیں دیتی کہ اس سے یہ علم بھی حاصل ہو جائے کہ کسی باشعور جاندار کے لیے کسی داخلی ذاتی تجربے سے دوچار ہونا کیسا ہوتا ہے۔ کیا ایسا ہے کہ ہمارے یہ سمجھ لینے سے داخلی شعور کی گتھی سلجھ جائے گی کہ کس طرح تمام تر پیچیدہ مادی سرگرمیوں سے شعور وجود میں آتا ہے؟ اگر اس کا جواب ''ہاں'' میں ہے، تو پھر ظاہر ہے کہ اُسی چیز کا انکار کیا جا رہا ہے کہ جس کی وضاحت طلب کی گئی تھی۔ اگر داخلی شعور کا مسئلہ برقرار رہتا ہے تو پھر ظہوری مادیت اسی مسئلے سے دوچار رہتی ہے، جو تخفیفی مادیت کو درپیش ہے: یعنی داخلی شعور کی کوئی ایسی مادی بنیاد ہو سکتی ہے، بغیر ہمیں کچھ بھی بتائے ہوئے، کہ ان داخلی شعوری تجربات سے دوچار ہونا کیسا ہوتا ہے۔[224]

کمزور ظہوری مادہ پرستی کی ایک ذیلی قسم کا مؤقف ہے کہ ہم ان تمام مادی سرگرمیوں کو کبھی نہیں سمجھ پائیں گے جو داخلی شعور کی بنیاد بناتی ہیں۔ تاہم فکری طور پر اگر ہم کسی بھی وقت اس بات کی مکمل تفہیم حاصل کر پائیں کہ دماغ کیسے کام کرتا ہے، تو ہم داخلی شعور کو سمجھ لیں گے۔ اس قسم کی کمزور ہنگامی مادیت تو کچھ بھی وضاحت نہیں کرتی! اس باب کے تناظر میں، ایک ایسی تشریح کو قبول کرنا جو ''شعور کے سنگین مسئلے'' کی واقعی وضاحت کر سکے، زیادہ منطقی ہے، بہ نسبت ایسی تشریح کے، جو کچھ بھی نہ کر سکے۔

سخت گیر یا مضبوط ظہوری مادہ پرستی کے مطابق، داخلی شعور ایک قدرتی مظہر ہے؛ تاہم کوئی بھی مادہ پرستانہ نظریہ جو اس کی حقیقت کو بیان کرنے کی کوشش کرتا ہے، وہ انسان کی ذہنی صلاحیت سے ماوراء ہے۔ ظہوری مادہ پرستی کی یہ قسم کہتی ہے کہ ہم مظہر الف سے مظہر ب حاصل کر سکتے ہیں، یہ جانے بغیر کہ ب، الف سے کس طرح نمودار (ظہور پذیر) ہوتا ہے۔ سخت گیر ظہوری مادہ پرستی کا مؤقف ہے کہ پیچیدہ مادی سرگرمیوں سے کوئی نئی چیز بن سکتی ہے۔ لیکن یہ نئی چیز کیسے بنی ہے؟ اس کی تفہیم میں جو خلا ہے وہ کبھی پر نہیں ہوگا۔ یہ نقطہ نظر "شعور کے مسئلہ سنگین" کی کوئی وضاحت نہیں کرتا۔ اس کے برعکس، یہ اعتراف کرتا ہے کہ اس چیز کی وضاحت ممکن ہی نہیں۔ میرے خیال میں یہ ایسا کہنے سے کچھ مختلف نہیں کہ "یہ بس یونہی ہوتا ہے۔ یہ اتنا پیچیدہ ہے کہ کوئی نہیں جانتا۔" ریو نسو کہتا ہے کہ مضبوط ظہوری مادہ پرستی داخلی شعور کی وضاحت کرنے کے قابل کبھی نہیں ہوگی، اور اگر ہمیں کوئی صحیح نظریہ دے بھی دیا جائے گا تو "یہ ایسا ہی ہوگا کہ جیسے چوہوں کے پنجرے میں چارلس ڈارون کی کتاب "اصلِ انواع" رکھ دی جائے۔"[225] چونکہ ہم شعور کے مسئلہ سنگین کو سمجھنے کی کوشش کر رہے ہیں، لہٰذا داخلی شعور کو "محض ایک راز" قرار دینے سے کسی معقول آدمی کو ایک ایسا نقطہ نظر اپنانے سے روکا نہیں جا سکتا جو اس کی مربوط انداز میں وضاحت کرتا ہو۔

کیا سائنس آخرکار داخلی شعور کی وضاحت کر دے گی؟

جیسے کہ مذکورہ بالا مادہ پرستانہ نقطہ ہائے نظر سے واضح ہے، اصل بات یہ ہے کہ کوئی سائنسی وضاحت کسی نہ کسی دن ہماری فہم میں موجود خلا کو پر کر دے گی۔ یہ نقطہ نظر شعور کی کوئی وضاحت نہیں کرتا، کیونکہ مجھے یقین ہے کہ یہ ایک طرح سے 'علمی خلا پر مبنی سائنس' کا پیدا کردہ مغالطہ ہے۔

اگر ہم سائنسی اسلوبِ تحقیق اور فلسفہٴ سائنس کا مطالعہ کریں، تو ہم سمجھ جائیں گے کہ داخلی شعور کا مسئلہ سائنس کی دسترس سے باہر کا مسئلہ ہے۔ سائنس کی گزشتہ کامیابیاں اس وجہ سے پیدا ہوئیں کہ وہ نئے مظاہر کا مشاہدہ کرنے یا نئے نظریاتی نقشے فراہم کرنے کے قابل تھی، جو پہلے سے موجود قابل مشاہدہ معلومات کی وضاحت کر سکیں۔ کسی خاص باشعور جاندار کی پسند و ناپسند کو سائنس

کے ذریعے معلوم نہیں کیا جا سکتا۔ سائنس دان ان مشاہدات تک محدود ہیں جو ان کے بس میں ہیں، کیونکہ سائنس ''اپنی توجہ ایسے مسائل پر مرتکز رکھنے پر مجبور ہے جو مشاہدات کی بس میں ہوں''۔[226] اب چونکہ داخلی شعور (صیغہ متکلم کے نقطہ نظر) کا مشاہدہ صیغہ غائب کے نقطہ نظر سے کرنا ممکن نہیں، لہٰذا سائنس داخلی شعور کے مسئلے کو بھی حل نہیں کر سکتی۔

جیسا کہ اوپر بیان ہو چکا ہے، یہاں تک کہ اگر ہم دماغ سے متعلق سب کچھ بھی جان لیں، تب بھی ہم شعور کے مسئلۂ سنگین کا حل پیش کرنے میں مکمل ناکام رہیں گے۔ دماغ کی اندرونی سرگرمیاں محض یہ بتا سکتی ہیں کہ کچھ نہ کچھ ہو رہا ہے، نہ یہ کہ کچھ ہونا کیسا لگتا ہے۔ یہاں تک کہ اگر کسی کے دماغ میں ہونے والی تمام اعصابی کیمیائی سرگرمیوں کا نقشہ مرتب کر لیا جائے، اور اس کے داخلی تجربات کے ساتھ مطابقت معلوم کر بھی لی جائے، سائنس پھر بھی اس شخص کے مخصوص تجربے کو معلوم کرنے یا یہ معلوم کرنے میں کہ یہ مادی سرگرمیوں سے کیوں منتج ہوتے ہیں، ناکام ہی رہے گی۔

یہاں تک کہ اگر آج سے دس سال بعد، شعور کے لیے ایک نیا سائنسی نظریہ یا حیاتیاتی وضاحت آ بھی جاتی ہے، تو وہ بھی طے نہیں کر سکے گی کہ کسی شخص کے لیے کوئی داخلی و ذہنی تجربہ کیسا ہے، یا وہ مخصوص داخلی تجربہ مادی اعمال سے ہی کیوں نکلا ہے؟ داخلی شعوری تجربہ، سائنسی وضاحت کے دائرے سے باہر ہے۔ مذکورہ بالا کی روشنی میں، شعور کی وضاحت کرنے کی مادہ پرستانہ کوششیں مکمل طور پر ناکام ہو جاتی ہیں۔ اعصابی نفسیات داں، جان سی ایکلس اس ناکامی کا خلاصہ کمال خوب صورتی سے بیان کرتے ہیں: ''میں سمجھتا ہوں کہ سائنسی تخفیفیت (reductionism) نے اقراری مادہ پرستی میں اپنے یقین کے دعوے کے ساتھ انسانی تجسس کو انتہائی بے عزت کر کے رکھ دیا ہے...''[227]

غیر مادی نقطہ ہائے نظر

ان کے ماننے والے تسلیم کرتے ہیں کہ مادے سے ماوراء بھی حقائق ہیں۔ یہ ایک ایسا نقطہ نظر ہے جسے اسلام اور عمومی الٰہیاتی نظریات مجموعی طور پر تسلیم کرتے ہیں۔ ہم مادے اور توانائی سے کہیں بڑھ کر ہیں؛ ہمارے وجود کا ایک روحانی حصہ ہے۔ تاہم ان کی اکثریت خدا کے وجود کو تسلیم کیے یا اس کا سہارا لیے بغیر شعور کی تعریف کرنے کی کوشش کرتی ہے۔

'وہ مختلف ہیں، لیکن کیوں؟ یہ ہم نہیں جانتے': مادی دوہراپن

مادی دوہراپن یہ نقطۂ نظر ہے کہ دو مختلف اشیاء ہیں: ایک مادی اور دوسری غیر مادی۔ یہ اشیاء بنیادی طور پر ایک دوسرے سے مختلف ہیں اور ایک دوسرے سے بے نیاز ہیں۔ ہماری بحث کے ضمن میں، مادی دوہرے پن کا مؤقف ہے کہ دماغ اور شعور مختلف ہیں اور ایک ہی چیز سے نہیں: ایک مادی ہے اور دوسری غیر مادی، لیکن وہ ایک دوسرے کے ساتھ تعامل کرتی ہیں۔ شعور کی یہ وضاحت بہت وجدانی ہے، ہمارے روزمرہ کی تجربات کی رُو سے قابلِ فہم ہے۔ مثال کے طور پر ہمیں اس بات کا تجربہ ہوتا ہے کہ شعوری حالتیں مادی حالتوں کا سبب بنتی ہیں اور مادی حالتیں شعوری حالتوں کا۔ اگر مجھے غم کا داخلی تجربہ ہو تو یہ رونے یا منہ لٹکانے کی مادی حالت کا سبب بن سکتا ہے۔ اس کے برعکس اگر میں اپنا سر کسی چیز سے ٹکرا بیٹھوں، تو مجھے درد کا داخلی تجربہ محسوس ہوگا۔

مادی دوہرے پن پر اہم ترین اعتراض یہ ہے کہ چونکہ شعوری حالتیں اور دماغ کلیدی طور پر مختلف ہیں، تو یہ جاننا ممکن نہیں کہ وہ ایک دوسرے سے تعامل کیسے کرتے ہیں۔[228] اسے تعاملاتی مسئلے (interaction problem) کے طور پر جانا جاتا ہے۔ کچھ فلسفیوں کے بقول، اس کی کوئی مربوط وضاحت نہیں کہ مادی دماغ اور غیر مادی شعور کیوں اور کیونکر باہم تعامل کرتے ہیں۔ تاہم یہ اس غلط مفروضے پر مبنی ہے کہ اگر ہم یہ نہیں جانتے کہ 'الف' 'ب' کا سبب کیسے بنتا ہے تو پھر ہم یہ ماننے میں حق بجانب نہیں کہ 'الف' 'ب' کا سبب بنتا ہے۔ تاہم ایسے بہت سے سببی تعاملات ہیں جن میں ہم یہ جانتے ہیں کہ ایک، دوسرے کا سبب بنتا ہے؛ یہ جانے بغیر کہ کیسے۔

اگرچہ بادی النظر میں مادی دوہراپن الہٰیاتی وضاحت کا بڑا طاقتور متبادل ہے، لیکن اگر مادی دوہرے پن کو کسی غیر الہٰی پس منظر میں لیا جائے، تو یہ کچھ بنیادی سوالات کا جواب دینے سے قاصر رہ جاتا ہے: "غیر مادی شئے کہاں سے آئی؟ یہ مادی کائنات میں کیسے رہ لیتی ہے؟" جبکہ الہٰیاتی وضاحت اس بات کا بہترین جواب پیش کرتی ہے کہ کیسے مادی دماغ اور غیر مادی شعور وجود میں آئے اور یہ کیونکر باہم تعامل کرتے ہیں۔ چنانچہ الہٰیاتی بنیادوں پر استوار وضاحت ہی سب سے زیادہ موزوں اور مکمل وضاحت فراہم کرتی ہے (تفصیل اسی باب میں آ رہی ہے)۔

'یہ ایک خوش بخت حادثہ ہے': ضمنی علامتیت

اس نظریئے کے مطابق، شعوری حالتیں مادی حالتوں سے ممتاز اور مختلف ہیں، اور مادی حالتیں شعوری حالتوں کا سبب بنتی ہیں، لیکن اس کے برعکس نہیں ہوتا۔ اس طرح شعوری حالتیں سببی طور پر بے بس ہیں۔ ضمنی علامتیت کے ردّ میں مشہور اعتراضات میں سے ایک یہ ہے کہ اگر یہ سچا ہے تو گرم شعلے کی وجہ سے میرے ہاتھ میں درد کا احساس (شعوری حالت) میرے ہاتھ کو دور ہٹانے (مادی حالت) میں کوئی سببی کردار ادا نہیں کرتا۔ ایک دوسری مثال یہ ہے کہ اگر کوئی سرپھرا نشئی آپ پر ایک ٹوٹی ہوئی بوتل پھینکتا ہے تو یہ ممکن ہے کہ آپ بوتل کو اپنی طرف آتا دیکھ کر خوف کے شعوری تجربے سے دوچار ہوں، لیکن خوف کے اس احساس سے آپ اپنے آپ کو بچانے کی خاطر کوئی حرکت کرنے پر متحرک نہیں ہوں گے۔ (آپ خود کو اس خطرے سے بچانے کی خاطر جو حرکت کریں گے، اس کا اس تجربے سے کوئی تعلق نہیں ہوگا)۔ ہم جانتے ہیں کہ ہمیں داخلی شعوری حالتوں کی وجہ سے جسمانی (مادی) ردِعمل کا تجربہ ہوتا ہے اور مادی اسباب کی وجہ سے ہم داخلی احساسات کے تجربات سے بھی دوچار ہوتے ہیں۔ اگر ضمنی علامتیت درست ہوتی تو انسانی نفسیات تباہی میں ہوتی۔ ڈپریشن کے ایک مریض کا تصور کیجئے جو اپنے نفسیاتی معالج کو یہ بتا رہا ہے کہ اس کی اندرونی دکھ کی کیفیت اس کی بے چینی کا سبب بنتی ہے۔ جواب میں صرف یہ بتایا جاتا ہے کہ اس کا اس سے کوئی تعلق نہیں۔

'ہر چیز با شعور ہے': ہمہ نفسیت

ہمہ نفسیت کسی حد تک مادی دوہرے پن سے ملتا جلتا نظریہ ہے، جو کہتا ہے کہ (مادی) شئے ایک ہوتی ہے لیکن خصوصیات دو ہوتی ہیں (مادی اور غیر مادی یا داخلی شعوری خصوصیات)۔ ہمہ نفسیت کا مؤقف ہے کہ مادے میں ایک قسم کا داخلی شعور شامل ہے۔ اس نقطہ نظر کے مطابق شعورِ کائنات کی ایک جبلی خصوصیت ہے اور یہ ایک سببی کردار ادا کرتا ہے۔ ہمہ نفسیت کے پر چارکوں میں ڈیوڈ چامرز اور تھامس نیجل شامل ہیں۔ چونکہ مادے کا ہر جزو اپنے اندر شعور رکھتا ہے، لہٰذا دماغ کا شعور محض ان شعوری اجزاء کا مجموعہ ہے۔ ہمہ نفسیت کی ایک شاخ کا کہنا ہے کہ

تمام مادہ اسی طرح باشعور ہے کہ جس طرح انسان ہے۔ اسی نظریے کی دوسری قسموں کا کہنا ہے کہ مادے میں موجود شعور اپنی بنیادی حالت میں ہے، جسے شعورِ ابتدائی بھی کہا جاتا ہے۔

ہمہ نفسیت میں بھی بہت سے مسائل ہیں:

اولاً، اس دعوے کے حق میں کوئی شہادت دستیاب نہیں کہ مادے میں داخلی شعور ہے۔ پروٹون، الیکٹرون، کوارک اور ایٹم داخلی طور پر باشعور ہونے کی کوئی نشانی ظاہر نہیں کرتے۔[229]

ثانیاً، یہ نقطہ نظر اس بات کی کوئی مناسب طبیعیاتی یا مابعدالطبیعیاتی وضاحت دینے سے قاصر ہے کہ مادہ اپنے اندر شعور کس طرح رکھتا ہے؟ شعور کی خاصیت کہاں سے آئی؟ مادہ کس طرح یہ داخلی شعوری خصوصیت رکھتا ہے؟ ہمہ نفسیت کی ان سوالوں کے جواب دینے میں ناکامی، ہر قسم کی طبیعیاتی و مابعدالطبیعیاتی وضاحت کی وقعت گھٹا دیتی ہے۔

ثالثاً، کسی زندہ جسم سے باہر شعور کے وجود کی کوئی مثال نہیں دی جاسکتی۔ مثال کے طور پر کسی نفس یا کسی "میری ذات" سے باہر درد کا کیا مطلب ہے؟ کسی سوچنے والے کے بغیر کسی خیال کے شعور میں ہونے کا کیا مطلب ہے؟ یہ سوالات ٹھوس انداز میں بتاتے ہیں کہ شعور صرف کسی منظم باشعور ذی روح ہستی کے ساتھ ہی قابل فہم ہے، جو پے بہ پے، یکے بعد دیگر، داخلی حالتوں کے تجربات سے دوچار ہو۔

رابعاً، کس طرح ایک متحد و منظم شعوری تجربہ، مادے کے بہت سے ایسے اجزاء سے جنم لے سکتا ہے جو سارے الگ الگ شعور رکھتے ہوں؟ کس طرح مادے کے ایسے ذرات جو خودمختار طور پر شعور کی خوبی رکھتے ہوں، وہ سارے جمع ہوکر ایک با مقصد، متحد و منظم شعوری طاقت تشکیل دیتے ہیں؟

پروفیسر ایڈورڈ فسر ایک اکلوتے شعوری تجربے کے متحدہ مطلب پر تبصرہ کرتے ہیں۔ وہ وضاحت کرتے ہیں کہ ہمارے تجربات بہت سے مختلف باشعور اجزاء کا محض ایک مجموعہ نہیں بلکہ ہمارے تجربات کا ایک متحدہ احساس ہوتے ہیں۔ وہ اپنا مسئلہ ایک کتاب کے مطالعے کے شعوری تجربے کی مثال کے ساتھ پیش کرتے ہیں:

’’اس تجربے کی ایک متحد و منظم اہمیت یا معنی ہے، اور اہمیت بھی ایک واحد تجرباتی موضوع کے اعتبار سے۔ آپ نہ صرف شکل، ساخت، رنگوں وغیرہ سے جدا جدا اجزاء کے طور پر آگاہ ہوتے ہیں بلکہ ان کا مجموعی طور پر بطور کتاب بھی ادراک رکھتے ہیں؛ اور یہ آپ ہیں جو ان خصوصیات سے آگاہ ہیں، نہ کہ بے ہنگم اعصابی وقوعات جو کسی نہ کسی طرح کتاب کے کسی ایک پہلو سے جدا جدا واقف ہوں‘‘۔ [230]

جو علمی مباحث اور نقطہ ہائے نظر اوپر خلاصتاً بیان ہوئے ہیں، ان پر بہت وسیع و عریض علمی بحثیں ہیں۔ تاہم، اصل مقصد ان نظریات کا مختصر تعارف کرنا تھا اور ساتھ ساتھ ان پر کچھ تنقید بھی، تا کہ یہ ظاہر ہو جائے کہ داخلی شعور کی وضاحت میں ان کی کوششیں الہٰیاتی وضاحت کے مقابلے میں کوئی قابلِ قدر وقعت نہیں رکھتیں۔

اللہ تعالٰی ہی بہترین وضاحت ہے

ان تمام ناکام کوششوں کے تناظر میں ہم اپنی داخلی و ذاتی تجربات کی مکمل وضاحت کیسے کر سکتے ہیں؟ الہٰیاتی نقطہ نظر اس کی مناسب ترین وضاحت پیش کرتا ہے۔ یہ جواب سب سے زیادہ معقول ہے کہ ایک سب کچھ جاننے والی، باشعور و با مقصد اور ارادہ و عمل کی طاقت سے لیس ہستی ہی تمام تر شعور کا منبع ہے۔ ذیل میں تین اہم وجوہ پیش کی جا رہی ہیں کہ کیسے اللہ تعالٰی ہی بہترین جواب ہے۔

اولاً، یہ ایک ایسے سوال کا جواب دیتا ہے جس کا جواب کسی بھی موجودہ نظریے نے نہیں دیا: ’شعور کا منبع اولٰی کیا ہے؟‘ پروفیسر جے پی مورلینڈ اس بات کی وضاحت کرتے ہیں کہ شعور کا قدرتی مادی سلسلہ اعمال سے خود بخود پیدا ہونا ممکن کیوں نہیں۔ ’’قدرتی دنیا کے بارے میں ہماری معلومات ہمیں اس بات پر یقین نہ کرنے کے لیے ایسی ٹھوس وجوہ فراہم کرتی ہیں کہ ناقابلِ تحویل شعور اس میں خود بخود جنم لے سکتا ہے، مثال کے طور پر، بے جان مادی اجزاء کو مختلف مکانی ساختوں میں نئی ترتیب دینا کسی بھی طرح شعور کی نمودداری کی وضاحت کے لیے معقول نظر نہیں آتا‘‘۔ [231]

اگر مادہ اور شعور مختلف ہیں تو اس سے یہ لازم آتا ہے کہ شعور، مادے سے نمودار نہیں ہو سکتا۔ تاہم، اگر مادے میں شعوری خصوصیات ہیں، تو پھر یہ خوبی کیسے مجتمع اور متحد ہوتی ہے؟ ہمیں یہ وجودی سوالات پوچھنے ہیں کیونکہ شعور، مادی اشیاء سے بہت مختلف ہے۔ اس حقیقت کی وضاحت کے لیے کہ داخلی شعوری تجربات کا وجود ہے، لازم ہے کہ اللہ تعالیٰ نے ہی ایک باخبر اور باشعور ہستی کی حیثیت سے شعور کی تخلیق فرمائی ہو۔ چنانچہ اسلامی الہیات معقول ترین جواب فراہم کرتی ہے۔ مورلینڈ کہتے ہیں کہ شعور کی مادہ پرستانہ اور مادی اعتقادی وضاحت کی کوشش کرنے والوں کے پاس ''... کائنات میں ناقابلِ تحویل، حقیقی ذہنی خصوصیات/ وقوعات کے ظہور میں آنے کی کوئی معقول طرزِ وضاحت نہیں ... بالمقابل پر مغزِ الہیاتی وضاحتی ذرائع کے ...''[232]

ثانیاً، اسلامی الہیات اس بات کا بھی جواب دیتی ہے کہ شعور اس مادی دنیا میں کس طرح آیا۔ یہ اکثر لوگوں کو اس بات پر حیران کر دیتی ہے کہ کس طرح غیر مادی وجودات (جیسے کہ روح)، انسانی اور حیوانی جسموں جیسے مادی وجودوں کے ساتھ نہ صرف تعامل کر سکتے ہیں بلکہ، درحقیقت، انہیں قابو بھی کر سکتے ہیں۔ اس سے آگے بڑھ کر، الہیاتی نقطۂ نظر اس کی بہت فطری وضاحت بھی پیش کرتا ہے۔ اللہ تعالیٰ کا مفصل ارادہ اور الہٰی عمل ایک ایسی دنیا تشکیل دیتے ہیں کہ جہاں مادی اور غیر مادی باہم تعامل کرتے ہیں۔ چارلس ٹیلیافیرو کہتا ہے:

''لیکن شعور کی الہیاتی تفہیم میں، اس کے رونما ہونے کے پیچھے نہ تو کوئی جادوئی شعبدہ ہے اور نہ ہی خدا کا کوئی مجرد معجزاتی عمل کارفرما ہے۔ (اس کے برعکس) شعور اس مادی کائنات سے ہی خدا کے اس ارادے سے نمودار ہوتا ہے کہ مادی اور غیر مادی اشیاء، خصوصیات، اور تعلقات کی ایک دنیا ہو گی۔ مادہ، توانائی، شعور، زمان و مکان کے قوانین، مختصراً سبھی کچھ ایک زبردست الہٰی عمل سے ظہور پذیر ہوتا ہے۔''[233]

شعور کے غیر الہیاتی نقطہ ہائے نظر کے مطابق، ایسا لگتا ہے کہ شعور معجزاتی طور پر بغیر کسی مناسب مادی وضاحت کے عالم وجود میں آ گیا تھا۔ لیکن الہیاتی نقطۂ نظر کو اس مشکل کا سامنا نہیں ہوتا کیونکہ شعور کے ظہور کو حقیقت کے جزو کے طور پر دیکھا جاتا ہے۔ چونکہ اللہ تعالیٰ باشعور، الحیّ القیوم اور العلیم ہے، لہٰذا یہ مناسب ہے کہ جو دنیا اس نے تخلیق فرمائی، اس میں ایسے نفوس بھی ہیں جن کو اپنے وجود کا ایک شعوری ادراک ہے۔ ٹیلیافیرو نتیجہ پیش کرتا ہے۔

’’مادّہ پرستانہ علمِ کائنات (کوسمولوجی) کی بنیادوں پر استوار نقطۂ نظر سے دیکھا جائے، تو شعور کا وجود میں آنا بہت عجیب لگتا ہے؛ یہ پھر ایک معجزہ ہوتا ہے، جیسا دعویٰ کرنے کے مترادف ہے۔ لیکن ایک الٰہیاتی نقطۂ نظر سے، شعور کا وجود میں آنا، حقیقت کی اپنی فطرت ہی میں پیوستہ ہے۔ جانوروں اور انسانوں کے شعور کی تخلیق کوئی غیر مربوط معجزہ نہیں، بلکہ یہ حقیقت کے بنیادی ڈھانچے کا پرتو ہے۔[234]

اسلامی الٰہیات غیر مادی ذہن اور مادی دماغی حالتوں کے درمیان تعلق کی وضاحت کرتی ہے۔ اللہ تعالیٰ کے ارادے اور قدرت نے اس تعلق کو قائم ہونے کی طاقت بخشی، کیونکہ یہ تعلق اس حقیقت کا جزوِ لا ینفک ہے جو اللہ تعالیٰ نے تخلیق فرمائی ہے۔ سیدھی بات ہے، اگر کائنات کے آغاز میں صرف اور صرف مادہ ہوتا، تو پھر کم از کم شعور تو کبھی وجود میں نہ آتا۔ تاہم، اگر ابتدائے آفرینش ایک قسم کے شعور نے اس مادی دنیا کو تخلیق بخشی ہو، تو پھر غیر مادی ذہنی کیفیتوں اور مادی دماغ کے مابین تعلق آسانی سے سمجھ میں آجاتا ہے۔

ثالثاً، اسلامی الٰہیات داخلی شعوری تجربات سے دوچار ہونے کی ہماری صلاحیت کی وضاحت کرتی ہے؛ اور اس بات کی بھی کہ ہمیں بخوبی ادراک ہے کہ ہمارے جیسا ہونے، چکھنے، سننے اور ساخت کے تجربات کا احساس کیسا ہوتا ہے۔ چونکہ کائنات ایک الحیّ القیوم اور العلیم ہستی کی تخلیق کردہ ہے، اس سے یہ امکان کھلتا ہے کہ ہمیں اپنی داخلی ذاتی حالتوں سے آگاہ ہونے کی صلاحیت بخشی گئی ہے:

اللَّهُ لَا إِلَٰهَ إِلَّا هُوَ الْحَيُّ الْقَيُّومُ لَا تَأْخُذُهُ سِنَةٌ وَلَا نَوْمٌ لَهُ مَا فِي السَّمَاوَاتِ وَمَا فِي الْأَرْضِ مَن ذَا الَّذِي يَشْفَعُ عِندَهُ إِلَّا بِإِذْنِهِ يَعْلَمُ مَا بَيْنَ أَيْدِيهِمْ وَمَا خَلْفَهُمْ وَلَا يُحِيطُونَ بِشَيْءٍ مِنْ عِلْمِهِ إِلَّا بِمَا شَاءَ وَسِعَ كُرْسِيُّهُ السَّمَاوَاتِ وَالْأَرْضَ وَلَا يَئُودُهُ حِفْظُهُمَا وَهُوَ الْعَلِيُّ الْعَظِيمُ ٥

’’اللہ ہی معبودِ برحق ہے جس کے سوا کوئی معبود نہیں، جو زندہ اور سب کا تھامنے والا

ہے، جسے نہ اونگھ آتی ہے نہ نیند، اس کی ملکیت میں زمین و آسمان کی تمام چیزیں ہیں۔ کون ہے جو اس کی اجازت کے بغیر اس کے سامنے شفاعت کر سکے، وہ جانتا ہے جو ان کے سامنے ہے اور جو ان کے پیچھے ہے اور وہ اس کے علم میں سے کسی چیز کا احاطہ نہیں کر سکتے مگر جتنا وہ چاہے، اس کی کرسی کی وسعت نے زمین و آسمان کو گھیر رکھا ہے، وہ اللہ ان کی حفاظت سے نہ تھکتا اور نہ اکتاتا ہے، وہ تو بہت بلند اور بہت بڑا ہے۔[235]'' (سورۃ البقرۃ، آیت 255)

وَهُوَ اللَّطِيفُ الْخَبِيرُ ٥

''وہ تو پوشیدہ باتوں کا جاننے والا اور (ہر چیز سے) آگاہ ہے۔[236]'' (سورۃ الملک، آیت 14)

شعور کے ظہور کے لیے اسلامی الٰہیات کے پاس متبادل وضاحتوں کے مقابلے میں وضاحت کی بہت بہتر قوت ہے۔ میں یہاں یہ واضح کرتا چلوں کہ میں اعصابی متعلقات کا کھوج لگانے میں حیاتیاتی وضاحتوں کی افادیت کا انکار نہیں کر رہا۔ علم الاعصاب، ایک توحید پرستانہ سیاق و سباق میں بھی ایسے ہی بھرپور اور نتیجہ خیز انداز میں جاری رہ سکتا ہے۔

میں جس بات کی وکالت کر رہا ہوں وہ یہ ہے کہ الٰہیات کو بطور بنیاد استعمال کیا جائے تا کہ وہ مسئلہ بھی حل ہو جائے، جو اس بنیاد کی غیر موجودگی میں پیدا ہو رہا ہے۔ علم الاعصاب کے تجربات الٰہیاتی پس منظر میں بھی اتنی ہی شدت و وسعت اور افادیت کے ساتھ عمل میں لائے جا سکتے ہیں۔ چنانچہ میرا نقطہ نظر ایک طرح سے دوہرے پن کا مدعی ہے؛ جس کو الٰہیاتی دوہرا پن کہا جا سکتا ہے۔ الٰہیاتی دوہرے پن میں علم الاعصاب کی افادیت کو مسترد نہیں کیا جاتا، اور تمام تحقیقاتی منصوبے اس موضوع پر اپنے حیران کن نتائج کی فراہمی کو جاری رکھ سکتے ہیں۔ تاہم الٰہیاتی دوہرا پن ایک مابعد الطبیعیاتی مضمون ہے، جو ایک مبسوط وضاحت پیش کرتا ہے۔ پروفیسر ٹیلیا فیرو ایک ایسا ہی نقطہ نظر پیش کرتا ہے:

''میری سمجھ میں نہیں آتا کہ دماغی علوم، نفسیاتی و جسمانی تعلقات پر اپنے مطالعے کیوں جاری نہیں رکھ سکتے۔ دماغی حالتوں کے ساتھ شعور کو مابعد الطبیعیاتی طور پر سمجھنے میں ناکامی سے تعلقات کے مطالعے کو لمحے بھر کے لیے بھی نہیں روکتی۔ مزید

براں، ایک شخص دوہریت پسند (dualist) ہوسکتا ہے اور شعور اور دماغی حالتوں کو شخص اور جسم کے طور پر دیکھ سکتا ہے، بطورِ عملی اکائیوں کے، یہ فرض کئے بغیر کہ وجودی طور پر صرف ایک قسم کی چیز رُو بہ عمل ہے۔ ذہن-جسم (یا جیسے میں اسے کہنا پسند کرتا ہوں، تعاملاتی) دوہرا پن وجودیت کا ایک مضمون ہے۔ ... تعاملاتی دوہرا پن کوئی سائنسی مفروضہ نہیں کہ جس کو سائنسی دعووں کا سامنا کرنا پڑے۔ ،،237

داخلی شعوری تجربے کے وجود اور ظہور پذیر ہونے کی وضاحت کے لیے اللہ تعالیٰ کے وجود کو تسلیم کرنے کی ضرورت ہے۔ اس پر مستزاد، شعور کا مسئلہ سنگین اور داخلی ذاتی شعور کا وجود واضح طور پر ایک باخبر ہستی کا پتا دیتے ہیں جس نے کائنات کی تخلیق فرمائی اور آپ کو اور مجھے اپنی داخلی شعوری کیفیتوں کے ادراک کی صلاحیت بخشی۔

روح سے متعلق زیادہ علم حاصل کرنا انسانی دائرۂ کار سے باہر ہے

مسلم قارئین بجا طور پر سوال کریں گے کہ کیا یہ دلیل اسلامی الٰہیات سے پوری طرح ہم آہنگ ہے؟ عام اعتراض یہ اٹھایا جاتا ہے کہ قرآن واضح طور پر بیان کرتا ہے کہ روح (یعنی جان، روح، شعور، یا وہ چیز جو جسم کو حرکت دیتی ہے) اللہ کے حکم یا معاملے سے ہے اور انسان کو اس کے بارے میں بہت محدود علم ہی دیا گیا ہے۔ چنانچہ ہمیں اس موضوع پر خاموشی اختیار کئے رکھنی چاہیے۔

$$وَيَسْأَلُونَكَ عَنِ الرُّوحِ قُلِ الرُّوحُ مِنْ أَمْرِ رَبِّي وَمَا$$
$$أُوتِيتُم مِّنَ الْعِلْمِ إِلَّا قَلِيلًا ۝$$

،،اور (اے محمد صلی اللہ علیہ وسلم یہ لوگ) تم سے روح کے بارے میں سوال کرتے ہیں۔ کہہ دو کہ وہ میرے پروردگار کی ایک شان ہے اور تم لوگوں کو (بہت ہی) کم علم دیا گیا ہے۔ ،،238 (سورۃ بنی اسرائیل/الاسراء، آیت 85)

اس ظاہری تضاد کو حل کرنے کے لیے یہ سمجھنا ضروری ہے کہ یہ آیتِ مبارکہ شعور یا روح کی

ماہیئت سے متعلق ہے نہ کہ اس کے وجود سے۔ یہ آیت توثیق کرتی ہے کہ کوئی غیر مادی شئے، جسم کو حرکت میں لاتی ہے جو ۔ بہ الفاظِ دیگر ۔ روح یا شعور ہے۔ یہ عین وہی چیز ہے جسے اس باب میں بطورِ دلیل بیان کیا گیا ہے کہ شعور کے وجود کو صرف ایک غیر مادی تصورِ حیات کے سہارے سے ہی بیان کیا جا سکتا ہے۔ یہ باب اس سے زائد کوئی چیز بیان نہیں کر رہا جو کچھ پہلے ہی اسلامی ذرائع علمی میں بیان ہو چکی ہیں۔ مثال کے طور پر قرآنِ حکیم اس بات کی توثیق کرتا ہے کہ روح ہماری مادی کائنات سے مختلف چیز ہے، یہ کہ یہ جسم کو حرکت کی قوت بخشتی ہے اور یہ کہ اس کو اللہ تعالیٰ نے تخلیق فرمائی ہے۔ چنانچہ یہاں پیش کی گئی کوئی دلیل، اصلی اسلامی تعلیمات کی ضد میں نہیں۔

خلاصتاً، میں سمجھتا ہوں کہ ہمیں اس بات پر غور کرنا چاہئے کہ اللہ تعالیٰ ہمیں اپنے نفوس میں غور کرنے کا حکم دیتا ہے، اور ایسا کرکے ہم اس نتیجے پر پہنچ سکتے ہیں کہ اگر کوئی رب نہ ہوتا، تو پھر ہم کوئی داخلی شعور و ادراک کا تجربہ نہ کر پاتے ۔ بہ الفاظِ دیگر، اللہ رب العالمین کا انکار کرتے ہوئے، ہم اپنے آپ کا انکار کر بیٹھتے ہیں!

$$ أَوَلَمْ يَتَفَكَّرُوا فِي أَنْفُسِهِمْ ٥ $$

''کیا انہوں نے کبھی اپنے آپ میں (اپنے وجود پر) غور نہیں کیا؟[239]'' (سورۃ الروم، آیت 8)

خالق کی خلّاقی

ایک منظّم اور نپی تلی کائنات

تصور کیجیے کہ آپ ایک صبح اٹھتے ہیں اور اپنا ناشتہ بنانے باورچی خانے کی طرف جاتے ہیں۔ وہاں آپ کو ڈبل روٹی کے دو سنکے ہوئے ٹکڑے، آپ کی من پسند چاکلیٹ لگے ہوئے تیار ملتے ہیں۔ یہی نہیں بلکہ چاکلیٹ کچھ یوں لگی ہوتی ہے کہ ہر ٹکڑے پر ''مجھے تم سے محبت ہے'' لکھا نظر آتا ہے۔ آپ کو خوشگوار حیرت ہوگی، لیکن کیوں؟ کیا آپ نے یہ سوچا کہ ڈبل روٹی کے ٹکڑے خود ہی سنک گئے اور چاکلیٹ سے ''اتفاقیہ طور'' پر محبت کے الفاظ لکھ دیئے گئے، سب کچھ خود ہی اور اتفاق سے ہو گیا؟ یا آپ کی سوچ اپنی شریک حیات کی طرف جاتی ہے کہ وہ پہلے اٹھ کر یہ سب کر گئی۔ اس زمین پر رہنے والا ہر باشعور انسان اس کی نفی ہی کرے گا کہ یہ سب بغیر کسی ارادے یا سبب کے ہو سکتا ہے، ان دیکھے امکانات اس سارے واقعے کی تفصیل کے لیے کافی نہیں ہو سکتے۔

کائنات بھی اس سے کچھ مختلف نہیں، اس کا آراستہ اور انتہائی درست نقشہ، اس کی با مقصد وضع یا ڈیزائن کی نشاندہی ہی کرتا ہے۔ یہ کرۂ ارض، زندگی کے وجود کو جلا بخشنے کے لیے نپے تلے قوانین رکھتا ہے، اور اسے ایسے ایک مخصوص انداز میں ترتیب دیا گیا ہے کہ جس سے انسانی زندگی

پنپ سکے۔ اگر ان قوانین میں اختلاف ہوتا یا کائنات ستاروں، سیاروں اور دوسری چھوٹی بڑی طبیعیاتی چیزوں کی ترتیب میں زندگی کی حساسیت کا خیال نہ رکھا جاتا تو آپ اس وقت یہ مضمون نہ پڑھ رہے ہوتے، بلکہ سرے سے انسانی زندگی کا کوئی وجود ہی نہ ہوتا۔

ایک اور مثال تصور کیجیے، [240] آپ ناسا کے لیے کام کرنے والے ایک خلانورد ہیں۔ یہ 2070ء ہے اور آپ کسی اور کہکشاں میں زمین جیسے ایک سیارے پر اترنے والے پہلے انسان ہیں۔ آپ کی مہم اس سیارے پر زندگی کی تلاش ہے۔ آپ آخرکار خلائی جہاز سے اس سیارے پر اپنا پہلا قدم رکھتے ہیں اور اس پاس سوائے پتھریلی زمین کے کچھ نہیں نظر آتا۔ تاہم آپ چلتے جاتے ہیں، یہاں تک کہ آپ کو ایک گرین ہاؤس نظر آتا ہے۔ اس کے اندر آپ کو انسانوں کی طرح کی مخلوق چلتی پھرتی، کھاتی پیتی، کھیلتی اور کام کرتی نظر آتی ہے۔ آپ کو درخت، پودے اور دوسری ہریالی بھی نظر آتی ہے۔ آپ جیسے ہی اس جگہ کے پاس پہنچتے ہیں، ان کا ایک نمائندہ آپ کا پرتپاک استقبال کرتا اور آپ کو اندر آنے کی دعوت دیتا ہے۔ اپنی ابتدائی ملاقات ہی میں وہ آپ کو بتاتے ہیں کہ گرین ہاؤس میں آکسیجن کا ضروری انتظام موجود ہے؛ اس کے علاوہ پانی اور دوسرے کیمیائی لوازمات بھی غذا اور ضروریاتِ زندگی کو پورا کرنے کے لیے موجود ہیں۔ حیران ہو کر آپ ان سے پوچھتے ہیں کہ زندگی کو قائم رکھنے کے لیے یہ مکمل ماحولیاتی نظام (ایکوسسٹم) آپ نے کیسے اس سیارے پر بنا لیا؟ ایک نمائندہ جواب دیتا ہے: ''اتفاق سے بن گیا۔''

آپ کا ذہن فوراً اس مضحکہ خیز بیان کو سلجھانے کی کوشش کرنے لگتا ہے۔ اس بات کی ممکنہ وضاحت یہی ہو سکتی تھی کہ یہ کسی صاحبِ عقل کا کام ہے نہ کہ محض اتفاق کا نتیجہ۔ ابھی آپ سوچ کے گھوڑے دوڑا ہی رہے ہوتے ہیں کہ ان میں سے ایک کہتا ہے، ''ہم تو مذاق کر رہے تھے،'' اور سب ہنس دیتے ہیں۔

اگر کسی پتھریلے سیارے پر ایک چھوٹا سا ماحولیاتی ڈھانچہ (گرین ہاؤس) یہ لازمی نتیجہ دیتا ہے کہ لازماً اسے کسی نے بنایا ہے، تو سوچیے کہ تمام عالم کے لیے ہمیں کیا نتیجہ اخذ کرنا چاہیے؟ تمام عالم اور اس میں جو کچھ بھی ہے، طبیعیاتی قوانین کے تابع ہے۔ اگر یہ قوانین ذرا بھی مختلف ہوتے تو یہاں کسی بھی باشعور زندگی کا تصور بھی محال ہوتا۔ تمام عالم میں کھربوں کہکشائیں، ان کہکشاؤں میں بے شمار ستارے، اور ان نظام ہائے شمسی میں ان گنت سیارے، ان سب سیاروں میں ایک

چھوٹا سا سیارہ ہماری زمین اور ہماری زمین میں اربوں باشعور مخلوقات کا وجود۔ ذرا سوچئے کہ ان آسمانی اجسام اور ان میں طبیعیاتی قوانین کی انتہائی درست ترتیب اور انسان جیسی باشعور مخلوق کی موجودگی کس بات کی نشاندہی کرتی ہے؟ لازمی اور سادہ جواب یہی ہے کہ یہ قطعاً کسی اتفاقی حادثے کا نتیجہ نہیں ہوسکتی۔

اسلامی بنیاد

یہ دلیل اسلامی بنیاد رکھتی ہے۔ قرآنِ حکیم آسمانی اجسام، دن اور رات کے پلٹنے، پودوں، جانوروں اور دوسرے طبیعی مظاہر کا بار ہا ذکر کرتا ہے۔

الشَّمْسُ وَالْقَمَرُ بِحُسْبَانٍ ۰ وَالنَّجْمُ وَالشَّجَرُ يَسْجُدَانِ ۰
وَالسَّمَاءَ رَفَعَهَا وَوَضَعَ الْمِيزَانَ ۰

''سورج اور چاند ایک حساب مقرر سے چل رہے ہیں۔ اور تارے اور درخت دونوں (اسی کو) سجدہ کر رہے ہیں۔ اور (اسی نے) آسمان کو بلند کیا اور میزان قائم کیا۔[241]''
(سورۃ الرحمٰن، آیات ‎5 تا ‎7)

عربی میں لفظ میزان کے کئی مطالب ہیں، ان میں 'توازن' اور خالق کی عطا کردہ 'درستگی' دونوں شامل ہیں۔ 'میزان' کا لفظ اس بات کی نشاندہی کرتا ہے کہ کائنات انتہائی درستگی، توازن اور ہم آہنگی کے ساتھ بنائی گئی ہے۔ قرآن میں مزید بہت سی آیات کائناتی درستگی، ترتیب، ڈیزائن اور ہم آہنگی کو بیان کرتی ہیں:

إِنَّ فِي خَلْقِ السَّمَاوَاتِ وَالْأَرْضِ وَاخْتِلَافِ اللَّيْلِ
وَالنَّهَارِ لَآيَاتٍ لِأُولِي الْأَلْبَابِ ۰

''بے شک آسمانوں اور زمین کی پیدائش اور رات اور دن کے بدل بدل کے آنے جانے میں عقل والوں کے لیے نشانیاں ہیں۔[242]'' (سورۃ آلِ عمران، آیت ‎190)

وَسَخَّرَ لَكُمُ اللَّيْلَ وَالنَّهَارَ وَالشَّمْسَ وَالْقَمَرَ وَالنُّجُومُ مُسَخَّرَاتٌ
بِأَمْرِهِ إِنَّ فِي ذَٰلِكَ لَآيَاتٍ لِقَوْمٍ يَعْقِلُونَ ۰

''اور اس نے تمہاری بھلائی کے لیے دن اور رات کو اور سورج اور چاند کو مسخر کر رکھا

ہے اور سب تارے بھی اسی کے حکم سے مسخر ہیں۔ اس میں بہت نشانیاں ہیں ان لوگوں کے لیے جو عقل سے کام لیتے ہیں۔‘‘[243] (سورۃ النحل، آیت 12)

علمائے اسلام نے کائنات کی تفہیم کے لیے ترتیب کار اور خالق کی ضرورت واضح کرنے کے لیے جگہ جگہ کائناتی ترتیب کی طرف توجہ دلائی ہے۔ مثلاً امام غزالیؒ لکھتے ہیں:

’’ایک انتہائی ادنیٰ ذہن بھی زمین و آسمان کے عجائبات، جانوروں اور پودوں پر غور کرنے کے بعد اس حقیقت سے کیسے آنکھ چرا سکتا ہے کہ یہ حیران کر دینے والی دنیا اپنے تمام عجائبات اور ترتیب کے لیے کسی خالق کی محتاج نہیں کہ جس نے اسے بنایا، ترتیب دیا اور چلایا۔‘‘[244]

امام ابوحنیفہؒ ایک ملحد کے ساتھ مباحثہ کرتے ہوئے کائناتی ترتیب کی دلیل کامیابی سے کچھ یوں پیش کرتے ہیں:

’’اس سے پہلے کہ ہم بحث کا آغاز کریں، مجھے یہ بتائیے کہ آپ کا ایک ایسی کشتی کے بارے میں کیا خیال ہے جو خود بخود، کسی کنٹرول کرنے اور چلانے والے کے بغیر دریائے فرات کے کنارے آتی ہے، سارا سامان خود لادتی ہے اور واپس ہوتی اور اپنی منزل پر لنگر انداز ہو کر وہاں خود سامان اتارتی ہے؟‘ جواب ملا، ’یہ ناممکن ہے، ہرگز ایسا نہیں ہو سکتا۔‘ تو امامؒ نے ان سے فرمایا کہ اگر ایک کشتی کے لیے خود سے یہ سب کرنا اور چلنا محال ہے تو یہ کیوں کر ممکن ہے کہ یہ اتنی بڑی دنیا اپنے تمام لوازمات کے ساتھ خود بخود چل رہی ہو؟‘‘[245]

قرآنی آیات اور مسلم علماء کے نکات کی یہی بازگشت پچھلی دہائیوں کی طبیعیاتی دریافتوں میں بھی سنائی دیتی ہے، جو یہ بتاتی ہیں کہ کائنات ایسے طبیعیاتی قوانین رکھتی ہے جو زندگی کا وجود برقرار رکھنے کے لیے (بطورِ خاص) بہت توازن کے ساتھ بنائے گئے ہیں؛ اور یہ کہ کائنات، انسانی زندگی کی سہولت کے لیے ایک مخصوص ترتیب (نظم و ضبط) رکھتی ہے۔ اس نپی تلی ترتیب و توازن کو مذہبی علماء، ماہرینِ طبیعیات اور فلسفی ’’فائن ٹیوننگ‘‘ (Fine-Tuning) کا نام بھی دیتے ہیں۔ (اگرچہ ’’فائن ٹیوننگ‘‘ کی معیاری اردو اصطلاح موجود نہیں، تاہم اس سے مراد یہ ہے کہ کائناتی قوتیں اس قدر باریک بینی سے ایک دوسرے کے ساتھ ہم آہنگ اور متوازن

ہیں کہ اگر یہ قوتیں اپنی موجودہ کیفیت کے مقابلے میں معمولی سی بھی مختلف ہوتیں تو شاید یہ کائنات ایسی ہرگز نہ ہوتی جیسی کہ یہ ہے۔ یعنی یہاں پر زندگی کے پروان چڑھنے اور شعور و ذہانت کی منزل تک پہنچنے کا کوئی امکان ہرگز نہ ہوتا۔ لہٰذا، اس وضاحت کے پیشِ نظر، ہم ''فائن ٹیونگ'' کو اردو میں ''باریک بیں ہم آہنگی''، کہہ سکتے ہیں۔ (مترجم)

باریک بیں ہم آہنگی

کائنات کی باریک بیں ہم آہنگی کے مختلف پہلو ہیں۔ اوّل، اگر کائنات میں ان قوانین کا وجود نہ ہوتا تو زندگی، خاص طور پر شعور رکھنے والی پیچیدہ زندگی کبھی ممکن نہ تھی۔ دوسری بات یہ کہ کائنات میں دلکش ترتیب دکھائی دیتی ہے: جس طرح سے آسمانی اور دوسرے اجسام کو ترتیب دیا گیا ہے وہ زمین پر زندگی کے معاون ہیں۔ باریک بیں ہم آہنگی کے ان مختلف پہلوؤں سے وابستہ تمام معلومات اس بات کی مضبوط دلیل ہیں کہ کائنات کو پیچیدہ اور حساس زندگی کی پناہ کے لیے بطورِ خاص ترتیب دیا گیا ہے۔

(کائنات کا ''زندگی کے لیے ترتیب شدہ ہونا'' فلسفیانہ اور سائنسی مباحث میں ''بشری اصول'' (Anthropic Principle) کہلاتا ہے۔ مترجم)

طبیعیاتی قوانین

زندگی کے وجود کے لیے طبیعیاتی قوانین کا بالکل درست ترتیب دیا جانا بے حد ضروری ہے۔ اگر ان قوانین میں معمولی سی ردوبدل کی جائے تو اس کا نتیجہ کائنات میں زندگی کا اختتام ہوگا:

کششِ ثقل (گریویٹی) کا قانون: گریویٹی دو اجسام کے درمیان قوتِ کشش کا نام ہے۔ قوتِ ثقل نہ ہوتو ایسی کوئی قوت نہیں ہوگی جو اشیاء اور اجزاء کو باہم اکٹھا کر سکے۔ چنانچہ یہاں نہ سیارے ہوں گے نہ ستارے۔ ستاروں کے بغیر زندگی کے قیام کے لیے توانائی کا کوئی مستقل ذریعہ نہ ہوتا۔[246] کائنات محض تاریک خلا ہوتی۔

برقناطیسی قوت: یہ منفرد قوت کائنات کی ہر شئے پر اثر انداز ہوتی ہے۔ برقی مقناطیسی (برقناطیسی) قوت اشیاء کو طاقت، مضبوطی، شکل اور سختی مہیا کرنے کی ذمہ دار ہے۔ اس کے

بغیر ایٹم کا وجود ہی نہیں ہوگا کیونکہ کوئی ایسی قوت نہیں ہوگی جو ایٹم میں الیکٹرون کو مرکزے کے گرد گردش میں باندھے رکھ سکے۔ اگر ایٹم نہ ہوتے تو زندگی بھی نہ ہوتی۔ ان گنت اقسام کے اہم مرکبات تشکیل دینے والے کیمیائی بند (کیمیکل بونڈز) بھی برقی مقناطیسی قوت ہی کی وجہ سے بیں اور کیمیائی بند کے بغیر زندگی کا وجود ممکن نہ تھا۔ [247]

برقناطیسیت کا ایک دلچسپ پہلو یہ ہے کہ یہ ایک قوت ہے اور زندگی کی بہت سی مختلف قسم کی ضروریات کو پورا کرتی ہے۔ پروفیسر جان لیسلی اپنی کتاب [a] میں لکھتے ہیں:

''برقناطیسیت (الیکٹرومیگنیٹزم) ایک ایسی منفرد قوت ہے جو بہت سے اہم عوامل کے رونما ہونے میں معاون ہے۔ اسی کی وجہ سے ستارے اربوں سال سے جل رہے ہیں، یہ ستاروں میں کاربن بننے کا بھی باعث ہے۔ یہ اس بات کو یقینی بناتی ہے کہ کوارکس کی جگہ لپٹونز نہ لے لیں، وگرنہ ایٹم کا وجود ممکن نہ ہوگا۔ اس قوت کی وجہ سے پروٹون زیادہ جلدی انحطاط پذیر نہیں ہوتا جبکہ ایک پروٹون، دوسرے پروٹون کو زیادہ قوت سے دھکیلتا بھی نہیں۔ اس (باریک بین) احتیاط کے بغیر کیمیائی تعاملات ممکن نہ ہوتے۔ یہ کیسے ممکن ہے کہ ایک ہی قسم کی قوت ان مختلف قسم کی ضروریات کے لیے کافی ہو، جبکہ ایسا لگتا ہے کہ ان عوامل کے لیے مختلف قوتیں درکار رہوں گی''۔ [248]

پروفیسر کے سوال کا تسلی بخش جواب یہی ہو سکتا ہے کہ یہ قوت بہت باریکی اور مہارت سے متعین کی گئی ہے تا کہ یہ بیک وقت ان تمام ضرورتوں کو پورا کر سکے۔

مضبوط نیوکلیائی قوت (Strong nuclear force): چونکہ ایٹم کا مرکزہ

مثبت بار (پازیٹیو چارج) کے حامل پروٹونوں سے مل کر بنتا ہے، اس لئے (اصولاً) اسے بکھر جانا چاہئے تھا کیونکہ ایک جیسے بار رکھنے والے ذرّات ایک دوسرے کو دھکیلتے ہیں، لیکن ایٹم کا مرکزہ مضبوط نیوکلیائی قوت کی وجہ سے سالم رہتا ہے۔ اگر یہ (منظرنامہ)

---

[a] *Infinite Minds, A Philosophical Cosmology*
by John Leslie

مختلف ہوتا تو''کائنات محض ایک بڑے بلیک ہول کی طرح ہو کررہ جاتی۔''[249]

کمزور نیوکلیائی قوت (Weak nuclear force): کمزور نیوکلیائی قوت اگرچہ کشش ثقل سے زیادہ طاقت ور ہوتی ہے لیکن یہ (ایٹمی مرکزے کے اندر) بہت ہی تھوڑے فاصلے تک اثر انداز ہوسکتی ہے۔ یہ ستاروں کے ایندھن اور عناصر کی تشکیل کا باعث ہے۔ یہ تابکاری انحطاط (radioactive decay) کا بھی باعث ہے۔ سورج اس قوت کے بغیر جلنے کے قابل نہیں ہوتا کیونکہ یہ نیوکلیائی انشقاق (nuclear fission) میں اہم کردار ادا کرتی ہے۔ اگر یہ قوت معمولی سی زیادہ طاقتور یا کمزور ہوتی، تو ستارے بھی تخلیق نہیں ہوسکتے تھے۔

طبیعیاتی قوانین کی باریک بین ہم آہنگی اور غیر معمولی درستگی کی درج بالا مثالوں کی روشنی میں کوئی بھی صاحب عقل کچھ سنجیدہ سوال پوچھ سکتا ہے: فزکس (طبیعیات) کے یہ قوانین کہاں سے آئے؟ ہم بے ترتیبی کے بجائے یہ قوانین کیوں دیکھتے ہیں؟ کیسے یہ قوانین بے شعور، عقل نہ رکھنے والے، اندھے اور بے ترتیب عمل اس طرح چلاتے ہیں کہ وہ انسانی زندگی کے لیے شاندار طور پر معاون ثابت ہور ہے ہیں؟

ایک منطقی ذہن کے لیے ضروری ہے کہ وہ یہ نتیجہ اخذ کرے کہ کسی قانون ساز، عظیم ریاضی دان، یا کائناتی ذہن نے ایسے قوانین تخلیق کئے ہیں جو ایک باشعور زندگی کے وجود کے لیے معاون ہیں۔

کائناتی ترتیب

کائنات میں جو ہم نظم و ضبط اور اس کے فلکی اجسام میں ہم جو عظیم الشان ہم آہنگی دیکھتے ہیں، وہ نہ صرف اوسط ذہانت رکھنے والوں کے لیے حیرت کا باعث ہے بلکہ اس نے اعلیٰ ذہن رکھنے والوں کو بھی مسحور کیا۔ البرٹ آئن سٹائن نے ایک مرتبہ کہا:

''میں منکرِ خدا نہیں ہوں اور مجھے نہیں لگتا کہ میں اپنے آپ کو ہمہ اوستی (panthiest) -وحدت الوجود کا قائل) کہہ سکتا ہوں۔ ہماری حالت ایک ایسے چھوٹے بچے کی سی ہے

جو ایک بہت بڑے کتب خانے میں داخل ہو گیا ہے جو مختلف زبانوں میں لکھی گئی کتابوں سے بھرا پڑا ہے۔ بچہ جانتا ہے کہ یہ کتابیں ضرور کسی نے لکھی ہوں گی۔ مگر اسے یہ معلوم نہیں کہ کیسے۔ وہ ان زبانوں کو نہیں سمجھ سکتا جن میں وہ کتابیں لکھی گئی ہیں۔ بچے کے ذہن میں ایک مدھم سا خیال ہے کہ ان کتابوں کے انتظام میں کوئی حیرت انگیز ترتیب ہے، مگر وہ نہیں جانتا کہ وہ ترتیب کیا ہے۔ مجھے ایسا لگتا ہے کہ خدا کی ذات کے حوالے سے ذہین ترین انسان کا رویہ بھی اسی قسم کا ہے۔ ہم اس کائنات کو ایک شاندار ترتیب میں دیکھتے ہیں۔ یہ مختلف قوانین کی پابندی کرتی نظر آتی ہے، مگر ہم ان قوانین کو بے حد مدھم سا جانتے ہیں۔ ہمارے محدود ذہن اس پر اسرار قوت کو سمجھنے کی کوشش کرتے ہیں، جس نے انہیں چلایا ہے۔،، [250]

حتیٰ کہ بدنام زمانہ ملحد، رچرڈ ڈاکنز نے بھی کائنات کے نظم و ضبط پر تبصرہ کیا ہے۔ اگرچہ وہ صورت گری کے مفروضے کو مسترد کرتا ہے اور اپنی جانب سے ایک فطرت پرستانہ (نیچرلسٹ) وضاحت پیش کرتا ہے، لیکن پھر بھی اس نے وہی کچھ بیان کیا جس نے آئن سٹائن جیسوں کو مسحور کیا تھا:

،،مگر جب میں لکھتے لکھتے جو کچھ دیکھتا ہوں تو مجھے لگتا ہے کہ میں خوش قسمت ہوں کہ میں زندہ ہوں اور آپ بھی۔ ہم ایسے سیارے پر رہتے ہیں جو ہماری زندگی کے لیے بالکل موزوں اور کامل ہے: نہ زیادہ گرم، نہ زیادہ سرد، ایک مہربان سی دھوپ کی حرارت، نہایت نرم پانی سے سیراب کردہ، دھیمے سے گھومتا ہوا؛ سبز اور سنہری فصل اس سیارے کی رونق ہے۔ کیسا اتفاق ہے کہ ایک سیارے نے بے ترتیبی سے ایسے خواص جمع کئے ہیں جو اس قدر مہربان خصوصیات کے حامل ہیں۔،، [251]

حقیقتاً یہ کائنات بہت شاندار طریقے سے ترتیب دی گئی ہے اور یہ ترتیب بہت پیچیدہ ہے۔ اگر یہ ترتیب ذرا سی بھی مختلف ہوتی تو یہ تقریباً ناممکن تھا کہ انسانی زندگی یہاں پھل پھول سکتی۔ درج ذیل مثالیں اس بات کی عکاسی کرتی ہیں:

ہمارے سیارے کا محلِ وقوع: زندگی کے لیے معاون، ہمارے سیارے کی ایک اہم خصوصیت اس کا سورج سے فاصلہ ہے۔ زمین اس مقام پر واقع ہے جسے قابلِ رہائش علاقہ (habitable zone) کہا جاتا ہے۔ اس علاقے کو یوں بیان کیا جا سکتا ہے: ''ایسا علاقہ، جہاں مرکزی ستارے (سورج) کی تپش، ہمارے سیارے کو ایسا سطحی درجۂ حرارت مہیا کرتی ہے جس پر ہمارے سمندروں کا پانی نہ تو منجمد ہوتا ہے اور نہ ہی اُبل پڑتا ہے۔''[252] اگر ہمارا سیارہ سورج سے ذرا سا بھی مزید قریب ہوتا تو یہ اس قدر گرم ہوتا کہ اس پر زندگی ممکن نہ ہوتی؛ اور اگر یہ معمولی سا دور ہوتا تو تب بھی اس قدر ٹھنڈا ہوتا کہ یہاں زندگی ممکن ہی نہ ہوتی۔

مشتری کی کششِ ثقل: ہمارے شمسی نظام میں مشتری (جیو پیٹر) سیارے کی غیر موجودگی، زندگی کے وجود کے لیے سنجیدہ مسائل کا باعث ہوتی۔ ارضیات کے پروفیسر، پیٹر وارڈ کہتے ہیں: ''مشتری کے بغیر قوی امکانات تھے کہ آج ہماری زمین پر حیوانات کی زندگی کا وجود نہ ہوتا۔''[253] مشتری ہمارے لئے ایک ''کائناتی حفاظتی ڈھال'' کا کردار ادا کرتا ہے۔ یہ ہمارے سیارے کو دم دار ستاروں (comets) اور شہابیوں (asteroids) کی ''بمباری'' سے بچاتا ہے، کیونکہ اس کی کششِ ثقل ان دُم دار ستاروں اور شہابیوں کو اپنی طرف کھینچ لیتی ہے۔ ہمارے اس دوستانہ اور دیو قامت گیسی سیارے کے بغیر، زمین پر ترقی یافتہ اور اعلیٰ زندگی کی نشو و نما شاید ممکن نہ ہوتی۔

محقّقہ ربیکا مارٹن نے، جو ناسا (NASA) کی ''سیگان فیلو'' ہیں، مشتری کے اثر کا مطالعہ کیا ہے۔ وہ لکھتی ہیں: ''ہماری تحقیق یہ بتاتی ہے کہ آج تک جتنے بھی (ماورائے شمسی) سیاروی نظاموں کا مشاہدہ کیا گیا ہے، ان میں سے بہت ہی کم میں بڑے سیارے بالکل درست مقام پر کچھ اس طرح سے موجود ہوں کہ وہ ایک مناسب شہابی پٹی تشکیل دیں؛ تا کہ کسی قریبی پتھریلے سیارے پر زندگی (کی وجود پذیری اور ارتقاء) کا امکان بہتر بنا سکیں... ہماری تحقیق یہ اشارہ دیتی ہے کہ شاید ہمارا شمسی نظام بہت ہی خاص ہے۔''[254]

مشتری کے بغیر ہمارے سیارے پر زندگی کا قائم و دائم رہنا بے حد مشکل ہوتا، کیونکہ ہمارے سیارے پر شہابیوں اور دُم دار ستاروں کی مسلسل بوچھاڑ ہو رہی ہوتی۔ [255] [256]

چاند کی وجہ سے مدوجزر: زمینی چاند کا نسبتاً بڑا حجم، اپنی ثقلی کشش کی وجہ سے زمین پر مدوجزر کی لہروں کا باعث ہے۔ چاند اپنی تشکیل کے بعد، حال کی نسبت زمین سے زیادہ قریب تھا، مگر یہ قربت زیادہ دیر نہ رہی۔ اگر چاند پیچھے نہ ہٹتا (اپنے زاویائی معیار حرکت (angular momentum) کی وجہ سے) تو ہمارے سیارے پر شدید اثرات ہوتے۔ ان اثرات میں زمین کی سطح کا زیادہ گرم ہونا بھی شامل ہے، جو زمین پر زندگی پنپنے میں رکاوٹ کا باعث ہوتی۔ پروفیسر وارڈ بیان کرتے ہیں کہ قریب تر ہونے کی صورت میں چاند زمین کی سطح کو (کسی گومڑ کی طرح) موڑ دیتا اور درجۂ حرارت بڑھا دیتا؛ اور عین ممکن تھا کہ زمین کی سطح پگھل جاتی: ''چاند کی زیادہ قربت کے باعث ہونے والا سمندری مدوجزر (اور زمینی مدوجزر) بہت شدید ہوتا، زمین کی بالائی پرت کے خم زدہ (flexed) ہو جاتی اور رگڑ کی وجہ سے درجۂ حرارت بھی بڑھ جاتا، جو (نتیجتاً) زمین کی پتھریلی سطح کو پگھلا بھی سکتا تھا۔'' [257]

گردشی محور پر زمینی جھکاؤ (tilt) کا قیام پذیر ہونا: چاند اس چیز کا ذمہ دار بھی رہا ہے کہ زمین کا اپنے گردشی محور (spin axis) پر جھکاؤ قیام پذیر رہے۔ بقول پروفیسر وارڈ، ''جھکاؤ کی یہ سمت دسیوں ہزار سال کے پیمانے پر بدلتی رہتی ہے کیونکہ سیارہ زمین (اپنے گردشی محور پر، ایک طویل عرصے کے دوران) کسی لٹو کی طرح ڈگمگاتا ہے، لیکن پھر بھی زمین کا اپنے مداروی مستوی (orbital plane) کی مناسبت سے جھکاؤ لگ بھگ یکساں رہتا ہے۔'' [258]

یہ زاویہ کروڑوں اربوں سال سے چاند کی کششِ ثقل ہی کی وجہ سے یکساں چلا آ رہا ہے۔ اگر چاند چھوٹا ہوتا یا سورج اور مشتری کے لحاظ سے اس کی جگہ مختلف ہوتی، تو یہ ''زمین کے درجۂ حرارت کو طویل عرصے تک معتدل رکھنے سے قاصر ہوتا۔'' [259] لہٰذا، اگر چاند نہ

ہوتا تو ہمارے سیارے کا ماحول انتہائی شدید، بے حد متغیر ہوتا،اور ہمیشہ بدلتے رہنے والا ہوتا۔اس ماحول میں صرف چھوٹے جاندار (مثلاً بیکٹیریا) ہی وجود میں آ سکتے تھے لیکن پیچیدہ زندگی (پودوں اور جانوروں وغیرہ پر مشتمل) ممکن نہ ہوتی۔

مندرجہ بالا تفصیل کی روشنی میں طبیعیات کے قوانین اور نظامِ شمسی کے نظم کی بہترین وضاحت کیا ہو سکتی ہے؟ اس کی چند ہی وجوہ ممکن ہو سکتی ہیں: اتفاق، طبیعی ضرورت، کثیر کائناتی مفروضہ یا ڈیزائن۔

اتفاق

اس عظیم الشان نظم وضبط اور "باریک بیں ہم آہنگی" کو"اتفاق" (chance) قرار دینا اس نتیجے کا غماز ہے کہ قوانین طبیعیات اور نظام شمسی کا نظم بغیر کسی ارادے یا مقصد کے وقوع پذیر ہوئے۔ان کا ظہور میں آنا حادثاتی اور غیر مربوط امور کا نتیجہ ہے۔ یہ ایک غیر عقلی دعویٰ ہے۔ بروس لی کی اس ایک پینٹنگ کو لیجئے: [260]

اگر میں آپ سے کہوں کہ سیاہی، صفحے پر گری اور "محض اتفاق سے" یہ تصویر بن گئی،تو آپ فوراً اس امکان کو ماننے سے انکار کر دیں گے۔ یہ اس لئے ہے کہ آپ کا تجربہ اور معلومات یہ بتاتے ہیں کہ یہ ممکن نہیں۔اسی طرح اگر میں کہوں کہ امریکا کا مشہور مجسمہ ٔ آزادی"اتفاقاً" بن گیا تھا،تو آپ یقیناً میری دماغی حالت پر شک کریں گے۔

اتفاق کا یہ مفروضہ نہ صرف غیر عقلی ہے بلکہ ایک جوابی بحث بھی ہے۔اس سے میری مراد یہ ہے کہ اگر بات اتفاق پر ہی آ ٹھہرے تو پھر کوئی بھی بے وقوفانہ دعویٰ کرنا ممکن ہو جاتا ہے۔مثال

کے طور پر میں ایک ملحد سے یہ کہہ سکتا ہوں کہ میرا یقین ہے کہ میری اصل ماں وہ عورت نہیں جسے میں ''ماں'' کہتا ہوں، بلکہ وہ دراصل ایک گلابی ہتھنی تھی جو پلوٹو پر پیدا ہوئی تھی اور ایک ''بڑے پنکھ'' پر سوار ہو کر زمین پر آئی تھی۔ میرا ملحد دوست شاید مجھے پاگل کہے، مگر میں جواب دے سکتا ہوں کہ اس کا ''امکان تو ہے!'' امکان یا اتفاق کا مفروضہ یا بیانیہ ہر دعوے کو ممکن بنا دیتا ہے اور اس طرح ''دلیل'' کی ضرورت کو ہماری روزمرہ اور تحقیقی گفتگو سے نکال دیتا ہے۔ اس طرح میں دعوٰی کر سکتا ہوں کہ اسلام سچا مذہب ہے۔ اگرچہ اس کا ثبوت موجود ہے کہ یہ ایسا ہی ہے، لیکن یہ دعوٰی کرتے ہوئے میں اس ''علمی تصور'' کا استعمال کر رہا ہوں گا جو ''امکان'' کو گفتگو کی بنیاد بنا کر رائج کر دیا گیا ہو گا۔ چنانچہ یہ طریقہ کار کسی کو کوئی بھی دعوٰی کرنے کا اختیار دے دیتا ہے۔

ایک ملحد جو قوانینِ فطرت میں باریک بیں ہم آہنگی کے سوال پر اتفاق یا امکان کے مفروضے کو ایک قابلِ قبول جواب کے طور پر قبول کرتا ہے، وہ یقیناً دوہرے معیارات اپنانے کا مجرم ٹھہرے گا۔ اس کی اپنی روزمرہ زندگی میں اتفاق یا امکان کبھی انتہائی ناممکن چیزوں کی قابلِ قبول وضاحت کے لیے پیش نہیں کیا جاتا۔ مثال کے طور پر ایک ملحد اپنے بچے کو منع کرے کہ سونے سے پہلے بسکٹ نہ کھانے اور پھر اگر وہ اپنے سوتے ہوئے بچے کے آس پاس اور اس کے منہ پر بسکٹ کے ٹکڑے (ریزے) پائے اور بسکٹ کا ڈبہ بھی اس کے پاس ہی پڑا ہو، تو آپ کا کیا خیال ہے کہ وہ ملحد فوراً کیا سوچے گا؟ کیا اس سب کے ''خود بخود'' وقوع پذیر ہونے کا خیال بھی اس کے ذہن میں آئے گا؟ ہرگز نہیں۔ آپ مزید تصور کیجئے کہ اگر یہی تو جیہ ہمارے کاروباری امور، عدالتی کارروائی، منصوبہ سازی اور روزمرہ زندگی میں پیش کی جائے تو ہماری روزمرہ زندگی، معیشت اور عالمی معاملات کس قدر ابتری کا شکار ہو جائیں گے۔

بہت سارے ملحدین، وجودِ باری تعالٰی پر بات کرتے ہوئے ایک الگ علمی اصول بناتے ہیں جبکہ، اس کے برعکس، وہ روزمرہ زندگی میں اس سے مختلف اصول پر چل رہے ہوتے ہیں۔ اس کی وجہ ان کا واضح امور کو ماننے سے انکار پر اصرار ہے جس کی وجہ جذباتی، یا کچھ کی رائے میں روحانی، ہے۔ کچھ ملحدین کے لیے، نام نہاد منطقی دلائل کا مقصد ایک بڑے مسئلے کو چھپانا ہوتا ہے: وہ تکبر میں مبتلا ہیں جس کے باعث وہ خدا کی عبادت نہیں کرنا ہی چاہتے! (دیکھئے باب 15)

لیکن پھر بھی، ایک امکان تو ہے!

کچھ ملحد پھر بھی یہ اصرار کرتے ہیں کہ چاہے یہ بات ''کتنی ہی غیر عقلی یا ناممکن کیوں نہ ہو'' لیکن اس کا ''امکان تو موجود ہے'' کہ کائناتی نظم و ضبط کسی ارادے یا مقصد کا نتیجہ نہ ہو بلکہ ''محض ایک اتفاق'' ہو۔ ان کا دعویٰ ہے کہ ہماری یہ کائنات جو زندگی کو ممکن بناتی ہے، ایک شاندار حادثے کا نتیجہ ہے۔

اس اعتراض کے جواب کے لیے، امکان کا اصول ذہن میں لائیے۔ ایک عقلی ذہن اس بات کو مانتا ہے کہ جب کچھ معلومات، ایک مفروضے کے ثبوت کے لیے ممکن نہ ہوں تو وہ دوسرے کسی مفروضے کو قائم کرنے میں دلیل بن سکتی ہیں، جس کے تحت وہ ممکن ہو۔ اس بات کو میں ایک مثال کے ذریعے واضح کرتا ہوں۔ [261] فرض کیجئے کہ ایک بچے ''جارج'' کی ولدیت کی تصدیق کا ٹیسٹ دو افراد پال (y) اور جان (x) پر کیا جانا ہے۔ (جارج کی) ماں کا خیال ہے کہ پال (y) کے حقیقی والد ہونے کا امکان زیادہ ہے، لیکن اسے اپنے خیال پر پوری طرح بھروسہ نہیں۔ البتہ جان (x) کا خیال یہ ہے کہ وہ (جارج کا) باپ ہے اور وہ اسے ثابت کرنے پر تلا ہوا ہے۔ ماں اس بات کی تصدیق کے لیے تینوں (اپنا، پال اور جان) کا ڈی این اے ٹیسٹ کروانا چاہتی ہے۔ ٹیسٹ کا نتیجہ یہ آتا ہے کہ پال (y) کا ڈی این اے، بچے کے ڈی این اے سے میل کھا رہا ہے جبکہ جان (x) سے مماثلت نہیں رکھتا۔ اس نتیجے اور حاصل شدہ معلومات کی روشنی میں ماں کا مفروضہ صحیح ثابت ہوتا ہے جبکہ جان (x) کا مفروضہ ثابت نہیں ہوتا۔ اس اصول کے تحت دونوں کے ٹیسٹوں کا نتیجہ ماں کے مفروضے کو تقویت دیتا ہے کیونکہ اس مفروضے کے صحیح ہونے کے لیے جہاں پال (y) کے ڈی این اے کا بچے کے ڈی این اے سے میل کھانا ضروری ہے، وہیں جان (x) کے ڈی این اے کا میل نہ کھانا بھی ضروری ہے۔ چنانچہ ٹیسٹ سے حاصل شدہ معلومات، جان (x) کے مفروضے کے بجائے ماں کے مفروضے کی تائید کرتی ہیں۔

(ٹھیک اسی طرح) کائنات میں باریک ہم آہنگی سے متعلق دستیاب معلومات (ڈیٹا) کی بہترین توجیہ ''ڈیزائن'' سے ہوتی ہے نہ کہ اتفاق کے مفروضے سے، کیونکہ ''فائن ٹیوننگ'' (باریک ہم آہنگی) اس بات کو زیادہ تقویت پہنچاتی ہے کہ یہاں غیر معمولی ذہانت سے کی گئی

پیشگی منصوبہ بندی (پری پلاننگ) شامل ہے نہ کہ یہ سب کچھ الل ٹپ، بے ہنگم، اور"خوشگوار حادثاتی اتفاقات" کی وجہ سے ہوا۔ میرے اب تک کے استدلال پر اس اصول کا اطلاق کیا جائے تو واضح ہو جاتا ہے کہ کائنات کے بارے میں ہماری تمام (سائنسی) معلومات، اتفاق کے بجائے، ڈیزائن یا منصوبہ بندی کے مفروضے (ڈیزائن ہائپوتھیسس) کے حق میں جاتی ہیں۔

طبیعیاتی ضرورت؟

اس تصور کے مطابق، کائناتی نظم و ضبط کو ایسا ہی ہونا چاہئے تھا، جیسا کہ وہ ہے۔ یہ بات دو وجوہ سے غلط ہے۔ پہلی وجہ یہ کہ اس صورت میں ہمیں ماننا پڑے گا کہ ایک ایسی کائنات جو ہماری زندگی کے لیے سازگار نہ ہو اس کا وجود ناممکن ہے؛ جبکہ ایسا نہیں۔ کوئی اور کائنات جس میں قوانین کی ترتیب مختلف ہوتی، اس کا وجود ممکن ہے۔ [262] ماہرِ طبیعیات پال ڈیویز وضاحت کرتے ہیں کہ کائنات کا"موجودہ حالت میں ہونا کوئی لازمی امر نہیں، یہ اس سے مختلف حالت میں بھی بن سکتی تھی۔" [263]

دوسری وجہ یہ کہ جو لوگ یہ کہتے ہیں کہ کائنات لازماً ایسی ہی ہونی چاہئے تھی کہ جس میں زندگی وجود میں آ سکے اور ارتقائی مدارج بھی طے کر سکے، ان کے پاس اس بات کی کوئی دلیل نہیں۔ باب کی ابتداء میں ڈبل روٹی والی مثال دیکھیں تو ہمارے سامنے وہی بات سامنے آتی ہے: اب اگر کوئی یہ کہے کہ توس کو لازماً اسنکا ہوا ہونا چاہئے تھا اور اس پر چاکلیٹ ہی لگی ہونی چاہئے تھی (یعنی جو کچھ تھا، اس کے علاوہ کچھ اور ہو ہی نہیں سکتا تھا) تو یقیناً یہ کہنا غلط ہوگا؛ کیونکہ ہو سکتا ہے کہ توس سنکا ہوا نہ ہوتا، اور یہ بھی ممکن ہے کہ توس پر چاکلیٹ کی جگہ مکھن لگا ہوتا۔

کثیر کائناتی (Multiverse) مفروضہ؟

کچھ کی رائے یہ ہے کہ اس باریک ہم آہنگی (فائن ٹیوننگ) کی وضاحت، کثیر کائناتی مفروضے سے کی جا سکتی ہے۔ یعنی یہ کہ کائناتوں کی ایک بہت بڑی تعداد ہے جن میں سے ایک وہ کائنات ہے کہ جس میں ہم رہ رہے ہیں۔ اگر بہت بڑی تعداد میں، بھانت بھانت کی کائناتیں موجود ہوں تو اس بات کا امکان ہے کہ زندگی کو ممکن بنانے والی"کوئی ایک" کائنات بھی موجود

ہو۔اگر ہم اوپر پیش کی گئی بروس لی کی تصویر پر غور کریں تو یہ کثیر کائناتی مفروضہ ایسا ہی ہے کہ جیسے یہ مان لیا جائے کہ کاغذ پر لاتعداد بار سیاہی گرانے سے یہ ممکن ہے کہ ایک باقاعدہ تصویر بن جائے۔ کثیر کائناتی مفروضے کی مختلف صورتیں بیان کی گئی ہیں، ان سب کا جواب تو یہاں ممکن نہیں مگر ہم ان میں سے کچھ بنیادی نکات پر بات کر کے اس مفروضے کا ردّ کریں گے۔

پہلی بات یہ ہے کہ کثیر کائناتی مفروضہ قطعی غیر ضروری ہے۔ یہ کثیر کائناتوں کے ایک بلاضرورت امکان کو ضروری قرار دیتا ہے۔ پروفیسر رچرڈ سوئنبرن کہتے ہیں، ''یہ ایک مضحکہ خیز بات ہے کہ ایک کائنات کی خصوصیات کو بیان کرنے کے لیے اربوں کھربوں کائناتوں کے وجود کا مفروضہ پیش کیا جائے، جبکہ ایک ذات (خدا) کا ماننا یہی کام کر سکتا ہے۔''[264]

دوسری بات یہ ہے کہ کثیر کائناتی مفروضے کا خود کوئی ثبوت نہیں۔ پروفیسر اینتھونی فلیو لکھتے ہیں:

''........اس بات کا منطقی امکان کہ اپنے (الگ الگ) طبیعیاتی قوانین کے ساتھ کائناتوں کی کثیر تعداد ہو، یہ ثابت نہیں کرتا کہ ایسی کائناتیں واقعتاً موجود بھی ہیں۔ فی الحال کثیر کائناتی مفروضے کے حق میں کوئی ثبوت موجود نہیں۔ یہ ابھی تک محض ایک فرضی و خیالی تصور ہے۔''[265]

نہ صرف یہ کہ کثیر کائناتی مفروضہ کا کوئی ثبوت نہیں، بلکہ یہ غیر سائنسی بھی ہے۔ لیوک اے بارنیس سڈنی کے فلکیاتی ادارے میں محقق ہیں، وہ کہتے ہیں کہ کثیر کائناتی مفروضہ مشاہدے کی حد سے باہر ہے:

''سائنس کی تاریخ نے ہمیں بارہا سمجھایا ہے کہ تجرباتی آزمائش کوئی اختیاری اضافی چیز نہیں۔ کثیر کائناتی مفروضہ ہمیشہ ناقابلِ جانچ ہی رہے گا۔ اس کی سب سے امید افزا صورت یہ ہے کہ کوئی ایسا طبیعیاتی نظریہ ہو کہ جسے ہماری کائنات میں خوب اچھی طرح سے جانچ کر درست پایا گیا ہو؛ اور وہ طبیعیاتی نظریہ کسی ایسے عملی نظام (مکینزم) کی پیش گوئی کرے کہ جس کے تحت کثیر کائناتوں کی تشکیل ہو سکے۔ اس کے باوجود ایسے سوال باقی رہیں گے جو مشاہدات کی حد سے باہر ہیں۔ مثلاً یہ کہ کیا ایسی تشکیل کے لیے ضروری ابتدائی شرائط اس کائنات سے باہر خلا (metaspace) میں موجود ہیں؟ ......اور کسی نئی کائنات کی تشکیل جس عمل

کے ذریعے ہوسکتی ہے، اس کا مشاہدہ تقریباً ناممکن ہی رہتا ہے۔" [266]

کثیر کائناتی مفروضے کا سب سے مشہور بیانیہ جو اکثر ماہرینِ فلکی فلکلیات و کونیات کی جانب سے سامنے آتا ہے، یہ ہے کہ کائناتیں طبیعیاتی قوانین کے تحت تشکیل پاتی ہیں۔ یعنی اس طرح یہ لوگ یہ مانتے ہیں کہ طبیعیاتی قوانین کا (پہلے سے) موجود ہونا ضروری ہے جو اس کائنات اور دیگر کائناتوں کے وجود میں آنے کے ذمہ دار ہیں۔ اس بیانیے کا مسئلہ یہ کہ ان قوانین کے موجود ہونے پر یقین لانا، خدا پر ایمان لانے سے زیادہ مشکل امر ہے کیونکہ اس طرح ہمیں یہ ماننا پڑے گا کہ یہ قوانین فطرت جادوئی طور پر خود ہی ظاہر ہو گئے! مزید برآں، یہ سوال اٹھانا ہمارا علمی حق ہوگا کہ یہ قوانین فطرت کہاں سے نمودار ہوئے ہیں۔ سب سے اہم یہ کہ ان قوانین کا اپنے آپ سے "ایسی بہترین متعین منصوبہ" کے تحت وجود میں آنا لازمی ہے جس سے ایسی کائنات بنے، جو ہماری حیات کو ممکن بنائے۔ [267] چنانچہ ہمیں یہی لگتا ہے کہ اس مفروضے کے پر چارک صرف نظم کائنات اور کامل درستگی تک ہی محدود ہیں، اس سے زیادہ بات نہیں کرنا چاہتے۔ مزید برآں، اگر کثیر کائناتی مفروضہ صحیح بھی ہو تو اس سے خدا کے وجود پر کوئی اشکال وارد نہیں ہوتا۔ (دیکھئے باب 6)

لازم ہے کہ یہ منصوبے کے تحت "ڈیزائن" کی گئی ہو!

کائنات میں موجود مادی قوانین اور انتہاء درجے کا ربط، اس بات کا ثبوت ہیں کہ یہ کائنات کسی عظیم منصوبہ بندی کا نتیجہ ہے اور باقی سب نظریات، جیسا کہ کائنات کا اتفاق سے وجود میں آنا، نظریہ ضرورت یا کثیر کائناتی مفروضہ، اس ربط کی وجوہ بیان کرنے سے قاصر ہیں۔ یہ کائنات کسی ذہین اور عقل مند ہستی کی پیشگی منصوبہ بندی اور ذہانت کا نتیجہ ہے اور یہ نظریہ باقی سب نظریات سے زیادہ مربوط اور منطقی ہے۔ اس نظریے کے عام فہم اور منطقی اعتبار سے مضبوط ہونے کا اندازہ اس مثال سے لگایا جا سکتا ہے کہ اگر ایک شخص کسی باغیچے سے گزرے اور ترتیب سے سجائے گئے پھولوں سے لکھے ہوئے "مجھے تم سے محبت ہے" کے الفاظ دیکھے، تو اس کے ذہن میں یہی خیال آئے گا کہ یہ کام مالی نے کیا ہے۔ تاہم، منصوبہ بندی یا ڈیزائن کی بنیاد پر کئے جانے والے استدلال (design argument) پر اٹھائے جانے والے کچھ اعتراضات اور

سوالات کی وضاحت ضروری ہے۔ [268]

بنانے والے کو کس نے بنایا؟

یہ اعتراض (کائنات کے ''ڈیزائنر'' کو کس نے ''ڈیزائن'' کیا؟) رچرڈ ڈاکنز کی کتاب (The God Delusion) میں بھی دیکھا جاسکتا ہے: ''... کیونکہ ڈیزائنر (منصوبہ بندی کرکے کائنات کو بنانے والے) کا یہ مفروضہ فوری طور پر سوال اٹھاتا ہے کہ آخر بنانے والے کو کس نے بنایا؟'' [269] اس اعتراض کا لُبّ لُباب یہ ہے کہ اگر اس سارے نظم و ضبط کو بنانے والی کوئی ہستی موجود ہے تو ضرور بالضرور اس بنانے والے کا بھی کوئی بنانے والا ہونا چاہیے۔

اولاً، فلسفہٴ سائنس کا بنیادی اصول یہ بیان کرتا ہے کہ جب ایک وضاحت کو کسی خاص مسئلے کے لیے بہترین ممکنہ توجیہ کے طور پر مان لیا جاتا ہے تو اس توجیہ کی اپنی کوئی وضاحت ضروری نہیں ہوتی۔ یہ مثال اس بات کی وضاحت کرے گی۔ آپ تصور کیجیے کہ 5000 سال بعد ماہرینِ آثارِ قدیمہ کا ایک لندن کے ہائیڈ پارک میں کھدائی شروع کرتا ہے اور کھدائی کے دوران انہیں ایک گاڑی اور ایک بس کے حصے ملتے ہیں۔ وہ یہ نتیجہ اخذ کرنے میں حق بجانب ہیں کہ یہ گاڑی اور بس کسی حیاتیاتی عمل کا نتیجہ نہیں بلکہ ایک نامعلوم تہذیب کی مصنوعات ہیں۔ تاہم، اگر کوئی یہ دلیل دیتا ہے کہ ہم یہ نتیجہ نہیں نکال سکتے کیونکہ ہم اس تہذیب کے بارے میں کچھ نہیں جانتے، وہ نہیں کس طرح رہتے تھے یا انہیں کس نے پیدا کیا، تو کیا اس دلیل سے آثارِ قدیمہ کے ماہرین کے دعوے پر کوئی اثر پڑے گا؟ ہرگز نہیں۔

دوسری بات: اگر ہم اس بچکانہ اعتراض کو سنجیدگی سے لے بھی لیں، تو یہ خود سائنس اور فلسفے کی بنیادوں کو کمزور کرتا ہے۔ اگر ہم سائنس کے بنیادی مفروضوں کے بارے میں ہی وضاحتیں مانگنا شروع ہو جائیں، مثلاً یہ مفروضہ کہ ''بیرونی / خارجی دنیا موجود ہے'' تو آپ کو کیا لگتا ہے کہ ہماری سائنسی ترقی اب تک کہاں پہنچی ہوتی؟ اگر ہم اس قسم کے سوالات کو ہر مفروضے کی موجودہ سائنسی وضاحت کے ساتھ جوڑ دیں، تو ہم وضاحتوں کے لامتناہی سلسلے میں پھنستے چلے جائیں گے اور اس میں پڑنے سے سائنس کا بنیادی مقصد ہی فوت ہو جائے گا۔ [270]

لازم ہے کہ بنانے والا زیادہ پیچیدہ ہو

ایک اصول پیش کیا جاتا ہے کہ وضاحت کو آسان اور عام فہم ہونا چاہئے اور اس سے مزید سوالات پیدا نہیں ہونے چاہئیں، بلکہ صاف صاف جوابات ملنے چاہئیں۔

ان کا اعتراض یہ ہے کہ کائنات خود اتنی پیچیدہ ہے تو ضروری ہے کہ اس کا بنانے والا اس سے بھی زیادہ پیچیدہ ہو۔ اسی لئے یہ تصور کہ خدا نے کائنات کو بنائی، مزید سوالوں کو جنم دیتا ہے۔ چنانچہ یہ جواب کہ ''اس کائنات کو خدا نے با مقصد، منصوبے کے تحت بنایا ہے،'' صحیح نہیں کیونکہ یہ وضاحت اس مسئلے کو اور زیادہ پیچیدہ کر دیتی ہے۔

یہ اعتراض اسلامی تصورِ الٰہ کی غلط تشریح کرتا ہے۔ اسلامی الٰہیات میں اللہ ''صرف ایک'' اور اکیلا و منفرد ہے۔ قرآنِ حکیم اللہ تعالٰی کا ایک جامع تعارف یوں پیش کرتا ہے:

$$\text{قُلْ هُوَ اللَّهُ أَحَدٌ ۝ اللَّهُ الصَّمَدُ ۝ لَمْ يَلِدْ وَلَمْ يُولَدْ ۝ وَلَمْ}$$
$$\text{يَكُنْ لَهُ كُفُوًا أَحَدٌ ۝}$$

''کہہ دو: بات یہ ہے کہ اللہ ہر لحاظ سے ایک ہے۔ اللہ بے نیاز ہے۔ نہ اس کی کوئی اولاد ہے، اور نہ وہ کسی کی اولاد ہے۔ اور اس کے جوڑ کا کوئی نہیں۔''[271] (سورۃ الاخلاص، آیات 1 تا 4)

پروفیسر انتھونی، خدا کے اس تصور کی سادگی پر تبصرہ کرتے ہوئے لکھتے ہیں: ''خدا کا تصور اتنا آسان ہے کہ تین عظیم الہامی مذاہب کے تمام پیروکاروں کی سمجھ میں آ گیا ہے۔''[272]

کیا خدا واقعی مادی لحاظ سے پیچیدہ ہے؟

اس اعتراض کے ساتھ ایک اور مسئلہ یہ ہے کہ یہ فرض کرتا ہے کہ خدا بہت سے مادی حصوں کا مجموعہ ہے۔ چونکہ عام طور پر پیچیدہ صلاحیتوں والی چیزیں جسمانی طور پر پیچیدہ ہوتی ہیں؛ اور اگر خدا اربوں دعاؤں کا جواب دے سکتا ہے، وسیع کائنات کو برقرار رکھتا ہے اور اس کے اندر جو کچھ ہو رہا ہے، اس سب پر نظر رکھتا ہے، اس لئے اس کا ایک نہایت پیچیدہ جسمانی ساخت میں ہونا ضروری ہے۔ تاہم یہ ایک غلط تصور ہے۔ پیچیدہ صلاحیت کا ہونا پیچیدہ جسمانی ساخت کو ثابت

نہیں کرتا۔ مثال کے طور پر عام استرے اور الیکٹرک شیور پر غور کیجیے۔ایک بجلی والا شیور بالوں کو شیو کر سکتا ہے اور ایک عام استرا بھی بال اتار سکتا ہے۔ان دونوں کی ایک ہی صلاحیت ہے، لیکن بجلی کا شیور عام استرے سے زیادہ پیچیدہ ہے۔اس کے باوجود عام استرا طبیعیاتی لحاظ سے پیچیدہ تر برقی استرے کے مقابلے میں زیادہ صلاحیتوں کا مالک ہے۔یہ پھل اور گتے جیسی اشیاء کو کاٹ سکتا ہے اور یہ سوراخ بھی کر سکتا ہے۔

ایک اور پہلو سے اس اعتراض کا سادہ جواب یوں بھی دیا جا سکتا ہے: مثال کے طور پر انسان ایک کار سے زیادہ پیچیدہ ہے۔اس سے مطلب یہ نہیں نکالا جا سکتا کہ کار کو انسان نے نہیں بنایا۔یعنی یہ بالکل ممکن ہے کہ خالق، مخلوق سے زیادہ پیچیدہ اوصاف کا مالک ہو۔محض پیچیدہ ہونے کا امکان اس ثبوت کو نہیں جھٹلاتا کہ اس کائنات کا ایک خالق ہے۔

‘‘علمی خلاء’’ کا خدا؟(God of Gaps?)

یہ ملحدین کی طرف سے سب سے زیادہ دہرایا جانے والا اعتراض ہے اور ‘‘ملحد دانشوروں’’ میں بے نظیر اور ناقابل شکست ہتھیار کے طور پر جانا جاتا ہے۔اس اعتراض کی رُو سے ایک دن سائنس اتنی ترقی کر لے گی کہ وہ ان تمام لاجواب سوالوں کا جواب دے سکے گی، جن کے جواب کے لیے خدا کی ضرورت محسوس ہوتی ہے۔چنانچہ ‘‘کائنات کے وجود کے لیے خدا کا ہونا ضروری ہے’’ کا تصور دم توڑ دے گا۔دلیلِ منصوبہ (ڈیزائن آرگیومنٹ) کے سیاق میں یہ حیلہ خاص وزن نہیں رکھتا۔وہ کس طرح؟اس کی چار وجوہ ہیں:

- جب کوئی ملحد یہ اعتراض پیش کرتا ہے تو اصلاً اس کا دعویٰ یہ ہوتا ہے ابھی تک جو سائنسی معلومات اور اعداد و شمار ہم لوگ حاصل کر پائے ہیں، ان کے علی الرغم درحقیقت کائنات کی حسبِ منصوبہ و مقصد تخلیق (ڈیزائن) کی بہترین وضاحت اب تک خدا ہی ہے لیکن پھر بھی ایک موہوم سی امید ہے کہ کسی آنے والے وقت میں اتنی سائنسی ترقی ہو گی کہ وہ خدا کے وجود کی دلیل کو مسترد کر دے گی۔یہ سائنس پر اندھے یقین سے زیادہ کچھ نہیں کیونکہ یہ ایسا کہنے کے مترادف ہے کہ ‘‘سائنس اگرچہ اس مسئلے کو ابھی حل نہیں کر سکی، لیکن ہمیں امید ہے

کہ ایسا جلد ہو جائے گا!''

- ملحدین کی پریشانی کا عالم اور خراب ہو جاتا ہے جب ہم دیکھتے ہیں کہ اس اعتراض کی بنیاد ہی غلط ہے۔ ملحدین کہتے ہیں کہ سائنس آخرکار تمام سوالوں کا جواب دے کر ہمارے علم میں موجود نقص کو ختم کر دے گی۔ جبکہ سائنس نے ہمیشہ علمی خلاء کو پُر نہیں کیا بلکہ اکثر وہ اسے مزید بڑھا دیتی اور پیچیدہ کر دیتی ہے؛ اور بجائے جواب دینے کے (نئے) سوالات کا انبار لگا دیتی ہے۔ مثال کے طور پر کچھ صدیاں پہلے ہم خلئے کو محض پروٹوپلازم (خلیہ مائع) کا مجموعہ سمجھتے تھے۔ 1950ء میں ہمیں پتا چلا کہ خلیہ تو در حقیقت اپنے اندر ایک مخصوص رمزی نظام (کوڈنگ سسٹم) کے تحت لکھی گئی (جینیاتی) معلومات کا خزانہ چھپائے ہوئے ہے۔ اس دریافت نے بجائے ایک سادہ سے سوال کا جواب دینے کے، ہماری سمجھ میں موجود خلاء اور سوالوں کو مزید بڑھا دیا۔

- میں ملحدین سے یہ پوچھنا چاہوں گا کہ سائنس نے آخر آج تک کس قسم کے سوالات کا جواب دیا ہے؟ سائنس صرف ''کیسے'' کا جواب دیتی ہے جبکہ یہ ''کیوں'' کا جواب دینے سے مکمل قاصر ہے۔ اس نے اس بات کی وضاحت کی ہے کہ کائنات میں کس طرح ہر چیز کام کرتی ہے اور مادی قوانین کا اس میں کیا کردار ہے۔ جبکہ سائنس ان سوالات کا جواب دینے سے قاصر ہے جن کی بہت اہمیت ہے اور وہی اس مسئلے میں اہم ہیں جیسا کہ یہ قوانین کس نے بنائے، کائنات کی باریک بیں ہم آہنگی، کائنات کی ابتداء، زندگی کی ابتداء، فطرت کا وجود، سوچنے کی صلاحیت، شعورِ ذات وغیرہ سے متعلق ''کیوں'' کا سوال۔ سائنس کے پاس ایسے سوالات کے جواب دینے کی کوئی اچھی روایت نہیں کیونکہ یہ سوالات مابعد الطبیعیات (میٹا فزکس) سے متعلق ہیں اور اصلاً سائنس کے دائرۂ کار میں ہی نہیں آتے۔ (تفصیل کے لیے دیکھئے، باب نمبر 12)

- ملحدین یہ فرض کر لیتے ہیں کہ خدا کی تفصیل جاننا سائنس کے دائرۂ کار میں ہے جبکہ دراصل یہ فلسفہ یا مابعد الطبیعیات کا مسئلہ ہے۔

اس کے باوجود، کچھ ملحدین کا خیال ہے کہ ''علمی خلاء کا خدا'' والا اعتراض، انسانی جہالت کی وجہ سے دلیل ہے نہ کہ اس یقین کی وجہ سے کہ سائنس ایک دن اس خلاء کو پر کر دے گی۔ ان کا کہنا ہے کہ باریک بیں ہم آہنگی کے ساتھ رواں دواں کائنات کے وجود کے آنے سے متعلق لاعلمی جاہلانہ بحث ہے۔ ان کا یہ بھی کہنا ہے کہ دلیلِ منصوبہ (ڈیزائن آرگیومنٹ) فرض کرتی ہے کہ یہ علمی خلاء ہمیشہ باقی رہے گا۔ ''علمی خلاء کا خدا'' والے اعتراض کی یہ تشکیل فرض کرتی ہے کہ ہر علمی خلاء کے پیچھے ایک فطری وضاحت موجود ہوتی ہے (یا ہونی چاہئے)۔ مقصد و منصوبے اور نظم و نسق کی وضاحت ایک خالص فلسفیانہ وضاحت ہے جو کائنات کی کمال درشتگی کی خصوصیات کے بارے میں ہمارے موجودہ علم کی روشنی میں بہترین وضاحت فراہم کرتی ہے۔ مزید برآں، مقصد و منصوبے کی وضاحت کو بہترین تفہیمی استدلال بھی سمجھا جا سکتا ہے۔ بہترین تفہیمی استدلال، جہالت کی وجہ سے دلیل نہیں بلکہ یہ سوچنے کا ایک ناگزیر انداز ہے جو اعداد و شمار اور/ یا پس منظر کی معلومات کی ایک ترتیب کو مربوط طریقے سے بیان کرنے کی کوشش کرتا ہے۔ مقصدیت و منصوبہ بندی سے استدلال، ہمارے پاس موجود معلومات کی روشنی میں سب سے بہترین وضاحت ہے۔ ''لاعلمی کا خدا'' کے اعتراض کو اندھا دھند استعمال کرنے کے بجائے، ملحدین کو یہ ثابت کرنا چاہئے کہ یہ وضاحت، بہترین وضاحت کیوں نہیں تا کہ لوگ خود بہتر طریقے سے تعین کر سکیں۔

ایسا کوئی امکان ہی نہیں!

کچھ لوگ کہتے ہیں کہ اس باب میں جو دلیل پیش کی گئی ہے وہ غیر منطقی ہے کیونکہ ''امکان'' (likelihood) اور ''احتمال'' (probability) جیسی اصطلاحات کا اطلاق باریک بیں ہم آہنگی (فائن ٹیوننگ) اور کائناتی نظم و ضبط پر نہیں کیا جا سکتا۔ اس اعتراض کی اساس یہ ہے کہ ریاضیاتی احتمال کو مفروضے کے طور پر نہیں لیا جا سکتا کیونکہ ہمارے پاس مشاہدے کے لیے صرف ایک ہی کائنات ہے۔ اس کے برعکس، ریاضیاتی احتمال (کو جانچنے) کے لیے ہمیں (اس چیز سے متعلق) احتمالات کی تقسیم (probability distribution) درکار ہوتی ہے کیونکہ ''احتمال'' بجائے خود کسی خاص واقعے سے متعلق تمام (اور مختلف) امکانات کی مجموعی تعداد اور پیشِ نظر امکان کے وقوع پذیر ہونے کے درمیان تناسب ہے۔ چونکہ ہمارے پاس مشاہدے کے

لیے کوئی اور کائنات نہیں اس لئے ہم نہیں جان سکتے کہ کسی اور ترتیب کا کیا نتیجہ نکلتا۔ چنانچہ یہاں ریاضیاتی امکان کو استعمال نہیں کیا جا سکتا اور کائناتی منصوبہ بندی کا مفروضہ قائم نہیں کیا جا سکتا۔

یہ اعتراض غلط ہے۔ اس میں ایک غلطی یہ ہے کہ اس میں یہ فرض کر لیا گیا ہے کہ ہماری ''امکان'' سے مراد ریاضیاتی امکان ہے۔ حالانکہ ایسا نہیں۔ ہم جس امکان کی بات کر رہے ہیں وہ علمی ہے۔[273] اس طرح کا امکان کسی شماریاتی تخمینے کے بجائے، ہمارے پاس دستیاب معلومات کے مطابق، کسی خاص واقعے کے ہونے کی معقولیت پر غور کرتا ہے۔ عمومی انداز میں یہ کہا جا سکتا ہے کہ اس قسم کے تخمینے کا تعلق مفروضے اور ثبوت پر ہوتا ہے۔ جتنے زیادہ ثبوت ہوں گے، مفروضہ اتنا ہی مضبوط ہوگا۔ اس کی مثال کسی جرم کا منظر ہو سکتا ہے: تصور کیجئے کہ ایک مردہ آدمی زمین پر پڑا ہو۔ اس کے پاس ایک چھری پڑی ہو اور اس کے جسم اور فرش پر خون پھیلا ہو۔ تفتیشی افسر کا یقین ہے کہ اس کی بیوی اس قتل کی مجرم ہے۔ وہ درج ذیل معلومات رکھتا ہے: اس بیوی کے پاس کوئی متبادل بیان نہیں، اس کے انگلیوں کے نشانات اور ڈی این اے چھری پر موجود ہیں۔ تفتیشی افسر نتیجہ نکالتا ہے کہ اس بات کا قوی امکان ہے کہ اس شخص کو اس کی بیوی نے قتل کیا ہو۔ میسر ثبوتوں سے تفتیشی افسر کے مفروضے کو تقویت ملتی ہے۔ یہ صورتحال علمی امکان (epistemic probability) کی ایک واضح مثال ہے۔

مندرجہ بالا مثالوں میں کوئی ایک بھی مثال ایسی نہیں جو طبیعیاتی قوانین یا منظم کائنات سے متعلق پیش کی گئی ہیں اور وہ ریاضیاتی امکان سے کوئی تعلق رکھتی ہوں۔ ساری بحث کا مقصود یہی تھا کہ اگر قوانین مختلف ہوتے، تو زندگی کو ممکن بنانے والی کائنات کا وجود خارج از امکان ہوتا، اور ترتیب شدہ اشیاء کے حوالے سے ہمیں جو معلومات میسر ہیں، اس پس منظر میں کائنات کا نظم اس مفروضے کی تائید کرتا ہے کہ یہ کائنات انسانی وجود کو ممکن بنانے کے لیے خاص منصوبے کے تحت، منظم طور پر ہی بنائی گئی ہے۔

کائنات کا زیادہ تر حصہ کسی جاندار کی رہائش کے قابل نہیں!
تو پھر یہ نام نہاد ''ڈیزائن'' کہاں ہے؟

اس سوال کا مدعا یہ ہے کہ اگر اس کائنات کا کوئی عظیم آفاقی خالق ہے، تو پھر اس کائنات

میں جانداروں کے لیے قابل رہائش جگہ اتنی قلیل کیوں ہے؟ اس اعتراض کی بنیاد ایک ناقص مفروضہ ہے کہ کائنات کی تخلیق، انسانوں کو رہائش فراہم کرنے کے لیے کی گئی ہے۔ اسلامی تعلیمات کے لحاظ سے یہ مفروضہ غلط ہے۔ اسلامی تعلیمات کی رُو سے یہ بات بالکل واضح ہے کہ ہماری زندگی کے لیے موزوں یہ کرۂ ارض، طول وعرض کے اعتبار سے بقیہ کائنات کے مقابلے میں نہایت حقیر ہے۔

خدا نے ناقص (imperfect) کائنات کیوں تخلیق کی ہے؟

یہ اعتراض سابقہ اعتراض ہی کا تسلسل ہے۔ اس قسم کے معترض یہ کہنا چاہتے ہیں کہ اگر خدا نے کائنات تخلیق کی ہے، تو پھر اس میں نقص کیوں ہے؟ بہ الفاظِ دیگر، کائنات کو ایسا تخلیق کیوں کیا گیا ہے کہ اس کا صرف ایک مختصر حصہ ہی زندگی کے لیے موزوں ہے؟

دلچسپ امر یہ ہے کہ اس اعتراض میں اس بات کا انکار نہیں کہ اس کائنات کو با مقصد طور پر تخلیق کیا گیا ہے۔ البتہ اس میں خالق کی صلاحیت پر سوال اٹھایا گیا ہے۔ اس اعتراض کے پیچھے ایک بنیادی مفروضہ یہ ہے کہ اگر اس کائنات کا خالق خدا ہے، جو کامل و یکتا ہے، تو اسے انسانی زندگی کے لیے مکمل موزوں اور ممکنہ طور پر اعلیٰ ترین تخلیق کرنی چاہئے تھی۔ یہ ایک غلط مفروضہ ہے کیونکہ اس ساری کائنات کی تخلیق کا مقصد یہ ہے ہی نہیں، بلکہ یہ اس عظیم مقصد کا ایک حصہ ہے کہ انسان کو اس کے ایک چھوٹے سے حصے میں رکھا جائے۔ یہ کائنات میں انسانی زندگی کے متعلق اسلامی مؤقف ہے۔ اس میں یہ بات شامل ہے کہ اس کائنات کے ہر کونے کا زندگی کے لیے موزوں ہونا ضروری نہیں اور نہ اسے ہمیشہ رہنا ہے۔ (البتہ اس بات سے یہ لازم نہیں آتا کہ دوسرے سیاروں پر زندگی کی کوئی صورت قائم نہیں ہوسکتی۔ اس بات کا مطلب یہ ہے کہ کائنات کے ہر گوشے میں زندگی کا موجود ہونا ضروری نہیں۔) اس لحاظ سے کائنات کا منصوبہ اور ترتیب (فائن ٹیوننگ) اپنے مقاصد پورے کر رہے ہیں اور ان پر کیا گیا اعتراض درست نہیں۔

کمزور بشری اصول (Weak Anthropic Principle) کا اعتراض

اس اعتراض کا کہنا ہے کہ ہمیں اس بات پر حیران نہیں ہونا چاہئے کہ کائناتی قوانین میں

ایک لطیف (باریک بین) توازن ہے، کیونکہ اگر زندگی کے بقاء کے حق میں یہ لطیف توازن نہ ہوتا، تو ہمارا وجود ہی نہ ہوتا۔ اب چونکہ ہمارا وجود ہے، اس لئے ہمیں اس بات پر حیران ہونے کی ضرورت نہیں کہ کائنات، انسانی زندگی کے لیے موزوں ہے۔ لہٰذا اس اعتراض کی رُو سے، کائناتی قوانین میں موجود لطیف توازن کی کسی قسم کی وضاحت مطلوب نہیں۔ اس اعتراض کا خلاصہ یوں بیان کیا جا سکتا ہے:

- اگر ہم موجود ہیں، تو کائنات میں ہماری بقاء کے اصول موجود ہونے چاہئیں۔
- ہم موجود ہیں۔
- لہٰذا کائنات میں ایسے قوانین ہیں جو ہماری بقاء کے لیے مناسب ہیں۔

اس نتیجے سے اختلاف نہیں کیا جا سکتا۔ لیکن، ایک بار پھر، اس کا تعلق ایک بے جا بحث سے ہے۔ زندگی کی بقاء کے لیے کائناتی قوانین میں موزوں توازن ہونے کا یہ ہرگز مطلب نہیں کہ ہمیں اس بات کو واضح کرنے کی ضرورت ہے کہ ہمارا وجود کائناتی خد و خال کے عین مطابق ہے۔ یہ اس بات کی وضاحت چاہتی ہے کہ ہمارا وجود کیسے کائناتی خد و خال کے مطابق نظر آتا ہے اور یہ کیسے ممکن ہے کہ اگرچہ کائناتی قوانین مختلف بھی ہو سکتے تھے لیکن، اس کے باوجود، یہ ایسی ہی ہے جیسی اب ہے۔ مندرجہ ذیل کہانی سے بشری اصول پر مبنی اس اعتراض کے بے محل ہونے کی وضاحت ہو سکتی ہے۔
274

فرض کیجئے کہ ایک دن گھر جاتے ہوئے آپ ایک غلط موڑ کاٹیں اور ایک ویران صنعتی علاقے میں جا پہنچیں۔ آپ کی گاڑی کام کرنا چھوڑ دے اور آپ مدد لینے کے لیے پیدل چلنے کا فیصلہ کریں۔ اچانک مسلح افراد کا ایک گروہ، جس نے ایٹمی پلانٹ پر کام کرنے والوں کی طرح کا لباس پہنا ہے، نمودار ہو جائے۔ وہ آپ کو ہتھکڑی لگا کر سر ڈھانپ دیں اور آپ کو کسی گاڑی میں دھکیل دیں۔ چند گھنٹے بعد آپ کو گاڑی سے نکالا جائے اور ایک عمارت میں لے جایا جائے۔ پھر وہ آپ کے سر سے کپڑا اتار کر آپ کو ایک کرسی پر بٹھا دیں۔ کمرے میں نظر دوڑانے پر آپ کو صرف سفید دیواریں اور بلب نظر آئیں۔ البتہ آپ کو اپنے سامنے بہت بڑی سی ایک ایسی مشین نظر آئے جو کسی مستقبل کے دور کی بہت بڑی واشنگ مشین کی ماند ہو۔ ہر چیز ساکت ہو جائے اور ایک آواز آپ کو حکم دے کہ سیڑھیاں چڑھ کر اس مشین میں داخل ہو جاؤ۔ آپ کو بتایا جائے کہ آپ ایک نو

ایجاد کردہ ٹائم مشین کو استعمال کرنے والے پہلے آدمی ہیں۔ آپ کو اس معاملے میں کوئی اختیار نہیں۔ آپ مشین میں داخل ہوتے ہیں اور چند ہی لمحوں میں آپ کو بہت حرارت اور شور محسوس ہوتا ہے اور آپ کے ارد گرد ہر چیز دھندلا جاتی ہے۔ آپ بے ہوش ہو جاتے ہیں۔ جب کچھ دیر بعد آپ کو ہوش آتا ہے تو آپ خود کو 1625ء کے دور میں پاتے ہیں۔ آپ ایک درخت سے بندھے ہیں اور آپ کو 100 مقامی امریکی (ریڈ انڈینز) نظر آتے ہیں جنہوں نے اپنے تیر آپ کی طرف کیے ہوئے ہیں۔ ان ریڈ انڈینز نے کبھی تیر چلانے میں غلطی نہیں کی اور یہ گھوڑے پر بیٹھ کر، آنکھیں بند کرکے، مکھی کا نشانہ تک لے سکتے ہیں۔ آپ کسی کو دس تک گنتی گنتا سنتے ہیں اور ساتھ ہی "فائر!" (نشانہ لگاؤ!) کی آواز آتی ہے۔ ان سب نے آپ کے دل کا نشانہ لیا ہوتا ہے۔ مگر جیسے ہی آپ کے حواس واپس آتے ہیں آپ دیکھتے ہیں کہ ان سب کا نشانہ چوک گیا ہے اور آپ صحیح سلامت زندہ ہیں۔ یہاں میں دو نکات پر آپ کی توجہ دلانا چاہتا ہوں۔ پہلا یہ کہ، آپ کو اس بات پر حیران نہیں ہونا چاہئے کہ آپ زندہ ہیں کیونکہ وہ چوک گئے ہیں، کیونکہ اگر آپ زندہ نہ ہوتے تو آپ کو یہ بات پتا ہی نہ چلتی۔ دوسرا یہ کہ آپ کو اس پر بہت حیران ہونا چاہئے کہ آپ کے زندہ رہنے کی وجہ بعید از قیاس بات ہے کہ ان سب کا نشانہ چوک گیا۔

بشری اصول پہلے نکتے کو واضح کرتا ہے جبکہ اس باب میں بیان کردہ دلیل کا تعلق دوسرے نکتے سے ہے۔ ہمیں اس بات پر حیران نہیں ہونا چاہئے کہ ہم ایک ایسی کائنات میں زندہ ہیں جس میں ہماری زندگی ممکن ہے۔ لیکن ہمیں اس بات پر ضرور غور و فکر کرنا چاہئے کہ کائنات کے خدوخال کا خود سے زندگی کے لیے انتہائی موزوں ہونا ناممکنات میں سے ہے۔ چنانچہ بشری اصول، موضوعِ بحث سے غیر متعلقہ ہے۔

آپ فرض کر رہے ہیں کہ زندگی "خاص" ہے

کائنات کی شاندار ترتیب و ترکیب پر مبنی دلیل پر ایک دلچسپ اعتراض یہ اٹھایا جاتا ہے کہ یہ خیال انسان کو مرکزِ کائنات سمجھنے کی وجہ سے ہے۔ بہ الفاظِ دیگر، اعتراض یہ ہے کہ اس دلیل میں یہ فرض کر لیا گیا ہے کہ یہ انسانی زندگی کے لیے بہت اہم ہے اور اس کی بقاء کے لیے ضروری سامان اس میں فراہم کیا گیا ہے۔ اس اعتراض کا جواب یہ ہے کہ اگر کائنات میں ہماری یہ حساس زندگی

نہ ہوتی تو پھر بھی یہ کہا جا سکتا تھا کہ کائناتی قوانین ستاروں اور سیاروں کی بقاء کے لیے لازمی ہیں۔ اگر یہ اجرامِ فلکی بھی نہ ہوتے تو ہم یہ بات ایٹمی ذرات کے بارے میں کہہ سکتے تھے۔ یعنی ترتیب و توازن کی دلیل کسی بھی وجود کے بارے میں بیان کی جا سکتی ہے، لہٰذا یہ مؤثر اعتراض نہیں۔ اس اعتراض کا جواب دو طرح دیا جا سکتا ہے:

اگر یہ کائناتی توازن انسانی حیات کے لیے نہیں بھی رکھا گیا، تب بھی کائناتی توازن کی دلیل خود کائنات کی اپنی بقاء کے لیے بھی دی جا سکتی ہے۔ یہ کائنات نہ صرف پیچیدہ کائناتی عناصر پر مشتمل ہے بلکہ پیچیدہ ترین کیمیائی سرگرمیوں سے بھی معمور ہے جو ان کائناتی عناصر کی تشکیل و ترکیب کا باعث بنتے ہیں۔ یہ پیچیدگی وضاحت مانگتی ہے۔ اگر ایسی کائنات نہ ہوتی بلکہ محض چند عناصر کے ساتھ ایک خالی کائنات ہوتی، تو پھر کسی قانون کا بھی وجود نہ ہوتا۔ چنانچہ کائنات کی وجودی پیچیدگی ہی اس کی ترکیب و توازن کے قوانین کی محتاج ہوتی اور یہ قوانین، وضاحت کے متقاضی ہیں۔

زندگی، خصوصاً انسانی زندگی انتہائی پیچیدہ ہے۔ لہٰذا، یہ ایک منطقی ذہن کی علامت ہے کہ وہ اس پیچیدگی کی وضاحت اور توجیہ تلاش کرے کیونکہ اس پیچیدگی کا انحصار کائناتی قوانین اور (ان قوانین میں موجود) انتہائی باریک بیں درستگی اور ہم آہنگی پر ہے۔

زندگی کی دیگر صورتوں کا اعتراض

ایک اور عام اعتراض جو باریک بیں ہم آہنگی (فائن ٹیوننگ) کی اس دلیل پر کیا جاتا ہے، وہ اس مفروضے پر مبنی ہے کہ زندگی صرف کاربن کی بنیاد پر ممکن ہے۔ یعنی اگر طبیعیاتی قوانین مختلف ہوتے تو کاربن کی بناء پر قائم زندگی ناممکن ہوتی۔ تاہم، مختلف طبیعیاتی قوانین کی صورت میں، (شاید) زندگی غیر کاربنی عناصر پر مشتمل ہو سکتی تھی۔ چنانچہ زندگی کسی دوسری کیمیائی ترکیب کے ساتھ، کسی اور کائناتی توازن کے تحت، کسی اور شکل میں وجود پذیر ہو سکتی تھی۔

یہ اعتراض بھی غیر متعلقہ ہے کیونکہ فائن ٹیوننگ کی ہماری دلیل کا انحصار اس مفروضے پر ہے ہی نہیں۔ اس کے برعکس، یہ دو معقول منطقی مفروضوں پر قائم ہے۔ پہلا یہ کہ باشعور زندگی کو توانائی کے منبع کی ضرورت ہے، چاہے وہ زندگی کاربن پر منحصر ہو یا کسی اور عنصر پر۔ مثال کے طور پر

کششِ ثقل کے بغیر ستاروں کا وجود نہ ہوتا اور ستارے نہ ہوتے تو توانائی بھی نہ ہوتی۔ دوسرا یہ کہ باشعور زندگی پیچیدگی سے عبارت ہے۔ مثال کے طور پر اگر مضبوط نیوکلیائی قوت میں رتی بھر تبدیلی بھی لائی جائے تو ہائیڈروجن کے علاوہ کسی ایٹم کا وجود نہ ہوگا۔ یہ نا قابل تصور ہے کہ پیچیدہ ''باشعور زندگی'' صرف ہائیڈروجن سے رونما ہوتی۔ اگر طبیعیاتی قوانین مختلف ہوتے تو کسی بھی مستحکم اور پیچیدہ زندگی کا امکان نہیں ہوتا۔ یہ بالکل عقلی اور ہم آہنگ مقدمات ہیں۔[275]

باریک بیں ہم آہنگی یا دلیلِ ترتیب و تنظیم، عقل و وجدان سے سب سے زیادہ مناسبت رکھتی ہے۔ اس کی سادگی اور طاقت کا مقابلہ بمشکل کیا جا سکتا ہے، بالکل اسی طرح جس طرح یہ ثابت کرنا مشکل ہے کہ آپ کا ڈبل روٹی کا توس خود بخود پک گیا اور اس پر اتفاق سے آپ کی پسند کی چاکلیٹ سے ''مجھے آپ سے محبت ہے'' لکھ دیا گیا۔ اس عمل کے واقع ہونے کے لیے ایک شعوری کوشش لازمی طور پر درکار ہے۔ تو کائنات جو اس عمل سے کہیں زیادہ پیچیدہ ہے اور اس میں ایک ڈبل روٹی کے ٹکڑے پر لکھے چند الفاظ سے زیادہ سلیقہ نظر آتا ہے، یہ سب عقلِ انسانی کو اس یقین کی بنیاد مہیا کرتا ہے کہ ضرور ہی کوئی ایک منصوبہ ساز ایسا کارفرما ہے جس نے کائنات میں ایسی پیچیدگی اور ایسا توازن، ایسے کمال سلیقے سے رکھا ہے۔

یہ کائنات ایک عظیم الشان خالق کی خلاقی نہیں تو اور کیا ہے؟

سبحان اللہ وبحمدہ سبحان اللہ العظیم

خدا اور حقیقی اخلاقیات

خدا کا جاننا، خیر کا جاننا ہے

تصور کیجئے کہ آپ اپنی دن بھر کی مصروفیات کے بعد تھکے ہارے گھر لوٹتے ہیں اور ٹی وی کے سامنے براجمان ہو جاتے ہیں۔ حسبِ معمول آپ مختلف چینلز کھنگالتے ہیں۔ ایک سرخی سے آپ کو شدید دھچکا سا محسوس ہوتا ہے اور آپ ایک عالمی نیوز چینل پر رک جاتے ہیں۔ خبر واقعی نہایت گھناؤنی ہے: ایک شخص نے پانچ سالہ بچے کا سر تن سے جدا کر دیا۔

اب میں آپ سے ایک سوال پوچھتا ہوں کہ کیا اخلاقی طور پر اس شخص نے کچھ غلط کیا؟ یقیناً، نفیس انسانوں کی اکثریت کی طرح آپ کا جواب بھی "ہاں" میں ہوگا۔ آپ سے اگر یہ سوال کیا جائے کہ کیا اس شخص نے معروضی طور پر بھی کوئی قبیح فعل سرانجام دیا ہے؟ تو تب بھی آپ "ہاں" میں جواب دیں گے۔

لیکن آخری سوال یہ ہے کہ معروضیت یا معروضی حقیقت کیا ہے؟ تو اس پر معاملہ نازک اور پیچیدہ ہو جاتا ہے۔

معروضیت کی تعریف

اگر ہم لفظ "معروضیت" (objectivity) کی تعریف کریں تو ہم کہہ سکتے ہیں کہ یہ لفظ حقائق پر غور و فکر اور ان کے بیان میں ذاتی تعصّبات اور پسند و ناپسند سے مکمل طور پر بالاتر ہونے کی ترجمانی کرتا ہے۔ اخلاقیات کے تناظر میں اس سے مراد اخلاقیات کا کسی کی ذہنی افتاد پر منحصر نہ ہونا اور ذاتی احساسات، پسند و ناپسند سے ماورا ہونا ہے۔ یعنی یہ کسی کی ذاتی و شخصی محدود ذہنی صلاحیتوں سے ماورا ہیں۔ ریاضیاتی سچائیاں 'ایک جمع ایک کا حاصل دو' اور سائنسی حقائق، جیسا کہ 'زمین سورج کے گرد گھوم رہی ہے' درست ہیں چاہے ہم جیسا مرضی محسوس کریں۔ چنانچہ اگر "اخلاق" انسانوں کی ذہنی و ذاتی پسند و ناپسند پر مبنی نہیں بلکہ خارجی ہیں، تو پھر ان کی بنیاد کیا ہے؟ اگر معروضی اخلاقیات ہماری محدود سوچ اور خیالات پر منحصر نہیں تو پھر ان سوالوں کے جوابات ملنے چاہئیں: یہ کہاں سے آئیں؟ ان کی بنیاد کیا ہے؟ ان سوالوں کے جوابات کیلئے ایک منطقی بنیاد چاہئے، اور وہی ان کی معروضی حقیقت اور ماخذ کی وضاحت کرے گی۔ یہ تمام سوالات فلسفے کی ایک شاخ "علم الاخلاق" (moral ontology) سے متعلق ہیں۔

حقیقی اخلاقی سچائی کی وضاحت ایسے بھی کی جا سکتی ہے کہ یہ انسانی جانبداری اور ذاتیات سے ماورا ہیں۔ مثال کے طور پر، ایک پانچ سالہ بچے کو مارنا اخلاقی طور پر غلط ہے، ہمیشہ غلط ہی مانا جائے گا چاہے پوری دنیا اس فعلِ قبیح پر متفق ہو جائے اور اسے درست قرار دے دے۔ ہم انسان نہ صرف کچھ اخلاقی اصولوں کو معروضی مانتے ہیں بلکہ یہ معروضی اخلاق ہمارے اندر اخلاقی ذمہ داری اور فرائض کا جذبہ بھی پیدا کرتے ہیں۔ یہ ہمیں بتاتے ہیں کہ کچھ افعال ہمیں سر انجام دینے چاہئیں اور کچھ سے اجتناب ہماری اخلاقی ذمہ داری ہے، جن کا دار و مدار صرف ہماری اپنی یا کسی دوسرے شخص کی پسند ناپسند پر نہیں بلکہ وہ انسانی کمزوریوں اور پسند و ناپسند سے ماورا ہیں۔ پروفیسر ایان مارکہم کا بیان ہے کہ ہماری اخلاقی زبان، ہماری ذات سے بالاتر اور ماورا کسی چیز کو ظاہر کرتی ہے: "ہمارے لئے مناسب ہے جیسے الفاظ میں ایک ایسی اخلاقی حقیقت پنہاں ہوتی ہے جو ہماری زندگی اور دنیا سے ماورا عالمگیریت کی حامل ہے۔ یہ اخلاقی زبان' فی نفسہ ایک خارجی اور آفاقی حقیقت کی طرف اشارہ کرتی ہے۔"[276]

ہمارا پیچیدہ سوال

اب ہم اس سوال کی طرف واپس آتے ہیں جس کا شروع میں ذکر کیا تھا۔ آیئے، سمجھنے کی کوشش کریں کہ اخلاقیات معروضی کیوں ہیں؟ اس کی وجہ بہت ہی سادہ ہے: جن اخلاقی اقدار کو ہم معروضی تصور کرتے ہیں، وہ معروضی اس لئے ہیں کیونکہ کوئی انسانوں سے بالاتر ہستی "خدا" موجود ہے [277] اور وہ ہماری ذہنی تربیت ان خطوط پر کرتی ہے۔ اس سے پہلے کہ میں اس کی تفصیل بیان کروں، یہ واضح کرنا ضروری سمجھتا ہوں کہ ان کا تعلق انسان کے عقائد سے بالکل نہیں۔ ہمارا مطلب یہ نہیں کہ ملحد اچھے اخلاق کا مظاہرہ نہیں کر سکتا؛ اور جو خدا پر یقین رکھے گا، صرف وہی اخلاقی طور پر صحیح طرزِ عمل اختیار کر سکتا ہے۔ ہمارے کہنے کا مطلب یہ ہے کہ اگر خدا کا وجود نہ ہوتا تو دنیا میں کوئی معروضی اخلاقی بنیاد نہ ہوتی۔ یقیناً ہر شخص معروضی اخلاق پر عمل کر سکتا ہے اور ماضی میں دہریت پسند طبقات نے بھی اعلیٰ اخلاقیات کا مظاہرہ کیا ہے۔ یہاں ہم یہ وضاحت کر رہے ہیں کہ اگر خدا کو موضوعِ بحث سے خارج کر دیں تو ہماری اخلاقی اقدار، معاشرتی رسوم و رواج سے زیادہ کوئی حیثیت نہیں لے پاتیں۔ مثلاً تفریح کی خاطر قتل کرنے کو غلط سمجھنے اور کسی معصوم مقتول کی طرف داری کرنے میں کوئی فرق نہیں ہوگا کیونکہ دونوں کی بنیاد صرف معاشرتی روایت ہوگی۔ لہٰذا خدا کا وجود ہی تمام معروضی اخلاقی حقیقتوں کی بنیاد فراہم کرتا ہے۔ کوئی اور نظریہ ایسی ٹھوس بنیاد فراہم نہیں کر سکتا۔

خدا ہی ہمیں یہ تصورِ اخلاق دیتا ہے کیونکہ وہ اس کائنات اور ہماری داخلی کیفیت سے ماورا ذات ہے۔ پروفیسر ایان مارکھم اس کی یوں وضاحت کرتے ہیں؛ "خدا ہی وہ ذات ہے جس نے ہم پر "چاہئے" یا "ایسا ہونا چاہئے" جیسی اخلاقی اقدار کے اسرار و رموز آشکار کئے ہیں اور اخلاقیات کو آفاقی حیثیت بخشی کیونکہ خدا اس کائنات سے باہر ہے اور خالق ہے۔ وہی آفاقی احکامات دینے کی اہلیت رکھتا ہے۔ [278]

اسلامی نقطہ نظر سے اللہ رب العٰلمین کی ذات کامل ترین ہے، وہ العلیم ہے اور سب سے طاقتور اور اچھا ہے۔ کامل اچھائی، اللہ تعالیٰ کی نمایاں صفت ہے۔ اسماء الحسنیٰ میں سے ایک نام "البر" [279] ہے (سورۃ الطور، آیت 28) جس کا مطلب ہے تمام اچھائیوں کا منبع۔ جب

اللہ تعالیٰ کوئی اخلاقی حکم دیتا ہے تو وہ اس کی اعلیٰ صفات کے عین مطابق ہوتا ہے اور اس کی مشاء کسی بھی طرح سے اس کی صفاتِ عالی سے متصادم نہیں ہوتی۔ لہٰذا، اللہ جو بھی حکم دیتا ہے وہ اچھائی ہے کیونکہ وہ خود اچھا ہے اور صرف وہی بتاتا ہے کہ کیا اچھا ہے:

$$قُلْ إِنَّ اللَّهَ لَا يَأْمُرُ بِالْفَحْشَاءِ ٥$$

''کہو کہ بے شک اللہ بے حیائی کا حکم نہیں دیتا۔'' (سورۃ الاعراف، آیت 28) [280]

یہ بات دلچسپی سے خالی نہیں کہ بہت سے ملحد اس بات کو مانتے ہیں کہ خدا کا انکار کرنے سے معروضی اخلاقیات کا تصور باقی نہیں رہتا۔ معروف ملحد فلسفی جے ایل میکی اپنی کتاب (Ethics: Inventing Right and Wrong) میں لکھتے ہیں: ''معروضی اخلاقی اقدار کا کوئی وجود نہیں ۔۔۔۔۔۔ یہ دعویٰ کہ اقدار معروضی نہیں ہوتیں ۔۔۔۔۔۔ اس کا مطلب یہ ہے کہ نہ صرف اخلاقی اچھائی جو بعض اوقات اخلاقی اقدار بھی کہلاتی ہیں، بلکہ دیگر چیزیں جنہیں زیادہ بے قاعدگی سے اخلاقی اقدار یا منافی اقدار کہا جا سکتا ہے — صحیح اور غلط، فرض، ذمہ داری، کسی فعل کا برا ہونا اور قابلِ مذمت ہونا وغیرہ، کچھ بھی معروضی حیثیت نہیں رکھتا۔ [281]

اگرچہ یہ نکتہ خلافِ وجدان اور الحاد کے مقبول بیانئے سے مختلف ہے، تاہم بظاہر اس سے یوں لگتا ہے کہ جیسے میکی یہ جان گئے ہیں کہ الحاد کا نظریہ اپنانے سے اخلاقیات کی معروضی حیثیت باقی نہیں رکھی جا سکتی۔ لہٰذا اگر خدا نہیں تو کوئی معروضی اچھائی بھی نہیں۔

یوتھائفرو کا مخمصہ (Euthyphro's dilemma)

بہت سے ملحدین مذکورہ بالا دلیلِ اخلاق کا جواب افلاطون یا ''یوتھائفرو کے مخمصے'' سے دیتے ہیں۔ وہ اسے یوں بیان کرتے ہیں کہ کیا کوئی چیز اخلاقی طور پر اچھی ہے اس لئے کہ اس کا خدا نے حکم دیا؟ یا خدا نے اس کا حکم اس لئے دیا کہ وہ اخلاقی طور پر اچھی ہے؟

یہ سوال ان لوگوں کیلئے ایک مسئلہ کھڑا کر دیتا ہے جو خدا کو ہر چیز پر قادر مانتے ہیں، کیونکہ یہ دو میں سے ایک بات پر یقین مانگتا ہے: یا تو یہ کہ اخلاقیات کی بنیاد خدا کا امر ہے؛ یا یہ کہ وہ خدا پر انحصار نہیں کرتی۔ اگر تو خدا کا امر بنیاد ہے تو خیر اور شر کیا ہے؟ یہ خدا کی صوابدید ہے۔ اگر یہ معاملہ

ہے تو یہ لازمی نہیں کہ انسان معروضی طور پر خیر اور شر کو جان سکے۔ اس سے یہ بات لازم آئے گی کہ معصوم بچے کو قتل کرنا معروضی طور پر غلط نہیں، کیونکہ خدا جس پر چاہے برا یا شیطانی ہونے کا ٹھپا لگا دے۔ اس مسئلے کا دوسرا رخ یہ ہے کہ اخلاقیات خدا پر انحصار نہیں کرتیں بلکہ خارجی حیثیت کی حامل ہیں؛ اس سے خدا پر بھی یہ قید لازم آتی ہے۔ تاہم یہ خدا پرست کیلئے ناقابلِ قبول ہے کیونکہ اس کے ایمان کا حصہ ہے کہ وہ خدا کو ایک بے نیاز اور ہر چیز پر قادرِ ذات تسلیم کرے۔

سطحی طور پر تو یہ سوال اپنے اندر وزن رکھتا ہے، لیکن اگر تھوڑا غور کریں تو اس کا بودا پن واضح ہو جائے گا کیونکہ ایک اور، تیسرا رخ بھی ہو سکتا ہے، اور وہ یہ کہ خدا اچھائی کا منبع ہے۔ فلسفے کے پروفیسر شبیر اختر اپنی کتاب ''قرآن اور سیکولر ذہن'' میں لکھتے ہیں:

''ایک تیسری صورت بھی ہے: الہامی کتب میں پایا جانے والا اخلاقی طور پر مستحکم خدا، ایک ذاتِ اکبر جو رحم دلی سے وابستہ خیر، اور جنسی بے راہ روی سے جڑے شر میں من مانی تبدیلیاں نہیں کرتا۔ یہ خدا ہمیشہ اچھی ہی بات کا حکم دیتا ہے کیونکہ وہ خود، اور اس کی صفات، اچھائی اور بھلائی کا منبع ہے۔''282

پروفیسر شبیر کے مطابق، ایک حقیقی اخلاقی معیار واقعتاً موجود ہے جو، مغالطے کی دوسری شاخ کے برعکس، خدا سے جدا نہیں بلکہ اس کا وجود خدا ہی کی صفاتِ عالی کا مرہونِ منت ہے۔ جیسا کہ پہلے گزر چکا ہے، خدا پرست اور مسلمان عام طور پر یہ عقیدہ رکھتے ہیں کہ خدا لازمی طور پر سراپا اچھائی ہے۔ وہی مکمل اور فطری اخلاقی معیار مہیا کرتا ہے۔ اس کا مطلب یہ ہے کہ کسی معصوم کا قتل بلاوجہ یا بغیر کسی بنیاد کے برا یا شیطانی نہیں کہا گیا بلکہ وہ ایک ضروری اور معروضی اخلاقی قاعدے کے نتیجے میں قابلِ مذمت قرار پایا ہے۔ اس کا مطلب قطعاً یہ بھی نہیں کہ اللہ تعالیٰ اس قاعدے اور قانون کا پابند ہے، بلکہ درحقیقت یہ قاعدہ خود اس کی ذاتِ عالی کی صفات کا مظہر ہے۔ یہ اللہ کی فطرت کی نمائندگی کرتا ہے اور یہ کسی بھی طرح سے اللہ کی ذات سے خارج نہیں۔

ملحد یہ سوال اٹھا سکتا ہے کہ خدا کا اچھا ہونا ثابت کرنے کیلئے ہمیں پہلے یہ معلوم ہونا چاہئے کہ اچھائی کیا ہے، لہٰذا یہ مسئلہ حل نہیں ہوا۔ اس کا سادہ جواب یہ ہے کہ اچھائی یا بھلائی کیا ہے، خدا ہی بتلائے گا کیونکہ اس کی ذات ہی کامل علم والی اور تمام اچھائی کی بنیاد ہے۔ قرآن اس بات

کیوں بیان کرتا ہے:

وَإِلَـٰهُكُمْ إِلَـٰهٌ وَاحِدٌ لَّا إِلَـٰهَ إِلَّا هُوَ الرَّحْمَـٰنُ الرَّحِيمُ ۝

''اور تمہارا معبود ایک ہی معبود ہے۔ کوئی معبود نہیں مگر وہی رحمان (اور) رحیم۔''283

(سورۃ بقرہ، آیت 163)

هُوَ اللَّهُ الَّذِي لَا إِلَـٰهَ إِلَّا هُوَ الْمَلِكُ الْقُدُّوسُ السَّلَامُ الْمُؤْمِنُ الْمُهَيْمِنُ الْعَزِيزُ الْجَبَّارُ الْمُتَكَبِّرُ سُبْحَانَ اللَّهِ عَمَّا يُشْرِكُونَ ۝ هُوَ اللَّهُ الْخَالِقُ الْبَارِئُ الْمُصَوِّرُ لَهُ الْأَسْمَاءُ الْحُسْنَىٰ يُسَبِّحُ لَهُ مَا فِي السَّمَاوَاتِ وَالْأَرْضِ وَهُوَ الْعَزِيزُ الْحَكِيمُ ۝

''وہی اللہ ہے جس کے سوا اور کوئی معبود نہیں۔ غیب کا جاننے والا ہے اور حاضر کا بھی۔ وہی ہے جو بن مانگے دینے والا، بے انتہا رحم کرنے والا (اور) بار بار رحم کرنے والا ہے۔ وہی اللہ ہے جس کے سوا اور کوئی معبود نہیں۔ وہ بادشاہ ہے، پاک ہے، سلام ہے، امن دینے والا ہے، نگہبان ہے، کامل غلبہ والا ہے، بگڑی بنانے والا ہے (اور) کبریائی والا ہے۔ پاک ہے اللہ اُس سے جو وہ شرک کرتے ہیں۔ وہی اللہ ہے جو پیدا کرنے والا۔ پیدائش کا آغاز کرنے والا اور مصوّر ہے۔ تمام خوبصورت نام اسی کے ہیں۔ اُسی کی تسبیح کر رہا ہے جو آسمانوں اور زمین میں ہے اور وہ کامل غلبے والا (اور) صاحب حکمت ہے۔''284 (سورۃ الحشر، آیات 23 تا 24)

مختصراً یہ کہ تمام اخلاقی سچائیاں اور قاعدے اللہ کی ذات کی مرہونِ منت ہیں اور اللہ نے اپنی منشاء کا اظہار اپنے احکامات کے ذریعے کیا ہے۔ اور یہ احکامات کامل ترین اور بہترین صفات کی حامل ذاتِ عالی سے کسی بھی طرح سے متصادم نہیں۔

کیا معروضی اخلاقیات کی کوئی متبادل بنیاد بھی موجود ہے؟

بہت سے ملحدین یہ دلیل دیتے ہیں کہ خدا کے علاوہ اس سوال کے جواب میں اور توجیہات بھی ممکن ہیں اور بتا سکتی ہیں کہ کچھ اخلاقی قاعدے معروضی ہوتے ہیں، جن میں حیاتیات، معاشرتی دباؤ اور اخلاقی حقیقت پسندی شامل ہیں۔

حیاتیات

کیا حیاتیات (biology) معروضی اخلاقیات کی کوئی تفہیم فراہم کرسکتی ہے؟ اس کا سادہ جواب نفی میں ہے۔ چارلس ڈارون ایک دلچسپ 'انتہا' کی مثال دیتا ہے کہ اگر حیاتیات یا فطری انتخاب (نیچرل سلیکشن) اخلاقیات کی بنیاد ہوتے ہوتے تو کیا ہوتا۔ اس کے مطابق اگر ہم مختلف قسم کے حیاتیاتی حالات سے دو چار ہوتے تو جسے ہم معروضی طور پر اخلاقی کہتے ہیں بالکل مختلف ہوتے۔ ''اگر انسانوں کو بھی شہد کی مکھیوں جیسے حالات میں زندگی گزارنا ہوتی، تو یقینی طور پر ہماری غیر شادی شدہ عورتیں کام کرنے والی مکھیوں کی طرح سوچتیں کہ یہ ہمارا مقدس فرض ہے کہ اپنے بھائیوں کو ماردیں اور مائیں اپنی بیٹیوں کو مار دینے کی کوشش کریں اور کوئی اس میں دخل اندازی کرنے کا نہ سوچتا۔'' [285]

دوسرے الفاظ میں اگر اخلاقیات حیاتیاتی تبدیلیوں پر منحصر ہوتیں تو وہ ان تبدیلیوں سے خارجی حیثیت نہ رکھ پاتیں اور یوں اپنی معروضیت کھو بیٹھتیں۔ ڈارون کی مثال کا اطلاق کرتے ہوئے ہم دیکھ سکتے ہیں کہ اگر ہماری پرورش ''نرس شارک'' کے جیسے ماحول میں ہوتی، تو ہم یہ سمجھتے کہ کسی خاتون کے ساتھ زنا بالجبر (rape) کرنا اخلاقی طور پر قابل قبول ہے۔ [286]

کچھ لوگ اس کے جواب میں یہ کہہ سکتے ہیں کہ یہ فطری انتخاب ہی ہے جو ہمیں اخلاقی معروضیت کو سمجھنے کی صلاحیت فراہم کرتا ہے۔ یہ بھی غلط بات ہے، تصوراتی طور پر فطری چناؤ یہ کرسکتا ہے کہ ایسی صلاحیتیں دے کہ ہم ایسے اخلاقی اصول بنائیں جو ہمارے زندہ رہنے اور افزائشِ نسل میں معاون ہوں۔ یہ معروضی اخلاقی قاعدے فراہم کرنے سے قاصر ہے۔ اخلاقیات کے عالم فلسفی فلپ کِچر لکھتا ہے: ''فطری انتخاب زیادہ سے زیادہ ہمارے لئے یہ کرسکتا ہے کہ ہمیں کوئی معاشرتی نظام اور اس سے جڑے اخلاقی اصول بنانے کی صلاحیت فراہم کردے۔'' [287]

اگر یہ مان بھی لیا جائے کہ حیاتیات، اخلاقی معروضیت کی بنیاد ہے تو لازمی طور پر اس کی حیثیت بے معنی سی ہوگی کیونکہ وہ ایک غیر عقلی اور غیر شعوری ارتقائی تبدیلیوں کے نتیجے میں رونما ہوئی ہوگی۔ اس کے برعکس، یہ حقیقت کہ اخلاقیات کا سرچشمہ الہامی احکامات ہیں، انہیں معنویت عطا کرتی ہے کیونکہ اخلاقیات کا پابند ہونا، دراصل ان ہی الہامی (خدائی) احکامات کی پاسداری کے مترادف ہوگا۔ دوسرے الفاظ میں ہم انسانوں پر اخلاقی ذمہ داریاں ہیں جن کی پابندی اور

پاسداری کیلئے ہم خدا کے سامنے جوابدہ ہیں۔ ظاہر ہے کہ آپ سالمات کے ایک مجموعے کے سامنے تو جوابدہ نہیں ہو سکتے!

معاشرتی دباؤ

دوسری ممکن توجیہ معاشرتی دباؤ یا اتفاقِ رائے ہے۔ لیکن یہ فلسفے کی رُو سے انسانیت پرستوں اور ملحدین کیلئے اور مشکلات کھڑی کر دیتا ہے۔ اس کی وجہ یہ ہے کہ معاشرتی اتفاقِ رائے یا دباؤ، اخلاقیات کی معروضیت کو سرے سے ہی ختم کر دیتا ہے اور انہیں محض ایک نسبتی (relative) حیثیت دے دیتا ہے۔ اس توجیہ سے مختلف مسائل اور اخلاقی تضادات جنم لیتے ہیں۔ جیسا کہ نازیوں کے کئے گئے مظالم کو ہم اس صورت میں کیسے معروضی طور پر غلط ثابت کر سکیں گے اگر ہم یہ کہیں کہ بہت سے لوگوں نے مجموعی طور پر جرمن نازیوں کے خلاف بندوق اٹھائی اور ایک معاشرتی اتفاقِ رائے کا مظاہرہ کیا گیا، تو دوسری طرف ہمیں ان کے کئے گئے مظالم پر بھی بہت بڑی اتفاقِ رائے کے شواہد ملتے ہیں۔ تاریخ میں اور بہت سی مثالیں ہیں جن سے اس اعتراض کی توثیق ہوتی ہے۔

اخلاقی حقیقت پسندی

آخری ممکن توجیہ اخلاقی حقیقت پسندی کی ہے۔ اسے اخلاقی معروضیت بھی کہا جاتا ہے۔ اس کے مطابق اخلاق معروضی ہوتے ہیں اور ہمارے دل و دماغ سے خارجی حیثیت رکھتے ہیں۔ لیکن ہمارے موجودہ موضوع، یعنی خدا کے بخشے ہوئے اخلاقی قاعدوں کے برعکس، اخلاقی حقیقت پسند کسی بنیاد کے قائل نہیں۔ ان کے نزدیک محبت والفت، ہمدردی، رواداری اور انصاف جیسی اخلاقی سچائیاں اپنے تئیں خود معروضی طور پر موجود ہیں اور کسی بھی بنیاد کی محتاج نہیں۔ اس نظریے میں کچھ سقم ہیں: اولاً، یہ کہنے کا کیا مطلب ہے کہ عدل "بس یونہی" وجود رکھتا ہے؟ یا یہ کہ معروضی اخلاقی اقدار "بس یونہی" موجود ہیں؟ یہ خیال خلافِ وجدان، بے معنی اور مہمل سی بات ہے۔ ہم خود بخود موجود انصاف کو جان نہیں سکتے۔ لازم ہے کہ بندے کو یہ سمجھنا ہوگا کہ اگر اخلاقیات معروضی (انسان کی ذاتی رائے سے بالاتر) ہیں تو ان کی ایک منطقی وضاحت چاہئے۔

ورنہ یہ سوال کہ 'اخلاق معروضی کیسے ہوتے ہیں؟' تشنہ جواب ہی رہے گا۔ اخلاقیات کی معروضی حیثیت کسی نہ کسی عقلی دلیل کی محتاج ہے ورنہ 'اخلاق معروضی کیسے ہیں' کا جواب نہ دیا جا سکے گا۔

دوسرا یہ کہ اخلاقیات صرف رحم دلی اور انصاف کی سچائیوں کے جان لینے کا نام نہیں بلکہ اخلاقیات، انسان کے اندر ذمہ داری اور جوابدہی کا احساس بھی پیدا کرتی ہیں کہ ہمیں روادار اور انصاف پسند ہونا چاہئے۔ لیکن اخلاقی حقیقت پسندی کے تحت اس جوابدہی کا احساس پیدا ہونا ممکن نہیں، کیونکہ یہ اِس ذمہ داری کا احساس اور جوابدہی کی کوئی بنیاد فراہم نہیں کرتی کہ انسان کو کیوں انصاف پسند ہونا چاہئے اور ایسا نہ ہونے کی صورت میں کیا ہوگا؟ کیونکہ محض یہ تسلیم کر لینے سے کہ اخلاقی اقدار معروضی ہیں، ان اقدار پر عملدرآمد کی ذمہ داری عائد نہیں ہوتی۔ ان کا فائدہ تب ہے جب یہ احساسِ ذمہ داری بھی پیدا کریں۔ اخلاقی حقیقت پسندی کا نظریہ اس کی کوئی وجہ بیان نہیں کرتا کہ انسان کو اخلاقی کیوں ہونا چاہئے۔ اس کے برعکس، اگر یہ معروضی اخلاقیات، الہامی احکامات سمجھی جائیں تو یہ نہ صرف حقیقی معنوں میں معروضی حیثیت اختیار کر لیتی ہیں بلکہ یہ اس کی بنیاد بھی فراہم کرتی ہیں کہ ہر ایک انسان ان تمام اخلاقی اصولوں کا پابند کیوں بنے۔ کیونکہ وہ یہ سمجھتا ہے کہ خدا کی اطاعت اس پر فرض ہے۔ یہ انسان میں احساسِ ذمہ داری و جوابدہی کو اجاگر کرتا ہے جو اس کی ہمہ وقت اخلاقی اقدار پر کاربند رکھنے میں معاون اور مددگار ہوتا ہے۔

مندرجہ بالا بحث سے یہ بات عیاں ہوتی ہے کہ معروضی اخلاقیات کیلئے خدا کا وجود ہونا لازم ہے کیونکہ وہ اس کائنات سے ماورا ہے اور اپنے احکامات کے ذریعے ایک آفاقی اخلاقی قاعدہ دے سکتا ہے۔

اگر منکرینِ خدا، اخلاقی معروضیت ہی کا انکار کر دیں تو؟

آخری حربے کے طور پر کچھ ملحدین ہزیمت سے بچنے کیلئے اخلاقیات کی معروضی حیثیت ہی کو ماننے سے یکسر انکار بھی کر دیتے ہیں۔ ٹھیک ہے، یونہی سہی۔ لیکن اخلاقیات کو معروضی نہ ماننے سے ان کا کوئی مسئلہ حل نہیں ہوتا۔ (یہ بات یہ کہنے کے مترادف ہے کہ اخلاقیات کی اپنی کوئی حیثیت نہیں، بلکہ یہ تو صرف لوگوں کی ذاتی پسند و ناپسند کی بات ہے۔ مترجم) یہ دو دھاری تلوار کی طرح ہے کیونکہ جیسے ہی وہ کہتے ہیں کہ اخلاقیات کی کوئی معروضی حیثیت نہیں، تو پھر انہیں

کسی مذہب، بالخصوص اسلام پر، کسی بھی معروضی بنیاد پر انگلی اٹھانے کا کوئی حق نہیں رہتا۔ وہ داعش، طالبان اور آر ایس ایس جیسی انتہاء پسند تنظیموں اور برما میں ہونے والی مسلم نسل کشی سمیت، کسی ظلم و جبر کے خلاف بھی انگلی نہیں اٹھا سکتے۔ ستم ظریفی یہ ہے کہ اس کے باوجود وہ ایسا کرنے سے باز نہیں آتے اور کرتے بھی معروضی اخلاقیات کی موہوم سی بنیاد پر کرتے ہیں۔ حالانکہ انہیں ان تمام اخلاقی فیصلوں اور اعتراضات کے ساتھ یہ چھلا لگا دینا چاہئے کہ ''یہ میرا ذاتی مؤقف ہے۔'' (لیکن) ایسا کرنے سے ان کی ساری تنقید اور اعتراضات بے معنی ہو جائیں گے کیونکہ ان کی حیثیت محض ایک شخص کی ذاتی رائے سے زیادہ کچھ نہیں رہتی، جو مخالف رائے سے کسی بھی اعتبار سے برتری کا دعویٰ نہیں کر سکتی۔ حقیقت یہی ہے کہ ہر باشعور انسان ہمیشہ بنیادی اخلاقیات، جیسے کہ قتل، زیادتی اور چوری کے برا ہونے کو معروضی ہی سمجھتا ہے۔

دلیل کو سمجھنے میں غلطی

کچھ ملحدین، حتیٰ کہ کچھ محققین نے بھی، اخلاقی علمیات (moral epistemology) کو اخلاقی علم الوجود (moral ontology) کے ساتھ خلط ملط کر دیا ہے اور اسے سمجھنے میں غلطی کر گئے ہیں۔ ہماری پیش کردہ دلیل اس بات سے متعلق نہیں کہ ہم یہ کیسے جانتے ہیں کہ کیا چیز اخلاقی طور پر اچھی ہے؟ یہ سوال اخلاقی علمیات سے متعلق ہے؛ جبکہ ہمارا سوال یہ ہے کہ اخلاقی تصورات کہاں سے آئے اور ان کی اصلیت کیا ہے؟ جس کا تعلق اخلاقی علم الوجود سے ہے۔ (یعنی ہم یہ پوچھ رہے ہیں کہ اخلاقی اقدار کوئی حقیقی وجود رکھتی ہیں؟ جبکہ آپ یہ جواب دے رہے ہیں کہ ہم اخلاقی اقدار کو کیسے جان سکتے ہیں۔ مترجم) خدا کے احکامات، اخلاقیات کو معروضی اور حقیقی بنانے کیلئے وجودی بنیاد فراہم کرتے ہیں۔

اس باب میں پیش کی گئی دلیل کا تعلق اخلاقی علمیت سے نہیں بلکہ اس کا تعلق اخلاقی علم الوجود سے ہے، جس کا تعلق اخلاقیات کی بنیادوں اور اس کی خاصیت کے ساتھ ہے۔ اس دلیل کو سادہ سے لفظوں میں اس طرح بیان کیا جا سکتا ہے کہ اگر کوئی چیز اپنے اندر اچھائی یا بھلائی رکھتی ہے تو کیا وہ معروضی طور پر اچھی یا بھلی ہے؟ اگر یہ معروضی طور پر اچھی ہے تو یہ خدا کا وجود مانگتی ہے کیونکہ وہی معروضی بھلائی کی واحد ممکنہ بنیاد ہے۔ اس کا تعلق اس سے نہیں کہ ہمیں یہ کیسے معلوم ہوگا

کہ کب کوئی چیز اچھی ہوتی ہے۔

مطلق بمقابلہ معروضی (Absolute Vs. Objective)

ایک نہایت جائز اور معقول اعتراض کسی بھی ماہرِ الہیات کے ذہن میں یہ پیدا ہو سکتا ہے کہ اسلامی نظامِ انصاف اور دیگر نظام ہائے انصاف میں بعض اوقات قتل کرنا (جیسے اپنے اور اپنے خاندان کی حفاظت کیلئے) جائز ہوتا ہے۔ لہذا کوئی بھی فعل بذاتِ خود معروضی طور پر برا نہیں۔ یہ ایک دلچسپ اعتراض ہے لیکن یہ اعتراض معروضی اخلاق کو مطلق اخلاقیات سے گڈ مڈ کرنے کے نتیجے میں پیدا ہوتا ہے۔ معروضی اخلاقیات اور مطلق اخلاقیات بالکل مختلف چیزیں ہیں۔ مطلق اخلاقیات یہ کہتی ہے کہ اخلاقی عمل ہر حال میں اچھا یا برا ہوتا ہے۔ مثلاً ایک شخص جو قتل کرنے کو مطلق طور پر غلط سمجھتا ہے، وہ ذاتی دفاع میں کئے گئے قتل کو بھی برا سمجھے گا اور اخلاقی غلطی جانے گا۔ جبکہ، اس کے برعکس، معروضی اخلاقیات کا کلیہ سیاق و سباق کی اہمیت اور نزاکت کا خیال رکھتا ہے۔ معروضی اخلاقیات کے تحت اخلاقی سچائی یوں بیان کی جاتی ہے کہ کسی بھی انسان کو "بغیر کسی معقول وجہ کے" قتل کرنا غلط اور برا ہے۔ اس جملے میں سیاق و سباق کی حساسیت کسی عمل کو برا قرار دینے کیلئے یہ شرط ڈالتی ہے کہ اس کی کوئی قابلِ قبول توجیہ نہ ہو۔ مثلاً کسی ایسے شخص کو قتل کرنا اخلاقی طور پر درست اور جائز ہے جو کسی اسکول میں گھس کر معصوم بچوں کو گولیوں سے بھوننے کا شوق یا ارادہ رکھتا ہو۔ ہماری یہ دلیل مطلق اخلاقیات سے تعلق نہیں رکھتی۔

اخلاقی اضافیت (Etical Ralativism) پر شرح

ایک اخلاقی اضافیت پسند، جو یہ سمجھتا ہو کہ اخلاقیات کا انحصار ثقافت اور معاشرتی اقدار پر ہوتا ہے اور یہ علاقائی/ مقامی حیثیت رکھتی ہیں، یہ کہہ سکتا ہے کہ مطلق اور معروضی اخلاقیات پر یہ بحث اخلاقیات کا اضافی ہونا ثابت کرتی ہیں نہ کہ معروضی ہونا؛ جبکہ جو اخلاقیات کو معروضی حیثیت دیتے ہیں وہ یہ دلیل پیش کریں گے کہ لوگ کیا سمجھتے ہیں یا کرتے ہیں، یہ ایک غیر متعلق بات ہے کیونکہ ان سے حقیقی اخلاقی سچائیوں پر کوئی فرق نہیں پڑتا۔

اضافیت پسندوں کی دلیل اس تناظر میں بودی ہے کیونکہ اس کے مطابق معروضی اخلاقیات

ثقافتی یا کلچرل رویوں سے بدل بھی سکتی ہے۔ یا ثقافتی رویّے اخلاقیات کی معروضی حیثیت کو جھٹلا سکتے ہیں جو ابتداء سے ہی ایک غلط مؤقف ہے۔ کیونکہ معروضی اخلاقیات کی تعریف ہی یہ ہے کہ یہ محسوسات، عقائد اور ثقافت سے ماوراء ہوتے ہیں لہٰذا اضافیت پسندوں کا اعتراض اس بنیاد پر بے معنی ہے اور کوئی حیثیت نہیں رکھتا۔

اس باب میں ہم نے ملحدین کیلئے قابلِ غور دلائل پیش کئے ہیں۔ اگر ملحد اخلاقی اقدار کو معروضی تسلیم کرتے ہیں تو انہیں خدا کا وجود بھی ماننا پڑے گا۔ کیونکہ صرف وہی معروضی اخلاقیات کی عقلی اور شعوری بنیاد ہو سکتا ہے، یا انہیں پھر کوئی اور متبادل فراہم کرنا ہوگا۔ اگر وہ ایسا نہیں کر سکتے تو پھر انہیں اپنے ذاتی احساسات کو دبانا ہوگا جو معروضی خیر اور شر کو پہچانتے ہیں۔ جب وہ ایسا کریں گے تو پھر وہ کسی بھی صورت میں اسلام پر انگلی نہیں اٹھا سکیں گے اور نہ ہی اخلاقیات پر مبنی ایسے فیصلے صادر کر سکیں گے جو اپنے اندر معروضیت کا عنصر رکھتے ہوں۔ ان کے تمام تر اعتراضات زیادہ سے زیادہ ان کی اپنی داخلی کیفیات کا اظہار ہی کہلائے جا سکیں گے۔

اخلاقیات کے پس منظر سے اسلام کا الوہیت سے متعلق نظریہ بہت ہی واضح اور قابلِ فہم ہو جاتا ہے کیونکہ اللہ کی ذات کامل ترین ہے اور خیر و بھلائی کا منبع ہے۔ وہ ایک دانا اور حکیم ذات ہے اور اس کا کوئی بھی حکم اس کی صفاتِ عالی سے متصادم نہیں۔ ایسے خدا کو جاننے اور ماننے سے ہی ہمیں معروضی اخلاقیات کی بنیاد مل سکتی ہے، جو انسانوں کیلئے رہنمائی اور روشنی کا ذریعہ بن سکتی ہیں۔ لہٰذا خدا کا جاننا، خیر کا جاننا ہے۔

وحدانیتِ الٰہی

قل ھو اللہ احد

تصور کیجئے کہ آپ ایک مہم جو ہیں جو خلائی جہاز کے ذریعے کسی دوسرے سیارے پر انسان نما مخلوقات سے ملنے گئے ہیں۔ جیسے آپ اس سیارے پر اترتے ہیں تو آپ اپنے رہبر سے ملتے ہیں۔ وہ آپ کو بتاتا ہے کہ آپ کا جہاز سافنگا کی سرزمین پر اترا ہے جو اس سیارے کا 'بلا سرحد' ملک ہے۔ آپ تذبذب کا شکار ہوتے ہیں اور اپنے رہبر سے پوچھتے ہیں کہ کیا اس سیارے پر اور بھی ملک ہیں۔ وہ آہ بھر کر کہتا ہے، "ہاں! دو ملک اور ہیں۔" آپ جوابًا پوچھتے ہیں، "اچھا، اگر فرق واضح کرنے والی کوئی چیز ہے ہی نہیں، تو آپ یہ کیسے جانتے ہیں کہ آپ دوسرے ملک میں آ گئے ہیں؟" آپ کا رہبر ایک بار پھر آہِ سرد کھینچ کر کہتا ہے، "جی ہمیں یہی مسئلہ درپیش ہے۔ ملکوں کی کوئی حد بندی نہیں اور ایک ملک کی خصوصیات، دوسرے ملک سے ملتی جلتی ہیں۔" آخرکار آپ گفتگو کو یہ کہتے ہوئے ختم کرتے ہیں: "آپ کو چاہئے کہ ان دونوں کو ایک ہی ملک بنا دیں کیونکہ یہ مجھے ایسا لگتا ہے۔"

آپ اپنا سفر جاری رکھتے ہیں اور کھانے کی دعوت پر سرکاری افسروں کی ایک جماعت سے

سے آپ کی ملاقات ہوتی ہے۔ کھانے کے دوران ایک افسر ملک کے بادشاہوں کی تعریف بیان کرتا ہے۔اس کی بات سن کر آپ شائستگی سے پوچھتے ہیں،''آپ کا مطلب ہے، کہ ایک سے زیادہ بادشاہ ہیں؟'' وہ افسر جواب دیتا ہے،''جی، ہمارے دو بادشاہ ہیں۔'' آپ الجھن میں مبتلا ہو جاتے ہیں اور پوچھتے ہیں کہ ایک ملک دو بادشاہوں کے ساتھ کیسے چلتا ہے۔''آپ اپنے قوانین میں ہم آہنگی اور معاشرے میں نظم و ضبط کیسے حاصل کرتے ہیں؟'' افسر کہتا ہے،''جی وہ دونوں بادشاہ آپس میں ہمیشہ اتفاق رکھتے ہیں ۔ان کی خواہشات بالکل یکساں ہیں۔'' آپ اپنے آپ کو روک نہیں پاتے اور جواباً کہتے ہیں،''خوب! تو پھر آپ کے بادشاہ دو نہیں (بلکہ دراصل ایک ہی بادشاہ ہے) کیونکہ وہ (دونوں) ایک ہی ارادے کے تحت چل رہے ہیں۔''

اس کہانی میں ان پانچ میں سے تین دلائل شامل ہیں جو میں اس حقیقت کو آشکار کرنے کے لیے پیش کروں گا کہ صرف ایک ہی خدا کا وجود ممکن اور لازم ہے ۔ کہانی کا پہلا حصہ ایک دلیل کا خلاصہ کرتا ہے جسے میں ''تصوراتی اختلاف'' (conceptual differentiation) کہتا ہوں ۔اس کے مطابق، کثیریت (multiplicity) کے وجود کے لیے کچھ ایسے تصورات ہونے چاہئیں جو ایک چیز کو دوسری سے ممتاز کریں۔ مثال کے طور پر، اگر میں کہوں کہ ٹوکری میں دو کیلے ہیں، تو آپ ان کے مشاہدے کے ذریعے اس جملے کی توثیق کرنے کے قابل ہوں گے۔ آپ کے دو کیلے دیکھ پانے کی وجہ وہ تصورات ہیں جو ان میں (عملاً) فرق واضح کرتے ہیں؛ مثال کے طور پر، ان کی جسامت، شکل اور ٹوکری میں ان کا محل وقوع وغیرہ۔ تاہم اگر ان کے درمیان کوئی چیز فرق کرنے والی نہ ہوتی، تو آپ ان کے مابین فرق نہ کر پاتے۔ اسی طرح، چونکہ اب تک اس کتاب نے یہ کہا ہے کہ ایک لازمی، غیر مخلوق خالق ہے جو قدیر، علیم، اور ماوراء ہے؛ اور پھر اس کے بعد یہ کہنا کہ دو (خدا) ہیں، ایک ایسے تصور کی ضرورت پیدا کرے گا جو ان دونوں میں فرق کر سکے۔لیکن خالق کو خالق ہونے کے لیے ان صفات کا حامل ہونا ضروری ہے۔لہٰذا ایک دوسرے سے مختلف ہوئے بغیر یہ کہنا کہ دو (خدا) ہیں، بنیادی طور پر یہی کہنا ہے کہ ایک ہی خالق ہے۔اگر صورت یہ ہے کہ جو بات ایک خالق کے لیے درست ہے، وہ دوسرے کے لیے بھی بعینہ درست ہو، تو پھر ہم نے صرف ایک ہی خالق کو پہچانا ہے نہ کہ دو کو۔

کہانی کا دوسرا حصہ دلیلِ استثناء (exclusion argument) اور تعریف کی

دلیل؛ (argument from definition) دونوں کا خلاصہ پیش کرتا ہے۔ استثناء کی دلیل یہ ہے کہ صرف ایک ارادۂ الٰہی کا وجود ممکن ہے۔ اگر دو خالق ہوتے اور ان میں سے ایک درخت بنانا چاہتا اور دوسرے کی خواہش یہ نہ ہوتی، تو ایسی حالت میں تین ممکنہ صورتیں ہوتیں: پہلی صورت یہ کہ وہ دونوں ایک دوسرے کے ارادوں کو منسوخ کر دیتے؛ یہ کوئی معقول امکان نہیں ہوگا کیونکہ مخلوق موجود ہے، اور اگر وہ ہر بار ایک دوسرے کے ارادے کو کامیابی سے منسوخ کر ڈالتے تو آج کسی مخلوق کا وجود نہ ہوتا۔ دوسری صورت یہ ہوتی کہ ان میں سے ایک، دوسرے پر غالب آجاتا اور نتیجتاً اپنا درخت بنا ڈالتا۔ تیسری صورت یہ کہ وہ دونوں ایک ہی درخت کو ایک ہی طرح پر بنا لینے پر راضی ہو جاتے۔ دوسری اور تیسری صورتوں کا مطلب یہ ہوتا کہ صرف ایک ارادہ ہے اور ہماری بحث میں ایک ارادہ کا مطلب صرف ایک خالق کی نشانی ہے۔

تعریف کی دلیل یہ ہے کہ ایک سے زیادہ خالق نہیں ہو سکتے۔ اگر ایک سے زیادہ خالق ہوتے تو کائنات میں یہ ہم آہنگی نہ ہوتی جو آج دیکھی جا سکتی ہے۔ یہ کتاب خدا کے وجود کے حق میں دلائل دینے کے ساتھ ساتھ خدا کے روایتی تصور کی دلیل بھی دیتی ہے۔ چونکہ "روایتی تصور" خدا کی وضاحت یوں کرتا ہے کہ اس کے پاس اپنے نفاذِ ارادہ کی بے پناہ قوت و طاقت ہے جسے اس کی ذات سے خارج کی کوئی چیز روک نہیں سکتی، چنانچہ یہ منطقی نتیجہ نکلتا ہے کہ دو لامتناہی ارادوں (دو خداؤں) کا وجود نہیں ہو سکتا۔

اس باب میں ان دلائل کی تفصیل آئے گی اور دو مزید دلائل بھی پیش کئے جائیں گے کہ خالق ایک اکیلا ہی کیوں ہونا چاہئے۔ دلائل کی ترتیب کچھ یوں ہوگی:

☆ استثنا کی دلیل	☆	تفہیمی اختلاف
☆ اوکم کا استرا	☆	تعریف سے دلیل
☆ وحی سے دلیل		

استثناء کی دلیل

اس دلیل کا کہنا ہے کہ کئی خالقوں کا وجود ممکن نہیں کیونکہ ارادہ صرف ایک ہو سکتا ہے۔ ہم پہلے ہی (باب نمبر 5 میں) یہ وضاحت کر آئے ہیں کہ خالق کا کوئی ارادہ ضرور ہونا چاہئے، لہٰذا یہ سوال کرنا

کہ کتنے ارادے موجود ہو سکتے ہیں، ہمیں اس دلیل کی تفصیل میں جانے کا راستہ دیتا ہے۔ چلئے، مان لیتے ہیں کہ دو خالق تھے۔ خالق 'الف' ایک پتھر کو حرکت دینا چاہتا ہے، اور خالق 'ب' بھی اسی پتھر کو حرکت دینا چاہتا ہے لیکن کسی اور سمت میں۔ اب تین ممکنہ صورتیں ہیں:

- ایک خالق دوسرے پر غالب آتا ہے اور پتھر کو اپنی مرضی کی سمت میں حرکت دے ڈالتا ہے۔
- وہ دونوں ایک دوسرے کے ارادوں کو منسوخ کر دیتے ہیں اور پتھر وہیں کا وہیں پڑا رہ جاتا ہے۔
- وہ دونوں سمجھوتے کے تحت پتھر کو ایک ہی سمت میں حرکت دے دیتے ہیں۔

پہلی صورت کا مطلب ہے کہ ایک ہی ارادہ اپنا اظہار کرتا ہے۔ دوسری صورت میں کوئی ارادہ رو بہ عمل نہیں۔ یہ ممکن نہیں کیونکہ مخلوق کے کامیاب وجود کے لیے کسی ارادے پر عمل ضروری ہے۔ تیسری صورت بھی آخرکار ایک ہی ارادے کی وضاحت کرتی ہے۔ چنانچہ یہ نتیجہ اخذ کرنا معقول تر ہے کہ ایک ہی خالق ہے کیونکہ صرف ایک ہی ارادہ ہے۔

اگر کوئی یہ کہتا ہے کہ جسم ایک سے زیادہ ہو سکتے ہیں اور پھر بھی ارادہ ایک ہو سکتا ہے۔ میں جواب میں یہ پوچھوں گا کہ آپ کیسے جانتے ہیں کہ ایک سے زیادہ اجسام ہیں؟ ایسا لگتا ہے کہ یہ لاعلمی کی دلیل ہے، کیونکہ ایسے کسی دعوے کے لیے کسی قسم کی کوئی دلیل نہیں دی جا سکتی۔ اس سے ہم دوسری دلیل تک پہنچ جاتے ہیں۔

تفہیمی اختلاف

دو خالقوں کے وجود کے لیے ان کو کسی نہ کسی طرح سے مختلف ضرور ہونا چاہئے۔ مثال کے طور پر اگر آپ کے پیشِ نظر دو درخت ہوں تو وہ شکل، جسامت، رنگ، عمر اور محلِ وقوع میں ایک دوسرے سے مختلف ہوں گے۔ اگرچہ ان کی کچھ جسمانی خصوصیات ملتی جلتی ہوں لیکن کم از کم ایک چیز ایسی ہوگی جو ہمیں ان دونوں میں فرق کرنے میں مدد دے گی کہ در اصل دو درخت ہیں۔ اس میں ان کی جگہ یا مقام شامل ہو سکتا ہے۔ آپ یہ جڑواں بچوں پر بھی لا گو کر سکتے ہیں: ہم جانتے ہیں کہ دو لوگ ہیں کیونکہ کوئی چیز ان کے درمیان فرق کرتی ہے۔ یہ صرف اتنا بھی ہو سکتا ہے کہ وہ

دونوں ایک ہی وقت میں ایک ہی جگہ پر نہیں ہوسکتے۔

اسی طرح اگر ایک سے زیادہ خالق ہوتے تو ان کے مابین فرق کرنے کے لیے بھی کوئی پیمانہ لازماً ہونا چاہئے۔ تاہم اگر وہ تمام ممکنہ صورتوں میں یکساں ہوں، تو پھر ہم کیسے کہہ سکتے ہیں کہ دو ہیں؟ فرض کیجئے کہ دو چیزیں ہیں 'الف' اور 'ب'۔ اگر وہ ہر طرح سے ایک جیسی ہوں اور کوئی اور چیز ان کے مابین فرق کرنے والی نہ ہو تو پھر وہ ایک ہی چیز ہیں۔ اگر 'ب' کے لیے بھی وہ سب کچھ درست ہوں جو 'الف' کے لیے درست ہو تو پھر 'الف' اور 'ب' ایک ہی چیز ہوگی۔

اب آئیے اس کا اطلاق خالق پر کرتے ہیں۔ تصور کیجئے کہ دو خالق موجود ہیں جنہیں خالق 'الف' اور خالق 'ب' کہا جاتا ہو؛ اور یہ کہ جو کچھ خالق 'الف' کے بارے میں درست طور پر کہا جا سکتا ہے وہ خالق 'ب' کے لیے بھی سوفی صد درست ہو۔ مثال کے طور پر، خالق 'الف' مکمل طاقتور اور پرحکمت ہے۔ اسی طرح، 'ب' مکمل طاقتور اور پرحکمت ہے۔ تو حقیقت میں کتنے خالق ہیں؟ صرف ایک! کیونکہ ان میں کوئی چیز فرق کرنے والی نہیں۔ اگر کوئی یہ کہے کہ وہ مختلف ہیں تو پھر وہ کسی دوسرے خالق کی وضاحت نہیں کر رہا ہوگا بلکہ کسی ایسی چیز کو خالق سمجھ رہا ہوگا کہ جو مخلوق ہے، کیونکہ یہ فرق اس کو خالق کے لائق صفات سے محروم کر دے گا۔

اگر کوئی ڈھٹائی سے کہے کہ دو خالق ہو سکتے ہیں، اور وہ دونوں ایک دوسرے سے مختلف ہو سکتے ہیں، تو پھر سادہ سا سوال یہ ہے کہ ''وہ کس طرح مختلف ہیں؟'' اگر وہ اس سوال کا جواب دینے کی کوشش کرے، تو وہ لاعلمی سے دلیل (arguing from ignorance) کا شکار ہو جاتا ہے کیونکہ اسے اپنے دعوے کے ثبوت کے لیے ثبوت گھڑنے پڑ جائیں گے۔

اوکم کا اُسترا (Occam's Razor)

اوپر کی بحث کے تناظر میں ہمیں کچھ نامعقول اور ضدی لوگ ملتے ہیں جو جواب تک متعدد خالقوں یا اسباب کا عقیدہ پیش کرتے ہیں۔ اوکم کے اُسترے کی روشنی میں یہ کوئی معقول دلیل نہیں۔ اوکم کا استرا ایک فلسفیانہ اصول ہے جو 14 ویں صدی عیسوی کے منطق دان اور فرانسسکی راہب، ولیم آف اوکم سے منسوب کیا جاتا ہے۔ اس اصول کی تاکید یہ ہے کہ

Pluralitas non est ponenda sine necessitate

یعنی: ''کثرت بلاضرورت قائم نہ کی جائے۔''

(Plurality should not be posited without necessity)

اس صورت میں ہمارے پاس کوئی ثبوت نہیں کہ کائنات کے خالق اصل میں دو، تین یا بہت سارے خالق ہوں، لہٰذا سادہ ترین وضاحت یہ ہے کہ خالق ایک ہی ہے۔ زیادہ خالقوں کی تجویز سے وضاحت مفصل نہیں ہو جاتی۔ بالفاظِ دیگر، مزید خالقوں کا اضافہ کرنے سے مؤقف کی وضاحتی قوت میں کوئی اضافہ نہیں ہوتا۔ یہ دعویٰ کہ ایک کلی طور پر طاقت ور خالق نے یہ کائنات تخلیق کی، اس دعوے سے زیادہ آسان اور سادہ ہے کہ دو طاقتور خالقوں نے اسے پیدا کیا۔ ایک ہی خالق کا ہونا کافی ہے کیونکہ وہ کلی طور پر طاقتور ہے۔ میں تو کہوں گا کہ متعدد خالقوں کا تصور پیش کرنے سے درحقیقت وضاحتی قوت اور دائرہ کار کو گھٹا دیا ہے: یہ جتنے مسائل حل کرتا ہے، اس سے کہیں زیادہ مسائل پیدا کرتا ہے۔ مثال کے طور پر، مندرجہ ذیل سوالات اس قسم کے شرک کی ناموزونیت کو آشکار کرتے ہیں: ''''کتنی ابدی ہستیاں بیک وقت وجود رکھتی ہیں؟'' ''متضاد ارادوں کے پیدا ہونے کے امکانات کس قدر ہیں؟'' ''وہ باہم تعامل کس طرح کرتے ہیں؟''''

اس پر ایک عمومی اعتراض یہ کیا جاتا ہے کہ اگر ہم اس اصول کو اہرامِ مصر پر لاگو کر دیں، تو ہم گمراہ کن طور پر اس نظریے کو اختیار کر بیٹھیں گے کہ انہیں ایک ہی شخص نے تعمیر کیا تھا، کیونکہ یہ سب سے سادہ وضاحت معلوم ہوتی ہے۔ یہ اس اصول کا غلط استعمال ہے کیونکہ یہ وضاحت سے متعلق اصل نکتے کو نظر انداز کرتا ہے۔ یہ خیال کہ اہرام ایک ہی شخص نے تعمیر کئے تھے، یہ کسی بھی لحاظ سے سادہ ترین اور واضح ترین وضاحت نہیں، کیونکہ یہ اتنے مسائل حل نہیں کرتا جتنے پیدا کرتا ہے۔ مثال کے طور پر، کیسے ممکن ہے کہ یہ سارے اہرام ایک ہی آدمی نے تعمیر کر ڈالے ہوں؟ یہ کہنا کہیں زیادہ واضح ہے کہ ان کی تعمیر میں بہت سے لوگوں نے حصہ ڈالا۔ اس پر قیاس کرتے ہوئے یہ لوگ کہتے ہیں کہ کائنات ان اہرام سے کہیں زیادہ پیچیدہ ہے اور اس لئے اس کی تخلیق میں زیادہ اسباب یا خالقوں کا نظریہ زیادہ معقول ہے۔ یہ جواب اگرچہ بظاہر معقول ہے لیکن بے محل ہے۔ ایک کلی طور پر طاقت ور اور با اختیار ہستی کا ساری کائنات کی اکیلے تخلیق فرمانا ہی سب سے زیادہ معقول اور واضح بات ہے، کیونکہ خالقوں کی کثرت سے کئی ایسے سوالات جنم لیتے ہیں جن کا جواب دینا ممکن نہیں رہتا۔ تاہم معترض اپنی بات جاری رکھتے ہوئے یہ کہہ سکتا ہے کہ یہ کوئی

ایک عام شخص نہیں تھا جس نے اہرام بنائے، بلکہ یہ ایک کلی طاقت ور خالق تھا جس نے بنائے۔ اس دلیل کا مسئلہ یہ ہے کہ کائنات کے اندر کوئی چیز بھی کلی طور پر طاقت ور اور با اختیار نہیں۔ چونکہ اہرام انسانی تعمیراتی شاہکار ہیں اور عمارتیں کسی مؤثر سبب سے بنتی ہیں (ایک شخص یا کئی لوگ جو کام کرتے ہیں)، چنانچہ اہرام ایسے کسی سبب سے ہی بنے ہیں۔ یہاں سے ہم واپس اصل نکتے تک پہنچ جاتے ہیں کہ اہرام کی تعمیر کے لیے ایک سے زیادہ افراد یا اسباب کی ضرورت ہے۔

تعریف سے دلیل

عقل اس بات کو لازم قرار دیتی ہے کہ اگر ایک سے زیادہ خالق ہوتے تو، کائنات فساد کی لپیٹ میں ہوتی۔ کائنات میں وہ ترتیب اور نظم و نسق بھی مفقود ہوتا جو آج ہم اس میں پاتے ہیں۔ قرآنِ حکیم بھی یہی بات کہتا ہے: لَوْ كَانَ فِيهِمَا آلِهَةٌ إِلَّا اللَّهُ لَفَسَدَتَا فَسُبْحَانَ اللَّهِ رَبِّ الْعَرْشِ عَمَّا يَصِفُونَ۔ ''اگر آسمان و زمین میں اللہ کے سوا کوئی اور معبود ہوتے تو یہ دونوں درہم برہم ہو جاتے۔ پس اللہ عرش کا رب ان اوصاف سے پاک ہے جو یہ مشرک بیان کرتے ہیں۔''288 (سورۃ الانبیاء، آیت 22)

تفسیر الجلالین اس آیت کی شرح میں کہتی ہے: ''آسمان اور زمین اپنی معمول کا نظم و نسق کھو دیتے کیونکہ ایسی صورت میں لازماً اندرونی خلفشار اور نا اتفاقی ہوتی، جیسے کہ عام طور پر ہوتا ہے جب متعدد حکمران ہوتے ہیں؛ وہ اکثر معاملات میں ایک دوسرے سے اختلاف کرتے ہیں اور ہمیشہ ایک دوسرے سے اتفاق نہیں کرتے''289۔

تاہم، کوئی یہ کہہ سکتا ہے کہ چونکہ آپ کی کار ایک سے زیادہ افراد نے بنائی — کسی نے پہیے جوڑے، کسی دوسرے نے انجن کو درست طور پر جوڑ دیا، اور دوسرے نے کمپیوٹر کا نظام انسٹال کیا — تو ہو سکتا ہے کہ کائنات بھی اسی طرح بنائی گئی ہو۔ یہ مثال یہ ظاہر کرتی ہے کہ ایک پیچیدہ نظام کی تخلیق میں ایک سے زیادہ خالق شامل ہو سکتے ہیں۔

اس اعتراض کا جواب دینے کے لیے جو بات سمجھ میں آتی ہے وہ یہ ہے: جیسا کہ گزشتہ ابواب میں بیان ہو چکا ہے، کائنات کی تخلیق کامیابی سے عمل میں آنے کے لیے ایک پروردگار کا تصور ضروری ہے نہ کہ صرف کسی ایک خالق کا۔ متعدد خالقوں کا کوئی مجرد تصور تو ممکن ہے، جیسا کہ

کاروالی مثال سے ظاہر ہے، لیکن یہ کسی طرح ممکن نہیں کہ ایک سے زیادہ پروردگار رہوں۔ یہ اس لئے کہ اللہ، اپنی تعریف ہی کے اعتبار سے وہ ہستی ہے جو ایسے ارادے کا مالک ہے جو اپنا کلی تسلط چاہتا ہے اور جسے کوئی بیرونی چیز روک نہیں سکتی۔ اگر دو یا زیادہ خدا ہوتے تو ارادوں کے مابین مقابلہ ہوتا جس سے لازمی نتیجہ نکلتا کہ ہر جانب تباہی و بربادی ہوتی۔ جس کائنات کا ہم مشاہدہ کرتے ہیں، وہ منطقی قوانین اور ترتیب سے چلتی ہے؛ چنانچہ یہ بات سمجھ میں آتی ہے کہ یہ کسی ایک با اختیار ارادے کا نتیجہ ہے۔ دلچسپ بات یہ ہے کہ اوپر کا اعتراض دراصل وحدانیتِ خداوندی کی تائید کرتا ہے۔ کار کو درست طور پر کام کرنے کے لیے ان مختلف لوگوں کو، جو اس کے بنانے میں شامل ہوں، ترتیب دینے والے انجینئر کے ارادے اور منصوبے کے آگے سر تسلیم خم کرنا ہوگا۔ انجینئر کے بنائے ہوئے نقشے نے بنانے والے دیگر افراد کے ارادوں کو محدود کر دیا۔ چونکہ اللہ، اپنی تعریف کے اعتبار سے ایسی ہستی ہے جس کے ارادے کو باہر کی کوئی چیز محدود نہ کر سکے، اس لئے لازم آتا ہے کہ ایک سے زیادہ ارادے نہیں ہو سکتے۔

تا ہم کوئی کہہ سکتا ہے کہ کئی سارے خدا ایک ہی ارادے پر عمل کرنے پر راضی ہو سکتے ہیں یا ان میں سے ہر ایک کا اپنا دائرہ کار ہو سکتا ہے۔ اس کا مطلب یہ ہوگا کہ ان کے ارادے محدود اور غیر فعال ہیں، جس کا مطلب یہ نکلے گا کہ وہ تعریف ہی کے اعتبار سے خدا نہیں رہیں گے۔

بارہویں صدی عیسوی کے مسلم مفکر اور فلسفی ابن رشد جنہیں مغرب میں ''ایویروس'' کہا جاتا ہے، اس بات کو یوں بیان کرتے ہیں:

''آیت کا مفہوم، فطرت کی طرف سے (انسان کی) جبلت میں پیوستہ ہے۔ یہ تو سامنے کی بات ہے کہ اگر دو بادشاہ ہیں، ان میں سے ہر ایک کے اعمال دوسرے کے اعمال کی پوری مطابقت میں ہوں، پھر بھی (ان کے لیے) ایک ہی شہر کا انتظام چلانا ممکن نہیں ہوگا، کیونکہ دو ملتے جلتے با اختیار افراد سے ایک ہی طرح کے کام ہی سرزد ہوتے نہیں رہتے۔ چنانچہ یہ لازم آتا ہے کہ اگر وہ دونوں ایک ساتھ اپنے اپنے کام کرنے لگ جائیں تو شہر غارت ہو جائے، سوائے اس کے کہ ان میں سے ایک کام کرے جبکہ دوسرا عمل گزاری سے باز رہے؛ اور یہ خدائی صفات سے مطابقت نہیں رکھتا۔ جب ایک ہی طرح کے دو کام ایک ہی مادے پر مرتکز ہو جائیں، تو وہ مادہ لازماً

خراب ہوجاتا ہے۔،، 290

وحی سے دلیل

اللہ تعالیٰ کی وحدانیت کی دلیل دینے کا ایک آسان تر طریقہ وحی سے حاصل ہونے والی معلومات کا حوالہ دینا ہے۔ یہ دلیل یوں ہے کہ اگر اللہ تعالیٰ نے انسانیت کے سامنے اپنی ذات کا اعلان کیا ہے، اور اس وحی کا من جانب اللہ ہونا ثابت کیا جائے، تو پھر جو کچھ وہ اپنے بارے میں کہتا ہے وہ درست ہے۔ تاہم کوئی متشکک اس دلیل کے پیچھے کارفرما کچھ مفروضوں پر سوال اٹھا سکتا ہے۔ ان سوالات میں ''اللہ کا اپنے بارے میں انسانیت کو آگاہ فرمانا'' اور ''وحی ایک کتاب کی شکل میں ہے'' شامل ہیں۔

پہلا مفروضہ کہتا ہے کہ اگر اللہ تعالیٰ نے انسانیت کو اپنے بارے میں آگاہ کیا ہے، تو پھر اس کے بارے میں جاننے کے دو ہی ممکنہ راستے ہیں: اندرونی اور بیرونی طور پر۔ 'اندرونی' سے میری مراد یہ ہے کہ آپ خدا کو صرف اپنے آپ میں غور و فکر کے ذریعے تلاش کر سکتے ہیں اور 'بیرونی طور پر' سے مراد یہ ہے کہ آپ اپنی ذات سے باہر کی دنیا سے رابطہ قائم کرتے ہوئے اللہ کو جان سکتے ہیں، یعنی یہ حقیقی دنیا میں پیوستہ ہے۔ اندرونی طور پر خدا کی تلاش مندرجہ ذیل وجوہ کی بنا پر غیر معقول ہے:

- انسان مختلف ہیں؛ ان میں نفسیات دانوں کے بقول ''انفرادی اختلافات'' ہیں۔ ان میں ڈی این اے، تجربات، معاشرتی ماحول، ذہنی اور جذباتی صلاحیتیں، جنسی اختلافات اور بہت کچھ شامل ہیں۔ یہ اختلافات، خود فکری یا وجدان کے ذریعے، داخلی غور و فکر کی ہماری صلاحیت میں اہم کردار ادا کرتے ہیں۔ چنانچہ سوچ کے نتائج مختلف ہوں گے۔ اگر خدا کی تلاش میں محض یہی طریقہ اپنایا جائے، تو ناگزیر طور پر اس کے بارے میں ہمارے تصورات میں فرق واقع ہوگا۔ یہ تاریخی اعتبار سے درست بات ہے۔ 6000 قبل مسیح سے آج تک خدا کے تقریباً 3700 مختلف ناموں اور تصورات کا ریکارڈ ملتا ہے۔

- چونکہ خدا کے وجود کے نتیجے تک پہنچنے کا طریقہ 'فہم عامہ' ہے (جسے فلسفی 'منطقی طرزِ فکر' اور مسلم الٰہیاتی مفکرین 'جبلی سوچ' کہتے ہیں)، لہٰذا اس کے وجود پر ایمان لانے کے

بجائے اس کی تلاش میں لگ جانا کہ ''خدا کون ہے؟'' ایک منطقی غلطی ہوگی۔ ہماری سوچ اور فکر کی حدود ہیں۔ مادی دنیا پر مجرد غور و فکر سے ہم اس نتیجے تک پہنچ سکتے ہیں کہ ایک خالق کا وجود ہے اور وہ طاقتور اور سب کچھ جاننے والا ہے وغیرہ۔ ان نتائج سے ماوراء جانے کی کوشش کرنا خیالی، قیاسی اور فرضی ہوگا۔ قرآن حکیم سوال کرتا ہے، أَتَقُولُونَ عَلَى اللَّهِ مَا لَا تَعْلَمُونَ۔ ''بھلا تم اللہ کی نسبت ایسی بات کیوں کہتے ہو جس کا تمہیں علم نہیں؟'' 291 (سورۃ الاعراف، آیت 28) داخلی فکر کے ذریعے خدا کو جاننے کی کوشش کرنا ایسا ہی ہوگا جیسے کوئی چوہا کہکشاں کو سمجھنے کی کوشش کر رہا ہو۔ انسان ابدی، منفرد اور طاقت کلی کا مالک نہیں، لہٰذا وہ خدا کے بارے میں زیادہ تفصیل نہیں جان سکتا۔ خدا کو بیرونی وحی کے ذریعے پہچاننا ہوگا۔

درج ذیل مثال پر غور کیجئے۔ خدا کے وجود کے بارے میں آپ کا علم کسی دروازے کو کھٹکھٹانے کی طرح ہے؛ آپ آسانی سے فرض کر سکتے ہیں کہ اندر کوئی ہوگا۔ لیکن آپ یہ نہیں جان سکتے کہ اندر کون ہوگا اور کیسی طبیعت کا مالک ہوگا۔ لہٰذا آپ صرف اسی طرح جان سکتے ہیں کہ اندر موجود آدمی آپ کو اپنے بارے میں خود بتائے۔ چنانچہ آپ اس نتیجے تک پہنچ سکتے ہیں کہ اگر اللہ تعالیٰ نے اپنے بارے میں کوئی علم دیا، یا کوئی اعلان کیا ہے تو یہ انسان کے نفس سے باہر کی چیز ہوگی۔ اس کے علاوہ جو کچھ بھی ہوگا وہ محض اندازہ ہوگا۔

اسلامی نقطۂ نظر سے قرآن حکیم اس بیرونی رابطے کا محفوظ ترین اور یقینی ذریعہ ہے (دیکھئے باب نمبر 13)، کیونکہ یہ وہ واحد کلام ہے جو یہ دعویٰ کرتا ہے کہ یہ منزل من اللہ ہے اور یہی وہ متن ہے جو الٰہی متن ہونے کے معیار پر پورا اترتا ہے۔ ان معیارات میں شامل ہیں:

- یہ کتاب اللہ کے وجود کے عقلی اور وجدانی نتائج سے مطابقت رکھتی ہو۔ مثال کے طور پر اگر کوئی کتاب یہ کہتی ہے کہ خدا چالیس ٹانگوں والا ایک ہاتھی ہے، تو آپ آسانی سے یہ فرض کر سکتے ہیں کہ یہ کتاب خداوند عالم کی طرف سے نہیں، کیونکہ خدا کو کائنات سے ماوراء اور خود مختار ہونا چاہئے۔ ایک ہاتھی، بلا لحاظ اپنی ہیئت و صورت کے، ایک مجبور چیز ہی ہے۔ یہ اس لئے کیونکہ اس کی محدود مادی خصوصیات ہیں جیسے کہ جسامت، شکل اور رنگ۔ ایسی تمام چیزیں جن کی محدود جسمانی خصوصیات ہوں، وہ سب مجبور ہیں؛ کیونکہ یہ

ایسے بیرونی امور ہیں جو ان کی محدودیت کو تشکیل دیتے ہیں۔ خدا کوئی ''مادی'' ہستی نہیں اور بے نیاز ہے، چنانچہ کوئی بھی چیز جس کی محدود جسمانی خصوصیات ہوں، وہ خدا نہیں ہو سکتی (دیکھئے باب نمبر 6)۔

● اس کتاب کے لیے لازم ہے کہ وہ داخلی اور خارجی طور پر یکسانیت کی حامل ہو۔ بہ الفاظِ دیگر، اگر وہ کتاب صفحہ نمبر 20 پر کہتی ہو کہ خدا ایک ہے اور پھر صفحہ نمبر 340 پر کہے کہ خدا تین ہیں، تو یہ داخلی طور پر نا قابل موافقت بات ہو گی جسے کسی طرح سے تطبیق نہ دی جا سکے گی۔ مزید برآں، اگر وہ کتاب کہے کہ کائنات کی عمر صرف 6000 سال ہے تو یہ خارجی طور پر نا قابل موافقت بات ہو گی کیونکہ حقیقت اپنے آپ کو ہم پر آشکار کرتی ہے اور ہم جانتے ہیں کہ کائنات اس سے زیادہ عمر کی ہے (تاہم حقیقت کے بارے میں ہمارے فہم میں تغیر اور تبدیلی واقع ہو سکتی ہے۔ دیکھئے باب 12)

● لازم ہے کہ اس کتاب میں ماورائے ادراک نشانیاں ہوں۔ اس وحی میں لازماً ایسا مواد ہو جو یہ ظاہر کرتا ہو کہ یہ خدا کی طرف سے ہے اور یہ کہ اس کی وضاحت، فطرت پرستی کے ذریعے سے مناسب طور پر نہ کی جا سکتی ہو۔ سادہ الفاظ میں، اس میں ایسے ثبوت ضرور ہونے چاہئیں کہ یہ کہا جا سکے کہ یہ خدا کی طرف سے ہے۔

قرآن میں ایسی واضح نشانیاں ہیں جو یہ ظاہر کرتی ہیں کہ یہ کلامِ الٰہی ہے۔ اس کی فراہم کردہ معلومات کی وضاحت ٹھیٹھ فطرت پرستانہ نقطہ نظر سے نہیں کی جا سکتی؛ چنانچہ مافوق الفطرت وضاحتیں ہی بہترین وضاحت فراہم کرتی ہیں۔ ان میں سے کچھ نشانیاں یہ ہیں:

● قرآن کی لغوی و ادبی انفرادیت (دیکھئے باب نمبر 13)۔

● قرآن میں موجود تاریخی واقعات، جو اس کے نزول کے وقت، انسان کے علم میں نہیں آ سکتے تھے۔

● اس کی منفرد ترتیب اور خاکہ بندی۔ [292]

الغرض، چونکہ صرف وحی وہ واحد خارجی راستہ ہے جس کے ذریعے ہم یہ جان سکتے ہیں کہ اللہ تعالیٰ نے اپنے بارے میں کیا کہا ہے اور اس وحی کو بصورتِ قرآن، ثابت کیا جا سکتا ہے—اس لئے قرآن جو اللہ کے بارے میں کہتا ہے، وہ یقیناً درست ہے۔ قرآن حکیم اللہ تعالیٰ کی وحدانیت

سے متعلق بالکل واضح ہے:

وَلَا تُجَادِلُوا أَهْلَ الْكِتَابِ إِلَّا بِالَّتِي هِيَ أَحْسَنُ إِلَّا الَّذِينَ ظَلَمُوا مِنْهُمْ وَقُولُوا آمَنَّا بِالَّذِي أُنْزِلَ إِلَيْنَا وَأُنْزِلَ إِلَيْكُمْ وَإِلَهُنَا وَإِلَهُكُمْ وَاحِدٌ وَنَحْنُ لَهُ مُسْلِمُونَ ۰

''اور اہلِ کتاب سے جھگڑا نہ کرو مگر ایسے طریق سے کہ نہایت اچھا ہو۔ ہاں جو اُن میں سے بے انصافی کریں (اُن کے ساتھ اُسی طرح مجادلہ کرو) اور کہہ دو کہ جو (کتاب) ہم پر اُتری اور جو (کتابیں) تم پر اُتریں ہم سب پر ایمان رکھتے ہیں اور ہمارا اور تمہارا معبود ایک ہی ہے اور ہم اُسی کے فرمانبردار (مسلمان) ہیں۔''[293] (سورۃ العنکبوت، آیت 46)

یہ کچھ دلائل ہیں جن سے یہ ظاہر ہوتا ہے کہ اللہ ایک ہے؛ اور جب ایک مرتبہ یہ موضوع اچھی طرح ذہن نشین ہو جاتا ہے، تو انسانی شعور پر کچھ گہرے اثرات نقش کرتا ہے۔ اگر ہمیں ایک خالق نے پیدا کیا ہے اور وہی ہمیں رزق دیتا ہے، تو اس سے یہ لازم آتا ہے کہ ہم ہر چیز کو اس کی وحدانیت کے نقطہ نظر سے دیکھیں۔ اپنے منتشر اور بکھرے ہوئے مجرد نقطہ نظر سے نہ دیکھیں۔ ہم سب ایک انسانی خاندان کے افراد ہیں، اور اگر ہم سب اسی ذہن سے سوچنے لگیں تو اس سے ہمارے معاشرے پر گہرے مثبت اثرات مرتب ہوتے ہیں۔ اگر ہم ایک اللہ پر ایمان رکھتے اور اسی سے محبت کرتے ہیں، تو پھر ہمیں اس کی مخلوق کے ساتھ محبت اور رحمت سے پیش آنا چاہئے۔ بالکل اسی طرح جس طرح نبی اکرم ﷺ نے فرمایا:

عَنْ عَبْدِ اللهِ بْنِ عَمْرٍو قَالَ قَالَ رَسُولُ اللهِ صَلَّى اللهُ عَلَيْهِ وَسَلَّمَ الرَّاحِمُونَ يَرْحَمُهُمُ الرَّحْمَنُ ارْحَمُوا مَنْ فِي الْأَرْضِ يَرْحَمْكُمْ مَنْ فِي السَّمَاءِ۔

''عبداللہ بن عمرؓ کہتے ہیں کہ رسول اللہ ﷺ نے فرمایا: رحم کرنے والوں پر رحمٰن رحم کرتا ہے، تم لوگ زمین والوں پر رحم کرو، تم پر آسمان والا رحم کرے گا۔''[294] (بحوالہ: جامع ترمذی)

کیا اللہ تعالیٰ واقعی مہربان ہے؟

مسئلہ شر و اَلم اور اسلامی تعلیمات

’’بچپن میں مجھے دادا ابو کی شراب پینے کی کوشش کرنے پر والدین کی طرف سے بہت ڈانٹ پڑتی تھی۔ آپ تصور کر سکتے ہیں کہ ایک تیز اور متجسس بچہ اپنے دادا کو اس گاڑھے، سنہری، لطیف ریشمی جام کی چسکیاں لیتے ہوئے محوِ نظارہ ہو۔ مجھے بھی کچھ طلب ہوئی! تاہم جب میں نظر بچا کر اس مرغوب مشروب کی جانب بڑھتا، میں بڑی مشکل میں پھنس جاتا۔ مجھے اس کی وجہ کبھی سمجھ نہ آتی۔ یوں میرے ذہن میں اپنے والدین کے خلاف منفی خیالات گردش کرتے رہے۔

بہت سال بعد اب مجھے معلوم ہوتا ہے کہ وہ مجھے دادا کی شراب پینے کیوں نہیں دیتے تھے؛ یہ میرے لئے زہر ثابت ہو سکتا تھا۔ 40 فیصدی شراب کا محلول میرے ناتواں جگر کے لیے خوشگوار نہ ہوتا۔ تاہم جب میں چھوٹا تھا تو مجھے اتنی دانائی حاصل نہ تھی کہ میں اپنے والدین کے فیصلے کی بنیاد کو سمجھ لیتا، چنانچہ میرا خیال تھا کہ ان کے متعلق میرے منفی خیالات بجا ہیں۔‘‘

یہ خدا کی طرف ملحد کے رویّے کا (تمثیلی) خلاصہ ہے، جب وہ دنیا میں شرّ والم کے مسئلے کو سمجھنے کی کوشش کر رہا ہوتا ہے۔ اوپر کی کہانی سے لوگوں کے مصائب والام کا مذاق اُڑانا مقصود نہیں۔ انسان ہونے کے ناتے ہمیں غمگسار ہونا چاہئے اور لوگوں کی مشکلات کو دور کرنے کی کوشش کرنی چاہئے۔ تاہم یہ مثال ایک فکری نقطۂ نظر کو اجاگر کرنے کے لیے بیان کی گئی ہے۔ انسانی و حیوانی ہمدردی کے حقیقی اور بجا احساس کے سبب، بہت سے ملحد یہ استدلال کرتے ہیں کہ ایک قادر و رحمٰن [295] خدا کا وجود دنیا میں شرّ والم کے وجود سے مطابقت نہیں رکھتا۔ اگر وہ "الرحمٰن" ہے، تو اس کی خواہش ہوگی کہ دنیا میں شرّ والم کا خاتمہ ہو جائے، اور اگر وہ قادرِ مطلق ہے تو یہ خاتمہ اس کے اختیار میں ہونا چاہئے۔ مگر چونکہ شرّ والم دنیا میں موجود ہیں، اس کا لازمی نتیجہ ہے کہ یا تو اس کی رحمت کامل نہیں، یا اس کی قدرت مطلق نہیں، یا پھر دونوں ہی باتیں نہیں۔ [296]

مسئلہ شرّ والم کا یہ استدلال نہایت کمزور ہے کیونکہ اس کی بنیاد دو بڑے غلط مفروضوں پر ہے۔ پہلا مفروضہ خدا کی ماہیّت سے متعلق ہے۔ یہ خدا کے قادرِ مطلق اور رحیم کامل ہونے پر استدلال کرتا ہے اور اس طرح خدا کی ان دو صفات کو الگ کر کے دوسری تمام صفات کو نظر انداز کر دیتا ہیں جنہیں قرآنِ پاک میں بیان فرمایا گیا ہے۔ دوسرا مفروضہ یہ ہے کہ خدا نے ہمیں شرّ والم کے وجود کی کسی معقول وجہ سے مطلع نہیں فرمایا۔ [297] یہ الزام نہیں۔ اسلامی روایات ہمیں بہت سی وجوہ سے مطلع کرتی ہیں جن کے لیے خدا نے شرّ والم کے وجود کی اجازت دے رکھی ہے۔ مندرجہ ذیل سطور میں ان دونوں مفروضوں سے متعلق بات کی جائے گی۔

کیا اللہ تعالیٰ صرف 'رحیم کامل' اور 'قادرِ مطلق' ہے؟

قرآن کے مطابق، اللہ تعالیٰ القدیر یعنی قادرِ مطلق اور الرحمٰن یعنی کامل رحمت والا ہے۔ اسلام انسانوں سے مطالبہ کرتا ہے کہ وہ ایک قادر، رحمت و خیر سے بھرپور خدا پر ایمان لائیں۔ مگر ملحد اسلام کے خدا سے متعلق اس جامع تصور کو نہایت غلط انداز میں پیش کرتے ہیں۔ خدا محض قادرِ مطلق اور رحیم کامل ہی نہیں بلکہ اس کے اور بھی بہت سے اسماء وصفات ہیں۔ کلی طور پر ان اوصاف کو بذریعہ وحدانیتِ خدا ہی سمجھا جا سکتا ہے۔ مثلاً اللہ کے ناموں میں سے ایک الحکیم ہے یعنی حکمت کامل رکھنے والا۔ چونکہ حکمت، اللہ کی ذات کا جزوِ لاینفک ہے لہٰذا اس

کے تمام ارادے حکمتِ ربانی کے مطابق ہوتے ہیں۔ جب کسی چیز کی تشریح، اس میں مضمر حکمتِ ربانی سے کی جاتی ہے تو اس کے وجود کے لیے کوئی معقول وجہ کا ہونا ناگزیر ہے۔ یوں ملحدین، خدا کو صرف دو صفات تک محدود کر دیتے ہیں اور اپنے حق میں ایک جھوٹا گواہ کھڑا کرنے کی کوشش کرتے ہیں، کیونکہ وہ اسلام کے تصورِ الٰہ کو بگاڑ کر پیش کرتے ہیں۔

''نوجوان ملحد کی دستی کتاب'' (The Young Atheist's Handbook) کا مصنف ایلوم شاہا، خدائی حکمت کے ذریعے دنیا میں شرّ والم کے وجود کی توجیہ کو ایک ''عقلی حیلہ'' گردانتے ہوئے لکھتا ہے:

''مسئلۂ شرّ، عام معتقدین کی اکثریت کو واقعتاً لا جواب کر دیتا ہے۔ میرے تجربے میں، ان کا جواب عموماً ان خطوط پر ہوتا ہے، 'خدا پُراَسرار طریقوں سے کام کرتا ہے۔' کبھی وہ کہتے ہیں، 'رنج والم ہماری آزمائش کا خدائی طریقہ ہے' جس کا واضح جواب یہ ہے کہ 'خدا کو اس طریقۂ شر سے ہی ہماری آزمائش کیوں مقصود تھی؟' جس کا جواب ہوتا ہے: 'خدا پراسرار طریقوں سے کام کرتا ہے۔' آپ سمجھ تو گئے ہوں گے۔''[298]

ایلوم بھی باقی ملحدین کی طرح ''مغالطہ بوجہ جہالت'' (Argumentum ad ignorantum) کا شکار ہے۔ خدائی حکمت تک تمہاری رسائی نہ ہونے کا مطلب ہرگز یہ نہیں کہ اس حکمت کا وجود ہی نہیں۔ یہ ایک بچکانہ استدلال ہے۔ بہت سے بچوں کو ان کے والدین ان کی کسی طلب پر ڈانٹ دیتے ہیں، مثلاً بہت زیادہ مٹھائی کھانے پر۔ بچے عام طور پر رو پڑتے ہیں اور چیختے چلاتے ہیں کیونکہ ان کی دانست میں ان کے ماں باپ ان پر زیادتی کر رہے ہوتے ہیں، لیکن بچے کی رسائی اس اساسی حکمت تک نہیں ہوتی۔ (کہانی کے الفاظ یاد کیجیے: ''جب میں بچہ تھا، میرے والدین مجھے اپنے دادا کی شراب پینے کی کوشش کرنے پر ہمیشہ ڈانٹ دیتے تھے۔'') علاوہ ازیں، یہ دعویٰ خدا کی ذات کی ایک غلط تعریف پر مبنی ہے۔ چونکہ خدا ایک ماوراء، عالمِ کل اور حکیم ہستی ہے، اس کا منطقی نتیجہ یہ ہے کہ محدود انسان، خدائی حکمت کا احاطہ نہیں کر سکتے۔ محض یہ بھی کہنا کہ ہم خدا کی حکمت کو مکمل سمجھ سکتے ہیں، خدائی صفات کا دعویٰ کرنے کے مترادف ہے اور یہ بات خدا کی ماورائیت کے برخلاف ہے یا یہ نتیجہ برآمد کرتی ہے کہ خدا بھی انسانوں کی طرح محدود ہے۔ یہ استدلال کسی بھی ایمان والے کو متاثر نہیں کرتا، کیونکہ کوئی بھی مسلمان اس

طرح کے تخلیق شدہ محدود خدا پر ایمان نہیں رکھتا۔ مزید برآں، خدائی حکمت کی طرف رجوع کرنا ہرگز کوئی عقلی حیلہ نہیں کیونکہ یہ کسی پراسرار نامعلوم شئے کی طرف رجوع نہیں بلکہ یہ استدلال خدا کی صفاتِ عالی کو صحیح معنوں میں سمجھتے ہوئے، منطقی نتیجے تک پہنچنے کا عمل ہے۔ جیسے کہ میں ذکر کر چکا ہوں، اللہ کے پاس مکمل تصویر ہے اور ہمارے پاس صرف اس کا ایک جزو۔

جیسا کہ باب نمبر 1 میں گزرا ہے، مسئلہ شرِ عالم ایک ذہنی تعصب کو آشکار کرتا ہے جسے ''انانیت'' (egocentrism) کہا جاتا ہے: ایسا شخص اپنے سوا کسی اور کے نقطۂ نگاہ سے کسی بھی مسئلے پر غور نہیں کر سکتا۔ کچھ ملحدین اسی ذہنی تعصب میں مبتلا ہوتے ہیں۔ وہ فرض کر لیتے ہیں کہ چونکہ دنیا میں شرِ عالم کی کوئی معقول تو جیہ ان کی سمجھ سے بالاتر ہے، چنانچہ باقی تمام لوگ، بشمول خدا، اسی مشکل سے دو چار ہوں گے۔ لہٰذا وہ خدا کے منکر ہو جاتے ہیں کیونکہ ان کے نزدیک خدا کی دنیا میں شرِ عالم کو پنپنے کی اجازت دینے کی کوئی وجہ نہیں۔ اور اگر خدا کے پاس کوئی معقول وجہ نہیں، تو خدا کی رحمت اور قدرت فقط وہم ہیں۔ پس خدا کے روایتی تصور کی نکیر ہو جاتی ہے؛ جبکہ اس طرح یہ ملحدین جو کچھ بھی کر پائے، وہ فقط یہ ہے کہ اپنے خود ساختہ نظریات کو خدا پر مسلط کر دیا۔ یہ ایسے ہی ہے جیسے کوئی اصرار کرے کہ خدا کو لازماً ویسا ہی سوچنا چاہئے جیسا کہ انسان سوچتے ہیں۔ یہ بات اس لئے ناممکن ہے کہ خدا اور انسانوں کا تقابل نہیں کیا جا سکتا کیونکہ خدا ماوراء ہستی ہے جو با تمام و کمال علم و حکمت رکھتا ہے۔ بندے کا خدا سے موازنہ نہ کرنا چیزوں کو مجموعی طور پر سمجھنے کی صلاحیت سے ان کی محرومی کو عیاں کرتا ہے۔

اس مقام پر شاید ملحد ردِ عمل میں مذکورہ بالا جواب کو اصل مسئلے سے کنی کترانے کا ایک ذہین طریقہ قرار دے۔ اگر ایک ایمان والا خدائی حکمت کا حوالہ دے سکتا ہے: یہ کہہ کر کہ اس کی حکمت اتنی عظیم ہے کہ اسے سمجھا نہیں جا سکتا، تو پھر ہم کسی بھی ''پراسرار'' چیز کی توجیح اسی حکمتِ ربانی سے کر سکتے ہیں۔ مجھے اس جواب سے کچھ ہمدردی ہے۔ تاہم مسئلہ شرِ عالم کے سیاق و سباق میں یہ ایک غلط دلیل ہے۔ یہ ملحد ہی ہیں جو اس معاملے میں خدا کی صفات سے استنباط شروع کرتے ہیں؛ یعنی اس کی قدرت اور رحمت سے۔ ان سے صرف یہ کہا جا رہا ہے کہ انہیں خدا کی دوسری صفات مثلاً حکمت کو بھی محلِ نظر رکھنا چاہئے، وگرنہ ان کا استدلال معتبر نہ ہوگا۔ اگر وہ خدائی حکمت کو شاملِ بحث کریں تو انہیں یہ ثابت کرنا ہوگا کہ حکمتِ ربانی شرِ عالم سے بھری دنیا سے کیونکر متصادم ہے۔

یہ ثابت کرنا ناممکن ہوگا کیونکہ ہماری عقلی اور عملی زندگی ایسی مثالوں سے بھری پڑی ہے جس میں ہم اپنی عقلی کمتری کو قبول کرتے ہیں۔ دوسرے لفظوں میں، ایسے بہت سے مواقع آتے ہیں جن میں ہمیں ایسی حکمت کا اقرار کرنا پڑتا ہے جو ہماری سمجھ سے بالاتر ہوتی ہے۔ ہم روزمرہ ایسی حقیقتوں کو تسلیم کرتے ہیں جو ہماری پہنچ سے بعید ہوتی ہیں۔

مثال کے طور پر، جب ہم کسی طبیب کے پاس جاتے ہیں، ہم طبیب کو ایک ماہر اور مختار تسلیم کر لیتے ہیں۔ ہم طبیب کی تشخیص پر اسی بنیاد پر بھروسا کرتے ہیں۔ ہم بلا کسی جھجک طبیب کی تجویز کردہ دوا بھی لے لیتے ہیں۔ یہ اور اس طرح کی اور بہت سی مثالیں یہ واضح طور پر ظاہر کرتی ہیں کہ خدا کی حکمت کی طرف اشارہ کرنا، مسئلے سے جان چھڑانا نہیں بلکہ یہ خدا کا درست تصور پیش کرنا اور خدا کو صرف دو صفات تک محدود کرنے سے اجتناب کرنا ہے۔ چونکہ وہ الحکیم ہے، اور اس کے نام اور صفات کامل مطلق ہیں، چنانچہ یہ لازم ہے کہ اس کے ہر عمل کے پیچھے حکمت کارفرما ہوتی ہو، قطع نظر اس کے کہ ہمیں اس حکمت کو سمجھ سکیں یا سمجھ نہ سکیں۔ ہم میں سے بہتوں کو نہیں معلوم کہ جراثیم (bacteria) کس طرح کام کرتے ہیں، لیکن محض ہماری ناسمجھی/لاعلمی کسی چیز کے وجود کی نفی نہیں کر دیتی۔

قرآن اس بات کو سمجھانے کے لیے نہایت دلچسپ واقعات اور قصے بیان کرتا ہے۔ موسیٰ علیہ السلام کی خضر علیہ السلام سے دورانِ سفر ملاقات کے قصے کو ہی لیجیے۔ موسیٰ علیہ السلام انہیں ایسی چیزیں کرتے دیکھتے ہیں جو بظاہر بہت ظالمانہ اور مضر ہوتی ہیں، لیکن سفر کے اختتام پر اس حکمت کو واضح کر دیا جاتا ہے، جسے سمجھنے سے موسیٰ علیہ السلام قاصر ہے:

فَوَجَدَا عَبْدًا مِّنْ عِبَادِنَا آتَيْنَاهُ رَحْمَةً مِّنْ عِنْدِنَا وَعَلَّمْنَاهُ مِنْ لَّدُنَّا عِلْمًا ٥ قَالَ لَهُ مُوسَىٰ هَلْ أَتَّبِعُكَ عَلَىٰ أَنْ تُعَلِّمَنِ مِمَّا عُلِّمْتَ رُشْدًا ٥ قَالَ إِنَّكَ لَنْ تَسْتَطِيعَ مَعِيَ صَبْرًا ٥ وَكَيْفَ تَصْبِرُ عَلَىٰ مَا لَمْ تُحِطْ بِهِ خُبْرًا ٥ قَالَ سَتَجِدُنِي إِنْ شَاءَ اللَّهُ صَابِرًا وَلَا أَعْصِي لَكَ أَمْرًا ٥ قَالَ فَإِنِ اتَّبَعْتَنِي فَلَا تَسْأَلْنِي عَنْ شَيْءٍ حَتَّىٰ أُحْدِثَ لَكَ مِنْهُ ذِكْرًا ٥ فَانْطَلَقَا حَتَّىٰ إِذَا رَكِبَا فِي السَّفِينَةِ خَرَقَهَا قَالَ أَخَرَقْتَهَا لِتُغْرِقَ أَهْلَهَا لَقَدْ جِئْتَ شَيْئًا إِمْرًا ٥ قَالَ أَلَمْ أَقُلْ إِنَّكَ

لَنْ تَسْتَطِيعَ مَعِيَ صَبْرًا 0 قَالَ لَا تُؤَاخِذْنِي بِمَا نَسِيْتُ وَلَا تُرْهِقْنِي مِنْ أَمْرِي عُسْرًا 0 فَانْطَلَقَا حَتّٰى إِذَا لَقِيَا غُلَامًا فَقَتَلَهُ قَالَ أَقَتَلْتَ نَفْسًا زَكِيَّةً بِغَيْرِ نَفْسٍ لَّقَدْ جِئْتَ شَيْئًا نُّكْرًا 0 قَالَ أَلَمْ أَقُلْ لَّكَ إِنَّكَ لَنْ تَسْتَطِيعَ مَعِيَ صَبْرًا 0 قَالَ إِنْ سَأَلْتُكَ عَنْ شَيْءٍ بَعْدَهَا فَلَا تُصَاحِبْنِي قَدْ بَلَغْتَ مِنْ لَّدُنِّي عُذْرًا 0 فَانْطَلَقَا حَتّٰى إِذَا أَتَيَا أَهْلَ قَرْيَةٍ اسْتَطْعَمَا أَهْلَهَا فَأَبَوْا أَنْ يُّضَيِّفُوهُمَا فَوَجَدَا فِيْهَا جِدَارًا يُرِيْدُ أَنْ يَّنْقَضَّ فَأَقَامَهُ قَالَ لَوْ شِئْتَ لَاتَّخَذْتَ عَلَيْهِ أَجْرًا 0 قَالَ هٰذَا فِرَاقُ بَيْنِي وَبَيْنِكَ سَأُنَبِّئُكَ بِتَأْوِيْلِ مَا لَمْ تَسْتَطِعْ عَلَيْهِ صَبْرًا 0 أَمَّا السَّفِيْنَةُ فَكَانَتْ لِمَسَاكِيْنَ يَعْمَلُوْنَ فِي الْبَحْرِ فَأَرَدْتُّ أَنْ أَعِيْبَهَا وَكَانَ وَرَاءَهُمْ مَّلِكٌ يَّأْخُذُ كُلَّ سَفِيْنَةٍ غَصْبًا 0 وَأَمَّا الْغُلَامُ فَكَانَ أَبَوَاهُ مُؤْمِنَيْنِ فَخَشِيْنَا أَنْ يُّرْهِقَهُمَا طُغْيَانًا وَّكُفْرًا 0 فَأَرَدْنَا أَنْ يُّبْدِلَهُمَا رَبُّهُمَا خَيْرًا مِّنْهُ زَكَاةً وَّأَقْرَبَ رُحْمًا 0 وَأَمَّا الْجِدَارُ فَكَانَ لِغُلَامَيْنِ يَتِيْمَيْنِ فِي الْمَدِيْنَةِ وَكَانَ تَحْتَهُ كَنْزٌ لَّهُمَا وَكَانَ أَبُوهُمَا صَالِحًا فَأَرَادَ رَبُّكَ أَنْ يَّبْلُغَا أَشُدَّهُمَا وَيَسْتَخْرِجَا كَنْزَهُمَا رَحْمَةً مِّنْ رَّبِّكَ وَمَا فَعَلْتُهُ عَنْ أَمْرِي ذٰلِكَ تَأْوِيْلُ مَا لَمْ تَسْطِعْ عَلَيْهِ صَبْرًا 0

''پس ان دونوں نے ہمارے بندوں میں سے ایک بندے کو پایا، جسے ہم نے اپنے پاس کی خاص رحمت عطا فرما رکھی تھی اور اسے اپنے پاس سے خاص علم سکھا رکھا تھا۔ اس سے موسیٰ نے کہا کہ میں آپ کی تابعداری کروں؟ کہ آپ مجھے وہ نیک علم سکھا دیں جو آپ کو سکھایا گیا ہے۔ اس نے کہا آپ میرے ساتھ ہرگز صبر نہیں کر سکتے۔ اور جس چیز کو آپ نے اپنے علم میں نہ لیا ہو اس پر صبر کر بھی کیسے سکتے ہیں۔ موسیٰ نے جواب دیا کہ ان شاء اللہ آپ مجھے صبر کرنے والا پائیں گے اور میں کسی بات میں آپ کی نافرمانی نہیں کروں گا۔ اس نے کہا اچھا اگر آپ میرے ساتھ ہی چلنے پر اصرار کرتے ہیں تو یاد رہے کہ کسی چیز کی نسبت مجھ سے کچھ نہ پوچھنا جب تک کہ میں خود اس کی نسبت کوئی تذکرہ نہ

کروں۔ پھر وہ دونوں چلے، یہاں تک کہ ایک کشتی میں سوار ہوئے، تو اس نے کشتی کے تختے توڑ دیئے، موسیٰ نے کہا کیا آپ اسے توڑ رہے ہیں تا کہ کشتی والوں کو ڈبو دیں، یہ تو آپ نے (بڑی) خطرناک بات کر دی۔ اس نے جواب دیا کہ میں نے تو پہلے ہی تجھ سے کہہ دیا تھا کہ تو میرے ساتھ ہرگز صبر نہ کر سکے گا۔ موسیٰ نے جواب دیا کہ میری بھول پر مجھے نہ پکڑیئے اور مجھے اپنے کام میں تنگی میں نہ ڈالئے۔ پھر دونوں چلے، یہاں تک کہ ایک لڑکے کو پایا، اس نے اسے مار ڈالا، موسیٰ نے کہا کیا آپ نے کیا کہ ایک پاک جان کو بغیر کسی جان کے عوض مار ڈالا؟ بے شک آپ نے تو بڑی ناپسندیدہ حرکت کی۔ وہ کہنے لگے کہ میں نے تجھ سے نہیں کہا تھا کہ تم میرے ہمراہ رہ کر ہرگز صبر نہیں کر سکتے۔ موسیٰ نے جواب دیا اگر اب اس کے بعد میں آپ سے کسی چیز کے بارے میں سوال کروں تو بیشک آپ مجھے اپنے ساتھ نہ رکھیئے گا، یقیناً آپ میری طرف سے (حد) عذر کو پہنچ چکے۔ پھر دونوں چلے ایک گاؤں والوں کے پاس آ کر ان سے کھانا طلب کیا تو انہوں نے ان کی مہمان داری سے صاف انکار کر دیا، دونوں نے وہاں ایک دیوار پائی جو گرا ہی چاہتی تھی، اس نے اسے ٹھیک اور درست کر دیا، موسیٰ (علیہ السلام) کہنے لگے اگر آپ چاہتے تو اس پر اجرت لے لیتے۔ اس نے کہا بس یہ جدائی ہے میرے اور تیرے درمیان، اب میں تجھے ان باتوں کی اصلیت بھی بتا دوں گا جن پر تجھ سے صبر نہ ہو سکا۔ کشتی تو چند مسکینوں کی تھی جو دریا میں کام کاج کرتے تھے۔ میں نے اس میں کچھ توڑ پھوڑ کرنے کا ارادہ کر لیا کیونکہ ان کے آگے ایک بادشاہ تھا جو ہر ایک (صحیح سالم) کشتی کو جبراً ضبط کر لیتا تھا۔ اور (جہاں تک اس لڑکے کا معاملہ ہے) تو اس کے ماں باپ ایمان والے تھے۔ ہمیں خوف ہوا کہ کہیں یہ انہیں اپنی سرکشی اور کفر سے عاجز و پریشان نہ کر دے۔ اس لئے ہم نے چاہا کہ انہیں ان کا پروردگار اس کے بدلے اس سے بہتر پاکیزگی والا اور اس سے زیادہ محبت اور پیار والا بچہ عنایت فرمائے۔[299] دیوار کا قصہ یہ ہے کہ اس شہر میں دو یتیم بچے ہیں جن کا خزانہ ان کی اس دیوار کے نیچے دفن ہے، ان کا باپ بڑا نیک شخص تھا تو تیرے رب کی چاہت تھی کہ یہ دونوں یتیم اپنی جوانی کی عمر میں آ کر اپنا یہ خزانہ تیرے رب کی مہربانی اور رحمت سے نکال لیں، میں نے اپنی رائے سے

کوئی کام نہیں کیا، یہ تھی اصل حقیقت ان واقعات کی جن پر آپ سے صبر نہ ہوسکا۔،،300
(سورۃ الکہف، آیات 65 تا 82)

یہ قصہ جہاں ہماری محدود سمجھ بوجھ کا اللہ تعالیٰ کی غیر محدود حکمت و بصیرت سے موازنہ کرکے دکھاتا ہے، وہیں یہ ہمیں کلیدی اسباق اور روحانی بصیرت بھی فراہم کرتا ہے۔ پہلا سبق یہ ہے کہ مشیتِ ایزدی کو سمجھنے کیلئے عاجزی ضروری ہے۔ موسیٰ علیہ السلام، حضرتِ خضر سے یہ جانتے ہوئے جا کر ملے کہ ان کے پاس کچھ ایسا الہامی علم تھا جو موسیٰ کو خود نہیں دیا گیا تھا۔ موسیٰ نے ان سے علم سیکھنے کی عاجزانہ گزارش کی مگر خضر نے جواباً ان کی صبر کی استطاعت پر شک کا اظہار کیا۔ بہرحال، موسیٰ علیہ السلام نے اصرار کیا کہ وہ سیکھنا چاہتے تھے۔ (اسلامی روایات میں موسیٰ علیہ السلام کا روحانی مقام و مرتبہ نہایت بلند ہے۔ وہ ایک نبی اور رسول تھے، اس کے باوجود وہ خضر علیہ اسلام کے پاس عاجزی سے گئے)۔ دوسرا سبق یہ ہے کہ دنیا میں شر و المیے کے معاملے سے جذباتی و نفسیاتی طور پر نبرد آزما ہونے کے لیے صبر درکار ہے۔ خضر علیہ السلام کو معلوم تھا کہ موسیٰ علیہ السلام ان کے ساتھ رہ کر صبر نہیں کر پائیں گے کیونکہ انہیں ایسے کام کرنے تھے، جو موسیٰ کے نزدیک شر تھے۔ موسیٰ نے صبر کرنے کی کوشش کی، مگر ہر بار ان کے اعمال پر سوال اٹھائے بنا رہ نہ سکے اور اپنے ادراک میں شر پر غصے کا اظہار کیا۔ بہرحال، واقعے کے اختتام پر خضر علیہ السلام نے یہ کہنے کے بعد کہ موسیٰ صبر نہیں کر پائے، اپنے اعمال کے پسِ پردہ حکمتِ ایزدی سے پردہ اٹھا دیا۔ اس کہانی سے ہمیں جو سبق ملتا ہے، وہ یہ ہے کہ دنیا میں شر و المیے اور اسے سمجھنے کی صلاحیت سے محرومی سے نبرد آزما ہونے کے لیے ہمیں لازماً عاجزانہ و صابرانہ رویہ اختیار کرنا ہوگا۔

مذکورہ بالا آیات کی تفسیر کرتے ہوئے، علامہ حافظ ابن کثیرؒ کہتے ہیں کہ اللہ تعالیٰ نے خضر علیہ السلام کو دنیا میں ظاہری شر و المیے کی مخفی حقیقت کے علم سے نوازا تھا، جبکہ موسیٰ علیہ اسلام کو یہ علم نہیں دیا گیا تھا۔ اس آیت کے متعلق کہ ''آپ میرے ساتھ ہرگز صبر نہیں کر سکتے،'' ابن کثیرؒ لکھتے ہیں کہ اس سے مراد ہے: ''آپ میرا ساتھ نہیں نباہ سکتے، میرے کام آپ کو اپنے علم کے خلاف نظر آئیں گے، میر علم آپ کو نہیں اور آپ کو جو علم ہے، وہ اللہ نے مجھے نہیں سکھایا۔،،301

دراصل اللہ تعالیٰ کی حکمت لا متناہی اور کامل ہے جبکہ ہمارے پاس علم و حکمت کا ایک محدود سا حصہ ہے۔ یا یوں کہیے کہ اللہ کے پاس کامل علم و حکمت ہے جبکہ ہمارے پاس اس کی کچھ

جزئیات ہیں۔ ہم چیزوں کو اپنے جزوی نقطۂ نظر سے دیکھتے ہیں۔ نفس پرستی کے جال میں پھنس جانا ایسا ہی ہے جیسے کسی پہیلی کے ایک حصے کو دیکھ کر یہ سمجھ لینا کہ آپ کو پوری پہیلی سمجھ آ گئی ہو۔ چنانچہ حافظ ابنِ کثیرؒ بیان کرتے ہیں کہ اس آیت:''اور جس چیز کو آپ نے اپنے علم میں نہ لیا ہو، اس پر صبر کر بھی کیسے سکتے ہیں؟'' کا مطلب ہے کہ ایسی الٰہی حکمت موجود ہے جس تک ہم رسائی حاصل نہیں کر سکتے۔''ناممکن ہے کہ آپ اپنی معلومات کے خلاف میرے افعال دیکھیں اور پھر صبر کر سکیں۔ اور واقعتاً آپ اس حال میں معذور بھی ہیں کیونکہ الٰہی حکمت اور مصلحت آپ کو معلوم ہی نہیں۔''302،

یہ نظریہ کہ ہر چیز حکمتِ الٰہی کے مطابق ظہور پذیر ہوتی ہے، بہت تقویت بخش اور مثبت ہے۔ یہ اس لئے کہ اللہ تعالٰی کی حکمت اس کی ذات کے دوسری پہلوؤں سے متصادم نہیں، جیسے اس کی صفت خیر و کمال۔ چنانچہ شر والم بالآخر ایک باطنی مقصد کے تابع ہیں۔ چودہویں صدی کے شیخ الاسلام امام ابن تیمیہؒ نے یہ نکتہ نہایت جامعیت کے ساتھ بیان کیا ہے:''اللہ تعالٰی خالص شرتخلیق نہیں کرتا بلکہ اس کی ہر تخلیق میں ایک پُر حکمت مقصد کارفرما ہوتا ہے جو بالآخر خیر پر ہی منتج ہوتا ہے۔ البتہ اس میں کچھ لوگوں کے لیے کچھ شر ہو سکتا ہے، اور یہ جزوی و نسبتی ہوتا ہے۔ جہاں تک تعلق ہے کل شر یا مطلق شر کا، تو اللہ تعالٰی اس سے بری ہے۔''303،

اس بات سے گزشتہ باب میں مذکور معروضی اخلاقی حقیقتوں کے تصور کی نفی نہیں ہوتی۔ باوجود اس کے کہ ہر چیز انجامِ کار خیر کے ساتھ ہم آہنگ ہے اور شر کی اصلیت محض جزوی ہے، اس سے شرِ واقعی کے تصور پر آنچ نہیں آتی۔ جیسا کہ بیان ہوا، شرِ واقعی اپنی اصلیت کے اعتبار سے شرِ مطلق کے ہم معنی نہیں، بلکہ یہ کچھ خاص سیاق و سباق اور متغیرات پر مبنی شر ہے۔ چنانچہ کوئی چیز کچھ متغیرات یا سیاق کی بنا پر حقیقی شر ہو سکتی ہے، مگر ساتھ ہی ساتھ وہ کسی پُر حکمت اور اچھے باطنی مقصد سے ہم آہنگ بھی ہو سکتی ہے۔

یہ رویہ معتقدین میں ایک مثبت نفسیاتی ردِ عمل پیدا کرتا ہے کیونکہ (ان کے نزدیک) پیش آنے والے تمام شر اور مصائب کسی بالاتر مقصد کے لیے ہوتے ہیں۔ ابن تیمیہؒ اس نکتے کا نہایت

---

[a]Henri Laoust. Essay sur les doctrines sociales et politiques de Taki-al-Din Ahmad b. Taimiya

عمدہ خلاصہ بیان کرتے ہیں: ''اگر اللہ تعالیٰ ہر چیز کا خالق ہے، تو وہ خیر و شر کی تخلیق اس پُر حکمت مقصد کے لیے کرتا ہے جس بنا پر اس کے احکام خیر اور کامل ہوتے ہیں۔''[304]

ہنری لاؤسٹ بھی اپنے مقالے[a] میں شیخ الاسلام امام ابن تیمیہؒ کا یہی مؤقف بیان کرتا ہے: ''اللہ تعالیٰ دراصل پیش بین و مدبرِ کامل ہے۔ دنیا میں شر کا کوئی حقیقی وجود نہیں۔ جو بھی اللہ کی منشا ہوتی ہے، وہ ایک بلند تر انصاف اور لا متناہی خیر کے منصوبے کے مطابق ہوتی ہے، مگر صرف اس صورت میں کہ اس کا جائزہ کلی اور جامع نقطۂ نظر سے لیا جائے نہ کہ حقیقت کے متعلق اس ناقص اور نامکمل علم سے، جو مخلوق کے پاس ہے...''[305]

کیا اللہ تعالیٰ نے کوئی وجہ بتائی ہے کہ اس نے شر و المﷺ کے رونما ہونے کی اجازت کیوں دی؟ کیا اللہ تعالیٰ شر و الم کا کوئی جواز فراہم کرتا ہے؟

دوسرے مفروضے کا مدلل اور شافی جواب یہ ہوگا کہ اس بات کی دلیل فراہم کی جائے کہ اللہ تعالیٰ نے ہمیں اس بارے میں کچھ وجوہ بتائی ہیں کہ شر و الم کا دنیا میں وجود کس لئے ہے۔ اسلام کی بھر پور فکری میراث ایسی معقول وجوہ سے بھری پڑی ہے۔

ہمارا مقصد عبادت ہے

انسانوں کا بنیادی مقصد صرف وقتی خوشی کے عارضی احساس سے لطف اندوز ہونا نہیں بلکہ اللہ تعالیٰ کی معرفت اور عبادت کے ذریعے ایک گہرا باطنی اطمینان حاصل کرنا بھی ہے۔ (ملاحظہ ہو، باب نمبر 15۔) اس مقصد کی تکمیل ایک ابدی سعادت اور حقیقی خوشی پر منتج ہوگی۔ چنانچہ اگر یہی ہمارا بنیادی مقصد ہے تو باقی تمام انسانی تجربات ثانوی ہیں۔ قرآن کہتا ہے، وَمَا خَلَقْتُ الْجِنَّ وَالْإِنْسَ إِلَّا لِيَعْبُدُونِ۔ ''اور میں نے جنوں اور انسانوں کو صرف اس لئے پیدا کیا ہے کہ وہ میری عبادت کریں۔'' (سورۃ الذاریات، آیت 56)[306]

ایسے شخص کا تصور کیجئے جسے کبھی کسی دکھ یا تکلیف سے واسطہ نہیں پڑا، ہر وقت عیش کی حالت میں رہتا ہے۔ یہ شخص اپنی تن آسانی کی وجہ سے اللہ تعالیٰ کو بھول گیا ہے لہٰذا اس مقصد کو پورا کرنے میں ناکام ہو جاتا ہے جس کے لیے اللہ نے اسے پیدا کیا گیا تھا۔ اس کا موازنہ کیجئے اس شخص سے، جس

کے تلخ تجربات اسے اللہ تعالیٰ تک پہنچا دیتے ہیں اوروہ اپنے زندگی کے مقصد کو پورا کرنے میں کامیاب ہو جاتا ہے۔اسلام کی روحانی روایت میں وہ شخص جس کے تلخ تجربات اسے اللہ تک لے گئے،اس شخص سے کہیں بہتر ہے جسے دنیا میں کبھی کوئی پریشانی درپیش نہ آئی اورجس کی عیش و عشرت سے بھری زندگی اسے خدا سے دور لے گئی۔

زندگی ایک امتحان ہے

اللہ تعالیٰ نے ہمیں ایک امتحان کے لیے تخلیق کیا ہے،اورشرِوالم کے یہ تجربات اسی امتحان کا حصہ ہیں۔اس امتحان میں کامیابی ہماری جنت کی ابدی زندگی کی ضامن ہے۔قرآن کہتا ہے کہ اللہ تعالیٰ نے موت اور زندگی کو تخلیق کیا: لِیَبۡلُوَکُمۡ اَیُّکُمۡ اَحۡسَنُ عَمَلًا وَھُوَ الۡعَزِیۡزُ الۡغَفُوۡرُ۔ ''تا کہ وہ تمہارا امتحان لے کہ تم میں سے کون بہترین اعمال کرتا ہے، وہ نہایت زبردست اور بہت معاف کرنے والا ہے۔''(سورۃ الملک، آیت 2) [307]

اصل میں ملحد دنیا میں ہمارے وجود کے مقصد کو سمجھنے میں غلطی کرتا ہے۔اس دنیا کو آزمائش و ابتلا کا اکھاڑا بنایا گیا ہے کہ جس میں ہمیں مکمل آزادی دے کر پرکھا جا سکے اور ہمارے اندر کی اچھائیوں کو پروان چڑھایا جا سکے۔مثال کے طور، پر ہم صبر کو کیسے پروان چڑھا سکتے اگر ہم صبر آزما حالات سے نبرد آزما ہی نہ ہوتے؟ ہم دلیر کیسے بن سکتے اگر کوئی خطرات ہی درپیش نہ ہوتے؟ ہم مہربان کیسے ہو سکتے اگر کسی کو رحمت کی ضرورت ہی نہ ہو؟ زندگی کا ایک امتحان ہونا ان سوالات کا جواب ہے۔ ہمیں اپنی اخلاقی اور روحانی ترقی کے لیے ان آزمائشوں کی ضرورت ہے۔ہم یہاں تفریح کرنے کے لیے نہیں آئے ہیں،اس کے لیے ہمیں جنت [1] جانا ہے۔

[1] شرِوالم کی بنیاد پر کیا جانے والا اعتراض اصل میں صرف یہ ہے کہ ہم اس وقت دنیا میں کیوں ہیں اور ہم ابھی جنت میں کیوں نہیں؛ یا یہ کہ اس دنیا ہی کو جنت کیوں نہیں بنایا گیا۔مترجم

زندگی ایک امتحان کیوں ہے؟ چونکہ اللہ تعالیٰ کی ذات خیرِکامل ہے، وہ چاہتا ہے کہ ہم میں سے ہر کوئی ایمان لے آئے اور اس کے نتیجے میں جنت کی سعادت بھری ابدی زندگی پائے۔اللہ تعالیٰ نے واضح کر دیا ہے کہ وہ ہم سب کے لیے ایمان ہی پسند کرتا ہے: وَلَا یَرۡضَیٰ لِعِبَادِہ

الْکُفْرَ ''اوروہ اپنے بندوں کے لیے کفر پسند نہیں کرتا۔'' (سورۃ الزمر، آیت 7) [308]

اس سے واضح ہوتا ہے کہ اللہ تعالیٰ نہیں چاہتا کہ کوئی بھی انسان دوزخ میں جائے۔ تاہم اگر وہ اس کا اندھا اطلاق کردے اور ہر ایک کو جنت بھیج دے تو یہ انصاف کے اصولوں کے صریح خلاف ورزی ہوگی کہ اللہ تعالیٰ موسیٰ اور فرعون اور ہٹلر اور عیسیٰ سے یکساں سلوک کرے۔ ایسی کسی ترکیب کی ضرورت ہے جس کے تحت لوگ لیاقت کی بنا پر جنت میں داخل کئے جائیں۔ یہ وہ مقصد ہے جس کے لیے زندگی کو ایک امتحان بنایا گیا ہے۔ زندگی صرف ایک ترکیب ہے جس سے پرکھا جا سکتا ہے کہ ہم میں سے کون ابدی مسرت کا حقدار ہے۔ اس وجہ سے زندگی آزمائشوں سے بھری پڑی ہے جس سے ہمارا امتحان ہوتا ہے۔

اس ضمن میں اسلام نہایت امید افزاء ہے کیونکہ یہ رنج و الم اور تکالیف کو محض امتحان قرار دیتا ہے۔ ہم اس دنیا کی نعمتوں سے بھی لطف اندوز ہو سکتے ہیں، لیکن بنیادی طور پر ہمیں کسی خاص مقصد کے لیے تخلیق کیا گیا ہے اور وہ مقصد اللہ تعالیٰ کی عبادت ہے۔ قوت بخش اسلامی نظریہ یہ ہے کہ آزمائشوں کو اللہ کی محبت کی علامت سمجھا جائے۔

عَنْ أَنَسٍ، قَالَ: قَالَ رَسُوْلُ اللّٰهِ صَلَّى اللّٰهُ عَلَيْهِ وَسَلَّمَ: إِذَا أَرَادَ اللّٰهُ بِعَبْدِهِ الْخَيْرَ عَجَّلَ لَهُ الْعُقُوْبَةَ فِي الدُّنْيَا، وَإِذَا أَرَادَ اللّٰهُ بِعَبْدِهِ الشَّرَّ أَمْسَكَ عَنْهُ بِذَنْبِهِ حَتَّى يُوَافِيَ بِهِ يَوْمَ الْقِيَامَةِ.

''انسؓ کہتے ہیں کہ رسول اللہﷺ نے فرمایا: جب اللہ تعالیٰ اپنے بندے کے ساتھ خیر اور بھلائی کا ارادہ کرتا ہے تو اسے دنیا ہی میں جلد سزا دے دیتا ہے اور جب اپنے کسی بندے کے ساتھ شر (برائی) کا ارادہ کرتا ہے تو اس کے گناہوں کی سزا کو روکے رکھتا ہے۔ یہاں تک کہ قیامت کے دن اسے پوری پوری سزا دیتا ہے۔'' [309] (بحوالہ: جامع ترمذی)

اپنے محبوب بندوں کو آزمانے کی وجہ یہ ہے کہ یہ آزمائشیں اللہ تعالیٰ کی محبت اور بخشش حاصل کرنے کا ذریعہ ہیں اور اللہ کی محبت اور مغفرت کا نتیجہ جنت میں داخلہ ہے۔ اللہ تعالیٰ قرآن حکیم میں اسے یوں واضح کرتا ہے:

أَمْ حَسِبْتُمْ أَنْ تَدْخُلُوا الْجَنَّةَ وَلَمَّا يَأْتِكُمْ مَثَلُ الَّذِيْنَ خَلَوْا مِنْ

قَبْلِكُمْ مَّسَّتْهُمُ الْبَأْسَاءُ وَالضَّرَّاءُ وَزُلْزِلُوْا حَتّٰى يَقُوْلَ الرَّسُوْلُ وَالَّذِيْنَ اٰمَنُوْا مَعَهٗ مَتٰى نَصْرُ اللّٰهِ اَلَا اِنَّ نَصْرَ اللّٰهِ قَرِيْبٌ ۝

''کیا تم خیال کرتے ہو کہ جنت میں داخل ہو جاؤ گے حالانکہ تمہیں وہ (حالات) پیش نہیں آئے جو ان لوگوں کو پیش آئے جو تم سے پہلے ہو گزرے ہیں، کہ جنہیں بیماریاں اور مصیبتیں پہنچیں اور وہ یہاں تک جھنجوڑے گئے کہ رسول اور اس کے ساتھ ایمان والے کہنے لگے کہ اللہ کی مدد کب آئے گی؟ سن رکھو کہ اللہ کی مدد قریب ہی ہے۔''

(سورۃ البقرۃ، آیت 214) [310]

اسلامی تعلیمات کی خوبصورتی یہ ہے کہ ہمارا پروردگار، جو ہمیں خود ہم سے بہتر جانتا ہے، پہلے ہی ہمیں خبر دیتا ہے کہ ہمارے پاس ان آزمائشوں کو برداشت کرنے کی صلاحیت موجود ہے: لَا يُكَلِّفُ اللّٰهُ نَفْسًا اِلَّا وُسْعَهَا ۔ ''اللہ تعالیٰ کسی جان پر اس کی طاقت (برداشت) سے زیادہ بوجھ نہیں ڈالتا۔'' (سورۃ البقرہ، آیت 286) [311]

تاہم اگر ہم اپنی بھرپور کوشش کے باوجود ان آزمائشوں سے کامیابی سے نبرد آزما نہیں ہو پاتے، تو اللہ کی رحمت اور عدل کا تقاضا ہے کہ وہ ہمیں اس زندگی یا ہماری منتظر ابدی زندگی میں اس کا پورا بدلہ ضرور دے گا۔

العلیم ربّ

رنج و الم ہمیں اللہ تعالیٰ کی صفات سے روشناس کراتے ہیں جیسے الحافظ اور الشافی۔ مثلاً، بیماری کی تکلیف کے بغیر ہم اللہ کی شافی ہونے کی صفت کی قدر نہ کر پاتے۔ اللہ کی معرفت اسلامی روحانی روایت میں ایک بہت بڑی خیر ہے جو ان تکالیف اور مصائب کا جواز پیدا کرتی ہے۔ کیونکہ یہ ہمیں اپنے بنیادی مقصد کو حاصل کرنے میں مددگار ہیں جو ہمیں بالآخر جنت میں لے جائے گا۔

برتر خیر

شرو الم، برتر خیر پر منتج ہوتے ہیں، اس لئے انہیں دوسرے درجے کی خیر بھی کہا جاتا ہے۔ خیر کا اوّل درجہ مادّی لذتیں اور خوشیاں ہیں، جبکہ شر کا اوّل درجہ مادّی تکالیف اور دکھ درد ہیں۔

دوسرے درجے کی خیر میں شجاعت، عاجزی اور صبر وغیرہ شامل ہیں۔ تاہم اس دوسرے درجے کی خیر کو حاصل کرنے کے لیے پہلے درجے کے شر کا ہونا لازمی ہے (مثلاً خوف یا بدامنی)۔ قرآن کے مطابق، برتر اچھائیاں جیسے شجاعت اور عاجزی کی قدر و قیمت شر کے برابر نہیں ہوسکتی: قُلْ لَا يَسْتَوِي الْخَبِيثُ وَالطَّيِّبُ وَلَوْ أَعْجَبَكَ كَثْرَةُ الْخَبِيثِ فَاتَّقُوا اللَّهَ يَا أُولِي الْأَلْبَابِ لَعَلَّكُمْ تُفْلِحُونَ ۝ ''آپ فرما دیجئے (اے نبیؐ) کہ ناپاک اور پاک برابر نہیں ہوتے، گو آپ کو ناپاک کی کثرت بھلی لگتی ہو۔ اللہ تعالیٰ سے ڈرتے رہو اے عقل مندو! تا کہ تم کامیاب ہو۔'' (سورۃ المائدۃ، آیت 100) [312]

آزادیٔ ارادہ (Free Will)

اللہ تعالیٰ نے ہمیں آزادیٔ ارادہ (فری وِل) عطا فرمائی ہے، اور آزادیٔ ارادہ میں برے اعمال کے انتخاب کی اجازت بھی شامل ہے۔ یہ ذاتی شر کی وضاحت ہے، یہ وہ شر ہے جو انسان کرتے ہیں۔ اعتراضاً پوچھا جا سکتا ہے: ''ہمیں خدا نے ارادے کی آزادی سے ہی کیوں نوازا؟'' دنیا میں امتحان صرف آزادیٔ ارادہ کی صورت میں ہی معنی خیز ہوسکتا ہے۔ ایسا امتحان بے معنی ہے جس میں طالبِ علم کو ہر سوال کا درست جواب دینے پر مجبور کر دیا گیا ہو۔ اسی طرح زندگی کے امتحان میں انسانوں کو یہ آزادی دینا ضروری ہے کہ وہ جو چاہیں کریں۔ اگر اللہ یہ یقینی بنا دیتا کہ ہم ہمیشہ خیر کو اختیار کریں تو خیر و شر اپنا مطلب کھو دیتے۔ ذرا سوچئے: کوئی آپ سے بندوق کی نال پر صدقہ کروائے۔ آپ پیسے تو دے دیں گے مگر کیا ان کی کوئی اخلاقی حیثیت ہوگی؟ بالکل نہیں! کیونکہ اس کی قدر صرف تب ہو سکتی ہے جب کوئی آزاد بندہ اپنی مرضی سے صدقہ دے۔

دنیا سے استغنا

اسلامی تعلیمات کے مطابق، اللہ تعالیٰ نے ہمیں اس لئے تخلیق کیا ہے تا کہ ہم اس کی عبادت کریں اور اس کا قرب حاصل کریں۔ اس کا ایک بنیادی اصول یہ ہے ہم اس فانی دنیا سے بے پروا ہو جائیں۔ ''دنیا'' جس کا لغوی مفہوم رزالت اور پستی ہے، حدود و قیود، شر و الم اور خواہشات و نفس پرستی کی جگہ ہے۔ تکالیف دنیا کی اس بے وقعتی کو واضح کرتی ہیں، ان سے ہمیں

دنیا سے علیحدگی میں مدد ملتی ہے اور ہم اللہ سے اور قرب حاصل کر سکتے ہیں۔

رسول اللہ ﷺ کی حدیث ہے: حُبُّ الدُّنْیَا رَأْسُ کُلِّ خَطِیئَۃٍ۔ ''دنیا کی محبت ہر برائی کی جڑ ہے۔''[313] (بحوالہ: شعب الایمان از امام بیہقیؒ) اسلام کے مطابق سب سے بڑی برائی اللہ تعالیٰ کے ساتھ کسی اور کو شریک ٹھہرانا ہے، چنانچہ دنیا سے استغنا، اللہ سے قرب کے روحانی مقصد اور بالآخر جنت کو حاصل کرنے کے لیے لازمی ہے۔ قرآن بہت واضح الفاظ میں بیان کرتا ہے کہ دنیا فانی اور وقتی کھیل تماشا ہے: اعْلَمُوٓا اَنَّمَا الْحَیَاۃُ الدُّنْیَا لَعِبٌ وَّلَھْوٌ وَّزِیْنَۃٌ وَّتَفَاخُرٌ بَیْنَکُمْ وَتَکَاثُرٌ فِی الْاَمْوَالِ وَالْاَوْلَادِ کَمَثَلِ غَیْثٍ اَعْجَبَ الْکُفَّارَ نَبَاتُہٗ ثُمَّ یَھِیْجُ فَتَرَاہُ مُصْفَرًّا ثُمَّ یَکُوْنُ حُطَامًا ۝ ''خوب جان رکھو! کہ دنیا کی زندگی صرف کھیل تماشا زینت اور آپس میں فخر (وغرور) اور مال و اولاد میں ایک کا دوسرے سے اپنے آپ کو زیادہ بتلانا ہے، جیسے بارش اور اس کی پیداوار کسانوں کو اچھی معلوم ہوتی ہے پھر جب وہ خشک ہو جاتی ہے تو زرد رنگ میں اس کو تم دیکھتے ہو پھر وہ بالکل چورا چورا ہو جاتی ہے۔''[314] (سورۃ الحدید، آیت 20)

دنیا کے اس تصور کو تخلیق کے مثبت پہلوؤں سے خلط ملط نہیں کرنا چاہیے، جنہیں عربی میں عالَم اور خَلق جیسے عنوانات سے تعبیر کیا گیا ہے۔ یہ تصورات اللہ کی تخلیق کی خوبصورتی اور حسن سے متعلق ہیں۔ ان کا مقصد لوگوں کو فکر و تدبر پر ابھارنا ہے جو اللہ کی قوت، رحمت اور حکمت کو جاننے کا ذریعہ بنتا ہے۔

معصوم لوگوں کی تکالیف عارضی ہوتی ہیں

اگر چہ اس سے بہت سی برتر بھلائیوں کا حصول ممکن ہوتا ہے، لیکن مشاہدے کی بات ہے کہ دنیا میں بہت سے لوگ بغیر کسی تشفی کے مسلسل تکالیف میں مبتلا رہتے ہیں۔ یہی وجہ ہے کہ اسلامی تعلیمات میں اللہ تعالیٰ اس دنیا میں شر و الم کا جواز ہی نہیں دیتا بلکہ ان کی جزا بھی بتاتا ہے۔ آخرِکار، ان تمام معصوم مومنین کو جنہوں نے مصائب جھیلے، انہیں ابدی راحتیں دی جائیں گی، وہ تمام مصائب بھول جائیں گے چاہے وہ اپنی ساری زندگی ان سے دو چار ہے ہوں۔

عَنْ اَنَسِ بْنِ مَالِکٍ قَالَ قَالَ رَسُوْلُ اللّٰہِ صَلَّی اللّٰہُ عَلَیْہِ وَسَلَّمَ یُؤْتَیٰ

بِأَنْعَمِ أَهْلِ الدُّنْيَا مِنْ أَهْلِ النَّارِ يَوْمَ الْقِيَامَةِ فَيُصْبَغُ فِي النَّارِ صَبْغَةً ثُمَّ يُقَالُ يَا ابْنَ آدَمَ هَلْ رَأَيْتَ خَيْرًا قَطُّ هَلْ مَرَّ بِكَ نَعِيمٌ قَطُّ فَيَقُولُ لَا وَاللهِ يَا رَبِّ وَيُؤْتَى بِأَشَدِّ النَّاسِ بُؤْسًا فِي الدُّنْيَا مِنْ أَهْلِ الْجَنَّةِ فَيُصْبَغُ صَبْغَةً فِي الْجَنَّةِ فَيُقَالُ لَهُ يَا ابْنَ آدَمَ هَلْ رَأَيْتَ بُؤْسًا قَطُّ هَلْ مَرَّ بِكَ شِدَّةٌ قَطُّ فَيَقُولُ لَا وَاللهِ يَا رَبِّ مَا مَرَّ بِي بُؤْسٌ قَطُّ وَلَا رَأَيْتُ شِدَّةً قَطُّ۔

''سیدنا انس بن مالکؓ کہتے ہیں کہ رسول اللہ ﷺ نے فرمایا: قیامت کے دن اہلِ دوزخ میں سے اس شخص کو لایا جائے گا جو دنیا میں سب سے زیادہ آسودہ تر اور خوشحال تھا، پس دوزخ میں ایک بار غوطہ دیا جائے گا، پھر اس سے پوچھا جائے گا کہ اے آدم کے بیٹے! کیا تو نے دنیا میں کبھی آرام دیکھا تھا؟ کیا تجھ پر کبھی چین بھی گزرا تھا؟ وہ کہے گا کہ اللہ کی قسم! اے میرے رب، کبھی نہیں۔ اور اہلِ جنت میں سے ایک ایسا شخص لایا جائے گا جو دنیا میں سب لوگوں سے سخت تر تکلیف میں رہا تھا، جنت میں ایک بار غوطہ دیا جائے گا، پھر اس سے پوچھا جائے گا کہ اے آدم کے بیٹے! تو نے کبھی تکلیف بھی دیکھی ہے؟ کیا تجھ پر شدت اور رنج بھی گزرا ہے؟ وہ کہے گا کہ اللہ کی قسم! مجھ پر تو کبھی تکلیف نہیں گزری اور میں نے کبھی شدت اور سختی دیکھی ہی نہیں۔'' [315] (حوالہ: صحیح مسلم)

روحانی نقطہ ہائے نظر

الحاد کے مطابق، شر (برائی) کا کوئی مقصد نہیں۔ یہ دنیا کی بہت سی اندھی قوتوں میں سے ایک ہے جو اپنا شکار بغیر کسی تمیز و تخصیص کے چنتی ہیں۔ چنانچہ شر و الم کا شکار ہونے والے ان لوگوں کے پاس کوئی ایسا جذباتی و عقلی زاویہ نظر نہیں جو ان کی تکالیف کو کم کرنے میں معاون ہو اور ان کے تجربات کو ایک موزوں سیاق میں ڈھال سکے۔ ایک شخص پوری زندگی تکالیف میں رہ کر بالآخر قبر میں پہنچ جاتا ہے اور اس کے پاس کوئی امید نہیں ہوتی۔ اس کی تمام تر تکالیف، قربانیاں اور دکھ بالکل بے معنی ہو کر رہ جاتے ہیں۔ شر کو پہلے کیے ہوئے مادی و جسمانی اعمال کا

نتیجہ سمجھا جاتا ہے، اور شر کا شکار ہونے والوں کے پاس کوئی راہ نہیں بچتی۔ وہ اسے کسی قسم کے ارادے سے منسوب نہیں کر سکتے، چاہے وہ انسانی ہو یا خدائی؛ کیونکہ ہر چیز بس ایک اندھی، بے ترتیب اور غیر منطقی مادی واردات و واقعات تک محدود ہو کر رہ جاتی ہے۔ چنانچہ الحاد کے منطقی نتائج نہایت مایوس کن ہیں۔

اسلامی روایات ہمیں ایسے نظریات، اصولوں اور افکار کا سرچشمہ عطا کرتی ہیں جو ایک مومن کی زندگی کو سہل بناتے ہیں۔ رسول اللہ ﷺ نے مومنین کو امید اور صبر کی تلقین کی۔ تمام تکالیف جو ہمیں پیش آتی ہیں وہ ہماری روحانی طہارت کا سبب بنتی ہیں، اور جو آخرت میں ہماری ابدی نجات کا سبب بنتی ہیں، جہاں ہم وہ تمام تکالیف بھول جائیں گے:

"مَا مِنْ مُسْلِمٍ يُصِيبُهُ أَذَى شَوْكَةٌ فَمَا فَوْقَهَا إِلَّا كَفَّرَ اللَّهُ بِهَا سَيِّئَاتِهِ كَمَا تَحُطُّ الشَّجَرَةُ وَرَقَهَا"

"جو مصیبت بھی کسی مسلمان کو پہنچتی ہے، اللہ تعالیٰ اسے اس کے گناہ کا کفارہ کر دیتا ہے چاہے وہ (کسی مسلمان کے) جسم میں چبھنے والا ایک کانٹا ہی کیوں نہ ہو۔"[316] (بحوالہ: صحیح بخاری)

قَالَ رَسُولُ اللَّهِ صَلَّى اللَّهُ عَلَيْهِ وَسَلَّمَ عَجَبًا لِأَمْرِ الْمُؤْمِنِ إِنَّ أَمْرَهُ كُلَّهُ خَيْرٌ وَلَيْسَ ذَاكَ لِأَحَدٍ إِلَّا لِلْمُؤْمِنِ إِنْ أَصَابَتْهُ سَرَّاءُ شَكَرَ فَكَانَ خَيْرًا لَهُ وَإِنْ أَصَابَتْهُ ضَرَّاءُ صَبَرَ فَكَانَ خَيْرًا لَهُ۔

"مومن کا ہر معاملہ عجیب ہے۔ اس کا ہر معاملہ اس کے لیے بھلائی کا ہے۔ اور یہ بات مومن کے سوا کسی اور کو میسر نہیں۔ اسے خوشی اور خوشحالی ملے تو شکر کرتا ہے۔ اور یہ اس کے لیے اچھا ہوتا ہے اور اگر اسے کوئی نقصان پہنچے تو (اللہ کی رضا کے لیے) صبر کرتا ہے، یہ (بھی) اس کے لیے بھلائی ہوتی ہے۔"[317] (بحوالہ: صحیح مسلم)

یہاں تک کہ قدرتی آفات اور جان لیوا بیماریوں کو بھی امید، رحمت اور مغفرت کی نظر سے دیکھا جاتا ہے۔ اسلام کا بیماریوں کے متعلق نقطۂ نظر یہ ہے کہ وہ ایک طرح کی طہارت کا باعث ہیں جو بیمار کیلئے جنت کی ابدی زندگی میں معاون ہیں۔ رسولِ اکرم ﷺ نے بیماروں کی عیادت کی تلقین کی: فُكُّوا الْعَانِيَ يَعْنِي الْأَسِيرَ، وَأَطْعِمُوا الْجَائِعَ، وَعُودُوا الْمَرِيضَ." عانی

یعنی قیدی کو چھڑایا کرو، بھوکے کو کھلایا کرو، بیمار کی عیادت کرو،‘‘[318] (بحوالہ: صحیح بخاری) جولوگ بیماروں کی دیکھ بھال کرتے ہیں وہ رحمت اور مغفرت اور بالآخر جنت سے نوازے جاتے ہیں، رسول اللہ ﷺ کی بہت سی احادیث اس بات پر شاہد ہیں۔ مثلاً آپ ﷺ نے فرمایا: مَن قُتِلَ فِی سَبِیلِ اللّٰهِ فَهُوَ شَهِیدٌ وَمَن مَاتَ فِی سَبِیلِ اللّٰهِ فَهُوَ شَهِیدٌ وَمَن مَاتَ فِی الطَّاعُونِ فَهُوَ شَهِیدٌ وَمَن مَاتَ فِی الْبَطْنِ فَهُوَ شَهِیدٌ۔ ’’جواللہ کی راہ میں قتل کیا گیا وہ شہید ہے، اور جواللہ کی راہ میں نکلا (اور کسی معرکۂ جہاد میں شامل ہوئے بغیر مرگیا، یا جواللہ کے دِین کی کسی بھی خدمت کے لیے نکلا اور اُس دوران مرگیا وہ بھی شہید ہے، اور اور جو طاعون (کی بیماری) سے مرگیا وہ بھی شہید ہے، اور جو پیٹ (کی بیماری) سے مرگیا وہ بھی شہید ہے،‘‘[319] اور تمام شہداء جنت میں جائیں گے۔[320] احادیث میں ان لوگوں کے لیے رحمت، ثواب اور مغفرت کا ذکر ہے جو بیماروں کی عیادت اور تیمارداری کرتے ہیں: نبی اکرم ﷺ نے فرمایا کہ جو کوئی بھی بیمار کی تیمارداری کرتا ہے ’’وہ رحمت میں غوطہ زن ہوتا ہے جب تک وہ بیٹھ نہیں جاتا اور جب وہ بیٹھ جاتا ہے وہ رحمت میں ڈوب جاتا ہے۔‘‘[321] حضور نبی کریم ﷺ نے ہمیں سکھایا کہ جو بیمار کی تیمارداری کرے گا، اللہ کو اپنے ساتھ پائے گا:

عَنْ أَبِی هُرَیْرَةَ قَالَ قَالَ رَسُولُ اللّٰهِ صَلَّی اللّٰهُ عَلَیْهِ وَسَلَّمَ إِنَّ اللّٰهَ عَزَّ وَجَلَّ یَقُولُ یَوْمَ الْقِیَامَةِ یَا ابْنَ آدَمَ مَرِضْتُ فَلَمْ تَعُدْنِی قَالَ یَا رَبِّ کَیْفَ أَعُودُكَ وَأَنْتَ رَبُّ الْعَالَمِینَ قَالَ أَمَا عَلِمْتَ أَنَّ عَبْدِی فُلَانًا مَرِضَ فَلَمْ تَعُدْهُ أَمَا عَلِمْتَ أَنَّكَ لَوْ عُدْتَهُ لَوَجَدْتَنِی عِنْدَهُ یَا ابْنَ آدَمَ اسْتَطْعَمْتُكَ فَلَمْ تُطْعِمْنِی قَالَ یَا رَبِّ وَکَیْفَ أُطْعِمُكَ وَأَنْتَ رَبُّ الْعَالَمِینَ قَالَ أَمَا عَلِمْتَ أَنَّهُ اسْتَطْعَمَكَ عَبْدِی فُلَانٌ فَلَمْ تُطْعِمْهُ أَمَا عَلِمْتَ أَنَّكَ لَوْ أَطْعَمْتَهُ لَوَجَدْتَ ذٰلِكَ عِنْدِی یَا ابْنَ آدَمَ اسْتَسْقَیْتُكَ فَلَمْ تَسْقِنِی قَالَ یَا رَبِّ کَیْفَ أَسْقِیكَ وَأَنْتَ رَبُّ الْعَالَمِینَ قَالَ اسْتَسْقَاكَ عَبْدِی فُلَانٌ فَلَمْ تَسْقِهِ أَمَا إِنَّكَ لَوْ سَقَیْتَهُ وَجَدْتَ ذٰلِكَ عِنْدِی۔

’’اللہ تبارک وتعالیٰ روز قیامت ارشاد فرمائیں گے: اے ابن آدم میں بیمار تھا تو نے

میری مزاج پرسی نہ کی؟ وہ عرض کرے گا باری تعالیٰ! میں بھلا کیسے آپ کی مزاج پرسی کرتا، آپ تو ربّ العالمین ہیں (بیمار ہونے سے منزّہ ہیں، بیمار ہونا تو مخلوق کی صفت ہے)۔ اللہ تعالیٰ فرمائیں گے کیا تمہیں معلوم نہیں کہ میرا فلاں بندہ بیمار تھا؟ تو نے اس کی مزاج پرسی نہیں کی، اگر تم اس کی عیادت کرتے تو اس کو(اس کے اجر کو) میرے پاس پاتے۔" [322] (بحوالہ: صحیح مسلم)

حتیٰ کہ سونامی جیسی قدرتی آفات کی صورت میں بھی، مومن جو اس کا شکار ہوں گے جنتی گردانے جائیں گے کیونکہ ڈوبنے کی وجہ سے وفات کو اسلام میں شہادت کا درجہ حاصل ہے۔ محمد صلی اللہ علیہ وسلم نے اس بارے میں فرمایا: "جو بھی ڈوب جائے، شہید ہے۔" [323] (بحوالہ: صحیح مسلم) مسلمان علماء نے یہ اخذ کیا ہے اگر کوئی مسلمان زلزلے کے دوران کسی عمارت کے نیچے دب کر مر جائے (کچھ نے جہاز اور گاڑی کے حادثات کو بھی شامل کیا ہے)، تو وہ جنتی تصور ہوگا۔ محمد صلی اللہ علیہ وسلم نے فرمایا کہ شہید کی قسموں میں سے ایک وہ ہے "جو عمارت کے منہدم ہونے سے فوت ہو جائے۔" [324] (بحوالہ: صحیح مسلم)

لیکن خدا، شرّوالم کے بغیر دنیا تخلیق کر سکتا تھا

ایک کلیدی اعتراض جو کیا جاتا ہے یہ ہے کہ "خدا شرّوالم کے بغیر بھی تو دنیا تخلیق کر سکتا تھا۔" یہ اصل استدلال کی ہی ایک دوسری شکل ہے۔ دوسرے لفظوں میں "خدا نے دنیا میں شرّوالم کو اجازت کیوں دے رکھی ہے؟" چنانچہ اس پر وہی جواب منطبق ہوگا: خدائی حکمت۔ جو یہ اعتراض کرتا ہے صرف اس لئے کرتا ہے کہ اولاً، اسے اس بات کا علم ہی نہیں کہ دنیا میں شرّوالم کیوں ہیں۔ وہ یہ یقین رکھتا ہے کہ ایک رحیم اور قدیر خدا کو شرّوالم کا خاتمہ کر دینا چاہئے۔ بہرحال، اس بات پر پہلے ہی اس باب میں خاصی بحث ہو چکی ہے۔

مسئلہ شرّوالم کسی مومن کے لیے کوئی مسئلہ ہے ہی نہیں، کیونکہ شرّوالم کو اللہ کی برتر حکمت، کمال اور خیر پر منتج کیا جاتا ہے۔ اسلام کی روحانی تعلیمات امید، صبر اور امن کا احساس پیدا کرتی ہیں۔ الحاد کا منطقی نتیجہ یہ ہوتا ہے کہ بندہ ناامیدی میں ڈوب جاتا ہے اور اس کے پاس شرّوالم کے وجود کا کوئی تسلی بخش حل موجود نہیں رہتا۔

یہ جہالت ان کی اس انانیت کا نتیجہ ہے جو انہیں چیزوں کو دوسروں کے نقطۂ نظر سے دیکھنے سے محروم رکھتی ہے، بالکل ویسے ہی جیسے میں (ابتدائی فرضی کہانی میں) اپنے والدین کو برا خیال کرتا تھا جب وہ مجھے اپنے دادا کی شراب پینے سے باز رکھتے تھے۔

کیا سائنس نے واقعی خدا کا عدم وجود ثابت کیا ہے؟

ملحدین کے جھوٹے مفروضوں کا تعاقب

تصور کیجئے کہ آپ ایک حیران کن محل میں داخل ہوتے ہیں۔ جیسے ہی آپ داخلی راستے پر چلتے ہیں اتنی بڑی عمارت دیکھ کر آپ حیرت زدہ رہ جاتے ہیں اور یہ فیصلہ کرتے ہیں کہ قریبی دروازہ کھول کر اسے دیکھا جائے۔ آپ جب کمرے میں داخل ہوتے ہیں تو کیا دیکھتے ہیں کہ سیکڑوں کرسیاں اور میزیں ترتیب سے رکھی ہوئی ہیں، جیسے کوئی کمرۂ جماعت ہو۔ آپ کا باقی کمروں کو دیکھنے کا شوق یک دم ختم ہوجاتا ہے، آپ محل سے نکلنے کا ارادہ کرتے ہیں اور اپنے دوست سے ملاقات کے لیے مقامی کافی شاپ کا رخ کرتے ہیں۔ چائے پیتے ہوئے آپ کا دوست آپ سے پوچھتا ہے''پھر کیا دیکھا تم نے محل میں؟'' آپ جواب دیتے ہیں ''ایک کمرہ جو کسی اسکول کے کمرۂ جماعت جیسی ترتیب میں میزوں اور کرسیوں سے بھرا ہوا تھا۔'' آپ کا دوست پوچھتا ہے: ''تم نے دوسرے کمرے کیوں نہیں دیکھے؟'' آپ جواب دیتے ہیں: ''اس کی کوئی ضرورت نہیں تھی کیونکہ وہاں دیکھنے کو کچھ تھا ہی نہیں، اگر یہ کمرہ میزوں اور کرسیوں سے بھرا ہوا تھا پھر باقی کمروں میں بھی ڈھنگ کا کچھ نہیں ہوگا۔''

کیا آپ کا جواب معقول ہے؟ کیا آپ کا جواب منطقی ہے کہ اگر کسی ایک کمرے میں کچھ نہیں تھا تو دوسرے کمروں میں بھی کچھ نہیں ہوگا۔ یقیناً یہ معقول جواب نہیں۔ ملحد جو یہ دعویٰ کرتے ہیں کہ ٔسائنس نے خدا کو غلط ثابت قرار دے دیا ہے؛ یہ دعویٰ اسی قسم کی منطق کی پیروی کرتا ہے۔

سائنس صرف ان چیزوں پر اپنی توجہ مذکور کرتی ہے جنہیں مشاہدات سے حل کیا جاتا ہے۔ جبکہ خدا ایسی ہستی ہے جو اس مادی کائنات سے ماوراء ہے۔ اسی لئے خدا کا براہِ راست مشاہدہ کرنا ناممکن ہے۔ کوئی ملحد شاید یہ کہے کہ بلاواسطہ مشاہدہ تو خدا کے وجود کی مکمل تردید یا تصدیق کرنے میں معاون ثابت ہو سکتا ہے۔ یہ بھی درست نہیں۔ بلاواسطہ مشاہدے کی بھی کوئی صورت خدا کے وجود کی نفی نہیں کر سکتی کیونکہ یہ بالکل ایسے ہے جیسے یہ کہا جائے کہ کوئی ایسا عمل جس کا مشاہدہ کیا گیا ہو، وہ اس عمل کی نفی کرتا ہے جسے دیکھا ہی نہ گیا ہو۔ یہ دلیل اوپر بیان کردہ محل کے جائزہ کی مثال کی طرح ہی ہے۔

سائنس کے فلسفیوں کی اکثریت اس حقیقت کی وضاحت کر چکی ہے کہ ''سائنس، انکارِ خدا کی طرف نہیں لے جاتی۔'' مثال کے طور پر ہیو گاخ درست طور پر یہ نتیجہ اخذ کرتے ہیں: ''یہ اصرار کرنا کہ ٔسائنس الحاد کی حمایت کرتی ہے؛ ایک جذباتی دعویٰ تو ہو سکتا ہے مگر دلیل، منطق یا اصول پر مبنی نہیں۔'' [325]

یہ بات بالکل قابلِ فہم ہے کہ سوچ کا وہ طریقہ جو مکمل طور پر مشاہدات پر منحصر ہو، اس چیز پر رائے قائم نہیں کر سکتا جس کا مشاہدہ ہی نہ کیا جا سکتا ہو۔ بہرکیف، اس معاملے میں سائنس صرف یہی کر سکتی ہے کہ یا تو خاموش رہے یا پھر کچھ ایسی شہادتیں تجویز کرے جنہیں کوئی فرد، خدا کا وجود (یا عدم وجود) ثابت کرنے کے لیے استعمال کر سکے۔ (انہیں مشہودی دلائل کہتے ہیں۔ یہ فلسفیانہ مباحث ہیں نہ کہ سائنسی نتائج۔ مترجم)

کچھ ملحد یہ خیال کیوں کرتے ہیں کہ سائنس خدا کا انکار کر سکتی ہے؟

سائنس نے انسانوں کی دنیا بدل کر رکھ دی ہے۔ علمِ طب سے لے کر برقی پیغام رسانی تک، ہماری زندگیوں کو جس طرح سائنس نے تبدیل کیا ہے، اتنا علم کے کسی اور شعبے نے نہیں کیا۔ سائنس مسلسل ہماری زندگی کو سنوار رہی ہے اور دنیا اور کائنات کے متعلق ہماری فہم میں اضافہ

کر رہی ہے۔ سائنس کی انہی کامیابیوں کو دیکھتے ہوئے کچھ ملحدین نے بے جوڑ اور غلط مفروضے قائم کر لئے ہیں۔ ذیل میں ان مفروضوں کا ایک خلاصہ بیان کیا جا رہا ہے۔

☆ پہلا یہ کہ بعض ملحدین یہ سمجھتے ہیں کہ سائنس، سچ کو جانچنے کا واحد پیمانہ ہے؛ اور یہ بھی کہ سائنس کے پاس ہمارے تمام سوالوں کے جوابات ہیں۔ اس سے ملحد یہ نتیجہ اخذ کرتے ہیں کہ ''خدا موجود نہیں'' کیونکہ سائنس صرف اس کا جواب دے سکتی ہے جو مشاہدہ میں آ سکے۔ اب چونکہ خدا مشاہدے میں نہیں آ سکتا اور سچ کو پانے کے لیے سائنس ہی واحد کسوٹی ہے، لہذا اللہ تعالیٰ کے وجود کا دعویٰ غلط ہے۔ اسی مفروضے کی بنا پر ملحدوں کا دعویٰ ہے کہ اب ہمیں ان چیزوں کے لیے خدا کی ضرورت نہیں رہی، جو ہماری سمجھ میں نہیں آتی۔ یہ ایک غلط مفروضہ ہے کیونکہ سائنس کی حدود ہیں اور ایسی بہت سی چیزیں ہیں جن کے بارے میں سائنس جواب نہیں دے سکتی۔ مزید یہ کہ علم و آگہی کے دیگر ذرائع بھی ہیں جنہیں سائنس ثابت کرنے سے قاصر ہے، جبکہ وہ علم کے اہم اور بنیادی ذرائع ہیں۔ اس سے ثابت ہوتا ہے کہ سائنس، حقیقت اور دنیا کے بارے میں سچ ثابت کرنے کا واحد ذریعہ نہیں۔

☆ دوسرا مفروضہ یہ ہے کہ چونکہ سائنس بہت کامیاب ہے لہذا سائنسی نتائج لازماً درست ہوں گے۔ یہ بات سائنس کے فلسفے سے متعلق ملحدین کی عمومی جہالت کا پتا دیتی ہے۔ محض اس لئے کہ کوئی چیز کام کرتی ہے، اس سے یہ لازم نہیں آتا کہ وہ درست بھی ہو۔ یہ سائنس کے فلسفے کا بہت بنیادی تصور ہے۔ بدقسمتی سے بعض مشہور و معروف ملحدین بھی یہ بے میل اور بے جوڑ قسم کی رائے رکھتے ہیں کہ سائنسی نظریات کا کامیاب عملی استعمال یہ ثابت کرتا ہے کہ یہ معیارات قطعی طور پر درست ہیں۔ 2010ء میں ڈبلن، آئرلینڈ میں منعقدہ ملحدین کے عالمی اجتماع (World Atheist Convention) میں رچرڈ ڈاکنز سے ملاقات کا اتفاق ہوا۔ میری ان سے مختصر سی گفتگو ہوئی۔ میں نے ان سے پوچھا کہ آپ نے ایک سوال کرنے والے سے یہ کیوں کہا کہ نہ تو سائنس کے فلسفے کو نہ پڑھو بلکہ سائنس کو عملی طور پر اختیار کرو (just do the science)۔ انہوں نے مجھے کوئی اطمینان بخش جواب نہ دیا۔ ان کے زیادہ تر علمی کاموں کا جائزہ لینے سے یہ واضح ہوتا ہے کہ اس کی وجہ

یہ تھی کہ "سائنس کامیاب ہے یا یہ کہ اس سے کام نکلتا ہے۔"[326] اگرچہ یہ بات وجدان کو بھلی معلوم ہو سکتی ہے لیکن حقیقت میں یہ غلط ہے۔ یہ لازمی نہیں کہ کسی چیز سے کام نکلتا ہے تو وہ درست بھی ہو۔

☆ تیسرا مفروضہ یہ ہے کہ سائنس یقینی علم (certainty) کی طرف رہنمائی کرتی ہے۔ یعنی اگر کسی چیز پر "سائنسی سچائی" (scientific fact) کا لیبل لگا دیا جائے اور (اگر) وہ الہامی علم (وحی) سے کسی بھی طور پر متصادم ہو تو پھر الہامی علم کو مسترد کر دینا چاہیے۔ یہ درست نہیں۔ جب سائنسدان کسی چیز کو "سائنسی سچائی" کہہ رہے ہوتے ہیں وہ یہ نہیں کہہ رہے ہوتے کہ یہ بالکل حتمی یا قطعی بات ہے اور اس میں کبھی رد و بدل نہیں ہوگا۔ بلکہ اس کا مطلب یہ ہوتا ہے کہ یہ کسی خاص عمل یا مظہر کی، ہمارے محدود مشاہدات پر مبنی، اب تک دستیاب بہترین وضاحت ہے۔ تاہم نئے مشاہدات (یا چیزوں کو پرکھنے کے نئے طریقے) بھی سامنے آ سکتے ہیں جو گزشتہ مشاہدات سے مختلف ہوں۔ یہی سائنس کی خوبصورتی ہے کہ یہ کوئی پتھر پر لکیر نہیں۔ اس لیے سائنس اگر کسی مقدس مذہبی کتاب سے متصادم ہو جائے تو یہ کوئی بڑا مسئلہ نہیں، کیونکہ سائنسی تفہیم بدل سکتی ہے۔ جو کچھ ہم کہہ سکتے ہیں، وہ قابلِ مشاہدہ مظہر کی موجودہ سمجھ بوجھ ہی ہے جو ہمارے محدود مشاہدات پر مبنی ہے اور فی الحال کسی خاص مقدس کتاب سے متصادم ہے، مگر یہ بدل بھی سکتی ہے۔ یہ اس سے بہت بعید ہے کہ اسے مذہبی کتابوں کے دعووں کو توڑنے کے لیے کلہاڑے کی طرح استعمال کیا جائے۔ اگرچہ سائنس میں "شاہد بالذات" (self-evident) قسم کی سچائیوں کا تبدیل ہونا خاصا مشکل رہتا ہے، لیکن ایسے بہت سے دلائل جو مذہبی کتابوں اور مذہبی طرزِ فکر کی مخالفت میں پیش کیے جاتے ہیں، وہ خاصے پیچیدہ نظریات پر مشتمل ہوتے ہیں، جیسے کہ ڈارون کا نظریہ ارتقاء۔ اگر خدا کی طرف سے وحی کی گئی کتاب کا متن سائنسی حقائق سے مختلف ہو تو سائنس کی بات تسلیم کرنے کے لیے مقدس کتاب کا انکار کرنا بالکل بھی ضروری نہیں۔ مزید یہ بھی کہ اللہ کی کتاب کو ماننے کے لیے یہ بھی ضروری نہیں کہ آپ سائنس کا انکار کریں۔ بلکہ یہ آپ کا علمی حق ہے کہ آپ بیک وقت دونوں کو تسلیم کریں۔ تاہم درست طریقہ کار یہ ہے کہ آپ سائنس کو بطور بہترین وضاحت ضرور تسلیم کریں مگر

ایمان کی حد تک تجاوز نہ کریں اور یہ اخذ نہ کریں کہ یہ بالکل حتمی اور قطعی ہے۔ ساتھ ہی ساتھ آپ خدا کی کتاب کو قطعی طور پر سچ اور حق تسلیم کر سکتے ہیں کیونکہ اسے تسلیم کرنے کے لیے آپ کے پاس معقول وجوہ ہیں۔ (دیکھئے باب نمبر 13)

☆ آخری مفروضہ ایسا چشمہ فراہم کرتا ہے جس سے بہت سے ملحدین دنیا کو دیکھتے ہیں۔ یہ عینک، جیسا کہ اس کتاب کے دیگر ابواب میں ذکر کیا گیا ہے، فطرت پرستی کا مفروضہ ہے۔ فطرت پرستی کی دو اقسام ہیں: فلسفیانہ فطرت پرستی اور اسلوبی فطرت پرستی۔ فلسفیانہ فطرت پرستی یہ تصور ہے کہ کائنات کے تمام مظاہر کی مادی (طبیعیاتی) عوامل سے وضاحت کی جا سکتی ہے (یعنی کوئی بھی چیز مافوق الفطرت یا ماورائے مشاہدہ نہیں)۔ اسلوبی فطرت پرستی سے مراد یہ رائے قائم کرنا ہے کہ اگر کوئی بھی چیز "سائنسی" قرار دے دی جائے تو اس کا تعلق (کسی بھی صورت) خدا کی مافوق الفطرت قوت یا کارگزاری سے جوڑا نہیں جا سکتا۔

اس باب کے بقیہ حصے میں ہم ان مفروضوں پر بات کریں گے اور اس کا بہترین طریقہ یہ ہے کہ ہم سائنس کی بنیاد کی طرف جائیں کہ سائنس کیا چیز ہے۔ سائنس کی حدود کو سمجھیں اور سائنس کے فلسفے میں موجود چند بحثوں کی گرہیں کھولیں۔

سائنس کیا ہے؟

لفظ "سائنس" لاطینی زبان کے لفظ "سائنشیا" (یا "سائنٹیا") سے ماخوذ ہے جس کے معنی ہیں "علم"۔ سائنس یہ جاننے کی انسانی کوشش ہے کہ مادی دنیا کیسے کام کرتی ہے۔ علمِ ریاضی اور سائنس کے مشہور فلسفی برٹرانڈ رسل نے بہترین الفاظ میں سائنس کی وضاحت کی ہے: "سائنس کسی چیز کو دریافت کرنے کی کوشش ہے، جس کی بنیاد مشاہدات اور اس سے حاصل ہونے والے نتائج پر ہے ...... بالخصوص دنیا (کائنات) سے متعلق سچائیاں اور وہ قوانین جو ان سچائیوں کو باہم منسلک کرتے ہیں۔"[327]

رسل کی تعریف کی روشنی میں ہم سائنسی طریقہ کار کو مزید حصوں میں تقسیم کر سکتے ہیں۔ سائنس کا ایک خاص دائرۂ کار ہے۔ یہ مادی دنیا پر اپنی توجہ مذکور کرتی ہے اور صرف فطرت

کے عوامل اور مظاہر پر گفتگو کر سکتی ہے۔ اس لحاظ سے اگر دیکھا جائے تو سوالات جیسا کہ "روح کیا ہے؟" اور "معنویت کیا ہے؟" یہ سائنسی دائرہ کار سے باہر کے سوالات ہیں۔

سائنس کا مقصد مادی دنیا کی وضاحت کرنا ہے۔ بطورِ مجموعی اس کا مقصد یہی ہے کہ یہ اس بات کی درست وضاحت کرے کہ فطرت کیسے کام کرتی ہے؟ اس مقصد کی تکمیل کے لیے سائنس قابلِ آزمائش مفروضوں پر کام کرتی ہے۔ کسی مفروضے کے قابلِ آزمائش ہونے کے لیے ضروری ہے وہ عقلی طور پر کچھ توقعات کو جنم دے۔ اس مفروضے کو دیکھئے: "چائے پہلوانوں کی کارکردگی بہتر بناتی ہے۔" یہ مفروضہ آزمائش اور امتحان سے گزارے جانے کے قابل ہے، کیونکہ یہ درج ذیل ممکنہ توقعات کو جنم دیتا ہے:

- چائے کارکردگی کو بہتر کرتی ہے۔
- چائے کارکردگی پر برا اثر ڈالتی ہے۔
- چائے کا کارکردگی سے کوئی تعلق نہیں۔

سائنس کا ایک خوبصورت پہلو یہ ہے کہ نہ صرف یہ درست مفروضے کی جانچ پڑتال کرتی ہے بلکہ یہ تجربات اور آزمائش کو بھی ضروری قرار دیتی ہے۔ یہی وجہ ہے کہ سائنسی رائے محض قابلِ آزمائش ہی نہیں ہونی چاہئے بلکہ اس کا آزمایا جانا بھی لازم ہوتا ہے۔ نتائج کا واحد مجموعہ "زیادہ پسندیدہ انتخاب" نہیں ہوتا؛ اس کے برعکس، اصل سائنس یہ ہے کہ مختلف سائنس دان، جتنی زیادہ مرتبہ ممکن ہو سکے، متعلقہ تجربے کو دہرائیں۔ (تا کہ ایک سائنس دان کے حاصل کردہ نتیجے کی توثیق، دوسرے سائنس دانوں کے ویسے ہی تجربات سے ہو سکے۔ مترجم)

جن باتوں کا اب تک تذکرہ کیا جا چکا ہے، یقیناً سائنس اس سے کہیں زیادہ ہے، مگر یہ باتیں سائنسی طریقہ کار کے بنیادی عناصر کو سمجھنے کے لیے کافی ہیں۔ یہ سائنس سے متعلق ان غلط مفروضوں کا جواب دینے میں مددگار ثابت ہوں گی جو بعض الحاد پرستوں نے قائم کئے ہوئے ہیں کہ سائنس الحاد کی طرف لے جاتی ہے۔

مفروضہ 1: سائنس، حقیقت (reality) کو جاننے کا واحد راستہ ہے اور یہ تمام سوالوں کے جواب دے سکتی ہے

اس دعوے کو ''سائنس پرستی'' (scientism) کہا جاتا ہے۔ اس کے مطابق، اگر کسی بیان کو سائنسی طور پر ثابت نہیں کیا جا سکتا تو وہ سچ نہیں ہو سکتا۔ الحاد پرستوں اور ''انسان پرستوں'' سے مختلف مواقع پر گفتگو سے یہ پتا چلتا ہے کہ وہ مستقل یہی دعویٰ کرتے ہیں، جبکہ حقیقت میں سائنس دنیا کے بارے میں سچائی تک پہنچنے کا واحد راستہ نہیں۔ سائنسی طریقہ کار کا محدود دائرہ یہ واضح کرتا ہے کہ سائنس تمام سوالوں کے جوابات دینے سے قاصر ہے۔ اس کی چند حدود درج ذیل ہیں:

- یہ مشاہدے تک محدود ہے۔
- اخلاقی طور پر غیر جانبدار ہے۔
- یہ 'ذاتِ پرسنل' پر تحقیق نہیں کر سکتی۔
- یہ (اس بات کا) جواب نہیں دے سکتی کہ چیزیں کیوں ہو رہی ہیں۔
- بعض مابعد الطبیعیاتی سوالوں کے جوابات نہیں دے سکتی۔
- قطعی حقیقت کو ثابت نہیں کر سکتی۔

تاہم اس سے پہلے کہ ہم سائنس کے محدود ہونے کی بحث کریں، یہ بات قابلِ غور ہے کہ سائنس پرستی کا نظریہ یہ اپنے پیروں پر خود کلہاڑی مارتا ہے۔ سائنس پرستی یہ دعویٰ کرتی ہے کہ کوئی بھی بیان درست نہیں اگر اسے سائنسی طور پر ثابت نہ کیا جا سکتا ہو۔ تو او پر لکھا گیا یہ جملہ خود سائنسی طور پر ثابت شدہ نہیں۔ یہ ایسے ہی ہے جیسے یہ کہا جائے کہ ''اردو زبان میں کوئی جملہ تین الفاظ سے زیادہ کا نہیں ہو سکتا۔''[328] یہ دعویٰ خود اپنے آپ کو غلط ثابت کر رہا ہے کیونکہ یہ تین الفاظ سے زیادہ کا ہے۔

مشاہدے تک محدود

یہ واضح حد بندی محسوس ہوتی ہے مگر اسے عموماً مکمل طور پر سمجھا نہیں جاتا۔ سائنس دان ہمیشہ اپنے مشاہدے تک محدود ہوتے ہیں۔ مثال کے طور پر اگر کوئی سائنس دان چوہوں پر کیفین کے اثرات جانچنا چاہتا ہے تو وہ ان چوہوں کی تعداد اور اقسام تک محدود ہے گا جو اس کے پاس تجربے کے وقت موجود ہوں۔ سائنسی فلسفی ایلیٹ سوبر اپنے مضمون ''تجربیت'' میں اس نکتے پر روشنی ڈالتے ہیں: ''کسی بھی موقع پر سائنس دان اُن مشاہدات تک محدود ہوتے ہیں جو ان کے پاس

موجود ہوں......اور خامی یہ ہے کہ سائنس اُن مسائل پر توجہ مذکور کرنے پر مجبور ہوتی ہے جنہیں مشاہدات حل کر سکتے ہوں۔‘‘ 329

نہ صرف یہ کہ سائنس دان مشاہدے کے محتاج ہیں بلکہ اس سچائی کے بھی کہ مستقبل میں ایسے مشاہدات ہو سکتے ہیں کہ جن سے حاصل شدہ نتائج، ممکنہ طور پر گزشتہ مشاہدات کے خلاف ہوں۔ ایک اور حد یہ ہے کہ ٹیکنالوجی میں ترقی یا مسلسل تحقیق کرنے کی وجہ سے عین ممکن ہے کہ جن چیزوں کا ہم آج مشاہدہ نہیں کر پا رہے، مستقبل میں ہم ان کا مشاہدہ کرنے میں کامیاب ہو جائیں۔ پہلے خردبین اور پھر الیکٹرون خرد بین کی ایجاد اور استعمال، سائنسی ترقی کی بہترین مثالیں ہیں۔ اسی لئے مادی دنیا کے بارے میں ہم اپنی موجودہ سمجھ بوجھ سے متعلق کوئی یقینی مؤقف قائم نہیں کر سکتے کیونکہ مشاہدات میں بہتری کے ساتھ یہ بدل بھی سکتا ہے۔

اخلاقی طور پر غیر جانبدار

سائنس اخلاقی طور پر غیر جانبدار ہے۔ اس کا مطلب یہ ہرگز نہیں کہ سائنس دانوں میں اخلاقیات نہیں ہوتیں بلکہ اس کا مطلب یہ ہے کہ سائنس، اخلاقیات کی بنیاد فراہم کرنے سے قاصر ہے۔ مثال کے طور پر سائنس، اخلاقیات کا مطلب یا اس کے مقاصد نہیں بیان کر سکتی اور یہ نہیں بتا سکتی کہ کیا غلط ہے اور کیا صحیح؟

مگر اس کا مطلب یہ نہیں کہ سائنس ان مختلف شعبوں کے امتزاج کا حصہ نہیں بن سکتی جو اخلاقیات کا درس دیتے ہوں۔ تاہم سائنس بذاتِ خود ایسی بنیاد فراہم کرنے میں ناکام ہے جو یہ بتا سکے کہ ہم کس چیز کو اچھا تصور کریں اور کسے برا خیال کریں۔ سائنس ہمیں یہ تو بتاتی ہے کہ ’کیا ہے‘ مگر یہ نہیں بتاتی کہ ’کیا ہونا چاہئے‘۔ ’’آپ ’کیا ہے‘ سے یہ اخذ نہیں کر سکتے کہ ’کیا ہونا چاہئے‘‘‘ اس حوالے سے ایک مشہور فلسفیانہ جملہ بن چکا ہے؛ تاہم اس میں سچائی بھی ہے۔ سائنس یہ تو بتا سکتی ہے کہ جب کسی کی کھال میں چاقو یا چھری کو گھسایا جائے تو کیا ہوتا ہے، یعنی وہ سب کچھ جو اس دوران ہوتا ہے، مگر سائنس یہ نہیں بتا سکتی ہے کہ کیا آیا یہ (کھال میں چھری/چاقو گھسانے کا عمل) غیر اخلاقی ہے یا نہیں۔ ہو سکتا ہے کہ اس کارروائی کے دوران جسم سے نکلنے والا خون، شدید درد اور کوئی دوسرا جسمانی نقصان کسی کی جان بچانے والی اہم سرجری کا نتیجہ ہو، اور ہو سکتا ہے کہ اس کا

سبب کوئی قاتلانہ حملہ رہا ہو۔ قابلِ غور بات یہ ہے کہ کسی انسان کے گوشت میں میں زخم لگنے اور چھری کے جسم میں داخل ہونے کے عمل کو سمجھنا کسی اخلاقی نتیجے تک نہیں پہنچا سکتا۔

جیسا کہ باب نمبر 9 میں گزر چکا ہے، چارلس ڈارون نے اخلاقیات اور سائنس (بالخصوص حیاتیات) کا مطالعہ کیا، اور حیاتیاتی عوامل سے اخذ شدہ اخلاقیات کی ایک انتہائی ممکنہ صورت کی مثال پیش کی۔ اس کا کہنا یہ تھا کہ اگر ہم مختلف حیاتیاتی شرائط کے مطابق پرورش پاتے تو ہمارے اخلاقی تصورات موجودہ نظریات سے مختلف ہوتے۔ [330] ڈارون یہ کہنا چاہ رہا ہے کہ انسان جن چیزوں کو اخلاقی طور پر اچھا سمجھ رہا ہے، اگر ان کی بنیاد صرف گزشتہ حیاتیاتی حالات ہیں تو ناگزیر ہے کہ مختلف (حیاتیاتی) حالات سے مختلف اخلاقی اقدار پیدا ہوتیں۔ یہ بات اخلاقیات کی معنویت کے تعین اور اس کی بنیاد پر بڑا اثر رکھتی ہے۔ اوّل تو یہ کہ حیاتیاتی یا طبیعی شرائط کو اخلاقیات کی بنیاد قرار دینا، ہمارے اخلاقی ضابطوں کو محض ایک داخلی حیثیت دے دیتا ہے۔ مطلب یہ کہ اخلاقی ضابطوں میں تبدیلی کا انحصار (محض) ہماری طبیعی (مادّی) ترکیب میں (بدلتے ماحول کے ساتھ ساتھ) ہونے والی ناگزیر تبدیلیوں پر ہے (جبکہ ماضی میں بھی ایسا ہی ہوتا رہا ہے)۔ تاہم یہ نکتہ اُس فطری اور ناقابلِ تردید سچائی کے خلاف ہے کہ بعض اخلاقی اقدار خارجی بھی ہوتی ہیں۔ دوم یہ کہ اگر ہمارے اخلاقی شعور کی بنیاد حیاتیاتی حالات پر ہوتی تو پھر ہمارے اخلاق کا مطلب کیا رہ جاتا؟ چونکہ (اس نکتے کی رُو سے) اگر ہماری پرورش مختلف حالات میں ہوئی ہوتی تو ہمارے لئے اخلاقیات کا معیار ہی کچھ اور ہوتا، لہٰذا ہماری اخلاقی اقدار بالکل بے مطلب ہو کر رہ جاتیں؛ کیونکہ اس طرح یہ محض اتفاق اور مادی عوامل کا نتیجہ ٹھہرائی جاتیں۔

مشہور بدزبان ملحد اور ماہرِ اعصابیات (نیوروسائنٹسٹ) سیم ہیرس سام حارث نے اپنی کتاب (The Moral Landscape) میں ہمارے خارجی اخلاقی شعور کا جواز پیش کرنے کی کوشش کرتے ہوئے یہ وضاحت کی ہے کہ سائنس کس طرح ہماری اخلاقی اقدار کا تعین کر سکتی ہے۔ اگرچہ بعض دیگر ملحدین نے اس کی کوششوں کو سراہا ہے مگر دوسری جانب نہ صرف خدا پرستوں بلکہ کئی ملحدین نے بھی اسے کڑی تنقید کا نشانہ بنایا ہے۔ ہیرس نے اخلاقیات سے متعلق اپنا نقطۂ نظر ہمارے سامنے اس طرح پیش کیا کہ اس نے اخلاقی اچھائی کو بلندی پر، جبکہ اخلاقی

برائی (شر) کو پستی میں رکھا ہے۔

لیکن ہیرس نے اخلاقی اچھائی اور اخلاقی برائی کا تعین کیسے کیا ہے؟ (ہیرس نے یہ منظرنامہ کسی لہر/موج کی طرح قرار دیا ہے جس میں) خوشحالی کو اخلاقی اچھائی کے بلند ترین مقام پر، جبکہ بدحالی اور تکلیف کو اخلاقی برائی میں نچلے ترین مقام پر پیش کیا ہے۔ اگرچہ یہ سیم ہیرس کے نکات کا خام خلاصہ محسوس ہو سکتا ہے لیکن اس کا مفہوم صرف اتنا ہے کہ ہیرس نے برائی/شر کو بدحالی کے مساوی، جبکہ اچھائی کو خوشحالی کے برابر قرار دیا ہے۔ ۔۔۔ اور یہی وہ مقام ہے کہ جہاں سیم ہیرس (کے اس خیال) کو بدترین ناکامی کا سامنا ہوتا ہے۔

یعنی اگر یہ ثابت کر دیا جائے کہ لوگ دوسروں کو نقصان پہنچا کر اپنی (ذاتی) خوشی اور خوشحالی حاصل کر سکتے ہیں تو ہیرس کی بیان کردہ اخلاقی عمارت زمین بوس ہو جائے گی۔ مثلاً فرض کیجئے کہ اس رشتہ دار کے ساتھ، جس سے نکاح حرام ہو، مانع حمل تدابیر اختیار کرتے ہوئے (باہمی رضا مندی سے) جنسی تعلقات قائم کئے جائیں، جس سے دونوں فریقین کو خوشی ملے اور کسی قسم کے نقصان یا مصیبت (جیسے کہ جینیاتی نقائص والا حمل ٹھہرنے) کا بھی خطرہ نہ ہو۔ (تو کیا یہ کیفیت اخلاقی طور پر صحیح قرار دی جا سکے گی؟) ایک بحث کے دوران میں نے یہ نکتہ پروفیسر لارنس کراس کے سامنے بھی اٹھایا مگر وہ اپنا مؤقف پورے یقین کے ساتھ واضح نہیں کر سکے۔ انہوں نے کہا کہ ان پر یہ واضح نہیں کہ یہ غلط ہے اور وہ اخلاقی طور پر اس کی مذمت بھی نہیں کر سکے۔[331] یہ لازمی نہیں ہوتا کہ جو اشیاء ہمیں نفع پہنچائیں وہ اخلاقی طور پر بھی ٹھیک ہوں۔ اگر کوئی اس مثال سے اتفاق نہ کرے تو ایسی دیگر بہت سی مثالیں ہیں جو اس نقطہ نظر کو واضح کر سکتی ہیں۔

سائنس کے ملحد فلسفی رابرٹ جانسن نے اپنی کتاب "عقلی اخلاقیات" میں ہیرس کی دلیل پر اسی قسم کی تنقید کی ہے۔ جانسن لکھتے ہیں:

"لگتا ہے کہ ہیرس اب بھی یہ اعتراف کرنے کی مشکل میں پھنسا ہے کہ یہ اس کا صرف ایک مفروضہ ہے کہ 'خوشحالی' سے تعلق رکھنے والی اخلاقی سچائی کا وجود ہے۔ کیا ہم اس سچائی کو چٹانوں تلے زمین میں تلاش کر سکتے ہیں؟ نہیں! کیا ہم اسے کوانٹم حرکیات جیسے قوانین کے تناظر میں ثابت کر سکتے ہیں؟ نہیں! دراصل وہ واحد چیز جو ہمارے ان خیالات کو سہارا دیتی ہے کہ اخلاقی سچائیاں آزادانہ وجود رکھتی

ہیں، وہ ہے: ہمارا وجدان... یہ مسئلہ بجائے خود بہت آسان الفاظ میں یوں بیان کیا جا سکتا: صرف اس وجہ سے کہ ہیرس نے یہ درست تشخیص کی ہے کہ فی الحال اخلاقیات کی تعریف "کیسے" کی جاتی ہے، اس کا یہ مطلب نہیں نکلتا کہ اخلاقیات کو سچائی پر مبنی مان لینا چاہیے۔ درحقیقت حارث خود بھی اعتراف کرتا ہے کہ ہم بہت سی ایسی چیزوں کو روا رکھتے ہیں جو غیر اخلاقی ہیں۔"[332]

سائنس "ذاتی" (پرسنل) پر تجرباتی تحقیق نہیں کر سکتی

سائنس کو خود پر ناز ہے کہ وہ تجربات کے ذریعے نظریات کو جانچتی ہے۔ تجربات کے بغیر کوئی سائنس نہیں۔ تاہم بعض اوقات آزمائش کے بجائے اعتماد سے کام لینا پڑتا ہے۔ مثال کے طور، پر ہم کیسے جان سکتے ہیں کہ لوگ کیا خواہش رکھتے ہیں؟ یا لوگ کیا محسوس کر رہے ہیں؟ ہو سکتا ہے کہ سائنسدان یہ دلیل دیں کہ جھوٹ جاننے والا آلہ اور دیگر نفسیاتی اور عمرانی رویوں کی نشاندہی کے ذریعے ہم احساسات کا پتا لگا سکتے ہیں (حالانکہ یہ دعویٰ غلط ہے، اس کی وضاحت ذیل میں آ رہی ہے)۔ بظاہر ان کی بات معقول لگتی ہے مگر یہ اتنی سادہ ہے نہیں۔ آپ دوستی کی مثال لے لیجئے۔ آپ کا دوست آپ سے پوچھتا ہے کہ آپ کا دن کیسا گزرا؟ آپ کے احساسات کیا ہیں؟ آپ کہتے ہیں بہت عمدہ دن تھا اور میں بہت خوش ہوں۔ تصور کیجئے اگلے دن آپ اس سے ملتے ہیں تو وہ یہی سوال دہراتا ہے اور کہتا ہے کہ وہ یقین صرف اس صورت میں کرے گا کہ آپ اپنے آپ کو جھوٹ بولنے والے آلے کے ساتھ منسلک کر کے ثبوت دیں۔ کیا اس عمل سے آپ کی دوستی کو نقصان نہیں پہنچے گا؟ اگر وہ آپ کے ہر جواب پر یہ مطالبہ کرے تو کیا اس سے آپ کے تعلقات پر کوئی اثر پڑے گا؟ یقیناً پڑے گا۔ دوستی کا لطف ہی تب ہے جب ہم اعتماد کریں اور ایک دوسرے کا یقین کریں۔

اسی طرح ایک اور مثال جذبات کی ہے۔ ہمیں یہ کیسے پتا چلے گا کہ کوئی مایوس ہے؟ کیا ہمارے پاس مایوسی کو جانچنے کے لیے بھی کوئی آلہ ہے، جسے ہم استعمال کر سکیں؟ اگرچہ کچھ ظاہری نشانیاں اور مشاہدات اس ضمن میں مدد دیتے ہیں، مگر اصل چیز ماہر نفسیات اور مریض کے درمیان گفتگو ہی ہوتی ہے، جو سوال و جواب پر مبنی ہوتی ہے۔ لازم ہوتا ہے کہ ہم مریض کی باتوں پر یقین

کریں۔ لہٰذا مجھے یہ لگتا ہے کہ انسانی زندگی کے بعض شعبوں میں صرف مشاہدہ ہی کافی نہیں ہوتا جیسا کہ دوستی اور ذہنی معاملات میں۔ چنانچہ ثابت یہ ہوا کہ سائنس صرف تجربے پر کلی انحصار نہیں کر سکتی، بلکہ اسے باہمی اعتماد اور یقین سے بھی کام لینا پڑتا ہے۔

سائنس صرف صیغۂ غائب (تھرڈ پرسن) کی معلومات پر کام کر سکتی ہے جبکہ ذاتی اوصاف جیسے کہ احساسات اور تجربات صیغۂ متکلم (فرسٹ پرسن) کی معلومات ہیں۔ فرینک جیکسن کی دلیل مریم (جس کی تفصیل باب نمبر 7 میں گزری ہے) یہ ظاہر کرتی ہے کہ صیغۂ غائب کی تمام طبیعی معلومات سے آگہی بھی تمام حقائق تک رسائی کی ضامن نہیں۔ یعنی وہ ہمیں صیغۂ متکلم کی داخلی کیفیات کے بارے میں کوئی معلومات نہیں دے سکتیں۔ کسی ذی روح کے لیے داخلی ذاتی شعوری حالت کے کسی تجربے سے دو چار ہونا کیسا ہے؟ اس بارے میں سائنس ہمیں کچھ نہیں بتا سکتی (باب 7 ملاحظہ کیجیے)۔ کسی بھی قسم کے جواب کا واحد راستہ یہ ہے کہ کسی اور کے ذاتی خیالات اور شعوری تجربوں کی وضاحت پر اعتماد کیا جائے (حالانکہ اس کے باوجود بھی آپ واقعتاً یہ نہیں جان پائیں گے کہ یہ تجربہ ان کے لیے حقیقتاً کیسا ہے)۔ سادہ سی بات ہے: سائنس نفسِ انسانی (پرسنل) کی جانچ پر کھ نہیں کر سکتی۔

سائنس 'کیوں' کا جواب نہیں دے سکتی

فرض کیجیے میری چچی آپ کے دروازے پر دستک دیتی ہیں اور آپ کو گھر میں بنا ہوا خوبصورت چاکلیٹ کیک دے جاتی ہیں۔ آپ اسے قبول کر کے اپنی میز پر رکھ دیتے ہیں۔ اس کا پہلا لقمہ لینے سے پہلے آپ کے ذہن میں یہ خیال آتا ہے کہ وہ مجھے یہ کیوں دے گئی ہیں؟ بحیثیت سائنسدان آپ اس کیک پر تحقیق کر سکتے ہیں۔ آپ اس کے اجزاء کا تو پتا لگا لیں گے، اور اس کا بھی کہ یہ کس درجۂ حرارت پر پکا ہے۔ مگر یہ تمام معلومات آپ کے سوال کا جواب نہیں دے سکتیں۔ اس کا واحد حل یہ ہے کہ آپ خاتون سے پوچھیں۔ اس مثال سے یہ واضح ہے کہ سائنس ہمیں یہ تو بتا سکتی ہے کہ 'کیا ہے؟' اور 'کیسے ہے؟' مگر یہ نہیں بتا سکتی کہ 'کیوں ہے؟' 'کیوں' سے ہماری مراد یہ ہے کہ ہر چیز کے پیچھے کوئی مقصد ہوتا ہے۔ پہاڑوں کا وجود کیوں ہے؟ سائنس اس کا جواب زمینی عوامل یا مادی اسباب کی بنیاد پر تو دے سکتی ہے مگر پہاڑوں کے وجود کے پیچھے اصل

مقصد کیا تھا؟ سائنس یہ نہیں بتا سکتی۔ بہت سے لوگ اس بات ہی کا انکار کردیں گے کہ ہر کام کا کوئی مقصد ہوتا ہے۔

'کیوں ہے؟' کا سوال براہِ راست مقصد کی تلاش ہے؛ اور بہت سے ملحدین یہ خیال کرتے ہیں کہ مقصد تلاش کرنا محض مذاہب کی دقیانوسی سوچ کی وجہ سے ہے۔ دنیا میں اپنے وجود کو اس نظر سے دیکھنا بے فائدہ ہے۔ (الحادی نقطہ نگاہ سے) ایسی دنیا میں ہر چیز کی وضاحت ان طبیعیاتی عوامل سے کی جا سکتی ہے جو ہمارے اختیار سے باہر ہیں۔ ہم ڈومینوز (dominoes) کی اس گرتی ہوئی قطار میں سے ایک ڈومینو ہیں۔ ہمیں گرنا ہی ہے، کیونکہ ہم سے پچھلا ڈومینو گر گیا ہے۔ نہ صرف یہ کہ یہ غیر معقول بات ہے بلکہ یہ ہمارے اس مزاج سے بھی متضاد ہے جو ہم روزمرہ زندگی میں سوچ بچار اور استدلال کرتے ہوئے اپناتے ہیں۔ تصور کیجئے کہ آپ یہ کتاب پڑھتے پڑھتے آخری باب تک پہنچ جاتے ہیں اور آپ کو آخر میں یہ جملہ لکھا ہوا ملتا ہے: "اس کتاب کو لکھنے کا کوئی مقصد نہیں!" تو کیا آپ اس جملے کو سنجیدہ مان لیں گے؟

سائنس کئی مابعدالطبیعیاتی سوالوں کا جواب نہیں دے سکتی

بعض سوالات ایسے ہیں جنہیں تجربے سے آزما کر سائنسی جواب نہیں دیا جا سکتا۔ مثلاً سائنس کے شعبے "کونیات" کی بدولت ہم ابتدائے کائنات (اور کائناتی ارتقاء) پر سائنسی بحث کے قابل ہو گئے ہیں۔ مگر پھر بھی، کونیات چند معقول سوالوں کے جواب نہیں دے پاتی۔ جیسے کہ:

- استخراجی منطق سے اخذ کردہ نتائج کو پہلے سے موجود مقدمے کی لازماً پیروی کیوں کرنی چاہئے؟
- کیا موت کے بعد بھی کوئی زندگی ہے؟
- کیا روح کا بھی کوئی وجود ہے؟
- یہاں کچھ نہ ہونے کے بجائے کچھ کیوں ہے؟

سائنس ان سوالوں کے جوابات دینے سے قاصر ہے کیونکہ ان کا تعلق مادّی/طبیعیاتی اور مشاہداتی دنیا سے نہیں۔

ضروری سچائیاں

سائنس پرستی، ریاضی اور منطق کی ضروری سچائی (necessary truth) کو ثابت نہیں کر سکتی جیسا کہ درست استخراجی دلیل کے نتیجے کو لازماً اپنے مقدمے کی پیروی کیوں کرنی چاہیے۔ یہ دلیل دیکھیے:

- وہ نتائج جن کا دارومدار محدود مشاہدات پر ہو، وہ قطعی اور حتمی نہیں ہو سکتے۔
- سائنس کا دارومدار محدود مشاہدات پر ہے۔
- چنانچہ سائنسی نتائج قطعی یا حتمی نہیں ہو سکتے۔

اس دلیل کی معقولیت کی بنیاد مشاہداتی ثبوت نہیں۔ اس کا تعلق منطقی دلائل کے بہاؤ سے ہے اور اسے مقدمے کی سچائی سے کوئی لینا دینا نہیں۔ مقدمے اور نتیجے میں ایک منطقی ربط ہوتا ہے؛ اور اس ربط کا تعلق مشاہدے سے نہیں بلکہ ذہن سے ہے۔ کیا سائنس مقدمے اور سچائی میں منطقی ربط کا کوئی قابل مشاہدہ جواز پیش کر سکتی ہے؟ نہیں۔ جیسا کہ باب نمبر 3 میں بات ہوئی، ہمارے ذہن میں ایک دروں بیں بصیرت ہوتی ہے جو ہمیں مقدمے سے نتیجے تک پہنچاتی ہے۔ ہم ایسی چیز دیکھتے ہیں جو مشاہدے پر مبنی نہیں ہوتی۔ ایسا لگتا ہے کہ ہمارے ذہن کی اندرونی منطقی ساخت یا کچھ ایسے پہلو ہیں جو اس قسم کے استدلال میں سہولت دیتے ہیں۔ مشاہدے کی کوئی شکل استخراجی دلیل کے بہاؤ کو صحیح ثابت نہیں کر سکتی۔

ریاضیاتی سچائیاں، جیسے کہ "3+3=6" بھی لازمی سچائیاں ہیں اور خالص مشاہداتی طور پر حاصل شدہ نتائج نہیں۔[333] مثلاً پوچھا جائے کہ ایک فلفا جمع ایک فلفا کیا ہو گا تو لازمی جواب ہو گا "دو فلفا"، چاہے یہ معلوم ہی نہ ہو کہ "فلفا" کس بلا کا نام ہے۔ ہم صرف یہی جانتے ہیں کہ ایک اور ایک، دو ہوتے ہیں۔

علم و حکمت کے دیگر ذرائع

سائنس علم و آگہی کے دوسرے ذرائع کی وضاحت نہیں کر سکتی جیسا کہ بیانِ حلفی کی بنیاد پر حاصل ہونے والا علم۔ نظریۂ علم کی یہ شاخ "اس سے متعلق ہے کہ ہم دوسروں کی بتائی ہوئی باتوں

سے علم اور معقول عقائد کس طرح حاصل کرتے ہیں۔"[332] چنانچہ نظریۂ علم کے پیش نظر ایک اہم ترین سوال یہ ہے:"ہم دوسروں کے اقوال کی بنیاد پر علم کیسے حاصل کرتے ہیں؟"[333] پروفیسر بینجمن مک مائلر اس بات کا خلاصہ یوں پیش کرتے ہیں:

"مجھے یہ چند باتیں معلوم ہیں۔ مجھے پتا ہے کہ گریٹر ہیوسٹن کے علاقے میں سب سے زیادہ تعداد میں پایا جانے والا زہریلا سانپ 'کاپر ہیڈ' ہے۔ مجھے معلوم ہے کہ نپولین واٹرلُو کی جنگ ہار گیا تھا۔ میں جانتا ہوں کہ اس وقت جبکہ میں یہ لکھ رہا ہوں، امریکہ میں پیٹرول کی قیمت 4.10 ڈالر فی گیلن ہے … یہ سب وہ باتیں ہیں جو میں اس بنیاد پر جانتا ہوں جسے ماہرینِ علم، گواہی (testimony) کہتے ہیں، یعنی ایک یا بہت سے لوگوں سے سن کر معلومات لینا۔"[336]

بینجمن کا خلاصہ خاصا وجدانی ہے اور ان اسباب پر روشنی ڈالتا ہے کہ ہم کیوں یہ دعویٰ کرتے ہیں کہ کچھ علم کلیتاً شہادت پر مبنی ہے۔ مثلاً یہ یقین کرنا کہ زمین گول ہے۔ اس کا دارومدار، ہم میں سے بہت سوں کے لیے، ریاضی یا سائنس پر نہیں بلکہ گواہی سے حاصل شدہ معلومات ہی پر مبنی ہے۔ ہو سکتا ہے اس پر آپ کا ردِعمل کچھ اس قسم کا ہو:"میں نے تصاویر دیکھی ہیں،"" میں نے یہ سائنس کی کتابوں میں پڑھا ہے،""میرے تمام اساتذہ نے یہی بتایا ہے،"" میں بلند ترین پہاڑ کی چوٹی پر جا کر زمین کی گولائی کو دیکھ سکتا ہوں،" وغیرہ۔ ان تمام جوابات کی عقلی چھان بین کے بعد اندازہ ہوتا ہے کہ ان سب کا دارومدار انہی معلومات پر ہے جو ہمیں لوگوں سے سن کر حاصل ہوئی ہیں۔ تصاویر کا مصور/ فوٹوگرافر، کتاب کا مصنف اور استاد، یہ سب وہ ذرائع ہیں جن کا ہم یقین کر رہے ہیں، اور پہاڑ کی چوٹی پر جا کر تحقیق کرنے والی بات بھی سنی سنائی ہے کیونکہ ہم میں سے اکثریت نے یہ کبھی ایسا نہیں کیا۔ آپ کا یہ مفروضہ کہ پہاڑ کی چوٹی پر کھڑے ہو کر آپ تمام زمین کی گولائی کا پتا چلا سکتے ہیں، بذاتِ خود ایک سنی سنائی بات ہے۔ اگر آپ نے پہلے یہ کیا بھی ہو تو یہ زمین کی گولائی کو درست ثابت نہیں کر سکتا۔ چوٹی پر کھڑے ہو کر زیادہ سے زیادہ صرف اتنا معلوم ہو گا کہ زمین اس چوٹی کے ارد گرد گول ہے۔ اس کا باقی حصہ سیدھا بھی ہو سکتا ہے، یہ آدھی گول بھی ہو سکتی ہے اور پھول کی طرح بھی ہو سکتی ہے۔ خلاصہ یہ کہ ہماری اکثریت جن حقائق کو

تسلیم کرتی ہے وہ درحقیقت دوسروں کی گواہیوں (بیاناتِ حلفی) پر مبنی ہیں۔

دوسروں سے حاصل شدہ معلومات پر تکیہ کئے بغیر علمی ترقی ممکن ہی نہیں۔ نظریۂ علم کے پروفیسری اے جے کو ڈی اب تک پیش کئے گئے دلائل کا خلاصہ بیان کرتے ہوئے ایسی باتوں کی فہرست بناتے ہیں جو صرف گواہی کی بنیاد پر ہی قبول کی گئی ہیں: ''ہم میں سے بہت سے لوگوں نے بچہ پیدا ہوتا دیکھا ہوگا، نہ ہی خون کی گردش کا مشاہدہ کیا ہوگا، نہ زمین کے اصل جغرافیہ کو دیکھا ہوگا، نہ ملکی قوانین کا مطالعہ کیا ہوگا، نہ کبھی اس بات کا مشاہدہ کیا ہوگا کہ آسمان میں روشنی جن اجسام کی وجہ سے ہے وہ کتنے فاصلے پر ہیں۔''[337] گواہی (بیانِ حلفی) کی اہمیت کے موضوع پر مزید تفصیل کے لیے باب نمبر 13 ملاحظہ کیجیے۔

الغرض یہ نظریہ کہ سائنس ہی وہ واحد ذریعہ ہے کہ جس سے حقائق کو جانا جا سکتا ہے، یکسر غلط ہے۔ سائنس پرستی کا نظریہ اپنا رد خود کرتا ہے: سائنس، علم حاصل کرنے کا محدود ذریعہ ہے۔ اسے اخلاقی، ریاضیاتی اور منطقی سچائیاں جاننے کے لیے استعمال نہیں کیا جا سکتا۔

مفروضہ 2: چونکہ اس سے کام چلتا ہے، لہٰذا یہ صحیح ہے

یہ منطقی طور پر لازم نہیں کہ اگر کسی چیز سے کام چل رہا ہو تو وہ سچ بھی ہو۔ اس کے باوجود، سائنس کے فلسفے سے عوامی لاعلمی کی وجہ سے، رچرڈ ڈاکنز جیسے مشہور لوگ عوامی سطح پر اس جھوٹ پر ابھی تک ڈٹے ہوئے ہیں کہ سائنسی نتائج سچے ہیں کیونکہ ان سے کام چل جاتا ہے۔ ایک جلسہ عام میں ڈاکنز سے پوچھا گیا کہ سائنس پر ہم کس حد تک یقین کر سکتے ہیں۔ اس کا جواب، جیسا کہ پہلے ذکر کیا گیا تھا، بھونڈا اور غیر معقول تھا۔ ڈاکنز واضح طور پر غلطی پر تھا، یہ صحیح نہیں کہ اگر کوئی چیز کام کر رہی ہے، تو وہ حقیقت میں سچ ہے۔ اس نکتے کو ثابت کرنے کے لیے فلوجسٹن تھیوری ایک مناسب مثال ہے۔

پرانے وقتوں میں کیمیا دانوں نے ایک نظریہ پیش کیا تھا کہ تمام آتش گیر چیزوں میں ایک خاص طرح کا مادہ ہوتا ہے جسے انہوں نے فلوجسٹن کا نام دیا۔ اس نظریے کے مطابق، جب کوئی آتش گیر چیز جلتی ہے تو اس دوران وہ ''فلوجسٹن'' کا اخراج کرتی ہے۔ مزید برآں، جس چیز میں جتنا زیادہ فلوجسٹن ہوگا، وہ اتنی ہی زیادہ آتش گیر ہوگی۔ اس نظریے کو سائنسی برادری نے ایک

لمبے عرصے تک بطور حقیقت اپنائے رکھا، کیونکہ یہ ''عملی طور پر'' بہت عمدگی سے کام کر رہا تھا۔ یہاں تک کہ 1772ء میں ڈین ردر فورڈ نے نائٹروجن دریافت کرنے کے لیے یہ نظریہ استعمال کیا اور (نائٹروجن کو) ابتداء میں ''فلوجسٹن زدہ ہوا'' کہا۔ تاہم بعد میں فلوجسٹن کا نظریہ غلط نظریہ ثابت ہوا۔ فلوجسٹن کا کوئی وجود نہیں تھا! یہ مثال ان بہت سی مثالوں میں سے ایک ہے جو یہ ظاہر کرتی ہیں کہ ایک نظریہ کام بھی کر سکتا ہے اور نئی سائنسی سچائیوں کو بھی پیش کر سکتا ہے؛ اور اس کے بعد غلط بھی ثابت ہو سکتا ہے۔ سبق عیاں ہے: محض اس لئے کہ کسی چیز سے کام چل رہا ہے، یہ لازم نہیں آتا کہ وہ سچ ہے۔ کچھ اناڑی معترضین کہیں گے کہ مذکورہ بالا مثال مخصوص ہے اور وہ جدید سائنس پر لاگو نہیں ہو سکتی۔ ان کا خیال ہے کہ فلوجسٹن کا نظریہ مکمل نظریہ نہیں تھا اور اس کے بارے میں مفروضات تھے جبکہ آج کے سائنسی نظریات ان پریشانیوں کا شکار نہیں۔ یہ سراسر غلط ہے۔ ایک تصدیق شدہ نظریے کی مثال ڈارون کا ارتقائی نظریہ ہے۔ بہت سے مشہور و معروف سیکولر محققین کے مطابق، یہ نظریہ مفروضوں پر مبنی ہے، جو نسبتاً قیاس آرائیاں ہیں، جبکہ اس کے بنیادی تصورات کے بارے میں بھی تنازعات ہیں۔ [338]

سائنس اگر بالکل مخالف سمت میں بھی مڑ جائے تو اسے یہ پروا نہیں ہوتی کہ (سائنس کی) گاڑی میں بیٹھے مسافر کون ہیں۔ یہاں تک کہ ایسی چیزیں جو بظاہر درست، نا قابلِ تردید اور قابل مشاہدہ لگتی ہیں، وہ تہہ و بالا ہو سکتی ہیں۔ اس کی ایک نسبتاً حالیہ مثال یورپ میں نینڈرتھل (Neandarthal) کی کھوپڑیوں کا مطالعہ ہے۔ ڈارونی ماہرین حیاتیات نے استدلال کیا کہ نینڈرتھل ہمارے ارتقائی اجداد تھے۔ درسی کتابوں، دستاویزی فلموں اور عجائب گھروں میں یہی ''سائنسی سچائی'' بتائی جاتی تھی۔ 1997ء میں ماہرین حیاتیات نے اعلان کیا کہ جدید ڈی این اے ٹیسٹنگ کی بنیاد پر معلوم ہوا کہ نینڈرتھل ہمارے اجداد نہیں ہو سکتے۔

(آج یہ تسلیم کیا جاتا ہے کہ جدید انسان اور نینڈرتھل ایک لمبے عرصے تک ایک ساتھ رہے ہیں جبکہ نینڈرتھل کو ''جدید انسانوں کا قریبی رشتہ دار'' کہا جانے لگا ہے۔ مترجم)

سائنس کے تمام پہلو، یہاں تک کہ وہ ذیلی نظریات بھی جو ہر شعبے میں بڑے نظریات کا حصہ بنتے ہیں، بالآخر اپنے نتائج پر نظر ثانی کریں گے۔ سائنس کی تاریخ اسی رجحان کو ظاہر کرتی ہے، لہٰذا یہ کہنا کہ ''سائنسی سچائیاں'' غیر متغیر (کبھی تبدیل نہ ہونے والی) ہیں، نہ صرف غیر معقول

بلکہ ناقابلِ عمل بھی ہے۔ تمام سائنسی نظریات ''تخمینی ماڈل'' اور ''کام جاری ہے'' کے عکاس ہوتے ہیں۔ اب اگر کوئی دعویٰ کرے کہ مطلق سائنسی سچائیوں جیسی کوئی چیز ہے، تو پھر وہ اس کی وضاحت کیسے کرے گا کہ کوانٹم میکانیات اور عمومی نظریہ اضافیت، دونوں ماہرینِ طبیعیات کے مطابق درست ہیں لیکن اپنی بنیاد میں ایک دوسرے سے متصادم کیوں ہیں؟ ظاہر ہے کہ یہ دونوں مطلق معنوں میں سچ نہیں ہو سکتے۔ یہی بات مدِنظر رکھتے ہوئے، طبیعیات میں ان دونوں کو ''کارگر ماڈل'' (ورکنگ ماڈل) سمجھا جاتا ہے (یعنی یہ ''ٹھیک کام کرتے ہیں'') جبکہ مزید سائنسی پیشرفت کے لیے یہی نقطہ نظر اختیار کیا جاتا ہے۔ لہٰذا یہ خیال کہ ''سائنسی سچائیاں'' حتمی ہیں، ایک گمراہ کن، ناقابلِ عمل اور خطرناک سوچ ہے۔ مؤرخین اور سائنس کے فلسفیوں نے ایسی زبان استعمال کرنے کی سخت مخالفت کی ہے۔ سائنسی فلسفی گیلیان بارکر اور فلپ کچر نے اس نکتے کو انتہائی مؤثر طریقے سے بیان کیا ہے: ''سائنس 'قابلِ نظرِ ثانی' (revisible) ہے۔ لہٰذا، سائنسی 'ثبوت' کی بات کرنا خطرناک ہے، کیونکہ یہ اصطلاح ایسے نتائج کے خیال کو پروان چڑھاتی ہے جو پتھر پر لکیر کی مانند ہوں۔''[339]

مفروضہ 3: سائنس یقینی علم کی طرف رہنمائی کرتی ہے

سائنسی فلسفے کے بارے میں کچھ ملحدین کی سمجھ انتہائی غلط ہے۔ وہ فرض کر لیتے ہیں کہ ایک بار جب سائنس کسی چیز کو ''سچائی'' (fact) قرار دے دیتی ہے تو وہ مطلق سچ ہو جاتی ہے اور کبھی تبدیل نہیں ہوتی۔ تاہم اس سے سائنس میں بنیادی حل طلب مسائل کے بارے میں معلومات کا فقدان بے نقاب ہوتا ہے۔ ان میں سے ایک مسئلہ، جو ہماری بحث سے متعلق ہے، استقراء کا عمل ہے۔ اگرچہ سائنس دان کئی طریقوں سے کسی نظریئے کی تصدیق کرتے ہیں یا مشاہداتی اعداد و شمار کے ذریعے سے کوئی نتیجہ اخذ کرتے ہیں، مگر استقرائی طرزِ استدلال ان میں سے بیشتر کی بنیادی حیثیت رکھتا ہے۔ تاہم استقرائی دلائل کبھی بھی حتمی یقین کا باعث نہیں بن سکتے۔

استقرائی دلائل (Inductive arguments)

استقرائی دلائل کا تعلق غیر مشاہداتی علم سے ہے۔ یہ انسانی علوم، خاص طور پر سائنسی علوم

میں مرکزی کردار ادا کرتے ہیں۔ استقرائی دلائل ہمارے مشاہدے میں موجود واقعات کی مدد سے ایسے نتائج اخذ کرنے میں مددگار ہوتے ہیں جو براہ راست ہمارے مشاہدے میں نہیں ہوتے۔ ان کا اطلاق حال اور ماضی کو شامل کرنے کے لیے کیا جا سکتا ہے۔ مثال کے طور پر:

• ماضی - مقدمہ: جن تن سازوں سے میں ملا ہوں، ان کے پٹھوں میں اضافہ جانوروں کا بہت سا گوشت کھانے سے ہوا ہے۔ نتیجہ: ماضی کے تمام تن سازوں نے اضافی حیوانی لحمیات (پروٹین) کھا کر اپنے جسم بڑے کئے ہیں۔

• حال - مقدمہ: میرے دوست نے ہمیشہ بے ضرر کتے دیکھے ہیں۔ نتیجہ: تمام کتے بے ضرر ہوتے ہیں۔

• مستقبل - مقدمہ: امریکہ کے تمام صدارتی انتخابات میں ایک ڈیموکریٹ امیدوار رہا ہے۔ نتیجہ: اگلے صدارتی انتخابات میں بھی ایک ڈیموکریٹ امیدوار ہوگا۔

مذکورہ بالا نتائج یقینی طور پر مکمل یقین کی سطح تک نہیں پہنچ پاتے کیونکہ وہ استنباطی دلائل (deductive arguments) نہیں۔ مندرجہ ذیل وضاحتیں بتاتی ہیں کہ مذکورہ بالا دلائل سے حتمی نتائج کیوں نہیں ملتے:

• ماضی میں سبزی خور تن سازوں نے صرف سبزی سے حاصل کردہ لحمیات کھاتے ہوئے اپنے جسم بنائے۔

• ایسا ہو سکتا ہے کہ کچھ کتے خطرناک ہوں۔

• مستقبل میں ممکن ہے کہ امریکہ میں سیاسی منظرنامے میں ایسی تبدیلی آئے کہ ڈیموکریٹ پارٹی ہی ختم ہو جائے اور کوئی نئی پارٹی اس کی جگہ لے لے۔

استقرائی دلائل کی غیر یقینی نوعیت کی وجہ سے بہت سارے فلسفیوں نے استقراء (تلاش کرنے یا ڈھونڈنے) کی مدد سے حصولِ علم پر سوالات اٹھائے ہیں: یہ فلسفے کا وہ حصہ ہے جسے جوازِ علمیت کہتے ہیں۔ اس پوچھ گچھ کے نتیجے میں جو مسئلہ سامنے آیا، اسے استقرائی مسئلہ کہتے ہیں۔

واضح رہے کہ استقرائی دلائل اور استقرائی استدلال (ظاہری مشابہت کے باوجود) ایک دوسرے سے مختلف ہیں، کیونکہ استدلال کا تعلق حواس کے استعمال سے ہے نہ کہ نتیجہ اخذ کرنے کے طریقے سے۔ مثال کے طور پر، آپ اپنے باغ میں مینڈکوں کا مشاہدہ کرتے ہیں، اور جو آپ نے مشاہدہ کیا ہے، اس کا آپ ہو بہو اظہار کر دیتے ہیں کہ آپ کے باغ میں مینڈک ہیں۔ آپ نے نامعلوم مظاہر کے لیے کوئی نتیجہ اخذ نہیں کیا (اس معاملے میں تمام مینڈک، یا کوئی اور مینڈک، جس کا آپ نے ابھی تک مشاہدہ نہیں کیا)۔

مسئلہ استقراء

استقراء کو درپیش مسائل پر بحث کی ابتداء قدیم یونان سے ہی ہو گئی تھی، جسے عالمگیر اشتباہ [340] (Pyrrhonism) کہتے تھے۔ یہ ایک شک پرست فلسفیانہ مکتب فکر تھا۔ تاہم، یہ ڈیوڈ ہیوم تھا جس نے حقیقت کا علم فراہم کرنے کے معاملے میں استقرائی دلائل کی ناکامی کی جامع وضاحت کی۔ ہیوم کہتا ہے کہ ہمارے استدلال کی نوعیت علت و معلول (سبب اور نتیجہ) ہے اور علت و معلول کی بنیاد، تجربہ ہے۔ اس کے مطابق، چونکہ ہمارا علت و معلول کا فہم تجربے پر مبنی ہے، لہٰذا اس سے یقینی علم حاصل نہیں کیا جا سکتا۔ ہیوم کا کہنا ہے کہ محدود مجموعہ تجربات کی مدد سے ایک ان دیکھے واقعے کا نتیجہ نکالنا، کوئی یقینی بات نہیں ہو سکتی۔ [341]

پچھلی مثالوں سے ظاہر ہوتا ہے کہ استقرائی دلائل، عمومی یا کلی کی طرف منتقل ہو کر ایک نتیجہ نکالتے ہیں۔ دوسرے الفاظ میں، آپ محدود مجموعہ تجربات سے ان واقعات کا نتیجہ نکالتے ہیں جو آپ کے مشاہدے میں نہیں آئے۔ استقرائی دلائل، استنباطی لحاظ سے درست نہیں کیونکہ یہ ضروری نہیں کہ ایسا نتیجہ اپنے مقدمے کی تقلید ہی کرے۔

ہیوم اپنے اعتراض کو استقراء کی غیر یقینی صورتحال تک محدود نہیں کرتا بلکہ وہ دعویٰ کرتا ہے کہ یہ کسی بھی طرح سے قابل قبول نہیں۔ استقرائی دلائل اس مفروضے پر مبنی ہیں کہ ''مستقبل، ماضی سے ملتا جلتا ہوگا'' جس سے یہ ظاہر ہوتا ہے کہ کارخانہ قدرت یکساں ہے۔ تاہم اس مفروضے کو صحیح ثابت کرنے کا واحد راستہ استقرائی دلیل کا استعمال ہی ہوگا۔ ہیوم کے مطابق یہ استدلال گول دائرے میں بحث کرنا ہے، کیونکہ اس صورت میں ہمارا مفروضہ خود اسی چیز پر مبنی ہے جسے ہم جواز

فراہم کرنا چاہتے ہیں۔ اس مفروضے کی بنیاد پر کسی استقرائی دلیل کو ثابت کرنا ایسا ہی ہے جیسے استقرائی دلیل کو استقرائی دلیل ہی کی مدد سے ثابت کرنا۔ آخر کار ایسا ہو بھی سکتا ہے کہ نظامِ فطرت یکساں ہی نہ ہو۔[342]

خلاصہ یہ کہ ہیوم کا اعتراض یہ ہے کہ ہم استقرائی دلائل کا منطقی جواز پیش نہیں کر سکتے۔ یہ مفروضہ کہ ”فطرت کبھی نہ بدلنے والی ہے“ استقرائی دلیل پر مبنی ہے۔ لہٰذا اس مفروضے کو استقرائی دلائل کے جواز کے لیے استعمال کرنا ایسے ہے جیسے ”قرض واپس کرنے کے لیے یہ تحریری وعدہ کرنا کہ میں وعدہ کرتا ہوں کہ میں اپنے وعدے کا پاس رکھوں گا۔“[343]

استقرائی دلیل بطور سائنسی مسئلہ

چونکہ استقرائی دلائل یقین کو جنم نہیں دے سکتے، لہٰذا سائنسی نتائج اخذ کرنے کے لیے یہ ایک مسئلہ بن جاتا ہے۔ سائنس دان ان اعداد و شمار سے نتائج اخذ کرنے پر کثرت سے انحصار کرتے ہیں جن کا انہوں نے مشاہدہ کیا ہے۔ تاہم، چونکہ تمام مشاہدات محدود ہیں یا مشاہدہ کردہ اعداد و شمار کے ایک خاص مجموعہ پر مبنی ہوتے ہیں، لہٰذا محدود اعداد و شمار پر مبنی کسی نتیجے پر پہنچنا یقینی نہیں ہوگا۔

سائنس کی تاریخ میں بے شمار مثالیں ہیں جو اس کی تغیر پذیر فطرت کو اجاگر کرتی ہیں۔ سائنس کے ہر شعبے میں مروجہ نظریات، ماضی سے بہت مختلف ہیں۔ سمیر عکاشہ، جو آج کل برطانیہ کی برسٹل یونیورسٹی فلسفۂ سائنس کے پروفیسر ہیں، کہتے ہیں کہ اگر ہم کسی بھی سائنسی شعبے کو چنتے ہیں تو ہم ”یقین سے کہہ سکتے ہیں کہ آج اس شعبے میں مروجہ نظریات 50 سال پہلے سے بہت مختلف ہوں گے، اور 100 سال پہلے سے تو زمین و آسمان کا فرق ہوگا۔“[344]

نیوٹن کی وضاحتِ کائنات کے بعد سے بیسویں صدی عیسوی کے آغاز تک، طبیعیات صاف ستھری دکھائی دے رہی تھی۔ لگ بھگ 200 سال تک کسی نے بھی اس (نیوٹن کی وضع کردہ میکانیات) پر اعتراض نہیں کیا تھا کہ یہ ”سائنسی اعتبار سے ثابت شدہ“ تھی، کیونکہ یہ ”کام کرتی ہے۔“ تاہم کوانٹم میکانیات اور عمومی نظریۂ اضافیت نے نیوٹن کے نظریۂ کائنات کو بدل کر رکھ دیا۔ نیوٹن کی میکانیات میں زمان و مکان کو مستقلاً مقرر اشیاء قرار دیا جاتا ہے لیکن البرٹ آئن اسٹائن

نے ثابت کیا کہ یہ نسبتی اور تغیراتی (بدلتے رہنے والے) ہیں۔ آخرکار، ایک مدت کے شور و غل کے بعد، کائنات کے آئن اسٹائن ماڈل نے 'نیوٹن ماڈل' کی جگہ لے لی۔ سائنس کی تاریخ پر ایک سرسری نظر ڈالنے سے استقرائی مسئلے کی حقیقت کی تصدیق ہوتی ہے: یہ امکان ہمیشہ رہتا ہے کہ ایک نیا مشاہدہ، پچھلے نتائج سے انکار کر دے۔

سائنس اور الہامی کتابیں

چونکہ سائنسی نتائج لچک دار ہوتے ہیں اور استقرائی دلائل قطعی یقین کا باعث نہیں ہوتے، لہٰذا یہ نتیجہ اخذ کیا جا سکتا ہے کہ جسے ہم "سائنسی سچائی" کہتے ہیں، اسے قطعی نہیں سمجھا جانا چاہیے۔ سائنس میں کوئی چیز پتھر پر لکیر نہیں ہوتی۔ ہاں! کچھ چیزیں ایسی ہیں جن کے بارے میں ہمیں شک نہیں ہونا چاہیے، جیسے: زمین کی گولائی، کشش ثقل کا وجود اور مداروں کی بیضوی شکلیں۔

بہت سے ملحد، (سائنسی) حقائق بیان کرنے میں ناکامی پر مذہبی صحیفوں کا مذاق اڑاتے ہیں۔ سائنس اور مذہبی قدامت پسندی کے بارے میں بہت سے آن لائن اور آف لائن مباحث ہیں۔ یہاں تک کہ عام ٹیلی ویژن پروگراموں میں بھی قدرتی دنیا کے مذہبی نقطۂ نظر پر بحثیں ہوتی رہتی ہیں۔ تاہم مذکورہ بالا بحث کی روشنی میں ہم نے "سائنس بمقابلہ مذہب" کی ایک غلط تقسیم تشکیل دے دی ہے۔ کسی ایک کو دوسرے پر فوقیت دینا اتنا آسان نہیں۔

سائنس، فطری (مادّی) دنیا کے لیے استدلال کے اسلوب کا نام ہے۔ سائنس یہ سمجھنے کی کوشش کرتی ہے کہ دنیا کیسے کام کرتی ہے۔ قرآنِ کریم مظاہرِ فطرت کی طرف بھی اشارہ کرتا ہے اور، لامحالہ، (بعض قرآنی آیات میں پیش کردہ نکات) سائنسی نتائج سے براہِ راست تصادم بھی ہو چکے ہیں۔ جب کوئی تنازعہ کھڑا ہو جاتا ہے تو بے وجہ گھبرانے یا سائنس سے مطابقت نہ رکھنے والی آیاتِ قرآنی سے انکار کی کوئی ضرورت نہیں؛ اور نہ ہی کوئی اس صورتحال کو یہ دعوٰی کرنے کے لیے استعمال کر سکتا ہے کہ قرآن غلط ہے (نعوذ باللہ)۔ ایسا کرنے کے لیے یہ فرض کیا جائے گا کہ سائنسی نتائج بالکل درست اور مطلقاً سچ ہیں اور کبھی تبدیلی نہیں ہوں گے۔ یہ واضح طور پر غلط ہے۔ تاریخ سے پتا چلتا ہے کہ سائنس اپنے نتائج پر نظرِ ثانی کرتی رہتی ہے۔ اس حقیقت پر یقین کرنا سائنس کی مخالفت نہیں۔ ذرا تصور کیجیے کہ اگر سائنس دانوں کو ماضی کے نتائج کو چیلنج کرنے کی

اجازت نہ دی گئی ہوتی تو ہم کتنی ترقی کر سکے ہوتے؟ ایسی صورتحال میں کوئی ترقی نہ ہوتی۔ سائنس مطلق حقائق کا مجموعہ نہیں اور نہ ہی کبھی رہی ہے۔

چونکہ قرآن کے کلامِ الٰہی ہونے کے دعوے کے حق میں بہترین دلائل موجود ہیں (باب 13 دیکھیے)، پھر اگر قرآن مجید محدود انسانی علم سے متصادم ہوتا ہے تو اس سے زیادہ الجھنیں نہیں پیدا ہونی چاہئیں۔ یاد رکھیے، اللہ تعالیٰ کے پاس پوری تصویر ہے اور ہمارے پاس صرف ایک ٹکڑا ہے۔ 1950ء کی دہائی تک آئن اسٹائن سمیت تمام طبیعیات دان یہ مانتے تھے کہ کائنات ابدی ہے۔ تمام سائنسی معلومات اور اعداد و شمار اس کی تائید کرتے تھے، اور یہ عقیدہ قرآن کے ساتھ متصادم تھا کیونکہ قرآن کریم واضح طور پر بیان کرتا ہے کہ کائنات کی ابتداء ہوئی تھی۔ تاہم نئے مشاہدات نے، جو طاقتور اور جدید دوربینوں کی مدد سے کئے گئے تھے، طبیعیات دانوں کو "مستحکم حالت" (اسٹیڈی اسٹیٹ) والے کائناتی ماڈل (دائمی کائنات) کو ترک کرنے پر مجبور کر دیا اور اس کی جگہ "بگ بینگ ماڈل" نے لے لی (جو یہ کہتا ہے کہ ہماری کائنات کی ابتداء ممکنہ طور پر تقریباً 13.713 ارب سال پہلے ہوئی تھی)؛ اور اس طرح سائنس، قرآن سے ہم آہنگ ہو گئی۔ سورج کے بارے میں قرآنی نظریے کے ساتھ بھی ایسا ہی ہوا۔ قرآن بتاتا ہے کہ سورج کا ایک مدار ہے۔ ماہرین فلکیات نے یہ کہہ کر اس کا انکار کر دیا کہ سورج تو غیر متحرک اور اپنی جگہ ٹھہرا ہوا ہے۔ سائنس دانوں کے مشاہدے اور قرآن مجید کے درمیان یہ سب سے بڑا اور براہ راست تضاد تھا۔ تاہم ہبل دوربین کی دریافتوں کے بعد ماہرین فلکیات نے اپنے نتائج پر نظرِ ثانی کی تو معلوم ہوا کہ سورج ہماری کہکشاں کے مرکز کے گرد چکر لگا رہا ہے۔

(نوٹ: 1929ء میں امریکی ماہرِ فلکیات ایڈون ہبل نے اپنے مشاہدات سے نہ صرف دوسری کہکشائیں دریافت کیں بلکہ یہ بھی معلوم کیا کہ یہ کہکشائیں مسلسل ایک دوسرے سے دور جا رہی ہیں، یعنی کائنات پھیل رہی ہے۔ اس دریافت سے یہ خیال پیدا ہوا کہ اگر کہکشائیں ایک دوسرے سے دور جا رہی ہیں تو ماضی میں، شاید اربوں سال پہلے، یہ سب کسی ایک نقطے پر مرکوز رہی ہوں گی۔ یعنی کائنات کی کوئی نہ کوئی ابتداء ضرور ہوئی ہوگی۔ تاہم ساکن حالت والا کائناتی ماڈل ان دنوں بہت مقبول تھا۔ لہٰذا کئی سائنسدانوں نے، پھیلتی کائنات سے انکار کیے بغیر، ابدی کائنات کے حق میں دلائل دیے۔ یہ مسئلہ حتمی طور پر 1964ء میں آرنو پنزیاس اور

رابرٹ ولسن نے اس وقت حل کیا جب انہوں نے ''خردموجی کائناتی پس منظر'' یعنی ''کوسمک مائیکرو ویو بیک گراؤنڈ'' دریافت کیا، جسے ''بگ بینگ کی باقیات'' بھی قرار دیا جاتا ہے۔اسی طرح ہماری کہکشاں میں سورج کے راستے یعنی ''سولر ایپکس'' کا اوّلین اندازہ ولیم ہرشل نے لگایا، جو اٹھارہویں صدی عیسوی کا ایک امریکی ماہر فلکیات تھا۔البتہ، ان دنوں ''شمس مرکزی'' یعنی ''ہیلیو سینٹرک'' نظریہ زیادہ مشہور تھا۔ بیسویں صدی کے ابتدائی **50** برسوں میں یہ بات بھی خاصے وثوق سے معلوم کر لی گئی تھی کہ سورج ہماری ملکی وے کہکشاں کے مرکز کے گرد چکر لگا رہا ہے اور یہ بھی کہ وہ اپنا ایک چکر تقریباً **22** کروڑ سال میں مکمل کرتا ہے۔ان معلومات کی تصدیق ناسا، اسپیس ڈاٹ کام، ایسٹرونومی میگزین اور وکی پیڈیا جیسے معتبر ذرائع سے کی جاسکتی ہے۔مترجم)

پھر بھی اس کا مطلب یہ نہیں کہ قرآن ''سائنس'' کی ایک کتاب ہے۔ یہ ''نشانیوں'' (signs) کی کتاب ہے۔قرآن کریم قدرتی مظاہر سے متعلق کوئی تفصیل نہیں بتاتا۔قرآن جن چیزوں کا حوالہ دیتا ہے،ان میں سے بیشتر کا مشاہدہ کیا جاسکتا ہے اور تصدیق کی جاسکتی ہے۔عالمِ فطرت کی طرف اشارہ کرنے والی آیات کا بنیادی مقصد کسی مافوق الفطرت طاقت اور حکمت کی طرف اشارہ کرنا ہے۔ان کا مقصد واضح سائنسی تفصیلات فراہم کرنا ہرگز نہیں۔ یہ تفصیلات و جزئیات وقت کے ساتھ بدل سکتی ہیں۔تاہم حقیقت یہ ہے کہ قدرتی مظاہر کے پیچھے ایک طاقت اور دانشمندی ہے جو ایک لازوال حقیقت ہے۔اس نقطہ نظر سے قرآن مجید اور سائنسی نتائج کے مابین تنازعہ غالباً جاری رہے گا، کیونکہ یہ علم کی دو بالکل مختلف قسمیں ہیں۔

تاہم اس بحث سے مسلمانوں اور مذہبی لوگوں کو سائنسی نتائج سے انکار کی ترغیب نہیں ملنی چاہئے۔ایسا کرنا مضحکہ خیز ہوگا، بلکہ تصدیق شدہ سائنسی نظریات اور الہامی سچائیاں، دونوں کو قبول کرنا چاہئے، خواہ وہ ایک دوسرے سے متصادم ہی کیوں نہ ہوں۔ سائنسی نتائج کو عملی نمونوں کے طور پر قبول کیا جاسکتا ہے، جو بدل بھی سکتے ہیں اور مطلق نہیں؛اور الہامی سچائیوں کو اعتقادات کے طور پر قبول کیا جا سکتا ہے۔ اگر کسی سائنسی نتیجے اور قرآن مجید کے مابین موافقت کی کوئی صورت نظر نہیں آتی تو آپ کو وحی کو مسترد کرنے اور اس زمانے کی سائنس کو قبول کرنے کی چنداں ضرورت نہیں۔اس کے برعکس، سائنس کو بھی مسترد نہیں کیا جانا چاہئے۔جیسا کہ پہلے ذکر کیا گیا ہے،سائنسی اور الہامی حقائق، دونوں کو قبول کرنا آپ کا علمی حق ہے۔سائنس اور وحی سے متعلق

متوازن اور متناسب نقطہ نظر یہ ہے کہ سائنس کو تسلیم کیجیے اور علمی ثبوت کو خود اپنے حق میں گواہی دینے دیجیے۔ تاہم اس ضمن میں یہ خیال رہے کہ یقین کی لمبی لمبی علمی چھلانگیں نہ لگائی جائیں کہ ہم نے جو ثبوت حاصل کر لیے اور جو نتائج ہم نے اخذ کیے، وہ الہامی سچ کی مانند حتمی ہیں۔ سائنس بدل سکتی ہے۔ بنا بریں، اس نقطہ نظر میں وحی کو قبول کرنا بھی شامل ہے۔ خلاصہ یہ کہ ہم سائنسی نتائج کو عملی طور پر اور کام چلاؤ نمونے کے طور پر قبول کر سکتے ہیں، لیکن اگر کوئی چیز وحی سے متصادم ہے (دونوں کے مابین موافقت کی کوشش کے بعد)، تو آپ کو اپنے عقائد میں ان سائنسی نتائج کو شامل کرنے کی ضرورت نہیں۔ یہی وجہ ہے کہ مسلمانوں کو ڈارون کے نظریہ ارتقاء سے انکار کرنے کی ضرورت نہیں۔ وہ اسے موجودہ ''کام چلاؤ نمونے'' کے طور پر لے سکتے ہیں، لیکن یہ خیال رکھتے ہوئے کہ اس کے کچھ پہلو وحی کے ساتھ میل نہیں کھاتے۔ یاد رکھیے، صرف اس وجہ سے کہ کوئی ماڈل فی الحال کام کر رہا ہے، یہ لازم نہیں آتا کہ یہ مطلقاً صحیح ہے۔ یہ بھی مد نظر رکھنا ضروری ہے کہ سائنسی علم اور وحیٔ الہی دو مختلف مصادر رکھتے ہیں۔ ایک انسانی محدود دماغ سے ہے، دوسرا اللہ تعالیٰ کی طرف سے۔ اگر کوئی سائنسی نتائج کی بنیاد پر علم وحی کو مسترد کرتا ہے تو وہ علمی خیانت کا ارتکاب کرتا ہے۔ ہمارے پاس حقیقت سے متعلق بہت کم علم ہے۔ ہمارا علم محدود ہے جبکہ اللہ کا علم غیر محدود ہے۔ لہٰذا اگر ان دونوں میں تضاد پایا جاتا ہے تو، مذکورہ بالا حکمت عملی اپنانی چاہیے۔

اسلامی استقرائی دلائل؟

اس بحث کے تنقیدی اور عالمانہ مبصرین غور کریں گے کہ اگر چہ یہ (محققین اور فلسفیوں کے نزدیک) سائنس کی اصل تفہیم ہے، اس سے اسلامی نظریہ علم پر ممکنہ تنقید کے دروازے کھلتے ہیں۔ وہ کہہ سکتے ہیں کہ اسلامی روایات میں قرآن اور احادیث کو محفوظ رکھنے کے لیے استقرائی دلائل استعمال کیے گئے ہیں۔ لہٰذا مسلمانان، اسلام میں ان اہم نصوص کے ماخذ پر یقین کا دعویٰ نہیں کر سکتے۔ یہ ایک بے جا اعتراض ہے۔ اس کی وجہ سمجھنے کے لیے استقرائی استدلال اور استقرائی دلائل کے مابین فرق والی پچھلی بحث ذہن میں رکھیے۔ استقرائی استدلال بنیادی قسم کے علوم کے لیے یقین فراہم کرتا ہے۔ مثال کے طور پر، اگر میں 'الف' میں 'ب' کا مشاہدہ کرتا ہوں تو، اس کا مطلب ہے کہ 'الف' کے تحت 'ب' کی اجازت ہے۔ میں دیکھتا ہوں کہ کوے اڑتے ہیں، لہٰذا یہ

ضروری ہے کہ کچھ کوے اڑتے ہوں۔ جیسا کہ آپ دیکھ سکتے ہیں، استقراء کی یہ شکل مشاہدے کو ''مِن وَعَن'' بیان کر دیتی ہے۔ اس میں کسی ایسی چیز کا نتیجہ اخذ کئے بغیر، جن کا مشاہدہ ابھی باقی ہے، سادہ حقائق بیان کئے گئے ہیں۔ قرآن مجید اور احادیث کی روایات کے تحفظ میں اس قسم کے استقراء کا استعمال ہوا ہے۔ مثال کے طور پر حضرت محمد ﷺ کے ایک ساتھی نے قرآن مجید سنا، اور انہوں نے جو سنا تھا اس کو ویسے ہی دہرا دیا۔ انہوں نے کسی ایک آیت سے استدلال کرتے ہوئے دوسری آیت بطور نتیجہ اخذ نہیں کی، جو انہوں نے سنی نہ ہو۔ مثال کے طور پر، ایسا نہیں ہوتا کہ ایک صحابی ''اِیَّاکَ نَعبُدُ وَاِیَّاکَ نَستَعِینُ'' (ہم تیری ہی عبادت کرتے ہیں اور تجھ ہی سے مدد مانگتے ہیں) سنتا ہوا ور ''قُل ھُوَ اللہُ اَحَدٌ'' (کہو کہ وہ اللہ ایک ہے) کا نتیجہ اخذ کرتا ہو۔ لہٰذا یہ اعتراض غلط ہے کیونکہ یہ قرآن اور احادیث کی حفاظت کے لیے استعمال کئے گئے استقراء کی قسم کو سمجھنے میں غلط فہمی کا نتیجہ ہے۔

مفروضہ 4: فلسفیانہ فطرت پرستی اور اسلوبی فطرت پسندی کا اختلاط

''سائنس انسان کو الحاد کی طرف لے جاتی ہے'' کے دعوے کے پیچھے جو آخری مفروضہ ہے، وہ فلسفیانہ فطرت پرستی اور اسلوبی فطرت پسندی میں اختلاط کرنا ہے۔ فلسفیانہ فطرت پرستی کہتی ہے کہ کائنات ایک بند نظام کی طرح ہے۔ کائنات کے باہر ایسی کوئی چیز نہیں جو اس میں دخل اندازی کرے، نہ کوئی خدا ہے اور نہ ہی کوئی مافوق الفطرت شئے۔ فلسفیانہ فطرت پرستی کا بنیادی عقیدہ یہ ہے کہ صرف مادی سلسلہ ہائے اعمال کے ذریعے ہی تمام مظاہرِ قدرت کی مکمل وضاحت کی جاسکتی ہے۔ اسلوبی فطرت پسندی کے مطابق، قدرتی مظاہر کی سائنسی وضاحت کے لیے یہ فرض کیا جاتا ہے کہ یہ کسی یکساں نظام کے تحت چل رہے ہیں اور اس نظام میں کوئی مافوق الفطرت قوت خلل انداز نہیں ہو رہی۔ (یہ مفروضہ قائم کرنا اس لئے ضروری ہے تا کہ کائنات کے طبعی قوانین، معقولیت پسندانہ انداز سے، ہماری سمجھ میں آ سکیں۔ اگر ہم یہ مفروضہ قائم نہیں کرتے تو نظامِ قدرت کا سمجھنا ممکن نہیں رہتا۔ لیکن اس کا مطلب ہرگز یہ نہیں کہ ہم کائنات کی تخلیق و ترتیب میں اللہ تعالیٰ کا انکار ہی کر بیٹھیں۔ مترجم)

جو ملحدین یہ سمجھتے ہیں کہ سائنس الحاد کی طرف لے جاتی ہے، وہ فلسفیانہ فطرت پرستی کا غیر

سائنسی عقیدہ اختیار کرتے ہیں۔ فلسفیانہ فطرت پرستی وہ ''عینک'' تشکیل دیتی ہے جسے پہن کر آپ دنیا کو دیکھتے ہیں۔ اگر آپ کی عینک کے شیشے پیلے رنگ کے ہیں تو آپ کو دنیا کس رنگ کی نظر آئے گی؟ پیلے رنگ کی۔ اسی طرح اگر آپ فلسفیانہ فطرت پرستی کی عینک لگا لیتے ہیں تو آپ کو کائنات خدا کے بغیر نظر آئے گی۔ فلسفیانہ فطرت پرستی دنیا کو دیکھنے کا ایک انداز ہے۔ آسان الفاظ میں، فلسفیانہ فطرت پرستی ایک مکمل عقیدہ ہے۔ ملحد پروفیسر مائیکل روس اس حقیقت کو تسلیم کرتے ہیں: ''اگر آپ کو رعایت چاہئے تو، میں نے ہمیشہ کہا ہے کہ فطرت پرستی ایک عقیدے کی ماند ہے۔''[345] یہ ایک عقیدہ کیوں ہے؟ فطرت پرستی متضاد اور بے ربط ہے کیونکہ یہ اس بات پر اندھا یقین رکھتی ہے کہ صرف مادی اعمال کے سلسلوں کے ذریعے ہر چیز کی مکمل وضاحت کی جا سکتی ہے۔ باوجود یکہ بہت سے حقائق اس کے برخلاف ہیں، یا بہ الفاظِ دیگر، ایسے حقائق ہیں جو اس نظریئے کی مخالفت کرتے ہیں۔[346] مثال کے طور پر ہم دونوں آج شام چھ بجے ایک ریستوران میں ملتے ہیں، اور اگلے دن پولیس کسی کو اسی وقت، جبکہ ہم کھانا کھا رہے تھے، قتل کرنے کے شبہ میں میرے گھر آ کر مجھے گرفتار کرتی ہے۔ ازالۂ شبہ کے لیے حقیقت یہ ہوگی کہ واقعۂ قتل کے وقت میں آپ کے ساتھ کھانا کھا رہا تھا۔ میرا مقام اور وقت ثابت کرنے سے پولیس کا مجھ پر قتل کا شک کم ہو جاتا ہے۔

آپ سوچ رہے ہوں گے کہ وہ کون سے واضح حقائق ہیں جو فلسفیانہ فطرت پرستی کو بے ربط قرار دیتے ہیں؟ پچھلے ابواب بہت اچھا نقطۂ آغاز فراہم کرتے ہیں۔ فلسفیانہ فطرت پرستی شعور کے مسئلۂ سنگین (باب 7)، کائنات کی نفیس درستگی اور محتاجی (باب 5 اور 6)، قوانین کی کمال درستگی اور کائنات میں ترتیب (باب 8)، معروضی اخلاق کا وجود (باب 9) اور اس کے علاوہ بہت سی چیزوں کی وضاحت نہیں کر سکتی۔ اس کی روشنی میں، کوئی آنکھ بند کر کے ایسا عقیدہ کیوں اختیار کرے گا جو حقیقت کو اپنا ثبوت خود دینے سے روکتا ہو؟ ملحدین کے پاس اس طرح کے پہلے سے قائم شدہ قیاسات پائے جاتے ہیں۔ لہٰذا یہ تعجب کی بات نہیں کہ وہ مذہبی دلائل کے نتائج کو کلی مسترد کر دیتے ہیں۔ عام طور پر وہ اچھے دلائل کو مسترد کرتے ہیں، کیونکہ یہ غلط مفروضہ ان کی آنکھوں پر پردے ڈال دیتا ہے کہ ہر چیز کو مادی و دنیاوی اعمال سے ہی سمجھنا ہے اور مافوق الفطرت تشریحات کی طرف دیکھنا بھی نہیں۔

اسلوبی فطرت پسندی مذاہب کے لیے مسئلہ نہیں، خاص طور پر مذہبِ اسلام کے لیے۔ کیونکہ اسلام یہ کہتا ہے کہ کائنات کی تخلیق کے مادی اسباب ہیں اور یہ اسباب اللہ کے ارادے کا مظہر ہیں۔ کچھ ملحد پھر بھی فلسفیانہ فطرت پسندی اور اسلوبی فطرت پسندی کو ایک دوسرے میں خلط ملط کر دیتے ہیں۔ صرف اس لئے کہ سائنسی نتائج اور نظریات، خدا کی طاقت اور تخلیقی صلاحیتوں تک رسائی نہیں رکھتے (اصولی فطرت پسندی)، یہ ''خدا موجود نہیں'' کو اختیار نہیں کرتے (فلسفیانہ فطرت پسندی)۔ جیسا کہ ارتقائی ماہر حیاتیات اسکاٹ سی ٹوڈ نے کہا ہے:

''سائنس دان، ایک فرد کی حیثیت سے، ایسی حقیقت کو قبول کرنے کے لیے آزاد ہے جو فطرت پسندی سے بالاتر ہو۔''[347]

تو کیا سائنس نے خدا کو غلط ثابت کر دیا ہے؟

اوپر بحث کی روشنی میں اس کا جواب ہے: ''نہیں۔'' سائنس، علم کا ایک خوبصورت طریقہ ہے جس نے انسانیت کو بہت نفع پہنچایا ہے۔ لیکن اس کے نتائج پتھر پر لکیر نہیں ہوتے۔ سائنس تحقیق کے اپنے ایک مخصوص طریقہ کار کی حیثیت سے خدا کے وجود کا انکار نہیں کر سکتی، سارے سوالوں کا جواب نہیں دے سکتی اور حقیقت کو جاننے کا واحد ذریعہ نہیں۔ سائنس کے متعلق بہت سے الحادی مفروضے، ملحدین کی ذاتی خواہشات پر مبنی، غیر منطقی اور سائنس کے فلسفے سے ناواقفیت کی بناء پر ہیں۔ اس خیال کا منبع علم سائنس کا فلسفہ نہیں بلکہ ایسے لوگوں کی پھیلائی ہوئی غلط فہمیاں ہیں جو اپنی ذاتی حیثیت میں ملحد پہلے ہیں اور پھر کچھ نہ کچھ سائنسی علم بھی رکھتے ہیں، جس کی بنیاد پر وہ لوگوں کو گمراہ کرتے ہیں۔

اللہ کی نشانی

قرآن مجید کلامِ الٰہی

اب تک ہمارا موضوعِ بحث وجودِ الٰہی کے لیے ثبوتوں اور وجودِ خداوندی کے خلاف کلیدی دلائل کے جوابات رہے ہیں۔ پچھلے ابواب میں ہمارا موضوعِ بحث یہ رہا تھا کہ اللہ واجب الوجود خالقِ ارض وسماء، المدبر، المصور اور المقتدر ہے۔ تاہم اس سے ہمیں حقانیت خداوندی کے بارے میں صرف تھوڑا سا ہی پتا چلتا ہے۔ سوال یہ پیدا ہوتا ہے کہ اگر واقعی اس ہستی نے ہمیں پیدا کیا ہے، تو پھر ہمیں کیسے پتا چلے گا کہ وہ کون ہے؟ اس کی کھوج میں ہم قرآن مجید پر غور کریں گے جو وحی الٰہی ہونے کا دعویٰ کرتا ہے۔ اگر چہ پچھلے ابواب میں متعدد قرآنی آیات کا حوالہ دیا گیا ہے، تاہم ہم اس باب میں کلامِ الٰہی کی عقلی بنیادوں کا تفصیلی جائزہ لیا جائے گا۔

جیسا کہ پچھلے باب میں گزرا، ہماری معلومات کا بیشتر حصہ لوگوں سے سنی ہوئی باتوں پر مشتمل ہوتا ہے۔ ان میں ایسی باتیں بھی شامل ہوتی ہیں جن پر ہم پورا یقین رکھتے ہیں۔ مثلاً ہم

میں سے بہت سے لوگ ایمیزون کے جنگلات میں بسنے والے قبائل، ضیائی تالیف، بالائے بنفشی شعاعوں (الٹراوائلٹ ریز)، اور جراثیم کے وجود کے قائل ہیں۔ بات واضح کرنے کے لیے میں ایک مثال دیتا ہوں۔ اگر ایک بالکل اجنبی شخص کے سامنے یہ ثابت کرنا ہو کہ آپ جس خاتون کو اپنی والدہ کہتے ہیں یہ واقعی آپ کی حقیقی والدہ ہیں تو آپ یہ بات کیسے ثابت کریں گے؟ یہ سوال اگر چہ کچھ نامعقول لگتا ہے لیکن یہ دراصل حقیقت معلومات حاصل کرنے کے ایک نہایت اہم ذریعے کی نشاندہی کرتا ہے جس پر عموماً خاطر خواہ توجہ نہیں دی جاتی۔ اس سوال کا جواب آپ مختلف صورتوں میں دے سکتے ہیں مثلاً آپ کہہ سکتے ہیں کہ 'میری والدہ نے مجھے خود بتایا' یا 'میرے برتھ سرٹیفکیٹ پر لکھا ہے' یا 'میرے والد صاحب پیدائش کے وقت وہاں موجود تھے اور انہوں نے مجھے بتایا' یا 'میں نے اپنی والدہ کا ہسپتال کا ریکارڈ چیک کیا ہے' وغیرہ۔ یہ تمام جوابات درست ہو سکتے ہیں لیکن غور کیجیے کہ ان سب کی بنیاد دراصل کسی دوسرے شخص کی کہی ہوئی بات ہی ہے۔ لہٰذا کسی شکی مزاج شخص کی ان سے تسلی نہیں ہوگی۔ آپ اسے ثابت کرنے کے لیے شاید ڈی این اے ٹیسٹ کی رپورٹ بھی پیش کرنا چاہیں، یا کوئی ویڈیو دکھانے کے امکان کے بارے میں غور کریں۔ سچ تو یہ ہے کہ آپ نے جس خاتون کو اپنی والدہ تسلیم کر رکھا ہے وہ نہ کسی ڈی این اے ٹیسٹ کے بعد تسلیم کیا، نہ ہی کوئی ویڈیو دیکھ کر۔ اگر آپ اپنی ولادت کی ویڈیو دیکھ بھی لیں تو یہ ثابت کرنے کے لیے کہ ویڈیو میں جو بچہ ہے وہ آپ ہی ہیں، آپ کو دوسرے لوگوں کی ہی بات پر بھروسا کرنا پڑے گا۔ تو بھلا بتائیے آپ نے کیسے یہ جان لیا کہ جنہیں آپ اپنی والدہ سمجھتے ہیں، وہی آپ کی حقیقی والدہ ہیں؟ یہ مثال کچھ حساس ضرور ہے لیکن یہ معلومات حاصل کرنے کے ایک نہایت اہم ذریعے کو واضح کرتی ہے اور وہ ذریعہ ہے ''گواہی'' (testimony) کا۔

ہمارے بہت سے خیالات اس طرح ترتیب پاتے ہیں کہ پہلے ہم کچھ معلومات، حقائق یا مفروضوں پر نظر ڈالتے ہیں اور پھر ان کی سمجھ میں آنے والی توجیہ بیٹھ جیہ سوچتے ہیں۔ والدہ والی مثال پر پھر سے بات کرتے ہیں۔ تصور کیجیے کہ حمل کے آخری ایام ہیں اور پیدائش کی متوقع تاریخ کو گزرے ہفتہ ہو چلا ہے۔ اچانک آپ کی والدہ کو درِدزہ اٹھنا شروع ہوتا ہے۔ آپ کے والد اور طبی عملہ یہ نتیجہ اخذ کر لیتے ہیں کہ اب آپ کی والدہ آپ کو جنم دینے کو ہیں۔ ایک اور مثال لیجیے۔ چند سال گزرتے ہیں، آپ کی والدہ ایک بسکٹ کا کھلا ہوا پیکٹ آپ کے پاس پڑا دیکھتی

ہیں، اور آپ کے منہ اور کپڑوں پر اس کے ذرّات بھی نظر آتے ہیں ۔ وہ سمجھ جاتی ہیں کہ آپ نے بسکٹ کھائے ہیں ۔

ان دونوں مثالوں میں معاملے کی جو نوعیت سمجھی گئی، ضروری نہیں کہ وہی حقیقت بھی ہو، یا اس کی کوئی اور تعبیر نہ کی جاسکتی ہو، لیکن شواہد کو دیکھتے ہوئے جو سب سے معقول توجیہ کی جاسکتی تھی وہ یہی تھی ۔ سوچ کے اس طریقے کو 'استدلال' یعنی توجیہ کے ذریعے نتائج تک پہنچنا کہتے ہیں ۔

آپ سوچ رہے ہوں گے کہ میں نے ایسی مثالیں کیوں پیش کیں؟ دراصل ان مثالوں سے ہم نے جو باتیں سمجھی ہیں، ان کی بنیاد پر ہم اس باب میں یہ واضح کریں گے کہ قرآنِ حکیم عربی زبان کا ایک یکتا شاہکار ہے جس کی کوئی مثل نہیں اور در حقیقت یہ اللہ تعالیٰ کے علاوہ کسی دوسری ہستی کا کلام نہیں ہوسکتا ۔ جب میں یہ کہتا ہوں کہ قرآنِ حکیم جیسی کوئی دوسری کتاب تصنیف نہیں کی جاسکتی، تو میرا مطلب یہ ہوتا ہے کہ آج تک کوئی انسان قرآنِ حکیم جیسا لسانی و ادبی شاہکار تخلیق نہیں کر سکا ۔ قرآنِ حکیم کا منفرد ادبی اسلوب اور بلاغت کا تسلسل اس کی متعدد خوبیوں میں سے ایک ہے ۔ ممکن ہے آپ کو میرا یہ دعویٰ اور اوپر بیان کی گئی مثالیں کچھ بے ربط معلوم ہوں، اس لئے میں چاہوں گا کہ آپ ذیل کی نکات پر غور کریں ۔

قرآنِ حکیم، محمد ﷺ پر مکہ مکرمہ میں ساتویں صدی عیسوی میں نازل ہوا ۔ یہ دورِ عرب کے لسانی اور ادبی عروج کا دور تھا ۔ ساتویں صدی کا عرب معاشرہ ایسے افراد پروان چڑھاتا تھا جو اپنی مقامی زبان میں خیالات کے اظہار پر کمال درجے کا عبور رکھتے تھے ۔ کسی کامیاب شاعر کا پیدا ہونا قبیلے کے لیے مسرت کا باعث ہوتا ۔ شاعری ان کا اوڑھنا بچھونا تھی ۔ وہ شاعری کے لیے جیتے اور شاعری کے لیے مرتے تھے ۔ شاعری کے ذوق کو نکھارنا اور کلام پر دسترس حاصل کرنا ہی ان کے لیے سب کچھ تھا ۔ یہ ان کے لیے آکسیجن اور زندگی بخشنے والے خون کی مانند تھا ۔ گویا وہ زندہ ہی نہیں رہ سکتے تھے، جب تک وہ اپنے کلام کو اعلیٰ ترین درجے تک نہ پہنچا لیتے ۔

لیکن جس لمحے انہیں قرآن سنایا گیا، وہ دم بخود رہ گئے ۔ ان کی زبانیں گنگ ہو گئیں ۔ وہ کھڑے کے کھڑے رہ گئے ۔ یہ دیکھ کر وہ مبہوت ہو گئے کہ قرآن کے آگے ان کے عظیم ترین شعراء کے لبوں پر بھی تالے پڑے ہوئے ہیں ۔ وہ قرآن جیسا کوئی کلام نہ لا سکے ۔ اس سے بھی بڑھ کر، جب قرآن نے چوٹی کے ماہرینِ کلام کو مقابلے کی دعوت دے ڈالی کہ اس جیسے منفرد

ادب اور زبان والا کوئی شے پارہ بنا کر لائیں، تو وہ اس میں بری طرح ناکام ہو گئے۔ ان میں سے کئی ایک نے تسلیم بھی کیا کہ قرآن اللہ ہی کی جانب سے ہے۔ لیکن زیادہ تر نے انکار، مخالفت، تشدد، قتل و غارت اور الزام تراشی کا راستہ لیا۔ کئی افراد ایسے بھی اٹھے جنہوں نے متعلقہ فنون میں اس غرض سے مہارت حاصل کی کہ قرآن کے چیلنج کا جواب دیا جا سکے اور یہ سلسلہ صدیوں جاری رہا، لیکن بالآخر انہوں نے تسلیم کر لیا کہ قرآن کی مثل کچھ بنانا ممکن نہیں، اور وہ جان گئے کہ ان سے قبل کے ماہرینِ کلام آخر کیوں ناکام ہوتے رہے۔

یہاں یہ سوال پیدا ہوتا ہے کہ ایک ایسا شخص جو خود عرب نہیں اور عربی زبان میں دسترس بھی نہیں رکھتا، وہ کیوں کر اس بات کو سمجھے اور تسلیم کرے کہ قرآن جیسا کوئی کلام بنانا ممکن نہیں؟ یہاں سے معاملہ شروع ہوتا ہے ''گواہی'' کا۔ ہمارے دعوے کی بنیاد درحقیقت وہ معلومات ہیں جو عربی زبان کے موجودہ اور قدیم ماہرین کی تحریری اور زبانی ''گواہی'' کے ذریعے ہم تک پہنچی ہیں۔ اگر یہ سچ ہے کہ جو لوگ قرآنِ حکیم کو چیلنج کرنے اٹھے اور اس کے الہامی طرزِ کلام کی مانند کچھ بھی پیش نہ کر سکے، تو پھر قرآن کس کا کلام ہے؟

یہاں آ کر 'گواہی' کا دائرۂ کار ختم اور 'استدلال' کا شروع ہوتا ہے۔ اس 'استدلال' کو سمجھنے کے لیے ہمیں قرآن کے بے مثل ہونے کی ممکنہ صورتوں پر غور کرنا ہوگا جو کچھ یوں ہیں: قرآن یا تو کسی عجمی کی تصنیف ہو سکتا ہے، یا کسی عربی کی، یا محمد ﷺ خود ہی اس کے مصنف تھے، یا پھر یہ مان لیا جائے کہ یہ مُنَزّل مِن اللہ ہے۔ اس باب میں یہ سارے امکانات زیرِ بحث آئیں گے کہ ان میں سے ہر ممکنہ صورت پر تفصیلی غور کرنے سے یہ بات واضح ہو جائے گی کہ قرآن جیسے بے مثل کلام کا صدور کسی عجمی، کسی عرب، یا خود محمد ﷺ سے ہونے کا امکان عقل سے بعید ہے۔ لہٰذا قرآن کے بے مثل اور یکتا ہونے کی جو واحد توجیہ سمجھ میں آتی ہے، وہ یہی ہے کہ قرآنِ حکیم، اللہ رب العالمین ہی کا کلام ہے۔

ہم اس تصور پر بات کر چکے ہیں کہ گواہی، معلومات تک رسائی کا ایک اہم قابلِ بھروسا ذریعہ ہے اور استدلال سوچنے کا ایک موزوں اور معقول طریقہ ہے، جن کا استعمال کرتے ہوئے ہم حقیقت کے بارے میں کسی نتیجے پر پہنچ سکتے ہیں۔ پہلے ہم گواہی کی علمی حیثیت پر بات کریں گے اور تفصیلاً بتائیں گے کہ معلومات کی ترسیل بذریعہ گواہی کو، عقل و سمجھ کے دائرے میں رہتے

ہوئے کیسے بروئے کارلایا جاتا ہے۔

ہم واضح کریں گے کہ شواہد کی بہترین ممکنہ توجیہ (استدلال) کو کیسے مؤثر طور پر استعمال کیا جاتا ہے تا کہ ان دونوں تصورات کی مدد سے قرآن حکیم کے یکتا اور بے مثل ہونے کو ثابت کریں۔ یہ باب آپ کو اس نتیجے تک پہنچائے گی کہ انسانوں کا اس الہامی کتاب جیسا کوئی کلام بنانے سے عاجز ہونا دراصل یہ ثابت کرتا ہے کہ اللہ ہی ہے جس نے اس کتاب کو بھیجا۔ اور یہ سب کچھ اس طرح بیان کیا جائے گا کہ اسے سمجھنے کے لیے قاری کا عربی زبان سے واقفیت یا اس کا ماہر ہونا بھی لازم نہیں ہوگا۔

گواہی کا علمی تجزیہ

جیسا کہ پچھلے باب میں مختصر طور پر بحث کی گئی تھی کہ گواہی، حصولِ علم کا ایک لازمی اور بنیادی ذریعہ ہے۔ علمِ شہادت میں کچھ بہت ہی اہم سوالات ہیں جن کے جوابات کے بارے میں ماہرین علمیات کوشاں ہیں۔ ان میں شامل ہیں: بیان کس وقت ثبوت کے درجے پر پہنچتا ہے؟ کیا علمِ گواہی علم کے دوسرے سرچشموں پر مبنی ہے؟ کیا گواہی اساسی ذریعہ علم ہے؟ اگر چہ ان تمام فلسفیانہ موضوعات پر تفصیلی بحث اس باب کے دائرۂ کار سے باہر ہے، تاہم ذیل میں کچھ مباحثوں کا خلاصہ کیا جائے گا جن سے یہ بات پایہ ثبوت کو پہنچے گی کہ گواہی علم کا ایک معتبر ذریعہ ہے۔

کیا گواہی حصولِ علم میں بنیادی حیثیت رکھتی ہے؟

پچھلے باب میں گزری روایت بالشہادۃ کی مثالیں دوسروں کے اقوال پر تکیہ کرنے کی اہمیت کو ظاہر کرتی ہیں۔ اس سے مجھے مشہور ملحد لارنس کراس کے ساتھ کی گئی گفتگو یاد آئی۔ میں نے اس کی توجہ اس حقیقت کی طرف دلانے کی کوشش کی کہ مشاہدہ، معلومات حاصل کرنے کا واحد ذریعہ نہیں۔ اس سے میرا مقصد مشاہدے پر بے جا انحصار کرنے والے حضرات کے روبرو ان کے فرضی تصور کو آشکار کرنا تھا۔ میں نے ان سے گواہی سے متعلق گفتگو کرتے ہوئے ان سے پوچھا کہ کیا آپ ارتقاء پر یقین رکھتے ہیں؟ انہوں نے ہاں میں جواب دیا تو میں نے سوال کیا کہ کیا آپ نے ارتقاء کو ثابت کرنے کے لیے کیے گئے سارے تجربات اپنی آنکھوں سے دیکھے ہیں؟ اس کا جواب نفی

میں تھا۔[348] یوں ان کے (اور اسی طرح ہم سب کے) طرزِ فکر کے بارے میں ایک سنجیدہ نوعیت کا سوال ابھر آیا۔ بہت سی ایسی چیزیں جن پر ہم یقین رکھتے ہیں وہ لوگوں سے سنی ہوئی باتوں پر مشتمل ہوتی ہیں اور وہ محض اس لئے تجرباتی معلومات نہیں قرار پاتے کہ ان کو ’’سائنسی زبان‘‘ میں بیان کیا گیا ہے۔

کچھ زیادہ پرانی بات نہیں کہ ’گواہی‘ کو بطورِ علم کی شاخ، کسی سنجیدہ تحقیق کے لائق نہیں سمجھا جاتا تھا۔ بالآخر متعدد تحقیقات اور مقالوں کی اشاعت سے علم کی دنیا میں یہ سکوت ٹوٹا۔ ان میں سب سے معروف پروفیسر سی اے جے کوڈی کا مقالہ ’’گواہی: ایک فلسفیانہ تجزیہ‘‘ (Testimony: A Philosophical Discussion) ہے۔ پروفیسر کوڈی گواہی کو معلومات کے حصول کے ایک معتبر ذریعے کے طور پر پیش کرتے ہیں اور گواہی کے ذریعے معلومات کے حصول پر ڈیوڈ ہیوم کے تخفیف پرستانہ نقطہ نظر پر کڑی تنقید کرتے ہیں۔ تخفیف پرستانہ سوچ یہ لازم قرار دیتی ہے کہ گواہی کی تائید، معلومات کے دیگر ذرائع مثلاً تاثر، یادداشت، تعارف وغیرہ سے ہو۔ دوسرے الفاظ میں گواہی بذاتِ خود کوئی معنی نہیں رکھتی اور یہ لازم ہے کہ اسے دیگر ذرائع، یعنی تجربے سے حاصل کی گئی معلومات سے تقویت دی جائے۔ اس کے ردّ میں پروفیسر کوڈی، گواہی کو بنیادی اہمیت کا حامل قرار دیتے ہیں۔ ان کا کہنا ہے کہ گواہی سے حاصل کی گئی معلومات معتبر ہوتی ہیں اور ضروری نہیں کہ معلومات کے دیگر ذرائع مثلاً مشاہدے سے ان کی تصدیق ہی کی جائے۔ گواہی کے بارے میں یہ بیانیہ ’’گواہی کے تخفیفی نظریئے کا ردّ‘‘ کے طور پر جانا جاتا ہے۔ پروفیسر کوڈی، گواہی کے معتبر ہونے کے حق میں دلائل دیتے ہیں اور ڈیوڈ ہیوم کے روایت بالشہادۃ کے متعلق تخفیفی نظریئے پر زور دار تنقید کرتے ہیں۔ ہیوم کو اس کے مقالے ’’بر معجزات‘‘ (On Miracles) کی وجہ سے تخفیفی نظریئے کا سرخیل سمجھا جاتا ہے۔ ہیوم کا نظریہ یہ گواہی سے معلومات کے حصول کی نفی نہیں کرتا بلکہ وہ درحقیقت اس کی اہمیت اجاگر کرتا ہے۔ ’’ہم دیکھ سکتے ہیں کہ معلومات کی کوئی جنس ایسی نہیں جو اتنی عام، اتنی کارآمد اور انسانی زندگی کے لیے اتنی اہم ہو جتنی کہ انسانوں کی گواہی سے حاصل ہونے والا علم ہے۔‘‘[349] البتہ ہیوم کا کہنا ہے کہ گواہی پر ہمارا اعتبار تب ہی قائم ہوتا ہے جب گواہی اور ہمارا تجربہ ایک دوسرے کی تائید کرتے ہوں۔ یہ ہیوم کا وہ نکتہ ہے جسے پروفیسر کوڈی بے بنیاد قرار دیتے ہیں۔

اگرچہ اس کی تنقید اس نکتے تک محدود نہیں، تاہم اس کی یہاں وضاحت کر دینے سے اس کے مؤقف کی صحت واضح ہوتی ہے۔

پروفیسر کوڈی کہتے ہیں کہ ہیوم کا اجتماعی مشاہدے کا سہارا لینا شیطانی چکر میں پھنسنے کے مترادف ہے۔ ہیوم کا یہ کہنا ہے کہ گواہی صرف اس صورت میں معتبر ہوتی ہے جب اس سے ملنے والی معلومات کی تائید مشاہدے میں آنے والے حقائق سے ہوتی ہو۔ لیکن یہاں قابلِ مشاہدہ حقائق سے ہیوم کی مراد کسی شخص کا ذاتی مشاہدہ نہیں، بلکہ اس کا مطلب انسانوں کا مجموعی مشاہدہ ہے۔ یعنی تمام انسانوں کے مشاہدے کا نتیجہ یکساں طور پر گواہی سے حاصل شدہ معلومات سے پوری موافقت رکھتا ہو۔

(اس شرط کے ساتھ مسئلہ یہ ہے کہ آپ کو کیسے معلوم ہوگا کہ میرے مشاہدے کا نتیجہ کیا نکلا؟ یقیناً، اس کے لیے آپ کو میری بات پر یقین کرنا ہی ہوگا۔ تاہم، ہیوم کے اندازِ فکر پر چلنے سے یہ لازم آتا ہے کہ آپ میری بات کا یقین بھی صرف اسی وقت کریں کہ جب میری گواہی کی صحت بھی اجتماعی مشاہدے کے نتیجے میں درست قرار پائے۔ مترجم)

اس پر پروفیسر کوڈی کہتے ہیں کہ ہم ہمیشہ ذاتی عمومی مشاہدات پر یقین نہیں کر سکتے۔ یوں اس شیطانی چکر کی حقیقت آشکار ہو جاتی ہے۔ اگر ہر معاملے میں کسی بھی انسان کے ذاتی مشاہدے پر اعتبار کرنا کافی نہیں تو پھر انسانوں کے اجتماعی مشاہدے کے نتائج تک پہنچنا بھی ممکن نہیں رہتا۔ اس کا یہ دعویٰ کہ گواہی پر اعتبار کے لیے دیگر ذرائع، مثلاً مشاہدے کی تائید کی ضرورت ہے، بذاتِ خود اُسی مفروضے پر قائم ہے، جس کی یہ نفی کرنا چاہتا ہے۔ یعنی گواہی کا بنیادی نوعیت کا حامل ہونا۔ اور اس کی سب سے اہم دلیل یہ ہے کہ یہ جاننے کے لیے کہ کسی چیز کے بارے میں لوگوں کا اجتماعی مشاہدہ کیا ہے، ہمیں دوسرے لوگوں کی گواہی ہی کی ضرورت ہوگی کیونکہ ہم نے از خود اس کا مشاہدہ نہیں کیا ہوتا۔

ماہرین کی رائے پر بھروسا کرنا

ہمارے زمانے کی یہ قابلِ فخر سائنسی ترقی کبھی ممکن نہ ہوتی اگر کسی ماہرِ فن کی جانب سے کیے گئے تجرباتی معلومات سے متعلق دعووں پر یقین نہ کیا جاتا۔ ارتقاء ہی کی مثال لیجیے، رچرڈ ڈاکنز

کبھی اس نظریئے کی سچائی کا پُرزور دعویٰ نہ کر پاتے، اگر یہ لازم ہوتا کہ یہ دعویٰ کرنے سے پہلے وہ تمام تجربات خود کریں اور ان کے نتائج کا خود مشاہدہ کریں۔ ممکن ہے وہ چند ایک مشاہدات یا تجربات خود دو ہرا بھی لیں، مگر پھر بھی انہیں دوسرے سائنسدانوں کی بتائی ہوئی معلومات پر ضرور یقین کرنا پڑتا ہے۔ ارتقاء پر تحقیق کا دائرہ اتنا وسیع ہے کہ ہر چیز کا از خود مشاہدہ کرنا ممکن ہی نہیں، اور اگر ایسا کیا جانے لگے تو سائنس ترقی کرنے سے قاصر ہو جائے۔

اوپر بیان کی گئی مثال ہمارے سامنے ایک اہم سوال پیش کرتی ہے۔ ایسی صورت میں کہ جب گواہی کے ذریعے جو بات ہم تک پہنچ رہی ہو وہ دراصل کسی ایک ماہرِ فن کی رائے ہو تو اس کی کیا حیثیت ہوگی؟ آکسفورڈ یونیورسٹی میں فلسفے کی لیکچرار ڈاکٹر الزبتھ فرِکر کا اس بارے میں کہنا ہے:

’’لیکن کچھ معاملات ایسے ہوتے ہیں کہ جن میں دوسروں کی گواہی پر بھروسا کرنا ایک معقول طرزِ فکر ہے اور اسے مسترد کرنا عقل سے بعید ہوتا ہے؛ اور یہ ایک شخص کی اپنی ذہنی اور جسمانی صلاحیتوں کے محدود ہونے کے شعور کا نتیجہ ہوتا ہے کہ جب وہ دیکھتا ہے کہ دیگر افراد بعض امور میں تو اس سے مماثلت رکھتے ہیں لیکن بعض امور میں وہ اس سے مختلف ہیں اور نتیجتاً کسی خاص معاملے میں وہ اس سے بہتر علمی استعداد رکھتے ہیں۔ ممکن ہے کہ مجھے کبھی حسرت ہوتی ہو کہ میں اُڑ نہیں سکتی، یا اپنی صحت کو متاثر کئے بغیر ایک ہفتے تک جاگ نہیں سکتی، یا وہ تمام باتیں نہیں کھوج سکتی جو میں جاننا چاہتی ہوں۔ لیکن اپنی محدود ذہنی و جسمانی صلاحیتوں کو اپنی حد جانتے ہوئے، میرے لئے عقلی طور پر اس پر تأسف کی کوئی گنجائش نہیں بنتی کہ میں دیگر افراد کے الفاظ پر احتیاط کے ساتھ بھروسا کروں کہ جس کے نتیجے میں مجھے بے پناہ علمی سرمایہ اور بیش بہا فوائد حاصل ہوتے ہیں۔‘‘[350]

اعتبار (Trust)

یہ وہ مقام ہے جہاں ’’اعتبار‘‘ کا تصور، روایت بالشہادۃ کی بحث میں داخل ہوتا ہے۔ دیگر افراد کی رائے پر اس وجہ سے بھروسا کرنا کہ وہ ایک خاص شعبے میں چوٹی کے ماہر سمجھے جاتے ہیں،

اس وقت تک سود مند نہ ہوگا جب تک ہماری یہ رائے کہ وہ ماہرین واقعی قابلِ بھروسا ہیں، بذاتِ خود اعتبار کے قابل نہ ہو۔

گواہی کی نوعیت اور اس کے معتبر ہونے کی بحث تخفیفی نظریے اور اس کی نفی سے آگے جا چکی ہے۔ فلسفے کے پروفیسر کیتھ لہر کا اس مسئلے پر کہنا ہے کہ گواہی کے قابلِ بھروسا ہونے کا مسئلہ ان دونوں نظریات سے الگ ایک معاملہ ہے۔ لہر اپنی دلیل کی بنیادِ ''اعتبار'' پر رکھتے ہیں۔ ان کا کہنا ہے کہ گواہی، علم حاصل کرنے کا ذریعہ ضرور ہے مگر'' کچھ حالات میں، تمام حالات میں نہیں''۔ [351] وہ کہتے ہیں: ''گواہی کے ذریعے آپ کوئی بات اس وقت یقینی طور پر جان سکتے ہیں کہ جب بتانے والا بذاتِ خود قابلِ بھروسا ہو۔ ورنہ گواہی بذاتِ خود ثبوت نہیں ہوسکتی۔'' [352] ایسا ہر گز نہیں کہ ''گواہی دینے والے شخص کے قابلِ اعتماد ہونے کے لیے (لازم ہو کہ وہ) معصوم عن الخطا ہو،'' [353] لیکن یہ ضروری ہے کہ ''گواہی دینے والے شخص کے بارے میں یہ اطمینان (ضرور) ہو کہ وہ ویسے ہی آگے بیان کر رہا ہے جیسا کہ اس نے خود سنا تھا۔'' [354] لہر اس خیال سے متفق ہیں کہ صرف راوی کا قابلِ بھروسا ہونا اسکے لیے کافی نہیں کہ اس کی بتائی ہوئی بات سے حقیقت تک پہنچا جاسکے۔ نہ صرف یہ کہ اس بات کی بھی چھان بین کی جانی چاہئے کہ آیا ایک شخص قابلِ بھروسا ہے کہ نہیں (اس تصور کو لہر نے ''سچائی کے ربط'' کا نام دیا ہے) بلکہ ہمیں خود بھی اس تحقیق میں دیانتدار اور قابلِ بھروسا ہونا ہوگا۔ [355] گواہی سے حاصل ہونے والی معلومات کی چھان پھٹک کے لیے، معاملے کے پس منظر سے واقفیت، دیگر افراد کی علم کے اس شعبے سے متعلق رائے اور ذاتی و اجتماعی مشاہدات، یہ سب عوامل کار آمد ثابت ہوتے ہیں۔

لہر کا کہنا ہے کہ یہ ثابت کرنے کے لیے کہ کسی راوی کے قابلِ اعتبار ہونے کے بارے میں خود ہماری رائے قابلِ بھروسا ہے یا نہیں، ہمیں دیکھنا ہوگا کہ اس سے قبل جو ہم نے کسی کے بارے میں آراء دی تھیں وہ درست ثابت ہوئیں یا غلط۔ لیکن جب ہم کسی کے بارے میں یہ سمجھنے لگتے ہیں کہ اس کی گواہی قابلِ بھروسا نہیں، تو عموماً اس کے پیچھے دیگر لوگوں کی اس شخص سے متعلق گواہیاں ہوا کرتی ہیں۔ [356] یہاں سے ایک کبھی ختم نہ ہونے والے سلسلے کا آغاز ہو جاتا ہے۔ کیونکہ کسی ایک گواہی کی چھان بین کرنے کے لیے ہمیں دیگر مزید گواہیوں پر انحصار کرنا ہوتا ہے۔ لہر کا دعویٰ ہے کہ یہ ایک ''خیر کا چکر'' [357] ہے۔ لیکن کیسے؟ پروفیسر لہر اس کی دو

وجوہ بیان کرتے ہیں:

’’پہلی بات، سچائی یا دیانت سے متعلق کسی بھی مکمل تصور کو یہ بھی بتانا ہوگا کہ اس تصور کو حقیقت تسلیم کرنا ہمارے لئے کیوں درست ہے۔ لہٰذا اس نظریے کو اپنے اصولوں پر خود بھی پورا اترنا چاہئے اور ثابت کرنا چاہئے کہ اسے ماننا کیوں برحق ہے۔ دوسری بات جو اتنی ہی اہم ہے، یہ ہے کہ ہمارے بذاتِ خود دیانت دار ہونے کا انحصار اس بات پر ہونا چاہئے کہ ہم نے ماضی میں کن امور کو درست تسلیم کیا، بشمول ان حقائق کے جنہیں ہم نے کسی دوسرے شخص کی گواہی کی بنا پر تسلیم کیا۔ نتیجتاً، کسی بات کو سچ تسلیم کرنے کے معاملے میں ہماری دیانت اور جن امور کو ہم نے ماضی میں حقیقت جانا، ان کے درمیان ایک طرح کا باہمی ربط ہوگا۔ ہماری سچ تسلیم کی گئی باتوں کے درمیان پایا جانے والا باہمی تعلق ہی یہ بتاتا ہے کہ باتوں کو سچ تسلیم کرنے کی ہماری صلاحیت کتنی قابلِ بھروسا ہے۔ 358‘‘

جرح کا حق

لہر کی ’’اعتبار‘‘ سے متعلق گفتگو سے سوال پیدا ہوتا ہے کہ ہم دیگر افراد یا ماہرین کی آراء کے قابلِ بھروسا ہونے کو کیسے پرکھیں؟ پروفیسر بینجمن مک مائیلر نے ایک دلچسپ نکتہ پیش کیا ہے جو اس سوال کا جواب دینے میں مددگار ہے۔ وہ کہتے ہیں کہ گواہی کے علمی مسئلے کو ’’جرح کے علمی حق کی وضاحت کے مسئلے کے طور پر دوبارہ پیش کیا جاسکتا ہے۔ 359‘‘ مک مائیلر کہتے ہیں کہ اگر ہر سننے والے کو سوال کرنے کا حق دیا جائے تو اس سے ’’گواہی‘‘ کے مسئلے کو ایک نئی جہت میسر آئے گی۔ اس کے لیے ضروری ہوگا کہ سننے والا اور بیان کرنے والا، دونوں اشخاص ذمہ داری قبول کریں۔ بیان کرنے والا اپنے بیان کی مکمل ذمہ داری لے؛ اور سامعین اس کی بیان کردہ معلومات سے متعلق کسی بھی مسئلے پر اس سے سوال کرنے کے لیے تیار ہوں۔ 360

مقرر یا مصنف کو جرح کرنے کے حق سے ’’گواہی‘‘ پر اعتماد بڑھایا جاسکتا ہے۔ مثلاً، لسانیات کا استاد دعویٰ کرتا ہے کہ قرآن یکتا و بے مثل ہے، یہ کہتے ہوئے وہ قرآن کی بلاغت اور اس کی منفرد ادبی ساخت اور اسلوب بیان پر روشنی ڈالتا ہے۔ طلبہ اپنے استاد کی بیان کی گئی

معلومات کا راوی بنا قبول کرتے ہیں، لیکن اس سے قبل کچھ سوالات کرتے ہیں۔ یہ اعتراضات سوالات کی شکل میں ہیں۔ جیسا کہ: کیا آپ قرآن سے اس کی مزید مثالیں پیش کر سکتے ہیں؟ قرآن کے ادبی اسلوب کے بارے میں دیگر ماہرینِ فن کیا رائے رکھتے ہیں؟ جو ماہرینِ علم آپ کی بات سے اختلاف رکھتے ہیں، ان کے دلائل کا آپ کے پاس کیا جواب ہے؟ اور یہ کہ قرآن کا تاریخی پس منظر جو معلومات ہمیں دیتا ہے، آیا اس سے آپ کے دعوے کی تائید ہوتی ہے؟ استاد صاحب ان سوالات کے تسلی بخش جوابات دیتے ہیں اور یوں سامعین ان کی بات پر اعتبار کرنے کے قابل ہو جاتے ہیں۔

چشم دید گواہی سے متعلق چند باتیں

ابھی تک ہماری ساری گفتگو گواہی کے ذریعے منتقل ہونے والی معلومات سے متعلق تھی اور کسی واقعے یا جرم کے آنکھوں دیکھے احوال کی یاد داشت پر ہم نے کوئی گفتگو نہیں کی۔ عینی شہادت (چشم دید گواہی) سے متعلق دستیاب معلومات کا دائرہ بہت وسیع ہے اور ہمارے اس مضمون کا مقصد عینی شہادت پر کئے گئے مطالعے اور تحقیق کے نتائج اور مضمرات پر گفتگو نہیں۔ چونکہ عینی شہادت کے قابلِ بھروسا ہونے پر ایک علمی سوال اٹھایا جاتا ہے، اس لئے ہم چاہتے ہیں کہ اس معاملے کو گواہی کے ذریعے حاصل کی گئی معلومات کے معاملے سے نہ جوڑا جائے۔ یہ دونوں بالکل واضح طور پر الگ معاملے ہیں۔ عینی شہادت کے درست ہونے میں، ہماری محدود اور ناقص یادداشت، نفسیاتی اثرات، اور ایک واقعہ کس ترتیب سے پیش آیا، یہ سب یاد رکھنے کی محدود صلاحیت ہمارے لئے رکاوٹ بن سکتے ہیں۔ دوسری جانب گواہی کے ذریعے حاصل کئے گئے علم، تصورات اور خیالات پر یہ عوامل اثر انداز نہیں ہوتے، کیونکہ گواہی کے ذریعے معلومات تواتر کے ساتھ ہم تک پہنچتی ہیں، جنہیں نسبتاً طویل عرصے میں غور و فکر کے بعد جذب کیا گیا ہوتا ہے۔

یہاں ہم اپنے موضوع سے تھوڑا دور نکل گئے ہیں لیکن یہ بھی اس بحث کے لیے مفید ہو گا۔ معجزات پر ڈیوڈ ہیوم کا مقالہ۔ اس کا کہنا ہے کہ معجزات کی بابت جاننے کا واحد ذریعہ عینی شہادت ہے۔ اس کے بقول ہمیں معجزے پر صرف اس صورت میں یقین کرنا چاہئے کہ جب عینی شاہدین کے غلطی کرنے کا امکان، معجزے کے وقوع پذیر ہونے کے امکان سے زیادہ نہ ہو۔[361]

واحد عینی گواہ کے معاملے میں اٹھنے والے اعتراضات سے ہٹ کر، متعدد عینی گواہوں کے بیان کو سنجیدگی سے لیا جاسکتا ہے (اسلامی تحقیق میں جس کی بعض صورتوں کو تواتر کہا جاتا ہے)۔ اگر کسی معاملے میں کثیر (یا ایک معقول تعداد) میں مختلف گواہوں سے علیحدہ علیحدہ واسطوں سے معلومات حاصل کی گئی ہوں، اور ان گواہوں کی ایک معقول تعداد میں باہم میل جول بھی نہ ہو، تو ایسی معلومات کو ردّ کرنا نامعقول طرزِ عمل ہوگا۔ خود ڈیوڈ ہیوم نے اس طرح کی شہادت کی سچائی کو قبول و تسلیم کیا ہے کہ معجزات کو ثابت کرنا ناممکن ہے، بشرطیکہ کثیر تعداد میں شہادتیں دستیاب ہوں:

’’میں یہاں اپنے اس دعوے کی حدود واضح کرنا چاہوں گا کہ جب میں کہتا ہوں کہ معجزات کبھی بھی اس قدر یقین کے ساتھ ثابت نہیں کئے جاسکتے کہ ان پر کسی مذہب کی بنیاد رکھی جائے۔ میں سمجھتا ہوں کہ یہ ممکن ہے کہ معجزات یا فطرت کے معمول کے خلاف ایسے واقعات رونما ہوں کہ جنہیں انسانوں کی گواہی کے ذریعے تسلیم کیا جاسکے (اگرچہ ان کا ذکر انسانی تاریخ کی تمام روداد میں پایا جانا شاید ممکن نہیں)۔ فرض کیجئے تمام زبانوں کے تمام مصنف اس بات پر متفق ہیں کہ یکم جنوری 1600ء سے پورے کرۂ ارض پر آٹھ دنوں کے لیے مکمل تاریکی چھا گئی۔ اور فرض کیجئے کہ اس غیر معمولی واقعے کا تذکرہ آج بھی لوگوں کے درمیان اس طرح زندہ ہے کہ دیگر ملکوں کے سفر سے آنے والے تمام مسافر اس واقعے کا احوال کسی معمولی سے فرق یا تضاد کے بغیر بیان کرتے ہیں۔ تو ظاہر ہے کہ ہمارے دور کے تمام فلسفی حضرات کو چاہئے کہ اس واقعے پر شک کرنے کے بجائے، اس کو بطور حقیقت تسلیم کریں۔‘‘ 362

گواہی، معلومات کے حصول کا ایک لازمی ذریعہ ہے۔ گواہی کے بغیر وہ سائنسی ترقی نہ ہوتی جو ہمارے زمانے کا طرۂ امتیاز ہے۔ ہمارے بہت سے مستند حقائق کی حیثیت فقط کسی شکی انسان کے وہم سے زیادہ نہ ہوتی، اور زمین کے چپٹا ہونے کے دعوے داروں کو ہمارا یوں مزے سے جھٹلانا معقول رویہ نہ ہوتا۔ گواہی سے معلومات اخذ کرنے کے لیے ضروری ہے کہ ہماری دیگر افراد کی دیانتداری جانچنے کی صلاحیت قابلِ بھروسا ہو۔ نیز ہم ایسی معلومات سے متعلق شبہات کے ازالے کے لیے گواہی دینے والے شخص سے رجوع کریں۔ یہ بھی ضروری ہے کہ ہم یہ یقینی بنائیں کہ گواہی دینے والے شخص کی باتیں باہم مربوط ہیں، اور یہ جاننے کے لیے ہم اس کی دی گئی

دیگر شہادتوں اور اس کے سابقہ احوال پر بھی نظر ڈال سکتے ہیں۔

بہترین وضاحت سے قیاس

توجیہ ایک نہایت کارآمد طرزِ فکر کا نام ہے کہ جس میں دستیاب حقائق اور سیاق و سباق سے متعلق معلومات کو باہم ایک ربط دینے کی کوشش کی جاتی ہے۔ مثال کے طور پر جب ہمارا معالج دریافت کرتا ہے کہ آپ کیسے ہیں، تو ہم اپنی علامات کچھ یوں بتاتے ہیں: ناک بند ہے، گلے میں خراش ہے، چھینکیں آرہی ہیں، آواز بھاری ہے، کھانسی ہے، آنکھوں میں پانی آتا ہے، بخار کی کیفیت ہے، سر اور جسم میں درد ہے، اور تھکن ہو رہی ہے۔ ان معلومات کی روشنی میں معالج یہ سمجھنے کی کوشش کرتا ہے کہ ہمیں کیا بیماری لاحق ہے۔ اپنی میڈیکل کی تعلیم کے دوران حاصل کی گئی معلومات کو بروئے کار لاتے ہوئے وہ اس نتیجے پر پہنچتا ہے کہ آپ کی بیماری کا بنیادی سبب انفلوئنزا وائرس معلوم ہوتا ہے۔ تاریخ اور فلسفے کے پروفیسر پیٹر لپٹن توجیہ کے عملی اور ناگزیر استعمال کو یوں بیان کرتے ہیں:

"ڈاکٹر اس نتیجے پر پہنچتا ہے کہ اس کے مریض کو خسرہ ہے کیونکہ دستیاب شواہد کی بہترین ممکنہ توجیہ یہی ہے۔ ماہرِ فلکیات سیارہ نپچون کی حرکت کے قائل ہو جاتے ہیں کیونکہ سیارہ یورینس میں دیکھی گئی غیر متوقع تبدیلیوں کی یہی سب سے بہترین توجیہ ہو سکتی ہے۔ معقول ترین توجیہ کے اصول کے مطابق، ہمارے نتیجہ اخذ کرنے کے عمل کا انحصار ممکنہ صورتوں پر ہوتا ہے۔ دستیاب حقائق اور ان کے سیاق و سباق سے متعلق تصورات کو ذہن میں رکھتے ہوئے ہم دیکھتے ہیں کہ کون سی صورتیں متبادل کے طور پر تصور کی جا سکتی ہیں، بشرطیکہ وہ درست ہوں۔" [363]

بیشتر معاملات کی طرح، ہمارے پاس موجود معلومات کی مسابقتی (متبادل اور ممکنہ طور پر یکساں درست) وضاحتیں ہو سکتی ہیں۔ ان وضاحتوں کی کسوٹی نہ صرف ان کی معقولیت ہے، بلکہ اس کے علاوہ دیگر اعداد و شمار، جو ہمیں ان وضاحتوں کے مابین امتیاز برتنے میں مدد دے سکتے ہیں۔ لپٹن وضاحت کرتے ہیں: "ہم مختلف معقول وضاحتوں (امیدوار مفروضوں) پر غور کرنے سے آغاز کرتے ہیں، اور پھر ایسے اعداد و شمار تلاش کرنے کی کوشش کرتے ہیں جو ان کے مابین

امتیاز کر سکیں ...... جب کوئی بہتر متبادل وضاحت پیش کرتا ہے تب ہی پہلی رائے کو شکست دی جا سکتی ہے، چاہے شواہد تبدیل نہ ہوئے ہوں۔"[364]

مزید معلومات کا حصول ہی وہ واحد طریقہ نہیں کہ جس سے ہم دو متبادل ممکنہ صورتوں میں سے ایک کو زیادہ معقول تسلیم کر سکیں۔ بہترین توجیہ تو وہی ہو گی جو سب سے آسانی کے ساتھ سمجھ میں آتی ہو۔ لیکن یہ "بہ آسانی سمجھ میں آنا" صرف پہلی شرط ہے۔ اس سے آگے ہمیں یہ بھی یقینی بنانا ہو گا کہ بہ آسانی سمجھ میں آنے کے ساتھ ساتھ یہ جامع بھی ہو۔ جامع ہونے سے مراد یہ ہے کہ ایک ممکنہ صورت میں توجیہ کی مکمل گنجائش اور اس کا دائرہ وسیع ہو۔ ممکنہ صورت کو تمام دستیاب حقائق پر درست بیٹھنا چاہئے، چاہے وہ بالکل منفرد اور مختلف مشاہدات ہوں۔

کسی ممکنہ صورت کے جامع ہونے کا اندازہ اس سے بھی لگایا جا سکتا ہے کہ وہ ایسے مشاہدات اور حقائق کو بھی اپنے دامن میں سمو سکتی ہو، جن سے ماضی میں لوگ واقف نہ تھے، یا جو بالکل غیر متوقع یا ناقابلِ توجیہ سمجھے جاتے تھے۔ اس سلسلے میں ایک اہم اصول یہ ہے کہ کسی ممکنہ صورت کو درست تسلیم کرنے کے لیے ضروری ہے کہ اس سے متعلق پہلے سے موجود معلومات کی روشنی میں اس صورت کے حقیقت ہونے کا امکان دیگر ممکنہ صورتوں سے زیادہ ہو۔ پرنسٹن یونیورسٹی میں تدریس سے وابستہ فلسفی گلبرٹ ایچ ہرمین کا کہنا ہے کہ جب ایک سے زیادہ صورتیں ممکن ہوں تو "ان میں سے کسی ایک کو حقیقی ماننے کے لیے ضروری ہے کہ دیگر تمام ممکنہ مفروضوں کو معقول بنیادوں پر ردّ کیا جا سکتا ہو۔ اس طرح ہم اس بنیاد پر کہ ایک مفروضہ دیگر مفروضوں کے مقابلے میں حقائق کی زیادہ بہتر توجیہ کر سکتا ہے، یہ نتیجہ قائم کر سکتے ہیں کہ ہماری فرض کی گئی صورت واقعی درست ہے۔"[365]

اوپر جو کچھ ہم نے بیان کیا، اس کی روشنی میں یہ ثابت ہوتا ہے کہ معاملے کی معقول ترین توجیہ کرنا ایک ناگزیر طرزِ فکر ہے۔ یہاں تک کہ یہ ہمیں کسی معاملے کے بارے میں یقینی علم تک لے جا سکتا ہے۔ اگر ہمارے سامنے گنے چنے حقائق ہی دستیاب ہوں اور ان سے چند ہی ممکنہ صورتیں سامنے آتی ہوں تو معاملے کی معقول ترین توجیہ کو خاصی حد تک یقینی سمجھا جائے گا کیونکہ اس سے بہتر صورت فرض کرنے کی گنجائش نہیں ہو گی، یا ایسے حقائق ملنے کے امکانات نہیں ہوں گے جو ہماری معقول ترین توجیہ کو تبدیل کر سکتے ہوں۔ یہ دعویٰ کہ "قرآن آسمانی کتاب ہے،" اسی

طرح یقینی طور پر ثابت ہوا ہے۔قرآن کی تصنیف سے متعلق چند ہی ممکنہ صورتیں زیرِ غور لائی جاسکتی ہیں اوراس کے الہامی ہونے کے سوا اورکوئی صورت زیادہ معقول نظر نہیں آتی۔

ہمارا بنیادی مؤقف

ہماری اب تک کی بحث کا مقصد حصولِ علم میں گواہی اور (کسی معاملے کی) معقول ترین توجیہ کی اہمیت واضح کرنا تھا۔لیکن صرف گواہیوں کا ذکر کرنا کافی نہ ہوگا کیونکہ قرآن کے یکتا و بے مثل ہونے سے متعلق ماہرین کی ایک سے زائد آراءملتی ہیں۔ لہٰذا ہمیں اس کے پس منظر سے متعلق مصدقہ احوال پیش کرنا ہوں گے تا کہ یہ واضح ہو کہ قرآن کے بے مثل و یکتا ہونے کے حق میں جو آراءملتی ہیں،ان کو کیوں حقیقت پر مبنی تسلیم کیا جائے۔

سابقہ احوال میں قابلِ ذکر حقائق یہ ہیں کہ قرآن اپنے لسانی وادبی شاہکار کے مقابلے کی دعوت دیتا ہے اور یہ کہ ساتویں صدی کے عرب اپنے خیالات کے اظہار کے لیے عربی زبان پر کمال درجے کا عبور رکھتے تھے،اور یہ کہ اس کے باوجود قرآن جیسا کوئی کلام پیش نہ کر سکے۔اگر ہم ان حقائق کو ثابت کرنے میں کامیاب ہوجاتے ہیں تو قرآن کے یکتا و بے مثل ہونے کے حق میں پائی جانے والی، ماہرین کی آراء کو اختیار کرنا ایک معقول انتخاب سمجھا جائے گا کیونکہ ان باتوں کا سچ ثابت ہونا،ایسی آراء کو اختیار کرنے کی بنیاد فراہم کرتا ہے۔اس کے مقابلے میں وہ آراءجو قرآن کے یکتا ہونے کے خلاف ہیں، وہ عقل سے بعید سمجھی جائیں گی کیونکہ وہ ایسے حقائق سے متصادم ہوں گی جو ثابت شدہ ہیں (اس کی وضاحت آگے آئے گی)۔ یوں جب گواہی (ماہرین کی آراء) کے ذریعے حاصل معلومات پر اطمینان حاصل ہوجائے گا،تو ممکنہ متبادل صورتوں کا تجزیہ کیا جائے گا، تا کہ ان میں سے معقول ترین صورت کا انتخاب کیا جا سکے کہ یا تو قرآن کسی عرب آدمی کی تخلیق ہے، یا کسی غیر عرب کی، یا محمد ﷺ کی، یا پھر اللہ رب العالمین کی جانب سے نازل شدہ کلام۔اس بحث کا خاکہ یہ ہے:

1۔قرآن انسانوں کو اپنے ادبی ولسانی شاہکار کے مقابلے کی دعوت دیتا ہے۔

2۔ساتویں صدی کے عرب اس مقابلے کے لیے موزوں ترین افراد تھے۔

3۔ساتویں صدی کے عرب،قرآن کا مقابلہ کرنے سے قاصر رہے۔

4- ماہرین نے قرآن کے یکتا و بے مثل ہونے کی تصدیق کی۔

5- ایسے ماہرین کی آراء جو اس سے اختلاف رکھتے ہیں، عقل کی کسوٹی پر پوری نہیں اترتیں کیونکہ وہ ثابت شدہ حقائق سے متصادم ہیں۔

6- لہٰذا ان پانچ نکات سے ثابت ہوا کہ قرآن یکتا و بے مثل ہے۔

7- قرآن کے یکتا و بے مثل ہونے کی بابت یہ چار تو جیہات سوچی جاسکتی ہیں۔ قرآن کسی عرب نے تصنیف کیا، یا کسی غیر عرب نے یا محمد ﷺ نے یا پھر اللہ رب العالمین نے نازل فرمایا ہے۔

8- قرآن کی تخلیق کسی عرب، غیر عرب یا محمد ﷺ کے بس سے باہر ہے۔

9- چنانچہ جو سب سے معقول تو جیہہ تصور کی جاسکتی ہے وہ یہ ہے کہ خود اللہ رب العالمین نے اسے نازل فرمایا ہے۔

اس باب کے بقیہ حصے میں ہم ان نکات پر تفصیلی بحث کریں گے۔

1- قرآن انسانوں کو اپنے ادبی و لسانی شاہکار کے مقابلے کی دعوت دیتا ہے

اِقۡرَاۡ بِاسۡمِ رَبِّكَ۔ "پڑھئے اپنے رب کے نام سے۔" (سورۃ العلق، آیت 1) [366] یہ پہلی وحی کے اوّلین الفاظ ہیں جو آج سے چودہ سو سال قبل حضور نبی کریم ﷺ نازل ہوئے۔ آپ ﷺ مکہ سے کچھ دور ایک غار میں تنہائی میں غور و فکر کیا کرتے تھے۔ یکا یک آپ ﷺ پر ایک ایسی کتاب کا نزول ہوا جس نے ہماری دنیا پر غیر معمولی نقوش ثبت کئے۔ محمد ﷺ کہ جن کو کبھی شعر کہتے نہیں سنا گیا، ان پر ایک ایسی کتاب کے نزول کا آغاز ہوا جس میں عقائد، قانون، عبادات، روحانیت اور معاشیات کے معاملات ایک بالکل نئے ادبی اسلوب اور طرز بیان میں وارد ہوئے ہیں۔ [367]

قرآن کے منفرد لسانی و ادبی کمالات کو مسلمانوں نے اپنے اس عقیدے کی، کہ قرآن اللہ تعالیٰ کی جانب سے بذریعہ وحی نازل کیا گیا ہے، سند کے طور پر پیش کیا۔ قرآن کی مثل کوئی کلام تخلیق کرنے میں تمام افراد کی ناکامی نے مسلمانوں کے دینی عقیدے "اعجاز القرآن" کی بنیاد رکھی۔

''اعجاز'' ایک اسم فعل ہے جس کے معنی 'معجزاتی' کے ہیں اور یہ لفظ فعل 'عجز' سے ماخوذ ہے جس کے معنی ''عاجز ہوجانا، لاچار ہوجانا'' ہیں۔ یہ اصطلاح وہ عقیدہ ظاہر کرتی ہے کہ جس کے مطابق عربوں کے ماہرینِ کلام، قرآن کے جیسا کوئی کلام پیش کرنے سے قاصر رہے۔ علامہ جلال الدین السیوطیؒ جو پندرہویں صدی کے نامور مصنف اور عالم گزرے ہیں، اس نظریئے کو یوں بیان کرتے ہیں:

''جب محمد صلی اللہ علیہ وسلم نے انہیں مقابلے کی دعوت دی، وہ لوگ اس دور کے سب سے فصیح و بلیغ ماہرینِ کلام تھے، چنانچہ انہوں نے ان کو دعوت دی کہ وہ قرآن کی مثل کوئی کلام تخلیق کر کے دکھائیں۔ سالہا سال بعد بھی وہ ایسا نہ کر سکے، جیسا کہ اللہ تعالیٰ نے فرمایا 'اگر یہ سچے ہیں تو ان سے کہو اس کی مثل کوئی کلام بنا لائیں۔' اس کے بعد محمد صلی اللہ علیہ وسلم نے انہیں دعوت دی کہ وہ صرف دس سورتیں بنا لائیں۔ اللہ تعالیٰ کے الفاظ میں 'ان سے کہو، اچھا تو دس سورتیں ہی بنا لاؤ اور ایک خدا کو چھوڑ کر جسے چاہو اپنی مدد کے لیے بلا لو، اگر تم سچے ہو۔' اس کے بعد محمد صلی اللہ علیہ وسلم نے دعوت دی کہ صرف ایک سورت ہی قرآن جیسی بنا کر دکھا دو، جیسا کہ اللہ تعالیٰ نے فرمایا 'ان کے خیال میں کیا نبی صلی اللہ علیہ وسلم نے یہ خود گھڑ لیا ہے؟ ان سے کہو اس جیسی ایک سورت ہی تم بنا کر دکھا دو اور خدا کے سوا اپنی مدد کے لیے جسے چاہو بلا لو، اگر تم سچے ہو۔' جب عرب ایک سورت بھی نہ بنا سکے جبکہ ان کے درمیان اس دور کے چوٹی کے ماہرینِ کلام موجود تھے، تو محمد صلی اللہ علیہ وسلم نے واشگاف الفاظ میں ان کی ناکامی اور بے بسی کا اعلان کر دیا اور قرآن کے یکتا و بے مثل ہونے کو ثابت کر دیا۔ اس پر اللہ تعالیٰ نے فرمایا ''کہو اگر تمام کے تمام انسان، اور جنات مل کر بھی چاہیں کہ قرآن جیسا کچھ بنا لیں تو وہ نہیں بنا سکتے چاہے وہ ایک دوسرے کی مدد ہی کیوں نہ کریں۔'' [368]

مفسرین کے مطابق، قرآن کی وہ آیات جو اس جیسی دس سورتیں بنانے کے لیے مقابلے کی دعوت دیتی ہیں، وہ ہر زمانے کے ماہرینِ کلام کو اس کے ادبی و لسانی کمالات کے مقابلے کے لیے للکارتی ہیں۔ [369] اس مقابلے کے لیے جن اسباب کی ضرورت ہے وہ گرامر کے چند محدود قواعد، ادبی و لسانی تراکیب، اور عربی زبان کے اٹھائیس حروف تہجی ہیں۔ اور یہ اسباب بلا تخصیص، سب افراد کو آزادانہ دستیاب ہیں۔ یہ حقیقت کہ اپنے نزول کے زمانے سے لے کر آج تک کوئی بھی انسان اس مقابلے کو نہ جیت سکا، عربی زبان اور قرآن سے واقفیت رکھنے والے بیشتر علماء کے لیے

کوئی حیرت کی بات نہیں۔

2-ساتویں صدی عیسوی کے عرب، عربی زبان پر سب سے زیادہ عبور رکھتے تھے

قرآن نے عربی زبان کے ماہرین کے چوٹی کے مقابلے کی دعوت دی، یعنی ساتویں صدی کے عرب۔ مغربی و مشرقی ماہرین لسانیات اس بات کو تسلیم کرتے ہیں کہ اس زمانے کے اہل عرب نے عربی زبان کی بلاغت کی انتہاؤں کو چھو لیا تھا۔ مفتی تقی عثمانی لکھتے ہیں کہ بلاغت اور کلام میں مہارت ساتویں صدی کے عربوں کے خون میں شامل تھی۔[370] نویں صدی کے شعراء کی سوانح لکھنے والے الجماہی کے مطابق ''شعر، عربوں کے لیے ان کے تمام علم کو مرتب کرنے کا ذریعہ تھا اور ان کی ذہانت کا اعلیٰ ترین نشان تھا، اسی سے وہ اپنے معاملات کا آغاز کرتے اور اسی پر ان کا اختتام کرتے۔''[371] چودہویں صدی عیسوی کے مشہور مؤرخ، علامہ ابنِ خلدون عربوں کی زندگی میں شعر و شاعری کی اہمیت پر روشنی ڈالتے ہوئے لکھتے ہیں: ''واضح رہے کہ عرب شاعری کو گفتگو کا ایک قابلِ فخر طریقہ سمجھتے تھے۔ چنانچہ اسی میں انہوں نے اپنی تاریخ رقم کی، اس کے ذریعے انہوں نے اپنے خیر اور شر کے معیار محفوظ کئے اور اسی میں انہوں نے اپنے سائنسی اور عقلی علوم کی اصولی بنیادیں بیان کیں۔''[372]

ساتویں صدی کے عربوں کی معاشرت میں زبان پر قدرت اور کمال ایک نہایت مؤثر خوبی سمجھی جاتی تھی۔ ادبی نقاد اور تاریخ دان ابنِ رُشد اس معاشرے کی کچھ اس طرح تصویر کشی کرتے ہیں: ''جب بھی کسی عرب قبیلے میں کوئی شاعر اُبھرتا، دیگر قبائل اس قبیلے کو مبارک باد دینے پہنچتے، دعوتیں کی جاتیں، خواتین دھنیں بجاتیں جیسا کہ وہ شادی کے موقع پر کیا کرتیں، اور بزرگ اور جوان جھومتے جیسا کہ کسی خوشخبری پر خوشی کا اظہار کیا جاتا ہے۔ عرب ایک دوسرے کو صرف دو مواقع پر مبارک باد پیش کرتے، ایک کسی بچے کی ولادت پر اور دوسرا جب ان کے یہاں کوئی شاعر پیدا ہوتا۔''[373] نویں صدی کے عالم ابنِ قطیبہ شاعری کو ایک عرب کی نگاہ سے بیان کرتے ہوئے کہتے ہیں: ''شاعری ان کے لیے گویا علم کی کان تھی، عقل و دانش کی کتاب تھی، جھگڑے کے موقع پر ایک سچا گواہ تھی، اور بحث و تکرار میں آخری دلیل۔''[374]

ایک عرب کو عربی زبان میں مہارت حاصل کرنے کے لیے کتنی ریاضت کرنی ہوتی تھی؟ اس پر اسلامی علوم کے استاد نوید کرمانی روشنی ڈالتے ہیں جس سے ظاہر ہوتا ہے کہ عرب ایک ایسی دنیا میں رہتے تھے جو شعر و شاعری کو خراجِ تحسین پیش کرتی تھی:''قدیم عربی شاعری ایک نہایت پیچیدہ عجوبہ ہے۔اس کی لغت اور گرامر کا انوکھا مزاج اور سخت اصول نسل در نسل منتقل ہوتے تھے، اور صرف اعلیٰ درجے کی خداداد صلاحیتیں رکھنے والے شاگرد ہی اس پر مکمل عبور حاصل کر پاتے تھے۔ایک شخص کو برسوں، بلکہ بعض صورتوں میں تو دہائیوں تک ایک ماہر شاعر کی زیرِ نگرانی شاعری سیکھنی ہوتی تھی، تب کہیں جا کر وہ خود کو شاعر کہنے کے لائق ہوتا تھا۔محمد صلی اللہ علیہ وسلم ایسے معاشرے میں پلے بڑھے کہ جس میں شاعری سے لوگ مذہب کی مانند عقیدت رکھتے تھے۔''[375]

ساتویں صدی عیسوی کے عرب ایسی معاشرت میں جیتے تھے کہ جس میں عربی زبان میں اظہار کی بے مثل صلاحتیں پروان چڑھانے کے لیے مطلوب تمام سہولیات وافر موجود تھیں۔

3۔ساتویں صدی کے عرب، قرآن کا مقابلہ کرنے سے قاصر رہے

اپنی ان تمام ادبی قابلیتوں کے باوجود وہ سب مل کر بھی قرآن کے ادبی و لسانی کمالات کے مقابلے کا کوئی عربی متن بنانے میں ناکام رہے۔لسانیات کے ماہر پروفیسر حسین عبدالرؤف کہتے ہیں:''اس دَور کے عرب زبان پر عبور، اس کے اصول، کلام کی بلاغت، تقریر اور شاعری کے لحاظ سے زبان کی بلندیوں کو چھوتے تھے۔اس کے باوجود، ان میں سے کوئی بھی قرآن کی مانند کوئی ایک سورت بھی پیش نہ کر سکا۔''[376]

قرآنی علوم کی پروفیسر انجیلیکا نیورتھ کہتی ہیں کہ قرآن کے اس دعوے کو کبھی بھی شکست نہ دی جا سکی، نہ ماضی میں اور نہ ہی حال میں،''یہ سچ ہے کہ کوئی کامیاب نہ ہو سکا۔میں یہی سمجھتی ہوں کہ قرآن نے مغربی محققین کو بھی شرمندہ کر دیا ہے کہ وہ یہ بتانے میں ناکام رہے کہ اچانک، ایک ایسے ماحول میں جہاں کوئی قابلِ ذکر تحریر ہی موجود نہ ہو، اس میں قرآن اس قدر پُرمعنی تصورات اور اتنی عالی شان زبان میں کیسے ظاہر ہو گیا۔''[377]

لبید ابنِ ربیعہ سبع معلقات (شاعری کے مقابلے میں منتخب سات بہترین نظمیں جو مسجد الحرام کے دروازے پر آویزاں کی جاتی تھیں) کے شعراء میں سے ایک تھے جنہوں

نے قرآن کے یکتا و بے مثل ہونے کے اعتراف میں اسلام قبول کیا۔ اسلام قبول کرنے کے بعد انہوں نے شاعری چھوڑ دی۔ لوگ حیران تھے، کیونکہ لبید تو ان کے ''سب سے بڑے شاعر''[378] تھے۔ دریافت کرنے پر انہوں نے جواب دیا: ''کیا قرآن کے آجانے کے بعد شاعری کی کوئی گنجائش ہے؟''[379]

ایچ پامر جو قرآن اور عربی زبان کے پروفیسر ہیں، کہتے ہیں کہ صاحبانِ علم کے اس طرح کے دعوے حیرت کی بات نہیں۔ وہ لکھتے ہیں: ''عربوں کے ماہر ترین اشخاص کا قرآن جیسے معیار کا کچھ بنالانے میں سدا ناکام ہونا باعثِ حیرت نہیں۔''[380]

اسلامی علوم کے پروفیسر محمد عبداللہ دراز تصدیق کرتے ہیں کہ ساتویں صدی کے مفکرین قرآن کے بیان میں یوں محو ہوئے تھے کہ بے حس و حرکت ہوکر رہ گئے: ''عربی زبان کی بلاغتِ کلام کے سنہرے دور میں زبان ترقی کرتے کرتے نفاست اور اظہار کی طاقت کی بلندیوں پر پہنچ چکی تھی، اور شعراء و مقررین کو سالانہ میلوں میں بھرپور اعزاز کے ساتھ القابات سے بھی نوازا جاتا تھا، ایسے حالات میں قرآن کے الفاظ نے شاعری اور نثر کو بے جان کرکے رکھ دیا، اور سات سنہری نظمیں (سبع معلقات) جو کعبے کے دروازوں پر آویزاں کی جاتی تھیں، اتار لی گئیں؛ اور سماعتیں ان سب سے کنارہ کش ہوکر قرآن کی شکل میں عربی زبان کے اس شاہکار پر جم گئیں۔''[381]

ساتویں صدی سے ملنے والی کثیر شہادتیں اس سلسلے میں کسی بھی قسم کے شک کو باقی نہیں رہنے دیتیں کہ عرب، قرآن جیسا کوئی کلام پیش کرنے سے عاجز ہوگئے تھے۔ اس حقیقت کا انکار کرنا کہ عرب بے بس ہو چکے تھے، بلا دلیل ہوگا۔ جیسا کہ اس باب میں عینی شہادت پر بات کرتے ہوئے ہم نے پہلے عرض کیا، وہ روایتیں جو بتاتی ہیں کہ عرب، قرآن کی مثل کچھ پیش کرنے میں ناکام ہوئے، تواتر کے درجے کو پہنچی ہوئی ہیں۔ راویوں اور تاریخ دانوں کی ایک بڑی تعداد ہے جن سے متعدد سلسلوں سے یہ معلومات ہم تک پہنچیں اور ان میں سے بہت سے ماہرین ایک دوسرے سے کبھی ملے بھی نہ تھے۔

ایک اور مضبوط دلیل جو اس بات کی تائید کرتی ہے کہ ساتویں صدی کے عرب، قرآن جیسا کوئی کلام بنانے میں ناکام رہے، اس دور کے سیاسی و معاشرتی حالات سے متعلق ہے۔ قرآن

میں مکہ میں بسنے والے قبائل کے غیر اخلاقی، ظالمانہ اور شیطانی طرزِ عمل کی بھرپور مذمت کی گئی ہے، جس میں خواتین سے ناروا سلوک، غیر منصفانہ تجارت، شرک، غلامی، بچوں کے قتل اور یتیموں سے غفلت وغیرہ شامل ہیں۔ قرآن کے پیغام نے مکہ اور عرب کے سرداروں کو للکارا اور ان کی قیادت و سروری اور ان کے اقتصادی مفادات پر 23 سال تک پے در پے ضرب لگا تا رہا۔ اسلام کو پھیلنے سے روکنے کے لیے نبی کریم ﷺ کے مخالفین کو بس اتنا کرنا تھا کہ قرآن کے لسانی و ادبی کمالات کے مقابلے میں اس جیسا کچھ تخلیق کرکے دکھا دیتے۔

لیکن اسلام کا اپنے ابتدائی دور میں، جبکہ یہ بہت کمزور تھا، بہت تیزی سے کامیاب ہو جانا اس بات کا ثبوت ہے کہ اس دور کے مخاطبین، قرآن کے اس چیلنج کا جواب نہ دے سکے تھے۔ کوئی تحریک ہرگز کامیاب نہیں ہو سکتی، اگر اس کے وہ دعوے کہ جن پر اس کی بنیادیں کھڑی ہوں، غلط ثابت ہو جائیں۔ مکہ کے سرداروں کا اسلام کے خلاف جنگ اور تشدد جیسی مہم جوئی پر اتر آنا یہ ظاہر کرتا ہے کہ اسلام کو ناکام کرنے کا آسان ترین راستہ یعنی قرآن کے چیلنج کا جواب دینا، ان کے لیے مشکل ترین چیلنج تھا۔

4- اہلِ علم نے گواہی دی ہے کہ قرآن یکتا و بے مثل ہے

مشرق و مغرب کے دینی اور لادینی پس منظر رکھنے والے لاتعداد ماہرینِ علم نے اس بات کی تصدیق کی ہے کہ قرآن یکتا و بے مثل ہے۔ یہاں ہم نے ان میں سے صرف چند ایک کے ناموں کا ذکر کیا ہے جو اس بات کے قائل ہیں کہ قرآن کے مثل کوئی کلام نہیں بنایا جا سکتا:

- مشرقی علوم کے پروفیسر مارٹن زیمٹ: ''اسلام سے پہلے پائی جانے والی طویل نظموں کے ادبی معیار سے قطع نظر... قرآن، عربی زبان میں تحریری شکل میں پائے جانے والے سب سے ممتاز کلام کی حیثیت سے بلاشبہ اپنی مثال آپ ہے۔''[382]

- شاہ ولی اللہ محدث دہلویؒ: ''قرآنِ مبین کی اعلیٰ ترین درجے کی بلاغت انسان کی پہنچ میں نہیں۔ چونکہ ہم دورِ اوّل کے عربوں کے بعد کے زمانے کے ہیں، اس لئے ہم اس کا مکمل ادراک نہیں کر پاتے۔ لیکن جو بات ہم کہہ سکتے ہیں وہ یہ ہے کہ قرآنِ عظیم الشان میں سادہ لفظوں کو جس خوبصورتی کے ساتھ دلوں کو چھو لینے والے جملوں میں ڈھالا گیا

ہے، کہ جن میں کوئی بناوٹ نہیں، اس کی مثال قدیم یا جدید دور کے کسی شاعر کے کلام میں نہیں ملتی۔ "383

- علومِ مشرق اور ادبیات کے عالم اے جے آربری: "سابقہ ماہرین کے کام کو کچھ آگے بڑھانے اور عربی قرآن کی مثل کوئی ایسا کلام بنانے کی کوشش میں کہ جس میں قرآن کی شاندار بلاغت کی ادنیٰ سی جھلک ہی نظر آتی ہو، مجھے اس کے پیچیدہ اور جابجا پائے جانے والے مختلف نوعیت کے آہنگ کو سمجھنے میں ہی مشکل کا سامنا ہے۔ اور اس کے پیغام سے قطع نظر، یہی وہ بنیاد ہے جس پر قرآن انسانی تاریخ کے سب سے عظیم ادبی شاہکار ہونے کا ناقابلِ تردید دعویٰ کرتا ہے۔ "384

- مفتی محمد تقی عثمانی: "ان میں سے کوئی بھی قرآن جیسے چند جملے بھی نہ بنا سکا۔ تصور کیجئے یہ وہ لوگ تھے کہ، علامہ جرجانی کے بقول، یہ ممکن نہ تھا کہ انہیں خبر ہو کہ زمین کے دوسرے سرے پر موجود کوئی شخص اپنے کلام کی بلاغت اور خطاب کی فصاحت پر نازاں ہے اور یہ اس کا اپنی شاعری میں مذاق نہ اڑاتے۔ یہ تصور کرنا محال ہے کہ انہیں بار بار مقابلے کے لیے پکارا جائے اور یہ خاموش بیٹھے رہیں اور آگے آنے کی جرأت نہ کریں۔ انہوں نے نبی اکرم ﷺ کو اذیت دینے میں کوئی کسر نہیں چھوڑی تھی، ان پر جسمانی تشدد کرتے، انہیں پاگل قرار دیتے، انہیں جادوگر، شاعر اور کاہن کہتے، لیکن وہ قرآن کی مانند چند جملے بنانے میں بری طرح ناکام رہے۔ "385

- امام فخر الدین الرازیؒ: "قرآنِ حکیم اپنی بلاغت، اپنی منفرد طرزِ بیان، اور غلطیوں سے مبراء ہونے کے سبب یکتا و بے مثل ہے۔ "386

- الزملکانی: "قرآنِ حکیم کے الفاظ اپنے متعلقہ معیار پر خوبصورتی سے پورا اترتے ہیں، اور اس کے جملے جس حکمت سے ترتیب دیے گئے ہیں ان کی معنی خیزی کا کوئی مقابلہ نہیں، یہاں تک کہ اس میں پائی جانے والی ہر ادبی صنف اپنے ہر جملے اور ہر لفظ کے لیے لاثانی ہے۔ "387

- پروفیسر بروس لارنس: "واضح نشانی کے طور پر، قرآنی آیات لامتناہی سچائی کو ظاہر کرتی ہیں۔ ان سے تہہ در تہہ معنی کھلتے جاتے ہیں، روشنی در روشنی، معجزہ در معجزہ۔ "388

● پروفیسر اور عربی دان ہملٹن گِب : "دیگر تمام عربوں کی طرح وہ (محمد صلی اللہ علیہ وسلم) زبان اور بلاغت کا اعلیٰ ذوق رکھتے تھے۔ تو اگر قرآن ان کی اپنی تخلیق ہوتا تو دیگر عرب بھی ان کا مقابلہ کر سکتے۔ انہیں اس جیسی دس آیات بنالانے دیں، اور اگر نہ بناسکیں (اور صاف ظاہر ہے کہ وہ نہ بناسکے) تو پھر ان کو چاہئے کہ قرآن کو ایک عظیم معجزہ تسلیم کرلیں۔"[389]

قرآن کے بے مثل و یکتا ہونے کی لاتعداد دستیاب شہادتوں میں سے یہ صرف چند شہادتیں ہیں جن کا اوپر ذکر کیا گیا ہے۔

قرآن کے یکتا و بے مثل ہونے کی مزید شہادتیں : المتنبّی اور شیکسپیئر

ابوالطیّب احمد ابن الحسین المتنبّی الکندی، عربوں کی نظر میں ایک بے مثال غیر معمولی صلاحیت کے حامل شاعر سمجھا جاتا ہے۔ کہا جاتا ہے کہ اگر چہ دیگر شعراء نے بھی اس عظیم شاعری کی مانند قصیدہ گوئی اور منظوم کلام کہا، لیکن کوئی ان کے بلاغت کے معیار اور اسالیب کے تنوع کے نہ کونہ پہنچ سکا۔ چنانچہ یہ تسلیم کیا جاتا ہے کہ المتنبّی یکتا ہے کیونکہ ہمارے سامنے ان کا کام بھی موجود ہے اور تمام ادبی وسائل بھی، لیکن ان کی جیسی شاعری کوئی نہیں کر سکا۔ اگر یہ سچ ہے تو یہ قرآن کے یکتا اور بے مثل ہونے کے دعوے کو کمزور کر دیتا ہے۔ لیکن حقیقت یہ ہے کہ المتنبّی کی یہ ستائش بے بنیاد ہے۔ المتنبّی کے کام سے مماثل شاعری یہودی شعراء موسیٰ ابن عزراء اور سلمان ابن جبریل کے یہاں ملتی ہے۔ دلچسپ بات یہ ہے کہ اندلسی شاعر ابن ہانی الاندلسی تو مشہور ہی "مغرب کا المتنبّی" کے لقب سے تھا۔[390]

ایک اہم نکتہ یہ ہے کہ قرونِ وسطیٰ کی عرب شاعری میں کسی نئی صنف کا اضافہ نہیں ہوا تھا۔ اور یہ اس لئے تھا کہ یہ پہلے سے پائی جانے والی شاعری ہی کا تسلسل تھی۔ ڈینس ای مک اولے (Denis E. McAuley) لکھتے ہیں کہ قرونِ وسطیٰ کی شاعری "براہِ راست تجربے کے بجائے سابقہ ادبی نیچ سے پیوستہ رہتی تھی۔"[391]

قدیم عربی شاعری میں یہ کوئی انہونی بات نہ تھی کہ ایک شاعر اپنے سے پہلے کے کسی شاعری کی نظم جیسی ایک نئی نظم کہتا جو اسلوب، روانی اور موضوع میں اسی کے جیسی ہو۔ یہ ایک عام طریقہ تھا۔[392] یہ باعثِ حیرت نہیں کہ دینی علوم کے پروفیسر ایمل ہومرین نے ابن الفریض کے ادبی

کام کا جائزہ لیا اور اسے بڑی حد تک حقیقتاً المتنبّی کے پائے کا شاعر قرار دیا۔[393]

یہ واضح کرنے کے لیے کہ المتنبّی کے پائے کا کلام تخلیق کرنا ناممکن ہے، انہوں نے بتایا کہ انہوں نے ایک اور شاعر ابو نواس کے کام سے استفادہ کیا۔[394] قرونِ وسطیٰ کے کئی ادبی نقادوں مثلاً الصاحب ابن عباد اور ابو علی محمد ابن علی حسن الہثیمی نے المتنبّی پر تنقید کی ہے۔ ابن عباد نے الکشف عن مساوی شعر المتنبّی تصنیف کی جب کہ الہثیمی نے الرسالة الموضحة فی ذکر سرقات أبی الطیب المتنبّی میں المتنبّی کے ساتھ اپنی ملاقات کا واقعہ ذکر کیا ہے۔[395] ان ادبی تنقیدوں کا ماحصل یہ ہے کہ اگرچہ اس کا کام ایک غیر معمولی شخص کا تھا لیکن اس کے پائے کا کام تخلیق کرنا بہرحال ممکن ہے۔ الہثیمی اپنے حریف المتنبّی کے خلاف ایک مضبوط دلیل پیش کرتا ہے اور دعویٰ کرتا ہے کہ اس کے کلام کی طرز یکتا نہیں اور اس میں غلطیاں بھی پائی جاتی ہیں۔ پروفیسر سیگرا بون بیکر جنہوں نے المتنبّی پر الہثیمی کی تنقید کا مطالعہ کیا اس نتیجے پر پہنچے کہ اکثر و بیشتر "الہثیمی کی رائے کی مضبوط بنیادیں ہوا کرتی ہیں اور ایک قاری انہیں پڑھ کر آخرکار یہ محسوس کرتا ہے کہ المتنبّی بس ایک عام سا شاعر تھا، جس کے پاس نہ صرف اپنے حقیقی خیالات کا فقدان تھا بلکہ اسے قواعد، لغت، اور فنِ خطابت پر بھی مطلوبہ عبور نہیں تھا، حتیٰ کہ بعض مقامات پر تو اس نے نہایت برے ذوق کا مظاہرہ بھی کیا ہے۔"[396]

شیکسپیئر کے بارے میں عموماً یہ سمجھا جاتا ہے کہ وہ انگریزی زبان کے استعمال میں یکتا تھا۔ لیکن، اس کے باوجود اس کے کام کے بارے میں یہ دعویٰ نہیں کیا جاتا کہ اس جیسا کلام تخلیق کرنا ممکن نہیں۔ اس کی بیشتر نظمیں ایک عام پائے جانے والی طرز (iambic pentameter) پر ہیں جو منظوم کلام کا ایسا اسلوب ہے کہ جس میں ہر مصرعہ دس الفاظ پر مشتمل ہوتا ہے۔ یہ الفاظ پانچ پانچ کے دو مجموعوں کی شکل میں ہوتے ہیں جنہیں دھوج (iambs) یا جمع رکن (iambic feet) کہا جاتا ہے۔[397] اب چونکہ اس کے کام کا نقشہ ہمارے سامنے موجود ہے اس لئے یہ حیرت کی بات نہیں کہ انگریز ڈرامہ نگار کرسٹوفر مارلو وہ اسی طرز میں لکھا کرتا تھا اور شیکسپیئر کا موازنہ، فرانسس بیومونٹ، جان فلیچر اور اُس زمانے کے دیگر ڈرامہ نگاروں سے کیا جاتا رہا ہے۔[398]

قرآن کے بے مثل و یکتا ہونے کے اقرار کا لازمی نتیجہ یہ نہیں کہ اسے الہامی تسلیم کیا جائے

ایک قابل غور نکتہ جو قرآن کے بے مثل و یکتا ہونے کی علمی شہادتوں سے متعلق ہے، وہ یہ ہے کہ ان تمام ماہرین نے یہ تو تسلیم کر لیا کہ قرآن کے مانند کوئی کلام بنانا ممکن نہیں لیکن پھر بھی ان میں سے بعض نے اس کے منزل من اللہ ہونے کا اقرار نہیں کیا۔ اس دلیل میں خامی یہ ہے کہ یہ دلیل قرآن کے بے مثل و یکتا ہونے کی معقول ترین ممکنہ توجیہ کے ساتھ خلط ملط کر رہی ہے۔ میں اس باب میں جو بحث پیش کر رہا ہوں وہ قرآن کے الہامی ہونے کو ان ماہرین کی رائے سے ثابت کرنا نہیں، بلکہ یہ بحث یہ بتانے کے لیے ہے کہ قرآن کے بے مثل و یکتا ہونے کی جو معقول ترین توجیہ کی جا سکتی ہے وہ یہ ہے کہ یہ منزل من اللہ ہے۔ ان ماہرین کا اس نتیجے یا قرآن کے الہامی ہونے سے اتفاق نہ کرنا غیر متعلق ہے۔ ماہرین کی رائے یہاں پیش کرنے کا مقصود صرف یہ دکھانا تھا کہ قرآن یکتا ہے اور اس کی مثال پیش کرنا ناممکن۔ ہمارا مقصود ان آراء کو پیش کرنے سے یہ نہیں کہ ان سے یہ بھی ثابت کیا جائے کہ قرآن منزل من اللہ ہے۔ یہ نکتہ تو قرآن کے متن کے یکتا و بے مثل ہونے سے اخذ ہوتا ہے نہ کہ اس سے کہ ان ماہرین نے قرآن کے بے مثل اور یکتا ہونے سے یہ نتیجہ اخذ کیوں نہ کیا۔

یہاں یہ بھی واضح رہنا چاہئے کہ ممکن ہے ان ماہرین کی نظر سے وہ دلیل نہ گزری ہو جو معقول ترین توجیہ کی جانب رہنمائی کرتی ہے، یا ممکن ہے کہ انہوں نے قرآن کے یکتا و بے مثل ہونے کی ممکنہ وجوہ پر فلسفیانہ غور و فکر نہ کیا ہو۔ ممکن ہے ان میں سے بعض ضدی قسم کے ملحد ہوں اور فلسفیانہ فطرت پرست ہوں، اور ان کی فطرت پرستی ان کو کسی بھی فوق الفطرت حقیقت تک پہنچنے سے روک دیتی ہو۔

بہت سے صاحبانِ علم، خاص طور پر ہمارے دور کے مابعد جدیدی (پوسٹ ماڈرنسٹ) تمدن میں جینے والے، علوم کو ایک خاص نظر سے دیکھنے پر مجبور ہیں۔ چنانچہ ان میں سے کئی ایسے ہیں جو قرآن کے متن میں تو دلچسپی رکھتے ہیں لیکن ان کا مقصد تلاش حق نہیں ہوتا بلکہ محض ادبی علوم کے مطالعہ کے غرض سے اس کو پڑھتے ہیں۔ یہ علم کی جدید دنیا کا ایک عام رجحان بن چکا ہے۔ اس

لئے جب یہ اہلِ علم قرآن کے یکتا و بے مثل ہونے پر غور کرتے ہیں، زیادہ امکان اس بات کا ہوتا ہے کہ وہ صرف اس کے ادبی کمالات پر غور کر رہے ہوں نہ کہ اس کے الہامی کتاب ہونے کے دعوے کی سچائی کے امکان پر۔ وہ یہ جاننے کی کوشش کر رہے ہوتے ہیں کہ آیا قرآن بے مثل اور نفیس ہے؟ اور اگر ہے تو کس حد تک؟ وہ یہ جاننے میں قطعی دلچسپی نہیں رکھتے کہ قرآن کا یکتا اور بے مثل ہونا اس کے الہامی ہونے کے لیے درحقیقت کیا معنی رکھتا ہے۔

5- مخالف علمی آراء معقول نہیں کیونکہ یہ

ثابت شدہ سابقہ احوال کو نظر انداز کرتی ہیں

اوپر جو کچھ بیان ہوا ہے، اس کی روشنی میں گواہی کے ذریعے قرآن کے یکتا و بے مثل ہونے کی جو معلومات ہم تک پہنچیں، ان پر یقین کرنا عقل کے تقاضے کے عین مطابق ہوگا۔ اس کا مطلب یہ نہیں کہ اس موضوع پر مکمل اتفاقِ رائے پایا جاتا ہے یا تمام اہلِ علم یہ دعویٰ رکھتے ہیں کہ قرآن کے چیلنج کا جواب نہیں دیا جا سکتا۔ چند علمی آراء (اگرچہ ان کی تعداد بہت کم ہے) ایسی بھی پائی جاتی ہیں جو قرآن کے بے مثل ہونے کے دعوے کو جھٹلانے کی کوشش کرتے ہیں۔ اگر کسی شہادت کو قابلِ بھروسا ہونے کے لیے اتفاقِ رائے کی ضرورت نہیں، تو آخر کیسے کوئی شخص گواہی کے ایک سلسلے کو دوسرے سلسلے پر ترجیح دے؟

قرآن کے بے مثل و یکتا ہونے سے متعلق گواہی زیادہ معقول معلوم ہوتی ہے کیونکہ اس کی بنیاد مستند سابقہ علم پر رکھی گئی ہے جن پر ہم نے پہلے تین نکات میں گفتگو کی۔ ان سے واضح ہوتا ہے کہ قرآن، انسانوں کو ایک ادبی و کلامی چیلنج دیتا ہے۔ ساتویں صدی کے عرب اس چیلنج کا جواب دینے کی سب سے بہتر استعداد رکھتے تھے لیکن اس کے باوجود کلام کی دنیا کے یہ بادشاہ اس چیلنج کا جواب دینے سے قاصر رہے۔

اس نظریے کی مخالف آراء کو تسلیم کرنا عقل سے بعید بات ہوگی کیونکہ اس کے لیے ضروری ہوگا کہ اس سوال کا جواب دیا جائے کہ جو لوگ اس چیلنج کا جواب دینے کی بہترین صلاحیت رکھتے تھے، آخر وہ کیوں اس میں ناکام رہے؟ اس کا جواب تراشنے کے لیے شاید اس مستند تاریخ کا انکار کرنا پڑ جائے، یا ساتویں صدی کے عربی زبان کے ماہرین کے چوٹی کے عرب زبان کے ماہرین سے زیادہ بہتر زبانی و ادبی

استعداد رکھنے کا دعویٰ کیا جائے۔ اس تفصیل سے ظاہر ہوتا ہے کہ مخالف آراء کی بنیاد عقلی دلائل پر قائم نہیں۔ مستند تاریخ کے انکار کے لیے لازم ہوگا کہ عربی ادب کی تاریخ کو ازسرِ نو مرتب کیا جائے۔ یہ فرض کرنا کہ ساتویں صدی کے عربوں سے بہتر قابلیت اس زبان میں حاصل کی جاسکتی ہے، ایک بے بنیاد خیال ہے کیونکہ اس دور کے ماہرین کے اردگرد ایک نسبتاً خالص ادبی ماحول تھا۔ یہ وہ ماحول ہے جس کے باعث زبان میں نفاست پیدا ہوتی ہے، اور جہاں غیر زبانوں سے آلودگی یا زبان کے بگاڑ کا امکان نہایت محدود ہوتا ہے۔ آج کے دور میں عربی زبان کے ماحول میں دیگر زبانوں سے تال میل اور زبان کا بگاڑ بہت زیادہ ہے۔ لہٰذا ایسے لوگوں کے مقابلے میں زبان دانی کا دعویٰ کرنا جو زبان میں کمال حاصل کرنے کے لیے نہایت زرخیز ماحول میں پلے بڑھے ہوں، ایک بے معنی بات ہے۔

ان کے دعووں کی ان کمزوریوں سے قطع نظر، جب ان اہلِ علم کی آراء کا تجزیہ کیا جاتا ہے جو قرآن کے بے مثل و یکتا ہونے کے مخالف ہیں تو پتا چلتا ہے کہ اس طرح کے دانشمند حضرات خود زبان میں مہارت کی قلت کا شکار ہیں۔ اس خامی کی ایک مثال مشہور زمانہ جرمن مستشرق تھیوڈور نالڈک کی تحقیق میں دیکھی جاسکتی ہے۔ وہ تدریس کے پیشے سے وابستہ اور قرآن کی ادبی خصوصیات کے نقاد تھے؛ اور اپنی اس حیثیت میں قرآن کے یکتا و بے مثل ہونے کے عقیدے کو رد کرتے تھے۔ لیکن ہوا یہ کہ ان کی تنقید سے اس قسم کی آراء کا غیر مصدقہ ہونا بالکل واضح ہو گیا۔ مثال کے طور پر نالڈک کا یہ کہنا کہ قرآن میں ''خطاب کرنے والی ہستی بار بار، بغیر کسی قاعدے کے اور ایک غیر دلکش انداز میں تبدیل ہوتی ہے''،[399]

قرآن کا وہ ادبی اسلوب جس کی طرف نالڈک نے اشارہ کیا، دراصل پُراثر تقریر کی ایک ایسی خاصیت ہے جسے التفات یا قاعدے کی تبدیلی کہا جاتا ہے۔ یہ اسلوب بیان کی تاثیر میں اضافہ کرتا ہے اور عربی فنِ کلام کا ایک جانا پہچانا، تحقیق شدہ جزو ہے۔[400] اس کی تفصیل الاثیر، سیوطی اور زرکشی کی عربی فنِ کلام کی کتابوں میں دیکھی جاسکتی ہے۔[401]

قاعدے کے ان تنوعات میں: فرد میں تبدیلی، عدد میں تبدیلی، مخاطب، صیغے، حروفِ جار، ضمیر کو اسم سے تبدیل کرنے سمیت متعدد دیگر تبدیلیاں شامل ہیں۔[402] ان تبدیلیوں کا اصل مقصد گفتگو کے مرکز و محور کو بدلنا، قاری کو کسی خاص معاملے پر خبردار کرنا، اور متن کی شان میں اضافہ

کرنا ہوتا ہے۔ [403] اس کے زیرِ اثر تحریر میں تنوع پیدا ہوتا ہے، اس کا ایک مقام دوسرے سے ممتاز نظر آتا ہے، اور لَے اور روانی پیدا ہوتی ہے جو قاری کی توجہ ایک ڈرامائی انداز میں اپنی جانب کھینچتی ہے۔ [404] قرآن حکیم کی سب سے مختصر سورۃ الکوثر، قاعدے کی تبدیلی کی ایک بڑی خوبصورت مثال پیش کرتی ہے:

اِنَّاۤ اَعْطَیْنٰکَ الْکَوْثَرَ ۝ فَصَلِّ لِرَبِّکَ وَانْحَرْ ۝ اِنَّ شَانِئَکَ ھُوَ الْاَبْتَرُ ۝

''(اے نبی ﷺ) بے شک، ہم نے تمہیں الکوثر عطا کر دیا۔ پس تم اپنے رب کے لیے ہی نماز پڑھو اور قربانی کرو۔ تمہارا دشمن ہی جڑ کٹا ہے۔'' [405]

اس سورت میں متکلم کے لیے جمع کا صیغہ ''ہم''، غائب واحد کے صیغے ''اپنے رب'' میں بدل رہا ہے۔ یہ تبدیلی کوئی حادثاتی نہیں، یہ ایک بہت بڑی تبدیلی اور پیغمبر ﷺ اور ان کے رب کے درمیان قریبی تعلق کو ظاہر کرتی ہے۔ جب ''ہم'' استعمال کیا گیا، تو اس کا مقصد شاہانہ جلال، قوت اور مقتدر ہونا ظاہر کرنا مقصود تھا۔ یہ ضمیر اس لئے استعمال کی گئی تا کہ معلوم رہے کہ اللہ کے پاس یہ قوت اور صلاحیت ہے، کہ وہ محمد ﷺ کو الکوثر عطا کر سکے۔ دوسری جانب، ''اپنے رب'' کا مقصد گہرے تعلق، قربت اور الفت کا اظہار کرنا تھا۔ اس لفظ کے نہایت وسیع مفاہیم ہیں، جو آقا، رزق دینے والے، پروردگار اور پالن ہار وغیرہ کو محیط ہیں۔ یہ زبان کا نہایت موزوں استعمال ہے کیونکہ اس کا سیاق و سباق نماز، قربانی اور عبادت سے متعلق ہے ''پس تم اپنے رب ہی کے لیے نماز پڑھو اور قربانی کرو۔'' اس کے علاوہ اس سورۃ کا مقصد پیغمبر محمد ﷺ کی دلجوئی بھی ہے، اور ایسی محبت بھری زبان کے استعمال سے اس کی نفسیاتی تاثیر میں اضافہ ہوتا ہے۔

تھیوڈور کی قرآن پر یہ تنقید نہ صرف اس کے ذاتی رجحانات کا اظہار تھی بلکہ اس سے اس کا قدیم عربی کا ناقص فہم بھی آشکار ہو گیا۔ اس سے یہ بھی پتا چلا کہ ساتویں صدی کے عرب، مہارت کی کن بلندیوں پر فائز تھے۔ قاعدے کی یہ تبدیلیاں قرآن کے رواں لب و لہجے کی علامت ہیں اور واضح طور پر قرآن کا ایک خاص اسلوب اور ایک جانا پہچانا طرزِ کلام ہے۔ قرآن اس اسلوب کو متن کی روح کے مطابق اور اپنی بات میں اثر پیدا کرنے کے لیے اختیار کرتا ہے۔ اس لئے یہ حیرت کی بات نہیں کہ پروفیسر نیل رابنسن نے اپنی کتاب * میں یہ نتیجہ اخذ کیا کہ قرآن میں استعمال کی گئی قواعد کی تبدیلیاں، دراصل ''کلام کی اثر انگیزی بڑھانے کا باعث ہیں۔'' [406]

پس، ثابت ہوا کہ مخالف آراء جو قرآن کے یکتاو بے مثل ہونے کا انکار کرتی ہیں، قابلِ التفات نہیں کیونکہ انہیں تسلیم کرنے سے الجھنیں اور بڑھ جاتی ہیں۔ اس طرح کی آراء کے پیچھے ایک ایسی طرزِ فکر کارفرما ہے جو متعصب، ناقص الفہم اور عربی زبان و ادب کی درست اور گہری تفہیم اور تاریخِ ادب سے ناآشنا ہے۔ اگر قرآن کے یکتاو بے مثل ہونے کا انکار کرنا ہو تو ناضروری ہے کہ مندرجہ ذیل سوال کا جواب دیا جائے: ''آخر کیا وجہ تھی کہ وہ عرب جو اس کے مقابلے کے لیے موزوں ترین تھے، وہ اس میں ناکام رہے؟'' اس سوال کا ممکنہ جواب، عقلی طور پر سمجھ سے باہر ہے۔ ان وجوہ کی بنا پر، مخالف آراء کو سنجیدگی سے لینا نامعقول ہوگا۔

6- چنانچہ یہ ثابت ہوا کہ قرآن یکتاو بے مثل ہے

نکات 1 سے 5 تک سے یہ نتیجہ نکلا کہ قرآن کو بے مثل و یکتا تصور کرنا درست ہے۔

7- قرآن کے یکتاو بے مثل ہونے کی ممکنہ توجیہات

عربی زبان کی باریکیوں میں جائے بغیر، قرآن کا الہامی ہونا ثابت کرنے کے لیے ضروری ہے کہ ہم گواہی اور استدلال کا استعمال کریں۔ اب تک ہم نے جو گفتگو کی ہے وہ یہ ہے کہ ہمارے پاس قابلِ بھروسہ گواہیاں اور ان کی اسناد موجود ہیں، جو ثابت کرتی ہیں کہ قرآن ''یکتاو بے مثل'' ہے۔ اس کی ایک قابلِ بھروسا گواہی دستیاب ہے، اور یہ کہ اس کے یکتاو بے مثل ہونے کی توجیہ کی یہی صورتیں سوچی جاسکتی ہیں کہ یہ کسی عرب، یا کسی غیر عرب، یا محمد ﷺ کی تصنیف ہو یا منزل من اللہ ہو۔ تاہم، یہاں یہ کہا جا سکتا ہے کہ شاید کچھ مزید صورتیں بھی ممکن ہوں جو ابھی ہمارے علم میں نہیں۔ لیکن یہ دعویٰ دراصل ایک مغالطے کو جنم دیتا ہے جسے ''فرضی شرط کا دھوکہ'' (the fallacy of phantom options) کہا جاتا ہے۔ ہم یہ کہہ رہے ہیں کہ اگر کوئی حقیقی متبادل صورت موجود ہو تو اسے لازماً علمی بحث کے لیے پیش کیا جانا چاہئے۔ بصورتِ دیگر اس طرح کی گفتگو کچھ یوں معلوم ہوگی جیسے کہا جائے کہ درختوں کے پتے کششِ ثقل سے نہیں

*** Discovering the Qur'an: A Contemporary Approach to a Veiled Text by *Neal Robbinson***

بلکہ کسی اور وجہ سے گرتے ہیں لیکن ہم ابھی وہ وجہ جانتے نہیں۔

8- اسے کوئی عرب، غیرِ عرب یا خود محمد ﷺ تصنیف نہیں کر سکتے تھے

یہ سمجھنے کے لیے کہ قرآن کا ممکنہ مصنف کون ہے، ہم اس مضمون کے بقیہ حصے میں تین خیالات کا تجزیہ کریں گے۔

کیا کسی عرب نے قرآن تصنیف کیا؟

چند اہم وجوہ ایسی ہیں کہ جن کی بنا پر یہ تسلیم نہیں کیا جا سکتا کہ قرآن کسی عرب شخص کی تخلیق ہے۔ پہلی وجہ یہ ہے کہ انہیں زبان پر وہ دسترس حاصل تھی جو کسی اور کو حاصل نہیں ہو سکی، اس کے باوجود وہ قرآن کے چیلنج کا جواب نہ دے سکے اور اس زمانے کے چوٹی کے ماہرین نے تصدیق کی کہ قرآن کے کمالات کی نقل ممکن نہیں۔ اس دور کے ایک اعلیٰ پائے کے صاحبِ زبان، ولید ابن المغیرہ نے کہا: "تو میرے پاس کہنے کے لیے کیا تھا؟ اللہ کی قسم تم میں سے کوئی شاعری کو مجھ سے بہتر نہیں سمجھتا، اور نہ تم میں سے کوئی شعر کہنے یا بلاغت میں میرا مقابلہ کر سکتا ہے، حتیٰ کہ جنات کی شاعری میں بھی نہیں۔ اور اس پر میں قسمیہ کہہ رہا ہوں کہ محمد ﷺ کا کلام (یعنی قرآن حکیم) ان چیزوں سے کوئی مماثلت نہیں رکھتا جنہیں میں جانتا ہوں اور اللہ کی قسم جو وہ کہتا ہے وہ بے حد لطیف ہے، اور وہ دل آویزی اور حسن سے مزین ہے۔"[407]

دوسری قابلِ ذکر وجہ یہ ہے کہ ساتویں صدی کے مشرکینِ عرب نے ابتداء میں محمد ﷺ پر شاعر ہونے کا الزام لگایا تھا۔ یہ مسلمانوں سے جھگڑنے اور جنگ کرنے سے کہیں آسان تھا۔ لیکن کسی بھی ایسے شخص کو جو عربی زبان اور شاعری میں مہارت حاصل کرنا چاہتا ہو، یہ لازم تھا کہ وہ کئی سال تک شعراء سے تربیت لے۔ ان میں سے کوئی ایک بھی یہ دعویٰ نہیں کر سکا کہ محمد ﷺ نے اس سے یا کسی اور سے شاعری کی تربیت لی۔ محمد ﷺ کے پیغام کی شاندار کامیابی سے پتا چلتا ہے کہ وہ اپنے وقت کے شاعروں اور ادیبوں سے یہ منوانے میں کامیاب رہے کہ قرآن در حقیقت منزل من اللہ ہے۔ اگر قرآن کی نقل ممکن ہوتی، تو کوئی بھی شاعر یا ادیب قرآن کی جیسی یا اس سے بہتر کوئی چیز بنا کر لاتا اور دعوتِ اسلام کے سیلِ رواں کے آگے بند باندھ دیتا۔ علوم

اسلامی کے ماہر آنوید کرمانی اس نکتے کو بالکل واضح کرتے ہیں: "یہ بالکل ظاہر ہے کہ پیغمبر محمد صلی اللہ علیہ وسلم نے اس مقابلے میں شاعروں کو شکست دی، ورنہ اسلام جنگل کی آگ کی طرح اس قدر تیزی سے نہ پھیل پاتا۔" [408]

اس سے بھی زیادہ بنیادی نوعیت کا سوال یہ ہے کہ قرآن مجید، پیغمبر محمد صلی اللہ علیہ وسلم پر 23 سال تک متواتر نازل ہوتا رہا۔ اگر پیغمبر محمد صلی اللہ علیہ وسلم کو چھوڑ کر یہ کوئی عرب نے تخلیق کیا ہوتا تو اس کو اس پیغمبر محمد صلی اللہ علیہ وسلم کے ساتھ سائے کی مانند لگے رہنا لازم تھا تا کہ وہ جہاں بھی جاتے اور جب بھی ضرورت ہوتی، ان کو سکھایا کرتا۔ کیا واقعی کوئی اس پر سنجیدگی سے یقین کر سکتا ہے کہ اس قسم کا دھوکہ وحی کے مسلسل تیئس سال تک چلتا رہا اور کبھی نہ پکڑا نہ گیا؟

اچھا، تو آج کے عربوں کے بارے میں کیا خیال ہے؟ یہ دعویٰ بالکل بے بنیاد ہے کہ آج کے دور کا کوئی عربی بولنے والا شخص قرآن مجید کے جیسا کلام بنا سکتا ہے۔ اس کے پسِ پشت چند وجوہ ہیں۔ پہلی بات تو یہ کہ ساتویں صدی کے عرب قرآن کو چیلنج کرنے کی زیادہ بہتر استعداد رکھتے تھے اور چونکہ وہ ایسا کرنے میں ناکام رہے اس لئے یہ گمان رکھنا کہ آج کے دور کا کوئی عرب اپنے آبا و اجداد سے زیادہ بہتر صلاحیت کا مظاہرہ کر سکتا ہے، یہ سراسر غیر منطقی خیال ہے۔ دوسرا یہ کہ جدید عربی زبان نے قدیم عربی کے مقابلے میں دیگر زبانوں سے بہت زیادہ اثر قبول کیا ہے اور یہ زیادہ بگاڑ کا شکار ہوئی ہے۔ ایسی صورت میں یہ کیسے تصور کیا جا سکتا ہے کہ ایک ایسا عرب جو زبان کے لحاظ سے نسبتاً غیر معیاری ماحول میں پروان چڑھا ہو، وہ ایک ایسے عرب کا ہم پلہ ہو سکے جس نے ٹھیٹھ (خالص) زبان کے ماحول میں زندگی بسر کی ہو۔ تیسری وجہ یہ ہے کہ گو کہ آج کے زمانے کا ایک عرب بھی قدیم عربی سیکھ سکتا ہے لیکن اس کی بیان کی صلاحیتیں کسی ایسے شخص کا مقابلہ نہیں کر سکتیں جو ایسے معاشرے کا حصہ ہو جو زبان دانی کی معراج کو پہنچا ہوا تھا۔

کسی غیر عرب نے قرآن تصنیف کیا؟

قرآن کسی غیر عرب کی تصنیف نہیں ہو سکتا کیونکہ قرآن عربی زبان میں ہے لہٰذا اس کے چیلنج کا جواب دینے کے لیے عربی زبان کی واقفیت لازم ہے۔ قرآن خود اس بارے میں بتاتا ہے:

وَلَقَدْ نَعْلَمُ أَنَّهُمْ يَقُولُونَ إِنَّمَا يُعَلِّمُهُ بَشَرٌ لِسَانُ الَّذِى يُلْحِدُونَ إِلَيْهِ أَعْجَمِيٌّ

وَهَذَا لِسَانٌ عَرَبِيٌّ مُّبِينٌ ۔ ''اور ہم بلاشبہ جانتے ہیں کہ وہ کہتے ہیں کہ یہ ضرور کوئی انسان ہے جو محمد صلی اللہ علیہ وسلم کو سکھاتا ہے، جس شخص کی جانب یہ اشارہ کرتے ہیں اس کی زبان غیر عربی ہے جبکہ قرآن کی زبان تو صاف عربی ہے۔''[409] (سورۃ النحل، آیت 103)

امام المفسرین علامہ حافظ ابنِ کثیر اس آیت کے معنی یوں بیان کرتے ہیں: ''یہ کیسے ممکن ہے کہ قرآن اپنے بلیغ طرزِ بیان اور کمال کے مطالب کے ساتھ جو اس سے قبل کسی بھی پیغمبر پر نازل ہونے والی کتابوں سے زیادہ پختہ ہے، کسی ایسے شخص سے سیکھا گیا ہو جو غیر عرب ہے اور بمشکل عربی بول سکتا ہے۔ کوئی بھی شخص جو معمولی سی بھی عقل سمجھ رکھتا ہو ایسی بات نہیں کہہ سکتا۔''[410]

یہ بھی تو ممکن ہے کہ کوئی غیر عرب عربی زبان سیکھ لے۔ ہاں! لیکن ایسی صورت میں اسے عربی بولنے والا تصور کیا جائے گا اور اس کی مثال وہی ہو گی جو ہم نے پہلی ممکنہ صورت میں بیان کی۔ تاہم ایک زبان کے بولنے والے مقامی اور غیر مقامی افراد کی بول چال میں نمایاں فرق ہوتا ہے، جیسا کہ عملی ادبیات اور اسی نوعیت کی دیگر بہت سی علمی تحقیقات سے ثابت ہوا ہے۔ مثال کے طور پر انگریزی زبان میں مقامی اور غیر مقامی افراد کے درمیان بامحاورہ اور لفظی گفتگو میں وثوق سے امتیاز کرنے میں فرق پائے جاتے ہیں۔[411] انگریزی بولنے والے ایسے افراد جن کے والد یا والدہ میں سے کوئی ایک بھی بدیسی تھا اور وہ جن کے دونوں والدین مقامی تھے، ان میں بھی فرق پایا جاتا ہے۔ ایسے افراد جن کے والدین میں سے کوئی ایک بدیسی تھا، کچھ امور میں ان لوگوں سے جن کے والدین مقامی تھے، نسبتاً بری کارکردگی کا مظاہرہ کرتے پائے گئے۔[412] حتیٰ کہ ایسے بدیسی انگریزی بولنے والے جو مقامی انگریزی بولنے والوں کے برابر استعداد رکھتے تھے، ان میں بھی چند باریک سے فرق ضرور پائے گئے۔ کینتھ ہلٹن استام اور نکلاس ابراہم سن اپنی تحقیق[*] میں یہ نتیجہ پیش کرتے ہیں کہ باصلاحیت بدیسی افراد اپنی گفتگو میں کچھ غیر محسوس آثار ظاہر کر رہے ہوتے ہیں جو باریک بینی اور ایک ترتیب وار تجزیئے کے بغیر نظر نہیں آتے۔[413] چنانچہ یہ سمجھنا کہ قرآن بحیثیت یکتا و بے مثل کمالات کے حامل اور ایک ادبی شاہکار کے، کسی غیر عرب یا بدیسی شخص

---

* Who can become native-like in a second language?
All, some, or none?

کی تخلیق ہوسکتا ہے ایک عقل سے بعید خیال ہے۔

کیا محمد ﷺ خود اس کے مصنف ہوسکتے ہیں؟

اس سلسلے میں یہ جاننا مفید ہوگا کہ نزولِ وحی کے ابتدائی زمانے میں مشرکینِ عرب، محمد ﷺ پر شاعر بننے کا الزام دیا کرتے تھے وہ اپنے اس الزام پر زیادہ دیر قائم نہ رہ سکے اور جلد ہی محمد ﷺ کو قرآن کا مصنف قرار دینا ترک کر دیا تھا۔ پروفیسر مہر علی لکھتے ہیں: ’’یہ واضح کرنا ضروری ہے کہ قرآن کو کوئی بھی اہلِ علم شاعری کی کتاب تصور نہیں کرتا۔ اور نہ محمد ﷺ نے کبھی شاعری کی کوشش کی۔ یہ درحقیقت ابتدائی دور میں ایمان نہ لانے والے قریش کی جانب سے نبوت کی مخالفت میں لگایا گیا الزام تھا کہ محمد ﷺ شاعر ہو گئے ہیں۔ لیکن جلد ہی انہیں اپنے الزام کے بے فائدہ ہونے کا اندازہ ہو گیا اور انہیں اپنے مخالفانہ بیانات کو اس ناقابلِ تردید حقیقت کے ہاتھوں مجبور ہو کر تبدیل کرنا پڑا کہ محمد ﷺ لکھنے پڑھنے سے ناآشنا اور شاعری کے فن سے قطعی ناواقف تھے، اور اب ان کا کہنا تھا کہ محمد ﷺ کو کوئی دوسرا شخص سکھاتا ہے جو ان کے لیے پرانی گھسی پٹی کہانیاں گھڑتا ہے اور انہیں صبح و شام سناتا ہے۔‘‘[414]

اہم بات یہ ہے کہ محمد رسول اللہ ﷺ کبھی شاعری یا قافیہ بندی میں مشغول نہیں پائے گئے۔ چنانچہ یہ دعویٰ کہ انہوں نے اپنی انسانی استعداد میں رہتے ہوئے خود ہی کسی طرح ایک بے مثال لسانی و ادبی شاہکار تخلیق کر کے دنیائے شعر و ادب کو ورطۂ حیرت میں ڈال دیا تھا، سمجھ میں نہ آنے والی بات ہے۔ کرمانی لکھتے ہیں: ’’اس دن تک جب سے انہوں نے اعلانیہ قرآن کی آیات سنانا شروع کیں، انہوں نے کبھی بھی شاعری کے کٹھن فن کو نہیں پڑھا تھا... جبکہ محمد ﷺ جو کچھ تلاوت کرتے تھے وہ شاعری، کاہنوں کی قافیہ بندی یا اس دور میں پائے جانے والے دیگر الہامی منظوم کلام سے مختلف تھا۔‘‘[415]

مفتی تقی عثمانی اسی نوعیت کے دلائل پیش کرتے ہیں: ’’یہ صدا کوئی معمولی بات نہیں تھی۔ اسے کہنے والا وہ شخص تھا، جس نے اپنی زندگی کے چالیس سال تک، اپنے کسی دور کے کسی معروف شاعر یا اہلِ علم سے کبھی تعلیم حاصل نہ کی تھی، کبھی ایک شعر تک نہ پڑھا تھا اور کبھی کاہنوں کا پاس

اٹھا بیٹھا نہ تھا۔ شعر کہنے کا ان سے گمان بھی نہیں کیا جا سکتا تھا، حتیٰ کہ کسی دوسرے شاعر کے اشعار بھی ٹھیک سے از بر نہ تھے۔"[416]

نہ صرف یہ، بلکہ پیغمبر محمد صلی اللہ علیہ وسلم کی ارشاد کی گئی مستند احادیث، قرآن کے اسلوب سے ایک بالکل جدا طرز رکھتی ہیں۔ ڈاکٹر دراز قرآن اور پیغمبر محمد صلی اللہ علیہ وسلم کے ذاتی کلام کے فرق کے بارے میں کہتے ہیں:

"جب ہم قرآن کے اسلوب کی بات کرتے ہیں تو ہم اسے شروع تا آخر یکساں پاتے ہیں، جبکہ پیغمبر محمد صلی اللہ علیہ وسلم کا اپنا ذاتی طرزِ کلام بالکل مختلف ہے۔ یہ قرآن سے کہیں بھی برابری نہیں کرتا۔ اس کی مثال تو بس ایسی ہے جیسے ایک انسان بلندی پر محوِ پرواز پرندوں کی برابری نہیں کر سکتا۔ ہاں ان کے ساتھ حرکت کر سکتا ہے۔ جب ہم انسانوں کے طرزِ کلام کو دیکھتے ہیں تو یہ سب ہمیں سطحِ زمین سے لگے ہوئے معلوم ہوتے ہیں۔ ان میں سے کوئی رینگنے والا ہوتا ہے اور کوئی نسبتاً تیز چلنے والا۔ لیکن جب آپ ان میں سے تیز ترین کو لے کر اس کا موازنہ قرآن کے ساتھ کرتے ہیں تو ایسا معلوم ہوتا ہے کہ گویا سڑک پر چلتی گاڑیوں کی رفتار کا موازنہ مدار میں گھومتے سیارے کی رفتار سے کیا جا رہا ہو۔"[417]

تاہم، دراز کی اسلوب کے مختلف ہونے کی دلیل، ممکن ہے شاعروں اور نثر گو فنکاروں کو سامنے رکھتے ہوئے بہت زیادہ قوی معلوم نہ ہو۔ شاعر اور نثر گو فنکار اپنی روزمرہ کی گفتگو اور اپنے فنی کلام میں اسلوب کا واضح فرق رکھتے ہیں۔ لہٰذا یہ دلیل یہ ثابت کرنے کے لیے کمزور تصور کی جائے گی کہ پیغمبر محمد صلی اللہ علیہ وسلم نے قرآن تصنیف نہیں کیا۔ لیکن یہاں اس کے ذکر کرنے کا مقصد یہ تھا کہ اگر محمد صلی اللہ علیہ وسلم اور قرآن کا لب و لہجہ بالکل یکساں، یا ملتا جلتا بھی ہوتا تو قرآن کے یکتا و بے مثل الہامی کلام ہونے کے دعویٰ کے سچ ہونے کے امکانات معدوم ہو جاتے۔

پیغمبر محمد صلی اللہ علیہ وسلم اپنے پیغمبرانہ مشن کے دوران بہت سی آزمائشوں اور اذیتوں سے گزرے۔ مثلاً، ان کے بچوں کا کم عمری میں انتقال ہو گیا، ان کی محبوب ترین اہلیہ خدیجہ رضی اللہ عنہا رحلت فرما گئیں، ان کا معاشرتی بائیکاٹ کیا گیا، ان کے قریبی ساتھیوں پر تشدد کیا گیا اور بعض کو قتل بھی

کر دیا گیا، خود ان پر پتھر پھینکے گئے، ان کے خلاف جنگی مہمات کی گئیں، لیکن ان سب کے دوران قرآن کا ادبی اسلوب ویسا ہی رہا جیسا کہ کلام الٰہی کو زیب دیتا ہے۔ [418] قرآن میں کسی بھی مقام پر محمد ﷺ کے جذبات اور زندگی کے مدوجزر کی پرچھائیاں نہیں ملتیں۔ نفسیاتی اور طبیعی لحاظ سے ایسا ہونا ناممکن ہے کہ وہ سب کچھ جو محمد ﷺ پر بیتا، سہا جائے، اور اس کے نتیجے میں جو جذبات پیدا ہوں ان کا کوئی اثر قرآن کے ادبی اسلوب پر ثبت نہ ہو۔

ادبی نقطہ نظر سے، قرآن کو ایک لاثانی شاہکار تصور کیا جاتا ہے۔ ایک معیاری ادبی لٹریچر بنانے کے لیے لازم ہے کہ اس میں غور و خوص کرکے تبدیلیاں کی جائیں۔ نابغہ روزگار شخصیات نے آج تک جتنے بھی ادبی شاہکار تخلیق کئے وہ سب ردوبدل اور کانٹ چھانٹ کے مرحلے سے گزر کر کمال کے درجے تک پہنچے ہیں۔ یہ کسی بھی شخص کے بس میں نہیں کہ وہ کھڑے کھڑے نہایت نفیس نوعیت کا لٹریچر تخلیق کر ڈالے۔ جبکہ قرآن درحقیقت اسی طرح نازل ہوا۔ [419] یعنی اس کی اکثر آیات ان دنوں میں پیش آنے والے کسی خاص واقعے، یا حالات سے متعلق احکام پر ہیں۔ کبھی ایسا نہ ہوا کہ ایک مرتبہ لوگوں کے سامنے پیغمبر ﷺ نے قرآن کی کوئی نئی آیت تلاوت فرمائی، اور پھر اس میں خود محمد ﷺ یا کسی اور نے لغوی اصلاح کرنے کی ضرورت محسوس کی ہو۔ اس کے باوجود ان آیات کے مجموعے نے ایک ادبی شاہکار کی شکل اختیار کر لی۔ اس تفصیل کی روشنی میں، یہ امکان کہ قرآن محمد ﷺ نے تصنیف کیا ہوگا، بالکل بے بنیاد قطعی ناممکن ثابت ہوتا ہے۔

اس نکتے کو مزید واضح کرنے کے لیے مشہور شاعر المتنبّی کے کام کی مثال دی جا سکتی ہے، جن کا تذکرہ اوپر گزر چکا ہے۔ متنبّی کو تمام عرب شاعروں میں سب سے بڑا اور لاثانی وغیر معمولی ذہین سمجھا جاتا تھا۔ لہٰذا کچھ لوگوں نے یہ نتیجہ اخذ کیا ہے کہ چونکہ اس کا کام بے مثال تھا، اور یہ کہ وہ ایک انسان تھا، اس کا مطلب ہے کہ قرآن مجید بھی کسی انسان نے لکھا تھا۔ المتنبّی کے متعلق ہمیں معلوم ہوتا ہے کہ وہ اپنے کلام کو سنوارتا نکھارتا رہتا تھا جب تک کہ وہ اس سے مطمئن نہ ہو جاتا۔ [420] واضح طور پر یہ معاملہ محمد ﷺ کے ساتھ نہیں تھا، کیونکہ انہوں نے قرآن مجید کے وحی ہونے کے بعد، ایک بار بھی اس میں تصحیح، ترمیم یا تبدیلی نہیں کی۔ اس کا صرف ایک ہی مطلب ہو سکتا ہے کہ قرآن کسی ادبی ذہن کا کام نہیں جسے، عام طور پر، اپنے کام پر نظر ثانی کرنے

کی ضرورت پڑتی ہے۔

چنانچہ ہم اس نتیجے پر پہنچتے ہیں کہ قرآن کو محمد ﷺ کی انسانی کاوش کا نتیجہ سمجھنا سراسر غلط خیال ہے۔ ایک ادبی صاحبِ کمال کو بھی اپنے کلام کو معیاری شکل دینے کے لیے رد و بدل اور ترامیم سے گزرنا پڑتا ہے لیکن قرآن کے ساتھ یہ معاملہ نہیں تھا۔ تمام انسانی تخلیق کی مثل دوسری شئے تخلیق کی جاسکتی ہے، اگر اس تخلیق کا نقشہ اور درکار اسباب و وسائل موجود ہوں۔ ہم یہ ادبی صاحبانِ کمال شیکسپیئر اور المتنبّی کی مثال کے ذریعے سمجھا چکے ہیں۔ چنانچہ اگر بالفرض قرآن، محمد ﷺ کی تخلیق ہوتا تو اس کی نقل بنائی جا چکی ہوتی۔

اس خیال کو رد کرنے کی ایک اہم ترین دلیل انسانوں کے اظہار کی دستیاب شکلوں اور ان کو تخلیق کرنے کے اسباب و وسائل میں چھپی ہے۔ خیالات کے اظہار کی تمام انسانی کاوشوں کی نقل ممکن ہے، چاہے وہ کسی صاحبِ کمال نے کی ہوں یا کسی عام شخص نے۔ بس شرط یہ ہے کہ اس کا نقشہ اور اسے بنانے کے لیے مطلوب اسباب و وسائل دستیاب ہوں۔ یہ دعویٰ متعدد انسانی اظہار کی صورتوں مثلاً آرٹ، ادب، یہاں تک کہ پیچیدہ ٹیکنالوجی کے لیے بھی درست ثابت کر دکھایا گیا ہے۔ مثال کے طور پر کسی بھی فن پارے کی نقل ممکن ہے، چاہے وہ کتنا ہی غیر معمولی اور حیرت انگیز حد تک منفرد سمجھا جاتا ہو۔ [421] لیکن قرآن کے معاملے میں ہمارے پاس اس کا مکمل نقشہ (بصورت مصحف قرآن) بھی موجود ہے، اور اس کی تخلیق میں استعمال ہونے والے وسائل بھی، یعنی چند گنے چنے حروف اور پرانے دور سے مستعمل گرامر کے چند قاعدے۔ اس کے باوجود کوئی بھی اس کی بلاغت، منفرد ادبی طرز اور اسلوب کا مقابلہ نہیں کر سکا۔

9- لہٰذا ثابت ہوا کہ معقول ترین توجیہ یہی ہے کہ

قرآن منزل من اللہ ہے

چونکہ قرآن کا خالق کوئی عرب نہیں ہو سکتا، کوئی غیر عرب نہیں ہو سکتا، پیغمبر محمد ﷺ خود نہیں ہو سکتے، لہٰذا ہم اس نتیجے پر پہنچتے ہیں کہ سب سے معقول توجیہ یہی ہے کہ قرآن منزل من اللہ ہے۔ یہ قرآن کے یکتا و بے مثل ہونے کی سب سے بہتر طور پر سمجھ میں آنے والی تاویل ہے کیونکہ دستیاب معلومات کی روشنی میں دیگر ممکنہ صورتیں غیر منطقی ہیں۔ اس نتیجے پر ایک ممکنہ تنقید یہ ہے کہ

اس تصور کو زیر بحث لانے کے لیے ضروری ہے کہ ہم اللہ کے وجود کا مفروضہ قائم کریں، چنانچہ اس سے خدا کے موجود ہونے یا نہ ہونے کا سوال اٹھتا ہے۔ گو کہ اس سوال کے جواب سے ہماری اس بحث کو سمجھنا آسان ہوگا، اور اگرچہ خدا کے وجود کے بارے میں کوئی رائے قائم کئے بغیر بھی ہمارا نظریہ اپنی جگہ مستحکم ہے، تا ہم یہ دلیل خدا کے وجود پر ایمان رکھنے والے حضرات کے لیے سب سے زیادہ مؤثر ہے۔ ویسے بھی خدا کا وجود ثابت کرنا کوئی دشوار نہیں۔ اس کتاب میں شروع سے لے کر آخر تک اللہ تعالیٰ کے وجود کے اثبات کے لیے مدلل بحث پیش کی گئی ہے۔

اس کے برعکس، یہ کہا جا سکتا ہے کہ خدا کے وجود پر ایمان رکھنا اس بحث کو سمجھنے کی شرط نہیں بلکہ قرآن کا یکتا و بے مثل ہونا خود اللہ کے وجود کی نشانی ہے۔ اگر کوئی انسان (عرب، غیر عرب، پیغمبر محمد صلی اللہ علیہ وسلم) قرآن تخلیق نہیں کر سکتے، اور تمام ممکنہ صورتیں بھی ہم کھنگال چکے، تو آخر وہ کونسی ہستی ہے جس نے اسے نازل کیا؟ ایسی ہستی کہ جس کے پاس انسانی تاریخ کے کسی بھی مصنف سے بہتر ادبی صلاحیتیں ہیں؟ اس سوال کا فطری نتیجہ ایک ایسی ذات کا تصور ہے جو انسانوں سے اعلیٰ و برتر درجے کی ادبی استعداد رکھتی ہو، اور یہی دراصل خدا کا تصور ہے۔ اللہ سب سے بڑا ہے۔ چنانچہ قرآن کا یکتا و بے مثل ہونا اللہ کے وجود کی منطقی بنیاد فراہم کرتی ہے، یا کم از کم ادراک سے بالاتر کسی ہستی کا پتا دیتا ہے۔

سائنسدانوں نے بھی اسی نوعیت کے استدلال کو قبول کیا ہے۔ ہگز بوسون (Higgs-Boson) نامی ذرّے کی 2012ء میں ہونے والی دریافت کی مثال لے لیجئے۔ ہگز بوسون دراصل ہگز فیلڈ (ہگز میدان) کو جنم دیتا ہے۔ خیال کیا جاتا ہے کہ ہگز فیلڈز کائنات کی بالکل ابتداء میں وجود پذیر ہوئی تھیں اور ان ہی سے مادّی ذرّات میں کمیّت (mass) پیدا ہوئی۔ جب یہ ذرّہ دریافت نہیں ہوا تھا، تب بھی اسے اس امر کی معقول ترین تاویل سمجھ کر قبول کیا جاتا تھا کہ کائنات ابتداء میں ذرّات کی حالت میں ایسی تبدیلی رونما ہوئی کہ جس سے کمیّت نہ رکھنے والے ذرّات میں کمیّت پیدا ہو گئی (فوٹون استثناء ہیں)۔ چنانچہ دستیاب حقائق کو سامنے رکھتے ہوئے ہگز بوسون سب سے زیادہ سمجھ میں آنے والا تصور تھا، باوجودیکہ مشاہدے سے اس کی تصدیق نہیں ہوئی تھی۔ اسی استدلال کو اب قرآن کے یکتا و بے مثل ہونے پر لا گو کریں تو واضح ہو گا کہ اس کے منفرد ادبی اور کلامی کمالات کی سب سے بہتر طور پر سمجھ میں آنے والی تاویل اس کا

مِن جانب اللہ ہونا ہے۔ دیگر تمام تاویلیں عقل کو مطمئن کرنے میں ناکام ہیں، اور دستیاب معلومات اور حقائق کی سب سے معقول تاویل خدا کا وجود ہی ہے۔

دیگر متبادل تاویلات

قرآن کے یکتا و بے مثل ہونے کی متبادل تاویلوں میں سے یہ بھی سوچی جاسکتی ہے کہ شاید یہ کسی دوسری زیادہ باصلاحیت مخلوق کی جانب سے ہو یا شیطان نے اسے تخلیق کیا ہو (نعوذ باللہ)۔ لیکن یہ متبادل صورتیں بھی غیر حقیقی ہیں اور اسی وجہ سے ہم نے انہیں اس مضمون کے مرکزی موضوع میں شامل نہیں کیا۔ پھر بھی یہاں ان کا جواب دینے سے واضح ہوجائے گا کہ اصل مضمون میں ہم نے ان پر بات کیوں نہیں کی۔

یہ نظریہ وضع کرنا کہ قرآن کسی برتر مخلوق کی طرف سے ہے، دراصل خدائی کے وجود کا اقرار کرنے کے ہم معنی ہے۔ کسی ''برتر مخلوق'' سے کیا مراد ہوتی ہے؟ کیا ''برتر مخلوق'' کے وجود کی سب سے بہتر توجیہ خود خدا کے تصور کی ایک بگڑی ہوئی شکل نہیں؟ اگر برتر مخلوق سے مراد کوئی ایسی ہستی ہے جو انسانوں سے کہیں بہتر کلام کی قوت، استعداد اور صلاحیت رکھتی ہو تو خدا سے بہتر اس تعریف پر کون پورا اترتا ہے؟ اس کتاب میں خدا کے وجود کے بالکل علیحدہ ثبوت پیش کئے گئے ہیں اور یہ عین ممکن ہے کہ خدا ہم سے کلام کرنا چاہتا ہو۔ یہ اس حقیقت سے واضح ہوتا ہے کہ خدا نے نہ صرف ہماری اس کائنات کو وجود بخشا اور اسے یہ شکل دی، بلکہ اس میں ہماری بقا کے لیے تمام اسباب بھی مہیا کئے۔ مزید یہ کہ اس نے ہمیں روح اور شعور عطا کیا اور ہم میں اخلاقیات کی حس بھی پیدا کی۔

صاف نظر آتا ہے کہ ہماری بقا اور نشوونما میں خدا کی واضح چاہت شامل ہے۔ یہاں تک کہ یہ عین ممکن ہے کہ وہ ہم سے وحی کی صورت میں کلام کرنا چاہتا ہو۔ اس لئے جب ہم دیکھتے ہیں کہ قرآن جو کلام اللہ ہونے کا دعویٰ کرتا ہے اور ایسی خاصیتیں رکھتا ہے جو خدائی افعال کے ساتھ پوری طرح ہم آہنگ ہیں تو خدا کی ذات کو قرآن کا مصنف تسلیم کرنا عین عقل کا تقاضا معلوم ہوتا ہے۔ یہ کہنا کہ قرآن کسی نامعلوم برتر ہستی نے کسی نامعلوم وجہ سے نازل کیا ہے، ایسا ہی ہے جیسے آپ کو جب بھی کچھ ثابت کرنا ہو تو آپ کسی بھی نامعلوم ہستی کا وجود گھڑ لیں۔

خدا کے وجود کے قائل افراد اس امکان پر بھی بات کرتے ہیں کہ آیا قرآن کسی شیطان کی

تخلیق ہوسکتا ہے؟ یہ صورت بالکل لغو ہے۔ قرآن کسی شیطان یا کسی روح کی تخلیق نہیں ہوسکتا کیونکہ شیطان اور روح تو وہ تصورات ہیں جو قرآن اور وحی نے متعارف کرائے ہیں۔ لہٰذا اگر کوئی یہ دعویٰ کرے کہ قرآن کسی شیطان کی جانب سے ہے تو اسے پہلے شیطان کو ثابت کرنا پڑے گا اور اس کے لیے لامحالہ وحی کا وجود تسلیم کرنا پڑے گا۔ جب قرآن کو بطور وحی شیطان کے ثبوت کے لیے پیش کیا جائے گا تو یہ قرآن کو الہامی کلام تسلیم کرنے کے مترادف ہوگا؛ کیونکہ شیطان کے وجود پر یقین رکھنے سے قبل یہ تسلیم کیا جائے گا کہ قرآن الہامی کتاب ہے اور اس سے یہ اعتراض ازخود اپنے داخلی تضاد کا شکار ہو جائے گا۔

اگر تو جس وحی سے شیطان کا وجود ثابت کیا جا رہا ہو وہ اس کا بائبل میں پائے جانے کا دعویٰ کیا جا رہا ہو، تو شیطان پر یقین کرنے کے لیے ضروری ہوگا کہ یہ ثابت کیا جائے کہ وہ وحی واقعی بائبل میں موجود تھی۔ بائبل کے تاریخی طور پر مستند ہونے اور اس کے متن کی درستگی پر کی جانے والی موجودہ دور کی تحقیق سے واضح ہوتا ہے کہ ایسا ثابت کرنا ممکن نہیں۔[422]

مزید یہ کہ قرآن کے متن پر غور کرنے سے صاف پتا چلتا ہے کہ یہ کسی شیطان کی تعلیمات نہیں کیونکہ قرآن، شیطان کی مذمت کرتا ہے اور ایسی اخلاقیات کی حوصلہ افزائی کرتا ہے جو شیطان کے بارے میں ہمارے تصورات سے مناسبت نہیں رکھتیں۔ ان سب سے قطع نظر، شیطان کو الزام دینا ہمارے علمی طرزِ عمل سے بھی کوئی مناسبت نہیں رکھتا۔ ہم کسی بھی معاملے کو شیطان کی کارستانی قرار دے کر جان چھڑا سکتے ہیں، یہ کسی مسئلے پر علمی بحث سے فرار ہونا ہے۔

حاصلِ بحث

اس باب میں ہم نے ''گواہی'' اور ''استدلال'' کی مدد سے قرآن کے الہامی ہونے کے دلائل پیش کیے ہیں۔ ''گواہی'' کے اہم اور کلیدی کردار پر روشنی ڈالی گئی، اور بتایا گیا کہ استدلال کی مدد سے کسی حقیقت کے بارے میں سب سے بہتر طور پر سمجھ میں آنے والی ممکنہ صورت پر یقین کرنا عقل کی رو سے ایک درست طرزِ عمل ہے۔ قرآن کا یکتا و بے مثل ہونا گواہی کی مدد سے ثابت ہے۔ عرب زبان دان اور ماہرین ادب نے قرآن کے یکتا و بے مثل ہونے کی تصدیق کی ہے، اور گواہی کے ذریعے سے اس بارے میں ان کے جو اقوال ہم تک پہنچے ہیں، وہ قابلِ بھروسا ہیں

کیونکہ سیاق و سباق سے متعلق دستیاب معلومات بھی ان کی تصدیق کرتی ہیں۔

ان سے ہمیں پتا چلتا ہے کہ قرآن نے دنیا کو اپنے کلامی اور ادبی شاہکار کے مقابلے کے لیے سوچ سمجھ کر للکارا، اور ساتویں صدی کے عرب اس میدان میں قرآن کا مقابلہ کرنے کی سب سے بہتر استعداد رکھتے تھے؛ اور یہ حقیقت ہے کہ وہ قرآن کے جیسا منفرد متن اور ادبی اسلوب پیدا کرنے میں ناکام رہے۔ چونکہ سابقہ احوال کی مستند معلومات کی روشنی میں قرآن کے یکتا و بے مثل ہونے کی گواہی کو معتبر تسلیم کرنا ایک معقول رویہ ہے، لہٰذا اس کے بعد ہم نے قرآن کے منفرد کلامی و ادبی کمالات کی ممکنہ صورتوں پر غور کیا۔ یعنی قرآن کو یا تو کسی عرب نے، یا کسی غیر عرب نے یا پھر پیغمبر محمد ﷺ نے تصنیف کیا یا اللہ رب العالمین نے نازل کیا۔ جو معلومات دستیاب ہیں، ان کی روشنی میں قرآن کو کسی عرب، غیر عرب یا محمد ﷺ کی تخلیق سمجھنا عقل سے بالاتر ہے۔ اس لیے سب سے معقول توجیہ یہ ہے کہ یہ منزل من اللہ ہے۔ جو نتیجہ ہم نے اس مضمون میں اخذ کیا ہے، اسے رد کرنا ایسا ہی ہے جیسے اس حقیقت کو رد کیا جائے کہ دنیا گول ہے۔ یا اس کی مثال ایسی ہے جیسے کسی مستند ماہرِ طب کی رائے کو جھٹلا دیا جائے۔ دنیا کی گول ساخت کا علم ہم میں سے بیشتر افراد تک کسی دوسرے فرد کی گواہی کے ذریعے ہی پہنچا ہے، اور کسی تربیت یافتہ ماہرِ طب کی رائے صورتحال کی معقول ترین توجیہ پر مشتمل ہوتی ہے۔

ہمارے اس دعوے کے جواب میں شاید فوری طور پر کہا جائے کہ دنیا کے گول ہونے اور طبی تشخیص پر اعتبار کرنا اس لیے مناسب معلوم ہوتا ہے کیونکہ ہمارے علم میں جو دیگر معلومات ہیں، یہ حقائق ان سے مناسبت رکھتے ہیں اور یہ کوئی ایسے غیر معمولی خیالات پر اعتبار کرنے کا تقاضا نہیں کرتے، جیسے کسی مافوق الفطرت ہستی پر ایمان لانا۔ یہ ایک عام طور پر پایا جانے والا خیال ہے، لیکن اس میں مسئلہ یہ ہے کہ یہ لوگ نیچری فلسفے کو پہلے ہی سے درست قبول کیے ہوئے ہیں۔ اس طرز کے خدشات کے پیچھے یہ اعتقاد چھپا ہوتا ہے کہ کوئی فوق الفطرت شئے وجود نہیں رکھتی، اور یہ کہ کائنات میں جاری ہر عمل کو مادی اسباب کے ذریعے سمجھا جا سکتا ہے۔ یہ غیر محتاط اور مفروضوں پر مشتمل نقطۂ نظر، بالکل بے معنی اور فکر و تدبر کے فلسفے، زبانوں کے وجود میں آنے اور پروان چڑھنے، خارجی اخلاقی حقیقتوں اور کائناتی علوم سے متصادم ہے۔ اہم بات یہ ہے کہ ہم اس باب میں کسی مافوق الفطرت وجود کا تصور پیش نہیں کر رہے۔ ہم تو پچھلے ابواب میں پیش کیے گئے ثبوتوں

کی بنیاد پر صرف اس ہستی (اللہ) کو تسلیم کر رہے ہیں۔ ہم تو صرف یہ کہہ رہے ہیں کہ اس ہستی کا وجود کہ جسے ہم پہلے ہی ثابت کر چکے ہیں، بہت سی حقیقتوں کی درست توجیہ پیش کرتا ہے۔

اپنی گفتگو کو سمیٹتے ہوئے ہم کہنا چاہیں گے کہ اگر کوئی کھلے دل و دماغ کے ساتھ، اور ذہن کو دنیا کے بارے میں فرض کئے گئے جامد تصورات کی بندشوں سے آزاد کر کے ہمارے دلائل کا مطالعہ کرے گا، تو وہ ضرور اس دانشمندانہ نتیجے پر پہنچے گا کہ قرآن من جانب اللہ ہے۔ تاہم، قرآن سے متعلق جو بھی کہا یا لکھا جائے وہ اس کے الفاظ اور ان کے مطالب کے بیان اور ان پر تحقیق کے لیے ہمیشہ ناکافی رہے گا۔

قُل لَّوْ كَانَ الْبَحْرُ مِدَادًا لِّكَلِمَاتِ رَبِّي لَنَفِدَ الْبَحْرُ قَبْلَ أَن تَنفَدَ كَلِمَاتُ رَبِّي وَلَوْ جِئْنَا بِمِثْلِهِ مَدَدًا

''اے محمد صلی اللہ علیہ وسلم کہہ دیجئے کہ اگر سمندر میرے رب کی باتیں لکھنے کے لیے روشنائی بن جائے، تو وہ ختم ہو جائے مگر میرے رب کی باتیں ختم نہ ہوں، بلکہ اتنی ہی روشنائی ہم اور لے آئیں تو وہ بھی کفایت نہ کرے۔ ''423،

(سورۃ الکھف، آیت 109)

پیغمبرانہ سچائی

محمد رسول اللہ صلی اللہ تعالیٰ علیہ وسلم

قرآنِ مجید ہمیں یہ تعلیم دیتا ہے کہ ہم تمام انبیاء اور پیغمبروں پر ضرور ایمان لائیں اور یہ یقین رکھیں کہ یہ تمام بندے اللہ کے چنے ہوئے بندے تھے، جنہیں ابدی سچائی کی طرف رہنمائی کیلئے بھیجا گیا۔ قرآن مجید نے بہت سے رسولوں اور نبیوں کا ذکر کیا ہے جن سے ہم اپنے بچپن سے ہی شناسائی رکھتے ہیں۔ اللہ کی اس کتاب میں ہمیں ابراہیم، موسیٰ، عیسیٰ، داؤد، ذکریا، الیاس، یعقوب اور یوسف علیہم السلام کا ذکر ملتا ہے۔ لیکن رسولوں اور نبیوں میں ایک اہم فرق ہوتا ہے۔ رسول صاحب شریعت ہوتا ہے جبکہ نبی پہلے سے موجود شریعت کی احیاء کا فریضہ نباہتا ہے۔ انبیاء و رسل کا مقصد انسانیت میں خالقِ حقیقی کا تصور، تقویٰ اور خدا ترسی اجاگر کرنا ہوتا ہے، جبکہ رسولوں کے پاس چونکہ اللہ کا نازل کردہ پیغام بھی ہوتا ہے تو وہ اس پیغام کو سکھلانے کے بھی ذمہ دار ہوتے ہیں تا کہ پیغام کا صحیح مطلب اور مفہوم لوگوں تک پہنچایا جائے۔ رسول اور پیغمبر، اللہ کے پیغام کا

چلتا پھرتا عملی نمونہ ہوتے ہیں جنہیں دیکھ کر انسانیت، اللہ کے پیغام کا حقیقی مفہوم سمجھ سکتی ہے۔

قرآن مجید میں محمد صلی اللہ علیہ وسلم کا اسمِ مبارک پانچ بار آیا ہے [424] اور یہ بتایا گیا ہے کہ یہ کتاب جبریلؑ کے ذریعے سے آپ کے قلبِ اطہر پر نازل کی گئی۔ قرآن کریم نے صراحتاً یہ بتا دیا کہ محمد صلی اللہ علیہ وسلم آخری نبی اور رسول ہیں۔ [425] جب اس حقیقت کو تسلیم کر لیا جائے کہ قرآن مجید اللہ کی طرف سے نازل شدہ کتاب ہے تو یہ ماننا بھی لازم آئے گا کہ اس کا ایک ایک لفظ سچائی پر مبنی ہے۔ لہٰذا نبی اکرم صلی اللہ علیہ وسلم اللہ کے رسول ہیں اور ان پر وحی کا نازل ہونا حق ہے۔ مندرجہ بالا ثابت شدہ حقیقت کے ساتھ ساتھ حیاتِ نبوی صلی اللہ علیہ وسلم، ان کی تعلیمات اور ان کا اعلیٰ کردار بھی ہمیں یہ بتاتا ہے کہ محمد صلی اللہ علیہ وسلم اللہ تعالیٰ کے آخری نبی اور رسول ہیں۔

اگر ہم حیات و کردارِ نبوی صلی اللہ علیہ وسلم کا تجزیہ کریں تو یہ کہنا بے جا نہ ہوگا کہ اگر آپ صلی اللہ علیہ وسلم غلط بیانی کرتے تھے اور اوہام کا شکار تھے، تو آج تک نسلِ انسانی میں کسی نے کبھی سچ بولا ہی نہیں۔ یہ ایسا ہی ہے کہ کوئی شخص اپنی ماں سے یہ کہے اس نے اسے نہیں جنا اور ایک کھلی حقیقت کا انکار کر دے۔ محمد صلی اللہ علیہ وسلم کی تعلیمات انسانی معاشرت، روحانیت، معاشیات اور نفسیات جیسے وسیع مضامین کا احاطہ کرتی ہیں اور انسانیت کو رہنمائی مہیا کرتی ہیں۔ اگر محمد صلی اللہ علیہ وسلم کی تعلیمات اور ارشادات کو صحیح اور مکمل طریقے سے دیکھا جائے تو کوئی بھی غیر جانبدار آدمی یہ کہنے پر مجبور ہو جاتا ہے کہ آپ صلی اللہ علیہ وسلم کی ذاتِ اقدس کوئی معمولی ہستی نہیں۔ آپ صلی اللہ علیہ وسلم کے معاملات کو دیکھا جائے تو ایک ایسا کردار اس کے سامنے آتا ہے جو مشکل سے مشکل حالات میں بھی رواداری، برداشت اور انکساری کا دامن نہیں چھوڑتا۔ یہ پیغمبرانہ اوصاف ایسے ہیں کہ تاریخ جن کی نظیر پیش کرنے سے قاصر ہے۔ حیاتِ محمد صلی اللہ علیہ وسلم نے نہ صرف عرب دنیا بلکہ تمام دنیا اور اقوامِ عالم پر اپنے گہرے نقوش چھوڑے ہیں۔ آپ صلی اللہ علیہ وسلم کی ذاتِ اقدس انسانی ترقی، عدل و انصاف، رواداری اور احترامِ انسانیت کی وجہ بنی۔

محمد صلی اللہ علیہ وسلم کا انکار اپنی ماں کا انکار کرنا ہے

جیسا کہ گزشتہ باب میں اس پر بحث کی گئی کہ علم کا وہ واحد ذریعہ جس کے ذریعے انسان اس عورت کو اپنی ماں کہتے ہیں، جس نے انہیں جنا ہو، "گواہی" ہے۔ یعنی کسی نے آپ کو یہ بتایا ہے کہ

یہ عورت تمہاری ماں ہے۔اگرچہ آپ کے پاس ولادت کا سرٹیفکیٹ، ہسپتال کے ریکارڈ، ڈی این اے ٹیسٹ کا ریکارڈ ہو، تو بھی یہ روایت شدہ علم ہی کہلائے گا کیونکہ آپ کو کسی کے کہنے پر یقین کرنا ہے۔ کسی بھی شخص کے پاس ایسا ثبوت نہیں جو عملی طور پر یہ ثابت کرے کہ یہ عورت اس شخص کی ماں ہے۔ اگر وہ اپنا ٹیسٹ خود کرواتا ہے، تو تب بھی اسے کسی ماہر کی گواہی کو ماننا ہوگا کہ فلاں عورت اس کی پیدائش کا سبب ہے۔ لہٰذا یہ ثابت ہوا کہ خالص علمی نقطۂ نگاہ سے اس شخص کا اپنی ماں کو تسلیم کرنا، گواہیوں پر منحصر ہے۔ پس علمیت کی شاخ ''گواہی'' کو مدِ نظر رکھتے ہوئے یہ کہا جا سکتا ہے کہ آپ کو آپ کی ماں نے جنا ہے، صرف گواہیوں پر مبنی ہے۔ ہمارے پاس اس سے زیادہ مستند گواہیاں یہ نتیجہ نکالنے کیلئے موجود ہیں کہ محمد صلی اللہ علیہ وسلم اللہ کے آخری رسول ہیں۔ تو یہ کہنا بالکل حق ہوگا کہ رسول اللہ صلی اللہ علیہ وسلم کا انکار کرنا ایسا ہی ہے جیسے کوئی شخص اپنی حقیقی ماں کا انکار کر دے۔

دلیل

محمد رسول اللہ صلی اللہ علیہ وسلم نے آج سے ‭1400 سال پہلے ایک نہایت ہی مختصر مگر جامعیت سے بھرپور پیغام کے ساتھ اپنی نبوت کا اعلان کیا۔ وہ پیغام تھا لا الٰہ الَّا اللہ محمد رسول اللہ۔ آپ صلی اللہ علیہ وسلم نے ‭40 برس کی عمر میں اعلانِ نبوت کیا۔ اس سے پہلے آپ اپنا کچھ وقت غارِ حرا کی تنہائی میں غور و فکر اور مراقبے میں گزارا کرتے تھے۔ آپ کی نبوت کا آغاز قرآن مجید کی کچھ آیات کے نزول کے ساتھ ہوا۔ قرآن کا پیغام نہایت مختصر تھا کہ ہمارا مقصدِ زندگی معبودِ حقیقی کی عبادت کرنا ہے۔ اسلام میں عبادت ایک نہایت جامع معنی رکھتی ہے۔ اس کا مطلب یہ ہے کہ انسان اپنی محبت، توجہ اور تمام اعمال کا مرکز اللہ ہی کی ذات کو رکھے۔

محمد صلی اللہ علیہ وسلم کے لائے ہوئے پیغام اور ان کی نبوت کی سچائی کو جانچنے کیلئے یہ ضروری ہے کہ ہم حقیقت پسندی سے اس ضمن میں موجود روایات اور تاریخی بیان کا بغور جائزہ لیں، تا کہ ایک متوازن نتیجے تک پہنچا جا سکے۔ قرآن حکیم اسی حوالے سے ایک نہایت عقلی طریقہ بتاتا ہے، جس سے نبی صلی اللہ علیہ وسلم کے دعوے کو جانچا جا سکتا ہے۔ قرآن یہ کہتا ہے کہ محمد صلی اللہ علیہ وسلم نہ جھوٹے تھے، نہ مجنون اور دیوانے تھے، نہ اوہام کا شکار اور نہ وہ اپنی مرضی سے کچھ کہتے تھے۔ بلکہ جو اللہ کا پیغام ان تک پہنچتا تھا، وہ بندگانِ خدا تک ویسا ہی پہنچا دیتے تھے۔ قرآن حکیم گواہی دیتا ہے کہ وہ اللہ

کے رسول ہیں اور وہ سچ بول رہے ہیں:

وَمَا صَاحِبُکُمْ بِمَجْنُونٍ ٥

''اور تمہارا ساتھی (محمد صلی اللہ علیہ وسلم) مجنون نہیں۔'' (سورۃ التکویر، آیت 22)[426]

مَا ضَلَّ صَاحِبُکُمْ وَمَا غَوَی ٥

''یہ تمہارے ساتھ کے رہنے والے نہ راہ (حق) سے بھٹکے اور نہ غلط راستہ ہو لئے۔'' (سورۃ النجم، آیت 2)[427]

مُحَمَّدٌ رَسُولُ اللَّہِ وَالَّذِینَ مَعَہُ أَشِدَّاءُ عَلَی الْکُفَّارِ رُحَمَاءُ بَیْنَہُمْ تَرَاہُمْ رُکَّعًا سُجَّدًا یَبْتَغُونَ فَضْلًا مِنَ اللَّہِ وَرِضْوَانًا سِیمَاہُمْ فِی وُجُوہِہِمْ مِنْ أَثَرِ السُّجُودِ ذَلِکَ مَثَلُہُمْ فِی التَّوْرَاۃِ وَمَثَلُہُمْ فِی الْإِنْجِیلِ کَزَرْعٍ أَخْرَجَ شَطْأَہُ فَآزَرَہُ فَاسْتَغْلَظَ فَاسْتَوَی عَلَی سُوقِہِ یُعْجِبُ الزُّرَّاعَ لِیَغِیظَ بِہِمُ الْکُفَّارَ وَعَدَ اللَّہُ الَّذِینَ آمَنُوا وَعَمِلُوا الصَّالِحَاتِ مِنْہُمْ مَغْفِرَۃً وَأَجْرًا عَظِیمًا ٥

''محمد صلی اللہ علیہ وسلم اللہ کے رسول ہیں اور جو لوگ ان کے ساتھ ہیں وہ کافروں کے حق میں سخت ہیں اور آپس میں رحم دل، (اے دیکھنے والے) تو ان کو دیکھتا ہے کہ (اللہ کے آگے) جھکے ہوئے، سر بسجود ہیں اور اللہ کا فضل اور اس کی خوشنودی طلب کر رہے ہیں۔ (کثرت) سجود کے اثر سے ان کی پیشانیوں پر نشان پڑے ہوئے ہیں۔ ان کے یہی اوصاف تورات میں (مرقوم) ہیں۔ اور یہی اوصاف انجیل میں ہیں۔ (وہ) گویا ایک کھیتی ہیں جس نے (پہلے زمین سے) اپنی سوئی نکالی پھر اس کو مضبوط کیا پھر موٹی ہوئی اور پھر اپنی نال پر سیدھی کھڑی ہوگئی اور لگی کھیتی والوں کو خوش کرنے تا کہ کافروں کا جی جلائے۔ جو لوگ ان میں سے ایمان لائے اور نیک عمل کرتے رہے ان سے اللہ نے گناہوں کی بخشش اور اجر عظیم کا وعدہ کیا ہے۔''[428] (سورۃ الفتح، آیت 29)

ہم ان دلائل کا خلاصہ یوں بیان کر سکتے ہیں:

- محمد صلی اللہ علیہ وسلم یا تو جھوٹے اور مجنون/ بہکے ہوئے تھے یا سچ بولتے تھے۔

- محمد صلی اللہ علیہ وسلم جھوٹے اور بہکے نہیں ہو سکتے۔

- چنانچہ محمد صلی اللہ علیہ وسلم سچ بولتے تھے۔

کیا (معاذ اللہ) نبی اکرم صلی اللہ علیہ وسلم جھوٹے تھے؟

تاریخی ماخذات کے مطالعے سے ہمیں یہ پتا چلتا ہے کہ محمد صلی اللہ علیہ وسلم ایک مضبوط اور اعلیٰ کردار کے حامل انسان تھے۔ حتیٰ کہ اپنے جانی دشمنوں میں بھی ''صادق'' کے لقب سے مشہور تھے۔ [429] لہذا یہ کہنا کہ (معاذ اللہ) محمد صلی اللہ علیہ وسلم نے کذب بیانی کی، ایک نہایت ہی بے بنیاد اور ناقابلِ یقین الزام ہے۔

محمد صلی اللہ علیہ وسلم کی دعوت نے اس وقت کے معاشرتی اور معاشی ڈھانچوں کی بنیاد ہلا کر رکھ دیا تھا۔ ساتویں صدی میں مکہ کی معیشت کا انحصار تجارت اور کاروبار پر تھا۔ مکہ کے سردار کعبے میں موجود 360 بتوں کے ذریعے اس وقت کے بت پرست تاجروں کو اپنی طرف راغب کرتے تھے۔ رسول اللہ صلی اللہ علیہ وسلم کا توحید پر مبنی پیغام سادہ تھا لیکن اس نے ساتویں صدی کے عربوں کے اس شرک کو بہت قوت کے ساتھ چیلنج کیا، جس کی وجہ سے اس نظام کے پروردہ افراد آپ صلی اللہ علیہ وسلم کے مخالف ہو گئے۔ اولاً یہ لوگ آپ کا مذاق اڑانے لگے اور یہ سوچنے لگے کہ محمد صلی اللہ علیہ وسلم کے پیغام کا کوئی اثر نہیں ہوگا۔ لیکن جب انہوں نے دیکھا کہ آپ صلی اللہ علیہ وسلم کا پیغام جڑ پکڑ رہا ہے اور عالی حسب نسب کے لوگ اسلام قبول کر رہے ہیں، تو انہوں نے آپ صلی اللہ علیہ وسلم کو ذہنی اور جسمانی طور پر اذیت کا نشانہ بنانا شروع کر دیا۔

اس پیغام سے روکنے کیلئے آپ صلی اللہ علیہ وسلم پر طرح طرح کے مظالم ڈھائے گئے، آپ کا معاشرتی مقاطعہ کیا گیا، آپ کو فاقہ کشی پر مجبور کیا گیا، آپ پر پتھر برسائے گئے، یہاں تک کہ آپ صلی اللہ علیہ وسلم کے نعلین مبارک خون سے بھر گئے۔ آپ کو اپنے پیارے شہر سے ہجرت اور جلا وطنی پر مجبور کر دیا گیا۔ آپ کے دوستوں پر بھی ظلم و ستم کیا گیا جس کی وجہ صرف اور صرف یہی پیغام توحید تھا۔ اسی پُر آشوب دور میں آپ صلی اللہ علیہ وسلم کی رفیقۂ حیات بھی وفات پا گئیں اور ان کے قربی ساتھیوں کو تشدد کا نشانہ بنایا گیا اور بہت تنگ کیا گیا۔ [430] آپ صلی اللہ علیہ وسلم نے شدید سے شدید مشکلات جھیلیں۔ دیکھا گیا ہے کہ ایک جھوٹا شخص دنیاوی فوائد کیلئے جھوٹ بولتا ہے لیکن اس کے برعکس حیاتِ نبوی کے مطالعہ سے پتا چلتا ہے کہ آپ کو دنیاوی دولت اور مراتب کی پیشکش کی گئی اور آپ کو

بری طرح تشدد کا نشانہ بنایا گیا، 431 لیکن آپ صلی اللہ علیہ وسلم نے توحید کا پیغام دینا نہیں چھوڑا۔ اسلامی علوم اور عربی کے مایہ ناز مستشرق پروفیسر منٹگمری واٹ اپنی کتاب (Muhammad at Mecca) میں لکھتے ہیں کہ محمد صلی اللہ علیہ وسلم کو بہروپیا یا جھوٹا (معاذ اللہ) کہنا ایک خلافِ عقل اور نامعقول بات ہے:''ان کا عزم و استقلال جس کے ذریعے وہ کسی بھی مشکل کا سامنا کرنے کیلئے تیار تھے، ان پر ایمان لانے اور ان کو اپنا لیڈر ماننے والوں کا اعلیٰ اخلاقی کردار اور ان کی عظیم کامیابیاں ...... یہ سب کے سب محمد صلی اللہ علیہ وسلم کے عظیم اور لازوال کردار کی دلیل ہیں اور یہ گمان کرنا کہ وہ ایک بہروپیے ہیں، مزید مشکلات کو جنم دیتا ہے نہ کہ حل کرتا ہے۔'' 432

کیا آپ صلی اللہ علیہ وسلم مجنون تھے؟

یہ دعویٰ کہ آپ صلی اللہ علیہ وسلم مجنون تھے، اس کا آسان مطلب یہی ہے کہ وہ خود کو اللہ کا پیغمبر بتلا کر لوگوں کو گمراہ کر رہے تھے (نعوذ باللہ)۔ اگر کوئی مجنون ہو تو اس کو بغیر کسی ثبوت کے اپنی بات کے سچ ہونے کا یقین کامل ہوتا ہے۔ مجنون اپنی کی ہوئی ہر بات کو سچ سمجھتا ہے، چاہے اس کی بات کتنی ہی جھوٹی کیوں نہ ہو۔

آپ صلی اللہ علیہ وسلم کی زندگی میں بہت سے مواقع ایسے آئے کہ اگر آپ صلی اللہ علیہ وسلم واقعی (معاذ اللہ) مجنون ہوتے اور وہ ساری باتیں جو آپ صلی اللہ علیہ وسلم نے اسلام کی شکل میں پیش کیں، وہ آپ صلی اللہ علیہ وسلم کے اپنے ذہن کی اختراع ہوتیں، تو آپ صلی اللہ علیہ وسلم ان مواقع کو اپنے حق میں ضرور استعمال کرتے، لیکن آپ صلی اللہ علیہ وسلم نے ایسا نہیں کیا۔ جیسا کہ آپ صلی اللہ علیہ وسلم کے بیٹے ابراہیم کی وفات سورج گرہن والے دن ہوئی تو بہت سے لوگوں نے کہا کہ سورج گرہن اس لئے ہوا کیونکہ آج نبی صلی اللہ علیہ وسلم کے بیٹے کی وفات ہوئی ہے۔ اگر آپ صلی اللہ علیہ وسلم چاہتے تو ان کی تائید کر سکتے تھے اور اس بات کا آپ صلی اللہ علیہ وسلم کو ہی فائدہ ہوتا اور آپ صلی اللہ علیہ وسلم کی مقبولیت میں اضافہ ہوتا۔ لیکن آپ صلی اللہ علیہ وسلم نے ایسا نہیں کیا۔ آپ صلی اللہ علیہ وسلم نے ان کی باتوں کا یہ فرما کر رد کیا کہ اِنَّ الشَّمْسَ وَالْقَمَرَ لَا يَنْكَسِفَانِ لِمَوْتِ أَحَدٍ مِنَ النَّاسِ، وَلَكِنَّهُمَا آيَتَانِ مِنْ آيَاتِ اللَّهِ، فَإِذَا رَأَيْتُمُوهُمَا فَقُومُوا فَصَلُّوا ''سورج اور چاند گرہن انسانوں میں سے کسی کی موت کی

وجہ سے واقع نہیں ہوتے بلکہ یہ اللہ کی نشانیوں میں سے دونشانیاں ہیں۔ جب تم انہیں دیکھوتو قیام کرواور نماز پڑھو۔،،433 (بحوالہ: صحیح بخاری)

نبی اکرم ﷺ کی عظیم الشان پیش گوئیاں

نبی ﷺ نے بہت سی پیش گوئیاں ایسی کیں جو آپ ﷺ کے معاشرے میں آپ ﷺ کی وفات کے بعد واقع ہونی تھیں؛ اور وہ ساری باتیں ویسی ہی واقع ہوئیں جیسا آپ ﷺ نے کہا تھا۔ کسی بہکے ہوئے مجنون کیلئے یہ سب ممکن نہیں۔ مثلاً:

منگولوں کا حملہ

آپ ﷺ کی وفات کے تقریباً چھ سو سال بعد منگولوں نے مسلم سرزمین پر حملہ کیا اور لاکھوں لوگوں کو قتل کیا۔ بغداد کی تباہی اس جنگ کا سب سے بڑا نقصان تھا۔ بغداد اس وقت علم و تہذیب کا عظیم الشان مرکز تھا۔ منگول 1258ء میں بغداد پر حملہ آور ہوئے اور پورا ایک ہفتہ قتل و غارت کا بازار گرم کئے رکھا۔ گلیاں خون سے بھر گئیں۔ ہزاروں کتابوں کو جلا دیا، دس لاکھ لوگوں کو قتل کیا۔ یہ اسلامی تاریخ کا اندوہناک واقعہ ہے۔

منگول غیر عرب تھے، چپٹی ناک، چھوٹی آنکھوں والے اور بالوں سے بنے موزے پہنتے تھے۔ منگولوں کے حملے کی پیش گوئی آپ ﷺ نے ان کے حملے سے کئی سو سال پہلے ہی ان الفاظ میں کر دی تھی:

عَنْ أَبِي هُرَيْرَةَ (رضي الله عنه) أَنَّ النَّبِيَّ صلى الله عليه وسلم قَالَ "لاَ تَقُومُ السَّاعَةُ حَتَّى تُقَاتِلُوا خُوزًا وَكَرْمَانَ مِنَ الأَعَاجِمِ، حُمْرَ الْوُجُوهِ، فُطْسَ الأُنُوفِ، صِغَارَ الأَعْيُنِ، وُجُوهُهُمُ الْمَجَانُّ الْمُطْرَقَةُ، نِعَالُهُمُ الشَّعَرُ"

،،قیامت قائم نہ ہوگی یہاں تک کہ عجم کے شہروں میں خوز اور کرمان پر تم حملہ آور ہو گے۔ وہاں کے باشندوں کے چہرے سرخ، ناک چپٹی اور آنکھیں چھوٹی چھوٹی ہوں گی۔ گویا ان کے چہرے تہ بہ تہ تیار شدہ ڈھالوں کی طرح ہیں، نیز ان کے جوتے بالوں سے بنے

ہوئے ہوں گے۔،،[434] (بحوالہ: صحیح مسلم)

اونچی عمارتیں بنانے میں مقابلے بازی

حدیثِ جبریلؑ میں جبریل علیہ السلام نبی اکرم ﷺ سے آثارِ قیامت کے بارے میں سوال کرتے ہیں:

قَالَ فَأَخْبِرْنِي عَنْ أَمَارَتِهَا . قَالَ ‬‬ أَنْ تَلِدَ الْأَمَةُ رَبَّتَهَا وَأَنْ تَرَى الْحُفَاةَ الْعُرَاةَ الْعَالَةَ رِعَاءَ الشَّاءِ يَتَطَاوَلُونَ فِي الْبُنْيَانِ‬‬.

‬‬پھر اس کی نشانیاں بتا دیجئے۔ آپ ﷺ نے فرمایا: یہ کہ لونڈی اپنے آقا کو خود جنم دے گی اور یہ کہ تم دیکھو گے کہ وہ بدو جن کو پہننے کیلئے جوتے اور کپڑے بھی میسر نہیں، اونچی اونچی عمارتوں کے بنانے میں ایک دوسرے پر سبقت لے جانے کی کوشش کریں گے۔،،[435] (بحوالہ: صحیح مسلم)

پیش گوئی کی تفصیلات پر غور کیجئے: واضح طور پر ایک مخصوص قسم کے لوگوں کی نشاندہی کی گئی ہے؛ ننگے پاؤں، بے لباس، کنگال چرواہے۔ یہاں واضح طور پر عرب بدوؤں کا ذکر ہے۔[436] حالانکہ آپ ﷺ نسبتاً محفوظ اور غیر مخصوص انداز میں یہ بات بھی کہہ سکتے تھے کہ ‬‬تم اونچی اونچی عمارتیں بنتی دیکھو گے،، اس طرح یہ بات تمام دنیا کیلئے درست ہو جاتی اور اس کے سچا ہونے کے بھی زیادہ امکانات ہوتے۔ آج ہم دیکھتے ہیں کہ واقعی وہ عرب بدو جو اونٹ اور بھیڑ بکریاں پالتے تھے، وہ اونچی اونچی عمارتیں بنا رہے ہیں۔ دبئی کا برج خلیفہ 828 میٹر کی بلندی کے ساتھ دنیا کی سب سے اونچی عمارت ہے۔[437] تھوڑے ہی عرصے بعد ہی سعودیہ کی ایک شاہی خاندان نے اس سے اونچی (1000 میٹر) عمارت ‬‬کنگڈم ٹاور،، (جدہ ٹاور) بنانے کا اعلان کیا جو 2019ء میں مکمل ہونی تھی۔ (تاہم فی الحال اس کی تعمیر رُکی ہوئی ہے۔) اونچی عمارتیں بنانے کا مقابلہ عربوں میں جاری و ساری ہے۔[438]

قابل ذکر بات یہ ہے کہ پچاس ساٹھ سال پہلے تک ان لوگوں کے پاس رہنے کو گھر نہیں تھے۔ زیادہ تر لوگ خانہ بدوش تھے اور جھگیوں میں رہتے تھے۔ بیسویں صدی میں تیل کی دریافت نے اس علاقے کے حالات بدلنے میں کلیدی کردار ادا کیا۔ اگر تیل دریافت نہ ہوتا تو شاید اب بھی یہ علاقہ بنجر صحرا ہوتا جیسا کہ نزول قرآن کے وقت تھا۔ اگر واقعی آپ ﷺ

اندازے یا اٹکل پچو کی بنیاد پر بات کر رہے ہوتے تو کیا یہ زیادہ عقلی بات نہیں تھی کہ آپ یہ پیش گوئی اپنے وقت کی سپر پاورز، روم یا فارس کے بارے میں کرتے کیونکہ وہ اس وقت اس قابل تھے، کہ اونچی عمارتیں اور محلات بنا سکیں۔ 439

مکہ میں زیرِ زمین سرنگیں اور پہاڑوں سے اونچی عمارتیں

سرنگوں اور پہاڑوں سے اونچی عمارات کے بارے میں آپ صلی اللہ علیہ وسلم نے ان الفاظ میں خبر

دی: ''جب تم مکہ میں سرنگیں اور پہاڑوں سے بھی اونچی عمارتیں بنتی دیکھو تو سمجھ جانا کہ اب وقت قریب آ گیا ہے۔''440

ایسی سرنگوں اور عمارات کی تصاویر آپ انٹرنیٹ پر بہ آسانی دیکھ سکتے ہیں۔

اور بھی بہت ساری پیش گوئیاں ہیں جو مستند احادیث میں مل سکتی ہیں۔ ان میں سے کچھ آپ کے سامنے پیش کی گئی ہیں تا کہ ایک عقلی نکتہ اٹھایا جا سکے: مستقبل کی درست پیش گوئی کسی کے سچا ہونے کا ثبوت ہے، نہ کہ دھوکہ دہی کا۔ آپ صلی اللہ علیہ وسلم کی تعلیمات، کردار، اور اس کے انسانی معاشرے پر گہرے اثرات اس بات کا ثبوت ہیں کہ آپ صلی اللہ علیہ وسلم مجنون نہیں تھے، اللہ کے سچے نبی ہیں اور آپ نے ہمیشہ سچ بولا۔

کیا آپ صلی اللہ علیہ وسلم (معاذ اللہ) جھوٹے اور مجنون دونوں تھے؟

کسی آدمی کیلئے یہ ممکن نہیں کہ وہ جھوٹا بھی ہو اور مجنون بھی۔ جھوٹ ارادے سے بولا جاتا ہے جبکہ مجنون وہ ہے جو اس بات کے سچا ہونے پر یقین رکھتا ہے جو در حقیقت سچی نہیں ہوتی۔ یہ دونوں باتیں ایک دوسرے کا ردّ ہیں اور دونوں ایک ہی وقت میں درست نہیں ہو سکتیں۔ یہ بہتان کہ آپ صلی اللہ علیہ وسلم جھوٹے بھی تھے اور مجنون بھی، منطقی لحاظ سے ناممکن ہے کیونکہ آپ صلی اللہ علیہ وسلم جان بوجھ کر اپنے دعوے کے متعلق ایک ہی وقت میں جھوٹ اور یقین نہیں کر سکتے تھے۔

آپ صلی اللہ علیہ وسلم سچے تھے

اوپر کی بحث سے یہ ثابت ہوتا ہے کہ یہ یقین رکھنا معقول ترین بات ہے کہ آپ صلی اللہ علیہ وسلم سچائی کا پیکر تھے۔ یہ نتیجہ مشہور مورخ ڈاکٹر ولیم ڈریپر نے بھی بہت ہی معقول انداز میں پیش کیا ہے: ''جسٹینین (مشہور رومی حکمران) کی وفات کے چار سال بعد، 569 عیسوی عرب کے شہر مکہ میں ایک ایسا شخص پیدا ہوا جو اس دنیا کے سب سے عظیم انقلاب کا باعث بنا، بہت سی سلطنتوں کا مذہبی لیڈر، دنیا کی ایک تہائی انسانوں کی روز مرہ زندگی کا رہنما، شاید وہ پیغمبری کے عہدے کی اہلیت رکھتے تھے۔''441

دو بڑے اعتراضات

اس سے پہلے کہ ہم ان تعلیمات، غیر معمولی کردار، اور ان حیرت انگیز اثرات کو جو اللہ کے نبی ﷺ نے بنی نوع انسان پر مرتب کئے، زیر بحث لائیں، ضروری ہے کہ ہم ان اعتراضات کا جائزہ لیں جو اللہ کے نبی ﷺ کی شانِ اقدس پر لگائے جاتے ہیں۔

تاریخی حکایت کا اعتراض

ان دلائل کے خلاف جو اعتراض پیش کیا جاتا ہے اس میں ایک یہ بھی ہے کہ نبی ﷺ کی نبوت کے دعوے کی وضاحت کیلئے کوئی اور صورت بھی ہوسکتی ہے۔ یہ اضافی صورت یوں بیان کی جاتی ہے کہ نبی ﷺ کا دعوٰی حکایات پر مبنی ہے۔ بالفاظِ دیگر، معروف تاریخ میں اس کا کوئی حوالہ نہیں پایا جاتا۔ یہ اعتراض اس تاثر پر قائم ہے کہ وہ بیانئے اور گواہیاں جو محمد ﷺ کی زندگی کا احاطہ کرتی ہیں، قابلِ یقین نہیں اور نہ ہی ان کی غیر جانبدارانہ و آزادانہ تصدیق کی جاسکتی ہے۔ قصہ مختصر، اس اعتراض کے حامی اسلامی تاریخ پر اعتبار نہیں کرتے۔

''حکایت'' والا اعتراض نہ صرف غیر معقول ہے (کہ محمدی انقلاب اور اس کے دنیا پر پڑنے والے اثرات کو جھٹلانا دنیا کی پوری تاریخ کو جھٹلانا ہے، تعلیماتِ نبوی اور اس کی بنیاد پر کھڑی ہونے والی اسلامی تہذیب جس نے ہزاروں سال تک دنیا کے اُتنی فیصد انسانوں پر حکمرانی کی، انہیں جینے کا سلیقہ و شعور سکھلایا، کیا اس کے اثرات اور نقوش صرف عربوں کی تاریخ اور خطے تک محدود ہیں؟) بلکہ نبی ﷺ کی زندگی کے ماخذوں کے حوالے سے محققین کی تاریخی حوالوں کی سند جانچنے کے پیمانے سے بھی ناواقفیت کا مظہر ہے۔ تاریخ کو محفوظ کرنے کیلئے اسلامی طریقہ کار دو عناصر پر مشتمل ہے: اسناد، جنہیں ''روایت کا سلسلہ'' بھی کہا جاتا ہے؛ اور متن، جس کا مطلب ہے حدیث یا بیان۔ کسی روایت یا بیان کے سلسلے کو جانچنے کیلئے ایک ٹھوس طریقہ کار اختیار کیا جاتا ہے۔ اس جانچ کے اسلامی علم (حجیت حدیث) کی تفصیل میں جانے کا یہ مقام نہیں (اسلامی علمی روایت میں اسے ''علم الحدیث یا روایتوں کا علم'' کہا جاتا ہے)، تاہم اس کا ایک مختصر خلاصہ اس کے ٹھوس پیمانوں پر روشنی ڈالنے کیلئے کافی ہے۔

کسی روایت کے سلسلے کے مستند ہونے کیلئے لازمی ہے کہ ہر راوی کے حوالے سے بہت سے عقلی پیمانے پورے ہوں، ان میں سے کچھ مندرجہ ذیل ہیں:

- راوی کے نام، عرفیت، لقب، والدین اور پیشے کا پتا ہونا چاہیے۔

- اصلی راوی کا یہ کہنا ضروری ہے کہ اس نے وہ روایت براہِ راست نبی کریم ﷺ سے خود سنی تھی۔

- اگر راوی نے کسی اور راوی کی روایت بیان کی ہے، تو دونوں کا ایک ہی زمانے میں زندہ ہونا اور ایک دوسرے سے ملنے کا غالب امکان ہونا بھی ضروری ہے۔

- روایت کو سننے اور اسے آگے بیان کرتے وقت، راوی کا اسے سمجھنے اور یاد کرنے کیلئے جسمانی اور دماغی طور پر اہل ہونا ضروری ہے۔

- راوی کا متقی اور نیک ہونے کے حوالے سے مشہور ہونا لازمی ہے۔ یعنی

- راوی کیلئے ضروری ہے کہ اس پر کبھی جھوٹ بولنے، جھوٹی گواہی دینے اور کسی جرم میں ملوث ہونے کا الزام نہ ہو۔

- راوی کیلئے ضروری ہے کہ وہ دوسرے قابل بھروسا افراد کے خلاف نہ بولتا ہو۔

کسی حدیث کے متن کو قبول کرنے کیلئے مختلف عقلی پیمانوں پر پورا اترنا لازمی ہے۔ ان میں سے کچھ مندرجہ ذیل ہیں:

- حدیث صاف اور سادہ زبان میں ہونی چاہیے، کیونکہ بلا اختلاف آپ ﷺ کا اندازِ گفتگو ایسا ہی تھا۔

- ایسی حدیث جو ایسے عوامل کے حوالے سے ہو، جو عام طور پر مشہور ہوں اور ان پر عمل کیا جاتا ہو، لیکن حقیقت میں مشہور نہیں تھے اور ان پر عمل نہیں ہوتا تھا، تو ایسی حدیث کو رد کر دیا جاتا ہے۔

- ایسی حدیث جو بنیادی قرآنی تعلیمات کے خلاف ہو اسے رد کر دیا جاتا ہے۔

- مشہور زمانہ تاریخی حقائق سے مطابقت نہ رکھنے والی حدیث کو رد کر دیا جاتا ہے۔ [442]

کمزور منطق

اس بحث میں جو ایک اور اعتراض سامنے آتا ہے وہ دلیل کی موزونیت کے حوالے سے ہے۔ مثال کے طور پر یہ کہا جاتا ہے کہ یہ ممکن ہے کہ نبی محمد ﷺ نے غیر اخلاقی پہلو سے جھوٹ نہ بولا ہو، بلکہ وہ ایک بڑی بھلائی کیلئے جھوٹ بول کر خود کو نبی کہلوانا چاہ رہے ہوں۔ ایک معاشرتی مصلحت کے طور پر وہ یہ سمجھتے ہوں کہ وہ جس اخلاقی طور پر پست اور پسماندہ معاشرے میں رہ رہے تھے، اسے بدلنے کیلئے یہ انتہائی قدم اُٹھانا ضروری ہے۔ اس طرح وہ مجنون بھی نہیں ٹھہریں گے کیونکہ وہ جانتے تھے کہ وہ سچ نہیں بول رہے، اور اخلاقی طور پر بھی انہیں جھوٹا نہیں سمجھا جائے گا۔ وہ اخلاق کی اصلاح کرنے والے ہوں گے اور زیادہ تر فلاح کاروں کی طرح ایک بڑی بھلائی کیلئے دو برائیوں میں سے کم درجے والی برائی کا انتخاب کیا ہوگا۔

یہ دلچسپ اعتراض کچھ وجوہ کی بنا پر نامعقول ہے۔ اول تو یہ بات ہی غیر عقلی ہے کہ اخلاقی اصلاح کیلئے نبوت کا دعویٰ ضروری ہے۔ بلکہ حقیقت میں محمد ﷺ کا یہ دعویٰ کہ ان پر وحی نازل ہوتی ہے، ان کیلئے معاشرے میں کوئی مضبوط مقام حاصل کرنے کی راہ میں بہت بڑی رکاوٹ ثابت ہوا۔ ان پر طنز کیا گیا، تمسخر اڑایا گیا اور گالیاں دی گئیں۔ ایک فلاح کار ایسا کوئی دعویٰ نہیں کرے گا، خاص طور پر اس وقت جب یہ دعویٰ مقصد کے حصول کی راہ میں مزید رکاوٹیں پیدا کرنے کا موجب ہو۔ دوسرا، محمد ﷺ کو سخت حالات کا سامنا کرنا پڑا لیکن پھر بھی انہوں نے اپنے پیغام کے حوالے سے نہ تو کوئی سمجھوتا کیا اور نہ ہی اسے پسِ پشت ڈالا۔ انہیں مشروط سیاسی قوت کی پیشکش کی گئی، جس کے ذریعے وہ معاشرے کی اخلاقی صورت سنوار سکتے تھے لیکن انہوں نے اس پیشکش کو ٹھکرا دیا۔ کیونکہ اسے قبول کرنے کا یہ مطلب تھا کہ وہ اپنے مقدس پیغام کو ترک کر رہے ہیں، جس کے مطابق سوائے اللہ کے کوئی دوسرا پرستش کے لائق نہیں۔ اگر وہ محض ایک اخلاقی فلاح کار ہوتے تو وہ اپنا لائحہ عمل تبدیل کرتے۔ لیکن انہوں نے ایسا نہیں کیا۔

محمد ﷺ کی تعلیمات، کردار اور اثرات

محمد ﷺ کی تعلیمات ایسی نہیں جو کسی فریب میں مبتلا شخص یا کاذب کی ہوتی ہیں۔ اپنی

دیگر بہت سی تعلیمات کے ساتھ ساتھ انہوں نے انسانیت کو بھائی چارے، رحم دلی، عاجزی، امن، محبت اور دوسروں کے حوالے سے حقوق وفرائض بتائے۔ آپ صلی اللہ علیہ وسلم کا کردار مثالی تھا۔ آپ اچھائی کی انتہاء پر پہنچے، درد دل رکھنے والے، عاجز، قوتِ برداشت سے بھرپور، منصف، اور انسانیت کی عظیم جھلک دکھلانے والے، پرہیزگار اور نیک تھے۔ آپ کی رہنمائی کی بدولت دنیا پر بے مثال اثرات مرتب ہوئے۔ آپ صلی اللہ علیہ وسلم کی پُراثر قیادت، برداشت کی متاثر کن تعلیمات، انصاف، ترقی، عقیدے کی آزادی اور زندگی کے دوسرے شعبوں میں رہنمائی، اس بات کے گواہ ہیں کہ آپ کسی فریب میں مبتلا نہیں تھے بلکہ آپ صلی اللہ علیہ وسلم سچے انسان تھے۔ جتنا زیادہ ہم پیغمبرانہ دانش و دانائی کا مطالعہ، اور اس پر غور وفکر کریں، اتنا ہی ہم محمد صلی اللہ علیہ وسلم کی محبت اور تعریف کرنے پر مجبور ہو جاتے ہیں۔

آپ صلی اللہ علیہ وسلم کی تعلیمات اور کردار

محمد صلی اللہ علیہ وسلم کی تعلیمات اور کردار اس بات کی واضح نشانی ہے کہ وہ انسانیت کیلئے رحم دل اور عظیم المرتبت شخص تھے، جنہیں وحی عطا کی گئی تھی تا کہ وہ لوگوں کو گمراہی کے اندھیروں سے حق کی روشنی کی طرف مائل کریں۔ ان کی تعلیمات جو اُن کے کردار کی عظمت کی نشاندہی کرتی ہیں، وہ اپنی ترجمانی خود کریں گی۔ ہم جتنا زیادہ ان کے بارے میں تحقیق کریں، ہمیں موقع ملے گا کہ ہم اللہ کے نبی صلی اللہ علیہ وسلم کی حکمت اور دانائی کے بارے میں کچھ نہ کچھ جان سکیں اور ہم ان کی محبت میں مزید گرفتار ہو جائیں گے۔

آپ صلی اللہ علیہ وسلم کی تعلیمات

رحم دلی اور محبت

عَنْ عَبْدِ اللَّهِ بْنِ عَمْرٍو، يَبْلُغُ بِهِ النَّبِيَّ صَلَّى اللَّهُ عَلَيْهِ وَسَلَّمَ الرَّاحِمُونَ يَرْحَمُهُمُ الرَّحْمَنُ، ارْحَمُوا أَهْلَ الْأَرْضِ يَرْحَمْكُمْ مَنْ فِي السَّمَاءِ

’’اللہ ان پر رحم کھاتا ہے جو خود رحم دل ہوں (دوسروں پر)۔ پس تم اہل زمین پر رحم کھاؤ، آسمان والا تم پر رحم کھائے گا۔‘‘[443] (سنن ابو داؤد، جامع ترمذی)

’’اللہ رحیم ہے اور رحم دلی کو پسند کرتا ہے۔‘‘[444] (بخاری،الادب المفرد)

’’وہ ہم میں سے نہیں جو بچوں پر شفقت اور بڑوں پر رحم نہ کرے۔‘‘[445]

(جامع ترمذی)

عَنْ جَابِرِ بْنِ عَبْدِ اللَّهِ رَضِيَ اللَّهُ عَنْهُمَا، أَنَّ رَسُولَ اللَّهِ صَلَّى اللَّهُ عَلَيْهِ وَسَلَّمَ، قَالَ: رَحِمَ اللَّهُ رَجُلًا سَمْحًا، إِذَا بَاعَ، وَإِذَا اشْتَرَى، وَإِذَا اقْتَضَى.

’’اللہ تعالیٰ اس شخص پر رحم فرمائے جو بیچتے، خریدتے اور تقاضا کرتے وقت نرمی اور کشادہ دلی کا مظاہرہ کرے۔‘‘[446] (صحیح بخاری)

آسودگی اور روحانیت

عَنْ أَبِي هُرَيْرَةَ، عَنِ النَّبِيِّ، قَالَ: لَيْسَ الْغِنَى عَنْ كَثْرَةِ الْعَرَضِ، وَلَكِنَّ الْغِنَى غِنَى النَّفْسِ.

’’غنی وہ نہیں جس کے پاس مال ودولت ہو۔امیر وہ ہے جس کی روح آسودہ ہو۔‘‘[447]

(صحیح بخاری)

عَنْ أَبِي هُرَيْرَةَ، قَالَ قَالَ رَسُولُ اللَّهِ صلى الله عليه وسلم "إِنَّ اللَّهَ لاَ يَنْظُرُ إِلَى صُوَرِكُمْ وَأَمْوَالِكُمْ وَلَكِنْ يَنْظُرُ إِلَى قُلُوبِكُمْ وَأَعْمَالِكُمْ".

’’اللہ تمھارے مال اور صورتوں کی طرف نہیں دیکھتا بلکہ وہ تمھارے دلوں اور اعمال کو دیکھتا ہے۔‘‘[448] (صحیح مسلم)

’’اللہ کے ذکر کے علاوہ بہت بہت زیادہ باتیں مت کرو۔ بلاشبہ بہت زیادہ گفتگو دلوں کو سخت کر دیتی ہے اور بلاشبہ گمراہ لوگ سخت دل ہوتے ہیں۔‘‘[449] (جامع ترمذی)

عَنْ أَبِي الْعَبَّاسِ عَبْدِ اللهِ بْنِ عَبَّاسٍ رَضِيَ اللهُ عَنْهُمَا قَالَ: كُنْتُ خَلْفَ النَّبِيِّ ﷺ يَوْمًا، فَقَالَ: يَا غُلَامُ! إِنِّي أُعَلِّمُكَ كَلِمَاتٍ: احْفَظِ اللهَ يَحْفَظْكَ احْفَظِ اللهَ تَجِدْهُ تُجَاهَكَ إِذَا سَأَلْتَ فَاسْأَلِ اللهَ وَإِذَا اسْتَعَنْتَ فَاسْتَعِنْ بِاللهِ وَاعْلَمْ أَنَّ الْأُمَّةَ لَوِ اجْتَمَعَتْ عَلَى أَنْ يَنْفَعُوكَ بِشَيْءٍ لَمْ يَنْفَعُوكَ إِلَّا بِشَيْءٍ قَدْ كَتَبَهُ اللهُ لَكَ وَلَوِ اجْتَمَعُوا عَلَى أَنْ يَضُرُّوكَ

بِشَيْءٍ لَمْ يَضُرُّوكَ إِلَّا بِشَيْءٍ قَدْ كَتَبَهُ اللّٰهُ عَلَيْكَ رُفِعَتِ الْأَقْلَامُ وَجَفَّتِ الصُّحُفُ.

سیدنا ابوالعباس عبداللہ بن عباس رضی اللہ عنہما سے روایت ہے کہ ایک روز میں نبی اکرم ﷺ کے پیچھے سوار تھا تو آپ ﷺ نے فرمایا: ''اے لڑکے! میں تمہیں چند (مفید) باتیں بتاتا ہوں۔ تو اللہ تعالیٰ (کے احکام) کی حفاظت کر (اس کے احکام کی پابندی کر) وہ تیری حفاظت کرے گا۔ تو اللہ تعالیٰ (کے احکام) کی حفاظت کر، تو اسے اپنے سامنے پائے گا۔ جب تو سوال کرے تو اللہ تعالیٰ ہی سے سوال کر۔ جب تو مدد طلب کرے تو اللہ تعالیٰ ہی سے مدد مانگ۔ یاد رکھ! ساری دنیا جمع ہو کر تجھے کوئی فائدہ پہنچانا چاہے تو وہ تجھے کسی بات کا فائدہ اور نفع نہیں دے سکتی سوائے اس کے جو اللہ تعالیٰ نے تیرے لئے مقدر کر رکھا ہے، اور اگر سارے لوگ مل کر تجھے کوئی نقصان پہنچانا چاہیں تو وہ تیرا کچھ بھی نہیں بگاڑ سکتے سوائے اس نقصان کے جو اللہ تعالیٰ نے تمہارے لئے مقدر کر رکھا ہو۔ قلم اٹھا لئے گئے اور صحیفے خشک ہو چکے ہیں۔''[450] (اربعین نووی)

عَنِ ابْنِ عُمَرَ رَضِیَ اللّٰهُ عَنْهُمَا، قَالَ: قَالَ رَسُولُ اللّٰهِ صَلَّی اللّٰهُ عَلَیْهِ وَسَلَّمَ: بُنِیَ الْإِسْلَامُ عَلَی خَمْسٍ، شَهَادَةِ أَنْ لَا إِلٰهَ إِلَّا اللّٰهُ وَأَنَّ مُحَمَّدًا رَسُولُ اللّٰهِ، وَإِقَامِ الصَّلَاةِ، وَإِیتَاءِ الزَّكَاةِ، وَالْحَجِّ، وَصَوْمِ رَمَضَانَ.

''اسلام کی بنیاد پانچ چیزوں پر قائم کی گئی ہے۔ اول گواہی دینا کہ اللہ کے سوا کوئی معبود نہیں اور بیشک محمد ﷺ اللہ کے سچے رسول ہیں اور نماز قائم کرنا اور زکوٰۃ ادا کرنا اور حج کرنا اور رمضان کے روزے رکھنا۔''[451] (بحوالہ: صحیح بخاری و صحیح مسلم)

أَنَسُ بْنُ مَالِكٍ، قَالَ: سَمِعْتُ رَسُولَ اللّٰهِ صَلَّی اللّٰهُ عَلَیْهِ وَسَلَّمَ، یَقُولُ: قَالَ اللّٰهُ تَبَارَكَ وَتَعَالَی: یَا ابْنَ آدَمَ إِنَّكَ مَا دَعَوْتَنِی وَرَجَوْتَنِی غَفَرْتُ لَكَ عَلَی مَا كَانَ فِیكَ وَلَا أُبَالِی، یَا ابْنَ آدَمَ لَوْ بَلَغَتْ ذُنُوبُكَ عَنَانَ السَّمَاءِ ثُمَّ اسْتَغْفَرْتَنِی غَفَرْتُ لَكَ وَلَا أُبَالِی، یَا ابْنَ آدَمَ إِنَّكَ لَوْ أَتَیْتَنِی بِقُرَابِ الْأَرْضِ خَطَایَا ثُمَّ لَقِیتَنِی لَا تُشْرِكُ بِی شَیْئًا لَأَتَیْتُكَ بِقُرَابِهَا مَغْفِرَةً.

''اللہ کہتا ہے: اے آدم کے بیٹے! جب تک تو مجھ سے دعائیں کرتا رہے گا اور مجھ سے اپنی

امیدیں اور تو قعات وابستہ رکھے گا کا میں تجھے بخشار ہوں گا، چاہے تیرے گناہ کسی بھی درجے پر پہنچے ہوئے ہوں، مجھے کسی بات کی پرواہ و ڈر نہیں، اے آدم کے بیٹے! اگر تیرے گناہ آسمان کو چھونے لگیں پھر تو مجھ سے مغفرت طلب کرنے لگے تو میں تجھے بخش دوں گا اور مجھے کسی بات کی پرواہ نہ ہوگی۔ اے آدم کے بیٹے! اگر تو زمین برابر بھی گناہ کر بیٹھے اور پھر مجھ سے (مغفرت طلب کرنے کیلئے) ملے لیکن میرے ساتھ کسی طرح کا شرک نہ کیا ہو تو میں تیرے پاس اس کے برابر مغفرت لے کر آؤں گا (اور تجھے بخش دوں گا)۔ [452]

(بحوالہ: جامع ترمذی)

عَنْ أَبِي هُرَيْرَةَ رَضِيَ اللَّهُ عَنْهُ، قَالَ: قَالَ النَّبِيُّ صَلَّى اللَّهُ عَلَيْهِ وَسَلَّمَ يَقُولُ اللَّهُ تَعَالَى: أَنَا عِنْدَ ظَنِّ عَبْدِي بِي، وَأَنَا مَعَهُ إِذَا ذَكَرَنِي، فَإِنْ ذَكَرَنِي فِي نَفْسِهِ ذَكَرْتُهُ فِي نَفْسِي، وَإِنْ ذَكَرَنِي فِي مَلَإٍ ذَكَرْتُهُ فِي مَلَإٍ خَيْرٍ مِنْهُمْ، وَإِنْ تَقَرَّبَ إِلَيَّ بِشِبْرٍ تَقَرَّبْتُ إِلَيْهِ ذِرَاعًا، وَإِنْ تَقَرَّبَ إِلَيَّ ذِرَاعًا تَقَرَّبْتُ إِلَيْهِ بَاعًا، وَإِنْ أَتَانِي يَمْشِي أَتَيْتُهُ هَرْوَلَةً.

''اللہ عز وجل فرماتا ہے: میرے بارے میں میرا بندہ جو گمان کرتا ہے میں (اس کو پورا کرنے کیلئے) اس کے پاس ہوتا ہوں۔ جب وہ مجھے یاد کرتا ہے تو میں اس کے ساتھ ہوتا ہوں۔ اگر وہ مجھے اپنے دل میں یاد کرتا ہے تو میں اسے دل میں یاد کرتا ہوں اور اگر وہ مجھے (بھری) مجلس میں یاد کرتا ہے تو میں ان کی مجلس سے اچھی مجلس میں اسے یاد کرتا ہوں، اگر وہ ایک بالشت میرے قریب آتا ہے تو میں ایک ہاتھ اس کے قریب جاتا ہوں اور اگر وہ ایک ہاتھ میرے قریب آتا ہے تو میں دونوں ہاتھوں کی پوری لمبائی کے برابر اس کے قریب آتا ہوں، اگر وہ میرے پاس چلتا ہوا آتا ہے تو میں دوڑتا ہوا اس کے پاس جاتا ہوں۔'' [453] (بحوالہ: صحیح بخاری، صحیح مسلم)

محبت

عَنْ أَبِي هُرَيْرَةَ، قَالَ قَالَ رَسُولُ اللَّهِ صلى الله عليه وسلم ''لاَ تَدْخُلُونَ الْجَنَّةَ حَتَّى تُؤْمِنُوا وَلاَ تُؤْمِنُوا حَتَّى تَحَابُّوا. أَوَلاَ أَدُلُّكُمْ عَلَى شَيْءٍ إِذَا

فَعَلْتُمُوْهُ تَحَابَبْتُمْ أَفْشُوا السَّلَامَ بَيْنَكُمْ "

''تم اس وقت تک جنت میں داخل نہیں ہو سکتے جب تک کہ تم ایمان نہ رکھتے ہو اور تم ایمان والے نہ ہوگے جب تک کہ تم ایک دوسرے سے محبت نہ کرو۔ کیا میں تمہیں وہ طریقہ نہ بتاؤں کہ تم آپس میں محبت کرنے لگو؟ آپس میں سلام کو عام کرو۔''454،(صحیح مسلم)

عَنْ أَنَسٍ، عَنِ النَّبِيِّ صَلَّى اللَّهُ عَلَيْهِ وَسَلَّمَ، قَالَ: لَا يُؤْمِنُ أَحَدُكُمْ حَتَّى يُحِبَّ لِأَخِيهِ مَا يُحِبُّ لِنَفْسِهِ.

''تم میں سے کوئی بھی واقعی ایمان والا نہیں ہو سکتا جب تک کہ وہ اپنے بھائی کیلئے بھی وہی چیز نہ پسند کرے جو وہ اپنے لئے کرتا ہے۔''455،(صحیح بخاری)

عَنْ أَبِي هُرَيْرَةَ، قَالَ: قَالَ رَسُولُ اللَّهِ صَلَّى اللَّهُ عَلَيْهِ وَسَلَّمَ: يَا أَبَا هُرَيْرَةَ، كُنْ وَرِعًا تَكُنْ أَعْبَدَ النَّاسِ، وَكُنْ قَنِعًا تَكُنْ أَشْكَرَ النَّاسِ، وَأَحِبَّ لِلنَّاسِ مَا تُحِبُّ لِنَفْسِكَ تَكُنْ مُؤْمِنًا، وَأَحْسِنْ جِوَارَ مَنْ جَاوَرَكَ تَكُنْ مُسْلِمًا، وَأَقِلَّ الضَّحِكَ فَإِنَّ كَثْرَةَ الضَّحِكِ تُمِيتُ الْقَلْبَ.

حضرت ابو ہریرہ سے روایت ہے رسول اللہﷺ نے فرمایا: ''اے ابو ہریرہ! متقی ہو جا، تو سب لوگوں سے زیادہ عبادت گزار ہو جائے گا؛ قناعت پسند بن جا، تو سب سے زیادہ شکر گزار ہو جائے گا۔ لوگوں کیلئے وہی کچھ پسند کر جو اپنے لئے پسند کرتا ہے، تو مومن بن جائے گا۔ اپنے ہمسائے کے ساتھ ہمسائیگی کا اچھا تعلق رکھ، تو مسلم بن جائے گا۔ اور ہنسنا کم کر دے، کیونکہ زیادہ ہنسی دل کو مردہ کر دیتی ہے۔''456،(سنن ابن ماجہ)

أَنَّ الزُّبَيْرَ بْنَ الْعَوَّامِ حَدَّثَهُ، أَنَّ النَّبِيَّ صَلَّى اللَّهُ عَلَيْهِ وَسَلَّمَ قَالَ: دَبَّ إِلَيْكُمْ دَاءُ الْأُمَمِ قَبْلَكُمُ الْحَسَدُ، وَالْبَغْضَاءُ هِيَ الْحَالِقَةُ لَا أَقُولُ تَحْلِقُ الشَّعَرَ وَلَكِنْ تَحْلِقُ الدِّينَ، وَالَّذِي نَفْسِي بِيَدِهِ لَا تَدْخُلُوا الْجَنَّةَ حَتَّى تُؤْمِنُوا، وَلَا تُؤْمِنُوا حَتَّى تَحَابُّوا، أَفَلَا أُنَبِّئُكُمْ بِمَا يُثَبِّتُ ذَاكُمْ لَكُمْ ؟ أَفْشُوا السَّلَامَ بَيْنَكُمْ

''تمہارے اندر اگلی امتوں کا ایک مرض گھس آیا ہے اور یہ حسد اور بغض کی بیماری ہے، یہ مونڈنے والی ہے، میں یہ نہیں کہتا کہ سر کا بال مونڈنے والی ہے بلکہ دین مونڈنے والی

ہے۔ قسم ہے اس ذات کی جس کے ہاتھ میں میری جان ہے! تم لوگ جنت میں نہیں داخل ہو گے جب تک کہ ایمان نہ لے آؤ، اور مومن نہیں ہو سکتے یہاں تک کہ آپس میں محبت نہ کرنے لگو، اور کیا میں تمہیں ایسی بات نہ بتا دوں جس سے تمہارے درمیان محبت قائم ہو: تم سلام کو آپس میں پھیلاؤ۔،، [457] (جامع ترمذی)

عن أنس بن مالك رضى الله عنه عن النبى صلى الله عليه وسلم قال:
"لا يؤمن أحدكم حتى يحبّ لأخيه ما يحبّ لنفسه۔"

"تم میں سے کوئی بھی ایمان والا نہیں ہو سکتا جب تک وہ لوگوں کیلئے بھی وہی پسند نہ کرے جو اپنے لئے کرتا ہے۔،، [458] (متفق علیہ)

عَنِ الْمِقْدَامِ بْنِ مَعْدِ يَكْرِبَ، قَالَ: قَالَ رَسُولُ اللَّهِ صَلَّى اللَّهُ عَلَيْهِ وَسَلَّمَ: إِذَا أَحَبَّ أَحَدُكُمْ أَخَاهُ فَلْيُعْلِمْهُ إِيَّاهُ۔

"جب تم میں سے کوئی اپنے بھائی سے محبت کرتا ہو تو اسے چاہئے کہ وہ اپنے بھائی کو اس سے مطلع کر دے۔،، [459] (سنن ابو داؤد و جامع ترمذی)

"انسانوں کیلئے وہی پسند کرو جو تم اپنے لئے کرتے ہو۔،، [460] (تاریخ الکبیر، امام بخاری)

"اللہ پر ایمان لانے کے بعد افضل عمل یہ ہے کہ تم انسانیت سے محبت کرو۔،، [461] (طبرانی)

معاشرہ اور امن

عَنْ عَبْدِ اللَّهِ بْنِ عَمْرٍو رَضِيَ اللَّهُ عَنْهُمَا، أَنَّ رَجُلًا سَأَلَ النَّبِيَّ صَلَّى اللَّهُ عَلَيْهِ وَسَلَّمَ، أَيُّ الْإِسْلَامِ خَيْرٌ ؟ قَالَ: تُطْعِمُ الطَّعَامَ، وَتَقْرَأُ السَّلَامَ عَلَى مَنْ عَرَفْتَ وَمَنْ لَمْ تَعْرِفْ

ایک دن ایک آدمی نے نبی کریم صلی اللہ علیہ وسلم سے پوچھا کہ "کون سا اسلام بہتر ہے؟" فرمایا کہ "تم کھانا کھلاؤ، اور جس کو پہچانو اس کو بھی اور جس کو نہ پہچانو اس کو بھی، غرض یہ کہ سب کو سلام کرو۔،، [462] (صحیح بخاری)

أَنَّ أُمَّهُ أُمَّ كُلْثُومٍ بِنْتَ عُقْبَةَ أَخْبَرَتْهُ، أَنَّهَا سَمِعَتْ رَسُولَ اللَّهِ صَلَّى اللَّهُ عَلَيْهِ وَسَلَّمَ، يَقُولُ: لَيْسَ الْكَذَّابُ الَّذِى يُصْلِحُ بَيْنَ النَّاسِ فَيَنْمِى

خَيْرًا أَوْ يَقُولُ خَيْرًا .

''جو شخص دو آدمیوں کے درمیان صلح کرا دے اور اس میں کوئی اچھی بات منسوب کر دے یا اچھی بات کہہ دے تو وہ جھوٹا نہیں ۔''[463] (صحیح بخاری)

عَنْ أَبِي هُرَيْرَةَ، عَنِ النَّبِيِّ صَلَّى اللّٰهُ عَلَيْهِ وَسَلَّمَ، قَالَ: لَا يَشْكُرُ اللّٰهَ مَنْ لَا يَشْكُرُ النَّاسَ

''جو لوگوں کا شکر گزار نہیں ہوتا وہ اللہ کا شکر گزار نہیں ہوتا ۔''[464] (سنن ابوداؤد)

عَنْ أَبِي شُرَيْحٍ، أَنَّ النَّبِيَّ صَلَّى اللّٰهُ عَلَيْهِ وَسَلَّمَ قَالَ: ''وَاللّٰهِ لَا يُؤْمِنُ، وَاللّٰهِ لَا يُؤْمِنُ، وَاللّٰهِ لَا يُؤْمِنُ'' قِيلَ: وَمَنْ يَا رَسُولَ اللّٰهِ؟ قَالَ: ''الَّذِي لَا يَأْمَنُ جَارُهُ بَوَايِقَهُ''

''ابو شریح نے بیان کیا اور ان سے نبی کریم ﷺ نے بیان کیا: واللہ! وہ ایمان والا نہیں، واللہ! وہ ایمان والا نہیں۔ واللہ! وہ ایمان والا نہیں ۔ عرض کیا گیا کون یا رسول اللہ؟ فرمایا وہ جس کے شر سے اس کا پڑوسی محفوظ نہ ہو ۔''[465] (صحیح بخاری)

يَا أَيُّهَا النَّاسُ أَلَا إِنَّ رَبَّكُمْ وَاحِدٌ وَإِنَّ أَبَاكُمْ وَاحِدٌ أَلَا لَا فَضْلَ لِعَرَبِيٍّ عَلَى أَعْجَمِيٍّ وَلَا لِعَجَمِيٍّ عَلَى عَرَبِيٍّ وَلَا لِأَحْمَرَ عَلَى أَسْوَدَ وَلَا أَسْوَدَ عَلَى أَحْمَرَ إِلَّا بِالتَّقْوَى

''اے لوگو! آ گاہ ہو جاؤ بے شک تمہارا رب ایک ہے اور تمہارا باپ ایک ہے ۔ آ گاہ ہو جاؤ کہ کسی عربی کو کسی عجمی پر کوئی فضیلت حاصل نہیں اور نہ کسی عجمی کو کسی عربی پر اور نہ گورے کو کالے پر اور نہ کالے کو گورے پر سوائے تقویٰ کے ۔''[466] (مسند احمد، بیہقی، ابونعیم)

''مومن وہ نہیں جو خود تو پیٹ بھر کر کھانا کھائے اور اس کا ہمسایہ بھوکا رہے ۔''[467]
(الادب المفرد، السنن الکبریٰ للبیہقی)

صدقات اور درد انسانیت

''اللہ فرماتا ہے: اے ابن آدم خرچ کر اور میں تجھ پر خرچ کروں گا ۔''[468] (صحیح بخاری)

''صدقہ مال کو کم نہیں کرتا ۔''[469] (صحیح مسلم)

”بیماروں کی تیمارداری کرو، بھوکوں کو کھانا کھلا دَو اور اسیران کو آزاد کرواؤ۔“[470] (صحیح بخاری)

”آسانیاں پیدا کرو اور تنگی نہ کرو، خوش خبریاں پھیلا دَو اور متنفر نہ کرو اور لوگوں کو دور نہ کرو۔“[471] (صحیح بخاری)

”مزدور کو اس کی اجرت اس کا پسینہ خشک ہونے سے پہلے ادا کر دو۔“[472] (سنن ابن ماجہ)

”ہر نیکی صدقہ ہے۔“[473] (صحیح مسلم)

اخلاق و کردار

”مومن وہ ہے جس کا اخلاق اچھا ہو، اور تم میں سے بہترین وہ ہے جس کا اخلاق اپنے اہل و عیال کے ساتھ اچھا ہو۔“[474] (جامع ترمذی)

”بلاشبہ اللہ عز و جل نے مجھے وحی فرمائی ہے کہ تواضع اور انکسار اختیار کرو حتیٰ کہ کوئی کسی پر ظلم و زیادتی نہ کرے اور نہ کوئی کسی پر فخر کرے۔“[475] (سنن ابوداؤد)

”غصہ اور زیادتی کو اپنے اندر پنپنے نہ دو، نہ ہی بغض کو، آپس میں بھائی بھائی اور اللہ کے بندے ہو جاؤ۔“[476] (صحیح مسلم)

”جو واقعی اللہ پر اور روز آخرت پر ایمان رکھتا ہے اسے چاہئے کہ اچھی بات کرے یا خاموش رہے۔“[477] (صحیح مسلم)

”تم میں سے اچھا وہ ہے جس کا اخلاق اچھا ہے۔“[478] (صحیح بخاری)

”بدگمانی سے دور رہو بلاشبہ بدگمانی کذب میں سب سے بری چیز ہے۔“[479]
(صحیح بخاری)

”تم میں سے پہلوان وہ نہیں جو کشتی میں اچھا ہو بلکہ پہلوان وہ ہے جو اپنے غصے کو قابو میں رکھے۔“[480] (صحیح بخاری)

ماحول اور حیوانور

”اگر قیامت کی گھڑی آن پہنچے اور تم میں سے کوئی کھجور کا تنا بونے کو تیار ہو تو اسے اس کو بونے میں تاخیر نہیں کرنی چاہئے۔“[481] (مسند احمد)

’’اگر کوئی مسلمان درخت لگائے اور اس سے کوئی جانور، پرندہ یہ انسان فائدہ حاصل کرے تو یہ اس کیلئے صدقہ کرنے کے ہے۔‘‘[482] (صحیح بخاری)

’’راہ سے پتھر ہٹانا (بھی) صدقہ ہے۔‘‘[483] (صحیح بخاری)

’’اللہ کے نبی سے صحابہ نے استفسار کیا کہ ’اے اللہ کے نبی ﷺ کیا جانوروں کا خیال رکھنے کا بھی اجر ہے؟‘ محمد ﷺ نے فرمایا: ہر جاندار کی خدمت کرنے میں اجر ہے۔‘‘[484] (صحیح بخاری)

’’اگر کوئی شخص بلا وجہ چڑیا یا اس کی مثل کسی چیز کو بلا وجہ مارتا ہے تو اللہ روز قیامت اس سے اس کا حساب لے گا۔‘‘[485] (سنن نسائی)

’’ایک طوائفہ نے ایک کتے کو دیکھا کہ کتے کی زبان پیاس سے باہر کو آ رہی ہے تو اس نے کنویں سے پانی نکال کر اسے پلایا، اس کی اس نیکی کے سبب اللہ نے اسے معاف کر دیا۔‘‘[486] (صحیح مسلم)

عبداللہ بن عمر رضی اللہ عنھما سے روایت ہے کہ رسول اللہ ﷺ سعد رضی اللہ عنہ کے پاس سے گزرے، وہ وضو کر رہے تھے تو آپ ﷺ نے فرمایا: یہ کیسا اسراف ہے؟ انہوں نے کہا: کیا وضو میں بھی اسراف ہوتا ہے؟ آپ ﷺ نے فرمایا: ’’ہاں چاہے تم بہتی نہر کے کنارے ہی کیوں نہ بیٹھے ہو۔‘‘[487] (سنن ابن ماجہ)

آپ ﷺ کا کردار

مندرجہ ذیل شہادتیں اور روایات محمد ﷺ کی شخصیت میں موجود خصوصیات کے بارے میں اشارہ فراہم کرتی ہیں:

برداشت، درگزر اور خدا ترسی

جب معرکۂ احد میں آپ صلی اللہ علیہ وسلم زخمی ہو گئے، آپ کے دندان مبارک شہید ہو گئے اور آپ ﷺ کا چہرۂ انور زخموں سے چُور ہو گیا تو کچھ صحابہ کرام رضی اللہ عنھم نے آپ ﷺ سے عرض کیا: اے اللہ کے رسول ﷺ! آپ ان کے خلاف بد دعا

فرمایئے۔ آپ صلی اللہ علیہ وسلم نے جواب میں فرمایا: إني لم أبعث لعانا، ولكن بعثت رحمہ، اللھم اھد قومی فإنھم لا يعلمون۔ ''مجھے لوگوں کو ملعون کرنے کیلئے نہیں بھیجا گیا بلکہ میں رحمت للعالمین بنا کر بھیجا گیا ہوں۔ اے اللہ میری قوم پر رحم کر کہ بلاشبہ وہ نہیں جانتے۔ ''488

انس رضی اللہ عنہ کہتے ہیں: ''میں نے دس سال تک نبی صلی اللہ علیہ وسلم کی خدمت کی، آپ نے کبھی مجھے اُف تک نہ کہا، اور نہ ہی میرے کسی ایسے کام پر جو میں نے کیا ہو یہ کہا ہو: تم نے ایسا کیوں کیا؟ اور نہ ہی کسی ایسے کام پر جسے میں نے نہ کیا ہو تم نے ایسا کیوں نہیں کیا۔ ''489

انس بن مالک رضی اللہ عنہ نے بیان کیا کہ میں رسول اللہ صلی اللہ علیہ وسلم کے ساتھ چل رہا تھا۔ نبی کریم صلی اللہ علیہ وسلم کے جسم مبارک پر (یمن کے) نجران کی بنی ہوئی موٹے حاشیئے کی ایک چادر تھی۔ اتنے میں ایک دیہاتی آ گیا اور اس نے نبی کریم صلی اللہ علیہ وسلم کی چادر کو پکڑ کر اتنی زور سے کھینچا کہ میں نے نبی کریم صلی اللہ علیہ وسلم کے موندھے پر دیکھا کہ اس کے زور سے کھینچنے کی وجہ سے نشان پڑ گیا تھا۔ پھر اس نے کہا: ''اے محمد! مجھے اس مال میں سے دیئے جانے کا حکم کیجئے جو اللہ کا مال آپ کے پاس ہے۔'' نبی کریم صلی اللہ علیہ وسلم اس کی طرف متوجہ ہوئے اور مسکرائے اور آپ نے اسے مال دیئے جانے کا حکم فرمایا۔490

ایک بار ایک شخص اللہ کے نبی صلی اللہ علیہ وسلم کے پاس آیا جو اپنا قرض واپس لینا چاہتا تھا، اس نے اللہ کے نبی صلی اللہ علیہ وسلم کے ساتھ بہت بہت بدتمیزی کی۔ اللہ کے نبی صلی اللہ علیہ وسلم کے اصحاب نے اس شخص کو آڑے ہاتھوں لیا لیکن اللہ کے نبی صلی اللہ علیہ وسلم نے فرمایا: ''ہمیں تم سے کسی اور چیز کی طلب ہے۔ مجھے حکم دو کہ میں اس کی ادائیگی کروں اور اسے حکم دو کہ اچھے اخلاق سے پیش آئے۔'' اس کے بعد اللہ کے نبی صلی اللہ علیہ وسلم نے اس کا قرضہ واپس کیا اور اسے کچھ زائد پیسے ادا کئے کیونکہ اسے اصحاب نے برا بھلا کہا۔ اس شخص کا نام زید بن صنعا تھا جو بعد میں مسلمان ہو گئے۔ زید فرماتے ہیں: ''صرف دو ایسی نشانیاں تھی جو میں اللہ کے نبی صلی اللہ علیہ وسلم میں دیکھنا چاہتا تھا، درگز راور غصے پر قابو۔ میں نے ان کا امتحان لیا اور ان کو ویسا ہی پایا جیسا ان کے بارے میں بتایا گیا۔ ''491 انس بن مالک اللہ کے نبی صلی اللہ علیہ وسلم کی

شفقت یا دفرماتے ہوئے کہتے ہیں: ''میں نے نبی ﷺ سے زیادہ بچوں سے شفیق شخص نہیں دیکھا۔''[492]

نبی ﷺ کے بہت سے اصحاب پر ظلم کئے گئے اور انہیں شہید تک کیا گیا،ان کے ساتھ بھی تعلقات قطع کئے گئے، گالیاں دی گئیں، فاقہ کشی پر مجبور کیا گیا۔آپ ﷺ اور ان کے اصحاب پر طرح طرح کے ظلم ڈھائے گئے۔ لیکن جب آپ ﷺ نے اپنے اصحاب کے ساتھ بلا جنگ وجدل مکہ پر قابو پایا تو انہوں نے اکثر کو معاف کر دیا۔انہوں نے اس دن کو ''تقویٰ،ایمانداری اور وفاداری'' کا دن کہا۔[493]

حلیہ مبارک اور ملنساری

نبی ﷺ کے اصحاب آپ ﷺ کے حلئے کے بارے میں بتاتے ہیں:

عبداللہ ابن الحارث فرماتے ہیں: ''میں نے اللہ کے نبی ﷺ سے زیادہ کسی اور کو مسکراتے نہیں دیکھا۔''[494]

براء ابن عازب فرماتے ہیں: ''رسول اللہ ﷺ کا چہرہ مبارک سب لوگوں سے زیادہ حسین تھا اور (باقی تمام اعضاء کی) ساخت میں سب سے زیادہ حسین تھے،آپ کا قد بہت زیادہ لمبا تھا نہ بہت چھوٹا۔''[495]

جابر بن سمرہ رضی اللہ عنہ کہتے ہیں: ''میں نے ایک انتہائی روشن چاندنی رات میں رسول اللہ صلی اللہ علیہ وسلم کو دیکھا، پھر آپ کو دیکھنے لگا اور چاند کو بھی دیکھنے لگا (کہ ان دونوں میں کون زیادہ خوبصورت ہے) آپ اس وقت سرخ جوڑا پہنے ہوئے تھے اور آپ مجھے چاند سے بھی زیادہ حسین نظر آ رہے تھے۔''[496]

علی ابن طالب رضی اللہ عنہ فرماتے ہیں: ''جو بھی آپ ﷺ کو پہلی مرتبہ دیکھتا، آپ ﷺ کے سحر میں مبتلا ہو جاتا۔جس کو بھی آپ ﷺ کی رفاقت ملی، اس کو آپ سے محبت ہو گئی۔ جو آپ کے بارے میں بتاتے ہیں انہوں نے نہ پہلے اور نہ بعد میں آپ سا دیکھا۔''[497]

ابن معبد الخزئیہ اپنے خاوند کو اللہ کے نبی ﷺ کا حال کچھ یوں بتاتی ہیں: ''ان کا

چہرہ معصومیت سے روشن اور وسیع تھا۔ آپ کا اخلاق بہت اچھا تھا، آپ کا پیٹ ابھرا ہوا نہ تھا اور نہ ہی آپ کے سر پر بالوں کی کمی تھی۔ آپ کی آنکھیں سیاہ اور پُرکشش تھیں۔ آپ کے بال سیاہ اور کچھ گھنگریالے تھے۔ آپ کا سر بڑی اچھی صورت میں اور اچھی طرح سے گردن پر لگا ہوا تھا۔ آپ کے چہرے کے تاثرات فکر مندانہ، پرسکون، ارفع تھے۔ اجنبی دور سے ہی مسحور ہو جاتے اور بہت جلد اپنائیت محسوس کرنے لگتے اور بہت جلد یہ سحر اپنائیت و تکریم میں بدل جاتا۔ آپ کے تاثرات میں چاشنی تھی۔ آپ کا لہجہ خوبصورت اور بیہودگی سے پاک، جیسے تسبیح کے دانے پروئے گئے ہوں۔ آپ کا قد نہ بہت لمبا نہ بہت پست تھا۔ آپ ہمیشہ اپنے اصحاب کے ساتھ ہوتے، جب بھی آپ کچھ کہتے تو آپ کے اصحاب انتہائی توجہ سے سنتے، اور اگر کوئی حکم صادر فرماتے تو وہ اس کی تعمیل کی کوشش میں ایک دوسرے سے سبقت لے جانے کی کوشش کرتے۔ آپ ان کے استاد اور حاکم تھے، آپ صلی اللہ علیہ وسلم کا وجود حق کی گواہی اور ہر طرح کے کذب سے پاک تھا۔،،[498]

عاجزی و انکساری

آپ صلی اللہ علیہ وسلم کا فرمان ہے:،،میری شان میں ایسے مبالغہ نہ کرنا جیسے عیسائیوں نے عیسیٰ بن مریم کی شان میں کیا۔ مجھے اللہ کا بندہ اور اس کا رسول کہو۔،،[499] حضرت عائشہ سے کسی نے پوچھا:،،اللہ کے نبی صلی اللہ علیہ وسلم گھر پر کیا کیا کرتے تھے؟،، آپ نے فرمایا:،،وہ کسی عام شخص کی طرح گھر کے کاموں میں ہاتھ بٹایا کرتے تھے، اپنے کپڑوں پر پیوند لگاتے، اپنے جوتے سیتے، بکریوں کا دودھ دوہتے، اپنی اور اپنے اہل و عیال کی خدمت کرتے حتیٰ کہ اذان ہو جاتی اور وہ مسجد کی جانب چل دیتے۔،،[500]

آپ صلی اللہ علیہ وسلم کی انکساری اس فرمان سے جھلکتی ہے جب آپ نے فرمایا:،،میں تم لوگوں جیسا ہی بندہ ہوں میں اسی طرح بھول جاتا ہوں جیسے تم لوگ۔،،[501] جب آپ صلی اللہ علیہ وسلم نے ایک آدمی کو دیکھا کہ وہ خوف سے کانپ رہا ہے تو آپ اس کے پاس گئے اور فرمایا:،،ڈرو مت! میں کوئی بادشاہ نہیں، میں بھی قریش کی ایک عورت کا بیٹا ہوں جو خشک گوشت کھا کر گزارا کرتی تھی۔،،[502]

عَنْ أَنَسٍ أَنَّ رَسُولَ اللّٰهِ صَلَّى اللّٰهُ عَلَيْهِ وَسَلَّمَ قَالَ اللّٰهُمَّ أَحْيِنِى مِسْكِينًا وَأَمِتْنِى مِسْكِينًا وَاحْشُرْنِى فِى زُمْرَةِ الْمَسَاكِينِ يَوْمَ الْقِيَامَةِ فَقَالَتْ عَائِشَةُ لِمَ يَا رَسُولَ اللّٰهِ قَالَ إِنَّهُمْ يَدْخُلُونَ الْجَنَّةَ قَبْلَ أَغْنِيَائِهِمْ بِأَرْبَعِينَ خَرِيفًا يَا عَائِشَةُ لَا تَرُدِّى الْمِسْكِينَ وَلَوْ بِشِقِّ تَمْرَةٍ يَا عَائِشَةُ أَحِبِّى الْمَسَاكِينَ وَقَرِّبِيهِمْ فَإِنَّ اللّٰهَ يُقَرِّبُكِ يَوْمَ الْقِيَامَةِ قَالَ أَبُو عِيسَى هٰذَا حَدِيثٌ غَرِيبٌ

انس رضی اللہ عنہ سے روایت ہے کہ رسول اللہ صلی اللہ علیہ وسلم نے دعا کی: ''اے اللہ! مجھے مسکین زندہ رکھ اور مجھے مسکینی کی حالت میں موت دے اور مسکینوں کے زمرے میں میرا حشر کر!'' ام المومنین عائشہ رضی اللہ عنہا نے دریافت کیا: اللہ کے رسول! ایسا کیوں؟ آپ نے فرمایا: ''اس لئے کہ مساکین جنت میں اغنیاء سے چالیس سال پہلے داخل ہوں گے، لہٰذا اے عائشہ، کسی بھی مسکین کو دروازے سے واپس نہ کرو اگرچہ کھجور کا ایک ٹکڑا ہی سہی، عائشہ! مسکینوں سے محبت کرو اور ان سے قربت اختیار کرو، بے شک اللہ تعالیٰ تم کو روزِ قیامت اپنے سے قریب کرے گا۔''[503]

ابو سعید خذری کہتے ہیں: ''میں نے دیکھا کہ اللہ کے نبی صلی اللہ علیہ وسلم مٹی میں سجدہ کر رہے ہیں اور اُن کے ماتھے پر مٹی لگی ہے۔''[504]

انس فرماتے ہیں: ''اللہ کے نبی صلی اللہ علیہ وسلم کو جو کی روٹی اور متعفن گوشت کی دعوت دی جاتی تو اللہ کے نبی صلی اللہ علیہ وسلم اس کو قبول فرماتے۔''[505]

حضرت عائشہ فرماتی ہیں: ''ہم آلِ محمد (صلی اللہ علیہ وسلم) ایسے تھے کہ ایک ایک مہینہ چولہا نہیں جلاتے تھے، ہمارا گزر بسر صرف کھجور اور پانی پر ہوتا تھا۔''[506]

ایسی بہت سی مثالیں اللہ کے نبی صلی اللہ علیہ وسلم کی زندگی میں اور بھی ملتی ہیں جو بظاہر سخت معلوم ہوتی ہیں لیکن جب ہم اس دور کے معاشرتی و سیاسی پہلوؤں اور آپ صلی اللہ علیہ وسلم کے اخلاقی پیمانوں کا جائزہ لیتے ہیں تو ہم اس نتیجے سے نظریں نہیں چرا سکتے کہ اللہ کے نبی صلی اللہ علیہ وسلم انتہائی بردبار، درگزر کرنے والے، اعلیٰ اخلاق کے حامل اور منصف انسان تھے۔ مثال کے طور پر، اللہ کے نبی صلی اللہ علیہ وسلم جنگ کے دوران بہادری سے لڑتے تھے۔ کوئی بھی باشعور شخص سمجھ سکتا ہے کہ وہ اپنی قوم کا

(جس میں مسلم وغیر مسلم شامل تھے) دفاع کر رہے تھے اور یہ جنگ، بقاء کی جنگ تھی۔ یہ بات ہمیں ان کی بہادری وشجاعت کی داد دینے پر مجبور کرتی ہے جبکہ ان کے بارے میں منفی سوچ کو ان سے منسلک کرنا احمقانہ بات ہوگی۔ یہ وہ مقام نہیں کہ یہاں اس کی تفصیل میں جایا جائے، لیکن مزید تحقیق سے اوپر کے نکات کو تقویت ملے گی۔

محمد صلی اللہ علیہ وسلم کا دنیا پر اثر

اللہ کے نبی صلی اللہ علیہ وسلم واقعی رحمت للعالمین تھے۔ یہ محض ان کے پیغام اور ان کی تعلیمات سے اخذ کیا گیا نتیجہ نہیں بلکہ یہ ان اثرات سے بھی ثابت ہوتا ہے جو انہوں نے ہماری دنیا پر مرتب کئے۔ اس کی دو وجہ ہیں کہ کیونکر ان کی تعلیمات نے معاشرے پر اس قدر غیر معمولی اثرات چھوڑے: اسلام کا نظامِ عدل اور عفوو درگزر۔

درگزر اور عدل، اسلام کی مرکزی اقدار ہیں جو اللہ کی توحید اور خلوص نیت کا ہی لازوم نتیجہ ہیں۔ اپنی ذات کا احتساب اور اللہ کی عبادت ہی وہ عوامل ہیں جن کی مدد سے ایک مسلمان درگزر اور انصاف کے تقاضے پورے کرنے کیلئے تقویت حاصل کرتا ہے۔ جیسا کہ قرآن میں ارشاد فرمایا گیا:

يَٰٓأَيُّهَا ٱلَّذِينَ ءَامَنُوا۟ كُونُوا۟ قَوَّٰمِينَ لِلَّهِ شُهَدَآءَ بِٱلْقِسْطِ ۖ وَلَا يَجْرِمَنَّكُمْ شَنَـَٔانُ قَوْمٍ عَلَىٰٓ أَلَّا تَعْدِلُوا۟ ۚ ٱعْدِلُوا۟ هُوَ أَقْرَبُ لِلتَّقْوَىٰ ۖ وَٱتَّقُوا۟ ٱللَّهَ ۚ إِنَّ ٱللَّهَ خَبِيرٌۢ بِمَا تَعْمَلُونَ ۝

"اے ایمان والو! تم اللہ کی خاطر حق پر قائم ہو جاؤ، راستی اور انصاف کے ساتھ گواہی دینے والے بن جاؤ، کسی قوم کی عداوت تمہیں خلاف عدل پر آمادہ نہ کر دے، عدل کیا کرو جو پرہیزگاری کے زیادہ قریب ہے، اور اللہ تعالیٰ سے ڈرتے رہو، یقین مانو کہ اللہ تعالیٰ تمہارے اعمال سے باخبر ہے۔"[507] (سورۃ المائدہ، آیت 8)

يَٰٓأَيُّهَا ٱلَّذِينَ ءَامَنُوا۟ كُونُوا۟ قَوَّٰمِينَ بِٱلْقِسْطِ شُهَدَآءَ لِلَّهِ وَلَوْ عَلَىٰٓ أَنفُسِكُمْ أَوِ ٱلْوَٰلِدَيْنِ وَٱلْأَقْرَبِينَ ۚ إِن يَكُنْ غَنِيًّا أَوْ فَقِيرًا فَٱللَّهُ أَوْلَىٰ بِهِمَا ۖ فَلَا تَتَّبِعُوا۟ ٱلْهَوَىٰٓ أَن تَعْدِلُوا۟ ۚ وَإِن تَلْوُۥٓا۟ أَوْ تُعْرِضُوا۟ فَإِنَّ ٱللَّهَ

كَانَ بِمَا تَعْمَلُوْنَ خَبِيْرًا ⚬

''اے ایمان والو! عدل وانصاف پر مضبوطی سے جم جانے والے اور خوشنودیٔ مولا کیلئے سچی گواہی دینے والے بن جاؤ، گو وہ خود تمہارے اپنے خلاف ہو یا اپنے ماں باپ کے یا رشتہ دار عزیزوں کے، وہ شخص اگر امیر ہو تو اور فقیر ہو تو دونوں کے ساتھ اللہ کو زیادہ تعلق ہے، اس لئے تم خواہشِ نفس کے پیچھے پڑ کر انصاف نہ چھوڑ دینا اور اگر تم نے کج بیانی یا پہلو تہی کی تو جان لو کہ جو کچھ تم کرو گے اللہ تعالیٰ اس سے پوری طرح باخبر ہے۔''[508]
(سورۃ النساء، آیت 135)

وَمَآ أَدْرٰىكَ مَا الْعَقَبَةُ ⚬ فَكُّ رَقَبَةٍ ⚬ أَوْ إِطْعٰمٌ فِيْ يَوْمٍ ذِيْ مَسْغَبَةٍ ⚬ يَتِيْمًا ذَا مَقْرَبَةٍ ⚬ أَوْ مِسْكِيْنًا ذَا مَتْرَبَةٍ ⚬ ثُمَّ كَانَ مِنَ الَّذِيْنَ اٰمَنُوْا وَتَوَاصَوْا بِالصَّبْرِ وَتَوَاصَوْا بِالْمَرْحَمَةِ ⚬ أُولٰٓئِكَ أَصْحٰبُ الْمَيْمَنَةِ ⚬

''اور کیا سمجھا کہ گھائی ہے کیا؟ کسی گردن (غلام لونڈی) کو آزاد کرنا۔ یا بھوک والے دن کھانا کھلانا۔ کسی رشتہ دار یتیم کو۔ یا خاکسار مسکین کو۔ پھر ان لوگوں میں سے ہو جاتا جو ایمان لاتے اور ایک دوسرے کو صبر کی اور رحم کرنے کی وصیت کرتے ہیں۔ یہی لوگ ہیں دائیں بازو والے (خوش بختی والے)۔''[509] (سورۃ البلد، آیات 12 تا 18)

رواداری اور پر امن بقائے باہمی

جب یہ اقدار عملی شکل میں معاشرے میں رائج ہو گئیں تو ایک ایسا معاشرہ تشکیل پایا جو اس سے پہلے تاریخ میں کبھی نہ دیکھا گیا تھا۔ جس وقت یورپ میں فرقہ ورانہ جنگیں، قومیت کی بنیاد پر تشدد اور نسل پرستی عروج پر تھی، اس وقت عرب سے اٹھنے والی روشنی سے دنیا استفادہ کر رہی تھی۔ آپ مسلمانوں کے یہود و نصاریٰ کے ساتھ کئے جانے والے حسنِ سلوک کا مشاہدہ کیجئے۔ میثاقِ مدینہ کے وقت اللہ کے نبی ﷺ نے فرمایا: ''یہ سب پر لازم ہے کہ وہ ان یہودیوں کے ساتھ اچھا سلوک کریں جو ہمارے ساتھ معاہدے میں داخل ہوئے ہیں۔ ان پر کسی قسم کی زیادتی کی جائے گی اور نہ ان کے خلاف ان کے دشمن کی مدد کی جائے گی۔''[510]

مشہور تاریخ دان کیرن آرمسٹرانگ (Karen Armstrong) نشاندہی کرتی ہیں

کہ کیسے آپ صلی اللہ علیہ وسلم کے عہد میں ہم آہنگی کی وہ مثال ملتی ہے جس کی کوئی نظیر نہیں :''مسلمانوں نے ایک ایسا نظام ترتیب دیا کہ تاریخِ انسانی میں پہلی بار مسلمان، یہودی اور عیسائی یروشلم میں اکٹھے رہنے لگے۔''[511] مؤرخ ایمن کوہن (Amnon Cohen) اس مثالی ہم آہنگی کی قدر کو جو عثمانی یروشلم میں یہودیوں کے ساتھ طے پائی، کچھ اس طرح بیان کرتا ہے :

''کوئی کسی دوسرے کی داخلی اور خارجی معاشیات و معیشت کے معاملات میں دخل اندازی نہیں کرتا تھا۔۔۔ خلافتِ عثمانیہ کے دور میں یروشلم کے یہودی مذہبی و انتظامی آزادی سے فائدہ اٹھاتے رہے جو ایک اسلامی ریاست کے تحت چل رہا تھا، اور اس کی بہبود و ترقی کیلئے وہ اس میں اپنا حصہ خوب ادا کرتے۔''[512]

محمد صلی اللہ علیہ وسلم کے صحابی و شاگرد حضرت عمر ابن الخطاب (رضی اللہ عنہ) نے اپنے دورِ خلافت میں فلسطین کے یہود و نصاری کو مذہبی آزادی، تحفظ اور امن فراہم کیا۔ عیسائیوں سے کئے گئے معاہدے میں طے پایا :

''یہ وہ تحفظ ہے جو اللہ کا غلام، وفاداروں کا امام فلسطین کے باسیوں کو مہیا کر رہا ہے۔ یہ تحفظ ان کی عبادت گاہوں، صلیب، بیمار و نادار اور مذہبی تشخص کیلئے ہے۔ اسی لئے نہ ان کی عبادت گاہیں ڈھائی جائیں گی اور نہ ان کو گھروں میں تبدیل کیا جائے گا۔ نہ ہی ان کو یا ان کے احاطوں کو نقصان پہنچایا جائے گا، ان کی صلیب کو کوئی نقصان پہنچایا جائے گا اور نہ ان کے اموال میں کسی قسم کی کٹوتی کی جائے گی۔ ان کی مذہبی رسومات میں رکاوٹ نہیں ڈالی جائے گی۔''[513]

869ء میں یروشلم کے پادری تھیوڈوسیس نے مسلمانوں کی اپنے نبی صلی اللہ علیہ وسلم سے حاصل کردہ اقدار کے ساتھ استواری کی تصدیق کی اور کہا :''عرب مسلمانوں نے ہمارے ساتھ بہت اچھا رویہ روا رکھا۔ انہوں نے ہمیں ہماری عبادت گاہوں کی تعمیر اور ہمارے مذہبی فرائض کی ادائیگی میں کوئی مسئلہ نہیں کھڑا کیا۔''[514]

یہ تاریخی شہادتیں محض حادثہ نہیں بلکہ اللہ کے نبی صلی اللہ علیہ وسلم کی لا زوال تعلیمات کا نتیجہ ہیں۔

حفاظت و تحفظ

ساتویں صدی کا یورپ، اقلیتوں اور باہر سے آئے ہوئے افراد کے تحفظ کے اعتبار سے انتہائی ظلمت و جہالت کا شکار تھا لیکن اللہ کے نبی ﷺ کی تعلیمات، اقلیتوں کے تحفظ کو یقینی بناتی ہیں تا کہ وہ پرامن زندگی بسر کر سکیں:

أَلَا مَنْ ظَلَمَ مُعَاهِدًا أَوِ انْتَقَصَهُ أَوْ كَلَّفَهُ فَوْقَ طَاقَتِهِ أَوْ أَخَذَ مِنْهُ شَيْئًا بِغَيْرِ طِيبِ نَفْسٍ فَأَنَا حَجِيجُهُ يَوْمَ الْقِيَامَةِ.

’’جس نے کسی ذمی کو زخمی کیا یا اس سے زیادہ وصولی کی تو کل قیامت کے روز میں اللہ سے اس کے خلاف استغاثہ کروں گا۔‘‘[515]

’’جس نے کسی غیر مسلم کو پناہ کے دوران تکلیف پہنچائی اس نے گویا مجھے تکلیف پہنچائی۔‘‘[516]

تیرہویں صدی کے فقیہ، القرافی نے مندرجہ بالا احادیث کی کچھ اس طرح تشریح کی:

’’ذمی، جبکہ وہ مسلمانوں کی حفاظت میں رہ رہا ہے، مسلمانوں پر کچھ ذمہ داریاں لازم کر دیتا ہے۔ وہ ہمارے ہمسائے، ہماری حفاظت میں ہیں اور وہ اللہ اور اس کے رسول ﷺ اور اس دین کی پناہ میں ہیں۔ جو بھی ان ذمہ داریوں کی خلاف ورزی بذریعہ بد کلامی، ان پر الزام اور غیبت سے کرے گا یا ان کو زخمی کرے گا، اس نے اللہ کی اس کے رسول ﷺ کی اور اسلام کی دی ہوئی پناہ کی خلاف ورزی کی۔‘‘[517]

مندرجہ بالا کی روشنی میں یہ کوئی حیرانی کی بات نہیں رہتی کہ قرآن نے اللہ کے نبی ﷺ کو رحمت للعالمین کہا اور یہ کہ اللہ کی رحمت ہر شئے پر ہے۔[518]

جب تاریخ نے اللہ کے نبی ﷺ کی تعلیمات کو محفوظ کیا، اور جب مؤرخین نے دیکھا کہ اقلیتوں کو تحفظ فراہم کیا جا رہا تھا، وہ امن میں رہ رہے تھے تو تاریخ دان مسلم منتظمین کی تعریف کیے بغیر نہ رہ سکے۔ مثال کے طور پر جہاں گرد راہب برنارڈ دانا (برنارڈ دی وائز) جب المعتز (866-9 صدی عیسوی) کے عہد میں فلسطین اور مصر کی طرف جاتا ہے تو وہ کہتا ہے:

’’عیسائیوں اور کافروں (یعنی مسلمانوں) میں یہاں ایسی امن و آشتی ہے کہ اگر

میں سفر پر جارہا ہوں اور میرا سامان ایک گدھے یا اونٹ پر لدا ہوا ہو اور وہ مر جائے اور میں اپنا سامان وہیں کھلا چھوڑ کر ایک اور سواری لینے شہر جاؤں، اور واپس پلٹوں، تو اپنا سامان اسی جگہ پر بالکل محفوظ پڑا دیکھوں: وہاں ایسا امن ہے۔"[519]

اسلامی اقدار کے یہ بے مثال اثرات دیکھ کر لوگ اسلام کی برداشت اور رحم کو ترجیح دینے لگے۔ مسلم اسپین (ہسپانیہ) کا مایہ ناز محقق رینہارٹ ڈوزی کہتا ہے: "... عربوں کی لامحدود برداشت پر بھی لازمی نظر ڈالی جانی چاہئے۔ مذہبی معاملات میں وہ کسی پر بھی دباؤ نہیں ڈالتے تھے۔ عیسائی، فرانکس (یورپ کے عیسائی بادشاہوں) کی نسبت ان کے دَور کو ترجیح دیتے تھے۔"[520]

پروفیسر تھامس آرنلڈ ایک اسلامی ماخذ علمی پر اپنی رائے دیتے ہوئے کہتے ہیں کہ عیسائی مسلمانوں سے اس قدر مطمئن اور امن میں تھے کہ وہ "مسلمانوں کیلئے دعائے فضل و رحمت کرتے تھے۔"[521]

آزادیٔ عقیدہ

اس وقت جب آزادیٔ عقیدہ ایک نایاب شئے تھی، اُس دور میں اللہ کے نبی ﷺ نے ایک ایسے معاشرے کی بنیاد رکھی جہاں کسی پر مذہب اسلام قبول کرنے کیلئے زبردستی نہیں کی جاتی تھی۔ دین کے معاملے میں زبردستی، اسلام میں ایک جرم اور حرام ہے۔ اس کی دلیل قرآن کی اس آیت سے ملتی ہے:

لَا إِكْرَاهَ فِي الدِّينِ قَد تَّبَيَّنَ الرُّشْدُ مِنَ الْغَيِّ ۝

"دین (اسلام) میں زبردستی نہیں، ہدایت (صاف طور پر ظاہر اور) گمراہی سے الگ ہو چکی ہے۔"[522] (سورۃ البقرہ، آیت 256)

عہد آغاز اسلام کا محقق مائیکل بونز اس آیت کا تاریخی مظاہرہ بیان کرتے ہوئے کہتا ہے: "کوئی جبری تبدیلیٔ مذہب تھی ہی نہیں، اسلام یا تلوار میں سے کسی ایک کا انتخاب کرنے کی نوبت کسی پر بھی نہیں آتی تھی۔ اسلامی شریعت قرآن کے اس اصول پر عمل کرتی ہے (سورۃ البقرہ، آیت 2) جو ایسی ہر چیز سے منع کرتا ہے: ذمیوں کو ان کی مذہبی رسومات ادا کرنے میں آزادی دی

جانی ضروری ہے۔،،523

معاشی آزادی

آپ صلی اللہ علیہ وسلم کی تعلیمات نے لوگوں کو معاشی آزادی مہیا کی۔ ٹیکس بہت کم تھے اور اگر کوئی ان کو ادا کرنے کی استطاعت نہیں رکھتا، تو اسے وہ معاف کر دیئے جاتے تھے۔524

حکام پر لازم تھا کہ وہ اس کا انتظام کریں کہ مسلمان اور غیر مسلم، دونوں کے کھانے پینے کا انتظام کافی ہو اور وہ اچھی زندگی بسر کر رہے ہوں۔ مثال کے طور پر مسلم خلیفہ عمر بن عبدالعزیزؓ، عراق کے وزیر کو لکھتے ہیں: "تم ایسے ذمیوں کو ڈھونڈو جو بوڑھے ہو چکے ہوں اور کمانے کی صلاحیت نہیں رکھتے اور انہیں ماہوار وظیفے دو اور ان کا خیال رکھو۔،،525

اللہ کے نبی صلی اللہ علیہ وسلم کی تعلیمات کا اظہار اس ربی (یہودی پیشوا) کے خط میں بھی دیکھا جا سکتا ہے جو اس نے 1453ء میں لکھا تھا۔ وہ اپنے ہم مذہبوں سے کہہ رہا تھا کہ یورپ میں یہودیوں پر ہونے والے مظالم اب برداشت سے باہر ہیں اور یہاں معاشی پابندیاں بڑھ گئی ہیں۔ سو اب ہمیں مسلمانوں کے علاقوں کی طرف نقل مکانی کر جانا چاہئے: "یہاں ترکوں کے علاقے میں ہمیں کسی سے کوئی شکوہ نہیں۔ ہم اچھے حال میں رہ رہے ہیں: ہمارے پاس بہت سا سونا اور چاندی ہے۔ یہاں ہم پر ظلم نہیں ڈھائے جاتے اور ٹیکس بہت کم ہیں اور ہماری معیشت کے معاملات میں دخل اندازی نہیں کی جاتی۔ اس زمین میں پھلوں کی کثرت ہے اور ہر چیز سستی ہے اور ہم امن و آشتی سے رہ رہے ہیں۔،،526

نسلی ہم آہنگی

نسلی تعصب کا ذریعہ بننا تو دور کی بات، اللہ کے نبی صلی اللہ علیہ وسلم نے ایک ایسا راستہ دیا جس میں کمال نسلی ہم آہنگی تھی۔ قرآن کہتا ہے: يَا أَيُّهَا النَّاسُ إِنَّا خَلَقْنَاكُم مِّن ذَكَرٍ وَأُنثَىٰ وَجَعَلْنَاكُمْ شُعُوبًا وَقَبَائِلَ لِتَعَارَفُوا إِنَّ أَكْرَمَكُمْ عِندَ اللَّهِ أَتْقَاكُمْ إِنَّ اللَّهَ عَلِيمٌ خَبِيرٌ ۝ "اے لوگو! ہم نے تم سب کو ایک (ہی) مرد و عورت سے پیدا کیا ہے اور اس لئے کہ تم آپس میں ایک دوسرے کو پہچانو کنبے اور قبیلے بنا دیئے ہیں، اللہ کے نزدیک تم سب میں

باعزت وہ ہے جو سب سے زیادہ متقی ہے۔ یقین مانو کہ اللہ دانا اور باخبر ہے۔'' [527] (سورۃ الحجرات، آیت 13)

اللہ کے نبی ﷺ نے یہ واضح کردیا کہ اسلام میں نسل پرستی کی کوئی جگہ نہیں۔ یا أیھا الناس ألا إن ربکم واحد وإن أباکم واحد ألا لا فضل لعربی علی أعجمی ولا لعجمی علی عربی ولا لأحمر علی أسود ولا أسود علی أحمر إلا بالتقوی۔''اے لوگو! آگاہ ہو جاؤ، بے شک تمہارا رب ایک ہے اور تمہارا باپ ایک ہے۔ آگاہ ہو جاؤ کہ کسی عربی کو کسی عجمی پر کوئی فضیلت حاصل نہیں اور نہ کسی عجمی کو کسی عربی پر اور نہ گورے کو کالے پر اور نہ کالے کو گورے پر سوائے تقویٰ کے۔'' [528]

مشہور مستشرق مؤرخ ہملٹن اے آر گِب اسی بارے میں لکھتا ہے:

''لیکن انسانیت کے مقاصد کی خاطر اسلام اب بھی مزید بڑھ چڑھ کر حصہ ادا کر سکتا ہے۔ آخر کار یہ یورپ کی نسبت حقیقی مشرق کے قریب تر واقع ہوا ہے، اور اس میں نسل انسانی کے مابین ہم آہنگی اور باہمی افہام و تفہیم کی بہت ارفع روایت ہے۔ کسی دوسرے معاشرے میں مرتبے کی برابری، مواقع کی فراہمی اور انسانیت کیلئے جدو جہد کے جذبے کی ایسی کامیاب مثال نہیں ملتی جس میں بنی نوع انسان کے اتنی مختلف نسلوں کے مابین شاندار اتحاد قائم کیا ہو...... اسلام کے پاس اب بھی طاقت ہے کہ نسل اور رواجوں کے ایسے امور پر مفاہمت پیدا کرے جو بادی النظر میں نا قابل مفاہمت ہیں۔ اگر مغرب اور مشرق کے عظیم معاشروں کے اختلافات کو کبھی بھی انفاق سے بدلا جانا ہو تو اسلام کی ثالثی ایک ناگزیر شرط ہوگی۔ اس کے پاس ان مسائل کا واضح حل ہے جو یورپ کو مشرق سے تعلقات قائم رکھنے میں درپیش ہیں۔ اگر وہ متحد ہو جائیں تو امن کے قیام کی امید بہت زیادہ بڑھ جائے گی۔ لیکن اگر یورپ، اسلام کے تعاون کو ٹھکراتے ہوئے، اسے اپنے دشمن کے حوالے کر دیتا ہے تو مسئلہ دونوں ہی کیلئے تباہ کن شکل اختیار کر جائے گا۔'' [529]

مایہ ناز مؤرخ اے جے ٹوائن بی نے بھی تصدیق کی: ''نسل پرستی کو ذہنوں سے نکالنا اسلام کی ایک عظیم کامیابی ہے اور دنیا بھر میں جہاں کہیں بھی ایسا ہوتا ہو، وہاں اسلام کے پیغام کو

پھیلانے کی اشد ضرورت ہے۔ ،،530

سائنسی ترقی

نبی اکرم ﷺ پیغامِ قرآن کے زبانی و عملی نمونہ اور انسانِ کامل تھے۔ ان کے پیغام اور ان کی تعلیمات نے دنیا میں اُس سکون، امن و آشتی اور برداشت کی داغ بیل ڈالی، جس کی بہت عرصے سے دنیا منتظر تھی اور ایک ایسا نظام وجود میں آیا جو مہذب ترین نظام تھا۔ جب یورپ جہالت کے گہرے اندھیروں میں غرق تھا، اس وقت اللہ کے نبی ﷺ کی تعلیمات کے نتیجے میں دنیا میں ایک ایسا معاشرہ تشکیل پایا جو پوری دنیا کیلئے روشنی کا علم بردار تھا۔ سائنس کے مؤرخ وکٹر رابنسن نے بہت شاندار انداز میں اہل یورپ اور اہل اسلام کے مابین اس فرق کو بیان کیا:

،،جب سورج غروب ہوتا تھا تو یورپ اندھیرے میں ڈوب جاتا اور قرطبہ کی راہیں قمقموں سے روشن ہوتیں۔ یورپ گندگی سے آلودہ تھا اور قرطبہ نے ایک ہزار حمام تعمیر کئے تھے۔ یورپ کیڑوں سے اٹا ہوا تھا اور قرطبہ روزانہ اپنا زیر جامہ تبدیل کرتا تھا۔ یورپ کیچڑ سے لدا ہوا تھا اور قرطبہ کی سڑکیں پکی تھیں۔ یورپ کے محلات میں دھوئیں کے اخراج کیلئے چھت میں سوراخ ہوتے تھے، قرطبہ کے دو گُشوں کے نقش و نگار (arabesque)* عالی شان تھے۔ یورپ کی اشرافیہ دستخط کرنا نہیں جانتی تھی اور قرطبہ کا بچہ بچہ اسکول جاتا تھا۔ یورپ کا پادری بپتسمہ کی تحریر نہیں پڑھ سکتا تھا اور قرطبہ کے اساتذہ نے اسکندریہ جیسا وسیع کتب خانہ قائم کر رکھا تھا۔ ،،531

(*نقش عربی طراز گلکاری؛ وہ آرائش کاری جس میں پھولوں، پھلوں، پتوں، جیومیٹری کی اشکال وغیرہ کو بڑے پیچیدہ (دقیق) نمونوں میں پیش کیا جاتا ہے اور خالص اسلامی مزاج کو مدِ نظر رکھتے ہوئے، اس میں کسی جاندار کی شکل شامل نہیں کی جاتی۔ بحوالہ: قومی انگریزی اردو لغت)

اسلامی تہذیب ہی میں ریاضی، طب اور علومِ افلاک (وغیرہ) کے مضامین نے ترقی پائی۔ ریاضی داں محمد بن موسٰی الخوارزمی ہی کی مثال لے لیجے، جس نے (نہ صرف ہندوستان میں رائج اعداد کا جدید اعشاری نظام دنیا کے سامنے پیش کیا بلکہ علم ،،الجبرا،، کی بنیاد (بھی) رکھی۔ الخوارزمی کی ان ہی گوناگوں سائنسی خدمات کی وجہ سے اس کا نام آج کمپیوٹر سائنس کے ،،الگورتھم،،

(Algorithm) میں موجود ہے۔ ابوالقاسم الزہراوی، طب کے شعبے میں جدت لانے کی وجہ سے قرونِ وسطیٰ کے بہترین ماہرِ طب قرار پائے۔

وہ مسلم اور عرب سائنسدان ہی تھے جنہوں نے اسلامی اقدار کو سمجھا اور اپنی زندگی کا حصہ بنا لیا، وہی دماغی امراض کے علاج کے موجد بھی تھے۔ مثال کے طور پر آٹھویں صدی میں الرازی نے بغداد میں نفسیاتی امراض کا پہلا ہسپتال بنایا۔ گیارہویں صدی میں مشہور ماہرِ طب ابن سینا نے بتایا کہ زیادہ تر دماغی امراض کی بنیاد نفسیاتی مسائل ہیں۔[532]

ابو زید بلخی نویں صدی کے معالج گزرے ہیں۔ انہوں نے نفسیات پر ایک کتاب ''مصالح الابدان والانفس'' لکھی اور اس میں اس چیز کا ذکر کیا جو آج کل ''اکتسابی کرداری معالجہ'' (کوگنیٹیو بیہیورل تھراپی) کہلاتی ہے؛ اور یہ اس موضوع پر وہ پہلی کتاب بھی سمجھی جاتی ہے جس میں داخلی اضمحلال (ڈپریشن) اور خارجی عوامل کے ردِعمل میں پیدا ہونے والے اضمحلال کے درمیان فرق واضح کیا گیا ہے۔[533]

مسلم دانشور، اسلام کی اقدار سے بہت متاثر تھے۔ اس کی بنیادی وجہ اللہ کے نبی ﷺ کے الفاظ ہیں جو بیماریوں کا علاج تلاش کرنے میں معاون ہیں:

عَنْ أَبِي هُرَيْرَةَ رَضِيَ اللَّهُ عَنْهُ عَنِ النَّبِيِّ صَلَّى اللَّهُ عَلَيْهِ وَسَلَّمَ قَالَ: مَا أَنْزَلَ اللَّهُ دَاءً إِلَّا أَنْزَلَ لَهُ شِفَاءً

''اللہ نے کوئی ایسی بیماری نہیں پیدا کی مگر جس کا علاج نازل نہ کیا ہو۔''[534] (صحیح بخاری)

اسلام نے فکر و تدبر کے ساتھ ساتھ تجرباتی سائنس پر بھی زور دیا ہے۔ قرآن حکیم ایسی کتاب ہے جس میں علم کے حصول اور عالمِ شہود پر تدبر کا تذکرہ کم و بیش سو بار ہوا ہے:

اِنَّمَا مَثَلُ الْحَيَاةِ الدُّنْيَا كَمَاءٍ اَنْزَلْنَاهُ مِنَ السَّمَاءِ فَاخْتَلَطَ بِهٖ نَبَاتُ الْاَرْضِ مِمَّا يَاْكُلُ النَّاسُ وَالْاَنْعَامُ ۚ حَتّٰى اِذَا اَخَذَتِ الْاَرْضُ زُخْرُفَهَا وَازَّيَّنَتْ وَظَنَّ اَهْلُهَا اَنَّهُمْ قَادِرُوْنَ عَلَيْهَا ۙ اَتَاهَا اَمْرُنَا لَيْلًا اَوْ نَهَارًا فَجَعَلْنَاهَا حَصِيْدًا كَاَنْ لَّمْ تَغْنَ بِالْاَمْسِ ۚ كَذٰلِكَ نُفَصِّلُ الْاٰيَاتِ لِقَوْمٍ يَّتَفَكَّرُوْنَ ۝

''دنیاوی زندگی کی مثال تو ایسی ہے جیسے ہم نے آسمان سے پانی برسایا پھر اس سے زمین

کی نباتات، جن کو آدمی اور چوپائے کھاتے ہیں، خوب گنجان ہوکر نکلی ۔ یہاں تک کہ جب وہ زمین اپنی رونق کا پورا حصہ لے چکی اور اس کی خوب زیبائش ہوگئی اور اس کے مالکوں نے سمجھ لیا کہ اب ہم اس پر بالکل قابض ہو چکے تو دن میں یا رات میں اس پر ہماری طرف سے کوئی حکم (عذاب) آ پڑا سو ہم نے اس کو ایسا صاف کر دیا کہ گویا کل وہ موجود ہی نہ تھی ۔ ہم اسی طرح آیات کو صاف صاف بیان کرتے ہیں ایسے لوگوں کیلئے جو سوچتے ہیں ۔،، [535] (سورۂ یونس، آیت 24)

اِقْرَأْ بِاسْمِ رَبِّكَ الَّذِى خَلَقَ ٥ خَلَقَ الْإِنْسَانَ مِنْ عَلَقٍ ٥ اِقْرَأْ وَرَبُّكَ الْأَكْرَمُ ٥ الَّذِى عَلَّمَ بِالْقَلَمِ ٥ عَلَّمَ الْإِنْسَانَ مَا لَمْ يَعْلَمْ ٥

’’پڑھ اپنے رب کے نام سے جس نے پیدا کیا۔ جس نے انسان کو خون کے لوتھڑے سے پیدا کیا۔ تو پڑھ تارا، تیرا رب بڑے کرم والا ہے ۔ جس نے قلم کے ذریعے (علم) سکھایا۔ جس نے انسان کو وہ سکھایا جسے وہ نہیں جانتا تھا۔،، [536] (سورۃ العلق، آیات 1 تا 5)

أَمَّنْ هُوَ قَانِتٌ ءَانَآءَ الَّيْلِ سَاجِدًا وَقَآئِمًا يَحْذَرُ الْآخِرَةَ وَيَرْجُوا رَحْمَةَ رَبِّهِ قُلْ هَلْ يَسْتَوِى الَّذِينَ يَعْلَمُونَ وَالَّذِينَ لَا يَعْلَمُونَ إِنَّمَا يَتَذَكَّرُ أُولُوا الْأَلْبَبِ ٥

’’بھلا جو شخص راتوں کے اوقات سجدے اور قیام کی حالت میں (عبادت میں) گزارتا ہو، آخرت سے ڈرتا ہو اور اپنے رب کی رحمت کی امید رکھتا ہو، (اور جو اس کے برعکس ہو برابر ہو سکتے ہیں) بتاؤ تو علم والے اور بے علم کیا برابر کے ہیں؟ یقیناً نصیحت وہی حاصل کرتے ہیں جو عقلمند ہوں ۔ (اپنے رب کی طرف سے) ۔،، [537] (سورۃ الزمر، آیت 9)

أَفَلَا يَنْظُرُونَ إِلَى الْإِبِلِ كَيْفَ خُلِقَتْ ٥ وَإِلَى السَّمَآءِ كَيْفَ رُفِعَتْ ٥ وَإِلَى الْجِبَالِ كَيْفَ نُصِبَتْ ٥ وَإِلَى الْأَرْضِ كَيْفَ سُطِحَتْ ٥

’’کیا یہ اونٹوں کو نہیں دیکھتے کہ وہ کس طرح پیدا کئے گئے ہیں ۔ اور آسمان کو، کہ کس طرح اونچا کیا گیا ہے ۔ اور پہاڑوں کی طرف، کہ کس طرح گاڑ دیئے گئے ہیں ۔ اور زمین کی طرف کہ کس طرح بچھائی گئی ہے ۔،، [538] (سورۃ الغاشیہ، آیات 17 تا 20)

إِنَّ فِي خَلْقِ السَّمَاوَاتِ وَالْأَرْضِ وَاخْتِلَافِ اللَّيْلِ وَالنَّهَارِ لَآيَاتٍ لِّأُولِي الْأَلْبَابِ ۝ الَّذِينَ يَذْكُرُونَ اللَّهَ قِيَامًا وَقُعُودًا وَعَلَىٰ جُنُوبِهِمْ وَيَتَفَكَّرُونَ فِي خَلْقِ السَّمَاوَاتِ وَالْأَرْضِ رَبَّنَا مَا خَلَقْتَ هَٰذَا بَاطِلًا سُبْحَانَكَ فَقِنَا عَذَابَ النَّارِ ۝

''بے شک، آسمانوں اور زمین کی پیدائش اور رات اور دن کے بدل بدل کے آنے جانے میں عقل والوں کیلئے نشانیاں ہیں۔ جو کھڑے اور بیٹھے اور لیٹے (ہر حال میں) خدا کو یاد کرتے اور آسمان اور زمین کی پیدائش میں غور کرتے (اور کہتے ہیں) کہ اے پروردگار! تو نے اس (سب) کو بے فائدہ نہیں پیدا کیا، تو پاک ہے، تو (قیامت کے دن) ہمیں دوزخ کے عذاب سے بچائیو۔''[539]

(سورۃ آلِ عمران، آیات 190 تا 191)

اللہ کے نبی ﷺ کی تعلیمات نے نہ صرف ایک ایسا ماحول بنایا کہ جس میں دانشوری پروان چڑھے، بلکہ ایک ایسی نامور شخصیتوں کی پرورش کا بھی باعث بنیں جس کی تاریخ شاہد ہے۔ ان میں سے ایک کا نام ابن الہیثم تھا۔ وہ دنیا کا پہلا سائنسدان تصور کیا جاتا ہے۔[540] یہ قول بہت سے مؤرخین کا ہے جیسا کہ ڈیوڈ سی لنڈ برگ کہتا ہے کہ ابن الہیثم پہلا سائنسدان ہے جس نے تجرباتی سائنس کی بنیاد رکھی۔[541]

ابن الہیثم نے بصریات کے موضوع پر ''کتاب المناظر'' لکھی جس نے یورپ پر بہت گہرا اثر ڈالا۔ اگر وہ سائنسی طریقہ کار مرتب نہ کرتا تو یہ کہا جا سکتا ہے کہ دنیا سائنسی اعتبار سے اس قدر ترقی نہ کر پاتی کہ جتنی آج کر چکی ہے۔

ابن الہیثم اسلامی الہیات اور قرآن کا طالب علم بھی تھا۔ وہ صراحت کے ساتھ بیان کرتا ہے کہ سائنس اور عالم ارض وسماء پر تدبر کیلئے اسے دراصل قرآن ہی سے رہنمائی ملی تھی: ''میں نے فیصلہ کیا کہ میں اس کا علم حاصل کروں جو مجھے اللہ کے قریب کر دے، اس کو نسائل ملِ راضی کرتا ہے اور کس طرح ہم اس کی بندگی اور اس کی حکمت کے آگے جھک سکتے ہیں۔''[542]

بہت سے یورپی محققین، یورپ پر اس قرض کا اعتراف کرتے ہیں۔[543] پروفیسر جارج صلیبا کہتے ہیں: ''شاید ہی آپ کو اسلامی تہذیب یا عمومی سائنس کی تاریخ پر کوئی ایسی کتاب

ملے جو سائنس کی ترویج اور انسانی زندگی کی نشوونما میں اسلامی سائنسی روایت کے کردار کی اہمیت کا اعتراف کرنے کی ضرورت کو بالکل فراموش کر سکے۔ ،،[544]

پروفیسر تھامس آرنلڈ تسلیم کرتے ہیں کہ مسلم ہسپانیہ نے یورپ کو نشاۃ الثانیہ کی راہ دکھائی:

،،۔۔۔۔۔۔ مسلم اسپین نے قرونِ وسطیٰ کے یورپ کی تاریخ کے سنہرے ترین دن دیکھے ۔۔۔۔۔۔ جس نے ایک نئی جہت کی شاعری اور تہذیب کو جنم دیا، اور یہ دراصل اسی کے بدولت تھا کہ اس دور کے عیسائی محققین پر یونانی فلسفے اور سائنس کے راز افشا ہوئے جو بعد ازاں (یورپی) نشاۃ الثانیہ کی راہ ہموار کرنے کا باعث بنے۔ ،،[545]

اللہ کے نبی ﷺ کی تعلیمات کی بنیاد پر استوار تہذیب کے بارے میں غالباً سب سے خوبصورت خلاصہ جو کیا گیا، وہ ہیولیٹ پیکارڈ کی سابق سربراہ کارلی فیورینا نے کیا:

،،کسی زمانے میں ایک ایسی تہذیب تھی جو دنیا کی عظیم ترین تہذیب تھی۔ یہ تہذیب اس قابل تھی کہ ایک بین البراعظمی ریاستِ عالی کی داغ بیل ڈالتی جو دنیا کے سمندروں پر، اور کرۂ ارض کے انتہائی شمال سے منطقہ حارہ اور گرم صحراؤں تک محیط تھی۔ اس کے زیرِ اقتدار مختلف عقیدوں اور نسلی گروہوں سے تعلق رکھنے والے کروڑوں انسان بستے تھے۔ اس کی ایک زبان دنیا کے ایک بڑے حصے کیلئے آفاقی زبان کا درجہ اختیار کر گئی، سینکڑوں علاقوں کے لوگوں کے مابین رابطے کا ذریعہ۔ اس کی فوجیں بہت سی قومیتوں کے لوگوں پر مشتمل تھی، اور اس کی فوجی محافظت نے اس درجہ امن و امان کی راہ ہموار کی جو اس سے قبل دیکھی نہ گئی تھی۔

،،اس تمدن کی کامیابی کا راز ایجادات اور جدت طرازی میں پوشیدہ تھا۔ اس کے معماروں نے ایسی عمارتیں تعمیر کیں کہ جنہوں نے قانونِ کشش ثقل کو بھی پچھاڑ دیا۔ اس کے ریاضی دانوں نے الجبرا اور الگورتھم مرتب کئے جن کی بنیاد پر کمپیوٹر وجود میں آئے اور رمز نگاری (انکرپشن) کے راستے کھلے۔ اس کے طبیبوں نے انسانی جسم کا تجزیہ کیا اور بیماریوں کے نئے علاج دریافت کئے۔ اس کے ماہرینِ فلکیات نے ستاروں پہ کمندیں ڈالیں، ان کو نام دیئے اور خلائی سفر اور دریافتوں کے راستے کھولے۔ اس کے مصنفین نے ہزاروں کہانیاں تخلیق کیں؛ شجاعت و بہادری، عشق و

محبت اور طلسماتی و جادوئی کہانیاں۔

''جب دیگر تہذیبیں افکار و خیالات سے خوفزدہ تھیں، تو اس تہذیب نے انہیں تقویت بخشی اور انہیں زندہ کیا۔ جب علم دشمنوں نے گزشتہ تہذیبوں کے علمی خزانوں کو مٹا ڈالنے کی کوشش کی تو اس تہذیب نے علم کو زندہ رکھا اور اسے دوسروں تک منتقل کیا۔ اگرچہ جدید مغربی تہذیب میں اس طرح کی بہت سی خصوصیات ہیں، (لیکن) میں جس تہذیب کی بات کر رہی ہوں وہ 800ء سے 1600ء کی اسلامی دنیا ہے جس میں خلافت عثمانیہ جیسی سلطنت، بغداد، دمشق اور قاہرہ کے جیسے محلات اور سلیمان عالی شان جیسے روشن خیال حکمران شامل ہیں۔

''اگرچہ ہم عام طور پر اس تہذیب کے احسانات سے ناواقف رہتے ہیں، اس کے تحائف ہماری میراث کا بہت بڑا حصہ ہیں۔ ٹیکنالوجی کی صنعت عرب ریاضی دانوں کے احسانات کے بغیر وجود میں نہ آتی۔ سلیمان عالی شان جیسے حکمرانوں نے برداشت اور عوامی حکمرانی کے ہمارے اقدار کی داغ بیل ڈالی اور ہم اس کی مثال سے بہت کچھ سیکھ سکتے ہیں: یہ ایسی قیادت تھی جس کا معیار وراثت کے بجائے اہلیت تھی۔ یہ قیادت ہی کا کرشمہ تھا کہ جو اس قدر مختلف النوع آبادی کی تمام تر صلاحیتوں کو بروئے لائی جن میں عیسائی، یہودی و اسلامی تہذیبوں کی روایات شامل تھیں۔ یہ ایسی عالی دماغ قیادت تھی—ایسی قیادت جس نے تمدن، استقلال، تنوع اور جرأت کو پروان چڑھایا— کہ جس کی بصیرت سے دنیا نے 800 سال پر محیط ایجادات اور خوشحالی کا زمانہ دیکھا۔''[546]

بنیادی وجہ، جس کی بنیاد پر اللہ کے نبی ﷺ اس طرح کی اعلیٰ تہذیب کی بنیاد رکھنے میں کامیاب ہوئے، وہ اللہ کی توحید کا درس، اور اس کی خوشنودی کیلئے اعمال کرنے کا درس تھا اور یہی اخلاقیات کا پہلو، ان کی اور ان کے پیروکاروں کی زندگی کا معیار تھا۔ اس نے ایک ایسا لا زمان، غیر جانبدارانہ اخلاقی ماحول تیار کیا کہ اٹھارویں صدی کا ماہر معاشیات ایڈم اسمتھ یہ کہنے پر مجبور ہو گیا کہ یہ پہلی قوم تھی ''جس کے تحت دنیا کو اس حد تک اطمینان و سکون ملا، جتنی کی سائنسی ترقی کو ضرورت ہوتی ہے۔''[547]

آپ ﷺ صادق و امین اور اعلیٰ اخلاقی صفات کے مالک تھے؛ اور جو اثرات انہوں

نے دنیا پر چھوڑے، وہ اس کی شہادت تھے کہ وہ اللہ کے آخری نبی ہیں۔ ان کی زندگی اور تعلیمات کا مکمل اور گہرا منصفانہ مطالعہ ایک ہی نتیجے پر پہنچائے گا: وہ دنیا کیلئے ایک پیکرِ رحمت، اور اللہ کی طرف سے منتخب شخص تھے، جو دنیا کو ظلمتوں سے نکال کر الٰہی روشنی کی طرف بلانے کیلئے مبعوث ہو کر آئے تھے۔

بندۂ آزاد

اللہ تعالیٰ ہماری عبادات کے لائق کیوں ہے؟

''مقیّد دراصل وہ ہے جس کا دل اللہ کے علاوہ کسی اور کی قید میں ہے، غلام دراصل وہ ہے جو اپنی خواہشات کا پیروکار ہے۔''548،

فرض کیجئے کہ آپ کا دوست ہر روز آپ کو 1000 روپے دیتا ہے کیونکہ آپ کی نوکری بلاوجہ آپ سے چھن چکی ہے اور آپ کو مالی امداد کی ضرورت ہے۔ یہ امداد دنوں پر نہیں بلکہ کئی برسوں پر محیط ہوتی ہے۔ یہ رقم آپ کے بینک اکاؤنٹ میں آتی رہتی ہے۔ وقت گزرنے کے ساتھ ساتھ آپ بھول جاتے ہیں کہ آپ پر یہ مہربانی کون کر رہا ہے اور نتیجتاً آپ اس رقم کے دینے والے کے بجائے اس رقم کے ممنون ہونے لگتے ہیں۔ یہ الحاد و شرک کی سادہ ترین توجیہ ہے۔ روحانی پہلو سے یہ غیر معقولیت اور ناشکری کی سب سے بڑی صورت ہے۔ ایک ذہین اور معقول شخص ہمیشہ اس کا شکر گزار ہوگا جس نے اسے یہ امداد دی۔ یہ ایک طے شدہ اخلاقی اصول ہے۔

لیکن یہ مثال الحاد و شرک پر پوری کیوں اترتی ہے؟

زندگی میں ایک ایسی چیز ہے جو آپ نے نہ تو کمائی ہے اور نہ ہی آپ اس کے مالک ہیں،

لیکن وہ آپ کو بلاتردّد، آسانی سے مل رہی ہے۔ آپ کے پاس اس کی کوئی دلیل بھی نہیں کہ آپ اس کے کیوں مستحق ہیں۔ وہ چیز یہ لمحہ ہے جو آپ گزار رہے ہیں اور اس طرح کے لاتعداد لمحات جو آپ کی زندگی میں گزر رہے ہیں۔ آپ نے یہ لمحات کمائے نہیں، آپ اگلا لمحہ کمانے کیلئے کیا کر سکتے ہیں؟ اسی لئے عام طور پر ہم اسے تحفہ کہہ دیتے ہیں: زندگی کا تحفہ۔ اسی وجہ سے ہم اسے قیمتی جانتے ہیں، آپ اس کے مالک نہیں کیونکہ آپ کسی بھی شئے کو وجود میں لا نہیں سکتے: آپ ایک مکھی جیسی معمولی چیز تک نہیں بنا سکتے۔ آپ ان لمحات کے مستحق نہیں کیوں آپ اپنے وجود کے مالک نہیں، آپ کسی شئے کو ایک لمحہ کیلئے بھی وجود نہیں بخش سکتے۔ اس سب کی روشنی میں، حقیقت یہ ہے کہ آپ کو ہر وقت حالت شکر گزاری میں ہونا چاہئے کیونکہ آپ کے پاس وہ سب کچھ ہے جو آپ نے نہ کمایا ہے نہ آپ اس کے مالک ہیں اور نہ آپ اس کے اہل ہیں۔

اس طرح کی نعمتوں کیلئے مشرکین و ملحدین کسی کا شکر ادا کر نہیں سکتے یا وہ کسی غلط ہستی کا شکر ادا کرتے ہیں (عام طور پر کسی مخلوق و محدود ہستی کا)۔ اس سے لازم آتا ہے کہ ان کی بنائی ہوئی دنیا نہ صرف غیر معقول ہے بلکہ وہ ناشکری کی بلندیوں پر ہیں۔ جیسا کہ باب 6 میں گفتگو ہو چکی، اللہ غیر منحصر ہے اور ہر شئے کا انحصار اسی پر ہے۔ اسی لئے ہر وہ چیز جو ہم استعمال کر رہے ہیں یا جس پر انحصار کر رہے ہیں، وہ تمام چیزیں دراصل اللہ تعالیٰ پر ہی انحصار کر رہی ہیں۔ اس سب کا ایک ہی ناگزیر نتیجہ نکلتا ہے۔ ہم اللہ کے ہی شکر گزار ہیں۔ شکر گزاری، عبادت کی بنیاد ہے۔ عبادت میں اللہ کی اطاعت اور تمام شکر گزاری کی تمام قسمیں اللہ کیلئے ہی مخصوص کرنا شامل ہے۔ تاہم اسلامی الٰہیات میں عبادت صرف اس کی شکر گزاری تک ہی محدود نہیں بلکہ اسلام میں عبادت کا پہلو بہت وسیع ہے۔ عبادت میں دعائیں، نماز، اللہ کی تعریف، اس سے مدد مانگنا، اپنے دل کی بیماریوں کا علاج کرنا اور اس سے بخشش طلب کرنا بھی شامل ہے۔ عبادت کی یہ قسمیں نہ صرف معقول ہیں بلکہ ان کا تذکرہ قرآن مجید میں بھی ہوا ہے۔

میں نے یہ باب شکر گزاری کے ضمن میں شروع کیا تھا کیونکہ عبادت کی بنیاد شکر گزاری اور احساس ممنونیت ہے۔ اگر آپ احسان مند نہیں تو یہ اس حقیقت کو بالکل نظر انداز کرنے کے مترادف ہے کہ آپ اللہ پر منحصر ہیں اور آپ اس کا انکار کرتے ہیں کہ اللہ ہی نے آپ کو یہ سب مہیا کیا ہے۔ چنانچہ ہمیں اللہ کا ہی شکر گزار رہنا چاہئے جس نے ہمیں یہ زندگی دی، اور اسی لئے اللہ

عبادت کے لائق ہے۔

معرفتِ الٰہی

اس سے پہلے کہ میں اس کی وضاحت کروں، بہتر ہے کہ ہم یہ جان لیں کہ معرفت الٰہی سے کیا مراد ہے؟ اللہ کے بارے میں علم اس لئے اہم ہے کہ اس سے ہم جان سکتے ہیں کہ اللہ ہماری عبادت کے لائق کیوں ہے؟ ہم ایسی کسی چیز کی عبادت کیسے کر سکتے ہیں جس کے بارے میں ہم جانتے ہی نہ ہوں؟ اسی لئے اسلامی الٰہیات میں اللہ کے بارے میں علم اس کی عبادت کی ایک صورت ہے۔ فَاعْلَمْ أَنَّهُ لَا إِلَهَ إِلَّا اللّٰهُ () ''جان لو! اللہ کے سوا کوئی معبود نہیں۔''[549] (سورۃ محمد، آیت 19)

اللہ کو جان لینے سے مراد یہ ہے کہ ہم اس بات کا اقرار کریں کہ اکیلا اللہ ہی ہر اس چیز کا پیدا اور قائم کرنے والا ہے جو وجود رکھتی ہے (اسے توحیدِ ربوبیت کہتے ہیں)۔ اس میں یہ بھی شامل ہے کہ ہم اس کی صفات اور اس کے ناموں کا اقرار کریں کہ وہ بہترین ہیں۔ اس کی صفات مخلوق کی صفات سے مماثلت نہیں رکھتیں اور نہ ہی ان میں کوئی نقص ہے (اسے توحیدِ فی اسماء والصفات کہتے ہیں)۔ اس میں یہ بھی شامل ہے کہ یہ اقرار کیا جائے کہ اللہ کے سوا کوئی عبادت کے لائق نہیں اور عبادت کی ہر صورت کا مستحق صرف وہی ہے (اسے توحیدِ الوہیت کہتے ہیں)۔ یہ قابلِ غور ہے کہ اسلامی الٰہیات میں یہ چیز اعلیٰ ترین اہمیت کی حامل ہے کہ اس بات کا اقرار کیا جائے کہ اللہ کی طاقت اور اس کی صفات اور اس کے نام کا حامل کوئی اور نہیں ہو سکتا اور نہ ہی ان میں شریک ہو سکتا ہے۔ اللہ تعالیٰ ہر قسم کی تشبیہ سے پاک ہے۔ اللہ اس طرح کی ہر چیز سے پاک ہے اور اس کی ہر صفت درجۂ کمال میں ہے۔ اس میں کوئی نقص نہیں۔ اسلامی الٰہیات میں اس عقیدے کو توحید کہا جاتا ہے جس کے معنی اللہ کی وحدانیت کی شہادت اور اس کا اقرار کرنا ہے۔

توحیدِ ربوبیت

توحیدِ ربوبیت سے مراد اس بات کو جاننا اور اس کی شہادت دینا ہے کہ اللہ اکیلا ہی خالق حقیقی ہے اور ہر شئے کا مالک ہے، اللہ ہی ہر شئے کا قائم رکھنے والا ہے اور تربیت کرنے والا

ہے۔اسلام میں توحید کا مطلب یہ ہے کہ اگر کوئی ان باتوں کا منکر ہوتو گویا اس نے اللہ کے ساتھ شریک ٹھہرایا۔مطلب یہ کہ اس نے شرک کیا اور اگر کوئی اس کا اقرار کرے کہ اللہ کی صفات کسی اور کے ساتھ متصف کی جاسکتی ہیں تو گویا اس نے اللہ کی صفات کا انکار کیا اور اللہ کے ساتھ کسی کو شریک ٹھہرایا۔

توحید فی الاسماء والصفات

توحید فی الاسماء والصفات سے مراد ہے کہ اللہ کو انہی ناموں کے ساتھ جاننا،جن کے ساتھ اس نے اپنے آپ کو متصف کیا اور ان کا منبع قرآن وسنت ہیں (کچھ نام، جیسے''الخالق''یعنی پیدا کرنے اور''القدیر''یعنی ہر چیز پر قدرت رکھنے والا، کی تائید ایک منطقی ذہن سے ہوتی ہے)۔ کچھ نام، جیسے''اللطیف''یعنی لطف و کرم کرنے والا اور''الودود''یعنی بڑی محبت کرنے والا،علم وحی سے معلوم ہوتے ہیں، لیکن یہ کسی بھی طرح سے مخلوق سے موازنہ نہیں کئے جاسکتے۔اللہ کے نام اور صفات میں کوئی نقص نہیں اور وہ بہترین ہیں۔اللہ نے خود اپنے ناموں کو خوبصورت کہا ہے۔وَلِلّٰهِ الۡاَسۡمَاءُ الۡحُسۡنٰی فَادۡعُوۡہُ بِھَا()''اللہ کے بہت خوبصورت نام ہیں، پس اس کو انہی ناموں سے پکارو۔''[550] (سورۃ الاعراف، آیت 180)

جیسا کہ اس کتاب میں بیشتر مقامات پر بیان ہو چکا ہے،اللہ ہی بہترین ہے۔اگر کوئی ان صفات کو مخلوق سے تشبیہ دے گا تو وہ اللہ کی تجسیم کرے گا اور یہ گویا ایسا ہی ہے کہ جیسا اس کے ساتھ شرک کرنا۔

توحیدِ الوہیت

اللہ کی توحید سے مراد یہ ہے کہ اس بات کا اقرار کیا جائے کہ تمام تر عبادات صرف اللہ کیلئے ہی خالص ہوں۔اگر کسی کی عبادات اللہ کے علاوہ کسی اور کیلئے ہوں،اور وہ اپنی عبادات کی جزا کی امید اللہ کے سوا کسی اور سے رکھتا ہو،تو ایسے شخص نے اللہ کے ساتھ شریک ٹھہرایا۔

سب سے بڑا گناہ

اللہ کے ساتھ شرک کرنا اسلام میں سب سے بڑا گناہ ہے۔اس کا نتیجہ یہ ہوگا کہ اگر کوئی شخص

شرک کی حالت میں موت کی گھاٹی میں اترے گا اور اس پر تائب نہ ہوا تو اسے اللہ کی طرف سے بھی معاف نہیں کیا جائے گا۔ (یہ صرف شرک کی بدترین شکل کے نتیجے میں ہوگا۔ شرک کے کچھ کم درجات بھی ہیں، جیسے غیر اللہ کے نام صدقات کرنا، اللہ کے سوا کسی اور کے تابع ہونا، اللہ کے سوا کسی اور کیلئے اچھے اعمال کرنا۔ لیکن شرک کی سب سے بڑی صورت یہ ہے کہ اللہ کے علاوہ کسی اور کو عبادت کے لائق ٹھہرانا اور اس کے سوا کسی اور سے مانگنا ہیں۔ یہ ایک بہت دقیق بحث ہے جس میں اور بہت سی پیچیدہ گیاں ہیں، ہم یہ مشورہ دیں گے کہ اس موضوع پر مستقل مطالعہ و تحقیق کیجئے۔ یہاں ان تمام تفصیلات کا موقع نہیں۔مترجم)

إِنَّ اللَّهَ لَا يَغْفِرُ أَن يُشْرَكَ بِهِ وَيَغْفِرُ مَا دُونَ ذَٰلِكَ لِمَن يَشَاءُ وَمَن يُشْرِكْ بِاللَّهِ فَقَدِ افْتَرَىٰ إِثْمًا عَظِيمًا ۝

"یقیناً اللہ تعالیٰ اپنے ساتھ شرک کئے جانے کو نہیں بخشا اور اس کے سوا جسے چاہے بخش دیتا ہے اور جو اللہ تعالیٰ کے ساتھ شریک مقرر کرے اس نے بہت بڑا گناہ کیا اور بہتان باندھا۔"[551] (سورۃ النساء، آیت 48)

تاہم، اگر کوئی شرک کرے اور پھر اپنی خطا پر پچھتائے اور پھر سیدھے راستے پر آ جائے تو اللہ اس کے گناہوں کو نیکیوں میں تبدیل کر دے گا۔

وَالَّذِينَ لَا يَدْعُونَ مَعَ اللَّهِ إِلَٰهًا آخَرَ وَلَا يَقْتُلُونَ النَّفْسَ الَّتِي حَرَّمَ اللَّهُ إِلَّا بِالْحَقِّ وَلَا يَزْنُونَ ۚ وَمَن يَفْعَلْ ذَٰلِكَ يَلْقَ أَثَامًا ۝ يُضَاعَفْ لَهُ الْعَذَابُ يَوْمَ الْقِيَامَةِ وَيَخْلُدْ فِيهِ مُهَانًا ۝ إِلَّا مَن تَابَ وَآمَنَ وَعَمِلَ عَمَلًا صَالِحًا فَأُولَٰئِكَ يُبَدِّلُ اللَّهُ سَيِّئَاتِهِمْ حَسَنَاتٍ ۗ وَكَانَ اللَّهُ غَفُورًا رَّحِيمًا ۝

"اور وہ لوگ جو اللہ کے ساتھ کسی دوسرے معبود کو نہیں پکارتے اور کسی ایسے شخص کو جسے قتل کرنا اللہ تعالیٰ نے منع کر دیا ہو وہ بجز حق کے قتل نہیں کرتے، نہ وہ زنا کے مرتکب ہوتے ہیں اور جو کوئی یہ کام کرے وہ اپنے او پر سخت وبال لائے گا اسے قیامت کے دن دوہرا عذاب کیا جائے گا اور وہ ذلت و خواری کے ساتھ ہمیشہ اسی میں رہے گا سوائے ان لوگوں کے جو توبہ کریں اور ایمان لائیں اور نیک کام کریں،

ایسے لوگوں کے گناہوں کو اللہ تعالیٰ نیکیوں سے بدل دیتا ہے، اللہ بخشنے والا مہربانی کرنے والا ہے اور جو شخص توبہ کرے اور نیک عمل کرے تو وہ (حقیقتاً) اللہ تعالیٰ کی طرف سچا رجوع کرتا ہے۔'' [552] (سورۃ الفرقان، آیات 68 تا 70)

وہ لوگ جو شرک کریں اور توبہ کئے بغیر ہی مر گئے تو دراصل انہوں نے اللہ کی رحمت کا دروازہ اپنے لئے بند کر کے اپنی ہی جانوں پر ظلم کیا۔ ان کے دلوں نے اللہ کی ہدایت اور نور کو ہمیشہ کیلئے ابدی طور پر مسترد کر دیا اور انہوں نے اپنے آپ کو اللہ سے دور کر لیا۔ یہی لوگ روزِ قیامت دنیا میں واپسی کی درخواست کریں گے تا کہ وہ نیک اعمال کر سکیں، لیکن ان کے دلوں کو ابدی طور پر مسترد کیا جا چکا ہوگا۔

حَتّٰی إِذَا جَاءَ أَحَدَهُمُ المَوتُ قَالَ رَبِّ ارجِعونِ ۝ لَعَلِّي أَعمَلُ صَالِحًا فِيمَا تَرَكتُ كَلَّا إِنَّهَا كَلِمَةٌ هُوَ قَائِلُهَا وَمِن وَرَائِهِم بَرزَخٌ إِلٰی يَومِ يُبعَثونَ ۝

''یہاں تک کہ جب ان میں کسی کو موت آنے لگتی ہے تو کہتا ہے اے میرے پروردگار! مجھے واپس لوٹا دے کہ اپنی چھوڑی ہوئی دنیا میں جا کر نیک اعمال کر لوں، ہرگز ایسا نہیں ہوگا، یہ تو صرف ایک قول ہے جس کا یہ قائل ہے، ان کے پس پشت تو ایک حجاب ہے، ان کے دوبارہ جی اٹھنے کے دن تک۔'' [553] (سورۃ المومنون، آیات 99 تا 100)

اپنے اوپر خود سے روحانیت طاری کر لینا یعنی اپنے بنائے ہوئے طریقوں سے روحانیت حاصل کرنا، یہ بھی انکار کی صورتوں میں سے ایک صورت ہے۔ یہ شخص اللہ کی تمام رحمتوں کو اور اس کے انصاف کو جھٹلا دیتا ہے اور اس کی محبت سے دور ہو جاتا ہے۔ وَمَا ظَلَمَهُمُ اللّٰهُ وَلٰكِن أَنفُسَهُم يَظلِمونَ ۝ ''اور خدا نے ان پر کچھ ظلم نہیں کیا بلکہ یہ خود اپنے اوپر ظلم کر رہے ہیں۔'' [554] (سورۃ آل عمران، آیت 117)۔ ذٰلِكَ بِمَا قَدَّمَت أَيديكُم وَأَنَّ اللّٰهَ لَيسَ بِظَلَّامٍ لِلعَبِيدِ ۝ ''یہ صلہ ہے اس کا جو تم نے اپنے ہاتھوں سے کمایا، اور اللہ اپنے بندوں پر ظالم نہیں۔'' [555] (سورۃ الانفال، آیت 51)

یہ بات قابل ذکر ہے کہ اسلامی الہٰیات میں اگر کسی شخص تک اسلام کا پیغام نہیں پہنچا تو اسے قیامت کے روز امتحان میں بلا کر کے پتلا کر کے جانچا جائے گا۔ اللہ انصاف کرنے والا ہے اور ظلم کو

ناپسند کرتا ہے۔اسی لئے اگر کوئی غیر مسلم مرجاتا ہے،تو یہ غیر اسلامی طرز ہے کہ اس کے بارے میں جہنمی ہونے کا فتویٰ صادر کر دیا جائے (تاہم، کچھ علماء کا کہنا ہے کہ یہ بات ان پر لاگو نہیں ہوتی جن تک دین حق کا پیغام پہنچ چکا ہو)۔ کوئی نہیں جانتا کہ دوسرے کے دل میں کیا تھا اور یہ کہ اس کو دین کا پیغام درست طریقے سے پہنچایا گیا تھا یا نہیں۔لیکن عقیدے اور معاشرے کی نگاہ سے اُسے غیر مسلم کے طرز پر ہی دفن کیا جائے گا۔ اس کا مطلب یہ نہیں کہ یہ اس کا آخری مقام ہے۔ درحقیقت اللہ بہترین منصف اور سب سے زیادہ رحیم ہے، سو کسی کو بھی غیر منصفانہ طریقے سے اس کا فیصلہ نہیں سنایا جائے گا۔

وہ لوگ جنہوں نے اسلام کا پیغام احسن اور درست انداز سے سن لیا تو انہیں ان کے انکار کے بارے میں حساب دینا ہوگا۔لیکن اگر کسی شخص کو یہ پیغام نہیں پہنچا ہوگا، یا مبہم طریقے سے پہنچا ہوگا،تو قیامت کے روز اسے ایک موقع اور دیا جائے گا۔ [556] اللہ اور نبی ﷺ کی سنت اور اقوال کے ذریعے امام غزالیؒ نے اس معاملے میں ایک متوازن رائے پیش کی۔ وہ اس بارے میں دلیل پیش کرتے ہیں کہ جس کو اللہ کا پیغام صحیح معنوں میں نہ پہنچا ہوگا تو اسے ایک موقع دیا جائے گا: ''بلکہ میں یہ کہوں گا کہ ان شاءاللہ آج کے دور کے بہت سے بازنطینی عیسائی اور تُرک اللہ کی رحمت میں داخل ہوں گے۔ یہاں میری مراد وہ لوگ ہیں جو بازنطین اور اناطولیہ کے دور دراز علاقوں میں رہنے والے افراد ہیں، جن تک اسلام کا پیغام نہیں پہنچا۔ان کے پاس عذر ہے۔'' [557]

امام غزالیؒ یہ بھی کہتے ہیں کہ جس نے اللہ کے نبی ﷺ کے بارے میں منفی باتیں سنی ہوں گی، انہیں بھی موقع دیا جائے گا۔''ان لوگوں نے اللہ کے نبی ﷺ کا نام سنا ہو مگر ان کی خصوصیات سے ناواقف ہوں؛ اس کے برعکس انہوں نے بچپن سے ہی یہ سنا ہو کہ محمد ﷺ جھوٹے ہیں (نعوذ باللہ) جنہوں نے نبوت کا دعویٰ کیا ہے .... یہ گروہ میرے نزدیک پہلے گروہ کی ہی مانند ہے۔ اگر چہ انہوں نے ان کا نام سنا ہے مگر وہ سب اس کے برعکس ہے جو سچ ہے۔اسی وجہ سے ان کے اصل معاملے کے بارے میں جاننا ممکن نہیں''۔ [558]

اسلام کی تعلیمات شدت پسندی کے راستے میں رکاوٹ ہیں۔ میری نظر میں، تمام قسم کی شدت پسندی ''نظریاتی سختی'' کی وجہ سے جنم لیتی ہے، جو بالآخر لوگوں کے دلوں کو سخت کر دیتی ہے۔ میرے کہنے کا مطلب یہ ہے کہ لوگ دنیا اور دوسرے لوگوں کے بارے میں (جو اُن کی

رائے سے اتفاق نہیں کرتے) مکمل حتمی، اعتدال سے دور اور منفی مفروضوں پر مبنی عقائد بنا لیتے ہیں۔ یہ ایک گروہ ہے جو باقی افراد کو "فریق مخالف" بنا دیتا ہے۔ "فریق مخالف" کہہ دینا فقط لیبل نہیں کہ فلاں شخص فلاں گروہ سے تعلق رکھتا ہے، یہ انسانی فطرت اور اس جدید معاشرے کا حصہ ہے۔ "فریق مخالف" کا لیبل عام طور پر اس وقت لگایا جاتا ہے جب کسی کے بارے میں منفی خیالات کو دل میں پننے دیا جائے اور یہ فرض کر لیا جائے کہ اس گروہ سے متعلق ہر شخص ایسا ہی ہے۔ اس سے لوگوں کے دلوں میں سختی آ جاتی ہے اور کسی بھی مثبت خیال کی جگہ نہیں رہتی اور نہ ہی مثبت طریقے سے لوگ ایک دوسرے سے میل جول رکھتے ہیں۔ اسلام افراد کو گروہوں میں نہیں بانٹتا۔ اسلام یہ نہیں کہتا کہ مسلمانوں کے علاوہ تمام لوگ برے اور ملعون ہیں۔ اسلام اسے وضاحت سے بیان کرتا ہے کہ تمام فریق مخالف کے لوگ "ایک جیسے نہیں ہوتے"[559] (سورۃ آلِ عمران، آیت 113) اور ان میں سے کچھ "خیر"[560] (بحوالۂ سابق) والے بھی ہوتے ہیں۔ اسلام اس کی تطبیق مسلمانوں پر بھی کرتا ہے۔ مومنوں میں سے کچھ کو نیکوکار کہتا ہے اور کچھ کو نہیں۔ بہرحال، اسلام یہ سکھاتا ہے کہ ہر انسان کے ساتھ رحم دلی سے پیش آنا چاہئے (دیکھئے باب نمبر 14)۔

عبادت کی روح

اسلامی الٰہیات میں عبادت کی روح دعا ہے۔ اللہ کے نبی محمد ﷺ نے ہمیں سکھایا ہے کہ "دعا، عبادت کا مغز (حاصل و نچوڑ) ہے۔"[561] (صحیح بخاری) دعا صرف اللہ سے ہی کی جانی چاہئے کیونکہ مشکل کشا صرف اللہ کی ذات ہے۔ اللہ کے سوا کسی اور سے مانگنا شرک کی ایک قسم ہے کیونکہ جس سے اللہ کے سوا مانگا جا رہا ہے، وہ اس پر قادر نہیں کہ اس التجا کا جواب دے اور مشکل کشائی کرے۔ مثال کے طور پر اگر کوئی پتھر کے کسی بت سے یہ دعا مانگے کہ اسے جڑواں لڑکیاں عطا کرے، تو وہ دراصل شرک کا ارتکاب کر رہا ہے، کیونکہ وہ ایسی چیز سے دعا مانگ رہا ہے جو اس قابل نہیں کہ کچھ عطا کر سکے۔ لیکن کسی ایسے سے، جو مدد کر سکتا ہو، اس سے مدد کیلئے مانگنا بہرحال شرک نہیں۔ یہ شرک اس صورت میں کہلائے گا، جب مانگنے والا یہ عقیدہ رکھتا ہو کہ اللہ رازق مطلق اور قادر مطلق نہیں۔ اللہ سے دعا کرنا دراصل اپنی عبادت کو خالص کرنا ہے اور اللہ سے عاجزانہ طریقے سے ہی دعا مانگنی چاہئے۔ اللہ فرماتا ہے: اُدۡعُوۡا رَبَّکُمۡ تَضَرُّعًا وَّخُفۡیَۃً O "اپنے

رب کو عاجزی سے پکارو،،⁵⁶² (سورۃ الاعراف، آیت 55)۔ فَادعوہُ مُخلِصِینَ لَہُ الدّینَ 0 ''اپنے رب کیلئے ہی خالص عبادت کرو،،⁵⁶³ (سورۃ الغافر، آیت 1)

اسلامی روحانی تعلیمات کے مطابق، عبادات اس وقت قابل قبول ہوتی ہیں جب وہ دو شرائط کو پورا کریں: اول یہ کہ عبادت خالص طور پر اللہ کیلئے ہی کی جانی چاہئے؛ دوم یہ کہ جو عمل کیا جا رہا ہے، اس کی بنیاد قرآن و سنت ہونی چاہئے۔ ایک فطری سوال یہ ابھرتا ہے کہ: یہ عبادت کے طریقے دراصل کیا ہیں؟ عبادت کے بہت سے طریقے ہیں۔ جیسے کہ پہلے تذکرہ کیا گیا کہ ہر اچھا عمل جو اللہ کی خوشنودی کیلئے کیا جائے، عبادت ہے۔ تاہم کچھ ایسے اعمال ہیں جو اسلامی روحانی روایات کے ساتھ خاص ہیں۔ ان کا خلاصہ اللہ کے نبی محمد ﷺ نے پانچ بنیادی ارکان کے طور پر بیان کیا ہے۔ ان میں اللہ کی وحدانیت اور محمد ﷺ کے آخری نبی ہونے کی گواہی، پنجگانہ نماز، رمضان (اسلامی کیلنڈر میں 9 واں مہینہ) کے روزے، زکوٰۃ اور حج شامل ہیں۔ ان عبادات کے کچھ خاص فوائد ہیں۔ یہ اسلام کے بنیادی ارکان ہیں۔ تاہم اگر کوئی چاہے تو وہ اپنی روحانیت مزید عبادات کے ذریعے بڑھا سکتا ہے جن میں قرآن کی تلاوت، اذکار، دل کی بیماریوں کا علاج، نفلی زکوٰۃ، اسلام کی تبلیغ، بھوکوں کو کھانا کھلانا، اللہ کے نبی ﷺ کی سیرت کا مطالعہ کرنا، تہجد کی نماز، جانوروں کی دیکھ بھال کرنا اور قدرت کے مظاہر ہر پر غور کرنا جیسی عبادات شامل ہیں۔

ہماری تمام تر عبادات صرف اللہ کیلئے ہی کیوں خاص ہیں؟

میں مندرجہ ذیل نکات کے ذریعے ان سوالات کا جواب دینے کی کوشش کروں گا:

- اللہ تعالیٰ کی عبادت اس کی عظمتِ شان کا بنیادی حق ہے۔

- اللہ تعالیٰ ہر چیز کو پیدا اور قائم کرنے والا ہے۔
- اللہ تعالیٰ کی ہم پر بے شمار عنایات ہیں۔

- اگر ہم اپنے آپ سے محبت کرتے ہیں تو اپنے رب سے محبت بھی لازم آتی ہے۔

- اللہ تعالیٰ الودود ہے اور اس کی محبت اپنے خلوص میں کمال ہے۔

- عبادت ہماری اخلاقیات کا تعین کرتی ہے۔

- اللہ تعالیٰ کی اطاعت، اس کی عبادت کرنے کے مترادف ہے۔

اللہ تعالیٰ کی عبادت اس کی عظمتِ شان کا بنیادی حق ہے

اس کو بیان کرنے سے پہلے یہ بہتر ہوگا کہ ہم اللہ کی ذات کو عبادت کے تناظر میں سمجھیں۔ اللہ کا مطلب ایک ایسی ذات ہے جو عبادت اور پرستش کے لائق ہے۔ اور یہ وجودِ باری تعالیٰ سے وابستہ ایک لازمی حقیقت ہے۔ قرآن بار بار ہماری توجہ اس حقیقت کی طرف مبذول کرواتا ہے:

إِنَّنِي أَنَا اللَّهُ لَا إِلَٰهَ إِلَّا أَنَا فَاعْبُدْنِي وَأَقِمِ الصَّلَاةَ لِذِكْرِي ٥

''بے شک میں اللہ ہوں میرے سوا کوئی معبود نہیں تم میری ہی عبادت کرو اور میری ہی یاد کی نماز پڑھا کرو۔''[564] (سورۃ طٰہٰ، آیت 14)

چونکہ اللہ کا مطلب ہی یہ ہے کہ وہ ذات جو ہماری عبادت کے لائق ہے۔ لہٰذا مخلوق کی تمام تر عبادتوں کا محور اسی ذات کو ہونا چاہیئے۔ اسلامی تعلیمات کے مطابق اللہ کی ذات ہر عیب سے پاک ہے۔ اس کی ذاتِ اقدس بہترین ناموں اور صفات کی حامل ہے اور ہر ہر صفت کاملیت کی انتہاء تک پہنچی ہوئی ہے۔ جیسا کہ اسلامی الٰہیات میں اللہ کی ایک صفت الودود ہے، جس سے مراد نہایت محبت کرنے والے ہیں کے ہیں اور اس سے بڑھ کر کوئی محبت نہیں کر سکتا۔ انہی صفات کی وجہ سے یہ اللہ کی ذات کا حق ہے کہ اس کی عبادت کی جائے۔ ہم ہمیشہ اچھے اخلاق، علم اور وجدان کے حامل لوگوں کی تعریف کرتے ہیں، تو اللہ تعالیٰ کی ذات جو الرحمٰن ہے، الرحیم ہے، العلیم ہے اور الحکیم ہے، ہر نقص سے پاک ہے، وہ کیوں کر مخلوق کی ہمہ وقت حمد و ثنا کی حقدار نہ ہو گی۔ حمد و ثنا، تعریف و عبادت ہی کی ایک شکل ہے۔ وہ علیم و خبیر ذات ہے جسے اپنی قدرت سے یہ معلوم ہے کہ اس کی مخلوق کیلئے کس امر میں بھلائی ہے اور وہ اپنے بندوں کے بارے میں خیر چاہتا ہے۔ لہٰذا یہ صرف ایسی ذات کا ہی حق ہے کہ اس سے مناجات کی جائیں اور اسے حاجت روا مانا جائے۔ اللہ ہماری عبادت کا حقدار ہے کیونکہ اللہ میں ایسی صفات ہیں جو اسے اس کا حقدار بناتی ہیں۔ اس کے نام اور صفات ہر لحاظ سے کامل ہیں۔

اللہ تعالیٰ کی عبادت کرنے کے حوالے سے ایک اہم نکتہ یہ ملحوظ رہے کہ وہ ہماری عبادت کا حقدار ہے، اگر ہمیں اس کی طرف سے کوئی راحت نہ بھی ملے۔ اللہ کا معبود ہونا، اس کا رحم کرنے والی صفت سے مشروط نہیں۔ اللہ کی عبادت کو دو طرفہ تعلقات کے تناظر میں نہیں دیکھا جا سکتا کہ

اس نے ہمیں اچھی زندگی عطا کی اور ہم بدلے میں اس کی عبادت کرتے ہیں۔ اللہ کی عبادت کسی لین دین والے تعلق کی بنیاد پر نہیں کہ اگر سب کچھ ''اچھا'' ہے، تب ہی عبادت کی جائے گی۔ اگر ہماری ساری زندگی مصیبتوں میں بھی گزرے، پھر بھی اس کی عبادت ضروری ہے۔ اللہ کی ذات کی پرستش صرف اس لئے ضروری نہیں کہ اس نے ہمیں طرح طرح کی نعمتوں سے نوازا ہے، بلکہ یہ اس کی ذات کی عظمت ہے، جو اس بات کی متقاضی ہے کہ اس کی عبادت کی جائے۔ اس کی عبادت اس لئے کی جاتی ہے کیونکہ فقط وہی اس کا حقدار ہے اور اس لئے نہیں کہ وہ کس طرح لوگوں کے حق میں فیصلے کرتا ہے اور اس کی حکمت کیسے ظاہر ہوتی ہے۔

اللہ تعالیٰ ہر چیز کو پیدا اور قائم کرنے والا ہے

اللہ نے ہر چیز کو پیدا کیا ہے۔ اسی نے کائنات کو قائم رکھا ہے اور ہمیں اپنی رحمت سے نوازتا ہے۔ قرآن نے کئی مقامات پر اس حقیقت کو بیان کیا ہے، جو پڑھنے اور سننے والوں کے دلوں میں اللہ تعالیٰ کی عظمت اور کبریائی کو بیدار کرتا ہے۔ هُوَ الَّذِى خَلَقَ لَكُم مَّا فِى الْأَرْضِ جَمِيعًا ''وہی تو ہے جس نے سب چیزیں جو زمین میں ہیں تمہارے لئے پیدا کیں،''[565] (سورۃ البقرہ، آیت 29)۔ أَيُشْرِكُونَ مَا لَا يَخْلُقُ شَيْئًا وَهُمْ يُخْلَقُونَ ''کیا وہ ایسوں کو شریک بناتے ہیں جو کچھ بھی پیدا نہیں کر سکتے اور خود پیدا کئے جاتے ہیں،''[566] (سورۃ الاعراف، آیات 191 تا 194)۔ يَا أَيُّهَا النَّاسُ اذْكُرُوا نِعْمَتَ اللَّهِ عَلَيْكُمْ هَلْ مِنْ خَالِقٍ غَيْرُ اللَّهِ يَرْزُقُكُم مِّنَ السَّمَاءِ وَالْأَرْضِ لَا إِلَٰهَ إِلَّا هُوَ فَأَنَّىٰ تُؤْفَكُونَ ''لوگو! اللہ تعالیٰ کے جو تم پر احسانات ہیں ان کو یاد کرو۔ کیا اللہ تعالیٰ کے سوا کوئی اور خالق (اور رازق ہے) جو تم کو آسمان اور زمین سے رزق دے۔ اس کے سوا کوئی معبود نہیں۔ پس تم کہاں بہکے پھرتے ہو؟''[567] (سورۃ فاطر، آیت 3)

لہٰذا، ہر وہ چیز جو ہم روزانہ استعمال کرتے ہیں، تمام لوازمات جو ہمیں زندہ رہنے کیلئے درکار ہیں، سب اللہ تعالیٰ کے مرہون منت ہیں۔ اس کی بنیاد پر کہا جا سکتا ہے کہ سب تعریفیں اللہ تعالیٰ کیلئے ہی ہیں۔ جیسا کہ ہم سمیت ہر چیز کو اللہ تعالیٰ نے پیدا ہے، وہی ہر چیز کا مالک ہے۔ لہٰذا ہمیں اللہ تعالیٰ کی عظمت اور کبریائی کو ماننا ہے۔ چونکہ اللہ تعالیٰ ہمارا مالک ہے، ہمیں اس ہی اس کی

تابعداری کرنی چاہئے۔ان سب سے انکار نہ صرف حقیقت سے انکار ہوگا بلکہ یہ انتہاء درجے کی ناسمجھی،غرور اور ناشکری کا عمل ہوگا جیسا کہ اس باب میں پہلے بھی بیان ہو چکا۔

اللہ تعالٰی نے ہمیں پیدا کیا اور ہماری ذات کا وجود اسی کا مرہونِ منت ہے۔ہم خود مختار یا اپنے لئے کافی نہیں۔ہم اپنی ذات کو قائم نہیں رکھ سکتے،اگر چہ ہم سے کچھ اس دھوکے میں ہیں کہ ہم ایسا کر سکتے ہیں۔چاہے ہم آرام دہ اور شاہانہ زندگی گزار رہے ہوں یا غربت اور افلاس بھری،ہم ہر لحاظ سے اللہ تعالٰی ہی کے بھروسے پر ہوتے ہیں۔اس کائنات میں اللہ تعالٰی کے بنا کچھ بھی ممکن نہیں اور جو کچھ بھی ہو رہا ہے،وہ اسی کی اجازت سے ہے۔ہماری زندگی میں کامیابیاں اور جو بڑی چیزیں ہم نے حاصل کیں،وہ بنیادی طور پر اللہ تعالٰی ہی کی مرہونِ منت ہیں۔اللہ تعالٰی نے کائنات میں وہ عوامل پیدا کئے جن کی بنیاد پر ہم کامیابی حاصل کرتے ہیں اور اگر اللہ تعالٰی کی مرضی شامل نہ ہو تو ہم کبھی بھی کامیابی حاصل نہ کر سکیں۔ہمارے دلوں میں اللہ تعالٰی کیلئے احسان مندی اور انکساری کو ابھارنے کیلئے یہ سمجھ ہی کافی ہے کہ ہم ہر چیز کیلئے اس کے محتاج ہیں۔اللہ تعالٰی کے آگے عاجزی اختیار کرنا اور اس کی عنایات کا احسان مند ہونا بھی عبادت ہی کی شکل ہے۔اللہ تعالٰی کی رحمت و برکات سے انکار کی ایک بڑی وجہ خود انحصاری کا فریب بھی ہے جو صرف غرور اور تکبر کا نتیجہ ہے۔قرآن حکیم میں اس بات کو واضح طور پر بیان کیا گیا ہے:

كَلَّا إِنَّ الْإِنْسَانَ لَيَطْغَىٰ ٥ أَن رَّآهُ اسْتَغْنَىٰ ٥

’’مگر انسان سرکش ہو جاتا ہے جبکہ اپنے تئیں غنی دیکھتا ہے۔‘‘[568] (سورۃ العلق،آیات 6 تا 7)

وَأَمَّا مَن بَخِلَ وَاسْتَغْنَىٰ ٥ وَكَذَّبَ بِالْحُسْنَىٰ ٥ فَسَنُيَسِّرُهُ لِلْعُسْرَىٰ ٥ وَمَا يُغْنِي عَنْهُ مَالُهُ إِذَا تَرَدَّىٰ ٥ إِنَّ عَلَيْنَا لَلْهُدَىٰ ٥

’’اور جس نے بخل کیا اور بے پروا بنا رہا،اور نیک بات کو جھوٹ سمجھا۔اسے سختی میں پہنچائیں گے۔اور جب وہ (دوزخ کے گڑھے میں) گرے گا تو اس کا مال اس کے کچھ کام نہ آئے گا۔ہمیں تو راہ دکھا دینا ہے۔‘‘[569] (سورۃ اللیل،آیات 8 تا 12)

اللہ تعالٰی کی ہم پر بے شمار عنایات ہیں

وَآتَاكُم مِّن كُلِّ مَا سَأَلْتُمُوهُ وَإِن تَعُدُّوا نِعْمَتَ اللَّهِ لَا تُحْصُوهَا إِنَّ

الْإِنْسَانَ لَظَلُوْمٌ كَفَّارٌ ۝

''اسی نے تمہیں تمہاری منہ مانگی کل چیزوں میں سے دے ہی رکھا ہے۔ اور اگر اللہ تعالٰی کے احسان گنتے لگو تو شمار نہ کر سکو۔ کچھ ٹھیک نہیں کہ انسان بڑا بے انصاف اور ناشکرا ہے۔``570 (سورۃ ابراہیم، آیت 34)

ہمیں ساری زندگی اللہ تعالٰی کا شکر گزار ہونا چاہئے کیونکہ ہم اس کی رحمتوں اور نعمتوں کا بدلہ کبھی نہیں چکا سکتے۔ دل کی ہی مثال لیجئے۔ انسانی دل ایک دن میں تقریباً 100,000 بار دھڑکتا ہے جو ایک سال میں تقریباً 35,000,000 بار بنتا ہے۔ اگر ہم 75 سال تک زندہ رہیں تو دل کی دھڑکن 2,625,000,000 بار ہو گی۔ ہم میں سے کتنوں نے کبھی اس دھڑکن کو گننے کی کوشش کی ہو گی؟ کسی نے بھی نہیں۔ اس سب کو گننے کیلئے آپ کو اپنی پیدائش کے دن سے گنتی شروع کرنا ہو گی۔ اس کا مطلب ہے کہ آپ معمول کی زندگی نہیں گزار سکیں گے کیونکہ آپ کو دل کی ہر دھڑکن کو اسی وقت گننا ہو گا۔ تا ہم دل کی ہر دھڑکن ہمارے لئے قیمتی ہے۔ اس بات کو یقینی بنانے کیلئے کہ ہمارا دل ٹھیک طرح سے کام کرتا ہے، ہم میں سے ہر کوئی سونے کا پہاڑ تک خرچ کرنے کو تیار ہو گا۔ لیکن پھر بھی ہم اس ذات کو بھول جاتے ہیں اور اس کی نفی کرتے ہیں جس نے ہمارا دل پیدا کیا اور اس کے ٹھیک طرح کام کرنے کو یقینی بنایا۔ یہ مثال اس بات کو واضح کرتی ہے کہ ہمیں اللہ تعالٰی کا احسان مند ہونا چاہئے؛ اور شکر گزاری کا یہ احساس، عبادت ہی کا ایک حصہ ہے۔ اوپر کی مثال صرف دل کے دھڑکن کے متعلق ہے۔ ذرا تصور کیجئے کہ اللہ تعالٰی نے ہم پر جو دوسری عنایات فرمائی ہیں، ان کیلئے ہمیں اس کا کتنا شکر گزار ہونا چاہئے۔ اس تناظر میں دھڑکن کے علاوہ ہر چیز اضافی نفع ہے۔ اللہ تعالٰی کی عنایات کو ہم شمار نہیں کر سکتے، اور اگر ہم انہیں گن بھی سکیں، تب بھی ہمیں اس صلاحیت کیلئے بھی اس کا شکر ادا کرنا چاہئے۔

اگر ہم اپنے آپ سے محبت کرتے ہیں تو اپنے رب سے بھی محبت کریں گے

اللہ سے محبت، اللہ کی عبادت کی بنیاد ہے۔ محبت کی بہت سی اقسام ہیں جن میں سے ایک خود سے محبت بھی ہے۔ یہ محبت اس وقت پیدا ہوتی ہے جب دل میں لمبی عمر، خوشی کا احساس، غم سے اجتناب اور انسانی ضروریات کو پورا کرنے کی خواہش پیدا ہو۔ یہ ہم سب میں پائی جاتی ہے کیونکہ

ہم سب ہی اچھی اور خوشحال زندگی گزارنا چاہتے ہیں۔ ماہر نفسیات ایرک فرام کہتا ہے کہ اپنے آپ سے محبت انا اور تکبر کا نتیجہ نہیں بلکہ یہ دراصل احساس ذمہ داری ہے کہ ہمیں خود اپنا خیال رکھنا ہے اور اپنی عزت کرنی ہے۔ محبت کی یہ قسم دوسروں کا خیال رکھنے کیلئے لازم ہے۔ اگر ہم اپنا خیال نہیں رکھ سکتے تو ہم دوسروں کا خیال کیسے رکھ سکتے ہیں؟ اپنے آپ سے محبت کرنا دراصل اپنے آپ سے ہمدردی کا جذبہ ہے۔ اس طرح ہمارے جذبات و خیالات ہماری ذات سے مربوط ہوتے ہیں۔ اگر ہم خود اپنے آپ سے مربوط نہیں ہوں گے تو ہم دوسروں سے کیسے رابطہ رکھ سکتے ہیں؟ ایرک فرام اس بات کو کچھ اس طرح بیان کرتا ہے کہ محبت ''خود اپنے وجود، انفرادیت اور خود اپنے آپ سے محبت کی سمجھ کے پہلو کو اجاگر کرتی ہے جو کسی دوسرے سے محبت اور اس کے احساسات اور جذبات کی قدر کو سمجھنے میں اہم ہے۔''[571]

اگر کسی شخص کیلئے اپنے آپ سے محبت ضروری ہے، تو اس کیلئے لازم ہے کہ وہ اپنے خالق سے بھی محبت کرے۔ کیوں؟ کیونکہ اللہ نے اس کے جسم کو پیدا کیا اور اسی بناء پر وہ اطمینان و خوشی اور درد سے اجتناب کے جذبے سے ہمکنار ہوتا ہے۔ اللہ نے ہمیں ہماری زندگی کا ہر قیمتی لمحہ بخشا، اس کے باوجود کہ ہم اس کے اہل و مالک نہ تھے۔ الہیات کے عظیم عالم امام غزالیؒ نے اس پہلو کو انتہائی خوبصورتی سے بیان کیا ہے:

''اگر انسان کا اپنے آپ سے محبت کرنا لازم آتا ہے تو اس ذات سے محبت بالاولٰی لازم آتی ہے، جس نے اس کا وجود بنایا اور اس کی ذات کے تسلسل کو، اس کے کردار کو، اس کی خارجی و داخلی خصوصیات کے ساتھ نواز ا جو دراصل اس کا جوہر اور اس کا مسبّب ہیں۔ جو بھی اس گوشت کے جسم کا معترف و محب ہے، اور اللہ سے محبت کا جذبہ اس کے دل میں ناپید ہے، تو گویا وہ اپنے خالق و رب کا انکار کرتا ہے۔ وہ اس کا مستند علم نہیں رکھتا؛ اس کی بصیرت محدود ہے۔''[572]

اللہ بہت محبت کرنے والا ہے اور اس کی محبت سب سے زیادہ خالص ہے

اللہ الودود ہے۔ اس کی محبت خالص ترین ہے۔ پس، چاہئے کہ اللہ سے محبت کی جائے اور اس سے محبت کرنا اس کی عبادت کا بنیادی جزو ہے۔ تصور کیجئے کہ میں آپ کو بتاؤں

کہ فلاں جگہ پر ایک بہت محبت کرنے والا شخص ہے اور اس کی محبت کا کوئی مقابلہ نہیں کر سکتا۔ کیا آپ کے دل میں بھی اس سے روبرو ملنے کی خواہش اور آخرکار اس سے محبت کے جذبات پیدا نہیں ہو جائیں گے؟

لفظ ''محبت'' کے بہت سے معانی ہیں۔ بہترین طریقہ یہ ہے کہ ہم اس اصطلاح کا اسلامی و قرآنی بنیادوں پر تفہیم حاصل کریں، جن میں اس کی رحمت (رحمة)، اس کا خصوصی رحم (رحیم)، اور اس کی خصوصی محبت (مؤدت) شامل ہیں۔ ان اصطلاحات کو جاننے کے بعد ہم بھی اللہ سے محبت کرنے لگ جائیں گے۔

رحم

کہا جاتا ہے کہ رحم کے دوسرے معنیٰ محبت کے ہیں۔ اللہ تعالیٰ کا ایک نام الرحیم ہے۔ اردو ترجمہ اس اصطلاح کی گہرائی اور شدت کا احاطہ نہیں کر سکتا۔ لفظ الرحیم کے تین مفاہیم ہیں: ایک یہ کہ اللہ کی رحمت کی شدت بہت زیادہ ہے، دوسرا یہ کہ اس کی رحمت متواتر ہے، تیسرا یہ کہ اس کی محبت اس قدر زیادہ ہے کہ اسے کوئی نہیں روک سکتا۔ اللہ کی رحمت ہر شئے پر غالب ہے اور وہ لوگوں کیلئے ہدایت کو پسند کرتا ہے۔ اللہ تعالیٰ اپنی کتاب میں فرماتا ہے: وَرَحمَتِی وَسِعَت کُلَّ شَیءٍ [573] ''اور میری رحمت ہر شئے پر غالب ہے'' (سورۃ الاعراف، آیت 156)۔ الرَّحمٰنُ عَلَّمَ القُرآنَ [574] ''اس رحیم رب نے قرآن سکھایا'' (سورۃ الرحمٰن، آیات 1 تا 2)

مندرجہ بالا آیات میں اللہ تعالیٰ فرماتا ہے کہ اللہ ''رحیم'' ہے، جس کے یہ معنی نکلتے ہیں کہ اللہ ''رب رحمت'' ہے کہ جس نے یہ قرآن سکھایا۔ یہ ہے عربی کلام کی خوبصورتی کہ جس سے یہ معنی نکل رہے ہیں کہ قرآن، اللہ کی خاص رحمت کا اظہار ہے۔ دوسرے الفاظ میں قرآن، اللہ کی طرف سے بنی نوع انسان کیلئے ایک محبت بھرا خط ہے۔ جہاں تک سچی محبت کا تعلق ہے، تو جو محبّت ہوتا ہے، وہ اپنے محبت کرنے والوں کا بھلا چاہتا ہے، انہیں مصیبتوں سے بچانے کی تدبیر کرتا ہے اور انہیں اطمینان کی راہ دکھاتا ہے۔ قرآن اس سے ذرا بھی مختلف نہیں، یہ انسانوں کو پکارتا ہے۔ انہیں کھرے اور کھوٹے کی تمیز دکھلاتا ہے اور خوشخبریاں دیتا ہے۔

خصوصی رحمت

الرحیم سے الرحمٰن مربوط ہے۔ان دونوں الفاظ کا ماخذ ایک ہی ہے، یعنی یہ لفظ رحم سے نکلے ہیں، یعنی ماں کا پیٹ۔لیکن ان میں فرق بہت واضح ہے۔الرحیم سے مراد خاص طرح کا رحم ہے، جس کو جو چاہے حاصل کر لے۔جو اللہ کی بھیجی ہوئی ہدایت کو قبول کر لے، وہ دراصل اللہ کے اس خصوصی رحم کا مستحق بن گیا۔یہ خصوصی رحمت مومنوں کیلئے ہے جو ان پر جنت کی صورت میں نچھاور ہوگی، جو ابدی ہوگی اور جو اللہ کی طرف سے ان پر فرحت و شاد مانی اور امن کی صورت میں ہوگی۔

خصوصی محبت

قرآن کے مطابق اللہ الودود ہے یعنی بے پناہ محبت کرنے والا۔ یہ اس محبت کی طرف اشارہ ہے جو روز روشن کی طرح واضح ہے۔یہ لفظ''وُد''سے ماخوذ ہے جس کے معنی ہیں کسی کو کچھ عطا کر کے اپنی محبت کا اظہار کرنا: وَهُوَ الْغَفُورُ الْوَدُودُ () ''اور وہ بخشنے والا، اور بے پناہ محبت کرنے والا ہے۔''[575] (سورۃ البروج، آیت 14)

اللہ تعالیٰ کی محبت ہر محبت سے بالا ہے۔اس کی محبت، دنیا کی تمام محبتوں سے عظیم ہے۔ مثال کے طور پر، ماں کی محبت بلاشبہ اپنی اولاد کیلئے بلا کسی مقصد کے ہوتی ہے لیکن وہ پھر اپنی اولاد کیلئے فطری محبت ہوتی ہے۔ یہ محبت اس کی ممتا کو پایۂ تکمیل تک پہنچاتی ہے اور اس کا یہ جذبۂ قربانی اس کو مکمل کرتا ہے۔ اللہ کسی کا محتاج نہیں۔ وہ بے نیاز ہے اور وہ قیوم ہے، وہ بہترین ہے جس میں کوئی نقص نہیں، وہ کسی بھی شئے کا محتاج نہیں۔ اللہ کی محبت کسی شئے کی تمنا کی وجہ سے نہیں، یہ اس لئے کہ اس کی محبت خالص ترین ہے اور اسے مخلوق سے محبت کر کے کچھ حاصل نہیں ہوگا۔

اس سب کی روشنی میں ہم اس سے محبت کیوں نہ کریں، جبکہ اس کی محبت ہمارے تصور سے بھی زیادہ وسیع اور پر خلوص ہے؟ اللہ کے نبی ﷺ نے فرمایا''بلاشبہ اللہ تعالیٰ اپنے بندوں کے ساتھ ان بچوں کی ماں سے بڑھ کر رحیم اور شفیق ہے۔''[576] (سنن ابو داؤد)

اگر اللہ الودود ہے اور اس کی محبت دنیا کی ہر شئے سے زیادہ عظیم تر ہے، تو ہمیں اپنے آپ کو اللہ کیلئے محبت کی گہرائیوں میں ڈبو دینا چاہئے۔ ہمیں اللہ سے محبت اس لئے بھی ہونی چاہئے

کیونکہ ہم اس کے بندے ہیں۔ امام غزالیؒ نے انتہائی خوبصورتی سے بیان کیا: ''وہ جو بصیرت رکھنے والے ہیں، وہ جانتے ہیں کہ کوئی محبت اصلی نہیں سوائے محبت الٰہی کے، کوئی محبت کا مستحق نہیں مگر اللہ کی ذات کے۔''[577]

روحانی نقطہ نظر سے، اللہ کی محبت وہ کامیابی ہے جو کسی کیلئے اس کی زندگی کا سب سے مفید حاصل ہو سکتی ہے، کیونکہ حبِّ الٰہی روح کے سکون، نرمی اور آخرت میں ابدی نعمتوں کا باعث ہوتا ہے۔ اللہ سے محبت نہ ہونا، نہ صرف ناشکری کی صورت ہے بلکہ محض نفرت کے حصول کا ہی منبع ہے۔ اس سے محبت نہ کرنا، جو سب سے عظیم محبت کرنے والا ہے اور ہمارے لئے احساسِ محبت کا سبب ہے، دراصل اس محبت کے جذبے کا انکار کرنے کے مترادف ہے۔

اللہ اپنی اس خصوصی محبت کو ہم پر ٹھونستا نہیں۔ تاہم، اپنی رحمت کے ذریعے، اپنی محبت کو قبول کرنے اور اس کا مستحق بننے کیلئے مخلوق کو اس کی زندگی کا ہر ہر قیمتی لمحہ فراہم کرتا ہے۔ اور جو اس کا مستحق بننا چاہتا ہے، اسے اس کے ساتھ اس تعلق میں لازماً داخل ہونا پڑتا ہے۔ یہ ایسا ہی ہے جیسے اللہ تعالیٰ ہمارا انتظار کر رہا ہے کہ ہم اس کی محبت کو قبول کریں۔ لیکن ہم نے اس کی محبت کے تمام دروازے خود پر بند کر لئے ہیں۔ ہم نے یہ دروازے اس کا انکار کر کے، اسے نظر انداز کر کے اور اسے مسترد کر کے خود پر بند کئے ہیں۔ اگر اللہ اپنی اس محبت کو ہم پر ٹھونس دیتا تو محبت اپنے معنی کھو دیتی۔ ہمارے پاس یہ اختیار ہے، آیا کہ اس کی محبت قبول کر کے اس کی ابدی رحمتوں کے مستحق ہو جائیں یا اس محبت اور اس ہدایت کا انکار کر کے منفی روحانی نتائج پائیں۔

وہ الودود ہم سے محبت کرنا چاہتا ہے۔ مگر اس کی محبت کو قبول اور اس کے بامعنی ہونے کیلئے یہ ضروری ہے کہ ہم اللہ سے محبت کریں اور اس راہ کو اختیار کریں جو ہمیں بالآخر اس کی محبت کا مستحق بنا دے۔ وہ راستہ اللہ کے نبی ﷺ کا راستہ ہے (دیکھئے باب 14): قُلْ إِنْ كُنْتُمْ تُحِبُّونَ اللّٰهَ فَاتَّبِعُونِى يُحْبِبْكُمُ اللّٰهُ وَيَغْفِرْ لَكُمْ ذُنُوبَكُمْ وَاللّٰهُ غَفُورٌ رَحِيمٌ ۝ ''(اے رسول ﷺ) کہہ دیجئے: اگر تم اللہ سے محبت کرتے ہو تو میری پیروی کرو، اللہ بھی تم سے محبت کرے گا اور تمہارے گناہ معاف فرما دے گا اور اللہ معاف کرنے والا اور رحم کرنے والا ہے۔''[578] (سورۃ آلِ عمران، آیت 31)

عبادت ہمارے وجود کا جزو ہے

اللہ ہماری عبادت کا اس لئے مستحق ہے کیونکہ عبادت ہمیں بتاتی ہے کہ ہم کون ہیں۔ جیسے ہمارے لئے کھانا، پینا، سانس لینا فطری ضرورت ہے، عبادت بھی ہماری فطری ضرورت ہے (دیکھئے باب 4)۔ اس نقطۂ نگاہ سے ہم پیدا ہی عابد کے طور پر ہوئے ہیں کیونکہ یہی ہماری اصل ہے اور یہی ہماری پیدائش کے پیچھے کارفرما مقصدِ الٰہی ہے۔ اللہ کی عبادت ہماری منطقی ضرورت ہے، بالکل اس طرح جیسے جب ہم کہتے ہیں کہ ایک گاڑی کا رنگ سرخ ہے۔ وہ سرخ اس لئے ہے کیونکہ ہم نے اس کا رنگ سرخ طے کیا ہے، یعنی یہ تعریف کے اعتبار سے ہی سرخ ہے۔ اسی طرح، ہم تعریف کے اعتبار سے عابد ہیں۔ اللہ نے ہماری تعریف اور ہمیں بنایا ہی اسی مقصد کیلئے ہے: وَمَا خَلَقْتُ الْجِنَّ وَالْإِنسَ إِلَّا لِيَعْبُدُونِ ۝ ''میں نے جن و انس کو پیدا نہیں کیا مگر اپنی عبادت کیلئے۔''[579] (سورۃ الذاریات، آیت 56)

حتیٰ کے وہ لوگ جو اللہ پر یقین نہیں رکھتے اور وہ اس کا بندگی کا حق مسترد کر دیتے ہیں، وہ بھی دراصل اس کی طرف عبادت و عقیدت کا اظہار کرتے ہیں۔ اگر آپ اللہ کی عبادت نہیں کرتے، تب بھی آپ کسی اور شئے کی عبادت میں مصروف ہوں گے۔ اسلامی نقطۂ نظر سے، وہ چیز جس سے آپ سب سے زیادہ محبت کرتے ہیں، وہ آپ کا معبود ہو گی۔ اس میں کوئی بھی چیز، جس کو آپ سب سے زیادہ طاقت کے ساتھ متصف کرتے ہیں، شامل ہے۔ بہت سے لوگوں کیلئے یہ کوئی نظریہ، کوئی لیڈر، خاندان کا کوئی فرد یا خود ان کا نفس ہو سکتا ہے۔ دوسرے الفاظ میں، لوگ مندرجہ بالا چیزوں کو بت بنا لیتے ہیں۔ (یاد رکھئے کہ) شرک یا بت پرستی فقط یہ نہیں کہ آپ کسی اور کے آگے سجدہ ریز ہوں۔

اللہ تعالیٰ کی پہچان ہماری فطرت میں موجود ہے۔ جب اللہ ہمیں حکم دیتا ہے کہ اسی کی عبادت کی جائے تو یہ دراصل رحمت اور محبت کا اظہار ہے۔ یہ ایسا ہی ہے کہ جیسے ہر انسان کے دل میں سوراخ ہو۔ یہ سوراخ مادی نہیں بلکہ روحانی ہو اور روحانی سکون کی مدد سے بند کیا جائے۔ ہم یہ سکون نئی ملازمت سے، نئی گاڑی سے، نئے گھر سے، چھٹی کے دن سے، سفر کرنے یا کوئی مشہور کورس، جو اپنے آپ کو پرسکون کرنے میں مدد دے، لے کر کرنے کی کوشش کرتے ہیں۔ لیکن

جب بھی ہم ان مادی اشیاء سے اپنا یہ سوراخ پر کرنے کی کوشش کرتے ہیں تو ایک نیا سوراخ ابھر آتا ہے۔ ہم کبھی پوری طرح سے پرسکون نہیں ہو پاتے اور کچھ دیر بعد ہم پھر اس روحانی سوراخ کو بھرنے کیلئے کوئی اور مشغلہ اختیار کرتے ہیں۔ لیکن جب ایک بار ہم اپنے اس سوراخ کو اللہ کی محبت سے بھر لیتے ہیں تو یہ سوراخ مستقل بند ہو جاتا ہے۔ اس کے بعد ہم ایسا سکون اور امن حاصل کر لیتے ہیں جو اس مادی دنیا میں نہیں مل سکتا اور ایک ایسا اطمینان، جو کسی بھی طوفان سے تہہ و بالا نہیں ہو سکتا۔

اللہ کی اطاعت، اس کی عبادت کرنے کے مترادف ہے

وَأَطِيعُوا اللَّهَ وَالرَّسُولَ لَعَلَّكُمْ تُرْحَمُونَ

''اور اللہ کی اور اس کے رسول ﷺ [580] کی اطاعت کرو تا کہ تم پر رحم کیا جائے۔'' [581] (سورۃ آل عمران، آیت 132)

جب بھی میں جہاز میں سفر کرتا ہوں اور جب بھی جہاز کسی بھی خرابی کا شکار ہوتا ہے، عام طور پر جہاز کے اسپیکرز سے یہ آواز سنتا ہوں جس میں سیٹ بیلٹ باندھنے کی ہدایات ہوتی ہیں۔ میرا عام طور پر یہ ردعمل ہوتا ہے کہ میں بیٹھ جاتا ہوں اور ہدایات کے مطابق سیٹ بیلٹ باندھ لیتا ہوں اور دعائیں کرتا ہوا بہتری کی امید کرتا ہوں۔ میں ہدایات پر اس لئے عمل کرتا ہوں کیونکہ میں جانتا ہوں کہ اس جہاز کے حکام اس بارے میں بہتر جانتے ہیں کہ جہاز کو اس پریشانی کے معاملات میں کیسے سنبھالنا ہے۔ میرا یوں حکام کی ہدایات کی اتباع کرنا منطقی طور پر درست عمل ہے۔ کوئی متکبر شخص ہی ان ہدایات کی خلاف ورزی کر سکتا ہے۔ کیا آپ سات سال کے ایسے بچے کو سنجیدہ لیں گے جو کہتا ہو کہ ہمارا استاد ریاضی اچھے طریقے سے نہیں پڑھاتا؟

اسی روشنی میں، اللہ کے احکام کی معصیت محض احمقانہ عمل ہے۔ منطقی طور پر درست عمل یہ ہے کہ اللہ ہی کی اتباع کی جائے چاہے ہم اس کے حکم کردہ امور کے پیچھے اس کی حکمتِ ایزدی سے ناواقف ہوں۔ اللہ کی حکمت اس کے لامحدود علم پر مبنی ہے۔ وہ اصل حاکم ہے۔ اللہ کی معصیت کرنا ایسا ہی ہے جیسے دو سال کا ایک بچہ صفحے پر لکیریں لگا رہا ہو اور اسے یہ گمان ہو کہ وہ شیکسپیئر سے بھی اچھا مصنف ہے۔

اس کا مطلب ہرگز یہ نہیں کہ ہم اللہ کی اطاعت کرتے ہوئے اپنی عقلوں کا استعمال ہی نہ کریں، بلکہ ہمیں اللہ نے خود عقل کو استعمال کرنے کا حکم صادر فرمایا ہے۔ تاہم، اگر ہم کسی عمل کے بارے میں جان لیں کہ یہ اللہ کا حکم ہے تو ہماری کاوش اسی کی اطاعت میں صرف ہونی چاہئے۔

اللہ کی پیروی میں یہ بھی شامل ہے کہ اس سے ڈرا جائے (تقویٰ اختیار کیا جائے)۔ اگر مومن کے دل میں اللہ کی بندگی اور اس کی اطاعت کا خیال ہو گا تو وہ لازمی طور پر اس سے ڈرے گا۔ بہرحال یہ ڈر وہ نہیں جو کسی اور وجود سے ہو یا کسی دشمن سے ہو، یا کسی بری یا شیطانی طاقت سے ہو، بلکہ یہ خوف سکون و اطمینان، محبت کے چھن جانے اور ایمان کے نقصان کا ہو۔[582] ہم اللہ سے اس کی محبت کے چھن جانے کی وجہ سے ڈرتے ہیں۔ یہ خوف کی وہ قسم ہے جو لازمی ہونی چاہئے۔

ہم اللہ سے منفی روحانی نتائج سے بچنے کیلئے ڈرتے ہیں۔ اس میں اللہ کی خصوصی محبت اور اللہ کے ساتھ قائم رابطہ شامل ہے جو عبادت کے ذریعے بنا تھا۔ اللہ کی اتباع سے دوڑنا، اس کی رحمت سے دور جانے کے مترادف ہے اور اس کی رحمت سے دوری، ہمارے اپنے لئے نقصان دہ ثابت ہوتی ہے۔ غزالی اس خوف کو ایسا خوف شمار کرتے ہیں جو بیش قیمت چیز کے چھن جانے سے لاحق ہو: ''جو کسی چیز سے محبت کرتا ہے، اس کے دل میں اس کے چھن جانے کا خوف ہوتا ہے۔ پس محبت، خوف کی غیر موجودگی میں ممکن نہیں، محبت کی جانے والی چیز گم ہو سکتی ہے۔''[583]

قرآن اس خوفِ خدا کا تذکرہ کرتا ہے، اور اس خوف کو اسی طرح سمجھنا چاہئے جیسے میں اوپر تذکرہ کر چکا ہوں۔ یہ کتاب خداوندی اللہ کی پہچان کو ظاہر کرتی ہے، جسے اسلامی الہیات میں تقویٰ کہتے ہیں۔ کوئی بھی قرآن کا نسخہ، جس کا ترجمہ ہوا ہو، ان دو اصطلاحات کو خوبصورتی سے بیان کرے گا۔ ان کے معنی الگ ہیں، لیکن ان میں کچھ مماثلت بھی ہے جن کا تعلق ایسے خوف سے ہے جس کا اثر اللہ کی معصیت کی وجہ سے انسان کی روحانیت پر ہو۔ اللہ کی پہچان سے مراد، اللہ کی ہر وقت موجودگی کا دل میں خیال ہونا ہے کہ وہ جانتا ہے جو ہم میں کرتا ہوں، اور اللہ کی محبت کی خاطر ہمیں وہی کرنا چاہئے کہ جس سے وہ راضی ہو۔

کیا اللہ تعالیٰ کو ہماری عبادت کی ضرورت ہے؟

عام طور پر یہ سوال اسلام کے تصور سے ناواقفیت کی بنیاد پر اٹھایا جاتا ہے۔ قرآن و حدیث

میں بارہا مرتبہ یہ وارد ہو دہ چکا ہے کہ اللہ کی ذات ہر قسم کی ضرورت سے پاک ہے۔ اللہ تعالیٰ کو ہماری عبادت کی کوئی ضرورت نہیں۔ اسے ہماری عبادت سے کچھ بھی حاصل نہیں ہوتا اور ہماری عبادت نہ کرنے سے بھی اس کی شان و عظمت میں کوئی کمی نہیں آتی۔ ہم اللہ تعالیٰ کی عبادت اس لئے کرتے ہیں کہ اللہ تعالیٰ نے اپنی حکمت کے تحت ہمیں تخلیق ہی اس طرح کیا ہے کہ اس کی عبادت ہم پر لازم آتی ہے، اور اس عبادت کو اللہ تعالیٰ نے ہمارے لئے جسمانی اور روحانی، دونوں طرح سے فائدہ مند بنایا ہے۔

اللہ تعالیٰ نے ہمیں اپنی عبادت کیلئے کیوں پیدا کیا؟

اس جواب سے دراصل مزید ایک سوال کی گنجائش پیدا ہوتی ہے، اور وہ یہ کہ اللہ تعالیٰ نے ہمیں اپنی بندگی کے واسطے کیوں پیدا کیا؟ اللہ تعالیٰ خود چونکہ سراپا اچھائی ہے، مزید برآں، وہ خود بھی اچھائی کو پسند کرتا ہے چنانچہ ہر اچھا کام اس کی عبادت میں شمار ہوتا ہے۔ دراصل ایک باشعور مخلوق کی تخلیق اس لئے کی گئی کہ وہ اس اللہ کی بندگی کا اختیار اپنی منشاء سے کرے اور اچھا کام سرانجام دے۔ کچھ لوگ اس حد تک عبادت کرتے ہیں کہ وہ انبیاء، شہداء اور صالحین کے ساتھ جنت میں اعلیٰ مقام حاصل کریں اور آخرکار اللہ تعالیٰ کی قرب میں ابدی زندگی گزارنے کا موقع ملے۔ ایک ایسی ابدی زندگی کہ جس میں رب کا قرب اور اس کی رحمت اس کی ساتھی ہو۔ اب جو اچھا کام کرے گا، اللہ تعالیٰ اس کیلئے جنت کے وعدوں کو حقیقت بنا دے گا۔ مختصر یہ کہ اللہ تعالیٰ نے ہمیں اپنی عبادت کیلئے پیدا کیا کیونکہ وہ ہماری بھلائی چاہتا ہے۔ وہ یہ چاہتا ہے کہ ہم اس کی رحمت یعنی جنت کے حقدار بنیں۔ اس رب نے یہ بات واضح کر دی کہ جو اس کی جنت میں داخل کیا جائے گا دراصل اس کی رحمت کا مزہ چکھے گا۔ [584]

وَلَوْ شَاءَ رَبُّكَ لَجَعَلَ النَّاسَ أُمَّةً وَاحِدَةً وَلَا يَزَالُونَ مُخْتَلِفِينَ إِلَّا مَن رَّحِمَ رَبُّكَ وَلِذَٰلِكَ خَلَقَهُمْ وَتَمَّتْ كَلِمَةُ رَبِّكَ لَأَمْلَأَنَّ جَهَنَّمَ مِنَ الْجِنَّةِ وَالنَّاسِ أَجْمَعِينَ ٠

''اگر آپ کا پروردگار چاہتا تو سب لوگوں کو ایک ہی راہ پر ایک گروہ کر دیتا۔ وہ تو برابر اختلاف کرنے والے ہی رہیں گے بجز اُن کے جن پر آپ کا رب رحم فرمائے،

اُنہیں تو اسی لئے پیدا کیا ہے، اور آپ کے رب کی یہ بات پوری ہے کہ میں جہنم کو جنوں اور انسانوں سب سے پر کروں گا،،[585] (سورۃ ہود، آیات 18 تا 19)

اللہ تعالیٰ کے بہترین ناموں اور صفات کا اظہار ہونا تھا اس لئے عبادت کرنے والی مخلوق کی تخلیق ناگزیر تھی۔ ایک فنکار ناگزیر طور پر آرٹ تخلیق کرتا ہے کیونکہ وہ اس کی فنکارانہ صفت کا اظہار ہوتا ہے۔ چونکہ اللہ تعالیٰ معبود ہے اس لئے یہ ناگزیر تھا کہ اس کا اظہار بھی ہو، اس کی ایسی مخلوق ہو جو اس کی عبادت کرتی ہو۔ یہ ناگزیریت ضرورت پر مبنی نہیں بلکہ اللہ تعالیٰ کے نام اور صفات کے اظہار کی ایک صورت ہے۔

اسے سمجھنے کا ایک اور پہلو یہ ہے کہ ہمارا علم چونکہ محدود ہے اس لئے ہم کبھی اللہ تعالیٰ کی حکمت کو مکمل طور پر سمجھنے کے قابل نہیں ہو سکتے۔ جیسا کہ پہلے تذکرہ گزر چکا ہے، اگر ہم ایسا کرنے کے قابل ہو گئے تو یا تو ہم خدا بن جائیں گے یا خدا ہمارے جیسی ہی کوئی ہستی ہوگی۔ یہ دونوں صورتیں ناممکنات میں سے ہیں۔ اللہ تعالیٰ نے اپنی دائمی حکمت کی وجہ سے ہمیں ایسا پیدا کیا کہ ہم اس کا مکمل کھوج اپنے علم سے نہیں لگا سکتے۔ اللہ تعالیٰ کو اتنا ہی سمجھنا ممکن ہے، جتنا خود اس نے اپنے بارے میں بتایا۔

چنانچہ اب صورتحال کو سمجھنے کی ایک عملی توجیہ یہ ہے کہ فرض کیجئے آپ ایک چٹان کے کنارے پر کھڑے ہیں اور کسی نے آپ کو نیچے سمندر میں دھکا دے دیا۔ سمندر کے پانی میں بہت سی خونخوار مچھلیاں موجود ہیں۔ تاہم جس نے آپ کو دھکا دیا، اسی نے آپ کو ایک نقشہ اور ایک آکسیجن ٹینک دیا، جس سے آپ کو ایک خوبصورت جزیرے پر پہنچنے میں مدد ملے گی جہاں آپ ہمیشہ آرام سے رہیں گے۔ اگر آپ عقل مند ہیں تو آپ نقشے کا استعمال کریں گے اور جزیرے تک بحفاظت پہنچنے کی کوشش کریں گے۔ اور اگر آپ اسی سوال پر پھنس گئے، کہ ''تم نے مجھے پھینکا کیوں تھا؟'' تو یا تو آپ کو شارک کھا جائے گی یا آکسیجن ختم ہونے پر آپ دم گھٹنے کی وجہ سے مر جائیں گے۔ مسلمان کیلئے قرآن اور رسول ﷺ نقشہ اور آکسیجن ٹینک ہیں۔ یہ ہمارے وسائل ہیں جو محفوظ طریقے سے زندگی گزارنے میں ہماری رہنمائی کرتے ہیں۔ ہمیں اللہ کو جاننا ہے، اس سے محبت کرنا ہے اور اس کی اطاعت کرنا ہے۔ ہمارے پاس اس پیغام کو نظر انداز کرکے خود کو نقصان پہنچانے کا اختیار ہے، یا اسے قبول کرکے اللہ کی محبت اور رحمت کا حق دار ہونے کا۔

اب یہ ہماری صوابدید پر ہے کہ ہم کون سا راستہ اختیار کرتے ہیں۔

بندۂ آزاد

وجودیت کے اعتبار سے اللہ کی عبادت درحقیقت آزادی ہے۔ اگر ہم ایک اللہ کی عبادت کا انکار کریں گے تو پھر ہمیں ایک سے زیادہ خداؤں کے سامنے جھکنا ہوگا۔ ہم اپنی ہی خواہشات اور انا کے پیروکار بن کررہ جائیں گے۔ ہر ایک بندہ سوچتا ہے کہ وہ ٹھیک ہے اور باقی سب غلط؛ اور وہ اپنے نظریات دوسروں پر تھوپنے کی کوشش کرتا ہے۔ اس طرح ہم اپنے ہی غلام بن کررہ جاتے ہیں۔ قرآن اس نکتے کو بیان کرتا ہے اور بتاتا ہے کہ کچھ لوگ ایسے ہیں جنہوں نے اپنی خواہشات کو اپنا رب بنالیا ہے:

أَرَأَيْتَ مَنِ اتَّخَذَ إِلَهَهُ هَوَاهُ أَفَأَنْتَ تَكُونُ عَلَيْهِ وَكِيلًا أَمْ تَحْسَبُ أَنَّ أَكْثَرَهُمْ يَسْمَعُونَ أَوْ يَعْقِلُونَ إِنْ هُمْ إِلَّا كَالْأَنْعَامِ بَلْ هُمْ أَضَلُّ سَبِيلًا ٠

"بھلا بتاؤ جس شخص نے اپنا خدا اپنی نفسانی خواہش کو بنالیا ہو، تو (اے پیغمبر صلی اللہ علیہ وسلم) کیا تم اس کی ذمہ داری لے سکتے ہو؟ یا تمہارا خیال یہ ہے کہ ان میں سے اکثر لوگ سنتے یا سمجھتے ہیں؟ نہیں! ان کی مثال تو بس چار پاؤں کے جانوروں کی سی ہے، بلکہ یہ ان سے زیادہ راہ سے بھٹکے ہوئے ہیں۔،،586

(سورۃ الفرقان، آیات 43 تا 44)

اپنی عبادت بعض مرتبہ ہمیں مختلف قسم کے دباؤ، نظریات، معیارات اور ثقافتوں کی عبادت تک لے جاتی ہیں۔ وہ ہمارا مقصود بن جاتے ہیں، ہم ان سے محبت کرنے لگتے ہیں، ان کے بارے میں مزید جاننا چاہتے ہیں اور ہم ہر اس شخص کی اطاعت کرنے لگتے ہیں جو ہمیں یہ مہیا کردے۔ مثال کے طور پر مادیت پرستی۔ ہم پیسے اور مادی چیزوں سے مغلوب ہوچکے ہیں۔ ہمارا سارا وقت اور ہماری ساری کوششیں مال جمع کرنے کیلئے وقف ہیں۔ دنیا کی کامیابی اور آسائش کا حصول ہماری زندگیوں میں بنیادی اہمیت اختیار کرچکا ہے۔ اس طرح سے دنیاوی چیزیں ہم پر غالب آجاتی ہیں اور یہ چیزیں ہمیں اللہ کی عبادت سے روکتی اور مادہ پرستی کی طرف لے جاتی

ہیں۔ یہ بات ہر شخص پر لاگو نہیں ہوتی، لیکن مادیت پرستی کی یہ صورت ہمارے معاشرے میں بہت عام ہے۔

جین ایم ٹوینگ اور ٹم کیسر کی تحقیق سے یہ بات سامنے آئی ہے کہ نوجوانوں کے درمیان نسل در نسل مادیت پرستی میں اضافہ ہوا ہے۔ یہ مطالعہ 1976 سے 2007 تک کے اعداد و شمار پر مبنی تھا جبکہ آج یہ تناسب بہت زیادہ ہو چکا ہے۔ سماجی عدم استحکام جیسے کہ طلاق، بے روزگاری، نسل پرستی، انتشار کا رویہ، زندگی میں عدم اطمینان اور دیگر سماجی مسائل میں اور مادیت پرستی میں کچھ نہ کچھ تعلق ضرور موجود ہے۔[587]

اس کی تائید ایس جے اوپری کی تحقیق سے بھی ہوتی ہے۔ اس تحقیق کے مطابق، اگر بچپن مادیت پرستی میں گزرے تو جوانی میں زندگی کے عدم اطمینان میں اضافہ ہوتا ہے۔[588]

بے شک ایسی تحقیقات سو فیصد درست نہیں ہوتیں اور ان پر مزید کام کرنے کی ضرورت رہتی ہے۔ مگر اس سے مجموعی طور پر یہ بات واضح ہوتی ہے کہ ایسی ترجیحات درست نتائج نہیں دیتیں۔ آج کل ہماری پہچان ہماری ملازمت، آمدنی، دولت اور مال سے ہے۔ ہماری پہچان آہستہ آہستہ مادی چیزیں بنتی جا رہی ہیں بجائے اس کے کہ ہمارے اخلاقی معیارات، بشمول خدا اور دیگر انسانوں سے منسلک اعلیٰ اقدار، ہماری پہچان ہوں۔

لازمی طور پر اگر ہم اللہ تعالیٰ کی عبادت نہیں کر رہے ہیں تو ہم کسی اور کی پرستش میں مبتلا ہیں۔ یہ ہماری خواہشات، انا، یا مادی چیزیں ہو سکتی ہیں۔ اسلامی تہذیب میں اللہ تعالیٰ کی عبادت یہ فیصلہ کرتی ہے کہ ہم کون ہیں کیونکہ یہ ہماری فطرت کا حصہ ہیں۔ اگر ہم اللہ تعالیٰ کو بھول کر کسی اور چیز کی عبادت شروع کر دیں تو ایک دن ہم اپنی شناخت بھی بھول جائیں گے:

وَلَا تَكُونُوا كَالَّذِينَ نَسُوا اللَّهَ فَأَنْسَاهُمْ أَنْفُسَهُمْ

''اور ان لوگوں جیسے نہ ہونا جنہوں نے خدا کو بھلا دیا تو خدا نے انہیں ایسا کر دیا کہ خدا اپنے تئیں بھول گئے۔''[589] (سورۃ الحشر، آیت 19)

ہماری اپنی سمجھ بوجھ کا تعلق اللہ تعالیٰ کے ساتھ ہمارے تعلقات پر منحصر ہے، جو ہماری عبادت اور بندگی سے پیدا ہوتی ہے۔ اس معنی میں، جب ہم اللہ تعالیٰ کی عبادت کرتے ہیں تو ہم دوسرے ''معبودوں'' سے آزاد ہو جاتے ہیں، چاہے وہ ہم خود ہوں یا چیزیں، جن کے ہم مالک

ہیں یا چیزیں، جن کی ہم خواہش رکھتے ہیں۔

ضَرَبَ اللّٰہُ مَثَلًا رَّجُلًا فِیْہِ شُرَکَآءُ مُتَشَاکِسُوْنَ وَرَجُلًا سَلَمًا لِّرَجُلٍ ھَلْ یَسْتَوِیٰنِ مَثَلًا اَلْحَمْدُ لِلّٰہِ بَلْ اَکْثَرُھُمْ لَا یَعْلَمُوْنَ

''اللہ ایک مثال بیان کرتا ہے کہ ایک شخص ہے جس میں کئی (آدمی) شریک ہیں۔ (مختلف المزاج اور) بدخواہ اور ایک آدمی خاص ایک شخص کا (غلام) ہے۔ بھلا دونوں کی حالت برابر ہے۔ (نہیں) الحمد للہ بلکہ یہ اکثر لوگ نہیں جانتے۔''[590] (سورۃ الزمر، آیت 29)

اللہ تعالیٰ ہم سے کہہ رہا ہے کہ اگر ہم اس کی عبادت نہیں کریں گے تو لازمی طور پر ہم آخرکار کسی اور کی عبادت کرنے لگ جائیں گے۔ یہ مادی چیزیں پہلے ہمیں اپنا غلام بنائیں گی، پھر ہماری آقا بن جائیں گی۔ قرآن کی مثال بتا رہی ہے کہ ایک اللہ تعالیٰ کو نہ مان کر ہمیں بہت سے خداؤں کو ماننا پڑتا ہے اور ہر خدا ہم سے کچھ نہ کچھ مانگتا ہی ہے۔ اور ان کے آپس میں بھی اختلافات ہوتے ہیں جن سے پریشانیوں، الجھنوں اور غموں کی حالت ہمارا مقدر بن جاتی ہیں۔ اللہ تعالیٰ، جس کے پاس ہر چیز کا علم ہے، جو ہمارے بارے میں سب جانتا ہے، اور رحیم و کریم بھی ہے، وہ ہمیں بتا رہا ہے کہ صرف اس کی بندگی ہی ہمیں دوسرے تمام جھوٹے خداؤں سے نجات دلا سکتی ہے جنہوں نے اس سچے خدا کی جگہ لے رکھی ہے۔

شاعرِ مشرق علامہ محمد اقبالؒ نے یہ نکتہ اس طرح بیان کیا ہے[591]:

یہ ایک سجدہ جسے تو گراں سمجھتا ہے

ہزار سجدے سے دیتا ہے آدمی کو نجات

حاصل بحث

دلوں میں نرمی

میرے والد ایک آزاد آدمی ہیں۔ آزادی سے میری مراد یہ نہیں ہے کہ وہ کسی آزاد ملک میں رہتے ہیں جہاں انہیں آزادانہ حقوق حاصل ہیں، بلکہ وہ جذباتی طور پر آزاد ہیں۔ جب بھی اپنے جذبات کا اظہار کرنا چاہتے ہیں تو وہ بغیر کسی قدغن اور بیرونی دباؤ کے ایسا کرسکتے ہیں۔ مجھے یاد ہے کہ جب میں ثانوی مدرسے (سیکنڈری اسکول) میں تعلیم حاصل کر رہا تھا تو میں اسکول میں میوزک بینڈ کا حصہ تھا۔ چونکہ میرے والد میرے اس مشغلے کی حوصلہ افزائی کیا کرتے تھے، سو اسکول کے بعد گٹار کی تربیت لینا فطری طور پر مجھ میں سرایت کر گیا۔ جب بھی کبھی اسکول میں کنسرٹ ہوتا تو میرے والد وہاں آکر طلبا کے اچھے فن سے خوب لطف اندوز ہوتے۔ ایک فن کارہ غیر معمولی فن کی حامل تھی۔ ایک بار جب وہ اپنے فن کا اظہار کر رہی تھی اور اپنے جوبن پر پہنچی تو اس کی اعلیٰ کارکردگی پر میرے والد نے کھڑے ہوکر اس کے فن کی خوب داد دی، وہ بہت دیر تک

کھڑے رہے اور اس کے فن پر داد دیتے رہے۔

ہم سب انسانی قابلیت پر ایسا ہی اظہار کرتے ہیں۔ جب کبھی ہمارے کھیل کا ہیرو اپنی قابلیت کے جوہر دکھاتا ہے اور ہم اس کی قابلیت کے کرشمے دیکھتے ہیں، تو ہم مجبور ہو جاتے ہیں کہ اس کی تعریف کریں اور اس پر تالیاں بجائیں۔ ہم اپنی زندگی میں یہ لمحات کبھی نہیں بھولتے۔ ذرا پردۂ تصور پر ایسی ہی چیز کا اثر دیکھئے جو آپ کی روح پر ہو، اور جب بھی ایسا ہو تو آپ اس کی تعریف کئے بغیر نہ رہ سکیں۔

لیکن ہم اس دنیا میں بہت سے مظاہر قدرت بھی دیکھتے ہیں اور ان کے درمیان اپنی زندگی گزارتے ہیں۔ ہمارے پاس امید و محبت اور انصاف کی طلب کا جذبہ ہے اور ہم انسانی زندگی کی قدر میں یقین رکھتے ہیں۔ ہم مباحثے کرتے ہیں، کسی مسئلے میں دلیل کی حاجت رکھتے ہیں، ہم اندازے لگاتے ہیں، کسی بات سے استدلال کرتے ہیں۔ ہم ایک بہت وسیع کائنات میں رہتے ہیں جس میں کھربوں کہکشائیں، ستارے اور سیارے ہیں۔ کائنات میں ایسے جاندار ہیں جن کے پاس خاص طرز کا شعور ہے۔ ہم غیر مادّی ذہن رکھتے ہیں جو مادّی دنیا کے ساتھ ملحق و مربوط ہے۔ اس کائنات کے اصول ہیں اور خاص طرح کی ترتیب ہے جو اس طرح نہ ہوتی تو شعوری زندگی کا ہونا ناممکن تھا۔ ہم اپنے ضمیر کے گہرائی میں، بہرحال، بدی کو بدی اور نیکی کو نیکی جانتے ہیں۔

ہماری کائنات میں ایسے حشرات و حیوانات ہیں جو اپنے وزن سے کئی گنا زیادہ وزن برداشت کر سکتے ہیں، ایسے بیج ہیں جو شدید گرمی میں بھی اُگ آتے ہیں۔ ہماری زمین پر 6000 سے زائد زبانیں بولی جاتی ہیں۔ ہم ایسی دنیا کے باسی ہیں جس میں ایسے لوگ رہتے ہیں جو آنا فاناً دنیا کو تباہ کر ڈالنے والے ہتھیار بنا سکتے ہیں؛ اور ایسے تصورات پیش کرتے ہیں، جن کی مدد سے ان ہتھیاروں کو چلنے ہی نہ دیا جائے۔ ہم ایسی کائنات میں رہتے ہیں کہ اگر اس میں ایک ذرّہ بھی ٹوٹ ہو جائے تو اس سے بہت زیادہ توانائی پیدا ہو۔ ہم ایسے سیارے پر رہتے ہیں کہ اگر اس پر رہنے والوں کے دل مل جائیں تو اس توانائی کو فائدے کیلئے استعمال کر سکتے ہیں۔

اس سب کے باوجود، ہمارے ہاں بہت سے ایسے لوگ ہیں جو اس سب کے خالق و مالک، اللہ سبحانہ و تعالٰی، کی اس سب خلقت پر تعریف نہیں کرتے۔ ⁵⁹² وہ اس کو اس کا حق نہیں دیتے۔ ہم فریبِ نفسی میں مبتلا ہیں، دھوکے میں مبتلا ہیں، احسان فراموش ہیں۔ یا أَیُّهَا الْإِنْسَانُ مَا

غَرَّكَ بِرَبِّكَ الكَرِيمِ 0 ''اے انسانو! تمہیں تمہارے رب کریم کے معاملے میں کس چیز نے دھوکے میں مبتلا کر دیا ہے؟''[593] (سورۃ الانفطار، آیت 6)

اللہ اکبر

اللہ واقعی سب سے بڑا ہے!

اگر ہم اللہ کی تعریف کرنے کی ضرورت محسوس نہیں کرتے تو لازمی طور پر ہمارے دل سیاہ ہو چکے ہیں، ہمیں کوئی روحانی بیماری لاحق ہو چکی ہے جس کا کوئی روحانی علاج درکار ہے۔ یہ بیماری، انا کی بیماری ہے، اور اس کی دوا ''اسلام'' ہے۔

اس بیماری کی دوا اور اللہ کی رحمت و محبت حاصل کرنے کیلئے ہمیں اس جملے کو سمجھنا، اس پر یقین رکھنا، اور اس کے آگے جھکنا ہوگا:

''اللہ کے سوا کوئی عبادت کے لائق نہیں اور محمد ﷺ اللہ کے نبی اور بندے ہیں''

مجھے امید ہے کہ اس کتاب کی بدولت آپ اپنا روحانی علاج کر کے ایک نئی زندگی کی طرف راغب ہوں گے۔

اللہ ہمیں ہدایت دے اور ہم پر اپنی خصوصی محبت و رحمت کی بارش کر دے! (آمین)

بحث برائے بحث نہیں، بلکہ بحث برائے اصلاح

اسلام کے ساتھ بات چیت

انٹرنیٹ، معلومات کا ایک بہترین ذریعہ ہوسکتا ہے لیکن یہاں کسی خاص عنوان سے متعلق تمام مستند اور درست معلومات تک رسائی حاصل کرنا بھی اتنا ہی مشکل ہوسکتا ہے۔ اپنی مثبت خوبیوں کے علاوہ یہ جھوٹ، غلط معلومات اور غلط بیانیوں کا ایک بہت بڑا گڑھ بھی ہے۔ انٹرنیٹ بہت کینہ پرور بھی ہوسکتا ہے۔ میں ذاتی طور پر انٹرنیٹ کے تاریک پہلو کا تجربہ کئی بار کر چکا ہوں۔ میری تمام غلطیاں، غلط فہمیاں اور بھول چوک ہر ایک کیلئے ہنسنے کیلئے موجود ہیں لیکن جو چیز مجھے مطمئن کرتی ہے وہ یہ ہے کہ انٹرنیٹ لوگوں کو سیکھنے کا ذریعہ بھی فراہم کرتا ہے۔ میں متضاد نظریات کا سامنا کرنے کا پرزور حامی ہوں کیونکہ اس تناظر میں سچائی زیادہ واضح ہوتی ہے۔ یہ کتاب درحقیقت میری ناکامیوں اور غلطیوں سے سیکھنے کا نتیجہ ہے۔ تو کیا اس کا مطلب یہ ہے کہ یہ کتاب کامل ہے؟ ظاہر ہے کہ نہیں۔ تاہم یہ ایک بہت ہی اہم نکتے کی طرف لے جاتی ہے۔ آپ خود کو جس بھی طرح کے قاری کی حیثیت دیتے ہیں (ملحد، مشکک، علمی، مسلمان، سیکولر، ہیومنسٹ، وغیرہ)، آپ کے بلا شبہ مزید سوالات ہوں گے یا مزید وضاحتیں درکار ہوں گی۔ اسی لئے میں نے ایک آن لائن پورٹل تیار کیا ہے جو ہماری گفتگو کو مزید جاری رکھے گا۔ آپ کے ذہن میں کسی قسم کا سوال، تبصرہ، خدشہ یا

تعمیری رائے ہو تو www.hamzatzortzis.com پر ان کا اظہار کیجیے۔

یہ اشاعت بالکل منفرد ہے کیونکہ اس کتاب کا مقصد خود کلامی نہیں بلکہ ایک مکالمہ ہے۔ اس بحث میں اخلاقی اصول موجود ہیں، جن میں کوئی فضولیات (جب تک کہ آپ صحیح نکتہ بتانے کیلئے کسی اور کا حوالہ نہیں دے رہے)، ذاتی حملے یا دوسرے کو ذلیل کرنے کی کوشش نہیں۔ اس کے علاوہ، سب کچھ چلتا ہے۔

ہر کتاب اپنے موضوع پر مکمل بحث نہیں کر پاتی اور کچھ موضوعات تشنہ رہ جاتے ہیں، جن کی وجہ ضخامت اور وقت ہے؛ لیکن اس کا مطلب یہ نہیں کہ اسلام کے پاس جواب نہیں۔

میں دلچسپی رکھنے والوں کو مشورہ دوں گا کہ وہ کھلا ذہن رکھ کر اخلاص نیت سے مکالمہ کریں۔ آپ دیکھئے، ہماری زندگی میں دو شعبے ہیں: ایک ہمارا بہروپ، اور دوسرا ہماری حقیقت۔ ہمارے خیال میں ہمارا بہروپ اور حقیقت ایک جیسی ہیں۔ یہ ایک کٹھن حقیقت ہے۔ ہمارا بہروپ ماضی کے منفی تجربات، محدود ذہنیت، خیالات اور تناظر پر مشتمل ہے جبکہ حقیقت تو کسی تناؤ کے بغیر وجود رکھتی ہے۔ لیکن ہم ہمیشہ حقیقت کو تراش لیتے ہیں تا کہ اس پر اپنا بہروپ طاری کر سکیں۔ یہی وجہ ہے کہ ہمیں دوسرے انسانوں کے ساتھ تعلق قائم کرنے میں دشواری محسوس ہوتی ہے، اور یہی وجہ ہے کہ ہماری زندگی گرداب کے گرد گھومتی ہے جو ایک ہی قسم کی غلطیوں کو بار ہا طریقوں سے دہراتی چلی جاتی ہے۔ یہ سب ہم پہلے بھی کر چکے ہیں۔ ہمارے ماضی میں متعدد منفی تجربات ہوتے ہیں جو موجودہ افراد کے ساتھ اچھے رابطے قائم کرنے کی ہماری صلاحیت کو ختم کر دیتے ہیں اور اس طرح ماضی کی غلطیوں کے ساتھ مستقبل کی تشکیل ہوتی ہے۔ یہ کوئی تعجب کی بات نہیں کہ ہم وہی غلطیاں دہراتے ہیں۔ ہمیں یہ سمجھنا ہوگا کہ ماضی، مستقبل کے برابر نہیں۔ لہٰذا آپ کا جو بھی تجربہ مذہب، اسلام اور خدا اور وحی کے متعلق رہا ہے، میں آپ سے درخواست کرتا ہوں کہ آپ نے اس کتاب میں جو کچھ پڑھا ہے، اس پر غور کرتے وقت، ماضی کے تلخ تجربات کو اس پر اثر انداز نہ ہونے دیجیے۔

میں اس کتاب کو بحث، مباحثے اور دوسروں سے معاملات کے متعلق قرآن اور حدیث سے نصیحتوں پر ختم کرنا چاہوں گا۔ اللہ رب العزت نے حضرت موسیٰ علیہ السلام کو فرعون کو اسلام کا پیغام دیتے وقت نرمی سے بات کرنے کا حکم دیا:

فَقُوْلَا لَهٗ قَوْلًا لَّيِّنًا لَّعَلَّهٗ يَتَذَكَّرُ اَوْ يَخْشٰى 0

’’اور اس سے نرمی سے بات کرنا شاید وہ غور کرے یاڈر جائے۔‘‘[594] (سورۃ طٰہٰ، آیت 44)

مفسر قرآن، القرطبی کہتے ہیں کہ اس آیت میں یہ سمجھنے کی بات ہے کہ جب اللہ تعالی نے حضرت موسٰی علیہ السلام کو فرعون جیسے ظالم سے نرمی اور تحمل سے بات کرنے کا حکم دیا، تو ہمیں کیسے دوسروں سے بات کرنی چاہئے:’’اگر موسٰی علیہ السلام کو فرعون سے نرمی سے بات کرنے کا حکم دیا گیا تو یہ اس سے بدرجہ اولٰی ہے کہ ہم لوگوں سے بات کرنے میں اور ’امر بالمعروف اور نہی عن المنکر‘ میں اس حکم کو بجالائیں۔‘‘[595]

اللہ ذوالجلال والاکرام، رسول اکرم ﷺ کو بہترین انداز میں بات کرنے کا حکم دیتا ہے:

اُدْعُ اِلٰى سَبِيْلِ رَبِّكَ بِالْحِكْمَةِ وَالْمَوْعِظَةِ الْحَسَنَةِ وَجَادِلْهُمْ بِالَّتِيْ هِىَ اَحْسَنُ 0

’’(اے پیغمبر) لوگوں کو دانش اور نیک نصیحت سے اپنے پروردگار کے رستے کی طرف بلاؤ۔ اور بہت ہی اچھے طریق سے ان سے مناظرہ کرو۔‘‘[596] (سورۃ النحل، آیت 125)

ماہر قواعد، الزمخشری اس آیت کی تفصیل میں کہتے ہیں کہ ہم دوسروں کے ساتھ ایسے قول کریں جو کرخت نہ ہو:’’بہترین انداز میں بات کرنے کا مطلب ہے کہ مکالمے کا بہترین طریقہ استعمال کیا جائے جو کہ رحم دلی کا طریقہ ہے اور سختی اور کرخگی کے بغیر، نرمی کا ہے۔‘‘[597]

بحث کے دوران اچھے الفاظ کا استعمال، اسلام کی اعلٰی ترین روایات میں سے ہے۔ قرآن اچھے الفاظ کیلئے ایک خوبصورت مثال دیتا ہے جیسے کہ وہ ایک درخت ہے جس پر دائمی پھل ہیں اور مضبوط جڑیں ہیں:

اَلَمْ تَرَ كَيْفَ ضَرَبَ اللّٰهُ مَثَلًا كَلِمَةً طَيِّبَةً كَشَجَرَةٍ طَيِّبَةٍ اَصْلُهَا ثَابِتٌ وَّفَرْعُهَا فِى السَّمَآءِ تُؤْتِىْ اُكُلَهَا كُلَّ حِيْنٍ بِاِذْنِ رَبِّهَا وَيَضْرِبُ اللّٰهُ الْاَمْثَالَ لِلنَّاسِ لَعَلَّهُمْ يَتَذَكَّرُوْنَ وَمَثَلُ كَلِمَةٍ خَبِيْثَةٍ كَشَجَرَةٍ خَبِيْثَةٍ اجْتُثَّتْ مِنْ فَوْقِ الْاَرْضِ مَا لَهَا مِنْ قَرَارٍ يُثَبِّتُ اللّٰهُ الَّذِيْنَ اٰمَنُوْا بِالْقَوْلِ الثَّابِتِ فِى الْحَيٰوةِ الدُّنْيَا وَفِى الْاٰخِرَةِ وَيُضِلُّ اللّٰهُ الظّٰلِمِيْنَ وَيَفْعَلُ اللّٰهُ مَا يَشَآءُ 0

''کیا تم نے نہیں دیکھا کہ خدا نے پاک بات کی کیسی مثال بیان فرمائی ہے (وہ ایسی ہے) جیسے پاکیزہ درخت جس کی جڑ مضبوط (یعنی زمین کو پکڑے ہوئے) ہو اور شاخیں آسمان میں۔ اپنے پروردگار کے حکم سے ہر وقت پھل لاتا (اور میوے دیتا) ہو۔ اور خدا لوگوں کیلئے مثالیں بیان فرماتا ہے تا کہ وہ نصیحت پکڑیں۔ اور ناپاک بات کی مثال ناپاک درخت کی سی ہے (نہ جڑ مستحکم نہ شاخیں بلند) زمین کے اوپر ہی سے اکھیڑ کر پھینک دیا جائے گا اس کو ذرا بھی قرار (وثبات) نہیں۔ خدا مومنوں (کے دلوں) کو (صحیح اور) پکی بات سے دنیا کی زندگی میں بھی مضبوط رکھتا ہے اور آخرت میں بھی (رکھے گا) اور خدا بے انصافوں کو گمراہ کر دیتا ہے اور خدا جو چاہتا ہے کرتا ہے۔''[598] (سورۃ ابراہیم، آیات 24 تا 27)

یہ میری ذاتی خواہش ہے کہ ان لافانی اقدار اور تعلیمات کو اپنا کر ہم شر کو خیر میں تبدیل کر سکتے ہیں، اور سمجھ سکتے ہیں کہ نفرت سے کچھ حاصل نہیں ہوگا، لہٰذا آپس کی دوستیاں آسان کریں، چاہے ہم ایک دوسرے سے اتفاق نہ رکھتے ہوں۔

وَلَا تَسْتَوِی الْحَسَنَةُ وَلَا السَّيِّئَةُ ادْفَعْ بِالَّتِی هِیَ أَحْسَنُ فَإِذَا الَّذِی بَيْنَكَ وَبَيْنَهُ عَدَاوَةٌ كَأَنَّهُ وَلِیٌّ حَمِيمٌ

''اور بھلائی اور برائی برابر نہیں ہوسکتی۔ تو (سخت کلامی کا) ایسے طریق سے جواب دو جو بہت اچھا ہو (ایسا کرنے سے تم دیکھو گے) کہ جس میں اور تم میں دشمنی تھی گویا وہ تمہارا گرم جوش دوست ہے۔''[599] (سورۃ فُصِّلَت، آیت 34)

حوالہ جات

1- سنن ابی داؤد کی روایت۔ میں نے احادیث کو ان کے مدون کرنے والے کے نام سے درج کیا ہے۔ جیسے ''صحیح بخاری کی روایت'' کا مطلب ہے کہ یہ حدیث صحیح بخاری میں درج ہے۔ آپ آن لائن ان احادیث کو انگریزی یا عربی زبان میں ڈھونڈ سکتے ہیں۔ یاد رکھئے کہ ترجموں میں معمولی فرق ہو سکتا ہے۔

2- Edition. Al-Ghazali. (2015) . The Remembrance of Death and the Afterlife. 2nd Edition. Translated with an Introduction and Notes by T. J. Winter. Cambridge: Islamic Texts Society, p. 8.

3- آپ یہ مباحث www.hamzatzortzis.com پر دیکھ سکتے ہیں (3 اکتوبر 2016ء)

4- احادیث، مستند اور تصدیق شدہ الفاظ، بیانات، اعمال اور حضرت محمد ﷺ کی رضامندی پر مشتمل ہیں۔

5- Bullivant, S. (2015) . Defining 'Atheism'. In: The Oxford Handbook of Atheism. Oxford: Oxford University Press, pp. 11-21.

6- Schweizer, B. (2010). Hating God: The Untold Story of Misotheism. New York: Oxford University Press, p. 28.

7- Ibid, p. 216.

8- Ibid, pp. 217-218.

9- Ibid, pp. 217-218.

10- Dawkins, R. (2006). The God Delusion. London:
Bantam Press, p. 14.

11-صحیح مسلم

12-قرآن کریم،سورت 52،آیت 36۔اس کتاب میں،میں نے مختلف قرآنی ترجمے استعمال کئے
ہیں۔میں نے سب سے زیادہ پروفیسر عبدالحلیم صاحب کا ترجمہ استعمال کیا ہے۔

[See Abdel Haleem, M. A. S. (2005 & Reissue Edition,
2008) The Qur'an: A New Translation. New York:
Oxford University Press] and the translation by
Sahih International [available at: www.quran.com].

13- اور کون ہے جو ملتِ ابراہیمی سے روگردانی کرے سوائے اس کے جو خود ہی احمق ہو۔سورۃ بقرہ
آیت130

14- Crone, P. Atheism (pre-modern). In: Encyclopaedia
of Islam, THREE, Edited by:Kate Fleet, Gudrun
Krämer, Denis Matringe, John Nawas, Everett
Rowson. 322 | The Divine Reality. Available at:
http://dx.doi.org/10.1163/1573-3912_ei3_COM
_23358 [Accessed 1st October 2016].

15- Ibid.

16- Al-Ghazali. (2007) . Kimiya-e Saadat: The Alchemy
of Happiness. Translated by Claude Field. Kuala
Lumpur: Islamic Book Trust, p. 22. The translator
refers to physicists; however, in the original
context it refers to those who reject God's
providence.

17-سورہ یونس،آیت 99

18-سورہ بقرہ،آیت 256

19- Idris, J. (2012) . An Islamic View of Peaceful

Coexistence. Available at:
www.jaafaridris.com/an-islamic-view-of-
peaceful-coexistence [Accessed 1st October 2016].

20- Bremmer, J. N. (2007) . Atheism in Antiquity. In: M.
Martin, ed., The Cambridge Companion to Atheism,
1 st Edition. New York: Cambridge University
Press, p. 11.

21- Hyman, G. (2007) . Atheism in Modern History. In: M.
Martin, ed., The Cambridge Companion to Atheism,
p. 29.

22- Addison, J. (1753) . The Evidence of the Christian
Religion. London, pp. 224-223

23- Hyman, G. (2007) . Atheism in Modern History, p. 31.

24- Bradlaugh, C. (1929) . Humanity's Gain from
Unbelief and Other Selections from the Works of
Charles Bradlaugh. London: Watts & Co. The
Thinkers Library, No. 4

25- Ibid, p. 23.

26- Ibid, p. 1.

27- Modernizing the Case for God. Time Magazine, 7
April 1980, pp. 65-66. Available at:
http://content.time.com/time/magazine/
article/0,9171,921990,00.html [Accessed 2nd
October 2016].

28- Crick, F. (1982) . Life Itself: Its Origin and Nature.
London: Futura Publications, pp. 117-129.

29- Hitchens, C. (2007). God Is Not Great: The Case
Against Religion. New York: Atlantic Books, p. 13

30- Harris, S. (2006) . The End of Faith: Religion, Terror

and the Future of Reason. London: The Free Press, p. 227

31- Dawkins, R. (2006) . The God Delusion, p. 20.

32- Cited in William, P. S. (2009) . A Sceptic's Guide to Atheism. Milton Keynes: Paternoster, p. 41

33- Ibid p. 44.

34- Office for National Statistics. (2011) . Religion in England Wales 2011.
[online] Available at: http://www.ons.gov.uk/ons/rel/census/2011-census/key-statistics-for-local-authorities-in-england-and-wales/rpt-religion.html#tab-Changing-picture-of-religious-affiliation-over-last-decade.
[Accessed 1st October 2016].

35- Biotechnology Report. Fieldwork January 2010 – February 2010. Bruxelles: TNS
Opinion & Social, p. 203. Available at:
http://ec.europa.eu/public_opinion/archives/ebs/ebs_341_en.pdf
[Accessed 1st October 2016].

36- The history of atheism in China has its own complexities and cannot be equated with Western atheism. Chinese atheism is not due to Darwinism or a Dawkins type of new atheism. Atheism in China is based on a unique set of cultural, political and intellectual factors. It has to be studied on its own.

37- Zuckerman, P. (2007) . Atheism: Contemporary Numbers and Patterns. In: M. Martin, ed, The

Cambridge Companion to Atheism, p. 61

38- Ibid, p. 55.

39- WIN-Gallup International. (2012) . Global Index of Religiosity and Atheism, p. 16.
Available at: http://www.wingia.com/web/files/news/14/file/14.pdf [Accessed 2nd October 216].

40- Some of ideas in this chapter have been inspired by and adapted from Craig, W.L. The absurdity of life without god. Available at:
http://www.reasonablefaith.org/the-absurdity-of-life-without-god [Accessed 23rd November 2016]

41- Schopenhauer, A. (2014) . Studies in Pessimism: On the Sufferings of the World. [ebook] The University of Adelaide Library. Chapter 1. Available at:
https://ebooks.adelaide.edu.au/s/schopenhauer/arthur/pessimism/chapter1.html. [Accessed 2nd October 2016]

42-سورۃ نمبر12، آیت87

43-سورہ زلزلہ، آیت 8-6

44-سورہ جاثیہ، آیت22

45-سورہ ق، آیت35

46-سورہ یونس، آیت26

47-سورہ یاسین، 58-56

48-سورہ الإسراء، آیت70

49-سورہ آل عمران، آیت 191

50-سورہ سجدہ، آیت18

51- Nasr, S. H. (2004) . The Heart of Islam: Enduring

Values for Humanity. New York:
HarperSanFrancisco, p. 275

52-سورہ حدید، آیت 21-22

53- Cited in BBC (no date) Radio 4 - in our time -
greatest philosopher –
Ludwig Wittgenstein. Available at:
http://www.bbc.co.uk/radio4/history/inourtime/
greatest_philosopher_ludwig_wittgenstein.shtml
[Accessed 1stOctober 2016].

54- Cited in Pollan, S. M. and Levine, M. (2006) . It's All
in Your Head: Thinking Your Way to Happiness.
New York: HarperCollins, p. 4

55- Williams, M. (2015) . The Life Cycle of the Sun.
Available at:
http://www.universetoday.com/
18847/life-of-the-sun/
[Accessed 2nd October 2016]

56-سورہ آلِ عمران، آیت 191

57- Dawkins, R. (2006) . The Selfish Gene. 30th
Anniversary edition. Oxford: Oxford University
Press

58-سورہ الاعراف، آیت 128

59-سورہ الزمر، آیت 29

60- Mogahed, Y. (2015) . Reclaim Your Heart. 2nd
Edition. San Clemente, CA: FB Publishing, p. 55

61-سورہ ہود، آیت 105

62-سورہ الفرقان، آیت 75

63-سورہ الحشر، آیت 19

64- Dawkins, R. (2001) . River Out of Eden: A Darwinian View of Life. London: Phoenix, p. 155.

65- BonJour, L. (1998) . In Defense of Pure Reason. Cambridge: Cambridge University Press, pp. 100-102

66- BonJour, L. (1995) . "Toward a Moderate Rationalism." Philosophical Topics 23, no. 1: 50

67- Basic assumptions of science (no date) Available at: http://undsci.berkeley.edu/ article/basic_assumptions [Accessed 14th November 2016]

68- Darwin Correspondence Project (2016) Available at: https://www.darwinproject.ac.uk/ letter/DCP-LETT-13230.xml [Accessed 4th October 2016]

69- O'Hear, A. (1997) . Beyond Evolution: Human Nature and the Limits of Evolutionary Explanation. New York: Oxford University Press, p. 60

70- Gray, J. (2014) . The Closed Mind of Richard Dawkins. Available at: https://newrepublic.com/ article/119596/appetite-wonder-review- closed-mind-richard-dawkins [Accessed 4th October 2016]

71- Francis, C. (1994) . The Astonishing Hypothesis: The Scientific Search for the Soul. New York: Charles Scribner's Sons, p. 262

72- Pinker, S. (1997) . How the Mind Works. New York: W. W. Norton, p. 305.

73- Harris, S. (2010) . The Moral Landscape. New York:

Free Press, p. 66

74- Sage, James. "Truth-Reliability and the Evolution of Human Cognitive Faculties." Philosophical Studies: An International Journal for Philosophy in the Analytic Tradition 117, no. 1/2 (2004): 102.

75- Ibid, p. 104.

76- Ibid.

77- Ibid.

78- Tzortzis, H. (2019) . Can evolution adequately explain our truth-reliable cognitive faculties? Available at: http://www.hamzatzortzis.com/can-evolution-adequately-explain-our-truth-reliable-cognitive-faculties. [Accessed 30th September 2019]

79- سورہ فصلت، آیت 53

80- سورہ محمد، آیت 24

81- سورہ ہود، آیت 51

82- سورہ آل عمران، آیت 190

83- Tallis, R. (2014) . Aping Mankind: Neuromania, Darwinitis and the Misrepresentation of Humanity. New York: Routledge, p. 87.

84- Taken and adapted from Searle, J. (1989) . Reply to Jacquette. Philosophy and Phenomenological Research, 49 (4) , 703.

85- The response to this objection has been inspired by and adapted from Kane B. (2014) Philosophy of mind 4.2 - objections to functionalism. Available at: https://www.youtube.com/watch?v=ZmEk1lq_Wgk [Accessed 24th October

2016].

86- Searle, J. (1984) . Minds, Brains and Science. Cambridge, Mass: Harvard University Press, pp. 32-33.

87- Searle, J. (1990). Is the Brain's Mind a Computer Program? Scientific American, 262: 27.

88- Ibid, p. 30.

89- Ibid. For responses to other objections and more detail on this topic please see: Searle, J. (1980) Minds, Brains, and Programs. Behavioral and Brain Sciences, 3, pp. 417-424; Searle, J. (1980) Intrinsic Intentionality. Behavioral and Brain Sciences, 3, pp. 450-456; Searle, J. (1989) . Reply to Jacquette. Philosophy and Phenomenological Research, 49 (4) , pp. 701-708; Searle, J. (1990) . Is the Brain's Mind a Computer Program? Scientific American, 262, pp. 26-31; Searle, J. (1992) . The Rediscovery of the Mind. Cambridge, MA: MIT Press

90- Hasker, W. Metaphysics. Downer's Grove, Ill: InterVarsity, 1983, p. 49, and see: "The Transcendental Refutation of Determinism," Southern Journal of Philosophy, 11, 1973, pp. 175–83.

91- BBC Today. (2008). Available at: http://news.bbc.co.uk/today/hi/today/ newsid_7745000/7745514.stm [Accessed 1st October 2016]

92- Ibn Taymiyyah, A. (1991) . Dar' Ta'arud al-'Aql wan-Naql. 2nd Edition. Edited by Muhammad

Rashad Salim. Riyadh, Jami'ah al-Imam Muhammad bin Saud al-Islamiyah. Vol 8, p. 482.

93- Al-Isfahani, Al-Raghib. (2009) . Mufradat al-Qur'an al-Karim. 4th Edition. Edited by Ṣafwan Dawudi. Beirut: al-Dar al-Shamiyya, p. 640.

94- Petrovich, O. (1997) . Understanding the Non-Natural Causality in Children and Adults: A Case Against Artificialism. Psyche en Geloof, 8, pp. 151-165.

95- Zwartz, B. (2008) . Infants 'Have Natural Belief In God'. Available at: http://www.theage.com.au/national/infants-have-natural-belief-in-god-20080725-3l3b.html [Accessed 4th October 2016].

96- Bloom, P. (2007) . Religion is Natural. Developmental Science, 10, pp. 147-151.

97- Kelemen, D. (2004) . Are Children "Intuitive Theists"? Reasoning About Purpose and Design in Nature. Psychological Science, 15 (5) , pp. 295-301.

98- Järnefelt, E., Canfield, C. F. & Kelemen, D. (2015) . The Divided Mind of a Disbeliever: Intuitive Beliefs About Nature as Purposefully Created Among Different Groups of Non-Religious Adults. Cognition, 140, pp. 72-88.

99- Ibid, 74.

100- Ibid.

101- Ibid, 79.

102- Ibid, 81.

103- Ibid, 82.

104- Ibid, 83.

105- Ibid, 84.

106- Ibid.

107- Corriveau, K. H., Chen, E. E. and Harris, P. L. (2015) , Judgments About Fact and Fiction by Children From Religious and Nonreligious Backgrounds. Cogn Sci, 39, pp. 353–382.

108- Barrett, J. L. (2012) . Born Believers: The Science of Children's Religious Belief. New York: Free Press, pp. 35-36.

109- Al-'Asqalani, A. (2000). Fath al-Bari Sharh Sahih al-Bukhari. 3rd Edition. Riyadh: Dar al-Salam, p. 316.

110-الجامع الصحیح للبخاری

111- Al-Ghazali. (2007) . Kimiya-e Saadat: The Alchemy of Happiness. Translated by Claude Field. Kuala Lumpur: Islamic Book Trust, p. 10.

112- Ibn Taymiyyah, A. (2004). Majmu' al-Fatawa Shaykhul Islam Ahmad bin Taymiyyah. Madina: Mujama' Malik Fahad. Vol 16, p. 324.

113- Ibid. Vol 6, p. 73.

114- Ibn Taymiyyah, A. (1991) . Dar' Ta'arud al-'Aql wan-Naql. Vol 7, p. 219.

115-سورت النحل، آیت69

116-سورت یونس، آیت24

117-سورت الطور، آیت 35-36

118-سورت القصص، آیت56

119-سورت ابراہیم، آیت10

120- Farfur, M. S. (2010) . The Beneficial Message and

The Definitive Proof in The Study of Theology. Translation and notes by Wesam Charkawi. Auburn: Wesam Charkawi, pp. 85-86.

121- Gwynne, R. W. (2004) Logic, Rhetoric and Legal Reasoning in the Qur'an: God's Arguments. Abingdon: Routledge. 2004, p. ix.

122- Ibid, p. 203.

123- Cited in Hoover, J. (2007). Ibn Taymiyya's Theodicy of Perpetual Optimism. Leiden: Brill, p. 31.

124- سورت الطور، آیت 36-35

125- Mohar, M. A. (2003) . A word for word meaning of the Qur'ān. Vol III. Ipswich: JIMAS, p. 1713.

126- This argument has been inspired by and adapted from Idris, J. (1994) The Contemporary Physicists and God's Existence. Available at: http://www.jaafaridris.com/the-contemporary-physicists-and-gods-existence/ [Accessed 23rd November 2016].

127- Hilbert, D. (1964) . On the Infinite. In: P. Benacerraf and H. Putnam (eds), Philosophy of Mathematics: Selected Readings. Englewood Cliffs, NJ: Prentice-Hall, p. 151.

128- Quine: Terms explained. Available at: http://www.rit.edu/cla/philosophy/quine/underdetermination.html [Accessed 23rd October 2016].

129- American Physical Society. (1998) . Focus: The Force of Empty Space. Available at: http://physics.aps.org/story/v2/st28 [Accessed 23rd November 2016]

130- Leibniz, G. W. (1714) . The Principles of Nature and Grace, Based on Reason. 1714. Available at: http://www.earlymoderntexts.com/ assets/pdfs/leibniz1714a.pdf [Accessed 4th October 2016].

131- Krauss, L. M. (2012) . A Universe from Nothing: Why is there Something Rather Than Nothing. London: Simon & Schuster, p. 170.

132- Ibid.

133- Ibid, p. 105.

134- Albert, D. (2012) . 'A Universe From Nothing,' by Lawrence M. Krauss. Available at: http://www.nytimes.com/2012/03/25/books/ review/a-universe-from-nothing-by- lawrence-m-krauss.html?_r=0 [Accessed 1st October 2016].

135- Craig, W.L. (2012) . A Universe from Nothing. Available at: http://www.reasonablefaith.org/ a-universe-from-nothing [Accessed 9th October 2016].

136- Analogies adapted from Craig, W.L. (2012) . A Universe from Nothing. Available at:

http://www.reasonablefaith.org/
a-universe-from-nothing [Accessed 9th October
2016].

137- Krauss, L. A (2012) . Universe from Nothing, p.
174.

138- Sober, E. (2010) . Empiricism. In: Psillos, S and
Curd, M, ed, The Routledge Companion to
Philosophy of Science. Abingdon: Routledge, pp.
137-138.

139- Krauss, L. (2012) A Universe from Nothing, p. xiii.

140- Ibid p. 147.

141- iERA. (2013) . Lawrence Krauss vs Hamza Tzortzis
- Islam vs. Atheism Debate. Available at:
http://www.youtube.com/
watch?v=uSwJuOPG4FI [Accessed 10th September
2016].

142- Tony Sobrado. (2012) . How the Universe Came
from 'Nothing', Richard Dawkins and Lawrence
Krauss discuss. Available at:
https://youtu.be/CXGyesfHzew?t=921
[Accessed 2nd October 2016].

143- Wali-Allah, S. (2003) . The Conclusive Argument
from God (Hujjat Allah al-Baligha) . Translated by
Marcia K. Hermansen. Islamabad: Islamic Research
Institute, p. 33.

144- Cited in Al-Bayhaqi, A. (2006) . Kitab al-Asma

was-Sifat. Edited by Abdullah Al-Hashidi. Cairo: Maktabatu al-Suwaadi. Vol 2, p. 271.

145- This example has been taken from Green, A. R. The Man in the Red Underpants. 2nd Edition. London: One Reason, pp. 9-10.

146- This example has been adapted from Idris, J. (2006) . Contemporary Physicists and God's Existence (part 2 of 3): A Series of Causes. Available at: http://www.islamreligion.com/articles/491/ [Accessed 2nd October 2016].

147- Idris, J. (2006) . Contemporary Physicists and God's Existence (part 2 of 3): A Series of Causes. Available at: http://www.islamreligion.com/articles/491/ [Accessed 2nd October 2016].

148- Cited in Goodman, L. E. (1971) . Ghazali's Argument From Creation (I) . International Journal of Middle East Studies, 2 (1) , 83.

149- Flew, A. (2007) . There is a God: How the World's Most Notorious Atheist Changed His Mind. New York: HarperOne. 2007, p. 165.

150- صحیح بخاری

151- Cited in Al-Bayhaqi, A. (2006) . Kitab al-Asma was-Sifat. Vol 2, p. 270.

152- سورت اخلاص، آیت 3-2

153- Lennox, J. C. (2009) . God's Undertaker: Has Science Buried God? Oxford: Lion Books, p. 183.

154- Hoover, J. (2004) . Perpetual Creativity in the Perfection of God: Ibn Taymiyya's Hadith Commentary on God's Creation of this World. Journal of Islamic Studies 15 (3) , 296.

155- سورت الشوریٰ، آیت 11

156- سورت المجادلہ، آیت 7

157- This is an estimate based on the number of hydrogen atoms that are contained in the estimated total number of stars in the observable universe. The number is higher if other atoms are included.

158- سورت النور، آیت 45

159- Al-Tahawi. (2007) . The Creed of Imam Al-Tahawi. Translated from Arabic, Introduced and Annotated by Hamza Yusuf. California: Zaytuna Institute, p. 50.

160- سورت البقرہ، آیت 20

161- Al-Qurtubi, M. (2006) . Al-Jaami' al-Ahkaam al-Qur'an. Edited by Dr. Adullah Al-Turki and Muhammad 'Arqasusi. Beirut: Mu'assasa al-Risalah. Vol 1, pp. 338-9.

162- Inspired and adapted from Craig, W. L. The coherence of Theism - part 2. Available at: http://www.bethinking.org/god/the-coherence-of-theism/part-2 [Accessed 13th November 2016].

163- Swinburne, R. (2004) . The Existence of God. 2nd
Edition. New York: Oxford University Press, pp.
52-72.

164- سورت ہود، آیت 107

165- Al-Ghazali, M. (2005) . Ihyaa 'Ulum al-Deen. Beirut:
Dar Ibn Hazm, p. 107.

166- Rizvi, A. (2016) . The Atheist Muslim. New York: St.
Martin's Press, p. 127.

167- The answer to this objection has been inspired by
and adapted from Craig, W.L. #148 Causation and
Spacetime. Available at:
https://www.reasonablefaith.org/writings/
question-answer/causation-and-spacetime/
[Accessed 27th September 2019].

168- Huemer, H and Kovitz, B. (2003) . Causation as
Simultaneous and Continuous, The Philosophical
Quarterly, 53 (213) , 556.

169- This is example is adapted from Immanuel Kant.
See Kant, I. (1965) Critique of Pure Reason.
Translated by N. Kemp Smith. New York: St
Martin's Press, A203.

170- Wolchover, N. (2016). Quantum Gravity's Time
Problem. Available at:
https://www.quantamagazine.org/
quantum-gravitys-time-problem-20161201/
[Accessed 26th September 2019].

171- Adapted from Craig, W. and Sinclair, D. (2009) . The Kalam Cosmological Argument. In: Craig, W. L. and Moreland, J. P. The Blackwell Companion to Natural Theology. West Sussex: Wiley-Blackwell, p. 196.

172- Wolchover, N. (2019) . Physicists Debate Hawking's Idea That the Universe Had No Beginning. Available at: https://www.quantamagazine.org/ physicists-debate-hawkings-idea-that- the-universe-had-no-beginning-20190606/ [Accessed 26th September 2019].

173- Randhawa, S. (2011) . The Kalam Cosmological Argument and the Problem of Divine Creative Agency and Purpose. Draft version. Available at: http://www.academia.edu/29016615/ The_Kal%C4%81m_Cosmological_ Argument_and_the_Problem_of_Divine_ Creative_Agency_and_Purpose [Accessed 22nd October 2016].

174- Analogy adapted from Wainwright, W. J. (1988) . Philosophy of Religion. 2nd Edition. Belmont, CA: Wadsworth Publishing.

175- سورت آلِ عمران، آیت 97

176- سورت فاطر، آیت 15

177- Ibn Kathir, I. (1999) . Tafsir al-Qur'an al-'Adheem.

Edited by Saami As-Salaama. 2nd Edition. Riyadh: Dar Tayiba. Vol 6, p. 541.

178- Hossein, S. (1993) . An Introduction to Islamic Cosmological Doctrines. Albany: State University of New York Press, pp. 197-200.

179- Al-Ghazali, M. (1964) . Fada'ih al-Batiniyya. Edited by Abdurahman Badawi. Kuwait: Muasassa Dar al-Kutub al-Thiqafa, p. 82.

180- Craig, W. L. (2008) . Reasonable Faith: Christian Truth and Apologetics. 3rd Edition, Wheaton, Illinois: Crossway Books, p. 109.

181- Godwin, S. J. (no date) . Transcript of the Russell/Copleston radio debate. Available at: http://www.scandalon.co.uk/ philosophy/cosmological_radio.htm. [Accessed 4th October 2016].

182- Adapted from Craig, W.L. Reasonable Faith. Available at: http://www.reasonablefaith.org/ defenders-1-podcast/transcript/s04-01 [Accessed: 24 th October 2016].

183- Pruss, R. and Rasmussen, J. L. (2018) . Necessary Existence. Oxford: Oxford University Press.

184- Hijab, M. (2019) . Kalam Cosmological Arguments. Independently Published.

185- Eaton, G. (2001) . Remembering God: Reflections

on Islam. Lahore: Suhail Academy, pp. 18-19.

186- New Scientist: The Collection. The Big Questions. Vol I, Issue I, p. 51.

187- Koch, C. (2012) . Consciousness: Confessions of a Romantic Reductionist. Cambridge, Massachusetts: MIT Press, pp. 23-24.

188- Chalmers, D. (2010) . The Character of Consciousness. Oxford: Oxford University Press, p. 5.

189- Alter, T. (2014) . Hard Problem of Consciousness. In: Bayne, T., Cleeremans, A., and Wilken, P. (ed.) . The Oxford Companion to Consciousness. Oxford: Oxford University Press, p. 340.

190- The following 5 points have been taken and adapted from Chalmers, D. (2010) The Character of Consciousness, pp. 11-13.

191- Discover Magazine. (2016) . What is Consciousness? | DiscoverMagazine.com. Available at: http://discovermagazine.com/1992/nov/whatisconsciousn149. [Accessed 1st October 2016].

192- Revonsuo. A. (2010) . Consciousness: The Science of Subjectivity. Hove, East Sussex: Psychology Press, p. 202.

193- Manzoti, R. and Moderato, P. (2014) . Neuroscience: Dualism in Disguise. In: Lavazza, A.

and Robinson, H. (ed.) . Contemporary Dualism: A Defense. Abingdon: Routledge, p. 82.

194- Ibid.

195- Chalmers, D. (2010) . The Character of Consciousness, p. 105.

196- Levine, J. (2011) . The Explanatory Gap. In: Bayne, T., Cleeremans, A., and Wilken, P. (ed.) . The Oxford Companion to Consciousness. Oxford: Oxford University Press, p. 280.

197- Stoljar, D. (2016) . "Physicalism", The Stanford Encyclopedia of Philosophy. Edward N. Zalta (ed.) . Available at: http://plato.stanford.edu/ archives/spr2016/entries/physicalism [Accessed 4th October 2016].

198- Jackson, F. (1986) . What Mary Didn't Know. The Journal of Philosophy, 83, 5, pp. 291-295.

199- Chalmers, D. (2010) . The Character of Consciousness, p. 108.

200- Ibid, p. 109.

201- Loar, Brian. (1997) . "Phenomenal Consciousness", in The Nature of Consciousness: Philosophical Debates. ed. by Ned Block et al. Cambridge, Massachusetts: MIT Press.

202- The above discussion has been taken and adapted from the relevant lecture and seminar discussion that was held during my postgraduate degree

(Masters in Philosophy) . Patterson, S. (2016) .
Week 6: Responses to the Modal and Knowledge
Arguments. Lecture notes distributed in Philosophy
of Mind at Birkbeck College, University of London
on 16th November 2016.

203- Tye, Michael. (2009) . Consciousness Revisited:
Materialism without Phenomenal Concepts.
Cambridge, Massachusetts: MIT Press, pp. 49-51.

204- Demircioglu, Erhan. (2013) . "Physicalism and
Phenomenal Concepts." Philosophical Studies: An
International Journal for Philosophy in the Analytic
Tradition, 165, 1.

205/ 206- Polcyn, Karol. (2007) "Brian Loar on
Physicalism and Phenomenal Concepts."
Diametros, 11, pp. 10-39.

207- Chalmers, D. (2007) . Phenomenal Consciousness
and the Explanatory Gap. In: Alter, T. and Walter, S.
(ed) . Phenomenal Concepts and Phenomenal
Knowledge: New Essays on Consciousness and
Physicalism. New York: Oxford University Press.A
version of this essay can be found online at:
http://consc.net/papers/pceg.pdf [Accessed 21st
November 2016].

208- Chalmers, D. (2010) . The Character of
Consciousness, p. 111.

209- Churchland, P. (1988) . Matter and Consciousness:

A Contemporary Introduction to the Philosophy of the Mind. Cambridge: MIT Press, pp. 43-39.

210- Ibid.

211- Ibid.

212- Nave, Carl. HyperPhysics. Kinetic Theory. Accessed August 30, 2017. http://hyperphysics.phy-astr.gsu.edu/ hbase/Kinetic/kinthe.html.

213- Jackson, Frank, Pettit, Philip and Smith, Michael, Mind, Morality and Explanation: Selected Collaborations (New York: Oxford University Press, 2004), p. 30.

214- Revonsuo, A. (2010) . Consciousness: The Science of Subjectivity, pp. 180-181.

215- Ibid, p. 21.

216- Ibid, p. 22.

217- Ibid, p. 24.

218- Lund, D. (2014) Materialism, Dualism and the Conscious Self. In: Lavazza, A. and Robinson, H. (ed.) . Contemporary Dualism: A Defense. Abingdon: Routledge, p. 57.

219- Solomon, R. (2005) . Introducing Philosophy: A Text with Integrated Readings. 8th Edition. Oxford: Oxford University Press, p. 416.

220- Block, N. (1980) . Troubles with Functionalism. In: Block, N. (ed.) . Readings in the Philosophy of

Psychology. Cambridge, MA: Harvard University Press. Vol 1, pp. 268-205.

221- Van Gulick, R. (2008) . Functionalism and Qualia. In: Velmans, M. and Schneider, S. (ed.) . The Blackwell Companion to Consciousness. Oxford: Blackwell Publishing, p. 381.

222- Revonsuo, A. (2010) . Consciousness: The Science of Subjectivity, p. 39.

223- Ibid, p. 26.

224- Ibid, pp. 29-30.

225- Ibid, p. 30.

226- Sober, E. (2010) . Empiricism. In: Psillos, S. and Curd, M. The Routledge Companion to Philosophy of Science, pp. 137-138.

227- Eccles, J. C. (1989) . Evolution of the Brain, Creation of the Self. Abingdon: Routledge, p. 241.

228- Edition. Boulder, CO: Westview Press, p   Sober, E. (2000) . Philosophy of Biology. 2nd 24.

229- Seager, W. and Allen-Hermanson, S. (2015) . "Panpsychism", The Stanford Encyclopedia of Philosophy (Fall 2015 Edition) , Edward N. Zalta (ed.) . Available online at: http://plato.stanford.edu/archives/ fall2015/entries/panpsychism/.

230- Feser, E. (2006) . The Philosophy of Mind. Oxford: OneWorld, p. 138.

231- Moreland, J. P. (2008) . Consciousness and the Existence of God: A Theistic Argument. Abingdon: Routledge, p. 35.

232- Ibid, p. 192.

233- Taliaferro, C. (2006) . Naturalism and the Mind. In: Craig, W. L. and. Moreland, J. P. (ed.) . Naturalism: A Critical Analysis. Abingdon: Routledge, pp. 148-9.

234- Ibid p. 150.

235-سورت بقرہ،آیت255

236-سورت الملک ـ آیت14

237- Taliaferro, C. (2014) . The Promise and Sensibility of Integrative Dualism. In: Lavazza, A. and Robinson, H. (ed.) . Contemporary Dualism: A Defense. Abingdon: Routledge, pp. 202-203.

238-سورت الاسراء،آیت85

239-سورت الروم،آیت8

240- Analogy adapted from Collins, R. (2002) . God, Design and Fine-Tuning. Adapted version. Available at: http://home.messiah.edu/ ~rcollins/Fine-tuning/Revised%20Version% 20of%20Fine-tuning%20for%20anthology.doc [Accessed 24th October 2016].

241-سورت الرحمٰن،آیت 5-7

242-سورت آل عمران،آیت190

243-سورت النحل،آیت12

244- Tibawi, A.L. (ed. and tr.) . (1965) . Al-Risala

al-Qudsiyya (The Jerusalem Epistle) "Al-Ghazali's
Tract on Dogmatic Theology". In: The Islamic
Quarterly, 9:3–4 (1965) , 3-4.

245- Ibn Abi Al-'Izz. (2000) . Commentary on the Creed
of At-Tahawi. Translated by Muhammad
'Abdul-Haqq Ansari. Riyadh: Institute of Islamic and
Arabic Sciences in America, p. 9.

246- Collins, R. (2009) . The Teleological Argument. In:
Craig, W. L. and Moreland, J. P. The Blackwell
Companion to Natural Theology. West Sussex:
Wiley-Blackwell, p. 212.

247- Ibid.

248- John Leslie. (2001) . Infinite Minds: A Philosophical
Cosmology. Oxford: Clarendon Press, p. 205.

249- Collins, R. The Teleological Argument, p. 212.

250- Cited in Jammer, M. (1999) . Einstein and Religion.
Princeton, NJ: Princeton University Press, p. 150.

251- Dawkins, R. (1999) . Unweaving the Rainbow.
London: Penguin, p. 4.

252- Ward, P. D. and Brownlee, D. (2004) . Rare Earth:
Why Complex Life Is Uncommon in the Universe.
New York, NY: Copernicus Books, p. 16.

253- Ibid, pp. 221-222.

254- 'No Jupiter, no advanced life? ' - Evolution May Be
Impossible in Star Systems without a Giant Planet.
(2012) . Available at:

http://www.dailygalaxy.com/my_weblog/
2012/11/would-advanced-life-be-
impossible-in-star-systems-without
-a-jupiter-.html [Accessed 2nd October 2016].

255- Rasio, F.A. and E.B. Ford. (1996) . Dynamical instabilities and the formation of extrasolar planetary systems. Science, 274, pp.

256- Ward, P. D. and Brownlee, D. (2004) . Rare Earth: Why Complex Life Is Uncommon in the Universe. New York, NY: Copernicus Books, pp. 238 – 239.

257- Ibid, p. 227.

258- Ibid, p. 223.

259- Ibid.

260- Inspired by and adapted from Collins, R. The Fine-Tuning Design Argument. PowerPoint Presentation. Available at: http://home.messiah.edu/ ~rcollins/Fine-tuning/Fine-tuning%20 powerpoint%20final%20version%2010-3-08.ppt [Accessed 24th October 2016].

261- Ibid.

262- Craig, W. L. (2008) . Reasonable Faith: Christian Truth and Apologetics, p. 161.

263- Davies, P. (1993) . The Mind of God: Science and the Search for Ultimate Meaning. London: Penguin, p. 169.

264- Cited in Flew, A. (2007) There is a God, p.119.

265- Ibid.

266- Barnes, L. A. (2011) . The Fine-Tuning of the
Universe for Intelligent Life. Sydney Institute for
Astronomy. Available at: http://arxiv.org/PS_cache/
arxiv/pdf/1112/1112.4647v1.pdf
[Accessed 5th October 2016].

267- Adapted from Collins, R. (2009) . The Teleological
Argument, pp. 262-265.

268- I am grateful to Abu Hurayra for his contribution in
responding to these objections.

269- Dawkins, R. (2006) . The God Delusion, p. 158.

270- Both points have been adapted from Professor
William Lane Craig's treatment on the issue. Craig,
W. L. (2009) . Dawkins's Delusion. In: Copan, P. and
Craig, W. L. (ed.) . Contending with Christianity's
Critics: Answering New Atheists & Other Objectors.
Nashville, Tennessee: B & H Publishing Group, p.
4.

271-سورت الاخلاص،آیت 4-1

272- Flew, A. (2007) . There is a God, p. 111.

273- Collins, R. (2002) . God, Design and Fine-Tuning.
Adapted version. Available at:
http://home.messiah.edu/~rcollins/
Fine-tuning/Revised%20Version%20
of%20Fine-tuning%20for%20anthology.doc
[Accessed 24th October 2016].

274- Adapted from Collins, R. (2009) The Teleological Argument, p. 276.

275- Ibid.

276- Markham, I. S. (2010) . Against Atheism: Why Dawkins, Hitchens, and Harris are Fundamentally Wrong. West Sussex: Wiley-Blackwell, p. 34.

277- The arguments presented in this chapter, including some of the ideas, have been inspired by and adapted from Craig, W. L. Can We Be Good Without God? Available at: http://www.reasonablefaith.org/ can-we-be-good-without-god [Accessed: 24th October 2016]; Craig, W. L. (2008) . Reasonable Faith: Christian Truth and Apologetics Wheaton. Illinois: Crossway Books, pp.

278- Ibid.

279- سورت الطور، آیت28

280- سورت الاعراف، آیت28

281- Mackie, J. L. (1990) . Ethics: Inventing Right and Wrong. London: Penguin. 1990, p. 15.

282- Akhtar, S. (2008) . The Qur'an and the Secular Mind. Abingdon: Routledge, p.99.

283- سورت البقرہ، آیت163

284- سورت الحشر، آیت22-24

285- Darwin, C. (1874) . The Descent of Man and

Selection in Relation to Sex. 2nd Edition, p. 99.
Available at: http://www.gutenberg.org/ebooks/2300
[Accessed 4th October 2016].

286- National Geographic. (1996) . Sharks in Love.
Available at: http://video.nationalgeographic.com/
video/shark_nurse_mating
[Accessed 24th October 2016].

287- Cited in Linville, M. D. (2009) . The Moral
Argument. In: Craig, W. L. and Moreland, J. P. (ed.) .
The Blackwell Companion to Natural Theology.
West Sussex: Wiley-Blackwell, p. 400.

288- سورة الانبیاء، آیت 22

289- Al-Mahalli, J. and As-Suyuti, J. (2007) . Tafsir
Al-Jalalayn. Translated by Aisha Bewley. London:
Dar Al Taqwa, p. 690; Mahali, J. and As-Suyuti J.
(2001) Tafsir al-Jalalayn. 3rd Edition. Cairo: Dar
al-Hadith, p. 422. You can access a copy online at:
https://ia800205.us.
archive.org/1/items/FP158160/158160.pdf [Accessed
1st October 2016].

290- Avveroes. (2001) . Faith and Reason in Islam.
Translated with footnotes, index and bibliography
by Ibrahim Y. Najjar. Oxford: One World, p. 40.

291- سورة الاعراف، آیت 28

292- For more on the Divine nature of the Qur'an,
please read: Khan, N. A. and Randhawa, S. (2016) .

Divine Speech: Exploring the Qur'an as Literature. Texas: Bayyinah Institute and Zakariya, A. (2015) . The Eternal Challenge: A Journey Through The Miraculous Qur'an. London: One Reason.

293-سورة العنكبوت، آیت 46

294-جامع ترمذی: کتاب: نیکی اور صلہ رحمی کے بیان میں، حدیث 1924

295- The problem of evil and suffering argument has been expressed in a number of different ways. Some of the arguments use the words good, merciful, loving or kind interchangeably. Despite the varying use of words, the argument remains the same. Instead of using the word good, terms such as merciful, loving, kind, etc., can also be used. The problem of evil assumes that the traditional concept of God must include an attribute that would imply God does not want evil and suffering to exist. Hence, using alternative words such as merciful, loving and kind do not affect the argument.

296- The Problem of Evil, University of Notre Damme slides. Available at: https://www3.nd.edu/~dpattill/Courses/ Intro%20Fall%2015/Slides/Problem%20of% 20Evil%20Slides.pdf [Accessed 1st October 2020].

297- This assumption has been adapted from Professor William Lane Craig's treatment on the problem of evil. Moreland, J. P. and Craig, W. L. (2003) . Philosophical Foundations for a Christian Worldview. Downers Grove, Ill, InterVarsity Press. See chapter 27.

298- Shaha, A. (2012) . The Young Atheist's Handbook, p. 51.

299- This part of the story shows God's mercy. All children enter paradise—which is eternal bliss—regardless of their beliefs and actions. Therefore, God inspiring the man to kill the boy is to be understood through the lens of mercy and compassion.

300-سورة الكهف، آيت 82-65

301- Ibn Kathir, I. (1999) . Tafsir al-Qur'an al-'Atheem. Vol 5, p. 181.

302- Ibid.

303- Ibn Taymiyyah, A. (2004) . Majmu' al-Fatawa Shaykhul Islam Ahmad bin Taymiyyah. Vol 14, p. 266.

304- Ibn Taymiyyah, A. (1986) . Minhaj al-Sunnah. Edited by Muhammad Rashad Salim. Riyadh: Jami'ah al-Imam Muhammad bin Saud al-Islamiyah. Vol 3, p142.

305- Cited in Hoover, J. (2007) . Ibn Taymiyya's Theodicy of Perpetual Optimism. Leiden: Brill, p.4.

306-سورة الذاريات، آيت 56

307- سورۃ الملک، آیت 2

308- سورۃ الزمر، آیت 7

309- جامع ترمذی: کتاب: زہد، ورع، تقویٰ اور پرہیزگاری کے بیان میں (باب: مصیبت میں صبر کرنے کا بیان)، حدیث 2396.01۔

310- سورۃ البقرہ، آیت 214

311- سورۃ البقرہ، آیت 286

312- سورۃ المائدہ، آیت 100

313- البیہقی شعب الایمان، الی الحسن البصری، روایہ عن محمد صلی اللہ علیہ وسلم

314- سورۃ الحدید، آیت 20

315- صحیح مسلم: کتاب: منافقین کی صفات اور ان کے بارے میں احکام (باب: دنیاوالوں میں سب سے زیادہ نعمتوں والے کو جہنم میں ایک ڈبکی لگانا اور ان میں سب سے زیادہ تکلیف اٹھانے والے کو جنت (کی نہروں) میں ایک غوطہ لگانا)، حدیث 2807

316- صحیح بخاری: کتاب: امراض اور ان کے علاج کے بیان میں (باب: بلاؤں میں سب سے زیادہ سخت آزمائش انبیاء کی ہوتی ہے اس کے بعد درجہ بدرجہ دوسرے بندگان خدا کی ہوتی رہتی ہے)، حدیث 5648

317- صحیح مسلم: کتاب: زہد اور رقت انگیز باتیں (باب: مومن کا ہر معاملہ بھلائی کا ہوتا ہے)، حدیث 2999

318- صحیح بخاری: کتاب: جہاد کا بیان (باب: (مسلمان) قیدیوں کو آزاد کرانا)، حدیث 3046

319- جو بھی شخص خودکش بم دھماکے کی کوشش کرتا ہے، یا دہشت گردی میں ملوث ہوتا ہے اور اس کے نتیجے میں اس کی موت ہوتی ہے، اسے شہید نہیں سمجھا جاتا ہے۔ اسلام میں یہ بدفعل حرام ہے۔

320- صحیح مسلم: کتاب: امور حکومت کا بیان تمہید کتاب (باب: شہداء کا بیان)، حدیث 1915

321- مسند احمد: حدیث نمبر 9474

322- صحیح مسلم: کتاب: حسن سلوک، صلہ رحمی اور ادب (باب: بیمار پرسی کی فضیلت)، حدیث 2569

323- صحیح مسلم: کتاب: امور حکومت کا بیان (باب: شہداء کا بیان)، حدیث 1914

324- ایضاً

325- Gauch, H. G, Jr. (2012) . Scientific Method in Brief.

Cambridge: Cambridge University Press, p. 98.

326- Farhad, A. (2013) . Richard Dawkins - science works bitches! Available at: https://youtu.be/0OtFSDKrq88?t=73 [Accessed 2nd October 2016].

327- Russell, B. (1935) . Religion and Science. Oxford: Oxford University Press, p. 8.

328- Adapted from DPMosteller. (2011) . Has science made belief in god unreasonable, J. P. Moreland. Available at: http://www.youtube.com/watch?v=TU9iiCqHxbE [Accessed 2nd October 2016].

329- Sober, E. (2010) . Empiricism. In: Psillos, S and Curd, M, ed, The Routledge Companion to Philosophy of Science, pp. 137-138.

330- Darwin, C. The Descent of Man and Selection in Relation to Sex. 2nd Edition, p. 99. Available at: http://www.gutenberg.org/ebooks/2300 [Accessed 4th October 2016].

331- iERA. (2013) . Lawrence Krauss vs Hamza Tzortzis - Islam vs. Atheism Debate. Available at: https://youtu.be/uSwJuOPG4FI?t=4161 [Accessed 18th October 2016].

332- Johnson, R. (2013) . Rational Morality: A Science of Right and Wrong. Great Britain: Dangerous Little Books, pp. 19-20.

333- Craig, W.L. (2011) . Is Scientism Self-Refuting. Available at: http://www.reasonablefaith.org/ is-scientism-self-refuting [Accessed 4th October 2016].

334- McMyler, B. (2011) . Testimony, Truth and Authority. New York: Oxford University Press, p. 3.

335- Lackey, J. (2006) . Introduction. In: Lackey, J. and Sosa, E. (ed.) . The Epistemology of Testimony. Oxford: Oxford University Press, p. 2.

336- McMyler, B. (2011) . Testimony, Truth and Authority, p 10.

337- Coady, C. A. (1992) . Testimony: A Philosophical Study. Oxford: Oxford University Press, p. 82.

338- See Shapiro, J. A. (2011) . Evolution: A View from the 21st Century. New Jersey: FT Press; Pigliucci, M. and Muller, G. B. (ed) . (2010) . Evolution: The Extended Synthesis. Cambridge, MA: MIT Press; and Godfrey-Smith, P. (2014) . Philosophy of Biology. Princeton, NJ: Princeton University Press.

339- Barker, G. and Kitcher, P. (2013) . Philosophy of Science: A New Introduction. Oxford: Oxford University Press. 2014, p. 17.

340- Annas, J. and Barnes, J. (1994) . Sextus Empiricus: Outlines of Scepticism. New York: Cambridge University Press, p. 123.

341- Hume, D. (2002) . Of scepticism with regard to

reason. In: Epistemology: Huemer, M, ed,
Contemporary Readings. Abingdon: Routledge, pp.
298-310. Originally published in Hume, D. (1902)
Sceptical doubts concerning the operations of
understanding. In: Selby-Bigge, L. A., ed, An
enquiry concerning human understanding. In:
Enquiries concerning human understanding and
concerning the principles of morals, 2nd edition.
Oxford: Clarendon Press, pp. 298-310.

342- Ibid, p. 305.

343- Rosenburg, A. (2012) . Philosophy of Science: A
Contemporary Introduction. New York: Routledge,
p. 182 .

344- Okasha, S. (2002) . Philosophy of Science, A Very
Short Introduction. Oxford: Oxford University
Press, p. 77.

345- Stewart, R. B. (2007) . Intelligent Design: William A.
Dembski & Michael Ruse in Dialogue. Minneapolis,
MN: Fortress Press, p.37.

346- Moreland, J. P. (2009) . The Recalcitrant Imago Dei.
London: SCM Press, p. 4.

347- Todd, Scott. C. (1999) . A View from Kansas on that
Evolution Debate.   Correspondence to Nature. 401
(6752) : 423, 30 Sept. Available at:
https://www.nature.com/articles/46661 [Accessed
10th May 2018].

348- iERA. (2013) . Lawrence Krauss vs Hamza Tzortzis - Islam vs. Atheism Debate. Available at: http://www.youtube.com/watch?v=uSwJuOPG4FI#t=7247 [Accessed 2nd October 2016].

349- Hume, D. (1902) . An Enquiry Concerning Human Understanding, section 88. Available at: http://www.gutenberg.org/files/9662/9662-h/9662-h.htm [Accessed 4th October 2016].

350- Fricker, E. (2006) . Testimony and Epistemic Autonomy. In: Jennifer Lackey, J and Sosa, E, ed, The Epistemology of Testimony. Oxford: Oxford University Press, p. 244.

351- Lehrer, K. (2006) . Testimony and Trustworthiness. In: Jennifer Lackey, J and Sosa, E, ed, The Epistemology of Testimony, p.145.

352- Ibid, p.149.

353- Ibid, p. 150.

354- Ibid.

355- Ibid.

356- Ibid, p.151.

357- Ibid, p.156.

358- Ibid, pp. 156-157.

359- McMyler, B. (2011) . Testimony, Truth and Authority, p 66.

360- Ibid, p 69.

361- Hume, D. (1902) . An Enquiry Concerning Human Understanding, section 91. Available at: http://www.gutenberg.org/files/9662/9662-h/ 9662-h.htm [Accessed 4th October 2016]

362- Ibid, section 99.

363- Lipton, P. (2004) . Inference to the Best Explanation. 2nd ed. Abingdon: Routledge, p.56.

364- Ibid, pp. 64-65.

365- Harman, G. (1965) . The Inference to the Best Explanation. The Philosophical Review, 74 (1) , pp. 88-95. Also available at: http://people.hss.caltech.edu/~franz/Knowledge %20and%20Reality/PDFs/Gilbert%20H.%20 Harman%20-%20The%20Inference%20to%20the%20 Best%20Explanation.pdf [Accessed 4th October 2016].

366- سورة العلق، آيت 1

367- The Magnificent Qur'an: A Unique History of Preservation. (2010) . London: Exhibition Islam, pp. 145-204.

368- Al-Suyuṭi. J. (2005) . Al-Itqan fi 'Ulum al-Qur'an. Madina: Mujamma Malik Fahad, p. 1875.

369- Shafi, M. (2005) . Ma'riful Qur'an. 2nd Edition. Translated by Muhammad Jasan Askari and Muhamad Shamim. Karachi: Maktaba-e-Darul-Uloom. Vol 1, pp. 139-149.

370- Usmani, M. T. (2000) . An Approach to the Quranic Sciences. Translated by Dr. Mohammad Swaleh Siddiqui. Revised and Edited by Rafiq Abdur Rehman. Karachi: Darul Ishaat, p. 260.

371- Cited in Irwin, R. (1999) . The Penguin Anthology of Classical Arabic Literature. London: Penguin Books, p. 2.

372- Ibn Khaldun, A. The Muqaddimah. Translated by Franz Rosenthal. Chapter 6, Section 58. Available at: http://www.muslimphilosophy.com/ ik/Muqaddimah/Chapter6/Ch_6_58.htm [Accessed 9th October 2016].

373- Ibn Rasheeq, A. H. (2000) . Al-'Umda fee Sina'atu al-Sh'iar wa Naqdihi. Edited by Dr. Al-Nabwi Sha'lan. Cairo: Maktabu al-Khaniji, p. 89.

374- Al-Qutaybah, A. (1925) 'Uyun al-Akhbar. Beirut: Dar al-Kutub al-Arabi. Vol 2, p. 185.

375- Kermani, K. (2006) . Poetry and Language. In: Rippin, A. (ed.) . The Blackwell Companion to the Qur'an. Oxford: Blackwell Publishing, p. 108.

376- Abdul-Raof, H. (2003) . Exploring the Qur'an. Dundee: Al-Makhtoum Institute Academic Press, p.64.

377- Personal interview with Professor Angelika Neuwrith in German. A copy of the recording is available on request.

378- Islahi, A. A. (2007) . Pondering Over the Qur'an: Tafsir of Surah al-Fatiha and Surah al-Baqarah. Vol 1. Translated by Mohammad Saleem Kayani. Kuala Lumpur: Islamic Book Trust, pp. 25-26.

379- Cited in Islahi, A. A. (2007) . Pondering Over the Qur'an: Tafsir of Surah al-Fatiha and Surah al-Baqarah. Vol 1, p. 26.

380- Palmer, E. H. (tr.) . (1900) . The Qur'an. Part I. Oxford: Clarendon Press, p. lv.

381- Draz, M. A. (2000) . Introduction to the Qur'an. London: I. B. Tauris, p. 90.

382- Zammit, M. R. (2002) . A Comparative Lexical Study of Qur'anic Arabic. Leiden: Brill, p. 37.

383- Waliyyullāh, S. (2014) . Al-Fawz al-Kabīr fī Uṣūl at-Tafsīr. The Great Victory on Qur'ānic Hermeneutics: A Manual of the Principles and Subtleties of Qur'anic Tafsīr. Translated, Introduction and Annotated by Tahir Mahmood Kiani. London: Taha, p.160.

384- Arberry, A. J. (1998) . The Koran: Translated with an Introduction by Arthur J. Arberry. Oxford: Oxford University Press, p. x.

385- Usmani, M. T. (2000) . An Approach to the Quranic Sciences, p. 262.

386- Al-Suyuṭi. J. (2005) . Al-Itqan fi 'Ulum al-Qur'an. Madina: Mujamma Malik Fahad, p. 1881.

387- Ibid.

388- Lawrence, B. (2006) . The Qur'an: A Biography. London: Atlantic Books, p 8.

389- Gibb, H. A. R. (1980) . Islam: A Historical Survey. Oxford University Press, p. 28.

390- Van Gelder, G. J. H. (2013) . Classical Arabic Literature: A Library of Arabic Literature Anthology. New York: New York University Press, pp. 31-33.

391- McAuley, D. E. (2012) . Ibn `Arabi's Mystical Poetics. Oxford: Oxford University Press, p.93.

392- Ibid, p. 94.

393- Cited in D. E. (2012) . Ibn `Arabi's Mystical Poetics. Oxford: Oxford University Press, p.94.

394- Bonebakker, S. A. (1984) . Hatimi and his Encounter with Mutanabbi: A Biographical Sketch. Oxford: North-Holland Publishing Company, p.47.

395- Ibid, p.15; and see Ouyang, W. (1997) . Literary Criticism in Medieval Arabic Islamic Culture: The Making of a Tradition. Edinburgh University Press.

396- Ibid, p. 44.

397- Mabillard, A. (1999) . Shakespearean sonnet basics: Iambic pentameter and the English sonnet style. Available at: http://www.shakespeare-online.com/ sonnets/sonnetstyle.html [Accessed 5th October 2016].

398- Holland, P. (2013) . Shakespeare, William
(1564–1616) . Oxford Dictionary of National
Biography. Oxford University Press. Available at:
http://dx.doi.org/10.1093/ref:odnb/25200
[Accessed 9th October 2016].

399- Cited in Abdel Haleem, M. (2005) . Understanding
the Qur'an: Themes & Styles. London: I. B. Tauris,
p. 184.

400- Abdul-Raof, H. (2003) . Exploring the Qur'an.
Dundee: Al-Maktoum Institute Academic Press;
Abdul-Raof, H. (2001) . Qur'an Translation:
Discourse, Texture and Exegesis. Richmond,
Surrey: Curzon.

401- Abdel Haleem, M. (2005) . Understanding the
Qur'an: Themes & Styles, p. 185.

402- Ibid, p. 188.

403- Chowdhury, S. Z. (2010) . Introducing Arabic
Rhetoric. Updated Edition. London: Ad-Duha, p. 99.

404- Ibid.

405-سورۃ الکوثر، آیت 3-1

406- Robinson, N. (2003) . Discovering The Qur'an: A
Contemporary Approach to a Veiled Text, 2nd
Edition. Washington: Georgetown University Press,
p. 254.

407- Cited in Qadhi, Y. (1999) . An Introduction to the
Sciences of the Qur'an. Birmingham: Al-Hidaayah,

p. 269. The original translation has been amended;
the name Allah has been replaced with God.

408- Kermani, K. (2006) . Poetry and Language. In:
Rippin, A. (ed.) . The Blackwell Companion to the
Qur'an. Oxford: Blackwell Publishing, p. 110.

409- سورۃ النحل، آیت 103

410- Ibn Kathir, I. (1999) . Tafsir al-Qur'an al-'Atheem.
Vol 4, p. 603.

411- Vanlancker–Sidtis, D. (2003) . Auditory recognition
of idioms by native and nonnative speakers of
English: It takes one to know one. Applied
Psycholinguistics, 24, pp. 45–57.

412- Ibid.

413- Hyltenstam, K. and Abrahamsson, N. (2000) . Who
can become native-like in a second language? All,
some, or none? Studia Linguistica, 54, pp. 150–166.

414- Ali, M. M. (2004) . The Qur'an and the Orientalists.
Ipswich: Jam'iyat Iḥyaa' Minhaaj Al-Sunnah, p. 14.

415- Kermani, K. (2006) . Poetry and Language, p. 108.

416- Usmani, M. T. (2000) . An Approach to the Quranic
Sciences, p. 261.

417- Draz, M. A. (2001) . The Qur'an: An Eternal
Challenge. Translated and Edited by Adil Salahi.
Leicester: The Islamic Foundation, p. 83.

418- Lings, M. (1983) . Muhammad: his life based on the
earliest sources. 2nd Revised Edition. Cambridge:

The Islamic Texts Society, pp. 53-79.

419- Islamic Awareness. (no date) . The text of the
Qur'an. Available at:
http://www.islamic-awareness.org/Quran/Text/
[Accessed 1st October 2016].

420- Arberry, A. J. (1967) . Poems of Al-Mutanabbi.
Cambridge: Cambridge University Press, pp. 1-18.

421- For example these can include reproductions of
Picasso's art. Available at:
http://www.sohoart.co/artist/Pablo-Picasso.html
[Accessed 6th October 2016].

422- See Textual Integrity of the Bible. Available at:
http://www.islamic-awareness.org/Bible/Text/
[Accessed 7th October 2016].

423-سورۃ الکہف، آیت 109

424- The name Muhammad is mentioned four times and
Ahmad (another one of his names) is mentioned
once. See
http://corpus.quran.com/search.jsp?q=muhammad
and http://corpus.quran.com/search.jsp?q=ahmad
[Accessed 24th October 2016].

425-"محمد صلی اللہ علیہ وسلم تمہارے مردوں میں سے کسی کے والد نہیں ہیں بلکہ خدا کے پیغمبر اور نبیوں (کی
نبوت) کی مہر (یعنی اس کو ختم کر دینے والے) ہیں اور خدا ہر چیز سے واقف ہے۔" سورۃ
الاحزاب، آیت 40

426-سورت التکویر، آیت 22

427-سورۃ النجم، آیت 2

428- سورۃ الفتح، آیت 29

429- Lings, M. (1983) . Muhammad: His Life Based on the Earliest Sources, p. 34.

430- Ibid, p. 52.

431- Ibid, pp. 53 – 79.

432- Watt, W. M. (1953) . Muhammad at Mecca. Oxford: Oxford University Press, p. 52.

433- صحیح بخاری: کتاب: سورج گرہن کے متعلق بیان (باب: سورج گرہن کی نماز کا بیان)، حدیث 1041

434- صحیح بخاری: کتاب: فضیلتوں کے بیان میں (باب: آنحضرت صلی اللہ علیہ وسلم کے معجزات یعنی نبوت کی نشانیوں کا بیان)، حدیث 3590

435- صحیح مسلم: کتاب: ایمان کا بیان (باب: اسلام، احسان کی وضاحت، تقدیر الٰہی کے اثبات پر ایمان واجب ہے، تقدیر پر ایمان نہ لانے والے سے براءت کی دلیل اور اس کے بارے میں سخت موقف)، حدیث 8

436- Zarabozo, Jamaal al-Din. Volume 1. (1999) . Commentary of the Forty Hadith of An-Nawawi. Al-Basheer Publications and Translations, p. 270.

437- Burj Khalifa. (2016) . Facts & figures. Available at: http://www.burjkhalifa.ae/en/ the-tower/factsandfigures.aspx [Accessed 1st October 2016].

438- Carrington, D. (2014) . Saudi Arabia to Build World's Tallest Tower, Reaching 1 Kilometer into the Sky. Available at: http://edition.cnn.com/2014/04/17/world/meast/ saudi-arabia-to-build-tallest-building-ever/

[Accessed 1st October 2016].

439- Zakariya, A. (2015) . The Eternal Challenge: A Journey Through The Miraculous Qur'an. London: One Reason, pp. 69-70.

440-ابن ابی شیبہ نے روایت کیا۔اس کی اسناد کا سلسلہ ایک صحابی کے پاس رک گیا ہے۔علماء کا خیال ہے کہ یہ حدیث اس کی سند اس حقیقت کی وجہ سے مستند ہے کہ یہ علم غیب سے متعلق ہے۔ کچھ علماء کے مطابق، عموماً ایک صحابی رسول غیبی علم خود کے بارے میں خود سے اظہار نہیں کر سکتے تھے جب تک رسول اللہ ﷺ نے نہ کہا ہو۔

441- Draper, J. W. (1905) . History of the Intellectual Development of Europe. New York and London: Harper and Brothers Publishers. Vol 1, pp. 329-330.

442- See M. M Azami. (1978) . Studies in Early Hadith Literature. Indianapolis, Indiana: American Trust Publications.

443-سنن ابوداؤد: کتاب: آداب واخلاق کا بیان (باب: رحمت وشفقت کرنے کا بیان)،حدیث 4941۔جامع ترمذی: کتاب: نیکی اور صلہ رحمی کے بیان میں (باب: لوگوں پر مہربانی کرنے کا بیان)،حدیث 1924

444-بخاری،الادب المفرد

445-جامع ترمذی: کتاب: نیکی اور صلہ رحمی کے بیان میں (باب: بچوں پر مہربانی کرنے کا بیان)، حدیث 1919،سنن ابوداؤد: کتاب: آداب واخلاق کا بیان (باب: رحمت وشفقت کرنے کا بیان)،حدیث 4943

446-صحیح بخاری: کتاب: خرید وفروخت کے مسائل کا بیان تمہید (باب: خرید وفروخت کے وقت نرمی، وسعت اور فیاضی کرنا اور کسی سے اپنا حق پا کیز گی سے مانگنا)،حدیث 2076۔

447-صحیح بخاری: کتاب: دل کو نرم کرنے والی باتوں کے بیان میں (باب: مال دارہ ہے جس کا دل غنی ہو)،حدیث 6446

448-صحیح مسلم: کتاب: حسن سلوک، صلہ رحمی اور ادب (باب: مسلمان پر ظلم کرنے، اس کو رسوا کرنے،

اس کی تحقیر کرنے اور اس کے خون، اس کی عزت اور اس کے مال کی حرمت)، حدیث 2564.02

449- جامع ترمذی: کتاب: زہد، ورع، تقوی اور پرہیزگاری کے بیان میں (باب: اللہ کے ذکر کے علاوہ کثرت سے باتیں کرنے کی ممانعت کا بیان)، حدیث 2411

450- اربعین نووی، 19

451- صحیح بخاری: کتاب: ایمان کے بیان میں (تمہاری دعا سے مراد تمہارا ایمان ہے ارشاد باری تعالیٰ ہے: ''(اے پیغمبر!) کہہ دیجیے: اگر تمہاری دعا نہ ہوتی تو میرا رب تمہاری مطلق پروانہ کرتا''اور عربی لغت میں دعا کے معنی ایمان بھی ہیں)، حدیث 8 ۔ صحیح مسلم: کتاب: ایمان کا بیان (باب: اسلام کے (بنیادی) ارکان اور اس کے عظیم ستونوں کا بیان)، حدیث 16.01 ۔

452- جامع ترمذی: کتاب: مسنون ادعیہ واذکار کے بیان میں (باب: توبہ واستغفار کی فضیلت اور بندوں پر اللہ کی رحمتوں کا بیان)، حدیث 3540

453- صحیح بخاری: کتاب: اللہ کی توحید اس کی ذات اور صفات کے بیان میں اور جہمیہ وغیرہ کی تردید تمہید کتاب (باب: اللہ تعالیٰ کا ارشاد سورۃ آل عمران میں)، حدیث 7405 ۔ سنن ابن ماجہ: کتاب: اخلاق وآداب سے متعلق احکام ومسائل (باب: (نیک) عمل کی فضیلت)، حدیث 3822 ۔ صحیح مسلم: کتاب: ذکر الٰہی، دعا، توبہ اور استغفار (باب: ذکر، دعا، اللہ کے قرب اور اس کے بارے میں اچھے گمان کی فضیلت)، حدیث 2687 ۔

454- صحیح مسلم: کتاب: ایمان کا بیان (باب: جنت میں مومنوں کے سوا کوئی داخل نہ ہوگا، مومنوں سے محبت کرنا ایمان کا حصہ ہے اور اسلام کو عام کرنے اس محبت کے حصول کا ایک ذریعہ ہے) حدیث 54

455- صحیح بخاری: کتاب: ایمان کے بیان میں (باب: اس بارے میں کہ ایمان میں داخل ہے کہ مسلمان جو اپنے لیے دوست رکھتا ہے وہی چیز اپنے بھائی کے لیے دوست رکھے)، حدیث 13

456- سنن ابن ماجہ: کتاب: زہد سے متعلق احکام ومسائل تمہید کتاب (باب: احتیاط اور تقویٰ)، حدیث 4217 ۔

457- الترمذی-قیامت کا بیان-حدیث نمبر 2510

458- متفق علیہ

459- جامع ترمذی: کتاب: زہد، ورع، تقوی اور پرہیزگاری کے بیان میں (باب: محبت سے باخبر

کرنے کا بیان)، حدیث 2392۔سنن ابو داؤد: کتاب: سونے سے متعلق احکام ومسائل (باب: کسی شخص کی نیکی اور بھلائی دیکھ کر اس سے محبت کرنا)، حدیث 5124۔

460-تاریخ الکبیر-امام بخاری۔

461-الطبرانی۔

462-صحیح بخاری: کتاب: ایمان کے بیان میں (باب: اس بیان میں کہ (بھوکے ناداروں کو) کھانا کھلانا بھی اسلام میں داخل ہے۔)، حدیث 12۔

463-صحیح بخاری: کتاب: صلح کے مسائل کا بیان (باب: دو آدمیوں میں میل ملاپ کرانے کے لیے جھوٹ بولنا گناہ نہیں ہے)، حدیث 2692۔

464-سنن ابو داؤد: کتاب: آداب واخلاق کا بیان (باب: احسان اور کارِ خیر پر شکریہ ادا کرنے کا بیان)، حدیث 4811۔

465-صحیح بخاری: کتاب: اخلاق کے بیان میں (باب: اس شخص کا گناہ جس کا پڑوسی اس کے شر سے امن میں نہ رہتا ہو)، حدیث 6016۔

466-مسند احمد، حدیث نمبر 22391۔بیہقی، شعب الایمان، 5137، ج4، ص289۔ابو نعیم،حلیۃ الاولیاء 100/3

467-الادب المفرد، حدیث 112۔السنن الکبریٰ للبیہقی، حدیث 18099۔

468-صحیح بخاری: کتاب: خرچہ دینے کے بیان میں (باب: جورو بچوں پر خرچ کرنے کی فضیلت)، حدیث 5352۔

469-صحیح مسلم: کتاب: حسن سلوک، صلہ رحمی اور ادب (باب: درگزر کرنا اور انکسار مستحب ہے) حدیث 2588۔

470-صحیح بخاری: کتاب: امراض اور ان کے علاج کے بیان میں (باب: بیمار کی مزاج پرسی کا واجب ہونا)، حدیث 5649۔

471-صحیح بخاری: کتاب: اخلاق کے بیان میں (باب: نبی کریم ﷺ کا فرمان کہ آسانی کرو، سختی نہ کرو، آپ ﷺ لوگوں پر تخفیف اور آسانی کو پسند فرمایا کرتے تھے)، حدیث 6125۔

472-سنن ابن ماجہ: کتاب: رہن (گروی رکھی ہوئی چیز) سے متعلق احکام ومسائل (باب: مزدوروں کی مزدوری)، حدیث 2443۔

473-صحیح مسلم: کتاب: زکوٰۃ کے احکام ومسائل (باب: ہر قسم کی نیکی کو صدقے کا نام دیا جا سکتا ہے)،

حدیث 1005۔

474- جامع ترمذی: کتاب: رضاعت کے احکام و مسائل (باب: شوہر پر عورت کے حقوق کا بیان)، حدیث 1162۔

475- سنن ابوداؤد: کتاب: آداب واخلاق کا بیان (باب: تواضع اور انکسار کا بیان)، حدیث 4895۔

476- صحیح مسلم: کتاب: حسن سلوک، صلہ رحمی اور ادب (باب: ایک دوسرے سے حسد، بغض اور روگردانی کرنے کی حرمت)، حدیث 2559۔

477- صحیح مسلم: کتاب: ایمان کا بیان (باب: ہمسائے اور مہمان کی تکریم اور خیر کی بات کہنے یا خاموش رہنے کی ترغیب، یہ سب امور ایمان کا حصہ ہیں)، حدیث 48۔

478- صحیح بخاری: کتاب: اخلاق کے بیان میں (باب: خوش خلقی اور سخاوت کا بیان اور بخل اور بخل کا برا و ناپسندیدہ ہونا)، حدیث 6035۔

479- صحیح بخاری: کتاب: اخلاق کے بیان میں (باب: حسد اور پیٹھ پیچھے برائی کی ممانعت)، حدیث 6064۔ صحیح مسلم: کتاب: حسن سلوک، صلہ رحمی اور ادب (باب: بدگمانی، تجسس، دنیاوی معاملات میں مقابلہ بازی اور دھوکے سے ایک دوسرے کے لیے قیمتیں بڑھانے وغیرہ کی ممانعت)، حدیث 2563۔

480- صحیح بخاری: کتاب: اخلاق کے بیان میں (باب: غصہ سے پرہیز کرنا)، حدیث 6114۔

481- مسند احمد، حدیث 12491۔

482- صحیح بخاری: کتاب: کھیتی باڑی اور بٹائی کا بیان (باب: کھیت بونے اور درخت لگانے کی فضیلت جس سے لوگ کھائیں)، حدیث 2320۔

483- صحیح بخاری: کتاب: جہاد کا بیان (باب: جو رکاب پکڑ کر کسی کو سواری پر چڑھا دے یا کچھ ایسی ہی مدد کرے، اس کا ثواب)، حدیث 2989۔

484- صحیح بخاری: کتاب: ظلم اور مال غصب کرنے کے بیان میں (باب: راستوں میں کنواں بنانا جب کہ ان سے کسی کو تکلیف نہ ہو)، حدیث 2466۔

485- سنن نسائی: کتاب: شکار اور ذبیحہ سے متعلق احکام و مسائل (باب: چڑیا کا گوشت کھانا بھی حلال ہے)، حدیث 4349۔

486- صحیح مسلم: کتاب: سلامتی اور صحت کا بیان (باب: جن جانوروں کو مارا نہیں جاتا، انہیں کھلانے اور پلانے کی فضیلت)، حدیث 2245۔

487-سنن ابن ماجہ: کتاب: طہارت کے مسائل اور اس کی سنتیں باب: وضو میں میانہ روی اختیار کرنے اور زیادتی کے مکروہ ہونے کا بیان)، حدیث 425۔

488- Cited in Ibn Musa Al-Yahsubi, Q. I. (2006) .

Muhammad Messenger of Allah: Ash-Shifa of Qadi

'lyad. Translated by Aisha Abdarrahman Bewley.

Cape Town: Madinah Press, p. 55.

489-صحیح بخاری: کتاب: اخلاق کے بیان میں (باب: خوش خلقی اور سخاوت کا بیان اور بخل کا برا او ناپسندیدہ ہونا)، حدیث 6038۔صحیح مسلم: کتاب: اَنبیاء کرامؑ کے فضائل کا بیان (باب: آپ ﷺ کا حسن اخلاق)، حدیث 2309۔

490-صحیح بخاری: کتاب: اخلاق کے بیان میں (باب: مسکرانا اور ہنسنا)، حدیث 6088۔صحیح مسلم: کتاب: زکوۃ کے احکام و مسائل (باب: جن کے دلوں میں الفت ڈالنی مقصود ہو اور جن کا ایمان نہ ہونے کی بنا پر ضائع ہونے کا خطرہ ہو ان کو دینا' جہالت کی بنا پر مذموم طریقے سے مانگنے والے کو برداشت کرنا' اور خوارج اور ان کے بارے میں احکام شریعت)، حدیث 1057۔

491-الطبرانی۔ یثمی، کتاب 1.8، صفحہ 240۔

492-صحیح مسلم۔

493- As-Sallabee, M. A. (2005) . The Noble Life of the

Prophet. Vol 3. Riyadh: Darussalam, pp. 1707 &

1712.

494-جامع ترمذی: کتاب: فضائل و مناقب کے بیان میں (باب: نبی اکرم ﷺ کی خوش روئی اور مسکراہٹ کا بیان) حدیث 3641۔

495-صحیح مسلم: کتاب: اَنبیاء کرامؑ کے فضائل کا بیان (باب: نبی اکرم ﷺ کی صفات مبارکہ اور یہ کہ آپ ﷺ کا چہرہ انور تمام انسانوں سے زیادہ خوبصورت تھا)، حدیث 2337.02۔

496-جامع ترمذی: کتاب: آداب و احکام کا بیان (باب: مردوں کے لیے سرخ لباس پہننے کی اجازت کا بیان)، حدیث 2811۔

497-جامع ترمذی: کتاب: فضائل و مناقب کے بیان میں (باب: نبی اکرم ﷺ کے حلیہ مبارک کا بیان)، حدیث 3638۔

498- Ibn Qayyim, S. (1998) . Zaad al-Ma'ad. Edited by Shuayb Al-Arnaout and Abdul Qadir Al-Arnaout Vol 3. Beirut: Mu'assasa al-Risalah, pp. 50-51. An online copy can be accessed at: http://ia801308.us.archive.org/0/items/ FP37672/03_37674.pdf. [Accessed 1st October 2016].

499-صحیح بخاری: کتاب: ان کفار ومرتدوں کے احکام میں جو مسلمان سے لڑتے ہیں (باب: اگر کوئی عورت زنا سے حاملہ پائی جائے اور وہ شادی شدہ ہو تو اسے رجم کریں گے)، حدیث 6830۔

500-الشمائل المحمدیہ، حدیث 341۔

501-صحیح بخاری: کتاب: نماز کے احکام و مسائل (باب: ہر مقام اور ہر ملک میں مسلمان جہاں بھی رہے نماز میں قبلہ کی طرف منہ کرے۔)، حدیث 401۔ صحیح مسلم: کتاب: مسجدیں اور نماز کی جگہیں (باب: نماز میں بھول جانے اور سجدہ سہو کا بیان)، حدیث 572۔

502-سنن ابن ماجہ: کتاب: کھانوں سے متعلق احکام و مسائل (باب: خشک گوشت کا بیان)، حدیث 3312۔

503-جامع ترمذی: کتاب: زہد، ورع، تقوی اور پرہیز گاری کے بیان میں (باب: مہاجر فقراء جنت میں مالدار مہاجر سے پہلے جائیں گے)، حدیث 2352۔

504-صحیح بخاری: کتاب: اذان کے مسائل کے بیان میں (باب: جو لوگ (بارش یا اور کسی آفت میں) مسجد میں آ جائیں تو کیا امام ان کے ساتھ نماز پڑھ لے اور برسات میں جمعہ کے دن خطبہ پڑھے یا نہیں؟)، حدیث 669۔

505-جامع ترمذی: کتاب: خرید و فروخت کے احکام و مسائل (باب: کسی چیز کو مدت کے وعدے پر خریدنے کی رخصت کا بیان)، حدیث 1215۔

506-جامع ترمذی: کتاب: احوال قیامت، رقت قلب اور ورع کے بیان میں (باب: عائشہؓ انسؓ علیؓ اور ابو ہریرہؓ کی حدیثیں)، حدیث 2471۔

507-سورۃ المائدہ، آیت 8۔

508-سورۃ النساء، آیت 135۔

509-سورۃ البلد، آیت 18-12۔

510- Ibn Hisham, A. (1955) as-Sira an-Nabawiyya. Cairo: Mustafa Al-Halabi & Sons. Vol 1, pp. 501-504.

511- Armstrong, K. (1997). A History of Jerusalem: One City Three Faiths. New York: Ballantine Books, p. 245.

512- Cohen, A. (1994) . A World Within: Jewish Life as Reflected in Muslim Court Documents from the Sijill of Jerusalem (XVIth Century) . Part One. Philadelphia: The Center for Judaic Studies, University of Pennsylvania, pp. 22-23.

513- Tabari, M, S. (1967) . Tarikh Tabari: Tarikh ar-Rusul wal- Muluk. Edited by Muhammad Ibrahim. Vol 3. 3rd Edition. Cairo, Dar al-Ma'aarif, p. 609. An online copy can be accessed at: https://ia802500.us.archive.org/21/items/ WAQ17280/trm03.pdf [Accessed 1st October 2016].

514- Cited in Walker, C. J. (2005) . Islam and the West: A Dissonant Harmony of Civilisations. Gloucester: Sutton Publishing, p. 17.

515- Narrated by Yahya b. Adam in the book of al-Kharaaj.

516-الطبرانی فی المعجم الاوصات۔

517- Al-Qaraafi, A. (1998) . Al-Furuq. Vol 3. 1st Edition. Edited by Khalil Al-Mansur. Beirut: Dar al-Kutub al-Ilmiyyah, p. 29. An online copy can be accessed at: http://ia600203.us.archive.org/27/

items/Forwq_Qarafy/Forwq_Qarafy_03.pdf. [Accessed 1st October 2016].

518- سورة الاعراف، آیت156۔

519- Cited in Walker, C. J. (2005) . Islam and the West: A Dissonant Harmony of Civilisations, p. 17.

520- Dozy, R. (1913) . A History of Muslims in Spain. London: Chatto & Windus, p. 235.

521- Arnold, T. (1896) . The Preaching of Islam: A History of the Propagation of the Muslim Faith. Westminster: Archibald Constable & Co., p. 56.

522- سورة البقرة، آیت256۔

523- Bonner, M. (2006) . Jihad in Islamic History. Princeton: Princeton University Press, pp. 89-90.

524- Hallaq, W. B. (2009) . Sharia: Theory, Practice and Transformations. New York: Cambridge University Press, p. 332.

525- Ibn Zanjawiyah, H, S. (1986) Kitab al-Amwaal. Edited by Shakir Fiyadh. Makkah: Markaz al-Malik Faisal, pp. 169-170.

526- Mansel, P. (1995) . Constantinople: City of the World's desire, 1453-1924. London: Penguin Books, p. 15.

527- سورة الحجرات، آیت13۔

528- Hafiz ibn Hibban reported in al-Sahih, via his isnad, from Fadalah ibn Ubayd and Baihaqi.

529- Gibb, H. A. R. (2012) . Whither Islam? A Survey of Modern Movements in the Moslem World. Abingdon: Routledge, p. 379.

530- Toynbee, A. J. (1948) . Civilization on Trial. New York: Oxford University Press, p. 205.

531- Robinson, V. (1936) . The Story of Medicine. New York: Tudor Publishing Company, p. 164.

532- Sabry, W. M., & Vohra, A. (2013) . Role of Islam in the management of Psychiatric disorders. Indian Journal of Psychiatry, 55 (Suppl 2) , S205–S214. http://doi.org/10.4103/0019-5545.105534.

533- Badri, M. (2013) . Abu Zayd Al-Balkhi's Sustenance of the Soul: The Cognitive Behavior Therapy of a Ninth Century Physician. Surrey: International Institute of Islamic Thought.

534-صحیح بخاری: کتاب: دوا اور علاج کے بیان میں (باب: اللہ تعالیٰ نے کوئی بیماری ایسی نہیں اتاری جس کی دوا بھی نازل نہ کی ہو)، حدیث 5678۔

535-سورۃ یونس، آیت 24۔

536-سورۃ العلق، آیت 5-1۔

537-سورۃ الزمر، آیت 9۔

538-سورۃ الغاشیہ، آیت 20-17۔

539-سورۃ آل عمران، آیت 191-190۔

540- See Steffens, B. (2007) . Ibn Al-Haytham: First Scientist. Greensboro, NC: Morgan Reynolds Publishing.

541- Lindberg, David C. (1992) . The Beginnings of Western Science. Chicago: The University of Chicago Press, pp. 362-363.

542- Steffens, B. (2007) . Ibn Al-Haytham: First Scientist, p. 27.

543- For details see Al-Djazairi, S. E. (2005) . The Hidden Debt to Islamic Civilisation. Oxford: Bayt

Al-Hikma Press; Saliba, G. (2007) . Islamic Science and the Making of the European Renaissance. Massachusetts: MIT Press.

544- Saliba, G. (2007) . Islamic Science and the Making of the European Renaissance. Massachusetts: MIT Press, p. 1.

545- Arnold, T. (1896) . The Preaching of Islam, p. 112.

546- Hewlett Packard. (2001) . Carly Fiorina Speeches. Technology, Business and Our Way of Life: What's Next. Available at: http://www.hp.com/hpinfo/ execteam/speeches/fiorina/minnesota01.html [Accessed 10th September 2016].

547- Smith, A. (1869) . The Essays of Adam Smith. London: Alex Murray, p. 353.

548- Ibn Qayyim, S. (2005) . Al-Wabil al-Sayib. Edited by Abdullah Qaa'ir and Bakr Abu Zayd. Makkah: Dar Alim al-Fawa'id, p. 109. You can download an online copy at: http://www.ajurry.com/vb/ attachment.php?attachmentid=26489& d=1363130186 [Accessed 1st October 2016].

549-سورة محمد، آیت19۔

550-سورة الاعراف، آیت180۔

551-سورة النساء، آیت48۔

552-سورة الفرقان، آیت70-68۔

553-سورة المومنون، آیت100-99۔

554-سورة آل عمران، آیت117۔

555-سورة الانفال، آیت51۔

556- مسند احمد، ابن حبان۔

557- Al-Ghazali, M. A. (1993) . Fayasl al-Tafriqa Bayn al-Islam wa-l-Zandaqa. Edited by M. Bejou. Damascus, p. 84. An online copy is available at: http://ghazali.org/books/fiysal-bejou.pdf [Accessed 21st November 2016].

558- Ibid.

559- سورۃ آلِ عمران، آیت 113۔ یہ آیت ''اہلِ کتاب'' کے بارے میں ہے مگر اس کی تطبیق ہر قسم کے گروہوں پر ہوتی ہے۔

560- ایضاً۔

561- جامع ترمذی: کتاب: مسنون ادعیہ واذکار کے بیان میں (باب: دعا کی فضیلت کا بیان)، حدیث 3371۔

562- سورۃ الاعراف، آیت 55۔

563- سورۃ غافر، آیت 65۔

564- سورۃ طٰہٰ، آیت 14۔

565- سورۃ البقرہ، آیت 29۔

566- سورۃ الاعراف، آیت 191۔

567- سورۃ فاطر، آیت 3۔

568- سورۃ العلق، آیت 6-7۔

569- سورۃ اللیل، آیت 8-12۔

570- سورۃ ابراہیم، آیت 34۔

571- Fromm, E. (1956) . The Art of Loving. New York: Harper & Row, pp. 58-59.

572- Al-Ghazali. (2011) . Al-Ghazali on Love, Longing, Intimacy & Contentment. Translated with an introduction and notes by Eric Ormsby. Cambridge: The Islamic Texts Society, p. 25.

573-سورۃ الاعراف، آیت 156۔

574-سورۃ الرحمٰن، آیت 1-2۔

575-سورۃ البروج، آیت 14۔

576-سنن ابوداؤد: کتاب: جنازے کے احکام و مسائل (باب: بیماریوں کے گناہوں کا کفارہ بننے کا بیان)، حدیث 3089۔

577- Al-Ghazali. (2011) . Al-Ghazali on Love, Longing, Intimacy & Contentment, p. 23.

578-سورۃ آل عمران، آیت 31۔

579-سورۃ الذاریات، آیت 56۔

580-جیسا کہ اللہ نے ہمیں حکم دیا ہے کہ حضرت محمد صلی اللہ علیہ وسلم کی اطاعت ہی اس کی اطاعت ہے۔

581-سورۃ آل عمران، آیت 132۔

582- Al-Ghazali. (2011) . Al-Ghazali on Love, Longing, Intimacy & Contentment, pp. 120-121.

583- Ibid, p. 123.

584- Mahali, J and Al-Suyuti J. (2001) . Tafsir Al-Jalalayn, p. 302.

585-سورۃ ہود، آیت 118-119۔

586-سورۃ الفرقان، آیت 43-44۔

587- Twenge JM & Kasser T. Generational changes in materialism and work centrality, 1976-2007: Associations with temporal changes in societal insecurity and materialistic role modeling. Personality and Social Psychology Bulletin. 2013, 39 (7) pp. 883-897.

588- Opree SJ, Buijzen M, & Valkenburg PM. Lower life satisfaction related to materialism in children

frequently exposed to advertising. Pediatrics. 2012,
130 (3) pp. 486-e491.

589-سورۃ الحشر، آیت 19۔

590-سورۃ الزمر، آیت 29۔

591- Cited in Riffat, H. (1968) . The Main Philosophical
Idea in the Writings of Muhammad Iqbal (1877 –
1938) . Durham theses, Durham University.
Available at: http://etheses.dur.ac.uk/7986/2/
7986_4984-vol2.PDF?UkUDh:CyT [Accessed 6th
October 2016].

592- The structure and content of this chapter have
been adapted from Reminders From Hamza Yusuf.
(2016) . Best of Hamza Yusuf. Available at:
https://youtu.be/KUzjHU-g7E0 [Accessed 24th
October 2016].

593-سورۃ الانفطار، آیت 6۔

594-سورۃ طٰہٰ، آیت 44۔

595- Al-Qurtubi, M. (2006) . Al-Jaami' al-Ahkaam
al-Qur'an, p. 65.

596-سورۃ النحل، آیت 125۔

597- Al-Zamakhshari, J. (2009) . Tafsir al-Kashshaaf 'an
Haqa'iq at-Tanzil. Edited by Khalil Shayhaa. Beirut:
Darul Marefah, p. 588.

598-سورۃ ابراہیم، آیت 24-27۔

599-سورۃ فصلت، آیت 34۔